개정판

구조적 방법론
객체지향 방법론
UML 모델링

소프트웨어 공학 기본원리

Software Engineering :
structured methodology
object-oriented methodology
UML modeling

이성구 지음

도서출판 홍릉

저자소개

이성구 sklee@hs.ac.kr

- 중앙대학교 전자계산학과 학사
- Arizona State Univ. 컴퓨터공학과 석사
- Arizona State Univ. 컴퓨터공학과 박사

현) 한신대학교 컴퓨터공학부 교수

개정판

구조적 방법론 객체지향 방법론 UML 모델링

소프트웨어 공학 기본원리

인 쇄 : 2025년 2월 20일 개정판 1쇄
발 행 : 2025년 2월 28일 개정판 1쇄

저 자 : 이성구
발행인 : 송 준
발행처 : 도서출판 홍릉
주 소 : 01093 서울시 강북구 인수봉로 50길 10
등 록 : 1976년 10월 21일 제5-66호

전 화 : 02-999-2274~5
팩 스 : 02-905-6729
e-mail : hongpub@hongpub.co.kr
http://www.hongpub.co.kr
ISBN : 979-11-5600-271-0(93000)

정 가 : 36,000원

서문

소프트웨어 공학(Software Engineering)은 “소프트웨어”와 “공학”의 합성어이다. 과학이 자연 현상의 근본 원리를 탐구하는 학문이라면, 공학은 인간의 실질적인 문제를 해결하기 위해 과학적 원리를 체계적으로 적용하는 학문이다. 따라서, 소프트웨어 공학은 실세계의 다양한 문제를 해결하기 위해 소프트웨어 개발에 과학적 지식을 체계적으로 적용하는 학문이라고 말할 수 있다. 소프트웨어 개발에 공학을 적용하는 목적은 “높은 생산성으로 품질 좋은 소프트웨어를 성공적으로 개발하는 것”이다. 이를 달성하기 위해 소프트웨어 공학은 소프트웨어 개발 프로세스, 방법, 도구와 같은 기술적 요소뿐만 아니라 프로젝트 관리 기법도 다룬다.

본 서적은 소프트웨어 공학의 기본적인 원리에 대하여 기초부터 체계적으로 학습할 수 있도록 구성 되어있다. 대부분의 소프트웨어 공학 관련 서적들이 기본 개념이나 원리에 대한 설명 없이 내용을 서술하는 경우가 많다. 그러나, 본 서적은 학부 수준의 학생들도 쉽게 이해할 수 있도록 주요 용어와 개념을 명확히 정의하였으며, 다양한 보기를 제공하여 이러한 개념들을 직관적으로 이해할 수 있도록 구성하였다.

본 서적은 학부 고학년 학생들을 대상으로 연속 학기 수업 교재로 활용할 수 있도록 구성하였다. 첫 번째 학기에는 전통적인 구조적 방법론을 중심으로 소프트웨어 공학의 주요 분야와 필수 핵심 주제를 다룬다. 두 번째 학기에는 소프트웨어 개발 프로세스의 주요 활동인 계획, 분석, 설계, 구현, 테스트, 유지보수 중에서 분석과 설계에 중점을 두고, 객체지향 방법론과 UML 모델링을 심도 있게 학습한다. 본 서적을 활용하여 연속 학기 수업을 진행할 경우, 다루어야 할 내용은 다음과 같다.

첫 번째 학기: 소프트웨어 공학의 기본 원리

> 1장 ➜ 2장 ➜ 3장 ➜ 4장 ➜ 5장 ➜ 6장 ➜ 9장 ➜ 10장 ➜ 11장 ➜ 15장 ➜16장 ➜ 17장 ➜ 18장 ➜ 19장 ➜ 20장

두 번째 학기: UML기반 객체지향 분석 및 설계

> 1장 ➜ 2장 ➜ 7장 ➜ [부록 A1, 2, 3, 4] ➜ 5장 ➜ 8장 ➜ 9장 ➜ 10장 ➜ 12장 ➜ 13장 ➜ 14장 ➜ 15장

본 개정판에서 특히 중점을 둔 부분은 다음과 같다. 첫째, 객체지향 설계의 품질을 높이기 위한 기본 원리인 SOLID를 14장에 포함하였다. SOLID 원리를 적용한 설계는 높은 응집도와 낮은 결합도를 통해 재사용성, 유지보수성, 확장성, 유연성, 가독성, 테스트성을 향상 시킬 수 있다. 둘째, 객체지향 분석/설계의 결과물인 다양한 UML 다이어그램들이 구현 단계에서 자바 코드로 변환되는 과정을 보다 명확히 보여주기 위해 예제 자바 코드를 추가하였다. 이러한 변환 과정은 UML 다이어그램에 대한 이해도를 높이고, 이론이 실무에 어떻게 적용되는지를 구체적으로 파악하는데 도움이 될 것이다.

품질 좋은 소프트웨어 개발과 성공적인 프로젝트 완수를 위하여 소프트웨어 공학의 기본 원리를 이해하는 것은 매우 중요하다. 개발자들이 소프트웨어 개발 과정에서 수행하는 다양한 활동들이 소프트웨어 공학의 여러 주제와 밀접하게 연관되어 있음을 깨닫고, 소프트웨어 공학의 중요성을 인식한다면, 본 서적의 목적은 충분히 달성되었다고 볼 수 있을 것이다. 끝으로, 본 서적이 출간되기까지 아낌없는 격려와 따뜻한 성원을 보내준 경미, 현우, 혜진, 지은에게 깊은 감사를 전한다.

2025년 2월 이 성 구

차례

PART 01 소프트웨어 공학

CHAPTER 01 소프트웨어 공학 소개

CHAPTER 02 소프트웨어 개발 프로세스

CHAPTER 03 프로젝트 관리

CHAPTER 07 객체지향과 UML

CHAPTER 08 객체지향 분석 방법

PART 03 설계 활동

CHAPTER 09 설계 개요

CHAPTER 10 시스템 아키텍처 설계

CHAPTER 11 구조적 설계 방법

CHAPTER 12 객체지향 설계 방법

CHAPTER 13 설계 패턴

CHAPTER 14 SOLID 원리

CHAPTER 15 상세 설계

PART 04 다른 활동

CHAPTER 16 테스트

CHAPTER 17 유지보수

PART 05 기타 주제

CHAPTER 18 CASE 도구

CHAPTER 19 조직 프로세스 개선

CHAPTER 20 정형 명세 방법

부록 A UML 다이어그램

부록 A1 구조 다이어그램

부록 A2 행위 다이어그램

부록 A3 상호작용 다이어그램

부록 A4 UML 확장

PART 01

소프트웨어 공학

CHAPTER

01 소프트웨어 공학 소개

1.1 소프트웨어 공학 정의

소프트웨어

소프트웨어 공학은 소프트웨어(Software)와 공학(Engineering)의 합성어이다. 소프트웨어 공학을 이해하려면 먼저 소프트웨어의 정의를 명확히 할 필요가 있다. 소프트웨어와 자주 혼용되는 용어인 프로그램은 컴퓨터에게 작업을 수행시키기 위한 명령들의 집합이다. 반면에, 소프트웨어는 프로그램 외에도 개발 과정에서 생성되는 각종 문서와 데이터를 포함한다. 즉, 소프트웨어는 프로그램을 포함하여 프로그램의 개발, 운영, 유지보수 과정에서 생성되는 모든 정보를 포함한다. [IEEE Std 용어 사전]은 소프트웨어를 다음과 같이 정의하였다.

> 컴퓨터 프로그램, 절차, 컴퓨터 시스템의 운영과 관련된 문서와 데이터
> (Computer programs, procedures, and possibly associated documentation and data pertaining to the operation of a computer system.)

소프트웨어 특징

하드웨어와 비교하여 소프트웨어의 독특한 특징을 이해하는 것은 소프트웨어 공학을 이해하는데 도움을 준다. 다음은 하드웨어와 비교하여 소프트웨어가 갖는 독특한 특징을 보인다.

◎ 비가시성

소프트웨어의 구조는 프로그램 코드 내부에 존재하기 때문에 전체적인 윤곽(구조)을 파악하기 어렵다.

◎ 복잡성

소프트웨어는 규칙적이고 정형화된 구조가 없어 이해하고 관리하는데 어려움이 있다.

◎ 순응성

소프트웨어는 사용자 요구나 환경 변화에 따라 적절하게 변형하는 것이 용이하다.

◎ 비제조성

소프트웨어는 개발하는 것이고 하드웨어는 제조하여 만들어지는 것이다.

◎ 비마모성

시간의 경과에 따라 하드웨어는 마모되어 품질이 저하되지만 소프트웨어는 마모되는 것이 아니라 사용자의 다양한 유지보수 요구에 따른 수정 때문에 품질이 저하된다.

◎ 비조립성

하드웨어는 부품 조립에 의해 생산되지만 소프트웨어는 주문 제작에 의해 개발된다.

소프트웨어 분류

현실 세계에는 다양한 종류의 소프트웨어가 존재한다. 예를 들어, 실시간으로 발생하는 데이터를 수집, 분석, 처리하는 실시간 소프트웨어, 하드웨어 제품을 제어하는 임베디드 소프트웨어, 인간의 두뇌를 모형화한 지능 소프트웨어, 그리고 기존 데이터를 활용해 비즈니스 운영과 관리를 지원하는 경영정보 소프트웨어 등이 있다. 이러한 소프트웨어들은 크게 응용 소프트웨어와 시스템 소프트웨어로 분류될 수 있으며, 앞서 언급된 소프트웨어들은 모두 응용 소프트웨어에 속한다.

◎ 응용 소프트웨어

응용 소프트웨어는 특정 사용자의 작업을 컴퓨터에게 대신 수행하도록 돕는 사용자를 위한 소프트웨어를 말한다. 앞서 언급한 비즈니스 운영과 관리를 위한 경영정보 시스템은 응용 소프트웨어에 해당한다. 교육용 소프트웨어, 의료용 소프트웨어, 학사관리 소프트웨어, 컴퓨터 게임, 문서 편집기는 응용 소프트웨어의 전형적인 보기이다.

시스템 소프트웨어

시스템 소프트웨어는 응용 소프트웨어를 개발하는 개발자를 위한 소프트웨어이다. 메모리와 같은 외부 장치를 포함하여 컴퓨터 하드웨어와의 복잡한 상호작용을 다룬다. 시스템 소프트웨어는 컴퓨터 하드웨어와 응용 소프트웨어 사이에 존재하여 개발자가 사용자를 위한 응용 소프트웨어 개발을 돕는 소프트웨어이다. 운영체제, 장치 드라이버, 유틸리티 소프트웨어 등은 시스템 소프트웨어의 전형적인 보기이다.

[그림 1.1]은 사용자, 응용 소프트웨어, 시스템 소프트웨어, 하드웨어 사이의 관계를 보인다. 사용자가 컴퓨터에게 내린 명령에 따라 응용 소프트웨어는 직접 사용자 명령을 수행하기도 하며 시스템 소프트웨어를 통하여 하드웨어에 사용자 명령을 전달한다.

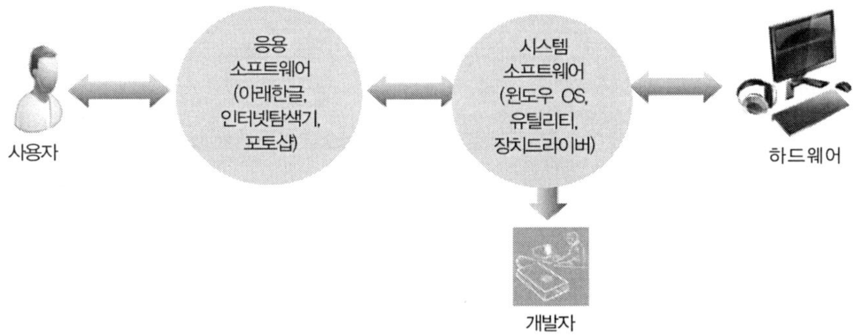

그림 1.1 응용 소프트웨어 vs. 시스템 소프트웨어

소프트웨어 위기

소프트웨어 공학은 1960년대와 1970년대에 소프트웨어 개발과 관련하여 발생한 다양한 문제들을 극복하기 위해 탄생되었다. 당시에 발생한 문제 현상들을 지칭하는 용어를 소프트웨어 위기(software crisis)라 부른다. 결국, 소프트웨어 공학은 소프트웨어 위기를 극복하기 위해 탄생한 학문 분야라 할 수 있다. 소프트웨어 위기와 관련되어 발생한 문제들은 다음과 같다.

- 새롭고 다양한 분야의 소프트웨어에 대한 사용자 요구(다양한 요구 문제)
- 하드웨어 성능 발전에 따라 과거보다 더욱 크고 복잡한 소프트웨어 요구 (복잡한 요구 문제)
- 개발 비용 초과와 일정 지연(관리 문제)

- 소프트웨어 성능과 품질 저하(소프트웨어 품질 문제)
- 유지보수의 어려움에 의한 비용 증가(소프트웨어 품질 문제)

소프트웨어 공학 정의

소프트웨어에 대한 이해와 더불어 공학이 무엇인지도 정의해보자. 공학과 과학은 차이가 있다. 과학은 이미 존재하는 자연 사물의 근본 원리를 탐구하는 학문이며, 공학은 현실 세계에서 인간의 실질적인 문제를 해결하기 위해 과학적 원리를 체계적으로 적용하는 학문이다. 물리학, 생물학, 화학과 같은 학문은 사물의 근본 원리를 탐구하는 과학에 속한다. 반면에, 컴퓨터, 전자, 전기, 건축, 토목, 항공, 기계 등은 공학에 속한다. 공학은 사용자의 문제 해결을 목표로 과학적 원리를 체계적으로 적용하는 학문이다. 예를 들어, 건축 공학은 정해진 절차와 표준을 바탕으로 다양한 도구와 방법을 사용해 빌딩이나 구조물을 설계하고 건설한 후, 다양한 시험 과정을 거쳐 양질의 구조물을 완성하는 방법을 배우는 학문이다. 이와 유사하게, 소프트웨어 공학은 "실제 세계에서 사용자의 실질적인 문제를 해결하기 위해 소프트웨어 개발 과정에 과학적 원리를 체계적으로 적용하는 학문 분야"라고 정의할 수 있다. 다음은 소프트웨어 공학에 대한 다양한 정의를 보인다.

- 소프트웨어 개발 과정에서 과학적인 원리를 체계적으로 적용하는 학문 분야
- 소프트웨어의 설계, 제작, 신뢰성, 품질관리 등에 공학적 기법을 도입한 것[TTA 용어 사전]
- 소프트웨어의 개발, 운영, 유지보수를 위해 **체계적, 통제적, 정량적** 접근 방법을 적용한 것 (The application of a systematic, disciplined, quantifiable approach to the development, operation, and maintenance of software.) [IEEE Std 용어사전]
- 시스템 명세로부터 시스템이 운영된 후 유지보수 단계까지 소프트웨어 생산의 모든 관점에 관심을 갖는 공학 분야.
  (An engineering discipline that is concerned with all aspects of software production from the early stages of system specification to maintaining the system that it has gone to use.) [Sommerville, 2007]

[IEEE Std 용어 사전]은 소프트웨어 공학을 세 가지 단어로 간결하고 함축적으로 정의한다. '체계적'이라는 단어는 소프트웨어 개발 과정에서 방법론이나 프로세스를 적용하여 체계적으로 개발한다는 의미이다. '통제적'은 프로젝트를 계획에 따라 모니터링하고 제어하여 관리한다는 의미를 담고 있다. '정량적'이라는 단어는 객관적

인 측정과 평가를 위해 정량적인 방법을 적용한다는 뜻이다.

소프트웨어 공학 vs. 시스템 공학

소프트웨어 공학과 시스템 공학은 차이가 있다. 소프트웨어 공학은 소프트웨어 개발에 중점을 두지만 시스템 공학은 소프트웨어를 포함하여 하드웨어, 네트워크, 사용자 상호작용, 주변 환경을 고려하여 시스템 전체 구조에 대한 설계와 시스템을 구성하는 다른 요소들과 상호작용에 의한 통합에 더욱 관심을 갖는다. 시스템 공학에서는 소프트웨어 자체에 대한 개발보다 소프트웨어를 포함하여 시스템 전체를 구성하는 다양한 요소들 사이의 유기적인 관계를 이해하는 것이 더욱 중요하다. 시스템 공학은 소프트웨어 공학을 포함하는 개념이며, 소프트웨어 시스템이란 시스템을 구성하는 주요 구성 요소들 중에 소프트웨어에 중점을 둔 시스템을 의미한다.

1.2 소프트웨어 공학 기술 발전

컴퓨터가 출현한 1950년대 초기에는 컴퓨터 시스템의 개발 비용 대부분이 하드웨어 개발에 소비되었다. 당시의 소프트웨어 개발은 한정된 사람들에 의한 소규모의 단순 주문 제작 개발이었기 때문에 소프트웨어 개발에 큰 비중을 두지 않았다. 그러나 1960년대와 1970년대부터 사용자 요구가 다양해지고 문제 영역이 복잡해지면서 시스템 규모가 커지게 되었다. 이러한 대규모 시스템 개발은 일정 지연, 개발 비용 초과, 사용자 요구를 만족시키지 못하는 소프트웨어 위기 현상이 나타나기 시작하였다. 이에 따라 1970년대부터 다른 공학 분야의 원리를 소프트웨어 개발에 적용하는 다양한 기술과 방법들이 나타나기 시작했다.

[그림 1.2]는 시기별 소프트웨어 공학의 기술 발전 과정을 보인다. 여기서 주목할 것은 소프트웨어 위기 극복을 위해 분석이나 설계 방법보다 구조적 프로그래밍 방법이라고 하는 프로그래밍 방법이 가장 먼저 출현하였다는 것이다. 이후 구조적 설계, 구조적 분석 방법들이 차례대로 제안되었다. 1990년대에는 객체중심 개발 방법, 2000년대에는 빈번한 릴리스와 사용자 상호작용을 중시하는 애자일 방법, 최근에는 컴포넌트 중심의 서비스 지향 개발 방법이 소프트웨어 개발에 적용되고 있다.

시기	발전 내용	세부 내용
1970년대 초반	구조적 프로그래밍 방법	· 구조적 프로그래밍 방법 = 절차지향 프로그래밍 방법 · 프로그램을 이해하기 쉽도록 순차, 선택, 반복의 단순한 제어와 하향식 구조로 개발하는 방법
1970년대 중반	구조적 설계 방법	· 구조적 설계 방법(Yourdon/Constantine) · JSP 설계 방법(Jacson) · Warrior-Orr 설계 방법
1970년대 후반	구조적 분석 방법	· 구조적 분석 방법(DeMarco) · 구조적 분석/설계 방법(Gane/Sarson) · SADT(Structured Analysis Design Technique) 방법
1980년대 초반	- 자동화 도구 - 객체지향 설계 - 객체지향 프로그래밍	· 소프트웨어 개발 활동을 지원하는 CASE 도구 · 객체지향 설계 방법 · Smalltalk, Ada, Modula-2와 같은 객체지향 언어에 의한 객체지향 프로그래밍
1980년대 후반	통합개발환경	· CASE 도구들 사이의 통합 개발 환경(IDE) · C++
1990년대	객체지향 방법	· 객체지향 분석 설계OOAD) · OOSE(Jacobson), OMT(Rambaugh), Booch(Booch) OOA(Shaler/Melor)와 같은 다양한 객체지향 분석/설계 방법 · 소프트웨어 재사용(설계패턴, 프레임워크) · 자바 언어(1995) 탄생
2000년대	애자일 방법	· 문서화나 모델링 작업에 치중하기 보다 XP, Scrum과 같이 고객과의 상호작용, 빈번한 릴리스, 구현, 테스트에 중점을 두는 방법
2000년대 중반	컴포넌트 기반 개발 방법	· 독립적으로 개발, 배포될 수 있는 재사용 모듈(컴포넌트)들을 조립하여 시스템을 개발하는 방법 · 컴포넌트 기반 개발(CBD) → 분산 컴포넌트 객체 → 웹 서비스 · EJB, DCOM, CORBA, SOAP, REST · 웹 어플리케이션 프레임워크(WAF): Spring 프레임워크

그림 1.2 소프트웨어 공학의 기술 발전 과정

1.3 소프트웨어 공학 3가지 주제

높은 생산성과 품질 좋은 제품을 생산하기 위해 모든 공학 분야에서 다루는 세 가지 핵심 주제는 프로세스(process), 방법(method), 그리고 도구(tool)이다. 소프트웨어 공학에서도 이러한 세 가지 주제는 매우 중요하다. [그림 1.3]과 같이, 프로세스, 방법, 도구는 서로 밀접하게 연관되어 있다. 특히, 프로세스는 방법과 도구가 제대로 작동할 수 있도록 기반을 제공한다. 마치 톱니바퀴에서 하부의 프로세스가 움직여야 상부의 방법과 도구가 함께 움직이는 것처럼, 프로세스는 전체 시스템의 하부 구조를 형성한다.

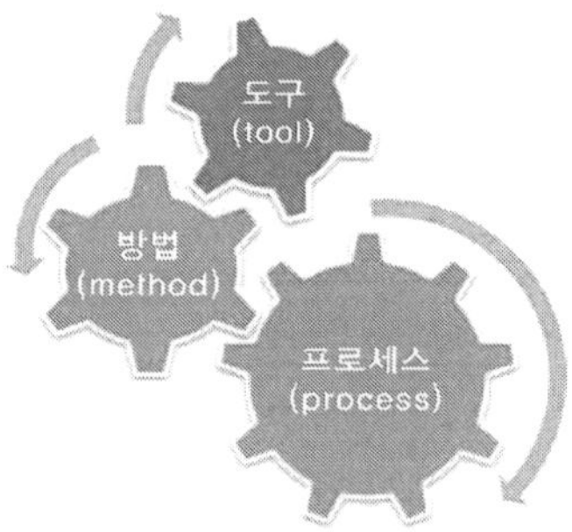

그림 1.3 프로세스, 방법, 도구

프로세스

소프트웨어 개발 프로세스는 소프트웨어 공학의 가장 기본이 되는 주제이다. 다른 모든 공학 분야에서 제품 생산을 위해 수행되는 일련의 순차적인 활동들이 존재하는 것과 같이 소프트웨어 제품을 개발하기 위한 일련의 순차적인 활동들이 존재한다. 이러한 순차적인 활동들을 소프트웨어 개발 프로세스라 한다. [그림 1.4]와 같이 소프트웨어 시스템은 일반적으로 6개의 순차적인 활동들로 구성된 프로세스를 통하여 개발된다.

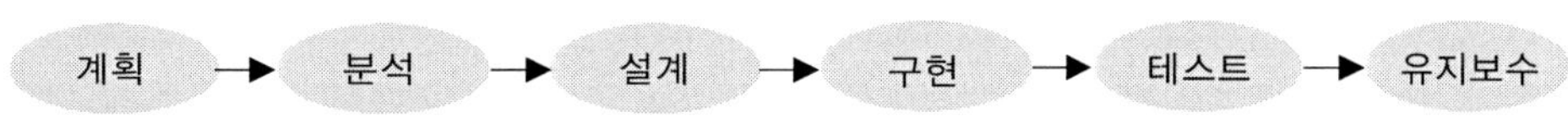

그림 1.4 소프트웨어 개발 프로세스 활동

소프트웨어 개발 프로세스가 중요한 이유는 다음과 같다.

◎ 소프트웨어 개발에 일관된 구조 제공

과거 성공적인 소프트웨어 개발 프로젝트에서 수행했던 작업 순서를 정의하여 다음 프로젝트에 재사용한다면 매우 효과적일 것이다. 이미 효과가 검증된 프로세스를 반복 적용하는 것은 매우 효과적이다.

◎ 프로젝트 관리를 위한 하부 구조 제공

프로세스는 프로젝트의 비용과 기간 산정, 인력 할당, 진행사항 파악과 같은 관리 기술을 효과적으로 적용할 수 있는 기반 구조를 제공하여 개발 비용 초과 및 일정 지연을 해결할 수 있는 실마리를 제공할 수 있다

◎ 프로세스 개선 및 자동화 가능

프로세스가 없다면 아무리 효과적인 방법이나 유용한 도구가 있더라도 프로세스 개선이나 자동화를 적용할 대상이 존재하지 않는다.

◎ 용어 표준화

프로세스의 각 활동 및 세부 작업에 대한 용어 정의를 통해 시스템 관계자 사이에 의사소통을 위한 용어 표준화를 가능하게 한다.

소프트웨어 프로젝트란 '특정 목적을 만족하는 소프트웨어를 만들기 위해 많은 시간과 노력을 필요로 하며 명백한 시작 날짜와 종료 날짜를 갖는 거대한 과제'를 의미한다. 소프트웨어 공학은 이러한 대형 프로젝트 개발에 적용될 때 의미가 있다. 대형 프로젝트는 일반적으로 6개의 활동(activity)으로 구성된 프로세스를 통하여 개발된다. 여기에서 활동은 연관된 세부 작업(task)들의 집합이며 큰 단위의 작업 단위를 의미한다.

[그림 1.5]는 이러한 6개의 활동과 각 활동에서 수행되는 세부 작업을 보인다.

단계	활동	작업
1	계획	· 시스템 정의 문제 영역에 대한 기본적인 이해와 상위수준의 요구 파악을 통하여 시스템의 목적과 범위를 정의한다. · 위험 분석 프로젝트에 대한 경제성, 기술력, 자원, 일정에 대한 위험성(가능성, 타당성)을 분석한다. · 일정수립 프로젝트 수행에 필요한 작업일정, 비용추정, 인력조직, 자원에 대한 계획을 수립한다.
2	분석	· 개발 소프트웨어에 대한 사용자 요구를 수집하고 이해하여 시스템이 무슨(what) 기능/비기능 요구를 제공해야 하는지 정의한다.
3	설계	· 분석 단계에서 파악된 사용자의 기능/비기능 요구들을 어떻게(how) 제공할 것인지 고민한다. 시스템의 전체적인 구조 외에 소프트웨어 구조와 각 모듈의 상세 절차에 대한 솔루션을 결정한다.
4	구현	· 프로그래밍을 하는 단계로써 설계 문서를 바탕으로 코드로 변환하며 단위 모듈에 대한 검사를 수행한다.
5	테스트	· 통합 모듈에 대한 테스트, 전체 시스템에 대한 기능/비기능 요구에 대한 만족도 테스트를 수행한다.
6	유지보수	· 고객에게 소프트웨어를 인도한 후 발생하는 다양한 변경 요청을 수행한다.

그림 1.5 소프트웨어 개발 프로세스 주요 활동

방법

소프트웨어 공학의 두 번째 핵심 주제인 방법은 소프트웨어 개발 프로세스에 적용되는 기술적인 절차를 의미한다. 방법은 프로세스를 구성하는 여러 활동 중에 단일 활동에 적용되거나 여러 활동에 걸쳐 적용될 수 있다. 단일 활동이 아닌 여러 활동에 적용되거나 프로세스 전반에 걸쳐 적용되는 방법이라면 방법론(methodology) 혹은 패러다임(paradigm)이라 부른다. 예를 들면 70년대 중반 제안된 구조적 분석 방법은 분석과 같은 단일 활동에 적용되는 방법이다. 반면에 분석, 설계, 구현과 같이 개발 프로세스 전반에 걸쳐 구조적 방법이 적용되었다면 구조적 방법론이라 부를 수 있다. 수많은 개발 방법론들이 존재한다. 이러한 방법론들은 주로 분석과 설계 활동에 적용되는 방법들이다. 다음은 전형적인 개발 방법론들의 보기를 보인다.

구조적 방법론

1970년대에 소개된 구조적 방법론(Structured Methodology)은 시스템을 데이터 흐름에 기반하여 기능 중심으로 분할하고, 하향식으로 분석함으로써 전체 시스템을 일관성 있게 이해하는 데 도움을 준다. 이 방법론은 하향식 계층 구조와 모듈화 설계를 통해 시스템을 단순하고 작은 단위로 분할하여 설계하는 방식이다.

정보공학 방법론

1980년대 소개된 정보공학 방법론(Information Engineering Methodology)은 구조적 방법론과 다르게 데이터 중심의 분석/설계에 의한 데이터 모델링을 중시하며, 기능은 데이터 구조에 종속하는 방법론이다. 경영정보 시스템(MIS), 기업정보 시스템(EIS), 결정지원 시스템(DSS)과 같은 비즈니스 시스템 개발에 적용될 수 있는 방법론이다.

객체지향 방법론

1990년대 소개된 객체지향 방법론(Object-Oriented Methodology)은 구조적 방법론과 다르게 데이터와 데이터 관련 기능(행위)을 하나로 묶어 객체로 정의하여 객체 중심으로 분석/설계하는 방법론이다. 대표적인 객체지향 방법론에는 마르미, UP, OOSE, OMT, OOA와 같은 방법론들이 있다.

애자일 방법론

2000년대 애자일 방법론(Agile Methodology)은 기존 방법론들이 실제 문제 해결보다는 문서 작성이나 프로세스, 도구 적용에 치중하는 것과 비교하여 고객과의 상호작용에 중점을 두는 방법론이다. XP, Scrum, Adaptive Software Development, Crystal과 같은 애자일 방법론은 결과물에 대한 빈번한 릴리즈, 고객 평가, 피드백, 반복/점증 개발을 강조하는 방법론이다.

컴포넌트 기반 방법론

2000년대 CBD 방법론(Component-based Methodology)은 독립적으로 개발되고 배포될 수 있는 단위인 컴포넌트를 중심으로 시스템을 조립하여 짧은 시간에 시스템을 구축하는 방법론이다. 컴포넌트들을 조립하고 교체할 수 있기 위해 표준을 준수하는 것이 필요하며 인터페이스를 통해 서비스를 제공한다. EJB, COM+, CORBA, 웹 서비스와 같은 컴포넌트 모델들이 존재한다.

정형화 방법론

정형화 방법론(Formal Methodology)은 안전성이 중시되는 시스템의 분석/설계를 명세하기 위해 수학적인 이론에 기초하는 방법론이다. 수학의 집합 이론과 논리 표기법은 더욱 일관되며 정확한 분석/설계 명세를 이끌어 낼 수 있다.

방법은 프로세스와 밀접한 관계를 갖는다. 어떤 조직에서 자신만의 고유 특징을 갖는 개발 방법론을 제안한다면 이에 적합한 개발 프로세스를 함께 제안하는 것이 일반적이다. 그러므로 방법은 프로세스를 포함한다.

도구

소프트웨어 공학의 세 번째 주제인 도구는 개발 활동이나 프로세스, 방법을 지원하는 컴퓨터 시스템을 말한다. 이러한 컴퓨터 시스템을 CASE(Computer Aided Software Engineering) 도구라 부른다. CASE 도구들은 분석, 설계, 개발, 테스트, 유지보수와 같이 소프트웨어 개발과 관련된 활동을 지원하며 분석/설계 모델링 작성 및 문서화 작업을 지원한다. 또한 특정 개발 방법에 대한 프로세스 자동화를 지원할 수도 있다. CASE 도구의 이용은 소프트웨어 개발의 자동화를 지원함으로써 소프트웨어 품질과 생산성 향상을 기대할 수 있다. CASE 도구를 분류하는 다양한 방법들이 있다. 다음은 CASE 도구를 지원 기능 관점에서 분류한 것이다.

- 프로젝트 계획 수립 도구
- 분석/설계 모델링 지원 도구
- 소프트웨어 형상 관리 도구
- 요구사항 추적 도구
- 변경관리 도구
- 프로토타이핑 도구
- 프로그래밍 도구
- 테스트 도구
- 재공학 도구
- 프로그램 분석 도구
- 프로젝트 관리 도구

연 습 문 제

1.1. 다음 중 소프트웨어 공학에 대한 설명으로 가장 거리가 먼 것을 선택하라.

① 소프트웨어 설계와 제작, 유지보수에 공학적인 지식을 응용하는 학문이다.
② 비교적 대규모 소프트웨어 시스템을 대상으로 한다.
③ 각 프로그래머 능력에 의존하여 소프트웨어의 생산성과 품질을 향상하기 위한 학문이다.
④ 소프트웨어 제품의 체계적 생산과 유지보수와 관련하여 공학적인 원리를 적용한다.

1.2. [IEEE Std 용어사전]에 따르면, 소프트웨어 공학은 세 가지 단어로 간결하게 정의된다. 다음 중 이 세 단어와 가장 거리가 먼 것을 선택하라.

① 체계적(systematic) ② 통제적(disciplined)
③ 정량적(quantifiable) ④ 창의적(creative)

1.3. 다음 중 소프트웨어 위기에 대한 내용으로 가장 거리가 먼 것을 선택하라.

① 소프트웨어의 기술력 증가에 비해 하드웨어 기술 발전 속도 저하
② 기존 소프트웨어에 대한 유지보수 어려움
③ 소프트웨어 품질 및 생산성 저하
④ 다양한 영역에서 사용자 요구에 대한 수요

1.4. 다음 중 하드웨어와 비교하여 소프트웨어의 고유한 특징으로 가장 거리가 먼 것을 선택하라.

① 비가시성 ② 순응성 ③ 이식성 ④ 유지보수성

1.5. 다음 중 품질 좋은 소프트웨어가 의미하는 것으로 가장 거리가 먼 것을 선택하라.

① 소프트웨어가 오류 없이 작동하는 정도
② 소프트웨어의 생산성 개선 정도
③ 사용자 요구사항을 만족하는 정도
④ 유지보수의 용이함 정도

1.6. 다음 중 소프트웨어 공학 기술 발전에 대한 설명으로 가장 거리가 먼 것을 선택하라.

① 최근 방법론 중 하나인 XP 방법론은 애자일 방법론의 하나이다.
② 구조적 방법론은 객체지향 방법론보다 먼저 적용되기 시작했다.
③ 소프트웨어 공학 기술 발전은 소프트웨어 위기를 극복하기 위한 노력이다.
④ 개발 순서에 따라 분석에 대한 방법론이 처음으로 적용되기 시작했다.

1.7. 다음은 소프트웨어 공학 기술 발전에 대한 내용이다. 괄호에 적절한 단어를 적어라.

> 1960~1970년대 소프트웨어 개발과 관련된 문제 영역은 복잡해지고 개발 규모는 커지게 되었다. 이에 따라 발생한 일정 지연, 비용 초과, 사용자 불만족과 같은 다양한 문제 현상을 (①)라 부른다.
> 이러한 문제 현상을 극복하기 위해 1970년대부터 다른 공학 분야의 기술과 방법들이 소프트웨어 개발에 적용되기 시작했다. 1970년대 초반 가장 먼저 제안된 방법은 (②) 방법이다. 1970년대 중반에는 (③) 방법, 1970년대 후반에는 (④) 방법이 차례로 제안되었다. 1980년대와 1990년대에 (⑤) 방법, 2000년대 이후에는 (⑥) 방법과 (⑦) 방법이 소프트웨어 개발에 적용되었다.

1.8. 다음은 소프트웨어 공학에 대한 정의를 기술한 것이다. 괄호에 적절한 단어를 적어라.

> 소프트웨어 공학은 소프트웨어의 개발과 운영, 유지보수에 대하여 (①), (②), (③) 방법에 대하여 공부하는 학문 분야이다.

1.9. 소프트웨어 공학 분야 외에 모든 공학 분야에서 반드시 언급해야 하는 3가지 핵심 주제를 적어라.

1.10. 구조적, 객체지향, 컴포넌트, 애자일 개발 방법들의 특징(차이점)을 간단히 설명하라.

1.11. 하드웨어와 비교하여 소프트웨어의 특징 중 하나인 비가시성이 의미하는 것을 설명하라.

1.12. 소프트웨어 위기로 인해 발생한 여러 문제 현상 중 프로젝트를 관리하지 않아서 발생한 문제가 무엇인가?

CHAPTER

02 소프트웨어 개발 프로세스

2.1 소개

소프트웨어 개발 과정에서 수행하는 일련의 순차적인 활동들을 소프트웨어 개발 프로세스라고 한다. 이는 소프트웨어가 탄생하여 운영되고, 유지보수를 거쳐 폐기되기까지의 전 과정을 포함한다. 이러한 과정이 인간의 탄생부터 죽음까지의 과정과 유사하다고 하여, 소프트웨어 개발 프로세스를 소프트웨어 개발 생명주기(SDLC: Software Development LifeCycle)라고도 부른다. IEEE Std 용어사전은 SDLC를 다음과 같이 정의하고 있다.

> 소프트웨어 제품에 대한 계획으로부터 사용이 불가능할 때까지의 기간. 일반적으로 소프트웨어 생명주기는 개념조사, 요구, 설계, 구현, 테스트, 설치, 인도, 운영, 유지보수 단계를 포함하며 퇴거 단계를 포함한다.
> (The period of time that begins when a software product is conceived and ends when the software is no longer available for use. The software life cycle typically includes a concept phase, requirements phase, design phase, implementation phase, test phase, installation and checkout phase, operation and maintenance phase, and, sometimes, retirement phase.)

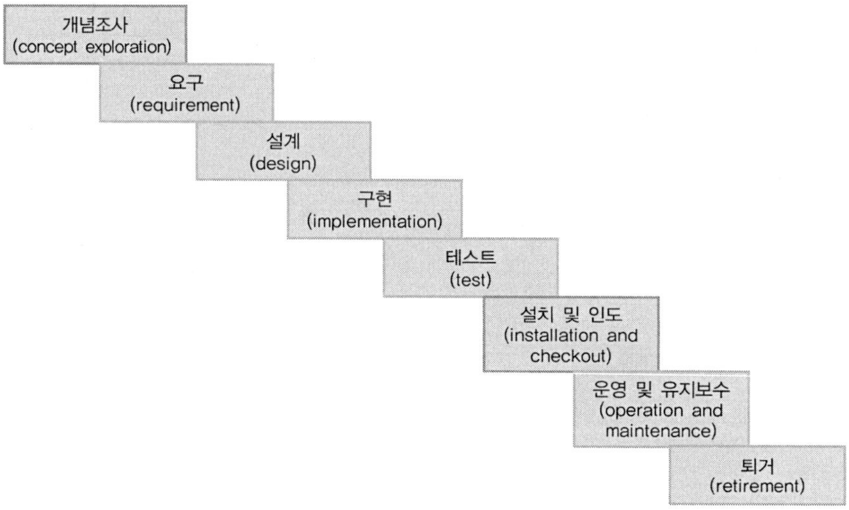

2.2 프로세스 모델

소프트웨어는 수많은 세부 작업을 거쳐 개발된다. 추상화를 통해 관련 작업들을 묶어 주요 활동들을 정의하고, 이 활동들의 순서를 표현한 것을 소프트웨어 개발 프로세스 모델이라고 한다. 즉, 소프트웨어 개발 과정을 단순화하여 모형화한 것이 소프트웨어 개발 프로세스 모델 또는 소프트웨어 개발 생명주기 모델이다.

효과적이고 효율적인 시스템 개발을 위한 다양한 생명주기 모델들이 존재한다. 그중 소프트웨어 개발에 기본적으로 적용되는 모델로는 폭포수, 프로토타입, 반복/점증, 나선형, 재사용 모델이 있다.

코드-수정 모델

코드-수정(code-fix) 모델은 과거 소프트웨어 개발 초기 시절에 적용된 모델이다. 코드-수정 모델은 분석, 설계 없이 단지 코드를 작성하고 고객이 만족할 때까지 수정하는 모델이다. 이 모델은 프로그래밍 수업 과제와 같은 간단한 문제를 해결하는데 적합하며 적용하기 가장 쉬운 모델이다.

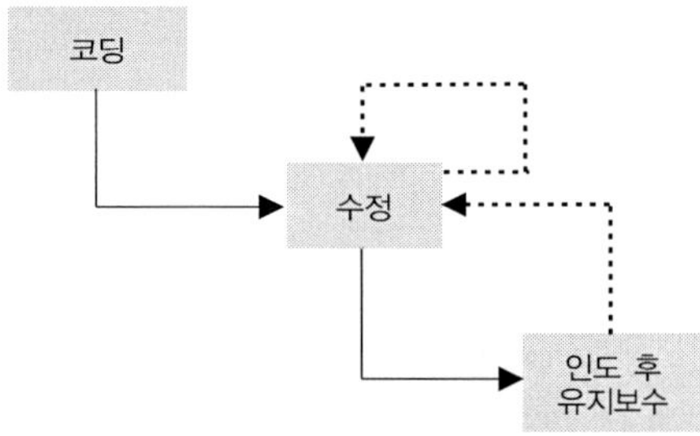

그림 2.1 코드–수정 모델

코드-수정 모델은 엄밀히 말해 프로세스 모델의 한 종류로 분류되기 어렵지만, 다른 모델들의 특징과 장점을 이해하는데 도움이 되므로 간단히 언급할 필요가 있다. 이 모델은 소프트웨어 개발 프로세스가 구체적으로 정의되지 않기 때문에 시스템을 효과적으로 관리하기 어렵고, 문서화 과정이 생략되어 유지보수에도 어려움이 있다. 분석이나 설계 활동을 생략한 개발 방식은 짧은 시간 내에 단순한 문제를 해결하는데 적합하지만, 복잡하고 유지보수가 빈번한 시스템에서는 한계를 드러낸다. 이러한 방식으로 개발된 최종 결과물은 사용자 요구를 만족시키지 못할 가능성이 크고, 유지보수 비용이 증가할 수 있다.

코드-수정 모델은 매우 단순한 문제 도메인에 적합하고 적용하기 가장 쉬운 모델이다. 그러나 현대의 시스템은 문제 도메인이 복잡하고 사용자 요구가 명확하지 않기 때문에, 이 모델을 적용하는 것은 적절하지 않다.

폭포수 모델

폭포수(waterfall) 모델은 각 단계가 엄격한 순서로 진행되기 때문에 순차 모델이라고도 불린다. [그림 2.2]는 전형적인 폭포수 모델을 보여주며, 소프트웨어 개발 활동(계획, 분석, 설계, 구현, 검사, 유지보수)이 역으로 흐르지 않고, 위에서 아래로 순차적으로 진행된다. 폭포수 모델은 초기 소프트웨어 개발에 사용된 고전적인 모델로써, 대부분의 개발 프로젝트에 기본적으로 적용되며, 다른 모델들의 기본 구조가 되는 모델이다.

이 모델은 각 활동에서 수행되는 작업 결과를 문서화하는 것을 중요시하며, 문서는 검토와 승인을 거쳐 다음 단계로 넘어간다. 전 단계가 완전히 완료되기 전까지는 다음 단계를 시작할 수 없다는 특징이 있다. 따라서 폭포수 모델은 엄격한 문서 중심의 모델이다. 단, 바로 전 단계로의 피드백에 따른 수정은 가능하다. 1970년 Royce가 이 모델을 제안한 이후, 이를 수정하고 확장한 다양한 변형 모델들이 등장했다.

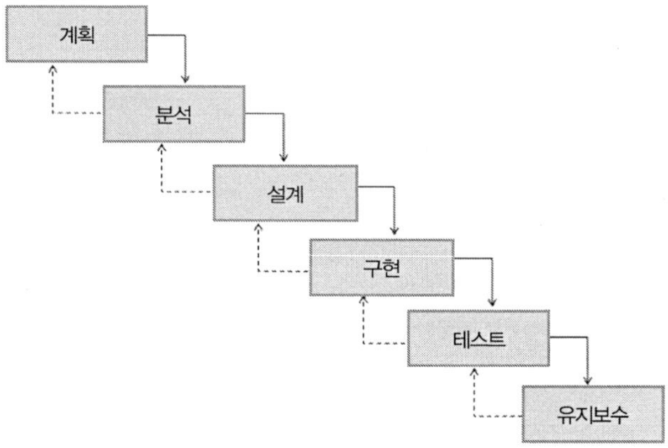

그림 2.2 폭포수 모델

개발자가 문제 도메인을 잘 알고 있거나 충분히 이해하고 있다면, 사용자 요구를 개발 초기에 명확히 파악할 수 있기 때문에 개발 활동을 반복할 필요가 없다. 이처럼 익숙한 도메인에 대한 시스템 개발에는 폭포수 모델을 적용하는 것이 매우 효과적이다. 폭포수 모델은 다른 모델들의 기본 구조를 제공하므로, 폭포수 모델의 각 활동에서 수행되는 세부 작업을 이해하는 것은 다른 모델을 이해하는데 도움이 된다.

병행 모델

병행(parallel) 모델은 폭포수 모델을 기반으로 병행 개발을 강조하는 모델이다. 분석, 설계, 구현 활동을 순차적으로 수행하는 대신, 분석 후 프로젝트에 대한 전체적인 설계를 수행하고, 하나의 프로젝트를 병행으로 수행할 수 있는 여러 서브 프로젝트로 분리한다. 모든 서브 프로젝트를 완수한 후 통합하여 최종 결과물을 생성한다. 이 모델은 폭포수 모델과 비교하여 병행 수행을 통해 프로젝트 기간을 단축할 수 있다. 그러나 프로젝트를 독립적인 서브 프로젝트로 분리하기 어려운 경우에는 적용하기 어렵다. 또한, 특정 서브 프로젝트의 설계가 다른 서브 프로젝트의 설계에 영향을 미칠 수 있어 통합 비용이 매우 높아질 수 있다.

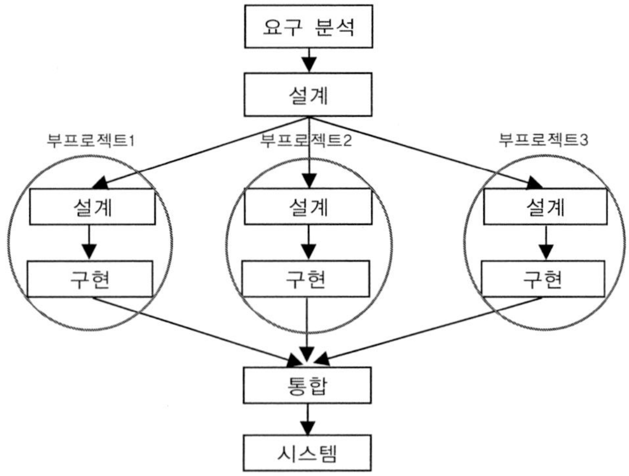

그림 2.3 병행 모델

프로토타입 모델

폭포수 모델은 이전 단계로 피드백이 어렵기 때문에, 개발 초기에 모든 사용자 요구를 명확히 파악하는 것이 필요하다. 그러나 사용자는 개발 초기에 자신이 원하는 시스템을 구체적으로 모르는 경우가 대부분이며, 이로 인해 개발자가 시스템을 완전히 이해하는 것은 더욱 어려울 수 있다. 이를 해결하기 위해 1981년에 제안된 프로토타입(prototype) 모델은, 초기 단계에서 완전하지 않지만 실질적으로 실행 가능한 간단한 프로토타입(시제품)을 제작해 사용자에게 보여주고, 피드백을 받아 사용자 요구를 명확히 파악하는 것을 돕는 모델이다. 프로토타입 모델에서 가장 중요한 것은 빠른 시간 내에 프로토타입을 제작하는 것이다. 시간이 오래 걸리면 폭포수 모델과 비교했을 때 프로토타입 모델의 장점은 크게 줄어든다. 프로토타입을 통해 개발자와 사용자는 개발 목표를 명확히 이해할 수 있으며, 사용자는 프로토타입과 상호작용하면서 자신의 요구를 구체적으로 파악할 수 있다.

프로젝트 초기에 개발자는 사용자로부터 시스템의 기본적인 입력과 출력 정보를 포함한 요구를 파악한다. 이 단계에서 상세한 요구 분석을 진행하지 않는다. 이후 사용자와 시스템 사이의 인터페이스에 중점을 둔 초기 프로토타입을 개발한다. 사용자는 개발된 프로토타입과 상호작용하면서 자신의 요구를 반영한 피드백을 제공하며, 개발자는 이 피드백을 바탕으로 프로토타입을 지속적으로 개선한다. 이러한 과정은 사용자 요구가 명확해질 때까지 반복된다.

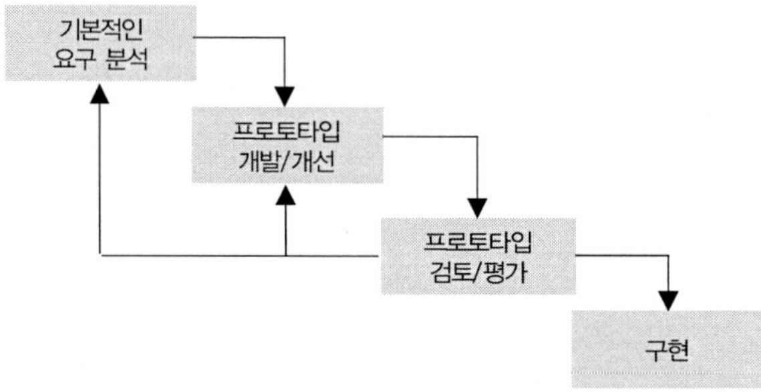

그림 2.4 프로토타입 모델

프로토타입 모델은 프로토타입을 최종 시스템에 포함할 것인지 아닌지 여부에 따라 폐기 프로토타입 모델과 진화 프로토타입 모델로 분류할 수 있다.

◎ 폐기 프로토타입 모델

폐기(throwaway) 프로토타입 모델에서 개발자는 사용자로부터 얻은 기본 정보를 바탕으로 짧은 시간 내에 프로토타입을 제작하고, 사용자 요구를 파악한 후 해당 프로토타입을 버린다. 즉, 이 프로토타입은 최종 시스템에 포함되지 않는다. 폐기 프로토타입 모델의 목적은 빠르게 사용자 요구를 명확히 파악하는 것이므로, 기능적 요구나 품질을 고려하지 않고 제작된다. 빠른 개발을 위해 GUI 제작 도구나 4세대 언어와 같은 도구를 사용한다. 이 과정에서 제작된 폐기 프로토타입은 목업(Mockup)이라고도 불리며, 단순한 화면 이동이나 대략적인 화면 구성을 통해 시각적인 요소를 강조하여 사용자 요구를 파악한 후 폐기된다.

◎ 진화 프로토타입 모델

진화(evolutionary) 프로토타입 모델에서 제작된 프로토타입은 사용자 요구를 명확히 파악하기 위해 빠르게 제작된다는 점에서 폐기 프로토타입 모델과 유사하다. 그러나 진화 프로토타입은 시스템의 핵심 기능을 포함한 실제 동작하는 초기 버전으로, 모든 기능을 포함하지는 않지만, 이후 점진적으로 완성되어 최종 시스템으로 진화한다는 점에서 차이가 있다.

이 모델에서 제작된 프로토타입은 사용자 피드백을 반영해 계속해서 정제되며, 폐기되지 않고 최종 제품으로 발전한다. 폐기 프로토타입은 유지보수, 성능, 신뢰성과 같은 소프트웨어 품질 요소를 고려하지 않지만, 진화 프로토타입은 최종 제품으로 발전하기 때문에 소프트웨어 품질을 고려하여 개발해야 한다.

반복/점증 모델

반복/점증(iterative/incremental) 모델은 순차적인 폭포수 모델의 단점을 극복하기 위해 1990년대 중반부터 적용되기 시작한 순환적(cyclic) 소프트웨어 개발 프로세스 모델이다. 대부분의 프로젝트들은 장기간에 걸쳐 복잡한 문제를 해결하는 것이 필요하다. 장기간 프로젝트를 개발하는 과정에서 사용자 환경과 사용자 요구는 언제든지 변경될 수 있다. 이에 따라 프로젝트를 수정하는 것은 필연적으로 발생하므로 소프트웨어 개발 프로세스는 폭포수 모델과 같이 순차적인 특징을 갖는 것이 아니라 반복적인 특징을 갖는다. 또한 거대하고 복잡한 프로젝트를 한 번에 모두 완성하는 것은 어렵기 때문에 소프트웨어의 전체 기능을 나누어 가장 중요한 기능을 우선적으로 개발하고 다른 기능을 점증적으로 개발하여 최종 결과물을 생산하는 것이 필요하다. 이러한 반복적이며 점증적인 특징은 복잡한 문제 해결과 장기간 수행되는 현대의 소프트웨어 프로젝트에 근본적으로 존재하는 특징들이다.

[그림 2.5]는 전형적인 반복/점증 프로세스에 의한 시스템 개발 과정을 보인다. 프로젝트 초기 첫 번째 반복에서 개발자는 요구 분석에서 시스템의 주요 기능을 도출한다. 시스템의 주요 기능을 포함하는 첫 번째 결과물은 폭포수 모델의 순차적인 개발 단계(설계, 구현, 코딩, 검사)를 적용하여 개발하고 고객에게 인도된다. 시스템의 부분 기능을 포함하는 결과물을 점증이라 부른다. 첫 번째 결과물인 '점증1'은 시스템의 핵심 기능을 포함한다. 즉, 부가적인 사용자 요구를 제외한 핵심적이고 기본적인 요구를 구현하여 사용자에게 인도하여 고객은 결과물을 평가한다. 평가 결과에 의해 고객의 추가 요구가 있거나 핵심 기능의 수정을 요구하면 이를 만족하기 위해 폭포수 모델의 순차 활동을 반복 적용하여 두 번째 결과물인 '점증2'를 생성한다. 폭포수 모델의 반복 적용을 통해 다음 과정에서 생성하는 점증은 앞선 단계의 점증에 대한 개선 버전이 된다. 최종 시스템은 사용자 요구를 완전히 만족할 때까지 점증적으로 개발된다. 반복/점증 모델은 순차적인 특성을 갖는 폭포수 모델에 반복적인 특성을 갖는 진화 프로토타입 모델을 적용하여 점증적으로 소프트웨어를 개발, 통합, 완성하는 모델이다.

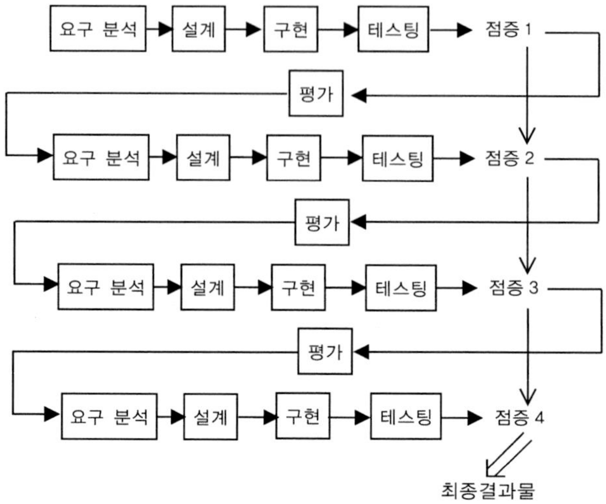

그림 2.5 반복/점증 모델

반복/점증 모델의 각 점증 과정에서 요구 분석, 설계, 구현, 테스트 활동 별로 소요되는 비용에는 차이가 있다. 프로젝트 초기에는 문제 영역에 대한 이해가 부족하므로 첫 번째 점증은 요구 분석 활동에 가장 많은 비용이 든다. 그러나 프로젝트 진행과 함께 사용자와 개발자 모두 문제영역에 대한 이해가 깊어질수록 요구 분석에 대한 비용은 줄어드는 반면 나머지 과정에 대한 비용은 점차 늘어난다. 결국, 프로젝트 후반부로 갈수록 분석과 설계에 대한 비용은 줄어드는 대신 이전 점증과 현재 점증과의 통합을 위한 테스트 비용이 급격히 늘어난다.

나선형 모델

1986년 Barry Boehm이 제안한 나선형(spiral) 모델은 폭포수 모델에 위험 분석과 반복/점증 개발을 결합한 모델이다. 여기에서 위험(risk)이란 프로젝트에 심각한 문제를 일으켜 실패로 이어질 수 있는 사건을 의미한다. 예를 들어, 인력 고용의 어려움, 불충분한 개발 예산, DBMS의 성능 한계와 같은 문제들이 위험 요소에 해당한다.

나선형 모델 = 폭포수 + 반복/점증 + 위험분석

나선형 모델은 소프트웨어 개발 프로세스를 순차적으로 진행하는 것이 아니라 반복적인 나선형으로 표현한다. [그림 2.6]의 4사 분면에서 나선의 가장 내부에 있는 '동작개념'은 폭포수 모델의 '개념조사'에 해당하며, 두 번째 나선의 'SW요구'는 '요구분석', 세 번째 나선의 'SW제품설계'와 '상세설계'는 폭포수 모델의 '설계'에 해당한다. 나선형 모델은 각 주기마다 위험 요소를 분석하고 이를 최소화하여, 프로젝트 실패 가능성을 줄이기 위한 모델이다. 이를 통해 각 단계에서 발생할 수 있는 위험에 대비하고, 프로젝트가 실패할 위험을 줄일 수 있다. 나선형 모델은 대규모 프로젝트에 적합하며, 비용과 시간이 많이 소요된다. 특히 위험 분석 없이 대규모 프로젝트를 진행하면 실패할 위험이 크기 때문에, 각 주기마다 위험 분석을 수행하는 것이 매우 중요하다.

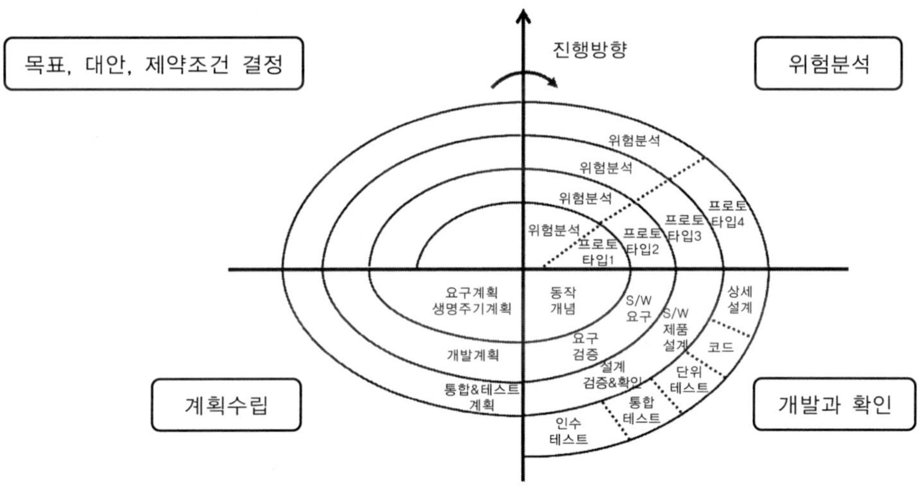

그림 2.6 나선형 모델

나선형 모델에서 나선의 각 원은 소프트웨어 개발의 점증적인 진화 주기를 나타내며, 각 주기마다 다음 네 가지 활동을 반복한다.

◎ 목표, 대안, 제약조건 결정

각 주기에 대한 목표(예: 빠른 도메인 이해)를 설정하고, 제약 조건(예: 한정된 비용과 일정, 성능 요구, 인력 부족, 새로운 기술 영역)을 파악한다. 목표를 성취하고 제약 조건을 해결하기 위한 대안(예: 재사용, 구매, 직접 개발, 인력 확충)을 마련한다.

- **위험 분석**

  각 대안을 평가하고, 그에 따른 위험 요소를 파악한다. 파악한 위험 요소를 분석하고, 이에 대한 해결 방안을 모색한다.

- **개발과 확인**

  해당 주기의 결과물(예: 요구 명세서, 설계서)을 개발하고 검토한다.

- **계획 수립**

  다음 주기에 대한 계획을 수립한다.

재사용 모델

시스템 개발 과정에서 설계나 코드의 재사용은 언제든 발생할 수 있으며, 사용자 요구는 지속적으로 변경될 수 있다. 하나의 소프트웨어로 묶인 시스템은 이러한 요구 변화에 신속하고 유연하게 대응하기 어렵다. 반면, 재사용 가능한 컴포넌트로 구성된 소프트웨어는 변화에 빠르고 유연하게 대처할 수 있다. 진화 프로토타입 모델과 같은 점진적 개발 모델에서는 신속한 개발이 필수적이므로 기존 컴포넌트의 재사용이 매우 중요하다. 재사용 모델은 컴포넌트 기반 개발(CBD: Component Based Development) 모델이라고도 한다.

CBD 모델은 컴포넌트 자체를 개발하는 CD(Component Development) 모델과 이미 구축된 컴포넌트를 기반으로 시스템을 개발하는 CBSD(Component Based Software Development) 모델로 나눌 수 있다. [그림 2.7]은 재사용(CBD) 모델의 프로세스를 보여준다.

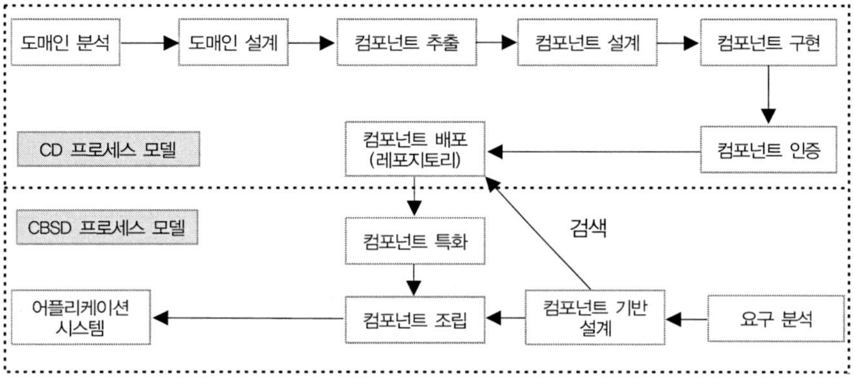

그림 2.7 재사용(CBD) 모델

컴포넌트 개발(CD) 프로세스에서 가장 중요한 활동은 도메인 분석이다. 컴포넌트를 개발할 때는 재사용을 목적으로, 여러 소프트웨어 시스템에서 공통적으로 사용할 수 있는 기능을 파악하여 단일 도메인이 아닌 유사한 도메인에서 활용할 수 있는 컴포넌트를 설계하는 것은 쉬운 일이 아니다. 구현된 컴포넌트는 독립적인 단위로 개발되며, 공용 데이터베이스(레포지토리)에 배포된다.

컴포넌트 기반 소프트웨어 개발(CBSD) 프로세스는 필요한 컴포넌트가 이미 존재한다는 가정하에 진행된다. 사용자 요구를 분석한 후, 유사한 컴포넌트를 레포지토리에서 검색하여 그대로 재사용하거나, 필요에 따라 특화하여 조립한 뒤 시스템에 결합해 최종 시스템을 구축한다.

2.3 프로세스 모델 비교

현대의 대규모 프로젝트는 앞서 언급한 전형적인 프로세스 모델들의 주요 특징을 결합하여 개발하는 것이 일반적이다. 대부분의 프로젝트에서 폭포수 모델의 주요 활동이 기본적으로 수행되며, 사용자 요구를 빠르고 명확히 파악하기 위해 프로토타입을 개발한다. 이러한 활동들은 반복적으로 수행되며, 결과물은 점진적으로 개발된다. 또한, 각 반복 주기마다 위험 분석을 통해 위험 요소를 해결한다.

본 장에서 언급한 폭포수, 병행, 프로토타입, 반복/점증, 나선형, 재사용 모델의 특징, 장점 및 단점을 요약하면 다음과 같다.

폭포수 모델

특징/장점

- 각 단계에서 생성하는 문서를 명확히 정의한다.
- 각 단계의 결과물은 다음 단계를 시작하기 전에 검토한다.
- 가장 고전적이고 전통적인 모델로써 소프트웨어 개발 프로세스의 표준 모델을 제공한다.
- 사용자 요구를 잘 이해할 수 있는 문제 영역이나 시스템 개발 동안 사용자 요구가 근본적으로 변하지 않는 문제 영역에 적용할 수 있다.

단점

- 실제 프로젝트는 개발 초기부터 어느 정도 시간이 흐를 때까지 사용자 요구에 대하여 정확히 정의하는 것은 어렵다. 빈번한 요구 변경에 의해 실제 개발은 반복적인 특징을 가지므로 폭포수 모델과 같이 엄격한 순차 모델은 이러한 반복적 특징을 적용하기 어렵다.
- 다량의 문서 생성과 이들에 대한 검사를 수행하는 폭포수 모델은 프로젝트 개발 비용을 증가시킬 수 있다.
- 폭포수 모델에서 사용자가 실제 결과물을 확인하는 것은 개발 프로세스 후반부에 가능하므로 고객의 변경 요구를 반영하기에 너무 늦을 수 있고 사용자는 프로젝트 개발의 현실성에 의구심을 가질 수 있다.

병행 모델

특징/장점

- 폭포수 모델에 비해 프로젝트 기간을 단축할 수 있다.

단점

- 하나의 프로젝트를 독립적인 서브 프로젝트로 분리하기 어려운 경우에 적용하기 어렵다.
- 특정 서브 프로젝트의 설계가 다른 서브 프로젝트 설계에 영향을 미칠 수 있으므로

통합 비용은 매우 높아질 수 있다.

프로토타입 모델

특징/장점

- 빠른 시간에 제작되는 프로토타입을 통해 사용자가 원하는 것에 대하여 구체적이고 명확한 요구를 도출할 수 있다.
- 개발자는 프로젝트 초기에 사용자와 상호작용을 통하여 더욱 완전한 요구사항을 도출하므로 궁극적으로 프로젝트 비용을 감소시킬 수 있다.
- 온라인 시스템 혹은 인간-컴퓨터 인터페이스 중심 시스템과 같이 사용자와 상호작용이 빈번한 시스템 개발에 적용될 수 있다.

단점

- 개발자는 한정된 기능을 갖는 프로토타입 개발에 집중하여 분석 결과인 요구 명세서의 중요성을 등한시할 수 있다.
- 사용자는 프로토타입이 최종 결과물이라고 오해하여 필요 이상의 기대 심리를 유발할 수 있다.
- 개발자는 정확한 요구사항 도출을 위해 너무 복잡한 프로토타입을 제작한다면 프로젝트 전체 비용은 오히려 증가할 수 있다.

반복/점증 모델

특징/장점

- 첫 번째 점증 결과물은 사용자의 가장 중요한 요구 기능을 만족하는 시스템이므로 사용자는 최종 결과물을 완성할 때까지 오랜 시간 기다릴 필요가 없으며 이는 고객으로부터 프로젝트 성공에 대한 확신을 줄 수 있다.
- 중간 결과물은 중요 기능을 포함하여 사용자에게 인도되어 실제 운영할 수 있는 시스템이므로 기간 내에 완수할 수 없는 가능성을 갖는 프로젝트에 적용할 수 있는 모델이다.
- 중요 기능을 포함하는 초기 점증을 다른 점증과 통합할 때 마다 테스트 과정을 반복하므로 시스템의 핵심 기능에 대한 결함은 낮아질 수 있다.

◎ 단점

- 새로 개발한 점증을 기존 점증과 통합하는 것이 필요하므로 통합 테스트 비용은 비쌀 수 있다.
- 점증의 적당한 크기를 결정하는 것은 어렵다. 프로젝트 규모와 비교하여 상대적으로 적은 수의 점증을 생산한다면 전형적인 폭포수 모델에 의한 개발과 유사하게 되며, 많은 수의 점증을 생산한다면 각 점증은 제한된 기능을 포함하며 빈번한 통합 과정을 수행해야 하므로 효과적이지 않다.
- 전체적인 요구 분석을 개발 후반부까지 수행하지 않기 때문에 시스템에서 공통으로 개발하여 재사용할 수 있는 컴포넌트를 파악하는 것은 어렵다.

나선형 모델

◎ 특징/장점

- 반복/점증 모델의 특징을 갖기 때문에 반복/점증 모델의 장점은 나선형 모델의 장점이 된다.
- 나선형 모델의 각 주기에서 발생할 수 있는 위험에 대한 이해와 대책 수립이 가능하므로 프로젝트가 실패할 수 있는 위험을 사전에 예방할 수 있다.
- 비용이 많이 소비되는 복잡한 대규모 시스템 개발에 적용할 수 있다.

◎ 단점

- 소프트웨어 개발 프로세스가 복잡하기 때문에 프로젝트 관리가 어렵다.
- 위험 분석에 크게 의존하는 모델이므로 자격이 있는 숙련된 위험분석 전문가를 구하는 것은 어렵다.

재사용 모델

◎ 특징/장점

- 컴포넌트 재사용에 의해 시스템 개발 기간을 단축할 수 있는 잠재성을 갖는다.
- 재사용 컴포넌트는 이미 검증되었기 때문에 이들을 적용하여 시스템을 개발하는 것은 궁극적으로 품질을 향상시킬 수 있다.

◎ 단점

- 완벽하게 일치하는 재사용 컴포넌트가 없는 경우에 컴포넌트를 특화하거나 요구

를 변경하는 것은 최종 시스템이 사용자 요구를 만족하지 않는 결과를 보일 수 있다.

- 재사용 컴포넌트 라이브러리(레포지토리)를 생성하고 관리하는 것은 어렵다.
- 적절한 컴포넌트를 검색하고 이해한 후 수정(특화)하기 위한 추가 비용이 필요하다.

2.4 기타 프로세스 모델

UP 모델

1990년대 중반까지 많은 개발자들이 각기 다른 특징을 갖는 객체지향 방법론(Booch, OOA, OOD, OOSE, OMT)을 제안했다. 대부분의 객체지향 방법론은 분석과 설계 활동에 중점을 둔다. 그 중 Grady Booch의 Booch, Ivar Jacobson의 OOSE, James Rumbaugh의 OMT가 대표적이며, 이 세 사람을 '3명의 친구들'(Three Amigos)이라고 부른다. 이들이 제안한 객체지향 방법론의 기본 개념은 매우 유사하지만, 개발 프로세스의 어떤 활동에 중점을 두느냐에 따라 약간의 차이가 있다. [그림 2.8]은 '3명의 친구들'이 제시한 방법들의 특징적인 차이점을 보인다.

제안자	방법론	특징
Booch	Booch	분석보다 설계에 중심
Rumbaugh	OMT	설계보다 문제 도메인(분석)에 중심
Jacobson	OOSE	설계나 문제 도메인보다 사용사례에 중심

그림 2.8 '3명의 친구들'이 제안한 객체지향 방법 특징 차이

UP(Unified Process) 방법론은 1990년대에 등장한 다양한 객체지향 방법론을 통합하려는 노력의 결과물이다. UP 방법론에서 제시한 개발 프로세스 모델을 UP 모델이라고 부른다. 1997년 '3명의 친구들'은 각자 제안한 객체지향 분석/설계 방법의 중요한 특징을 결합하여 UP 방법론을 제안했다. 이 방법론은 UP 개발 프로세스와 함께 UML 분석/설계 모델링 표기법도 제안하였다. 우리가 흔히 알고 있는 RUP(Rational Unified Process)는 IBM의 자회사인 Rational에서 제안한 UP 프로세스의 특별한 사례라고 볼 수 있다. UP 프로세스 모델은 반복/점증 개발과 사용자 상호작

용을 강조하며, 시스템이 시간이 지나면서 어떻게 진화하는지 묘사한다.

UP 프로세스는 반복/점증적 특징을 갖는 프로세스로, 4개의 단계와 10개의 작업흐름으로 구성된다. 작업흐름은 7개의 공학 작업흐름과 3개의 지원 작업흐름으로 나뉜다. 단계는 시간의 경과에 따른 시스템의 진화를 묘사하며, 작업흐름은 개발자가 시스템 진화를 위해 수행하는 활동을 의미한다. 공학 작업흐름은 기술적인 결과물을 생산하는 활동과 관련되며, 지원 작업흐름은 시스템에 대한 지원 활동을 다룬다.

UP에서 시스템 개발은 4개의 단계를 반복하며, 각 반복에서 여러 작업을 수행한다. 각 반복에서 수행된 작업의 결과는 점진적으로 발전된다. 각 작업흐름에 따른 활동량은 시스템이 어떤 단계에 있는지에 따라 다르게 나타난다. 예를 들어, 시작 단계에서는 주로 비즈니스 모델링과 요구 활동을 수행하며, 테스트와 배치 활동은 거의 수행하지 않는다. 반면, 정제 단계에서는 주로 분석과 설계 활동을 수행한다.

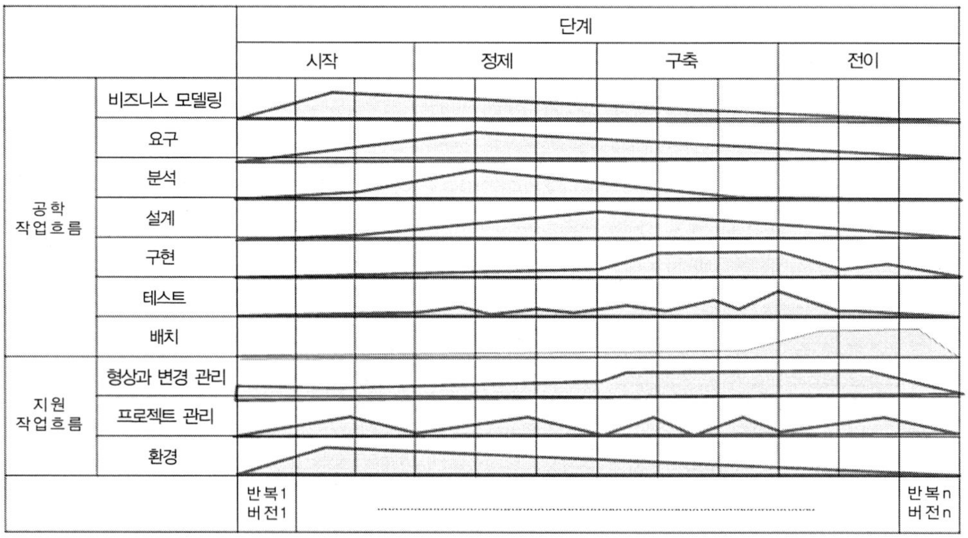

그림 2.9 UP 프로세스

◎ 단계(Phases)

UP 프로세스에서 단계는 반복과 점증 개발을 강조한다. 시간 경과에 따라 시스템이 어떻게 진화하는지 묘사한다. 단계의 반복을 통해 시스템은 진화하여 완전한 시스템이 된다.

■ 시작(Inception)

- 주로 비즈니스 모델링과 요구 추출 작업을 수행하며 약간의 분석을 수행한다.
- 사용자 요구가 명확하지 않거나 기술적인 어려움이 존재할 경우 폐기 프로토타입을 개발할 수 있기 때문에 약간의 설계, 구현, 테스트 작업을 수행할 수 있다.
- 환경 작업은 시작 단계에서 수행하는 주요 지원 작업이다.
- 시작 단계의 목적은 시스템 개발이 가능한지, 개발 가치가 있는지 충분히 조사하여 결정하는 것이다.
- 폭포수 모델의 분석 단계가 아니며 대부분의 분석은 정제 단계에서 수행한다.
- 적용되는 개발 방법(구조적, 객체지향)과 무관하게 수행할 수 있는 단계이다.
- 시작 단계에서 수행하는 주요 작업은 첫째, 시스템을 정의하는 것이다. 시스템 정의에는 공동 목적(비전) 수립, 프로젝트 범위 설정, 기본적인 요구와 제한조건을 상위 수준에서 정의한다. 둘째, 가능성(위험) 분석을 수행한다. 셋째, 초기 계획을 수립한다.

■ 정제(Elaboration)

- 적용되는 개발 방법(구조적, 객체지향)과 관련이 깊다.
- 시작 단계의 결과물을 계속해서 정제하여 구체화한다.
- 정제 단계의 목적은 시작 단계의 기본 요구들을 반복 정제하여 대부분의 요구를 파악하고 이러한 요구들을 안정화 시키는 단계이다.
- 주로 분석과 설계를 위한 모델링 작업을 수행한다.
- 배치 작업을 제외한 모든 작업을 수행한다.
- 폐기 프로토타입을 개발하는 것이 아니라 최종 시스템의 부분이 되는 점증을 생성한다.

■ 구축(Construction)

- 주로 구현 작업을 수행한다.
- 분석과 설계 모델들을 완성하는 단계이다.
- 형상과 변경 관리 작업은 구축 단계의 주요 지원 작업이다.

■ 전이(Transition)

- 주로 테스트와 배치 작업을 수행한다.

작업흐름(Workflow)

시간 흐름에 따라 점진적으로 시스템을 진화 개발하기 위해 수행하는 작업을 의미한다. 작업 흐름은 7개의 공학 작업과 3개의 지원 작업으로 분류된다.

- **공학 작업흐름(Engineering workflow)**
  - 시스템 개발과 관련된 기술적인 작업들을 포함한다.
  - 비즈니스 모델링, 요구, 분석, 설계, 구현, 테스트, 배치 작업을 포함한다.

- **지원 작업흐름(Supporting workflow)**
  - 시스템 개발을 지원하는 작업들을 포함한다.
  - 프로젝트 관리 : 위험 관리, 시간 추정, 비용 추정, 진행 감시와 같이 시스템 개발 프로젝트 관리를 위한 작업들을 의미한다. UP의 4단계 전반에 걸쳐 수행한다.
  - 형상과 변경 관리 : 작업 결과물(문서, 다이어그램, 소스코드, 실행파일)과 그들의 변경을 관리하며 주로 구축과 전이 단계에서 수행한다.
  - 환경 : 시스템 개발 환경을 지원하기 위한 CASE 도구들의 획득과 설치 작업을 수행하며 주로 시작 단계와 관련된다.

Agile 모델

전통적인 폭포수 모델은 엄격한 순서를 따르기 때문에 무거운 프로세스로 간주되며, 변화가 거의 없어 예측 가능한 프로세스로 특징 지어 진다. 반면, 애자일 모델은 현대 소프트웨어 개발에서 필수적으로 발생하는 변경에 신속하고 유연하게 대처할 수 있어, 가볍고 적응 가능한 프로세스로 특징 지어 진다.

1990년대 중반에 제안된 XP(1996), Scrum(1995), DSDM(1995), ASD(Adaptive Software Development)와 같은 프로세스 모델들은 애자일의 특징을 갖는다.

2001년, 애자일 지지자들이 모여 당시까지 제안된 다양한 애자일 프로세스 모델의 특징을 정리하여 '애자일 선언문(Agile Manifesto)'과 실무에 적용할 수 있는 세부 지침인 '애자일 원리(Agile Principles)'를 발표했다. 이후 XP, Scrum, DSDM과 같은 가볍고 적응 가능한 프로세스들은 애자일 프로세스로 통칭된다. 애자일 선언문과 애자일 원리는 모든 애자일 프로세스에 공통적으로 적용되는 특징이므로, 이를 반드시 이해할 필요가 있다.

애자일 선언문

- Individuals and interactions over processes and tools
  프로세스나 도구 보다 개인 능력(특성)과 상호작용이 더욱 중요하다. 방법이나 프로세스에 지나치게 집중하는 것 보다 개발자, 사용자, 관리자와 같은 사람들 개인의 능력과 그들 사이의 상호협력이 더욱 중요하다.
- Working software over comprehensive documentation
  방대한 문서화에 집중하기 보다 동작하는 실행 소프트웨어가 더욱 중요하다.
- Customer collaboration over contract negotiation
  계약 협상보다 고객과의 지속적인 협력이 더욱 중요하다. 개발 초기 계약에 의해 사용자 요구가 고정되는 것보다 개발 동안 사용자와 지속적인 상호협력이 중요하다.
- Responding to change over following a plan
  계획을 준수하는 것 보다 변경에 대응하는 것이 더욱 중요하다. 사전에 수립된 계획을 준수하는 것보다 개발 과정 동안 발생하는 요구 변화를 수용하는 것이 더욱 중요하다.

애자일 원리

- Our highest priority is to satisfy the customer through early and continuous delivery of valuable software
  빠른 시간에 지속적으로 유용한 소프트웨어를 인도하여 고객을 만족시킨다.
- Welcome changing requirements, even late in development. Agile processes harness change for the customer's competitive advantage
  요구에 대한 변경은 물론 개발 후반부의 변경을 수용하는 자세를 취한다.
- Deliver working software frequently, from a couple of weeks to a couple of months, with a preference to the shorter timescale
  짧은 주기로 빈번하게 실행 소프트웨어를 인도한다.
- Business people and developers must work together daily throughout the project
  프로젝트 전반에 걸쳐 사용자와 개발자는 지속적으로 협력하는 것이 필요하다.
- Build projects around motivated individuals. Give them the environment and support they need, and trust them to get the job done
  동기 부여된 사람들 위주로 프로젝트를 진행하고, 그들에게 필요한 환경을 지원한다. 그들이 업무를 완수할 것이라고 믿는다.
- The most efficient and effective method of conveying information to and within a development team is face-to-face conversation
  개발 팀 사이에 가장 효과적으로 정보를 교환하는 방법은 직접 마주보는 대화이다. (문서가 아니다)

- Working software is the primary measure of progress
  실행 소프트웨어는 프로젝트 진행에 대한 주요 측정 방법이다. (문서가 아니다)
- Agile processes promote sustainable development. The sponsors, developers, and users should be able to maintain a constant pace indefinitely
  애자일 프로세스는 지속 가능한 개발을 장려한다. 스폰서, 개발자, 사용자는 꾸준히 페이스를 유지해야 한다. (과도한 업무 피하고 적절한 휴식 필요)
- Continuous attention to technical excellence and good design enhances agility
  품질 좋은 설계를 위해 지속적으로 노력하는 것은 시스템의 유연성(기민성)을 높인다. (재사용이나 유지보수와 같은 품질에 대한 노력은 요구 변경에 빠르게 대응할 수 있다.)
- Simplicity --the art of maximizing the amount of work not done-- is essential
  단순함이 근본이므로 불필요한 작업은 하지 않는다. (양식에 따르는 문서 편집 작업 노력은 불필요하다.)
- The best architectures, requirements, and designs emerge from self-organizing teams
  최고의 아키텍처와 요구, 설계는 자주(율)적 팀으로부터 생산된다.
- At regular intervals, the team reflects on how to become more effective, then tunes and adjusts its behavior accordingly
  효과적인 팀이 되는 방법을 정기적으로 고민하고, 결과에 따라 팀에 반영한다.

애자일 프로세스는 폭포수 모델과 다르게 분석/설계 모델링과 문서화 작업에 소요되는 노력을 최소화하여 개발 프로세스를 단순화한다. 특히 코딩과 테스트 활동에 중점을 두고 매우 짧은 시간에 부분 시스템(점증)을 개발하고 사용자에게 인도한다. 사용자 피드백을 통해 최종 시스템에 대한 사용자 만족을 높인다. [그림 2.10]은 폭포수 모델에 기초한 전통적인 개발 프로세스와 반복/점증에 기초한 애자일 프로세스의 차이를 보인다.

전통적 모델	vs.	애자일 모델
엄격한 순차		반복, 점증, 진화
예측가능		적응가능
무거운		가벼운
문서 중심		실행 소프트웨어 중심
프로세스와 도구 중시		자주적 팀 중심

그림 2.10 전통적 모델 vs. 애자일 모델

애자일 프로세스는 자율적인 팀을 강조한다. 자기 주도적 팀은 주어진 환경에 맞게 작업과 개발 프로세스를 자체적으로 구성하는 유연성을 갖는다. 또한 실행 소프트웨어의 인도 작업이나 인도 일정을 자율적으로 수립할 수 있다. 자율적인 팀 조직은 시스템 개발을 자체적으로 관리함으로써, 기술 능력을 배가시킬 뿐만 아니라, 팀원 간의 협력과 시스템 개발에 대한 책임감을 높일 수 있다. UP 프로세스는 기본적으로 반복, 점증, 적응, 진화의 특징을 가지고 있어 애자일 프로세스의 성격을 띠지만, 분석/설계 모델링을 중시한다는 점에서 차이가 있다.

애자일 프로세스의 많은 장점에도 불구하고 몇 가지 문제점이 존재한다. 첫째, 애자일 프로세스는 사용자와의 지속적인 상호작용과 협력을 강조하지만, 대부분의 프로젝트에서 사용자의 지속적인 참여를 기대하기는 어렵다. 둘째, 문서 중심이 아닌 코드 중심의 애자일 프로세스는 유지보수 시 문제가 될 수 있다. 셋째, 사용자의 지속적인 참여로 인해, 개발 초기 동의했던 비용이나 개발 범위를 초과하게 될 가능성이 있으며, 이로 인해 재작업 요청에 따른 비용 증가가 발생할 수 있다.

XP 모델

애자일 프로세스의 개발 철학(선언문)과 개발 지침(원리)을 이해하기 위해, 애자일 프로세스의 대표적인 사례 중 하나인 XP(Extreme Programming) 프로세스를 설명한다. XP 프로세스는 1996년 Kent Beck에 의해 제안되었으며, 계획, 설계, 코딩, 테스트라는 4개의 주요 활동으로 구성된다.

프로젝트 계획 활동에서 사용자는 시스템의 작은 기능을 나타내는 사용자 이야기와 이를 검증할 인수 테스트 기준을 작성한다. 또한, 현재 주기에 대한 간단한 일정을 계획한다. 사용자 이야기는 짧은 기간 내에 구현될 수 있어야 하며, 오랜 개발 기간이 필요한 사용자 이야기는 더욱 작은 사용자 이야기로 분할한다.

설계 활동은 간단하게 이루어지며, 기본적인 설계만 수행하거나 아예 생략할 수도 있다. 구현(코딩) 활동을 시작하기 전에, 각 사용자 이야기를 테스트할 단위 테스트 케이스를 먼저 개발한다. 그 후 구현 활동에서 사용자 이야기를 구현하고, 개발된 단위 테스트 케이스를 적용하여 테스트한다. 전체 시스템의 기능을 검증하기 위해 사용자는 인수 테스트를 수행한다. 이러한 활동은 반복적으로 이루어진다.

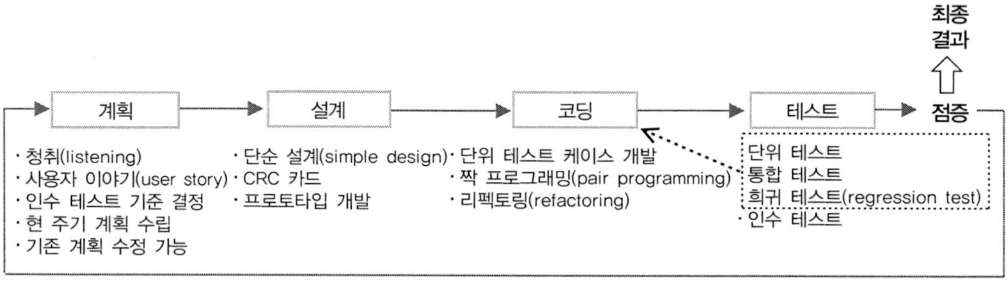

그림 2.11 XP 프로세스

◎ 계획

- 시스템 개발은 고객과의 긴밀한 상호작용을 위한 청취 작업으로부터 시작한다. 청취를 통해 고객과 개발자는 사용자 이야기를 작성한다. 사용자 이야기는 고객의 요구를 1~2문장으로 간단하게 기술하며 짧은 기간에 완성할 수 있는 단순한 요구 기능에 해당한다.
- 고객은 사용자 요구에 해당하는 사용자 이야기에 대하여 우선 순위를 결정한다.
- 개발자는 각 요구에 대한 개발 비용(기간)을 추정한다.
- 개발 기간이 특정 기간 이상 필요하다고 추정된다면 더욱 짧은 기간에 완수할 수 있을 정도로 요구를 분리한다.
- 고객은 사용자 이야기를 검증하기 위한 인수 테스트 기준을 정의한다.
- 고객과 개발자는 빠른 시간에 현재 반복 주기에 대한 점증 개발과 고객 인도 일정에 대한 계획을 수립한다.
- 점증 인도 후 고객은 사용자 이야기를 추가하거나 제거할 수 있고 우선 순위를 조정할 수 있다.
- XP 팀은 프로젝트 진행 상황을 고려하여 계획을 수정한다.

◎ 설계

- XP의 단순 설계 원리에 따라 현재 반복 주기에서 선택된 사용자 이야기에 대해서 간단하게 설계한다. 개발자 스스로 생각하는 추가 기능에 대한 설계를 금지한다.
- CRC 카드를 이용하여 현재 사용자 이야기와 관련되는 클래스와 클래스 관계를 파악한다.
- 어려운 설계 문제가 발생했을 때 프로토타입을 개발한다.

- 설계는 최소한으로 수행하며 복잡하고 상세한 문서 생성을 최소화한다. CRC 카드와 프로토타입은 설계 활동의 유일한 작업 결과물이다.

◎ 코딩

- 코딩을 시작하기 전에 사용자 이야기에 대한 요구 기능을 확인하기 위한 단위 테스트 케이스를 개발한다. 테스트 케이스 생성은 JUnit과 같은 테스트 프레임워크에 기초한 자동화 도구를 이용한다.
- 두 명이 한 조가 되는 짝 프로그래밍 방법에 의해 코드를 생성한다. 짝 프로그래밍에서 각 개발자는 서로 다른 역할을 갖는다. 코드 오류에 대한 교차 검사 외에 한사람은 코딩 자체에 집중하고 다른 사람은 코드 표준의 준수 여부를 검사하거나 단위 테스트에 대한 만족 여부에 대하여 검사한다.
- 단순 설계 원리에 따른 스파게티 코드 구조를 개선하기 위해 리팩토링을 수행한다. 리팩토링 수행 후 코드 실행 결과는 동일해야 한다.

◎ 테스트

- 단위 테스트를 수행한다. 실제로 단위 테스트는 코딩 활동에서 수행한다.
- 매일 다른 팀이 생성한 코드와 지속적으로 통합 테스트를 수행한다. 실제로 통합 테스트는 코딩 활동에서 수행한다.
- 코드 변경이나 통합 테스트 후에 자동화 도구를 이용하여 단위 테스트 케이스를 통한 회귀 테스트를 수행한다. 회귀 테스트는 코드 변경 시 새로 유입된 오류가 있는지, 기존 시스템 기능이 제대로 수행하는지 확인하기 위해 기존 테스트 케이스를 다시 수행하는 것이다. 실제로 코딩 활동에서 수행한다.
- 인수 테스트를 수행한다.

애자일 프로세스가 개발에 대한 기본 원리를 제시하는 것처럼, XP(eXtreme Programming)도 개발에 대한 기본 원리를 제시한다. XP는 애자일 프로세스의 일종이므로 그 내용에서 유사성을 가진다. 다음은 XP의 개발 원리를 보인다.

XP 원리

- 적응 계획

  시스템 개발 초기에 문제 도메인의 모든 것을 이해하는 것은 어렵다. XP에서 계획 활동은 빠른 시간에 초기 계획을 수립하고 개발이 진행되는 동안 도메인에 대하여 더욱 깊이 이해할 때 계획을 상황에 맞게 변경한다. 계획 수립 시 고객을 포함하는 것은 매우 중요하다.

- 테스트 중심

  코딩을 시작하기 전에 각 사용자 이야기에 대한 테스트 케이스를 개발한다. 계획 활동에서 고객은 인수 테스트 케이스를 작성하고 구현 활동에서 개발자는 단위 테스트와 통합 테스트 케이스를 작성한다. XP는 회귀 테스트를 포함한 모든 테스트에 자동화 CASE 도구의 이용을 강조한다.

- 짝 프로그래밍

  한 명의 개발자 보다 두 명의 개발자가 짝을 이루어 한 대의 PC를 공유하여 프로그래밍 하는 것은 더욱 효과적이다. 짝 프로그래밍에 의해 초기 코딩 작업은 늦어질 수 있으나 신속한 오류 발견과 제거가 용이하다.

- 단순 설계

  XP는 작은 단위의 설계를 신속하게 수행하는 것을 강조한다. 작은 규모의 설계(현재 반복주기의 사용자 이야기로 한정된 단순 설계) 후에 코딩과 테스트를 즉시 수행한다. 이런 과정을 반복적이고 지속적으로 수행한다.

- 리팩토링

  코드의 행위를 변화시키지 않고 효율적인 코드 구조로 변경하기 위한 리팩토링을 지속적으로 수행한다. 점증 개발 특징에 의해 기능은 지속적으로 추가되며 추가 후에도 효율적인 코드 구조를 위해 리팩토링을 수행한다. 리팩토링은 양질의 코드 설계를 생산한다.

- 공동 책임

  팀 멤버들은 개발 코드에 대하여 공동으로 책임을 진다. 코드를 변경하는 것이 필요하다고 생각된다면 어떤 팀 멤버도 코드를 변경할 수 있다. 변경을 원하는 개발자는 코드 변경이 다른 코드에 영향을 미치지 않는다는 것을 보장하는 단위 테스트를 수행하는 것이 필요하다. 이를 통해 모든 팀 멤버들은 함께 시스템을 개발한다는 느낌을 갖기 때문에 책임 의식을 가질 수 있다.

- 지속적인 통합

  단위 테스트를 통과한 작은 단위의 코드들은 지속적으로 시스템에 통합된다. 과거 전통적인 방법에서 개발 후반부에 대단위 통합은 한꺼번에 무수한 오류가 발생하여 상당한 시간의 수정 작업을 필요로 했다. 그러나 XP는 작은 규모의 빈번한 통합을 통해 오류 수정을 용이하게 한다.

- 코드 표준 이용

  XP는 프로그래밍에 코드 표준을 이용하는 것을 강조한다. 코드 표준을 통해 재사용과 유지보수를 용이하게 하는 것은 물론 코드의 일관성을 통해 혼란을 방지한다.

- 고객 포함
  시스템 기능과 범위를 신속하게 결정하기 위해 시스템 개발에 고객을 지속적으로 포함한다. 고객과의 지속적인 정보 교류는 시스템 개발 진행 속도를 높인다.
- 빠른 피드백
  고객에게 지속적이고 빠른 피드백을 제공하여 고객이 시스템 개발에 지속적으로 포함될 수 있도록 한다.

Scrum 모델

애자일 프로세스의 또 다른 대표적인 예인 Scrum 프로세스는 1995년 Ken Schwaber와 Jeff Sutherland에 의해 제안되었다. Scrum이라는 용어는 럭비 경기에서 팀이 어깨를 맞대고 대형을 이루는 상황을 의미한다. 이 대형은 팀이 목표를 달성하기 위해 하나의 팀으로서 적극적인 소통과 협업을 필요로 한다는 점에서 Scrum 프로세스와 유사하다.

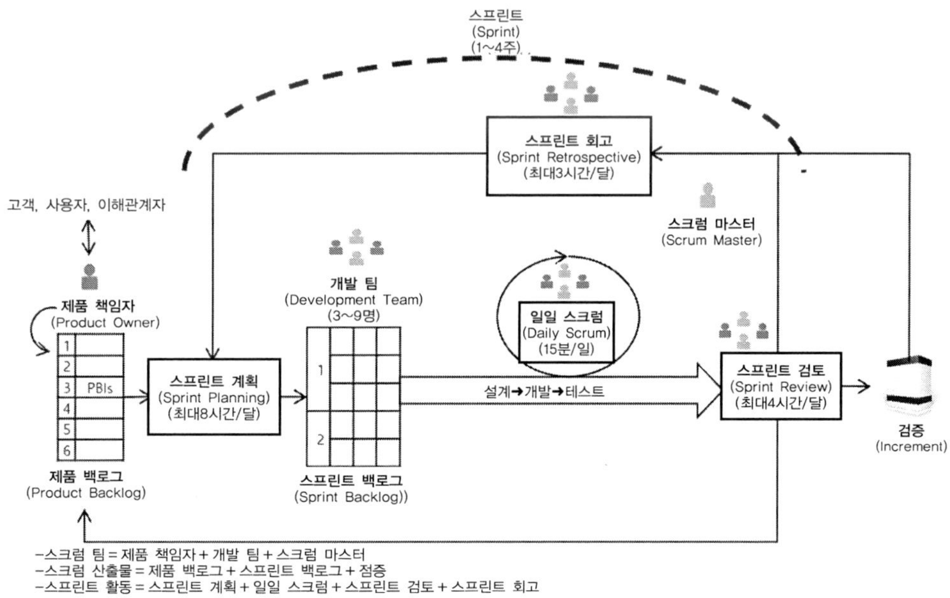

그림 2.12 Scrum 프로세스

스크럼 프로세스는 다음과 같이 제품 책임자, 개발 팀, 스크럼 마스터의 역할을 정의하고 있다.

◎ 제품 책임자

제품 책임자(Product Owner)는 사용자, 고객, 이해 관계자를 대표하여 비즈니스 성공을 위해 노력하는 사람이다. 제품 책임자는 이해 관계자들과 지속적으로 상호작용하며, 그들의 의견을 수렴해 사용자 요구를 식별하고 우선순위를 설정하며, 이를 바탕으로 제품 백로그(Product Backlog)를 작성한다. 또한, 제품 책임자는 제품 백로그의 관리와 유지보수에 대한 최종 책임을 지는 유일한 사람이다. 제품 백로그는 스프린트 검토 회의 후에 수정될 수 있다.

◎ 개발 팀

개발 팀은 3~9명의 소규모 팀으로 구성되며, 적극적인 소통과 협업을 통해 요구사항을 구현한다. 개발 팀은 교차 기능(cross-functional)과 자율적(self-organizing)인 특징을 가진다. 즉, 스크럼에서는 각 스프린트마다 출시 가능한 제품(점증)을 생산해야 하므로, 팀원들은 제품 개발에 필요한 다양한 역할과 기술 능력을 갖추어야 한다. 또한, 개발 팀은 외부의 지시 없이 조직 구성, 프로세스, 방법 등을 스스로 결정할 수 있다.

◎ 스크럼 마스터

스크럼 마스터는 제품 책임자, 개발 팀, 그리고 전체 조직이 스크럼의 원리와 가치에 따라 프로젝트를 진행할 수 있도록 지원하는 지원자의 역할을 한다. 이를 위해 스크럼 마스터는 팀의 리더라기 보다 스크럼 원리를 방해하는 장애물을 제거하고, 외부 간섭으로부터 팀을 보호하는 역할을 수행한다.

[그림 2.12]에서 보이는 Scrum 프로세스에서, 제품 책임자는 이해 관계자들과 협력하여 제품 백로그를 작성하고 관리한다. 제품 백로그는 프로젝트에서 구현해야 할 우선순위화된 사용자 요구 목록이다. Scrum 프로세스의 핵심인 스프린트는 짧은 개발 주기(1주~4주)를 의미하며, 스크럼 프로젝트는 이러한 스프린트의 반복으로 진행된다. 각 스프린트는 스프린트 계획 회의로부터 시작하여, 스프린트 검토 회의와 스프린트 회고 회의로 마무리된다.

스프린트의 첫 번째 활동인 스프린트 계획 회의에서는 제품 책임자와 개발 팀이 해당 스프린트에서 수행할 우선순위가 높은 제품 백로그 항목(PBIs)을 선택하고, 개발 팀은 이를 개발하기 위한 세부 작업을 결정해 스프린트 백로그를 작성한다. 스프린트 백로그는 해당 스프린트에서 반드시 구현해야 할 작업 목록이며, 스프린트 동안 변경되지 않는다. 이 목록은 제품 책임자가 일방적으로 할당하는 것이 아니라, 개발 팀이 스스로 결정한 작업 역량에 따라 작성된다. 팀 합의를 통해 작업이 각 팀원에게 할당된다. 스프린트 계획 회의는 4주(1달) 스프린트를 기준으로 최대 8시간을 권장한다.

개발 팀은 스프린트 동안 매일 15분간 일일 스탠드업 스크럼 회의를 갖는다. 이 회의에서 각 팀원은 어제 무엇을 했는지, 오늘 무엇을 할 것인지, 어떤 문제가 있는지를 공유하며, 이를 통해 팀원 간 소통과 협업이 향상된다.

스프린트가 끝나면 스프린트 검토 회의가 개최된다. 이 회의에서 스크럼 팀과 이해관계자는 해당 스프린트에서 완료된 결과물(점증)을 함께 검토한다. 이해 관계자의 피드백과 검토 결과에 따라 제품 백로그가 수정될 수 있다. 이후 스프린트 회고 회의에서는 개발 팀이 지난 스프린트에서의 작업을 되돌아보고, 다음 스프린트에서 개선할 점을 찾아 실천한다.

대표적인 애자일 프로세스인 XP와 Scrum의 중요한 차이점은, XP는 짝 프로그래밍과 테스트 중심의 개발과 같은 소프트웨어 개발 기술과 방법을 강조하는 반면, Scrum은 자율적인 팀과 교차 기능적 팀 등 프로젝트 팀 조직 관리에 중점을 둔다.

2.5 분석/설계 중요성

소프트웨어 개발 프로세스에서 유지보수 활동은 '개발 중(인도 전) 유지보수'와 '개발 후(인도 후) 유지보수'로 나눌 수 있다. 과거의 프로젝트들은 문제의 복잡성이 낮아 단기간에 개발되었고, 유지보수는 개발 후(즉, 테스트 완료 후) 이루어지는 작업을 의미했다. 이는 소프트웨어를 완성한 후, 기능을 확장하거나 오류를 수정하는 작업을 말한다. 그러나 현대의 프로젝트는 문제가 복잡하고 장기간에 걸쳐 개발되기 때문에, 개발 중에도 사용자 요구의 변경이 잦으며, 실 세계의 환경도 계속 변화할 수 있다. 이를 반영하여, 현대의 유지보수는 '개발 후 유지보수'뿐만 아니라, 소프트웨어 개발 전반에서 발생하는 모든 변경에 대응하는 '개발 중 유지보수'도 포함한다.

[그림 2.13]에서 볼 수 있듯이, 소프트웨어 개발 비용의 대부분(70%)은 유지보수 비용으로 소비된다. 따라서, 소프트웨어 공학의 주요 관심사는 유지보수 비용을 줄이는 데 있다고 할 수 있다.

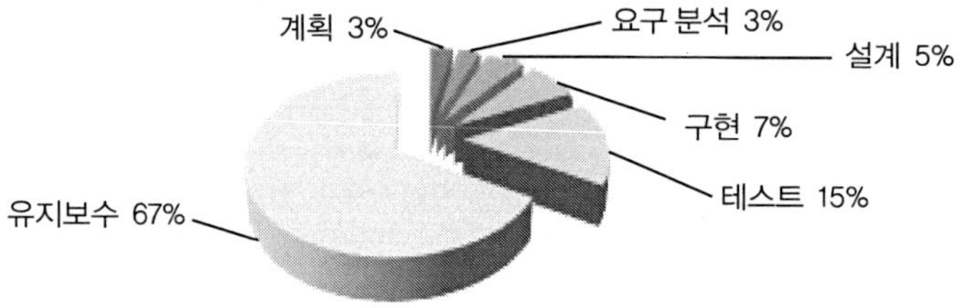

그림 2.13 소프트웨어 개발 단계별 비용

[그림 2.14]는 소프트웨어 개발의 각 활동에서 결함을 발견하고 수정하는데 드는 비용을 보여준다. 개발 초기(분석, 설계)에 결함을 발견하고 수정하는 것이, 개발 후반부에 결함을 발견하고 수정하는 것보다 비용이 훨씬 적게 든다는 것을 알 수 있다. 이는 개발 초기의 결함 수정은 주로 문서 수정에 국한되며, 수정으로 인한 파급 효과가 적기 때문이다. 따라서, 개발 비용의 큰 부분을 차지하는 유지보수 비용을 절감하기 위해서는 개발 초기 분석/설계 단계에서 결함을 발견하고 수정하는 것이 중요하다.

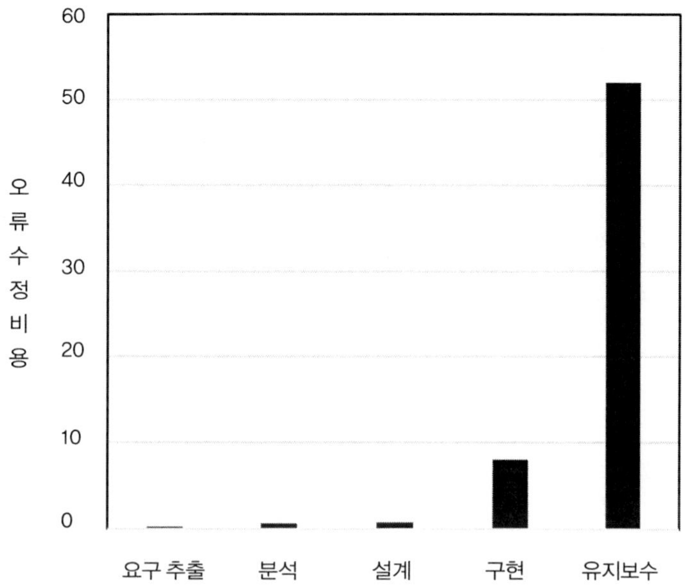

그림 2.14 개발 활동별 오류 수정 비용

최근 많은 주목을 받는 애자일 프로세스는 분석과 설계 활동보다 구현과 테스트 활동을 강조한다. 그러나 유지보수 비용 절감을 통한 전체 프로젝트 비용 절감을 위해 분석과 설계 활동에 많은 노력을 기울이는 것이 필요하다.

연 습 문 제

2.1. 다음 중 프로토타입 모델에 대한 설명 중 가장 거리가 먼 것을 선택하라.

① 개발 초기에 사용자는 결과물의 일부를 볼 수 있다.
② 사용자와 개발자 모두에게 시스템에 대한 이해를 높이는데 도움을 준다.
③ 프로토타입은 조금씩 진화하여 최종 시스템으로 발전될 수 있다.
④ 문제 영역에 대하여 이해하고 있는 프로젝트에 적용될 수 있다.

2.2. 다음 중 폭포수 모델의 장점으로 가장 거리가 먼 것을 선택하라.

① 고전적인 모델로 적용사례 다수 ② 각 활동에 대한 명확한 정의
③ 각 활동에 대한 명확한 결과물 정의 ④ 요구사항 변경 용이

2.3. 다음 중 나선형 모델에 대한 설명으로 가장 거리가 먼 것을 선택하라.

① 프로젝트 개발에서 위험을 최소화하려는 모형이다.
② 프로토타입을 점진적으로 개발 완성해가는 모델이다.
③ 폭포수와 프로토타입 모델에 위험 분석을 추가한 모델이다.
④ 비용이 적게 드는 프로젝트나 소규모 프로젝트에 적합하다.

2.4. 다음 중 전통적인 문서화 과정을 무시하고 구현과 테스트 활동에 중심을 두는 모델을 선택하라.

① UP ② XP ③ V ④ Spiral

2.5. SDLC 모델을 명확히 정의해야 하는 이유 2개만 적어라.

2.6. 프로토타입 모델 중에 빠른 시간에 시스템의 핵심적인 기능을 포함하는 초기 버전의 시스템을 제작하고, 이를 정제하여 점차적으로 최종 제품이 되는 모델을 무엇이라 하는지 적어라.

2.7. 요구사항을 잘 이해할 수 있는 문제 영역에 폭포수 모델을 적용할 수 있는 이유를 설명하라.

2.8. 현대의 개발 프로세스는 근본적으로 반복과 점증의 특징을 갖는 이유를 설명하라.

2.9. 반복/점증 모델의 반복 과정에서 프로젝트 초기에는 분석 활동에 많은 비용이 소비되지만 후반부 반복에는 통합 테스트 비용이 급격히 늘어나는 이유를 설명하라.

2.10. 다음 중 UP의 정제 단계에 대하여 적절하게 설명한 것을 3개 선택하라.

① 기본적인 비기능 요구 조사 ② 대부분의 요구 파악과 안정화 작업
③ 비교적 짧은 기간 수행 ④ 주로 분석/설계 모델링 작업 수행
⑤ 상위 수준의 위험요소 파악 ⑥ 시작 단계 결과물에 대한 구체화

2.11. 다음 중 애자일 프로세스의 특징 3개를 선택하라.

① 엄격한 ② 무거운 ③ 진화하는 ④ 가벼운
⑤ 적응하는 ⑥ 예측 가능한

2.12. 다음 중 UP 프로세스에서 수행되는 3개의 단계 이름을 선택하라.

① Inception ② Implementation ③ Construction
④ Elaboration ⑤ Deployment ⑥ Configuration

2.13. 다음 중 XP 프로세스의 특징에 대하여 적절하게 설명한 것을 3개 선택하라.

① 신속하고 단순한 설계 후에 코딩과 테스트를 중시한다.
② pair programming 원리에 따른다.
③ 유지보수 비용 절감을 위해 분석과 설계 모델링에 중점을 둔다.

④ 고객과의 지속적인 교류를 중시한다.

⑤ 개발 프로세스를 중시한다.

2.14. 애자일 프로세스는 진화, 가벼운, 자주적 프로세스의 특징을 갖는다. 각 용어가 의미하는 것을 폭포수 모델과 비교하여 설명하라.

2.15. 단순 설계와 사용자 상호작용을 중시하는 XP 프로세스가 구현에서 리팩토링과 테스트에서 회귀 테스트를 강조하는 이유를 설명하라.

2.16. 다음은 CBD 모델에 대한 내용이다. 괄호에 적절한 용어를 적어라.

> (①) 모델이라고 부르는 CBD(Component Based Development) 모델은 컴포넌트 자체를 개발하는 CD(Component Development) 모델과, 이미 존재하는 컴포넌트를 검색하고 조립하여 시스템을 구축하는 (②) 모델로 분류할 수 있다. CD프로세스에서 가장 중요한 활동은 유사 도메인에서 공통으로 사용할 수 있는 컴포넌트를 파악하는 (③) 활동이다.

2.17. 다음 보기는 UP 프로세스에서 언급하는 단계와 작업흐름과 관련된 용어를 보인다. 각 문제가 설명하는 용어를 보기에서 선택하라.

① 형상/변경 관리	② 시작	③ 테스트	④ 요구
⑤ 프로젝트 관리	⑥ 비즈니스 모델링	⑦ 구현	⑧ 설계
⑨ 전이	⑩ 구축	⑪ 환경	⑫ 배치
⑬ 분석	⑭ 정제		

1) 분석/설계 모델링 작업을 주로 수행하는 단계
2) 시스템의 기본적인 요구와 제한조건을 상위수준에서 정의하는 단계
3) 테스트와 배치 작업을 주로 수행하는 단계
4) 대부분의 요구를 파악하고 안정시키는 단계
5) 구현 작업을 주로 수행하는 단계

6) 개발 방법과 무관하게 수행할 수 있는 단계
7) 시작 단계에서 주로 수행하는 공학 작업흐름(2개 선택)
8) 정제 단계에서 주로 수행하는 공학 작업흐름(2개 선택)
9) 구축 단계에서 주로 수행하는 공학 작업흐름
10) 전이 단계에서 주로 수행하는 공학 작업흐름(2개 선택)
11) 개발 단계 전반에 걸쳐 꾸준히 수행되는 지원 작업흐름
12) 구축과 전이 단계에서 주로 수행하는 지원 작업흐름
13) 시작 단계에서 주로 수행하는 지원 작업흐름

2.18. 다음 중 스크럼 마스터의 책임으로 가장 적절한 것은?

① 제품 백로그 항목을 유지보수 한다.
② 스크럼 원리를 팀에 적용시킨다.
③ 개발 팀의 조직 구성을 결정한다.
④ 스프린트 백로그를 작성한다.

2.19. 각 스프린트에서 스크럼 개발 팀이 수행할 수 있는 내용으로 적절한 것을 2개 선택하라.

① 전반적인 프로젝트 계획을 수립한다.
② 부분적인 점증을 개발한다.
③ 다음 스프린트에 대한 요구 사항을 분석한다.
④ 스스로 자신의 팀 구성을 결정한다.
⑤ 제품 백로그를 작성한다.

2.20. XP 모델과 Scrum 모델의 공통점과 차이점에 대하여 간단히 설명하라.

2.21. 개발 프로세스의 다양한 활동 중에서 분석과 설계에 관심을 갖는 이유를 유지보수 비용 관점에서 설명하라.

CHAPTER

03 프로젝트 관리

3.1 소개

복잡한 대규모 소프트웨어 개발 프로젝트는 오랜 기간 동안 많은 사람들의 노력과 협력이 요구되므로 체계적인 관리가 필요하다. 프로젝트 관리를 수행하기 위해 필요한 활동에 대하여 알아 보기 전에 프로젝트가 무엇인지 정의하자.

프로젝트 정의

- 프로젝트는 유일한 제품, 서비스, 혹은 결과를 만들어 내기 위해 한시적으로 수행되는 점진적인 노력이다. 이 정의에서 한시적이란 말은 모든 프로젝트가 명확한 시작과 명확한 종료 기간을 가진다는 의미이며, 프로젝트 수행을 위해 생성된 팀은 프로젝트 종료시 해체되고 팀원은 재배치된다. 유일한 제품 혹은 서비스라는 의미는 프로젝트의 결과물은 기존에 없던 독창적인 제품, 서비스, 지식, 정보라는 것을 의미하며, 점진적이라는 의미는 프로젝트의 결과물이 점차적으로 구체화된다는 것을 의미한다. [고석하, 2008].
- 프로젝트는 계약서의 조건과 기간을 만족하기 위해 수행되는 기술과 관리 활동들의 집합이다. 소프트웨어 프로젝트는 시작과 종료 날짜, 목표, 제한조건, 책임, 예산, 일정을 명확히 포함해야 한다. 소프트웨어 프로젝트는 단일 프로젝트이거나 대형 프로젝트의 일부분일 수 있다.
(The set of work a ctivities, both technical and managerial, requ red to satisfy the terms and conditions of a project agreement. A software project should have specific starting and ending dates, well-defined objectives and onstraints, established responsibilities, and a budget and schedule. A software project may be self-contained or may be part of a larger project.) IEEEStd. 1058]

위에서 언급한 정의로부터 프로젝트는 '기간이 한정되어 있고, 목적과 제한조건을 만족하며, 기존에 존재하지 않은 새로운 제품을 만들기 위하여 적용하는 다양한 기술과 관리 활동'이라고 정의할 수 있다.

프로젝트 관리 활동

소프트웨어 프로젝트 관리를 위해 다른 공학 분야에서 수행하는 관리 활동을 적용할 수 있다. 그러나 소프트웨어는 일반적인 공학 분야에서 제조되는 하드웨어 제품과 달리 비가시성, 복잡성, 유연성과 같은 독특한 특징을 갖기 때문에 소프트웨어 프로젝트를 효과적으로 관리하는 것은 복잡하고 어려운 일이다.

소프트웨어 프로젝트는 복잡하고, 오랜 기간과 많은 인력이 필요하며, 한정된 비용과 주어진 기간에 완수해야 한다. 이러한 제한된 자원과 조건 속에서 성공적인 프로젝트 완수를 위해 관리자는 체계적인 계획을 수립하고, 수립된 계획에 따라 프로젝트 진행 상황을 지속적으로 감시하며, 필요한 경우 프로젝트를 통제하는 것이 필요하다.

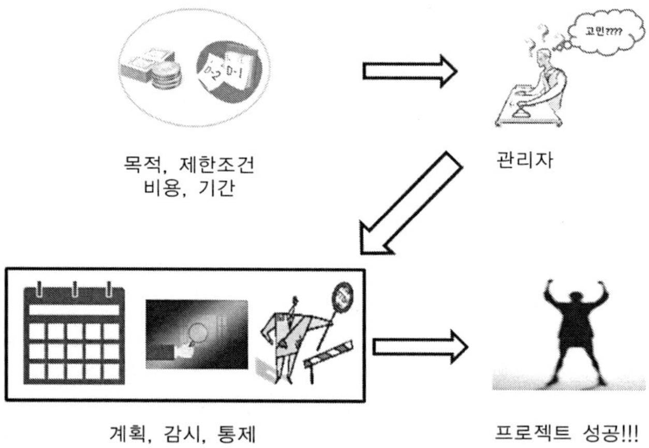

그림 3.1 프로젝트 관리의 중요성

프로젝트 관리 프로세스

프로젝트 관리 프로세스(계획 → 감시 → 통제 → 보고)는 프로젝트 전반에 걸쳐 수행된다. 다음은 관리 프로세스와 관련된 주요 활동 및 세부 수행 작업을 보인다.

◎ 계획(planning)

프로젝트의 목표를 설정하고, 목표 달성을 위한 구체적인 작업을 결정한다. 계획 활동에서 수행하는 세부 작업은 시스템 정의, 프로세스 계획, 프로젝트 계획, 일정 수립, 비용추정, 자원할당 계획, 위험관리 계획, 품질관리 계획, 형상관리 계획이 있다.

◎ 감시(monitoring)

수립된 계획에 따라 프로젝트를 지속적이고 정기적으로 감시한다. 각 작업의 일정과 성과를 정기적으로 측정하고 자료를 수집한다. 수집된 자료를 계획과 비교하여 분석하고 평가한다.

◎ 통제(controlling)

감시 활동의 결과를 기반으로 프로젝트 진행을 통제한다. 감시 결과가 계획과 차이가 있다면, 계획을 수정하고 필요한 조치를 취한다.

◎ 보고(reporting)

감시 및 통제 활동에서 발생하는 모든 과정을 문서화한다. 이러한 문서는 향후 프로젝트 계획에 참고 자료로 활용된다.

계획이 없는 프로젝트는 감시와 통제가 불가능하므로 계획은 프로젝트 관리의 가장 중요한 활동이다. 모든 관리는 계획 활동으로부터 시작된다.

3.2 소프트웨어 측정

척도

측정(measurement)은 소프트웨어 프로젝트를 효과적으로 관리하기 위한 근본적인 활동이다. 측정하지 않은 대상은 평가, 제어, 관리하기 어렵다. 모든 공학 분야에서 어떤 대상에 대한 특징을 정량화하는 측정은 매우 중요하다. 측정하지 않는다면 주관적인 판단만 있을 뿐 객관적인 평가를 어렵게 한다. 소프트웨어 측정은 다음과 같은 목적으로 활용된다.

- 품질 평가 : 제품의 품질이 높은지 판단
- 프로세스 개선 : 개발 프로세스가 효과적인지 평가
- 프로젝트 관리 : 비용 추정, 프로젝트 제어, 생산성 향상
- 미래 예측 : 현재 프로젝트 문제점 파악, 미래 프로젝트 예측

척도(metrics)는 측정 기준 혹은 측정 방법을 의미한다. 소프트웨어의 어떤 특징(보기: 크기, 신뢰성, 프로세스)을 정량적으로 측정하기 위한 도구이다. 보기를 들면, 프로그램 소스코드 문장의 라인 수를 의미하는 LOC(Lines Of Code)는 소프트웨어의 중요한 특징 중 하나인 크기를 측정하는 방법으로써 의미가 있기 때문에 소프트웨어 크기 척도로 이용될 수 있다.

척도 분류

소프트웨어의 다양한 특징을 측정하기 위해 여러 척도들이 제안되었다. 이러한 척도들을 분류하는 방법 중 Mills가 제안한 척도 분류 방법을 소개한다.

프로덕트 vs. 프로세스 척도

프로덕트 척도는 소프트웨어 개발 과정에서 생성되는 결과물의 특징을 측정하는 척도를 말한다. 설계의 복잡성 측정, 프로그램 크기 측정, 문서의 페이지 수를 측정하는 방법들은 프로덕트 척도의 전형적인 보기이다. 소프트웨어 개발자는 프로덕트 척도에 많은 관심을 갖는다. 프로세스 척도는 소프트웨어 개발 프로세스를 개선하기 위해 프로세스와 관련된 특징을 측정한다. 비용, 기간, 노력을 측정하는 방법들은 프로세스 척도의 전형적인 보기이다. 프로젝트 관리자는 프로세스 척도에 많은 관심을 갖는다.

객관적 vs. 주관적 척도

객관적 척도는 누가 측정하더라도 동일한 결과를 보이는 척도이며, 주관적 척도는 측정 주체의 주관적인 판단에 따라 결과가 달라질 수 있는 척도이다. 다음은 객관적 및 주관적 척도에 대한 보기를 보인다.

- LOC를 이용한 소프트웨어 크기 측정 (객관적 프로덕트 척도)
- 특정 시점까지 소요된 개발 기간 측정 (객관적 프로세스 척도)
- COCOMO 모델에서 개발자에 의해 소프트웨어를 'organic', 'semi-detached', 'embedded'로 분류해 비용 추정 (주관적 프로세스 척도)

- 프로그래머의 개발 능력 수준 측정 (주관적 프로세스 척도)

◎ 기본 vs. 복합 척도

기본 척도는 직접적으로 측정 가능한 척도이다. 프로그램 크기를 측정하기 위한 LOC, 단위 테스트에서 관측된 오류 수, 프로젝트 개발 기간은 직접 측정할 수 있는 기본 척도들이다. 복합 척도는 직접 측정이 불가능하며, 다른 척도들과 결합하여 계산하는 척도이다. 생산성 측정을 위해 한 달에 한 사람의 노력으로 작성한 소스 코드 라인수(LOC/PM), 품질 측정을 위해 1000줄(KLOC)당 오류 수는 복합 척도에 대한 보기이다.

[그림 3.2]는 다양한 척도들을 프로덕트 척도와 프로세스 척도로 분류한 보기를 보인다.

분류	특징	척도	내용
프로덕트	크기	· LOC · 기능점수(Function Points) · Bang	소프트웨어의 크기를 다루는 척도
	복잡성	· 순환적 복잡성 · Knots · 정보흐름	설계의 복잡성을 다루는 척도
	프로그램길이, 용량	· Halsted's 소프트웨어 과학	프로그램 코드의 다양한 관점을 다루는 척도
	품질	· 정확성 척도 · 신뢰성 척도 · 유지보수성 척도	소프트웨어의 품질을 다루는 척도
프로세스	실험모델	· Wolverton's 모델	과거 프로젝트 데이터를 이용하여 소프트웨어 크기, 비용, 노력을 추정하는 모델 COCOMO는 실험모델)
	통계모델	· Walston's 모델	과거 수행한 프로젝트 데이터에 기반한 통계적 예측 모델 (COCOMO는 통계모델)

이론모델	· Rayleigh 모델 · Halsted의 소프트웨어 과학 모델	수학적인 가정과 이론에 기초한 모델
복합모델	· COCOMO – Boehm · SOFTCOST – Tausworthe · SPQR – Jones · COPMO – Thebaut · ESTIMACS – Rubin	직관, 통계분석, 전문가 판단을 결합하여 비용과 노력을 추정하는 모델 (COCOMO는 복합모델)

그림 3.2 소프트웨어 척도 보기

3.3 위험 관리

위험(risk)이란 프로젝트에 심각한 영향을 미쳐 프로젝트의 성패에 직접적인 영향을 미칠 수 있는 사건을 의미한다. 프로젝트를 성공적으로 완수하기 위해 미래에 발생할 수 있는 불확실한 위험 요소를 미리 파악하고, 발생 가능성을 분석하여, 이를 해결하기 위한 전략을 수립하는 것은 매우 중요하다.

[그림 3.3]은 위험 관리 프로세스의 주요 활동들을 보인다.

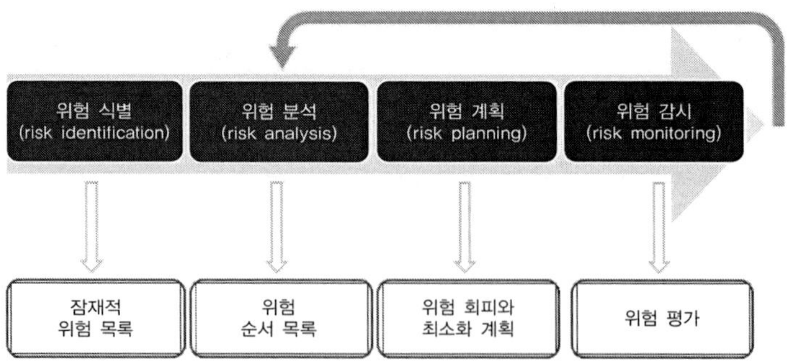

그림 3.3 위험 관리 프로세스

◎ 위험 식별

프로젝트에 중요한 영향을 미칠 수 있는 잠재적인 위험 요소를 파악한다.

◎ 위험 분석

각 위험 요소의 발생 가능성과 발생 시 프로젝트에 미칠 영향력을 분석하고 평가한다.

◎ 위험 계획

위험을 피하거나 최소화하기 위한 계획을 수립한다.

◎ 위험 감시

위험을 지속적으로 모니터링하고 평가한다. 평가에 따라 계획을 수정한다.

3.3.1 위험 식별

위험 관리의 첫 번째 단계는 프로젝트에 영향을 미칠 수 있는 위험 요소를 파악하는 것이다. 잠재적인 위험 요소를 효과적으로 파악하기 위해, 위험 요소들을 분류하고 개발자들에게 위험 점검목록(checklist)을 제공하는 것이 필요하다. 이러한 위험 점검목록은 미래위험 분석 및 피해 최소화 계획 수립에 많은 도움을 줄 수 있다.

위험 요소는 다음과 같이 6가지로 분류할 수 있다.

◎ 기술 위험 : 시스템 개발에 이용되는 소프트웨어나 하드웨어와 관련된 기술적 위험

- 데이터베이스가 예상 트랜잭션 처리량을 감당하지 못함
- 재사용 소프트웨어 컴포넌트에 결함이 존재함

◎ 인적 위험 : 개발 팀원 및 인력과 관련된 위험

- 필요한 기술력을 가진 직원을 고용할 수 없음
- 핵심 직원이 중요한 시기에 질병으로 인해 업무 수행이 어려움
- 필수적인 직원 훈련이 불가능함

◎ 조직 위험: 개발 조직과 관련된 위험

- 조직 구조 변경으로 프로젝트 관리 책임이 바뀜
- 조직의 재정 문제로 프로젝트 예산 감소

◎ 도구 위험: 개발에 이용되는 CASE 도구나 지원 소프트웨어와 관련된 위험

- CASE 도구가 자동 생성한 코드가 비효율적임

◎ 요구 위험 : 요구 사항 변경 또는 변경 관리 프로세스와 관련된 위험
- 고객이 주요 설계 부분을 수정해야 하는 요구 변경을 제안
- 고객이 요구 변경에 대한 영향을 충분히 이해하지 못함

◎ 추정 위험 : 자원, 비용, 일정에 대한 부정확한 추정과 관련된 위험
- 소프트웨어 개발 기간을 과소 추정
- 결점 수정 비용을 과소 추정
- 소프트웨어 크기를 지나치게 작게 추정

3.3.2 위험 분석

위험 분석에서는 식별된 위험 요소의 발생 가능성과 프로젝트에 미치는 파급 효과에 대하여 분석한다. 이러한 평가는 정량적 분석보다는 주로 관리자의 경험에 의존하는 정성적 평가로 수행된다. [그림 3.4]는 위험 분석 결과의 보기를 보인다. 분석 결과는 각 위험 요소 에 대하여 발생 가능성과 파급 효과를 고려하여 프로젝트에 가장 영향을 미칠 위험 요소를 우선적으로 나열한다. 상위에 속하는 위험 요소는 지속적으로 감시하고 관리하는 것이 필요하다.

위험	가능성	결과
조직의 재정적인 문제는 프로젝트에 대한 예산 감소를 일으킨다.	낮음	재앙
필요한 기술력을 가진 직원을 고용하는 것이 불가능하다.	높음	재앙
필요 직원이 중요한 시기에 질병으로 인해 일할 수 없다.	보통	심각함
재사용 되어야 하는 소프트웨어 컴포넌트들이 결점을 갖고 있다.	보통	심각함
주요 설계 부분에 대한 재작업이 필요한 요구사항 변경을 제안한다.	보통	심각함
조직의 구조가 조정되어 프로젝트에 대한 관리 책임이 바뀌었다.	높음	심각함

그림 3.4 위험 분석 결과 예시

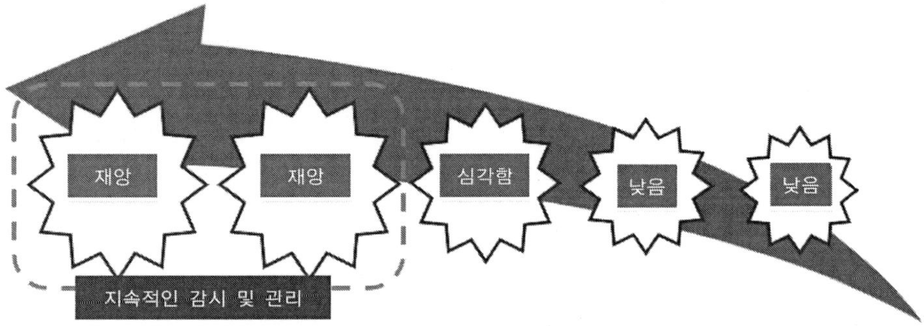

그림 3.5 위험 분석 결과에 대한 지속적인 감시

3.3.3 위험 계획

위험 계획은 위험 분석 결과에서 우선순위가 높은 위험 요소를 최소화하거나 회피하기 위한 구체적인 전략을 수립하는 활동이다. [그림 3.6]은 각 위험 요소에 대한 대응 전략 계획을 보인다.

위험	전략
조직의 재정 문제	최고 관리자에게 간단한 브리핑을 준비하여 이 프로젝트가 회사의 이익에 상당히 기여할 수 있음을 강조
직원 고용 문제	프로젝트의 잠재적인 어려움과 주어진 기간 내에 완성하지 못할 가능성을 고객에게 경고하고, 재사용 컴포넌트 구입에 대하여 조사
직원 질병 문제	중복 작업이 가능하도록 조직을 재구성
결점 있는 재사용 컴포넌트 문제	잠재적으로 결점이 있는 컴포넌트를 신뢰성이 높은 컴포넌트로 구입하여 대체

그림 3.6 위험 계획

3.3.4 위험 감시

위험 감시는 선택한 위험 요소가 발생 가능성이 있는지, 위험의 영향이 변화했는지 주기적으로 감시하고 평가하는 것이다. 프로젝트 진행 상황을 검토하는 과정에서 지속적으로 수행하며, 감시와 평가 결과를 바탕으로 기존 계획을 수정할 수 있다.

3.4 품질 관리

소프트웨어 품질 관리는 소프트웨어 생명주기 동안 수행되는 모든 활동과 그 결과로 생산된 산출물의 품질을 보증하기 위해 계획, 감시, 통제 활동을 수행하는 것이다. 이러한 품질관리 활동은 일반적으로 독립적인 소프트웨어 품질 보증(SQA) 그룹이 담당한다. 품질 관리에 대하여 언급하기 전에, 소프트웨어 품질이 무엇인지 정의하는 것이 필요하다.

3.4.1 소프트웨어 품질

소프트웨어 공학의 목표 중 하나는 품질 좋은 소프트웨어를 개발하는 것이다. [Pressman 2001]은 소프트웨어 품질을 다음과 같이 정의하였다.

> 명세한 기능 및 성능 요구사항을 만족하고, 명확히 문서화된 개발 표준을 따르고, 전문적으로 개발된 소프트웨어에서 기대되는 내재적 특성을 포함하는 것
> (Conformance to explicitly stated functional and performance requirements, explicitly documented development standards, and implicit characteristics that are expected of all professionally developed software)

Pressman의 정의에 따라 품질 좋은 소프트웨어는 다음 3가지 특징을 갖는다.

- 사용자의 기능/비기능 요구 사항을 만족하는 소프트웨어
- 사용자가 명확히 요구하지 않았지만 전문가가 개발한 소프트웨어에 내재하는 유지보수성이나 재사용성과 같은 소프트웨어 품질 특성을 고려하여 개발한 소프트웨어
- 표준 및 절차를 준수하여 개발된 소프트웨어

관리자와 개발자는 품질에 대하여 서로 다른 관점을 가질 수 있다. 개발자(공학자)는 기술, 방법, 도구를 사용하면 품질 좋은 소프트웨어를 개발할 수 있다고 생각한다. 반면에, 프로젝트 관리자는 계획, 검토, 감시와 같은 관리 활동을 통해 소프트웨어 품질을 보증한다고 생각한다. 이러한 두 가지 관점 모두 양질의 소프트웨어 개발에 중요하다.

3.4.2 품질 보증 및 관리

소프트웨어 품질 보증(SQA: Software Quality Assurance)은 품질 좋은 소프트웨어 생산을 보증하기 위한 계획적이고 체계적인 활동들의 집합이다. 이러한 활동은 일반적으로 SQA 그룹이 담당하며, 소프트웨어 개발 활동과 독립적으로 수행된다. SQA 그룹은 소프트웨어 공학자, 프로젝트 관리자, 고객이 포함될 수 있다.

SQA 관리를 위한 주요 활동은 계획, 검토, 감시 활동을 포함한다.

◎ 계획

품질 보증을 위한 계획을 수립하며 다음 내용을 포함한다.

- 프로젝트 표준 개발 및 적용 계획
- 품질 측정을 위한 척도 개발 및 적용 계획
- 품질 데이터 수집 및 분석 방법 계획
- 검토/감시 계획
- 생산되는 문서에 대한 계획

◎ 검토

표준 준수 여부, 결과물(문서, 설계, 코드)의 오류나 결함 발견을 위해 검토한다.

◎ 감시

수립된 계획과 일치하는지 감시한다.

SQA 그룹에서 수행하는 주요 활동 중 하나인 검토(review) 활동은 문서에서 오류나 결함을 발견하기 위해 수행하며 소프트웨어 개발 동안 여러 지점에서 수행한다. 검토의 종류는 휴식 시간을 활용한 검토와 같이 체계적인 절차 없이 수행하는 비정형(informal) 검토와 체계적인 절차에 의해 수행하는 정형(formal) 검토로 분류한다.

정형 검토 방법에는 워크스루(walkthrough)와 인스펙션(inspection)이 있다. 인스펙션은 가장 정형화된 검토 방법이므로 오류 발견의 확률은 높지만 많은 비용을 필요로 한다. 정형 검토는 품질 보증을 위해 가장 효과적인 방법이며 프로젝트 초기에 오류를 제거할 수 있기 때문에 반드시 수행하는 것이 필요하다. 정형 검토에 대한 상세 내용은 '16장. 테스트'에서 자세히 언급한다.

3.4.3 품질 요소

소프트웨어 품질은 단순히 사용자가 요구하는 기능을 충족하는 것을 넘어, 다양한 비기능 요구를 만족해야 한다. 비기능 요구에 대한 보기로는 사용 편리성, 수행 속도, 오류 발생빈도, 예기치 못한 상황 대처 능력 등을 포함한다. 이러한 비기능 요구는 소프트웨어 품질 요소라 불리며, 실제로 사용자의 기능 요구를 만족하는 것보다 더욱 중요한 경우도 있다. 기능 요구만을 만족하는 시스템은 사용자에게 실망을 줄 수 있으므로, 비기능 요구를 고려한 개발은 매우 중요하다.

소프트웨어 품질 요소는 다양한 방법으로 분류될 수 있다. 이러한 분류 방법 중 Wiegers, McCall, ISO에서 제안한 분류 방법을 소개한다.

Wiegers 품질 요소

사용자 품질 요소	개발자 품질 요소
가용성(Availability)	유지보수성(Maintainability)
효율성(Efficiency)	이식성(Portability)
유연성(Flexibility)	재사용성(Reusability)
무결성(Integrity)	시험용이성(Testability)
상호운영성(Interoperability)	
신뢰성(Reliability)	
강건성(Robustness)	
사용성(Usability)	
성능성(Performance)	

그림 3.7 Wiegers의 소프트웨어 품질 요소

[Wiegers 2003]은 품질 요소를 사용자 관점과 개발자 관점으로 구분하여 정의하였다. 개발자에게 관심이 있는 품질 요소는 사용자에게 직접적인 관련은 없으나 사용자의 잠재적인 만족과 제품에 내재하는 품질에 중요한 영향을 미치는 요소들이다. 다음은 Wiegers의 품질 요소에 대하여 간단히 설명하며, 구체적인 보기는 '5장. 요구공학'에서 다시 언급한다.

가용성

사용자가 특정 시점에 서비스를 요청했을 때 시스템이 정상적으로 운영될 확률을 의미한다.

효율성

시스템이 컴퓨터 자원들을 얼마나 효율적으로 이용하는가를 의미한다. 컴퓨터 자원은 프로세서 용량, 디스크 공간, 메모리, 통신 대역폭 등을 의미한다.

유연성

시스템에 새로운 기능을 얼마나 용이하게 확장시킬 수 있는가를 의미하며 확장성이라고도 부른다.

무결성

시스템 기능에 대한 접근 제한, 바이러 전염에 대한 정보 보호, 데이터의 안전 정도를 의미한다.

상호운영성

시스템이 다른 시스템과 얼마나 용이하게 정보를 교환할 수 있는가를 의미한다. 즉, 다른 시스템과의 정보 교류(통합, 연동)의 용이함 정도를 의미한다.

신뢰성

시스템이 주어진 기간 동안 올바르게 수행하면서 고장 없이 운영되는 확률을 의미한다. 여기에서 고장은 일반적으로 사용자 요구를 만족하지 않는 것을 의미하지만, 시스템이 완전히 다운되는 경우를 의미할 수도 있다.

강건성

시스템이 불법적인 입력이나 예기치 못한 문제 상황에 직면했을 때에도 적절히 운영되는 정도를 의미한다.

사용성

시스템에 대한 이용의 용이함 정도를 의미한다.

유지보수성

시스템의 오류 수정에 대한 용이함 정도를 의미한다. 이를 위해 유지보수성은 얼마나 시스템이 이해가 용이한지, 수정이 용이한지, 테스트가 용이한지에 초점을 맞춘다.

◎ 이식성

시스템을 특정 하드웨어, 소프트웨어 운영 환경에서 다른 운영 환경으로 이전하는 용이함 정도를 의미한다.

◎ 재사용성

다른 응용 프로그램에 다시 사용하기 위해 시스템의 기존 컴포넌트들을 수정하는 정도를 의미한다.

◎ 시험용이성

시스템 컴포넌트나 통합 제품에서 오류를 발견하기 위한 용이함 정도를 의미하며, 확인성(verifiability) 이라고도 부른다.

◎ 성능성

시스템의 응답시간이나 처리량과 같은 시스템 부하 정도를 의미한다. 성능성은 사용자나 개발자 모두에게 관심이 있으며 중요한 품질 요소 중 하나이다.

모든 품질 요소를 프로젝트에 적용하는 것이 바람직하지만, 프로젝트 성격에 따라 중요한 품질 요소가 다를 수 있다. 보기를 들면, 효율성과 신뢰성은 임베디드 시스템에 더욱 중요한 품질 요소이며, 가용성, 무결성, 유지보수성은 인터넷과 메인 프레임 시스템에 더욱 중요한 품질 요소이다. 상호운영성과 사용성은 데스크탑 시스템에 더욱 중요한 품질 요소일 것이다.

McCall 품질 요소

[McCall 1977]은 소프트웨어의 운영, 변경, 적응 관점에서 품질 요소를 분류하였다. [그림 3.8]에서 운영과 관련된 품질 요소는 소프트웨어를 운영할 때 제품이 얼마나 정확한지, 신뢰할 수 있는지, 효율적인지, 사용하기 용이한지에 대한 품질 요소들을 포함한다. 변경에 관한 품질 요소는 제품에 대한 수정이 용이한지, 수정이 유연한지, 테스트가 용이한지에 대한 요소들을 포함한다. 적응에 대한 품질 요소는 다양한 환경에 이식할 수 있는 용이함, 재사용 정도를 포함한다.

분류	특성	내용
운영 (operation)	정확성 (correctness)	기능적인 요구사항 만족과 고객 목적 이행 정도
	신뢰성 (reliability)	필요한 정확성으로 기능을 수행하는 정도. 즉, 요구 시간 동안 제한된 환경에서 오류 없이 동작하는 정도
	효율성 (efficiency)	기능 수행을 위해 필요로 되는 컴퓨터 자원이나 코드의 양
	무결성 (integrity)	허용되지 않는 사람에게 소프트웨어나 자료 접근의 통제 정도
	사용성 (usability)	사용자가 쉽게 이해하고 사용이 용이하며 흥미를 느끼는 정도
변경 (revision)	유지보수성 (maintainability)	오류를 발견하고 수정하기 위해 필요한 노력 정도
	유연성 (flexibility)	오류 없이 운영 중인 소프트웨어 새로운 기능을 추가할 때 수정하기 위해 필요한 노력
	시험용이성 (testability)	의도한 기능을 수행하는지 보장하기 위한 검사에 필요한 노력
적응 (transition)	이식성 (portability)	다른 하드웨어 환경으로 이전하는데 필요한 노력
	재사용성 (reusability)	다른 프로그램에 재사용될 수 있는 정도
	상호운영성 (interoperability)	다른 시스템과 연결하는데 필요한 노력

그림 3.8 McCall의 소프트웨어 품질 요소

ISO 품질 요소

국제적으로 소프트웨어 품질 평가 표준을 제정하려는 노력은 국제전기전자기술자협회(IEEE)와 국제표준화기구(ISO)를 중심으로 진행되어 왔다. ISO는 소프트웨어 품질을 위한 국제 표준화 작업의 일환으로 제품 품질 표준(ISO/IEC 9126), 프로세스 품질 표준(ISO/IEC 15504: SPICE), 품질 관리 표준(ISO/IEC 9001)을 제시하였다. 이 중 ISO/IEC 9126은 소프트웨어 제품과 관련된 품질 평가 표준으로써, 소프트웨어 제품 품질 특성을 6개로 분류하고 [그림 3.9]와 같이 정의하였다.

분류	특성	내용
기능성 (functionality)	적합성(suitability)	소프트웨어가 요구 기능을 만족하는 정도
	정확성(accuracy)	
	상호운영성(interoperability)	
	순응성(compliance)	
	보안성(security)	
신뢰성 (reliability)	성숙성(maturity)	소프트웨어의 사용 가능한 시간
	장애허용성(fault tolerance)	
	회복성(recoverability)	
사용성 (usability)	이해성(understandability)	소프트웨어 사용의 용이함 정도
	학습성(learnability)	
	운영성(operability)	
효율성 (efficiency)	시간행위(time behavior)	소프트웨어가 시스템 자원을 최적으로 이용하게 만드는 정도
	자원행위(resource behavior)	
유지보수성 (maintainability)	분석성(analyzability)	소프트웨어 수정의 용이함 정도
	변경성(changeability)	
	안정성(stability)	
	검사성(testability)	
이식성 (portability)	적응성(adaptability)	소프트웨어가 한 환경에서 다른 환경으로 이식될 수 있는 정도
	설치성(installability)	
	순응성(conformance)	
	대치성(replaceability)	

그림 3.9 ISO의 소프트웨어 품질 요소

3.4.4 품질 표준

양질의 소프트웨어를 보장하기 위해 SQA 그룹은 소프트웨어 개발에 적용할 수 있는 표준을 개발하거나 기존에 정의된 표준을 선택하여 적용할 수 있다. 품질 보증을 위한 표준은 프로덕트 표준과 프로세스 표준으로 구분된다.

◎ 프로덕트 표준

소프트웨어 제품에 적용할 수 있는 표준으로 문서 구조, 내용 형식, 코딩 스타일등에 대한 표준을 정의한다.

- 설계 검토 양식
- 요구 명세서 구조
- 프로그래밍 스타일
- 프로젝트 계획 양식
- 변경 요청 양식

◎ 프로세스 표준

소프트웨어 개발 과정에서 준수해야 하는 절차를 정의한다. 분석, 설계, 검토, 테스트 프로세스에 대한 정의와 작성해야 하는 문서 종류를 규정한다.

- 설계 검토 프로세스
- 형상 관리를 위한 문서 제출 프로세스
- 버전 릴리스 프로세스
- 프로젝트 계획 승인 프로세스
- 변경 제어 프로세스
- 테스트 기록 프로세스

이러한 표준을 소프트웨어 개발에 적용하는 것은 다음과 같은 장점을 갖는다.

- 상당한 노력과 시행착오 후에 획득한 지식을 바탕으로 작성한 표준은 과거의 실수를 반복하지 않도록 도와 준다.
- 조직의 모든 관계자가 동일 표준을 따르면 작업의 일관성과 연속성을 보장한다.
- 품질 보증을 수행하는 기초를 제공한다.

3.4.5 품질 척도

소프트웨어 품질이 필요한 수준에 도달했는지 평가하기 위해 SQA 그룹은 다양한 품질 척도를 개발하고 이를 적용한다. 소프트웨어 품질을 직접 측정하는 것은 어렵지만, 유지보수성이나 신뢰성과 같은 품질 요소는 간접적으로 측정될 수 있다. 보기를 들면, 대표적인 품질 요소 중 하나인 유지보수성을 평가하기 위해, 직접 측정이 가능한 소프트웨어 크기 척도인 LOC를 활용할 수 있다. LOC가 적을수록 프로그램에 대한 이해가 용이하므로 기존 코드에 대한 유지보수가 용이하다고 평가할 수 있다.

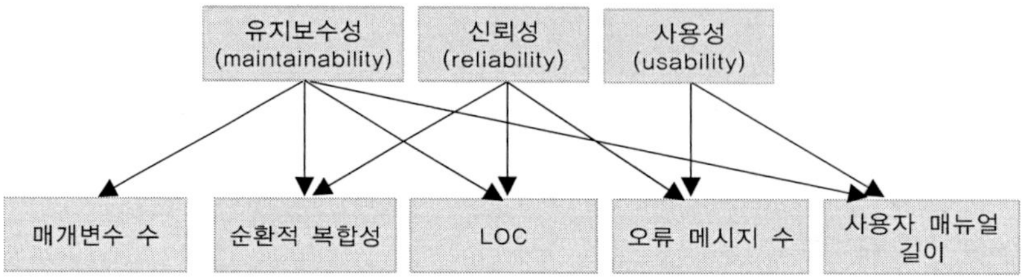

그림 3.10 소프트웨어 품질과 척도와의 관계

[그림 3.10]은 다양한 소프트웨어 품질 요소를 측정하기 위해 고려할 수 있는 직접 측정 가능한 척도와의 관계를 보인다. 보기를 들면, 매개변수 수, 순환적 복잡성, LOC, 사용자 매뉴얼 길이와 같은 척도는 유지보수성을 평가하기 위해 활용될 수 있다. 매개변수 수와 LOC가 적고, 프로그램 제어의 복잡성을 보이는 순환적 복잡성이 낮으며, 사용자 매뉴얼이 간결하면 소프트웨어가 단순하여 유지보수가 용이함을 보인다.

다음은 소프트웨어 품질 요소 중에 정확성, 유지보수성, 가용성, 신뢰성 척도에 대한 구체적인 보기를 보인다.

정확성

소프트웨어가 사용자 요구 기능을 얼마나 올바르게 수행하는지를 측정한다. 일반적으로 정확성 척도는 KLOC 당(혹은 FP당) 발견된 결함 수를 측정하는 것이다. 여기에서 결함 수는 사용자가 요구하는 기능을 만족하지 않는 수이다.

유지보수성

소프트웨어에 대한 수정의 용이함을 보이는 유지보수성은 직접 측정하기 어렵다. 가장 단순한 유지보수성 척도는 변경에 대한 평균 시간(MTTC: Mean Time To Change)을 측정하는 것이다. MTTC는 변경 요청에 대한 분석, 적절한 수정, 테스트, 인도할 때까지 걸리는 평균 시간을 측정하는 것이다. 유지보수성이 좋은 시스템은 낮은 MTTC 값을 가질 것이다.

가용성

소프트웨어가 특정 시간에 요구에 따라 운영되는 정도를 의미하는 가용성은 다음 식에 의해 간접적으로 측정될 수 있다.

$$가용성 = [MTTF/(MTTF + MTTR)] * 100$$

- MTTF(Mean Time To Failure) : 고장까지 평균 시간(즉, 가동 평균 시간)을 의미한다. MTTF = 총가동시간 / 고장수
- MTTR(Mean-Time-To-Repair) : 고장 복구 평균 시간(즉, 수선 평균 시간)을 의미한다. MTTR = 총수선시간 / 고장수

[그림 3.11]은 가상 시스템 A와 가상 시스템 B에 대한 MTTF, MTTR, 가용성을 측정한 결과를 보인다.

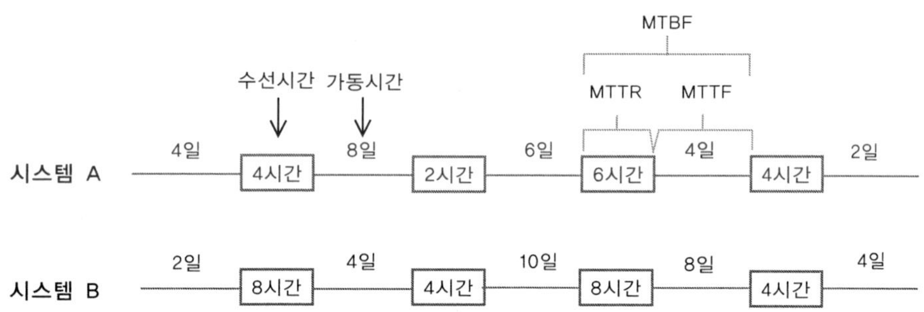

시스템	MTTF	MTTR	측정식	가용성
A	24일/4번 = 6일(144시간)	16시간/4번 = 4시간	[144/(144+4)] *100	97.29
B	28일/4번 = 7일(168시간)	24시간/4번 = 6시간	[168/(168+6)] *100	96.55

그림 3.11 가용성 측정 보기

시스템 A는 평균 6일 정상 가동되며, 고장 후 다시 운영될 때까지 평균 4시간이 소요된다. 시스템 B는 평균 7일 정상 가동되며, 고장 후 다시 운영될 때까지 평균 6시간이 소요된다. 결론적으로, 시스템 A가 시스템 B보다 가용성 측면에서 더욱 우수하다. 가용성은 수리 기간이 중요한 영향을 미친다는 것을 알 수 있다.

◎ 신뢰성

신뢰성은 시스템이 주어진 기간 동안 올바르게 수행하면서 고장 없이 운영되는 정도를 의미한다. 신뢰성 척도는 고장 사이의 평균 시간인 MTBF(Mean Time Between Failure)를 측정하는 것이다. MTBF는 소프트웨어가 고장난 시간부터 다음 고장난 시간까지 평균 시간에 해당하므로 다음 식으로 정의될 수 있다.

MTBF = MTTF + MTTR = 총운영시간 / 고장수

위 보기에서 시스템 A의 MTBF는 148시간, 시스템 B의 MTBF는 174시간이므로 시스템 B의 신뢰성은 시스템 A보다 좋다고 말할 수 있다. 신뢰도에서 수리 기간은 거의 영향을 미치지 않지만 고장 수는 지대한 영향을 미친다.

3.5 형상 관리

3.5.1 소개

소프트웨어 개발 프로세스에서 생성되는 모든 작업 결과물(코드, 문서, 자료)들의 집합을 소프트웨어 형상(SC: Software Configuration)이라 한다. 소프트웨어 형상을 구성하는 개별 요소를 소프트웨어 형상 항목(SCI: Software Configuration Item)이라 한다.

소프트웨어 개발 과정에서 형상 항목에 대한 변경은 필연적으로 발생한다. 이러한 변경을 체계적으로 관리하지 못하면 소프트웨어 품질은 저하되고 운영은 커다란 혼란에 빠지게 된다. 이를 방지하기 위해 소프트웨어 형상관리(SCM: Software Configuration Management)가 필요하다. SCM은 개발 프로세스 전반에 걸쳐 구성 항목의 변경을 체계적으로 관리하는 활동이다. 형상 관리는 구성 관리라고도 부르며 변경 관리, 버전 관리, 릴리즈 관리, 빌드 관리 개념을 포함하는 상위 개념이다.

SCM은 소프트웨어 생명주기 전반에 걸쳐 발생하는 변경을 관리하기 위한 활동들의 집합으로 정의된다. IEEE 용어사전은 SCM을 다음과 같이 정의한다.

> 형상 항목의 기능적, 물리적 특성을 식별하고 문서화하며, 변경을 제어하고, 변경 절차와 구현 상태를 기록 및 보고 하며, 명세한 요구사항에 부합하는지 확인하기 위해 기술적, 행정적 지침을 적용하고 감독하는 분야
> (A discipline applying technical and administrative direction and surveillance to: identify and document the functional and physical characteristics of a configuration item, control changes to those characteristics, record and report change processing and implementation status, and verify compliance with speci fied requirements)

IEEE 용어사전의 SCM 정의로부터 SCM의 주요 활동은 다음과 같다.

- 소프트웨어 형상 식별 (Identification)
- 소프트웨어 형상 제어 (Control)
- 소프트웨어 형상 감사 (Audit)
- 소프트웨어 형상 상태 기록 (Status Accounting)

SCM을 통해 얻을 수 있는 장점을 요약하면 다음과 같다.

- 변경 정보(누가, 언제, 무엇을, 어떻게, 왜) 제공
- 변경 이력에 대한 추적
- 팀원들 사이의 협업 가능 (변경 부분 동기화, 과거 시점으로 복원)
- 대체 형상에 대한 구성 지원

[그림 3.12]는 프로젝트 개발 과정에서 생산되는 수많은 작업 결과물을 보인다. 실선에 포함된 결과물들은 소프트웨어 버전1에 대한 형상(SC)을 나타내고 실선 내부의 결과물은 소프트웨어 버전1을 구성하는 형상항목(SCI)들이다. 점선 내부에 포함된 결과물들은 버전1을 업그레이드한 버전2에 대한 형상을 보인다. 버전2에 대한 형상은 대부분 기존 형상 항목을 수정한 형상항목으로 구성되지만 '모듈2'는 기존 결과물로 구성된다.

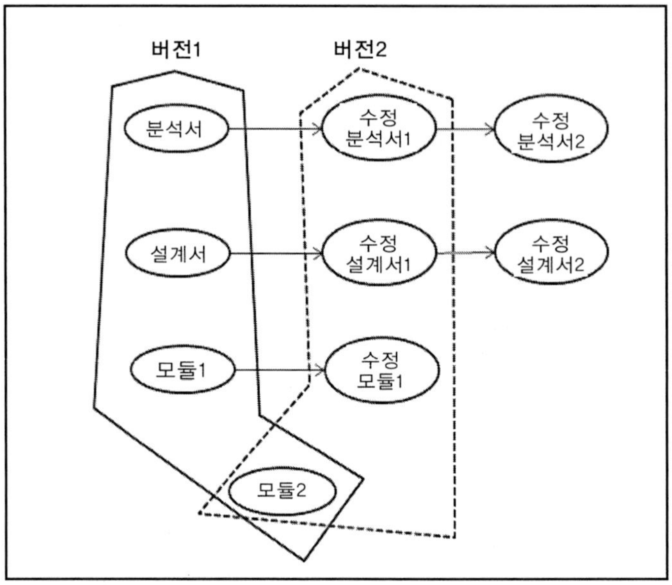

그림 3.12 소프트웨어 형상과 형상항목

기준선

형상 관리의 주요 활동 중 하나는 기준선(baseline)을 수립하는 것이다. 기준선을 수립한다는 것은 소프트웨어 개발 과정의 특정 시점의 작업 결과물을 기준으로 설정하여, 해당 단계의 작업을 동결하고 다음 단계를 시작하는 기준점을 정의하는 것이다. 보기를 들면, 버전1을 설정하는 시점에 버전1과 관련된 모든 산출물을 기준선으로 설정할 수 있다.

기준선으로 설정된 작업 결과물은 무분별한 변경으로부터 보호되고, 이후 프로젝트 작업 수행에 대한 공식적인 기초가 된다. 기준선을 설정하지 않으면 이미 검증되어 출시된 버전1의 구성 항목을 무분별하게 변경하여, 나중에 버전1을 구성하는 적절한 항목을 찾기 어렵게 한다.

작업 결과물이 기준선이 되기 위해서는 공식적인 검토와 승인 과정을 거쳐야 하며, 기준선이 된 산출물을 변경하려면 변경에 따른 영향(파급효과, 비용, 일정, 기술적 가능성)을 분석하는 정형화된 변경 제어 절차를 통해서 수정할 수 있다.

IEEE는 기준선을 다음과 같이 정의하였다.

공식적으로 검토되고 승인된 후, 이후 개발의 기초로 이용되며, 정형화된 변경 제어 절차를 통해서만 변경할 수 있는 명세 또는 결과물

(A specification or product that has been formally reviewed and agreed upon, that thereafter serves as the basis for further development, and that can be changed only through formal change control procedures)

소프트웨어 개발 활동을 통해 생성된 수많은 SCI는 공식적인 검토와 승인을 통해 기준선으로 설정되며, 프로젝트 데이터베이스에 저장된다. 개발자가 기준선에 수정하려면 개인 작업 공간으로 복사한 후 수정 작업을 수행한다. 수정된 작업 결과물은 반드시 '소프트웨어 형상 변경 제어 절차([그림 3.13] 참조)'를 통해 승인 과정을 거쳐야 한다.

3.5.2 형상 식별

소프트웨어 형상 관리를 위한 첫 번째 활동은 소프트웨어 형상을 식별하는 것이다. 이 활동에서는 시스템을 구성하는 형상 항목을 파악하고, 이들의 특성을 쉽게 이해하고 구별할 수 있도록 관련 정보를 문서화한다. 주요 항목들은 다음과 같다.

- SCI 이름
- SCI 설명
  - SCI 종류 : 문서, 프로그램, 자료
  - 프로젝트 식별자
  - 변경/버전 정보
- SCI 관계
  - 다른 SCI와의 관계 정보

다음은 소프트웨어 개발 단계별로 생성되는 SCI 보기를 보인다.

- 계획 : 프로젝트 계획서, 개발 표준, 개발 프로세스
- 분석 : 시스템 정의서, 자료 흐름도
- 설계 : 구조 설계, 상세 설계, 인터페이스 설계
- 구현 : 함수, 목적 코드, 실행 코드, 컴포넌트, 패키지, 서브시스템

- 테스트 : 테스트 계획서, 테스트 케이스, 성능시험 보고서, 인수테스트 보고서
- 유지보수 : 사용자 매뉴얼, 운영자 지침서

개발 과정에서 생성되는 형상 항목 외에 지원 환경과 관련되는 컴파일러, 데이터베이스, 운영체제, 편집기와 같은 개발 도구도 형상 항목에 포함될 수 있다. 보기를 들면, 특정 CASE 도구가 문서나 프로그램을 생산하는데 사용되었다면, 소프트웨어 구성에 변경이 발생했을 때 이를 지원할 수 있는 환경을 보장하기 위해 해당 CASE 도구 정보도 형상 항목에 포함하는 것이 필요하다.

개발 과정에서 SCI의 특정 상태를 버전이라 한다. 기준선은 공식적으로 승인된 소프트웨어 항목의 특별 버전이라 생각할 수 있다. 시스템을 구성하는 SCI 버전을 명확히 식별하고 이를 제어, 관리하는 것은 필수적이다. 이러한 관리를 통해 사용자는 적절한 버전을 선택하여 시스템의 대체 형상을 구성할 수 있다.

3.5.3 형상 제어 및 감사

대규모 소프트웨어 개발 프로젝트에서 변경에 대한 통제가 이루어지지 않으면 심각한 혼란을 초래할 수 있다. 그러므로 소프트웨어 형상 제어의 주된 관심사는 소프트웨어 생명주기 동안 발생하는 변경을 체계적으로 관리, 통제하는 것이다. IEEE 용어사전은 변경 제어를 다음과 같이 정의하였다

> 형상 관리의 한 요소이며 식별된 SCI의 변경 요청을 검토, 승인, 구현하는 프로세스
> (An element of configuration management, consisting of the evaluation, coordination, approval or disapproval, and implementation of changes to configuration items after formal establishment of their configuration identification.)

소프트웨어 형상 제어 절차는 변경 요청 기록, 변경 영향 평가, 변경 승인 또는 거부, 변경 구현의 과정을 포함하는 정형화된 절차이다. 변경 요청은 개발 프로세스의 모든 시점에서 누구나 제안할 수 있다. [그림 3.13]은 전형적인 소프트웨어 형상 변경 제어 프로세스를 보인다.

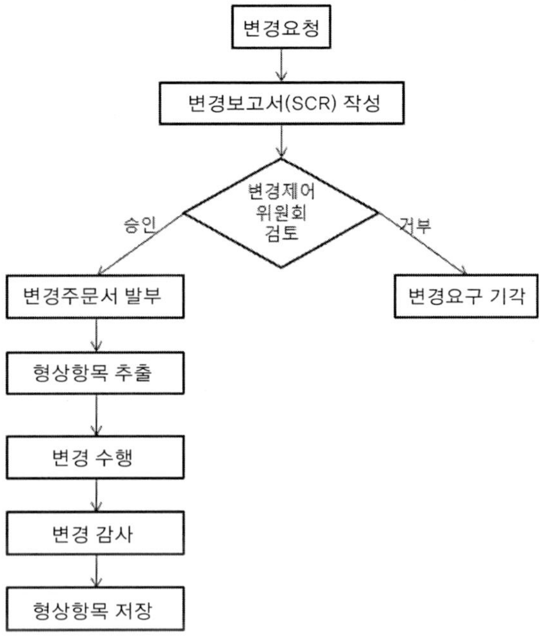

그림 3.13 소프트웨어 형상 변경 제어 프로세스

◎ 변경 요청

변경 요청을 제출한다.

◎ 변경 보고서(SCR: Software Change Report) 작성

변경 요청 폼에 변경으로 인한 기술적 이점, 추정 비용, 잠재적 부작용, 다른 형상 항목에 미치는 영향력에 대한 보고서를 작성한다.

◎ 변경 제어 위원회(CCB: Change Control Board) 검토

변경 승인에 대한 최종 결정을 갖는 변경 제어 위원회가 변경 보고서 내용을 검토하여 승인 또는 거부를 결정한다.

◎ 변경 주문서 발부

변경 수행 시 준수해야 하는 제한 조건과 검토/감사를 위한 기준을 포함한 변경 주문서를 발부한다.

◎ 형상항목 추출/수행/감사

- 프로젝트 데이터베이스에서 변경될 형상 항목을 추출하고 변경을 수행한다.
- 변경된 내용은 확인과 검증(V&V: Verification & Validation) 과정을 거쳐 정확성을 보증한다. 일반적으로 변경 항목이 요구 사항을 만족하는지 확인(검증)하며, 개발팀이 수행한다.
- 공식적인 검토(감사)를 통해 수정된 SCI가 다른 SCI와 일관성이 있는지, 누락은 없는지, 잠재적인 부작용은 없는지 평가한다. 변경 항목이 전체 시스템에 미치는 영향을 평가하며, SQA 그룹이 수행한다.

◎ 형상항목 저장

승인된 형상 항목과 형상 결과 보고서는 프로젝트 데이터베이스에 저장한다.

3.5.4 형상 상태 기록

소프트웨어 형상 상태 기록은 형상 관리의 주요 활동 수행에 따른 결과를 프로젝트 데이터베이스에 기록하고 보고서를 작성하는 활동이다. 소프트웨어 개발자는 변경 정보를 쉽게 검색할 수 있으며, 형상 상태 보고서는 주기적으로 생성되고 중요한 변경 내용에 대하여 평가한다.

연 습 문 제

3.1. 다음 중 프로젝트에 대한 정의로써 가장 거리가 먼 것은?

① 프로젝트는 제품의 생산성과 품질을 높이기 위해 수행되는 노력이다.
② 프로젝트는 한정된 기간과 제한된 비용을 갖는다.
③ 프로젝트는 현실 세계의 문제를 해결하는 새로운 서비스를 제공한다.
④ 프로젝트는 목표와 제한조건을 갖는다.

3.2. 척도에 대한 다음 내용 중 가장 거리가 먼 것은?

① 소프트웨어 공학자는 프로세스 척도에 가장 관심을 갖는다.
② 소프트웨어 크기를 측정하는 객관적인 척도 보기로써 LOC가 있다.
③ 비용, 기간, 노력을 측정하는 척도는 프로세스 척도로 분류된다.
④ LOC/PM은 생산성 측정을 위한 척도로써 이용될 수 있다.

3.3. 다음 중 소프트웨어 크기를 측정하는 척도로써 가장 의미가 없는 것은?

① LOC ② FP ③ 오류수/KLOC ④ 매뉴얼의 페이지 수

3.4. 다음 중 SQA 그룹이 수행하는 주요 활동이 아닌 것은?

① 품질 보증을 위한 계획, 검토, 감시와 같은 관리 활동 수행
② 개발 프로세스의 각 단계에 대한 기술적인 방법 적용
③ 프로젝트에 적용되는 척도, 표준, 프로세스 개발
④ 개발 작업이나 결과물이 정의된 절차에 따라 처리되는지 감시

3.5. 다음 중 SCM에 대한 설명 중 가장 거리가 먼 것은?

① 소프트웨어 구성 항목 관리
② 시스템에 행해진 변경 제어
③ 테스트 과정에서 시스템 통합
④ 진화중인 소프트웨어 제품의 여러 버전 관리

3.6. McCall의 소프트웨어 품질 요소 중에 정확성과 신뢰성이 무엇인지 설명하고, 이들에 대한 척도 보기를 1개씩만 적어라.

3.7. 다음 소프트웨어 특징을 측정할 수 있는 척도 보기를 하나씩만 적어라(중복 답안 불가).

① 크기　② 유지보수　③ 프로세스　④ 프로덕트
⑤ 품질　⑥ 생산성

3.8. SQA 그룹이 수행하는 주요 활동은 프로덕트 표준과 프로세스 표준을 개발하는 것이다. 각 표준에 대한 보기를 하나씩만 적어라.

3.9. 다음은 소프트웨어 형상 관리에 대한 내용이다. 괄호에 적절한 용어를 적어라.

> (①) 관리라고도 부르는 소프트웨어 형상 관리는 영어 약어로 (②)이라 한다. 소프트웨어 형상을 구성하는 각 결과물은 (③)이라고 부르며 영어 약어로 (④)라 한다. 이러한 결과물들은 공식적인 검토와 승인 과정을 거쳐 (⑤)이 될 수 있다.

3.10. 다음 중 베이스라인에 대한 내용으로 거리가 먼 것을 2개 선택하라.

① 프로젝트 개발을 위해 기초가 되는 공식적인 결과물이다.
② 프로젝트에 심각한 영향을 미치는 잠재적인 사건을 의미한다.
③ 형상 항목에 대한 공식적인 검토와 승인 과정을 거친다.
④ 소프트웨어 형상을 구성하는 각 결과물을 의미한다.
⑤ 변경을 위해서는 정형화된 변경 제어 절차를 수행한다.

3.11. 프로젝트를 성공적으로 완수하기 위해 프로젝트 관리는 중요하다. 프로젝트 관리의 주요 4개 활동 중에 가장 중요하다고 생각되는 활동 1개를 적고, 선택한 이유를 설명하라.

3.12. 품질 좋은 소프트웨어가 갖는 3가지 특징 중 하나는 '사용자의 기능과 비기능 요구를 만족하는 소프트웨어'이다. 나머지 2가지 특징에 대하여 설명하라.

3.13. 다음은 척도에 대한 설명을 보인다. 괄호에 적당한 용어를 적어라.

> 소프트웨어의 특징을 측정하는 다양한 방법들이 존재한다. 이러한 방법들은 일반적으로 프로덕트 척도와 프로세스 척도로 분류될 수 있다. 프로덕트 척도에 대한 보기로는 소프트웨어 크기를 측정하는 (①)가 있으며, 프로세스 척도 보기로는 비용을 추정하는 (②)가 있다. 일반적으로 (③)는 프로덕트 척도에 관심이 많으며, (④)는 프로세스 척도에 관심을 갖는다.

CHAPTER

04 프로젝트 계획

4.1 소개

한정된 자원과 주어진 기간에 대규모 프로젝트를 성공적으로 완수하기 위해 시스템을 구성하는 다양한 요소들을 효과적으로 통제하고 관리하는 것은 중요하다. 관리를 위해 계획을 수립하는 것은 가장 우선적으로 수행해야 하는 작업이다.

프로젝트 계획은 개발 초기에만 수행하는 것이 아니라, 소프트웨어 개발의 모든 과정에서 반복적으로 수립하고, 진행 상황을 감시하며 필요에 따라 계획을 수정한다. 어느 정도 의미 있는 계획은 대부분의 사용자 요구를 파악한 분석 활동 이후에 수립할 수 있다.

[그림 4.1]은 계획 활동에서 수행하는 세부 작업들을 보인다.

작업	내용
시스템 정의	도메인의 문제점과 시스템의 목적, 개발 범위, 기본 요구사항을 정의한다. 프로젝트에 대한 가능성을 분석한다.
프로세스 계획	소프트웨어 개발 프로세스와 개발 방법, CASE 도구를 선택한다.
프로젝트 계획	프로젝트 수행에 필요한 작업들을 파악하고 각 작업의 산출물을 명세한다.
일정수립과 비용추정	프로젝트 일정을 수립하고 비용을 추정한다.
자원할당 계획	각 작업에 필요한 장비나 인력 할당 계획을 수립한다.
위험관리 계획	위험 관리를 위한 계획을 수립한다.
품질관리 계획	품질 보증 관리 계획을 수립한다.
형상관리 계획	프로젝트 전반에 걸쳐 발생하는 변경 관리 계획을 수립한다.

그림 4.1 계획 활동에서 수행되는 세부 작업

계획 활동에서 수행하는 세부 작업 중에 위험관리, 품질관리, 형상관리는 3장에서 이미 언급하였다. 따라서, 본 장에서는 시스템 정의, 일정 수립, 비용 추정, 조직 구성, 계획서 작성에 대하여 설명한다.

시스템 정의

계획 활동의 첫 번째 작업은 개발 시스템과 관련된 주요 특징들을 최상위 수준에서 정리한 시스템 정의서(문제 정의서, 시스템 명세서)를 작성하는 것이다. 이 정의서에는 시스템의 개발 목적과 범위를 명확히 기술하며, 이는 초기 계획 수립을 위한 가장 기본적이고 중요한 작업이다. 시스템 정의서는 현재 도메인에서 문제가 무엇인지, 프로젝트 개발 범위에 포함되는 것과 포함되지 않는 것은 무엇인지를 구체적으로 정의함으로써, 고객은 개발자가 프로젝트의 목적을 정확히 이해하고 있다는 것을 확인할 수 있다. 개발 초기에 시스템의 개발 범위를 잘못 정의하는 것은 프로젝트 후반부에 상당한 영향을 미치게 된다.

시스템 정의서를 작성하기 위해 개발자는 사용자와 인터뷰, 자료 조사, 현장 관찰, 실제 업무 수행과 같은 다양한 방법을 이용한다. 소규모 시스템 정의서는 1~2 페이지 정도로 간단히 작성될 수 있으나, 중대형 시스템 정의서는 여러 페이지에 걸쳐 작성된다.

시스템 정의서를 작성하는 목적은 다음과 같다.

- 개발 초기에 사용자, 개발자, 이해 관계자 모두가 현재 도메인의 문제와 개발될 시스템의 목적 및 범위를 정확히 이해하고 이를 공유하는 것이다.
- 개발 초기에 시스템 정의서 검토를 통해 프로젝트의 위험 요소를 사전에 파악하고, 이를 토대로 가능성 분석에 대한 기초 자료로 활용한다. 개발 초기 위험 요소를 파악하고 가능성 분석을 수행하는 것은 프로젝트 실패에 대한 가능성을 낮춘다.
- 초기 계획 수립을 위한 기초 자료로 활용한다.

시스템 정의서에 포함하는 기본 항목은 다음과 같다.

문제, 목적, 범위

도메인의 현재 문제점과 프로젝트의 목적 및 범위를 정의한다. 개발 초기 문제에 대한 이해가 불충분하여 개발 목적 및 범위를 잘못 정의하면 프로젝트 실패 가능성이 높아지고, 이를 극복하기 위해 많은 비용이 발생할 수 있다.

◎ 관계자

개발 시스템에 관심을 갖는 이해 관계자를 파악하고, 그들이 시스템을 사용하는 목적을 기술한다. 궁극적으로 시스템은 이해 관계자들의 목적도 만족시켜야 한다.

◎ 기대이익

시스템 개발을 통해 얻을 수 있는 사업적인 필요성과 기대되는 이익을 정의한다. 이는 주로 비즈니스 관점에서 재정적인 이익을 기술한다.

◎ 기능 및 제한조건

시스템이 제공해야 하는 최상위 수준의 주요 기능과 비기능(제한조건) 요구를 정의한다.

[그림 4.2]는 가상의 웹 주문처리 시스템에 대한 시스템 정의서를 보인다.

웹주문처리 시스템
(WOPS: Web-based Order Processing System)

1. 소개

사무용품 도매 기업인 오피스 플라자는 빠르게 변화하는 마케팅 환경에 적응하기 위해 기존 오프라인 주문처리 시스템으로부터 웹기반 주문처리 시스템 개발을 준비하고 있는 중이다. 기존 시스템은 제품 소개 책자를 고객에게 우편으로 발송하고 고객의 우편이나 전화 주문에 대하여 수작업으로 배송 및 지불을 처리하였다. 이러한 오프라인 주문처리 시스템은 대량으로 발생하는 주문데이터를 수집하여 적절한 시기에 일괄적으로 처리할 수 있는 장점이 있지만 고객이 언제 어디서나 편리하게 주문을 내고, 신속하게 송장과 지불을 처리하는 것을 어렵게 한다.

이러한 문제를 해결하기 위해 웹기반 주문처리 시스템(WOPS: Web-based Order Processing System)을 개발한다. WOPS 시스템 개발을 통해 다양한 새로운 고객을 유입할 가능성을 높일 수 있고 제품 주문에 대한 자동화 처리를 통하여 인건비나 주문처리 시간 및 오류를 감소시킬 수 있을 것이다.

2. 관계자

- 고객: 주문 생성 및 갱신, 제품 검색과 및 반납
- 관리자: 주문 요약 보고서 생성, 고객 신용 정보 확인
- 회계부: 회계 처리를 위한 거래 요약 보고서 생성
- 배송부: 배송 정보 기록
- 마케팅부: 효과적인 마케팅을 위한 고객 행위 분석 통계 보고서 작성
- 판매부: 다양한 카탈로그 제작

3. 기대 이익

- 기존 수작업에 의한 주문처리로 발생하는 오류를 감소시킨다.
- 웹 기반의 신속한 주문처리가 가능하다.
- 자동화 처리에 의한 인력 감소 효과가 있을 것이다.
- 인터넷을 통해 언제 어디서나 고객 주문이 가능하여 급속한 판매 신장이 가능하다.
- 고객과 물품 정보에 대한 신속한 통계 정보 분석을 통해 매출 증가가 기대된다.

4. 주요 기능

WOPS는 인터넷 접근이 가능한 어떤 컴퓨터에서도 고객 주문 입력부터 배송에 이르기까지 모든 고객 지원 기능을 제공한다. 다음은 WOPS 시스템이 제공하는 주요 기능을 보인다.

- 주문 정보 기록 및 총합 계산
- 고객 정보 유지보수, 주문, 이월주문, 반납처리
- 주문 송장, 지불 상황에 대한 추적
- 판매 현황 분석을 위한 이력 정보 유지보수
- 고객 관리와 보안 관리

5. 제한 조건

- 시스템 관리자만이 시스템에 대한 수정 권한을 가지며, 고객은 자신의 주문에 대한 수정과 삭제 권한을 갖는다. (보안)
- 시스템은 1000명의 동시 사용자 접속을 지원하며, 고객 응답 스크린은 0.1초 이내에 수행되어야 한다. (성능)
- 고객이 시스템의 주문처리 과정을 배우는 것은 10분 이상 걸리지 말아야 한다. (사용성)
- 시스템은 모든 웹 브라우저에서 실행되어야 한다. (환경)

6. 시스템 범위

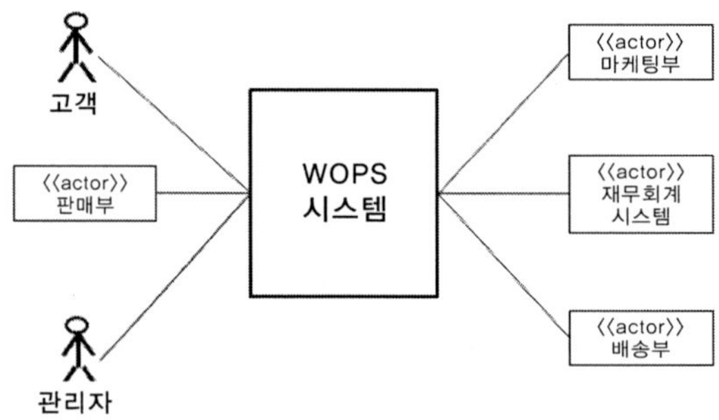

그림 4.2 웹주문처리 시스템(WOPS) 정의서

시스템 (개발) 범위는 UML의 사용사례 다이어그램이나 배치 다이어그램을 이용하여 정의할 수 있다. [그림 4.2]는 사용사례 다이어그램을 이용하여 개발 범위를 정의하였다. 사용사례 다이어그램에서 전체 시스템은 하나의 사각형으로 표시되며, 외부의

여섯 액터들은 WOPS 시스템과 상호작용한다. 기존의 '재무회계 시스템'은 WOPS 시스템과 상호작용 하지만 개발 범위에 포함되지 않는다는 것을 알 수 있다.

4.2 일정 수립

일정 수립은 소프트웨어 개발 생명주기 동안 수행해야 하는 주요 활동과 세부 작업을 파악하고, 이를 바탕으로 필요 인력, 작업 기간, 산출물에 대한 일정을 수립하는 것이다. 복잡한 시스템을 개발하기 위해 수많은 작업을 수행하며, 이러한 작업 사이에 다양한 관계가 존재할 수 있다. 보기를 들면, 다른 작업과 관계 없이 수행하는 독립 작업, 여러 작업을 동시에 수행하는 병행 작업, 특정 작업 결과가 다른 작업에 영향을 미치는 의존 작업 관계가 있을 수 있다.

이러한 복잡한 관계를 이해하고 통제하기 위해 체계적인 일정 수립이 필요하다. 초기 계획 단계에서는 모든 세부 활동과 작업을 정확히 파악하기 어려울 수 있지만, 개발 초기부터 프로젝트 관리를 위한 초기 일정 수립은 반드시 수행해야 한다.

4.2.1 작업 분해 구조

작업 분해 구조(WBS: Work Breakdown Structure)는 프로젝트 수행에 필요한 작업을 파악하고, 이를 계층 구조로 표현하는 도구이다. WBS는 대규모 작업을 관리하기 쉽게 작은 단위로 분해하여 계층적으로 정리하여, 일정 관리와 프로젝트 추적을 용이하게 한다. [그림 4.3]은 가상의 프로젝트에 대한 가장 간단한 형태의 WBS 보기를 보이며, 더욱 상세한 작업들과 계층이 추가될 수 있다.

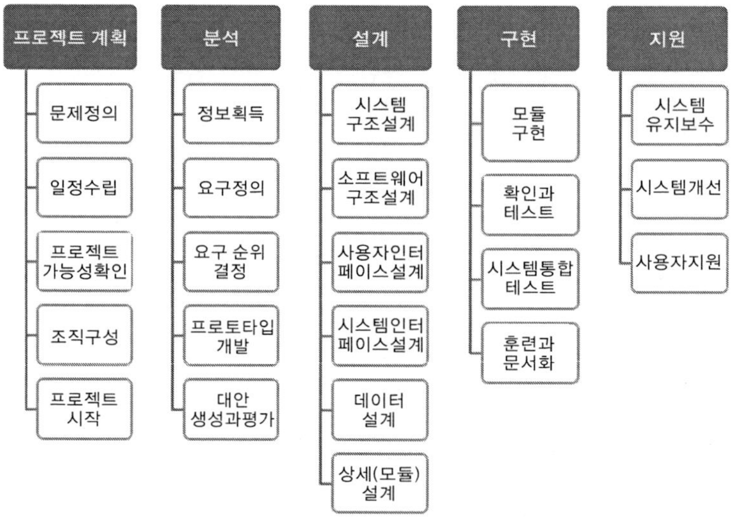

그림 4.3 WBS 보기

WBS는 단순히 작업을 나열하는 것에 그치지 않고, 각 작업에 대한 소요 비용, 소요 기간, 선행 작업, 시작일, 완료일, 작업 책임자, 산출물 등을 명시하여 일정 수립의 기초 자료로 활용된다. WBS는 다음 단계인 PERT/CPM 네트워크와 Gantt 차트 작성을 위한 기초자료로 사용된다.

4.2.2 PERT/CPM

PERT/CPM(Program Evaluation and Review Technique/Critical Path Method) 방법은 WBS에서 파악된 작업에 기초하여 작업 사이의 상호 의존 관계 및 작업 소요 기간을 네트워크 형태로 표시하는 방법이다. PERT/CPM 네트워크를 통해 관리자는 전체 프로젝트에 대한 완료 시간을 예측하고, 프로젝트 성공을 위해 중요한 작업들이 무엇인지 파악할 수 있다.

PERT/CPM 방법의 수행 순서는 다음과 같다.

- 작업 사이의 의존 관계와 작업 소요기간 목록 작성
- PERT/CPM 네트워크 작성
- 임계경로 결정
- 여유 시간 계산

의존관계 및 소요기간 목록 작성

PERT/CPM 방법의 첫 번째 단계는 각 작업의 의존관계와 소요기간을 목록으로 작성하는 것이다. [그림 4.4]는 WBS에 기초하여 프로젝트 수행에 필요한 작업과 각 작업의 의존관계와 작업 수행에 필요한 추정 소요기간을 보인다.

작업	작업내용	의존관계	소요기간(개월)
A	프로젝트 계획		2
B	요구정의	A	1
C	프로토타입 개발	A	2
D	구조/모듈 설계	C	1
E	데이터베이스 설계	B, C	5
F	구현	C, D	3
G	테스트	E, F	3

그림 4.4 작업 의존관계 및 소요기간 목록

PERT/CPM 네트워크 작성

PERT/CPM 네트워크는 작업 사이의 의존 관계를 표시하기 위해 원(node)과 화살표(arc)를 이용하여 작업 흐름을 표시한다. [그림 4.5]는 [그림 4.4]에 대한 PERT/CPM 네트워크를 보인다.

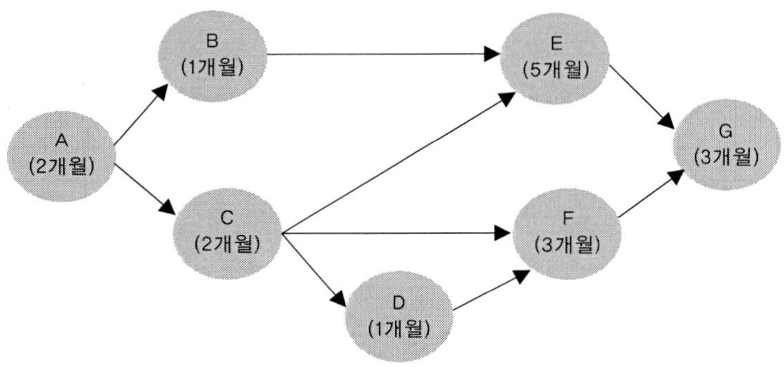

그림 4.5 PERT/CPM 네트워크

작업 A의 선행 작업은 없기 때문에 프로젝트는 작업 A에서 시작한다. 작업 B와 C는 작업 A를 완료한 후 시작할 수 있다. 작업 E는 작업 B, C를 완료한 후에 시작할 수 있다. 작업 G는 프로젝트의 마지막 작업으로, 작업 E, F를 모두 완료 후 수행한다.

임계경로 결정

[그림 4.5]의 PERT/CPM 네트워크는 다음과 같이 4개의 작업 경로를 갖는다.

- 작업경로 1: A-B-E-G (11개월)
- **작업경로 2: A-C-E-G (12개월) ➜ 임계경로**
- 작업경로 3: A-C-F-G (10개월)
- 작업경로 4: A-C-D-F-G (11개월)

PERT/CPM 네트워크가 중요한 이유 중 하나는 프로젝트 전체 기간에 중요한 영향을 미치는 작업 경로를 파악할 수 있다는 것이다. 이러한 경로를 임계경로(CP: Critical Path)라 한다. 임계경로는 프로젝트 완료에 가장 긴 소요 기간이 필요한 작업경로를 의미 한다. 위에서 언급한 4개의 작업경로 중 소요 기간이 12개월인 작업경로 2번이 임계경로가 된다. 주의해야 할 것은 11개월의 기간이 필요한 작업경로 1이나 작업경로 4는 관련 작업이 끝나도 프로젝트를 완수할 수 있는 것이 아니라는 것이다. 프로젝트 완수를 위해 작업경로 1, 3, 4는 작업경로 2가 끝나기를 기다려야만 한다. 그러므로 이 프로젝트에 대한 임계경로는 A-C-E-G이며 프로젝트를 완수하기까지 필요한 소요 기간은 12개월이다.

임계경로에 해당하는 작업은 매우 중요하다. 만일 이러한 작업들이 지연된다면 프로젝트 완료는 늦어질 수 있으므로 관리자는 항상 주의하여 임계경로 작업들의 진척도를 점검하는 것이 필요하다. 임계경로가 아닌 작업들은 프로젝트 기간에 큰 영향을 미치지 않는다.

여유 시간 계산

여유 시간(Slack Time)은 프로젝트를 지연시키지 않고 작업이 지연될 수 있는 최대 허용 시간을 의미한다. 임계경로에 해당하는 작업들이 조금이라도 지체되면 전체 프로젝트가 지연될 수 있기 때문에 이러한 작업들은 여유 시간을 갖지 못한다. 즉, 여유 시간은 0이다. 그러나 임계경로에 없는 작업들은 어느 정도의 여유 시간을 가질 수 있다.

각 작업에 대한 여유 시간을 계산하기 위해 다음 계산이 필요하다.

- EST (Earliest Start Time) : 작업을 가장 빨리 시작할 수 있는 시간
- EFT (Earliest Finish Time) : 작업을 가장 빨리 종료할 수 있는 시간 (EST+소요기간)
- LST (Latest Start Time) : 작업을 가장 늦게 시작할 수 있는 시간
- LFT (Latest Finish Time) : 작업을 가장 늦게 종료할 수 있는 시간 (LST+소요기간)

EST는 각 작업의 모든 선행 작업들을 완료했을 때 가장 빠르게 시작할 수 있는 시간을 의미한다. 위에서 언급한 PERT/CPM 네트워크에서 작업 A의 선행 작업은 없기 때문에 바로 시작 가능하므로 작업 A에 대한 EST는 0이다. 작업 B, C는 공통 선행 작업인 A를 완료한 후 가장 빠르게 시작할 수 있는 시간은 두 작업 모두 2가 된다. 작업 E에 대한 EST는 선행 작업 A-B를 완수하더라도 더욱 오랜 기간을 소요하는 선행 작업 A-C의 종료를 기다려야 한다. 그러므로 작업 E에 대한 EST는 선행 작업인 A-B에 소요되는 3과 선행 작업 A-C에 소요되는 4중에 더욱 오랜 기간이 소요되는 4가 된다. 마찬가지로 작업 F에 대한 EST는 선행 작업인 A-C 4와 선행 작업 A-C-D 5 중에 더욱 오랜 기간이 소요되는 5가된다. 이런 방식으로 작업 G에 대한 EST는 9이다. EST와 비교하여 각 작업에 대한 가장 빠른 종료 시간인 EFT는 각 작업의 EST에 단순히 해당 작업의 소요 기간을 더한 값이다.

LST는 각 작업에 대하여 가장 늦게 시작할 수 있는 시간을 의미한다. LST는 앞서 언급한 EST와 다르게 프로젝트의 최종 작업인 G로부터 역으로 시작한다. 작업 G의 가장 늦게 시작할 수 있는 시간은 임계경로 기간인 12개월에서 작업 G의 소요 기간 3을 뺀 9가 된다. 작업 E는 12에서 G(3)+E(5)를 뺀 4, 작업 F는 12에서 G(3)+F(3)을 뺀 6, 작업 D는 12에서 G(3)+F(3)+D(1)을 뺀 5, 작업 B는 12에서 G(3)+E(5)+B(1)을 뺀 3이 된다. 작업 C의 종료를 기다리는 3개의 작업(E, F, D)이 존재하기 때문에 작업 C에 대한 LST를 계산할 때 주의해야 한다. 작업 C에 대한 LST는 가장 늦게 시작할 수 있는 작업이 최소인 작업 E(4)를 기준으로 계산해야 다른 작업 D(5), F(6)에 영향을 미치지 않는다. 그러므로 작업 C에 대한 LST는 12에서 G(3)+E(5)+C(2)를 뺀 2가 된다. 마찬가지로 작업 A에 대한 LST는 B(3)과 C(2) 중에 작업 C를 기준으로 12에서 G(3)+E(5)+C(2)+A(2)을 뺀 0이 된다. LST와 비교하여 각 작업에 대하여 가장 늦게 종료 할 수 있는 시간인 LFT는 해당 작업의 LST에 단순히 소요기간을 더한 값이다.

[그림 4.6]은 각 작업에 대한 여유 시간을 보인다. 여유 시간은 LST에서 EST를 빼거나, LFT에서 EFT를 뺀 값으로 계산될 수 있다. 이러한 여유 시간은 관리자에게 진척 상황에 따른 일정관리의 유연성을 제공하고, 여유 시간이 있는 작업을 활용해 자원 배분을 최적화할 수 있다.

임계경로에 포함되는 작업에 대한 여유 시간은 모두 0이므로 여유 시간이 없다. 그러므로, 이러한 작업이 지연되면 프로젝트 기간은 늘어날 수 있다. 반면에 작업 B, D, F는 1개월의 여유 시간이 있다. 작업 F를 가장 빠르게 시작할 수 있는 시간(EST)은 5개월 후이며, 가장 늦게 시작할 수 있는 시간(LST)은 6개월 후 이므로 여유 시간은 1개월이다.

작업	소요기간	EST	EFT	LST	LFT	여유 시간 (LST–EST, LFT–EFT)	임계경로
A	2	0	2	0	2	0	*
B	1	2	3	3	4	1	
C	2	2	4	2	4	0	*
D	1	4	5	5	6	1	
E	5	4	9	4	9	0	*
F	3	5	8	6	9	1	
G	3	9	12	9	12	0	*

그림 4.6 여유 시간 계산

[그림 4.7]은 그래픽 다이어그램 도구인 퍼트 차트(PERT chart)를 이용하여 [그림 4.6]의 표를 차트 형태로 이해하기 쉽게 표현한 것이다.

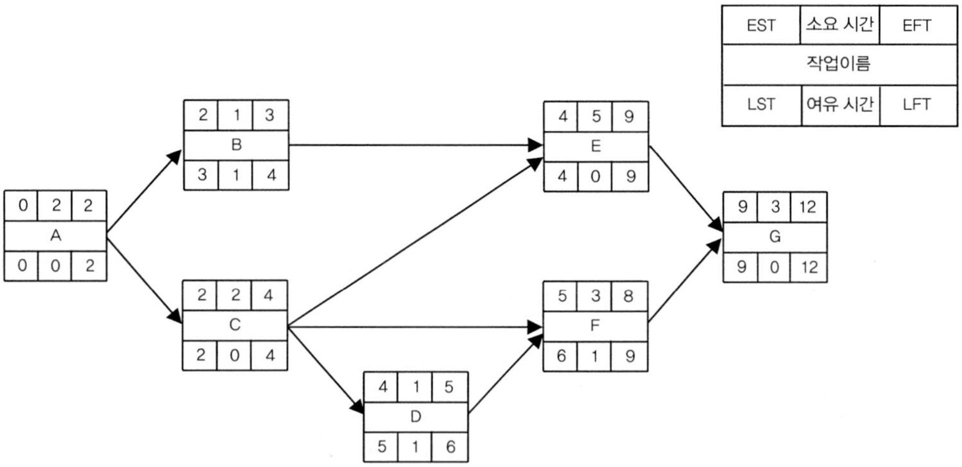

그림 4.7 퍼트 차트 보기

프로젝트 계획에서 수립한 작업 추정 소요 기간과 비교하여 특정 작업이 지체되거나 단축된다면 PERT/CPM 네트워크, 임계경로, 여유 시간에 대한 계산을 다시 수행하는 것이 필요하다. 이런 상황은 프로젝트 수행 시 빈번하게 발생한다. 이에 따라 기존 임계경로 및 여유 시간을 변경하는 것이 필요하므로 프로젝트 관리 효율성을 위해 CASE 도구를 이용하는 것이 필요하다.

4.2.3 간트 차트

간트 차트(Gantt Chart)는 WBS 계층 구조를 기반으로 각 작업의 시작일과 종료일을 시각적으로 나타내는 막대 차트 형태의 일정수립 도구이다. 간트 차트는 전체 프로젝트 일정이나 프로젝트의 기능별 부분 일정 수립에 유용하게 이용될 수 있다. 간트 차트에서 동일 시간대에 여러 막대가 겹쳐 있는 경우, 해당 작업들은 병행 수행이 가능함을 의미한다.

[그림 4.8]은 간트 차트 보기를 보인다.

ID	작업 이름	시작	완료	기간
1	프로젝트 계획	2019-01-07	2019-02-11	26d
2	문제 정의	2019-01-07	2019-01-15	7d
3	일정 수립	2019-01-14	2019-01-23	8d
4	프로젝트 가능성 확인	2019-01-14	2019-01-30	13d
5	조직 구성	2019-01-21	2019-01-31	9d
6	프로젝트 시작	2019-02-04	2019-02-11	6d
7	계획 완성	2019-02-11	2019-02-11	0d
8	분석	2019-02-11	2019-12-13	220d
9	정보 획득	2019-02-11	2019-09-06	150d
10	요구 정의	2019-02-25	2019-09-20	150d
11	요구 순위 결정	2019-02-23	2019-12-13	60d
12	프로토타입 개발	2019-03-25	2019-06-14	60d
13	대안 생성과 평가	2019-09-23	2019-10-04	10d
14	요구 명세서 완성	2019-06-17	2019-06-17	0d
15	설계	2019-06-17	2019-12-26	139d
16	시스템 구조 설계	2019-06-17	2019-04-26	30d
17	소프트웨어 구조 설계	2019-06-17	2019-11-29	120d
18	사용자 인터페이스 설계	2019-07-15	2019-11-15	90d
19	시스템 인터페이스 설계	2019-08-19	2019-11-08	60d
20	데이터 설계	2019-10-11	2019-12-16	55d
21	모듈 설계	2019-04-29	2019-09-06	30d
22	설계도 완성	2019-12-02	2019-12-02	0d
23	구현	2019-08-19	2019-12-27	95d
24	모듈 구현	2019-09-02	2019-09-27	20d
25	확인과 테스트	2019-09-30	2019-12-27	65d
26	시스템 통합 테스트	2019-08-19	2019-11-08	60d
27	훈련과 문서화	2019-11-01	2019-12-19	35d
28	시스템 인도	2019-12-23	2019-12-23	0d
29	지원	2019-11-11	2019-12-27	35d
30	시스템 유지보수	2019-11-11	2019-12-20	30d
31	시스템 개선	2019-11-11	2019-12-25	33d
32	사용자 지원	2019-11-11	2019-12-27	35d

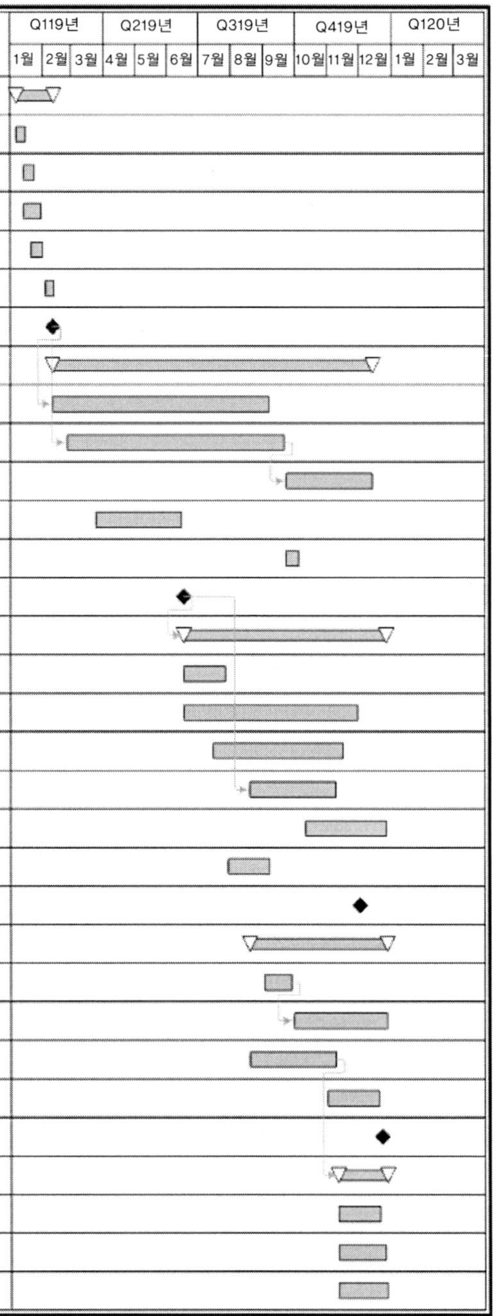

그림 4.8 간트 차트 보기

프로젝트 일정을 수립할 때 이정표(milestone)를 표시할 수 있다. 사전적 의미에서 이정표는 길을 찾아가기 쉽게 도로 중간에 표시해 둔 것을 의미한다. 도로에서 이정표를 보고 자신의 위치가 어디인지 확인할 수 있듯이, 간트 차트에서 이정표는 프로젝트의 진행 상태를 확인하는데 도움을 준다. 이정표는 작업 사이에 명확히 분리할 수 있는 논리적인 구분을 나타내어 특정 작업의 완료 시점을 마름모로 표시한다. 이와 같이 이정표를 통해 중요한 작업의 완료 여부를 확인하여 프로젝트를 감시하는데 도움을 준다.

IEEE Std 용어 사전은 이정표를 다음과 같이 정의하였다.

> 프로젝트 진행을 측정하기 위해 이용되는 예정된 사건. 소프트웨어 프로젝트와 관련된 주요 이정표에 대한 보기는 요구 명세 획득, 시스템 통합 완료, 제품 인도를 포함한다. 이보다 작은 이정표에 대한보기는 소프트웨어 모듈의 베이스라인 확정, 사용자 매뉴얼의 일부 완성을 포함한다.
> (A scheduled event used to measure progress. Examples of major milestones for software projects may include an acquirer or managerial sign off, baselining of a specification, completion of system integration, and product delivery. Minor mile-stones might include baselining of a software module or completion of a chapter of the user's manual.)

4.3 비용 추정

프로젝트 수행에 필요한 비용을 추정(estimate)하는 것은 개발자와 고객 모두에게 매우 중요하다. 프로젝트를 완수하는데 소요되는 비용을 추정하는 것은 프로젝트 계획 수립을 위한 기초 자료가 된다. 소프트웨어 프로젝트에서 비용은 기간(duration)과 노력(effort)을 의미하며, 노력의 단위로는 PM(Person Month) 혹은 MM(Man Month)을 이용한다.

PM은 한 사람이 1개월 동안 수행하는 작업의 양을 의미한다. 보기를 들면, 프로젝트에 54PM의 노력이 필요하다면, 54명이 1개월 동안 작업하거나 6명이 9개월 동안 작업해야 한다는 것을 의미한다.

대규모 프로젝트에서 비용과 노력을 정확히 추정하는 것은 쉬운 일이 아니다. 특히, 프로젝트 초기에 제한된 정보로 인한 불명확한 사용자 요구와 대규모 시스템에 존재하는 수많은 변수(환경, 기술, 인력)로 인해 정확히 비용을 추정하는 것은 어렵다.

[그림 4.9]는 비용 추정의 정확성과 개발 단계 사이의 관계를 보인다. 프로젝트 초기에 수행하는 비용 추정은 요구사항이 불명확하므로 오차가 크다. 반면에, 개발 후반부에 수행하는 비용 추정은 실제 소비된 비용을 기반으로 추정하여 더욱 정확하지만, 이 시점에서 계획 수립은 의미가 없다. 어느 정도 의미 있는 정확한 비용추정은 도메인에 대하여 깊이 이해하여 대부분의 요구가 정의된 분석 단계 이후에 가능하다.

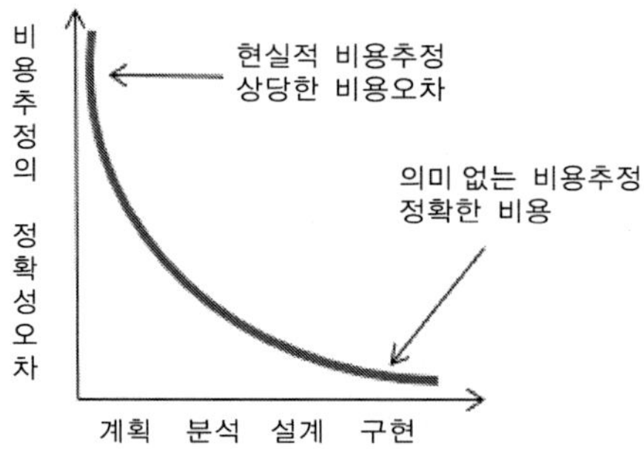

그림 4.9 비용 추정의 정확성

비용 추정에 영향을 미치는 요소는 다음과 같이 분류될 수 있다.

◎ 프로젝트 요소
- 시스템의 크기와 복잡도, 시스템이 요구하는 신뢰도 수준
- 보기 : 금융이나 의료 시스템과 같이 높은 신뢰도를 요구하면 비용 증가

◎ 환경 요소
- 사용하는 개발 방법론과 도구
- 보기 : 효과적인 도구 사용은 비용 절감

◎ 자원 요소
- 개발자 능력과 경험, 하드웨어 및 소프트웨어 자원의 충분성

비용 추정에 영향을 미치는 요소는 다양하며, 이러한 요소들은 정확한 비용 추정을

어렵게 한다. 보기를 들면, 프로젝트 요소 중에 시스템 복잡도 측면에서 생각할 때 응용 프로그램을 개발하는 것 보다 시스템 프로그램을 개발하는 것이 더욱 복잡하고 어려우며 많은 비용이 필요할 것이다. 시스템의 신뢰도 측면에서 금융이나 의료 시스템은 높은 신뢰도를 요구하므로 더욱 많은 비용이 필요하다.

비용 추정 방법은 다음과 같이 세 가지 방법으로 분류될 수 있다.

◎ 하향식 방법
과거 유사 프로젝트 수행 경험을 가진 전문가가 전체 비용 추정

◎ 상향식 방법
프로젝트를 세부적인 기능이나 작업 단위로 분해하여 각각의 비용 추정 후 합산

◎ 모델기반 방법
과거 프로젝트 데이터 분석하여 생성된 수학적/통계적 모델에 기초하여 비용 추정

4.3.1 하향식 방법

하향식 방법은 경험 많은 전문가들이 과거 유사 프로젝트의 수행 경험을 바탕으로 전체시스템의 비용을 추정한 후 보정하는 방법이다. 여러 전문가에게 현재 프로젝트에 대한비용 추정을 의뢰한다. 전문가는 과거 프로젝트와 유사점과 차이점과 같은 다양한 요소들(개발팀 경험, 시스템 복잡성 등)을 고려하여 비용을 보정한다. 비용 추정의 신뢰성을 높이기 위해 두 명 이상의 전문가에게 의견을 구한다.

이 방법은 비용 추정이 간편하고 짧은 시간에 비용 추정이 가능하기 때문에 개발 초기에 대략적인 비용 추정이 필요할 때 적합하다. 그러나, 전문가의 주관적인 판단과 비과학적인 방법으로 인해 추정 결과의 편차가 클 수 있다.

델파이(Delphi) 방법은 앞서 언급한 비체계적인 전문가 감정에 의한 비용 추정을 보완하는 체계적인 비용 추정 방법이다. 이 방법은 전문가들 사이의 비용 추정 결과가 다를 경우 의견을 조정하여 합의를 얻는 방법이다. [그림 4.10]과 같이 전문가들은 독립적인 추정 결과와 함께 추정에 대한 근거를 제시한다. 전문가들의 편견이나 분위기에 끌려가지 않도록 조정자(coordinator)를 둔다. 조정자는 전문가들의 비용 추정에 차이가 있을 때, 각 전문가의 추정 결과물을 모든 전문가에게 다시 배포하며,

이들은 두 번째 추정을 시작한다. 이러한 추정과 배포 과정은 모든 전문가가 의견 일치할 때까지 반복되며, 반복 과정 사이에 전체 회의를 소집하지 않는 것을 원칙으로 한다.

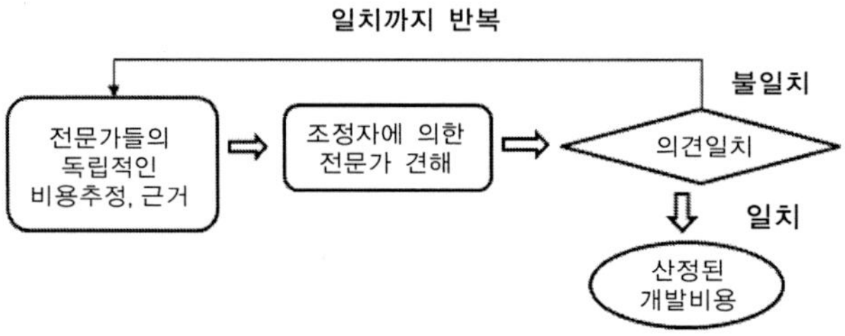

그림 4.10 델파이 방법 비용 추정 프로세스

4.3.2 상향식 방법

상향식 방법은 프로젝트를 주요 기능이나 개발 작업으로 분해하여 세부 기능 혹은 작업 단위 별로 비용을 추정하여 전체 프로젝트 비용을 산정하는 방법이다. 대부분 프로젝트는 한 번에 문제를 해결하기에 복잡하고 어렵기 때문에, 여러 세부 기능으로 분해한다. 상향식 방법은 작은 요소별로 비용을 추정하기 때문에 하향식 방법보다 더욱 정밀한 비용 추정이 가능하다. 그러나, 상향식 방법의 단점은 문제를 분해함으로써 재사용이나 병행 개발 가능성과 같은 시스템 전체와 관련된 비용을 고려하지 못할 수 있다. 일반적으로 상향식 방법은 하향식 방법보다 더욱 체계적인 비용 추정 방법이다.

소프트웨어 크기 척도인 원시 코드 라인수(LOC)와 기능 점수(FP) 척도는 모든 비용 추정 방법에 중요한 역할을 한다. 즉, 제품 크기는 비용과 관련이 깊다는 가정하에 LOC 혹은 FP를 추정한다. LOC나 FP 값이 크다는 것은 제품 크기가 크다는 것을 의미하기 때문에 많은 노력이 필요하며, 이는 많은 비용이 필요하다는 것과 동일한 의미를 갖는다. 본 절에서는 LOC에 대하여 언급하고, 다음 절에서 FP에 대하여 언급한다.

[그림 4-11]은 LOC 추정의 장점과 단점을 보인다.

장점	· 품질 특성(복잡도, 신뢰도, 생산성)을 고려하지 않고 소프트웨어 크기만 고려하므로 계산이 용이하다. · LOC 추정 관련 자료가 많이 존재하며, LOC를 입력으로 사용하는 수많은 실험적 비용추정 모델들이 존재한다.
단점	· 크기 추정에 분석과 설계와 같은 초기 활동을 고려하지 않는다. 구현 활동만 고려한다. · 구현 언어에 따라 크기가 달라질 수 있다. 재사용이나 유지보수를 위해 더욱 효과적인 객체지향 언어나 비절차 언어와 같이 언어 고유의 특징을 고려하지 않고 크기를 추정한다. · LOC를 계산하는 방법이 불명확하다. 소스코드에 존재할 수 있는 주석이나 코드 생성기에 의해 자동 생성되는 코드를 포함시킬 것인지 불명확하다. · 코드가 존재하지 않는 개발 초기에 LOC를 추정하는 것은 어려울 수 있다. 개발 후반부 크기 추정은 무의미하다.

그림 4.11 LOC 측정의 장/단점

문제분해 방법

문제분해 방법은 프로젝트를 주요 기능별로 분해하여 각 기능의 크기를 추정하여 전체프로젝트 비용을 산정하는 방법이다. 보기를 들면, CAD(Computer-Aided Design) 소프트웨어 개발 프로젝트를 [그림 4.12]와 같이 주요 7개 세부 기능으로 분해할 수 있다.

문제 범위(정의, 목적)	세부 기능
시스템은 2차원 및 3차원 기하 자료를 처리하고, 효과적인 GUI 설계를 통해 사용자와 상호작용할 수 있어야 한다. 모든 자료는 데이터베이스에 저장되고 유지보수된다. 다양한 그래픽 장치로 결과를 출력하기 위한 설계 분석 모듈을 개발하는 것이 필요하며, 다양한 외부장치(마우스, 디지타이저, 프린터, 플로터)를 제어할 수 있어야 한다.	① 사용자 인터페이스 제어 기능 ② 2차원 기하 자료 분석 기능 ③ 3차원 기하 자료 분석 기능 ④ 데이터베이스 관리 기능 ⑤ 컴퓨터 그래픽 표시 기능 ⑥ 외부장치 제어 기능 ⑦ 설계 분석 기능

그림 4.12 CAD 시스템 관련 기능

각 기능에 대한 추정 값(S)은 가장 작게 추정한 긍정 추정치(Sopt:optimistic),정상 추정치(Sm: most likely), 가장 크게 추정한 비관 추정치(S pess: pessimistic)에 기초하여 다음 식으로 계산한다.

$$S = (Sopt + 4Sm + Spess)/6$$

보기를 들면, 3차원 기하 자료 분석 기능(③)의 추정치를 계산하기 위해 긍정 추정치가 4600 LOC, 정상 추정치가 6900 LOC, 비관 추정치가 8600 LOC라면, 이 기능에 대한 추정 값은 6800 LOC이다. [그림 4.13]은 CAD 시스템의 각 기능별 추정 LOC를 보인다. CAD 시스템에 대한 추정 크기는 33,360 LOC이다.

기능	추정 LOC
①	2340
②	5380
③	6800
④	3350
⑤	4950
⑥	2140
⑦	8400
합계	33,360

그림 4.13 CAD 시스템에 대한 추정 LOC

CAD시스템에 대한 비용은 다음과 같이 계산한다.

- 과거 유사 프로젝트에서 1달에 1명의 개발자가 620 LOC를 생산했다면 생산성은 620 LOC/PM이다.
- 현재 프로젝트의 노력은 53.8PM(= 33,360 / 620)이다.
- 5명의 개발자를 투입한다면, 개발 기간은 약 10.76M(= 53.8 / 5)이 소요될 것이다.
- 개발 기간이 20개월이면, 약 2.7명(= 53.8 / 20)의 개발자 투입이 필요할 것이다.
- 인건비가 1달에 400만원이면, 1개의 LOC를 생산하기 위한 비용은 약 6,450원 (400만 / 620)이므로, 전체 시스템에 대한 추정 비용은 약 2억1천5백만원(6,450 * 33,360)이다.

프로세스 기반 방법

프로세스 기반 방법은 상향식 비용 추정의 또 다른 방법으로, 개발 프로세스를 소규모 활동으로 분해하고, 각 활동을 수행하는데 필요한 노력을 추정하여 전체 비용을 산정하는 방법이다. 프로세스 기반 방법은 문제 분해 방법을 보완하며, 더욱 정확한 노력 추정을 가능하게 한다. [그림 4.14]는 CAD 시스템 개발에 대해 프로세스 기반 방법을 적용한 보기를 보인다. 필요한 총 노력은 32.2PM이다.

기능 \ 활동	계획	분석	구조설계	모듈설계	구현	노력합계
①	0.1	0.5	1.3	2.5	0.1	4.5
②	0.3	0.4	0.5	2.5	0.2	3.9
③	0.2	0.3	0.5	2.3	0.3	3.6
④	0.1	0.6	1.0	3.6	0.1	5.4
⑤	0.1	0.6	0.7	3.7	0.1	5.2
⑥	0.3	0.9	0.6	3.2	0.2	5.2
⑦	0.2	0.3	1.5	2.1	0.3	4.4
노력합계	1.3	3.6	6.1	19.9	1.3	32.2

그림 4.14 CAD 시스템에 대한 프로세스 기반 비용 추정 보기

4.3.3 모델 기반 방법

모델 기반 비용 추정 방법은 과거 프로젝트 데이터를 바탕으로 개발된 실험적(경험적) 모델을 이용하여 현재 프로젝트의 비용을 추정하는 방법이다. 널리 사용되는 대표적인 모델로 기능점수(FP: Function Points) 모델과 COCOMO(COnstructive COst MOdel) 모델이 있다.

4.3.3.1 기능점수 모델

기능점수 모델은 1979년 Allan Albrecht가 제안했으며, LOC 측정의 단점을 보완하기 위해 개발되었다. 기능 점수는 소프트웨어가 갖고 있는 기능을 정량화한 것으로 제품 크기를 2가지 기능(트랜잭션 기능, 데이터 기능)의 수를 기반으로 개발 비용을 추정한다. 트랜잭션 기능과 데이터 기능의 수가 많아지면 프로젝트 크기와 비용이 증가한다고 가정한다. [그림 4.15]는 트랜잭션 기능과 관련된 3가지 구성요소(외부

입력, 외부 출력, 외부 조회)와 데이터 기능과 관련된 2가지 구성요소(내부논리파일, 외부연계파일)를 보인다.

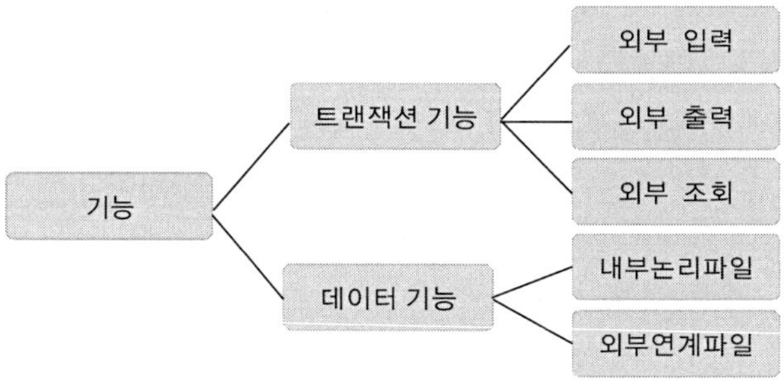

그림 4.15 기능점수 구성요소

트랜잭션 기능은 사용자가 시스템과 상호작용하여 데이터를 입력하거나, 조회하거나, 결과를 출력하는 기능을 의미한다.

- **외부 입력** (EI: External Input)

  외부 사용자로부터 데이터 입력을 받아 이를 처리하는 기능이다. 데이터 생성(Create), 수정(Update), 삭제(Delete) 관련된 기능이다. 여기에서 생성은 데이터를 읽어서 저장하는 과정을 포함하며, 단순히 데이터를 반환하는 조회(Query)와 차이가 있다. (예: 주문 생성 기능)

- **외부 출력** (EO: External Output)

  수학공식이나 통계에 기초하여 데이터를 가공하여 사용자에게 유용한 정보를 제공하는 기능이다. 보고서 생성, 오류 메시지 화면 표시 기능이다. (예: 주문 정보 화면 표시 기능)

- **외부 조회** (EQ: External inQuiry)

  외부 사용자로부터 질의에 대한 응답 기능으로써 내부 데이터를 수정하지 않는다는 점에서 외부입력 기능과 다르며, 데이터를 가공하여 새로운 결과를 생산하지 않는다는 점에서 외부출력 기능과 차이가 있다. (예: 주문 조회 기능)

데이터 기능은 시스템이 유지하는 내부 및 외부 데이터 그룹을 의미한다.

◎ 내부논리파일 (ILF: Internal Logical File)

현재 프로젝트에서 유지 및 관리되는 데이터 그룹으로 파일이나 데이터베이스 테이블을 의미한다. (예: 주문품목 테이블, 주문 파일, 사용자 DB)

◎ 외부연계 파일 (EIF: External Interface File)

다른 프로젝트에서 유지 및 관리되는 데이터 그룹으로 현재 프로젝트에서 참조한다. (예: 외부 신용 회사의 신용카드 파일)

기능점수 모델에 의한 비용 추정 절차는 다음과 같다

1) 비조정 기능점수(UFP) 계산
2) 기술적 복잡성 요소(TCF) 계산
3) FP 점수 계산
4) 비용 및 노력 추정

1) 비조정 기능점수(UFP) 계산

시스템의 개발 범위를 설정하고 5가지 기능 요소의 개수를 파악한다. [그림 4.16]과 같이 각 요소의 복잡성을 단순, 평균, 복잡으로 나누고, 복잡성에 따라 가중치를 부여한다. 복잡성 가중치는 개발자의 경험과 프로젝트 성격에 따라 결정된다.

기능	구성요소	수	복잡성 가중치			UFP
			단순	보통	복잡	
트랜잭션	외부입력	1	3	4	6	4
	외부출력	2	4	5	7	10
	외부조회	1	3	4	6	4
데이터	내부논리파일	2	7	10	15	20
	외부연계파일	1	5	7	10	7
합계(UFP)						45

그림 4.16 UFP 계산 보기

각 기능에 대한 비조정 점수(UFP: Unadjusted Function Points)는 해당 기능 수와 복잡성 가중치를 곱한 결과이다. 보기 시스템에서 모든 기능이 보통의 복잡성을 갖는다고 가정하면 비조정 기능점수는 45가 된다.

2) 기술적 복잡성 요소(TCF) 계산

UFP 점수는 시스템의 기술적 복잡성을 고려하지 않은 비조정 기능점수에 대한 값이다. 실제 FP 계산을 위해 [그림 4-17]과 같은 14개의 기술적 복잡성 요소(TCF: Technical Complexity Factor)에 대한 영향력을 0(영향 없음)부터 5(매우 심각한 영향)까지 평가 한다. 모든 영향력 합계는 시스템의 기술적 복잡성에 대한 영향력(DI: Degreeof Influence) 값이 된다.

TCF	값	비고
데이터 통신	4	
분산데이터 처리	2	
성능기준(처리속도)	0	
높은 트랜잭션 처리	4	
하드웨어 이용	3	
온라인 데이터 입력	4	0: 전혀 영향을 미치지 않음 1: 약간의 영향 2.: 어느 정도 영향 3: 보통 정도의 영향 4: 중요한 영향 5: 매우 심각한 영향을 미침
온라인 갱신 정도	5	
사용자 편의성	3	
계산의 복잡성	5	
재사용성	5	
설치의 용이함	4	
운영의 용이함	3	
이식성	5	
유지보수성	5	
DI값	52	

그림 4.17 TCF 추정 보기

실질적인 TCF 값은 다음 식에 의해 계산된다. 시스템의 DI는 52이므로 TCF는 1.17이 된다.

$$TCF = 0.65 + 0.01 * DI$$
$$(1.17 = 0.65 + 0.01 * 52)$$

모든 기술적 요소들이 전혀 영향을 미치지 않는다면 DI 값은 0이고, 매우 심각한 영향을 미친다면 DI 값은 70이 된다. 즉, DI 값은 최소 0부터 최대 70까지 변할 수 있기 때문에 TCF는 최소 0.65에서 최대 1.35까지 변할 수 있다.

3) FP 점수 계산

FP 점수는 비조정 기능점수(UFP)와 기술적 복잡성 요소(TCF)에 기초하여 다음 식에 의해 계산한다. 가상 시스템에 대한 기능점수는 52.65가 된다.

$$FP = UFP * TCF$$
$$(52.65 = 45 * 1.17)$$

4) 비용과 노력 추정

과거 유사 프로젝트 데이터에서 생산성이 6.5FP/PM 이라고 가정한다면, 가상 시스템에 대한 비용은 다음과 같다.

- 노력 = FP/생산성 = 52.65 / 6.5 = 8.1PM
- 2명 투입할 때 개발 기간 = 노력 / 인력 = 8.1 / 2 = 4.05개월
- 3개월 개발 기간일 때 인력 = 노력 / 기간 = 8.1 / 3 = 2.7명 투입 필요
- 인건비가 1달에 400만원이면, 1FP를 생산하기 위한 비용은 615,400원(400만 / 6.5)이므로, 전체 시스템에 대한 추정 비용은 3천2백4십만원(615,400 * 52.65)이다.

다음은 LOC기반 비용 추정 방법과 비교했을 때, 기능점수 모델 기반 비용 추정 방법의 장점은 다음과 같다.

- 언어 독립적으로 비용 추정 가능 : 기능점수 모델은 구현 언어와 관계없이 비용추정이 가능하다. 동일 제품을 Assembly 언어와 C 언어로 구현한다고 가정하면, 저급 언어인 Assembly는 고급 언어인 C보다 더욱 많은 LOC가 요구되기 때문에 더욱 높은 비용이 추정될 것이다. 이러한 상황은 LOC 방법이 언어의 효율성을 고려하지 않기 때문이다. 반면에, 기능점수 모델은 개발 언어와 관계 없이 비용

추정이 가능하다.

- 개발 초기에 비용 추정 가능 : 기능점수 모델의 5가지 기능 요소에 대한 추정은 구현이 아닌 개발 초기 분석에서 가능하기 때문에, LOC 기반 추정이 갖는 단점 중 하나인 개발 초기 추정의 어려움을 해결할 수 있다.

4.3.3.2 COCOMO 모델

COCOMO(COnstructive COst MOdel) 모델은 실험적(경험적) 모델기반 비용 추정 방법으로, LOC나 FP를 모델의 입력 값으로 사용한다. 이 모델은 앞서 언급한 하향식 또는 상향식 비용 추정 방법에서 발생할 수 있는 비용 추정 값의 부정확성을 보완하기 위해 이용될 수 있다.

현재 수학적 이론이나 과거 프로젝트의 통계 분석에 근거한 다양한 비용 추정 모델이 존재한다. 그중에서 가장 널리 알려진 모델은 1981년 Barry Bohem이 제안한 COCOMO 모델이다. 이 모델은 과거 프로젝트 데이터의 통계 분석 기반 모델이지만, 수학적 이론 과 전문가 판단을 결합한 복합 모델이라 할 수 있다.

COCOMO 모델은 비용 산출의 복잡도에 따라 [그림 4.18]과 같이 기본, 중간, 고급 COCOMO 모델로 구분한다. 이들 3가지 모델 중 고급 COCOMO 모델에 의한 비용 추정 방법은 기본 COCOMO나 중간 COCOMO 보다 더욱 다양한 요소들을 고려하기 때문에 가장 정밀한 비용 추정을 제공한다.

COCOMO 모델	내용
기본 COCOMO (basic COCOMO)	LOC를 기반으로 간단히 노력과 비용 추정
중간 COCOMO (intermediate COCOMO)	기본 COCOMO에 비용승수 적용하여 보정
고급 COCOMO (advanced COCOMO) (detailed COCOMO)	기본 COCOMO에 소프트웨어 개발 단계별로 비용승수 적용하여 보정

그림 4.18 COCOMO 모델 종류

기본 COCOMO

기본 COCOMO 모델을 적용하여 비용을 추정하는 과정은 다음과 같다.

1) KLOC 추정
2) 프로젝트 유형 결정
3) 노력과 기간 추정
4) 인원 및 비용 계산

1) KLOC 추정

프로젝트 크기를 KLOC(1000 LOC) 단위로 추정한다. 앞서 언급한 상향식 혹은 하향식 방법을 이용할 수 있다.

2) 프로젝트 유형 결정

[그림 4. 19]에 기초하여 프로젝트를 복잡도에 따라 단순(organic), 중간형(semidetached), 내장형(embedded) 중 하나로 결정한다.

프로젝트 유형	내용
단순형(organic)	소규모 프로젝트 : 일괄처리, 과학계산, 자료처리(5만 LOC 이하)
중간형(semidetached)	중규모 프로젝트 : 트랜잭션 처리, 운영체제, DBMS(30만 LOC 이하)
내장형(embeded)	대규모 프로젝트 : 실시간처리, 미사일유도, 우주항공제어 시스템

그림 4.19 COCOMO 프로젝트 유형

3) 노력 및 기간 추정

[그림 4.20]의 공식에 프로젝트 유형별 상수 값을 적용하여 노력과 기간을 추정한다.

$$노력(E) = a * KLOC^{b} \quad (단위: PM)$$
$$기간(D) = c * E^{d} \quad (단위: MO)$$

프로젝트 유형	a	b	c	d
단순형	2.4	1.05	2.5	0.38
중간형	3.0	1.12	2.5	0.35
내장형	3.6	1.20	2.5	0.32

그림 4.20 COCOMO 프로젝트 유형에 따른 상수

보기를 들면, 개발 프로젝트가 마이크로프로세서 기반 통신 처리와 같은 단순한 시스템이고, 제품 크기는 12,000LOC(12KLOC)로 추정된다면, 해당 프로젝트에 대한 노력과 기간은 다음과 같이 계산된다.

$$\text{노력(E)} = 2.4 * 12^{1.05} = \text{약 } 33\text{PM}$$
$$\text{기간(D)} = 2.5 * 33^{0.38} = \text{약 } 9\text{개월}$$

4) 인원 및 비용 계산

다음 공식에 의해 투입 인원 및 비용을 계산한다.

$$\text{투입인원} = \text{E(노력)} / \text{D(기간)}$$
$$\text{비용} = \text{E} * 1\text{인당 월급여}$$

중간 COCOMO

중간 COCOMO 모델을 적용하여 비용을 계산하는 과정은 다음과 같다.

1) KLOC 추정 (기본 COCOMO (1)번과 동일)
2) 프로젝트 유형 결정 (기본 COCOMO (2)번과 동일)
3) 노력 및 기간 추정 (기본COCOMO (3)번과 동일)
4) 비용 승수 선택
5) 보정된 노력 계산

1) KLOC 추정 (기본 COCOMO (1)번과 동일)

2) 프로젝트 유형 결정 (기본 COCOMO (2)번과 동일)

3) 노력 및 기간 추정 (기본 COCOMO (3)번과 동일)

4) 비용 승수 선택

전문가는 [그림 4.21]에 제시된 15개 비용 승수 항목이 프로젝트에 미치는 영향력을 평가하여 비용 승수를 선택한다. 비용 승수 항목은 15개의 세부 항목으로 구성되며, 이를 4개의 주요 항목으로 분류한다. 개발 프로젝트에서 소프트웨어 신뢰도가 매우 중요한 영향을 미친다면 1.4의 비용 승수를 선택한다.

비용승수 항목	아주낮음	낮음	보통	높음	매우높음	가장높음
제품속성						
소프트웨어신뢰도	0.75	0.88	1.00	1.15	1.40	
데이터베이스크기		0.94	1.00	1.08	1.16	
제품복잡도	0.70	0.85	1.00	1.15	1.30	1.65
컴퓨터속성						
실행시간제약			1.00	1.11	1.30	1.66
주기억장소제약			1.00	1.06	0.21	1.56
가상기계변동성		0.87	1.00	1.15	1.30	
컴퓨터결과반환시간		0.87	1.00	1.07	1.15	
요원속성						
분석가능력	1.46	1.19	1.00	0.86	0.71	
응용분야능력	1.29	1.13	1.00	0.91	0.82	
프로그래머능력	1.42	1.174	1.00	0.86	0.76	
가상기계경험	1.21	1.10	1.00	0.90		
프로그램언어경험	1.14	1.07	1.00	0.95		
프로젝트속성						
최신프로그램기법이용	1.24	1.10	1.00	0.91	0.82	
소프트웨어도구이용	1.24	1.10	1.00	0.91	0.82	
개발일정	1.23	1.08	1.00	1.04	1.10	

그림 4.21 COCOMO 비용 승수

5) 보정된 노력 계산

다음 식에 따라 기본 COCOMO에서 계산된 노력에 모든 비용 승수 값을 곱하여 보정된 노력을 산출한다.

노력 = 기본 COCOMO로 부터 노력 * 모든 비용승수 값의 곱

보기를 들면, 앞서 언급된 기본 COCOMO로부터 노력은 33PM이었다. [그림 4.22]와 같이 15개 비용 승수 값(노력상수)을 결정했다면, 모든 비용 승수 곱은 1.35가 된다. 그러므로 가상 시스템에 대한 보정된 노력은 45PM이 된다.

$$45PM = 33 * 1.35$$

비용승수 항목	영향력정도	노력상수
제품속성		
소프트웨어신뢰도	높음	1.15
데이터베이스크기	낮음	0.94
제품복잡도	매우높음	1.30
컴퓨터속성		
실행시간제약	높음	1.11
주기억장소제약	높음	1.06
가상기계변동성	보통	1.00
컴퓨터결과반환시간	보통	1.00
요원속성		
분석가능력	높음	0.86
응용분야능력	보통	1.00
프로그래머능력	높음	0.86
가상기계경험	낮음	1.10
프로그램언어경험	정상	1.00
프로젝트속성		
최신프로그램기법이용	높음	0.91
소프트웨어도구이용	낮음	1.10
개발일정	정상	1.00

그림 4.22 COCOMO 비용 승수 적용 보기

고급 COCOMO

고급 COCOMO 모델은 기본 COCOMO 모델에 소프트웨어 생명 주기의 각 활동별로 비용 승수를 추가로 적용하여 정밀한 비용 추정을 제공한다.

COCOMO II

1981년에 제안된 COCOMO 모델에 의한 비용 추정 방법은 현대 프로젝트에 적용하기에 여러 문제점을 갖는다. 첫째, 기존 COCOMO는 폭포수 모델에 기초한 비용 추정 모델이므로, 최근의 재사용 모델이나 객체지향 개발과 같은 최신 개발 방법론을 반영하는 것을 어렵게 한다. 둘째, 기존 COCOMO는 주요 입력 값으로 KLOC를 사용하기 때문에 개발 초기 정확한 비용 추정이 어려울 수 있다.

이러한 문제를 해결하기 위해 Bohem은 2000년 COCOMO II 모델을 제안하였다. COCOMO II는 기존 COCOMO에 다양한 최신 소프트웨어 공학 기술과 개발 방법론을 반영한 비용 추정 모델이지만, 기존 COCOMO에 비해 비용 추정 과정이 더욱 복잡하다.

기존 COCOMO와 COCOMO II 모델의 주요 차이점은 비용 승수 항목이 15개에서 17개로 증가했다는 것과, 프로젝트의 진행 단계와 영역 지식 수준에 따라 다음 3가지 비용 추정 모델 중에 적합한 것을 선택할 수 있도록 제공한다는 것이다.

- **어플리케이션 합성 모델 (application composition model)**
  영역 지식이 거의 없는 개발 초기 단계에 적용할 수 있는 모델로써, 기능점수와 유사한 객체점수(Object Points)에 기초하여 비용을 추정한다.

- **초기 설계 모델 (early design model)**
  영역지식이 어느 정도 확보된 개발 중반 단계에 적용할 수 있는 모델로써, 기능점수에 기초하여 비용을 추정한다.

- **포스트 아키텍처 모델 (post architecture model)**
  영역 지식이 충분히 확보된 개발 후반 단계에 적용할 수 있는 모델로써, 기능점수나 KLOC에 기초하여 비용을 추정한다.

4.4 조직 구성

대규모 프로젝트를 한정된 기간에 한 사람이 완수하는 것은 불가능하기 때문에, 팀 협력은 필수적이다. 프로젝트 성공을 위해서는 팀에 유능한 인력 배치뿐만 아니라, 팀 구성원 사이의 협력과 생산성 있는 조직 구성이 중요하다. 이것은 프로젝트의 성공과 실패에 중대한 영향을 미친다.

소프트웨어 프로젝트 팀 조직 구성에 대한 어려움은 다음과 같다.

- 작업 공유의 어려움 :
  소프트웨어 개발 작업은 산술적으로 나누기 어렵다. 보기를 들면, 분석에 4PM의 노력이 필요한 경우, 2명을 투입하면 2개월 내에 분석을 완수할 수 있어야 한다. 그러나 분석 기간은 더욱 길어질 수 있으며 결과물의 품질은 더욱 낮아 질 수 있다. 이와 같이 소프트웨어 프로젝트에서 간단한 산술적 계산이 작동하지 않는 이유는 소프트웨어 개발 작업에 대한 공유가 어렵기 때문이다.
- 통신 경로 증가 :
  팀원이 증가하면 팀 구성원 사이의 통신 경로가 기하급수적으로 증가하는 문제이다. [그림 4.23]과 같이 3명의 팀 구성원 사이의 통신 경로는 3개이다. 기간 내에 프로젝트를 완수하기 어려워 새로운 팀원을 투입하면 통신 경로는 6개로 증가한다. 새롭게 합류한 팀원에게 지금까지 (미)완성된 작업 상황을 설명하는 시간과 노력 때문에 프로젝트 일정은 더욱 늦어질 수 있다. 지연된 프로젝트에 인원을 투입하면 프로젝트 기간은 더욱 늘어 나는 이런 현상을 브룩스 법칙(Brook's Law)이라 한다.

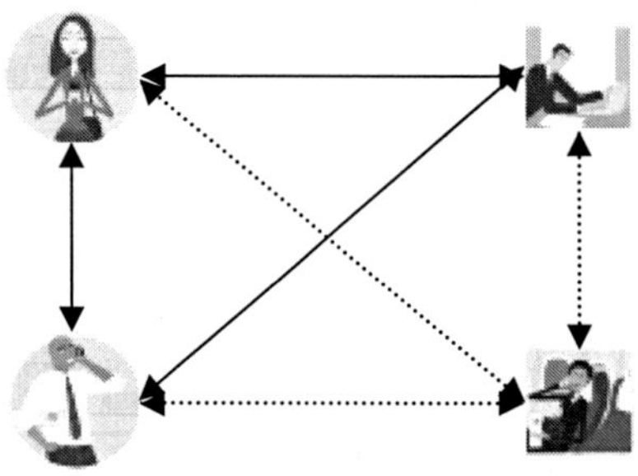

그림 4.23 통신 경로 증가

팀 조직을 구성하는 방법은 민주적, 책임 프로그래머, 혼합 팀으로 분류 할 수 있다.

4.4.1 민주적 팀

민주적 팀은 팀 리더 없이 모든 팀원이 동등한 책임과 권한을 갖고, 의사 결정에 자유롭게 참여할 수 있으며, 팀원들을 서로 존중하는 비이기적(egoless) 팀이다. [그림 4.24]와 같이 민주적 팀은 다른 팀 구성에 비해 가장 많은 의사 소통 경로를 갖고 있기 때문에 의사 교류가 활성화되지만 관리의 어려움을 갖는다.

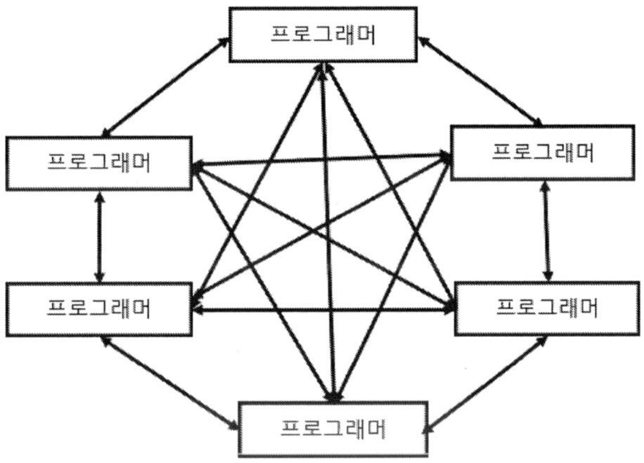

그림 4.24 민주적 팀

4.4.2 책임 프로그래머 팀

책임 프로그래머 팀은 중앙 집중형 구조를 가지며, 책임 프로그래머가 모든 의사 결정권을 갖는다. [그림 4.25]는 전형적인 책임 프로그래머 팀 구성을 보이며 6명으로 구성된 팀을 가정할 때 책임 프로그래머 팀은 단지 5개의 통신 경로가 존재하지만 민주적 팀은 15개의 통신 경로가 존재한다.

책임 프로그래머 팀 구성원의 역할 및 특징은 다음과 같다.

◎ 책임 프로그래머

책임 프로그래머는 관리자이면서 기술적인 리더 역할을 동시에 수행한다. 분석, 설계, 복잡한 코딩을 직접 수행하며, 팀원들의 작업을 감독하고 프로그래머의 코드를 리뷰한다.

◎ 프로그래머

책임 프로그래머의 지시에 따라 단지 프로그래밍 작업만 수행한다. 프로그래머 사이의 직접적인 통신 경로는 없으며, 프로그래머 사이의 모든 인터페이스는 책임 프로그래머가 수행한다.

◎ 보조 프로그래머

책임 프로그래머의 업무를 지원하고 보조하기 위해 책임 프로그래머 만큼 유능한 역량을 필요로 한다.

◎ 프로그램 사서

문서 관리 및 유지보수를 담당한다.

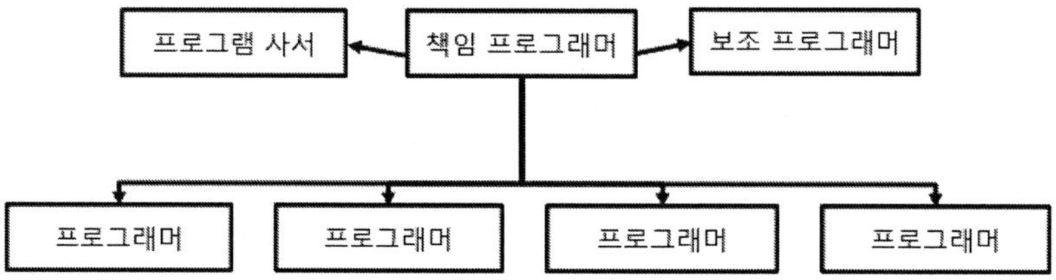

그림 4.25 책임 프로그래머 팀

4.4.3 혼합 팀

현실적으로 민주적 팀과 책임 프로그래머 팀 조직 구성으로 수십 명의 인력을 필요로 하는 대규모 프로젝트를 성공적으로 완수하는 것은 어렵다. 그러므로 민주적 팀과 책임 프로그래머 팀의 장점을 결합한 계층적 팀 구조를 혼합 팀이라 부른다. [그림 4.26]은 전형적인 혼합 팀 구성을 보인다. 프로젝트 리더는 전체를 감독하며, 팀 리더는 중간 관리자 역할을 한다. 프로그래머는 팀 리더에게 보고하고, 프로젝트 리더에게 직접 보고하지 못한다. 프로그래머 사이의 통신은 가능하다. 팀 리더는 프로젝트 리더에게 보고한다. 팀 구성을 몇 개의 그룹으로 나누어 경험 있는 프로그래머가 관리하는 형태이다.

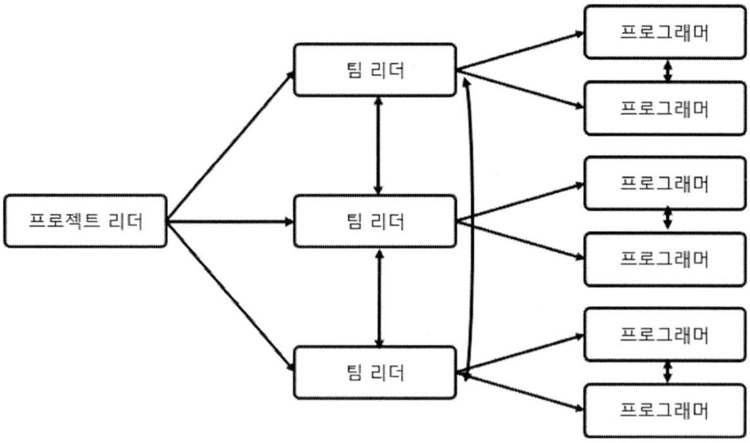

그림 4.26 혼합 팀

4.4.4 팀 구성 비교

각 팀 조직 구성 방법에 대한 장점(특징)과 단점은 다음과 같다.

민주적	장점	· 비이기적인 긍정적 태도로 오류 발견 가능성 높음 · 복삽하고 어려운 문제 해결을 위한 다양한 아이디어 도출 가능
	단점	· 통신 경로 증가로 관리 어려움 · 누구도 책임지는 사람이 없으므로 책임감 저하 · 의사 결정의 어려움으로 인해 대규모 프로젝트에 부적합
책임 프로그래머	장점	· 통신 경로 감소로 신속한 의사 결정 가능 · 각 구성원은 훈련된 작업만을 수행하므로 전문성을 가짐
	단점	· 관리 능력과 기술력을 겸비한 책임 프로그래머 구하기 어려움 · 책임 프로그래머의 역량에 프로젝트 성패 좌우됨 · 책임 프로그래머의 역량을 갖는 보조 프로그래머를 구하기 어려움 · 확실하지 않은 프로그램 사서의 역할
혼합	장점	· 소프트웨어 기능 분할이 용이한 프로젝트에 적합 · 팀 리더에게 의사 결정 과정 분산
	단점	· 동등 수준의 구성원들 사이의 의사 교환 자유로움 · 책임 프로그래머 팀에 비해 의사 결정 경로가 길어질 수 있음

4.5 계획서 작성

계획 활동의 결과는 문서화된 계획서로 작성된다. 계획서는 프로젝트를 체계적으로 관리하기 위해 반드시 작성해야 하는 중요한 문서이다. 계획서를 작성할 때 가장 효과적인 방법은 표준 양식(템플릿)을 사용하는 것이다.

표준 양식으로 조직에서 자체 개발한 템플릿, 프로젝트 발주자가 제공한 템플릿, 프로젝트의 크기나 종류와 관계 없이 적용할 수 있는 국제 표준인 IEEE Std 1058 템플릿에 기초하여 작성할 수 있다.

[그림 4. 27]은 IEEE 소프트웨어 프로젝트 관리 계획서(SPMP: Software Project Management Plan) 양식을 보인다. 이 양식은 모든 규모의 소프트웨어 프로젝트에 적용할 수 있으며, 소규모 프로젝트에는 관련 없는 항목을 생략할 수 있는 유연성을 제공한다.

1. Overview
   - 1.1 Project Summary
     - 1.1.1 Purpose, Scope, and Objective
     - 1.1.2 Assumptions and Constraints
     - 1.1.3 Project Deliverables
     - 1.1.4 Schedule and Budget Summary
   - 1.2 Evolution of the Plan
2. References
3. Definitions
4. Project Organization
   - 4.1 External Interfaces
   - 4.2 Internal Structure
   - 4.3 Roles and Responsibilities
5. Managerial Process Plans
   - 5.1 Start-up Plan
     - 5.1.1 Estimation Plan
     - 5.1.2 Staffing Plan
     - 5.1.3 Resource Acquisition Plan
     - 5.1.4 Project Staff Training Plan
   - 5.2 Work Plan
     - 5.1.1 Work Activities
     - 5.1.2 Schedule Allocation
     - 5.1.3 Resource Allocation
     - 5.1.4 Budget Allocation
   - 5.3 Control Plan
     - 5.3.1 Requirements Control Plan
     - 5.3.2 Schedule Control Plan
     - 5.3.3 Budget Control Plan
     - 5.3.4 Quality Control Plan
     - 5.3.5 Reporting Plan
     - 5.3.6 Metrics Collection Plan
   - 5.4 Risk Management Plan
   - 5.5 Closeout Plan
6. Technical Process Plans
   - 6.1 Process Model
   - 6.2 Methods, Tools, and Techniques
   - 6.3 Infrastructure Plan
   - 6.4 Product Acceptance Plan
7. Supporting Process Plans
   - 7.1 Configuration Management Plan
   - 7.2 Verification and Validation Plan
   - 7.3 Documentation Plan
   - 7.4 Quality Assurance Plan
   - 7.5 Reviews and Audits
   - 7.6 Problem Resolution Plan
   - 7.7 Subcontractor Management Plan
   - 7.8 Process Improvement Plan
8. Additional Plans

그림 4.27 IEEE Std 프로젝트 관리 계획서(SPMP) 템플릿

1. 소개

1.1. 프로젝트 요약

1.1.1. 목적과 범위, 목표

- 프로젝트의 목적과 범위 정의(프로젝트에 포함되는 것과 제외되는 것에 대한 범위)
- 사업적인 필요성(기대효과)
- 다른 프로젝트와의 관계

1.1.2. 가정과 제한조건

- 프로젝트에 근본적인 가정이나 제한조건(예: 인도날짜, 예산, 자원, 재사용 소프트웨어, 적용기술, 다른 제품과의 인터페이스)

1.1.3. 프로젝트 인도물

- 고객에게 인도되는 작업 결과물 목록과 인도 날짜, 인도 장소 서술

1.1.4. 일정과 예산 요약

- WBS의 가장 상위 수준에서 파악된 주요 개발 활동에 대한 일정 및 투입되는 예산에 대한 요약

1.2. 계획의 진화

- 프로젝트 계획의 변경에 대한 SCM 제어를 위한 공식적인 절차나 방법

2. 참고문헌

- 본 계획서 작성에 참조된 모든 관련 문서 및 정보

3. 용어정의

- 본 계획서를 이해하는데 필요한 모든 용어에 대한 정의 및 약어에 대한 설명

4. 프로젝트 구성

4.1. 외부 인터페이스

- 프로젝트와 외부 사이의 경계 묘사(예: 상위조직, 고객. 내부의 다른 조직, 하도급자)

4.2. 내부 인터페이스

- 개발 팀 내부 조직 사이의 경계 묘사(예: 독립적으로 수행되는 형상관리, 품질보

증, 검사 지원 그룹)

4.3. 역할과 책임

- 프로젝트와 관련된 활동이나 절차에 대하여 책임이 있는 조직 기술

5. 관리 계획

5.1. 개시 계획

5.1.1. 추정 계획

- 프로젝트 비용과 기간에 대한 명세와 추정 방법

5.1.2. 인력 계획

- 필요한 인력의 수, 기술 수준, 필요한 기간

5.1.3. 자원 계획

- 프로젝트에 필요한 자원(예: 하드웨어, 소프트웨어, 행정서비스)을 확보하기 위한 계획

5.1.4. 인력 훈련 계획

5.2. 작업 계획

5.2.1. 작업 활동

- 프로젝트에서 수행되는 여러 작업 활동 묘사(예: WBS)

5.2.2. 일정 할당

- 시간의 순서에 기초한 활동 사이의 의존 관계, 이정표(예: Gantt 차트)

5.2.3. 자원 할당

- 프로젝트 활동에 필요한 자원 할당

5.2.4. 예산 할당

- 전체 예산을 분할하여 프로젝트 활동에 할당

5.3. 제어 계획

5.3.1. 요구 제어 계획

- 요구사항은 자주 변경되므로 이러한 요구사항에 대한 변화를 감시하고 제어하는

방법

5.3.2. 일정 제어 계획

- 프로젝트 진행을 측정하는 방법과 계획에 비해 프로젝트 진행이 늦어질 때 수행되는 활동 기술

5.3.3. 예산 제어 계획

- 실제 비용이 예산을 초과할 때 수행되는 활동 기술

5.3.4. 품질 제어 계획

- 소프트웨어 품질을 측정하고 제어하는 방법

5.3.5. 보고 계획

- 요구사항, 일정, 예산, 품질을 감시하기 위한 보고 방법

5.3.6. 척도 수집 계획

- 수집될 척도에 대한 계획은 개발 프로세스를 제어하기 위해 필요(예: 수집되는 척도, 수집 빈도, 척도를 분석 방법)

5.4. 위험 관리 계획

- 프로젝트 위험 요인을 식별, 분석, 계획, 감시하기 위한 위험 관리 계획 서술

5.5. 프로젝트 종료 계획

- 프로젝트가 완성될 때 수행되는 활동(예: 인력 재배치, 결과물 저장, 최종 보고서, 결과 분석)

6. 기술 계획

6.1. 프로세스 모델

- 이용되는 생명주기 모델

6.2. 방법, 도구, 기술

- 이용되는 개발 방법론, 모델 언어, 프로그램 언어, 표준, 정책서술

6.3. 기반구조 계획

- 소프트웨어를 개발하기 위해 이용되는 환경(예: 하드웨어, 운영체제, 네트워크,

소프트웨어, CASE)이나 최종 소프트웨어실행환경

6.4. 제품 인수 계획

- 고객 인수에 대한 객관적인 기준
- 완성된 소프트웨어 제품이 고객의 인수 조건을 만족한다는 것을 보장하기 위한 절차

7. 지원 계획

7.1. 형상 관리 계획

- 형상 식별, 제어, 감사, 상태보고를 위한 관리 계획

7.2. 확인과 검증 계획

- 검사(테스팅) 활동과 관련된 계획

7.3. 문서화 계획

- 생산되는 모든 종류의 문서에 대한 기술

7.4. 품질 보증 계획

- 테스팅, 표준, 검토를 포함하여 모든 품질 보증과 관련되는 내용 기술

7.5. 검토와 감사 계획

- 검토와 감사에 대한 방법

7.6. 문제 해결 계획

- 프로젝트 수행 동안 발생하는 문제에 대한 처리 계획

7.7. 하도급 관리 계획

- 하도급자를 선택하고 관리하는 계획

7.8. 프로세스 개선 계획

- 주기적으로 프로젝트를 평가하여 개선시키는 계획

8. 기타 계획

- 특별한 요구사항을 만족하기 위해 필요한 기타 계획(예: 안전성, 보안에 대한 계획)

연 습 문 제

4.1. 일정 계획을 수립하기 위해 사용되는 도구로써 가장 거리가 먼 것은?

① WBS ② TCF ③ Gantt Chart ④ PERT/CPM

4.2. 비용 산정을 위한 척도 중 LOC에 대한 설명으로 가장 거리가 먼 것은?

① LOC는 전문가의 주관적인 판단에 의해 측정 결과가 다를 수 있다.
② 동일 제품을 상이한 언어로 구현할 경우 원시 코드 수가 다를 수 있다.
③ 동일한 언어를 사용하는 경우에도 개발자에 따라 LOC는 다를 수 있다.
④ 소프트웨어 개발 초기에 정확하게 추정하기 어렵다.

4.3. 현재 프로젝트에 대한 소프트웨어 크기 추정치가 10KLOC이고, 과거 유사 프로젝트로부터 생산성은 1000LOC/PM, 인건비는 5백만원/M이라면 현재 프로젝트에 대한 비용(만원)과 노력(PM)을 구하라. 또한 2명의 인력을 투입한다면 현재 프로젝트를 완수하는데 걸리는 기간(개월)을 구하라.

4.4. 다음 중 민주적인 팀의 인원수가 4명이라면 의사교환 경로 수는?

① 3 ② 4 ③ 5 ④ 6

4.5. 다음 PERT/CPM 네트워크에 기초하여 각 작업에 대한 EST, LST, 여유 시간을 계산하고, 프로젝트에 대한 임계경로와 완수기간을 계산하라.

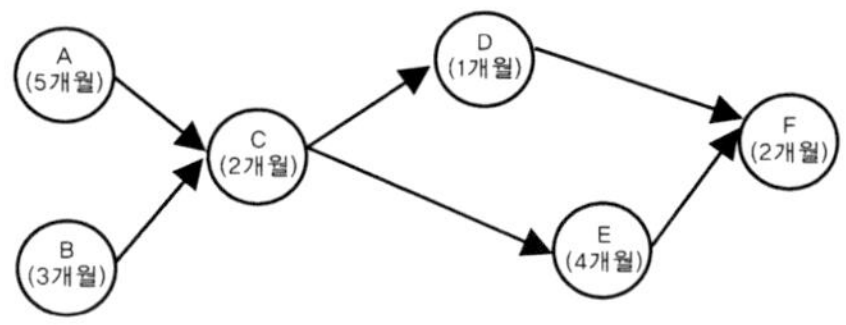

4.6. 당신이 프로젝트 관리자라면 수업에서 배운 3가지 조직 구성 방법 중에 어떤 조직을 선호하는지 적고 이유를 설명하라.

4.7. 다음 중 '시스템 정의' 문서에 포함되지 않는 것은?

① 기대 이익 ② 프로젝트 일정
③ 기능 및 제한조건 ④ 문제 범위

4.8. 일반적으로 프로젝트 비용을 추정하기 위한 방법은 소프트웨어 크기 척도인 LOC와 FP를 이용한다. LOC기반 비용 추정 방법의 많은 장점에도 불구하고 FP기반 방법을 사용하는 이유 2가지만 설명하라.

4.9. WBS에 대한 설명으로 가장 거리가 먼 것은?

① WBS는 소작업의 계층적인 목록이다.
② WBS는 일정 수립 작업의 입력이 된다.
③ WBS에 작업소요일, 책임자, 작업시간, 마감일을 포함할 수 있다.
④ WBS를 작성하는 목적은 형상 관리를 위한 것이다.

4.10. PERT/CPM 네트워크에 대한 다음 설명 중 가장 거리가 먼 것은?

① 작업 사이의 상호 의존 관계 파악이 용이하다
② 프로젝트 기간에 중요한 작업들에 대한 경로 파악이 용이하다
③ 병행으로 수행될 수 있는 작업들에 대한 파악이 용이하다.
④ WBS는 PERT/CPM 네트워크를 작성하는 기초 자료가 된다.

4.11. 다음 중 이정표에 대한 내용으로써 가장 거리가 먼 것은?

① PERT/CPM 네트워크에서 중요 시점을 표시한다.
② 개발 활동이 명확히 완수되는 시점을 표시한다.
③ 프로젝트의 진행을 감시하기 위한 중요한 개념이다.
④ 일반적으로 마름모로 표시한다.

4.12. 다음 중 기능점수를 계산하는데 사용하지 않는 것은?

① 외부입력 수　② 외부출력 수　③ 내부 논리파일 수　④ 소스코드 수

4.13. 다음 중 기능 중심 평가 기준으로서, 소프트웨어 정보영역의 가산점 척도들과 소프트웨어의 기술적 복잡성에 대한 주관적 측정을 기초로 하여 유도된 기법은?

① LOC　② FP　③ COCOMO　④ CPM

4.14. 다음 비용 추정 방법에 대한 내용 중 가장 거리가 먼 것은?

① 전문가로부터 전체 비용 추정후 보정하는 방법은 상향식 비용 추정 방법이다.
② COCOMO에 의한 비용 추정 방법은 모델기반 비용 추정 방법이다.
③ FP는 소프트웨어의 기능을 정량화하여 비용을 추정하는 방법이다.
④ 프로세스 기반 방법은 문제분해 방법보다 더욱 복잡하다.

4.15. 다음 표에 기초하여 기능점수(FP)를 구하라. 기술적 복잡성 요소(TCF)는 0.9라고 가정한다. 계산 과정을 포함하라.

구성요소	수	가중치
외부입력	2	3
외부출력	1	4
외부조회	1	3
내부논리파일	1	7
외부연계파일	2	5

4.16. 다음 중 Brooks의 법칙에 대하여 가장 적절하게 설명한 것은?

① 효율적인 프로젝트 관리를 위해 모든 작업과 활동에 대한 계획 수립이 필요하다.

② 프로젝트에서 임계경로에 포함되는 작업들은 항상 감시하는 것이 필요하다.

③ 일정 수립에서 중간 목표가 달성되어야 최종 목표가 달성될 수 있다는 가정 하에 개발과정의 중요 시점들을 이정표로 정의한다.

④ 개발 중인 프로젝트에 새로운 프로그래머를 참여시키는 것은 의사소통에 많은 시간을 할애하여 프로젝트 진행을 지연시킬 수 있다.

4.17. 다음 중 COCOMO II 모델에 대한 설명이다. 괄호에 적당한 용어를 적어라.

> COCOMO II 모델은 개발 단계별로 3가지 다른 비용 추정 모델을 제시한다. 영역지식이 거의 없는 프로젝트 초기에 적용할 수 있는 어플리케이션 합성 모델은 비용 추정을 위한 입력 값으로 (①)를 이용하며, 영역 지식에 대한 최대 정보를 가질 때 적용할 수 있는 포스트 아키텍처 모델은 비용 추정을 위한 입력 값으로 (②)를 이용한다.

4.18. 책임 프로그래머 팀과 비교하여 민주적 팀의 장점과 단점을 적어라.

PART 02

분석 활동

CHAPTER

05 요구 공학

5.1 소개

요구

시스템에 대한 사용자 요구를 명확히 파악하고 이해하는 것은 프로젝트의 성공과 실패를 좌우하는 중요한 요소이다. 요구 공학은 이러한 사용자 요구를 체계적으로 다루는 프로세스와 방법을 의미한다.

IEEE Std 용어 사전은 요구를 다음과 같이 정의하였다.

- 사용자의 문제를 해결하거나 목적을 달성하기 위해 필요한 조건이나 능력
  (A condition or capability needed by a user to solve a problem or achieve an objective.)
- 계약, 표준, 명세서나 공식적인 문서 내용을 만족하기 위해 시스템이나 시스템 컴포넌트가 소유하거나 만족해야만 하는 조건이나 능력
  (A condition or capability that must be met or possessed by a system or system component to satisfy a contract, standard, specification, or other formally imposed documents.)

위 정의를 요약하면 요구는 "사용자의 목적을 달성하기 위해 시스템이 제공해야 하는 조건이나 능력"이라 할 수 있다. IEEE Std. 용어 사전에서 시스템이 제공해야 하는 조건은 비기능 요구에 해당하며, 시스템이 제공해야 하는 능력은 기능 요구에 해당한다.

사용자 요구는 다음과 같이 기능 요구와 비기능 요구로 분류할 수 있다.

요구	설명	보기
기능 요구 (functional requirements)	시스템에 의해 제공되어야 하는 기능/서비스/능력을 의미한다.	· 데이터베이스 검색 기능 · 문서 표시를 위한 뷰어 기능 · 통계자료 분석 결과 표시 기능
비기능 요구 (non-functional requirements)	시스템에 대한 제약조건이나 품질과 관련된 요구를 의미한다. 비기능 요구는 일반적으로 단일 기능에 제한되지 않으며 시스템 전체에 대하여 적용되는 요구를 의미한다.	· 가용성(Availability)요구 · 효율성(Efficiency)요구 · 유연성(Flexibility)요구 · 무결성(Integrity)요구 · 상호운영성(Interoperability)요구 · 신뢰성(Reliability)요구 · 강건성(Robustness)요구 · 사용성(Usability)요구 · 유지보수성(Maintainability)요구 · 이식성(Portability)요구 · 재사용성(Reusability)요구 · 시험용이성(Testability)요구 · 성능(Performance) 요구 · 환경(Environments) 요구: 제약조건 · 표준(Standards) 요구: 제약조건

그림 5.1 요구 분류

우리가 일반적으로 알고 있는 대부분의 요구는 기능 요구에 해당한다. 그러나 비기능 요구는 시스템의 품질에 큰 영향을 미치므로 더욱 중요한 요소로 고려해야 한다. 특히, 비기능 요구 중에서 '환경'과 '표준' 요구는 시스템의 품질 요구라기 보다는 제약 조건에 해당할 수 있으며, 품질 요구와는 구분된다.

다음은 비기능 요구에 대한 설명과 구체적인 보기를 보인다.

◎ **가용성 요구**: 특정 시점에서 시스템이 얼마나 정상적으로 운영되는가에 대한 요구
- 시스템은 주중 오전 6시부터 오후 12시까지 최소 99.5% 정상적으로 운영되는 것이 필요하다.

◎ **효율성 요구**: 시스템이 컴퓨터 자원을 얼마나 효율적으로 이용하는가에 대한 요구
- 시스템은 최대 부하 조건에서 프로세서 용량의 25%, 프로그램에 할당되는 RAM 용량의 25% 이상 이용하지 말아야 한다.

◎ **유연성 요구**: 시스템에 새로운 능력을 얼마나 용이하게 확장할 수 있는가에 대한 요구
- 개발자는 1시간 이내에 새로운 검색 기능을 추가할 수 있어야 한다.

◎ **무결성 요구**: 소프트웨어 혹은 자료 접근의 통제와 불법적인 접근을 막기 위해 시스템 기능에 대한 사용 제한에 대한 요구
- 시스템 관리자 권한을 갖는 사람만이 고객에 대한 거래 이력을 검색할 수 있다.

◎ **상호운영성 요구**: 시스템의 데이터와 서비스를 얼마나 용이하게 다른 시스템으로 교환할 수 있는가에 대한 요구(즉, 다른 시스템과 정보교류에 대한 요구)
- 시스템은 다른 서브 시스템으로부터 발생하는 문서 구조의 종류와 관계없이 받아들일 수 있어야 한다.

◎ **신뢰성 요구**: 시스템이 주어진 기간 동안 얼마나 올바르게 수행하면서 고장 없이 운영되는가에 대한 요구
- 시스템은 1000번 실험 중 5번 미만의 실패만 허용될 수 있다. 시스템 오작동은 1년에 1번 발생할 수 있으며, 5분 만에 이러한 문제를 발견하고 복구하는 것이 필요하다

◎ **강건성 요구**: 시스템이 불법적인 입력이나 예기치 못한 문제에 직면했을 때 적절히 운영되는가에 대한 요구
- 사용자가 파일을 저장하기 전에 시스템이 다운되면, 시스템은 다운되기 전 편집 상태로 파일을 복구해야 한다.

◎ **사용성 요구**: 시스템에 대한 이용의 용이함이나 사용자와 관련된 운용상의 제한 조건에 대한 요구
- 사용자는 평균 2분(최대 4분)내에 회원 가입을 완수할 수 있어야 한다. 파일 메뉴의 모든 기능들은 Ctrl 키와 동시에 다른 키 조합에 의한 단축 키를 가져야 한다.

- **유지보수성 요구**: 시스템에 대한 새로운 요구에 대한 변경의 용이함, 환경 변화에 따른 수정의 용이함, 시스템 오류 수정에 대한 용이함에 대한 요구
  - 시스템은 10시간 이내에 기존 보고서 양식을 정부 양식으로 수정이 가능해야 한다.

- **이식성 요구**: 시스템을 하나의 운영 환경에서 다른 운영 환경으로 이전하는 용이함에 대한 요구
  - 시스템은 Linux 운영 환경에서도 동작 가능해야 한다.

- **재사용성 요구**: 다른 응용 프로그램에 기존 컴포넌트들을 다시 사용하기 위해 얼마나 수정이 필요한가에 대한 요구
  - 시스템에 대한 고객정보 입력 기능은 다른 시스템의 입력 기능으로 재사용 가능해야 한다.

- **시험용이성 요구**: 시스템 컴포넌트나 통합된 서브 시스템에서 얼마나 오류를 발견하기 쉬운가에 대한 요구
  - 한 모듈에 대한 순환적 복잡성은 20을 초과하지 말아야 한다.

- **성능성 요구**: 응답시간이나 처리량과 같은 시스템 부하에 대한 요구
  - 시스템의 온도 측정 주기는 4초 이내에 완수해야 한다. 시스템은 모든 사용자 인터페이스에 0.5초 만에 응답하고 서버는 동시에 100명의 고객들과 연결을 유지해야 한다.

- **환경 요구**: 제약조건에 대한 요구이며 시스템 개발과 운용, 유지보수 환경 및 외부 시스템과의 인터페이스에 대한 요구
  - 시스템은 PC와 윈도우 운영체제에서 실행하며, 자바와 SOAP을 이용하여 외부의 재무회계관리 시스템의 서비스를 이용하는 것이 필요하다.

- **표준 요구**: 제약조건에 대한 요구이며 준수해야 하는 표준(정책, 산업, 행정, 문서 양식)에 대한 요구
  - 프로젝트 계획서는 IEEE-1058 표준을 준수해야 한다.

요구 공학

요구 공학은 사용자 요구를 체계적으로 관리하기 위한 프로세스와 방법을 다룬다.

요구 공학 프로세스는 요구 추출, 분석, 명세, 검증의 네 가지 주요 활동으로 구성되며, 이러한 활동들은 반복적으로 수행된다. 일반적으로 요구 추출 활동은 요구 분석 활동에 포함되며, 이 과정에서 요구 사항을 수집하고 이해하며 분석한다.

요구 공학에서 반복적인 과정은 필수적이다. 이 반복 과정은 사용자와 개발자가 최종 요구 명세서(SRS)에 상호 동의할 때까지 계속되며, 명세한 요구가 올바르고 완전하게 정의되었는지 확인하는 것이 중요하다. 이를 통해 요구 사항의 변경이나 추가 사항이 적절히 반영되고, 최종 시스템이 사용자의 기대와 목적을 충족할 수 있도록 한다.

이러한 요구 공학 프로세스는 시스템의 성공적인 개발과 품질 보증에 중요한 역할을 한다.

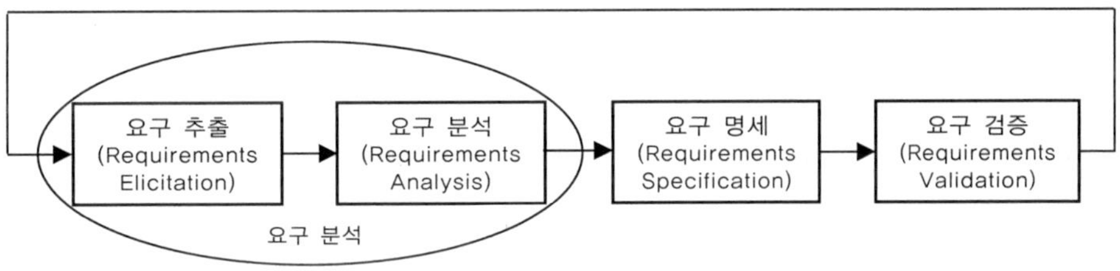

그림 5.2 요구 공학 프로세스

요구 추출

다양한 정보 소스로부터 요구 사항을 수집하는 활동으로, 사용자가 무엇을 원하는지 기본적으로 이해하기 위해 문제 영역을 분석하는 도메인 분석 활동에 해당한다.

요구 분석

수집된 사용자 요구를 깊이 이해하고, 이를 통해 개발될 시스템이 제공해야 할 서비스와 기능을 구체적으로 정의하는 활동이다. 이는 요구 공학에서 가장 중요하면서도 복잡한 활동이다.

요구 명세

요구 분석 결과를 기반으로 요구 명세서(SRS)를 작성하여 분석 모델을 문서화 하는 활동이다.

◎ 요구 검증

요구 명세서가 실제로 사용자가 원하는 내용을 정확히 반영했는지 확인하고 검증하는 활동이다.

5.2 요구 추출

시스템 개발의 첫 번째 단계는 문제 도메인에 대한 기본적인 이해를 확보하는 것이다. 사용자가 원하는 요구 사항을 파악하기 위해서 문제 영역에 대한 이해가 필수적이다. 문제 영역을 명확히 이해하지 못하면 사용자가 무엇을 원하는지 정확히 파악할 수 없다. 이를 위해 문제 영역을 분석하고 이해하는 활동을 요구 추출이라고 하며, 이를 도메인 분석, 요구 획득, 요구 발견, 요구 조사, 요구 파악 등의 용어로 부르기도 한다.

요구 공학 프로세스에서 요구 추출과 요구 분석은 모두 문제 도메인에 대한 이해를 기반으로 하는 활동이므로 이 두 활동을 통합하여 요구 분석이라고 할 수도 있다. 다만 두 활동의 차이가 있다면, 요구 추출은 도메인에 대한 기본적인 이해를 통해 사용자가 무엇을 원하는지 발견하는 활동이고, 요구 분석은 도메인에 대한 깊이 있는 이해를 통해 사용자가 인식하지 못한 요구나 필요 요소를 구체적으로 정의하고 제시하는 활동이라는 점이다.

요구 추출의 첫 단계는 요구가 발생하는 문제 도메인과 관련된 다양한 정보 소스를 파악하고, 이러한 소스로부터 정보를 수집하는 것이다. 예를 들어, 사용자와 인터뷰를 진행하거나 그들의 작업을 관찰함으로써 도메인에 대한 중요한 정보를 얻을 수 있다. 또한 기존 문서를 검토하거나 유사한 비즈니스 문제를 해결한 기존 시스템을 연구하여 유용한 정보를 수집할 수 있다. [그림 5.3]은 문제 도메인에 대한 정보를 제공하는 다양한 정보 소스와, 각 소스에서 효과적으로 정보를 추출할 수 있는 방법, 그리고 해당 방법을 통해 생성되는 작업 결과물을 보여준다.

정보 소스	정보 수집 방법	결과물
· 문제 도메인의 기본 지식 · 존재하는 다양한 문서 · 관계자(사용자)로부터 정보 · 기존 시스템의 운영 환경 · 조직의 운영 환경	· 기존 문서 검토 · 사용자와 인터뷰 · 팀 미팅 · 관찰 · 질문지 배포 · 사용사례 작성 · 프로토타입 개발	· 시스템(문제) 정의서 · 비즈니스 모델 · 도메인 객체 모델 · 상위 수준 사용사례 · 프로토타입

그림 5.3 정보 소스와 정보 수집 방법

요구 추출 과정에서 생성되는 대표적인 결과물 중 하나는 시스템 정의서이다. 시스템 정의서는 개발될 시스템의 목적과 최상위 수준에서 시스템이 제공해야 할 기능 요구와 비기능 요구를 간략히 정의한 문서이다. 이 문서는 시스템에 관심을 갖는 주요 관계자들과 간단한 인터뷰를 통해 작성되며, 초기 단계에서 시스템의 범위와 주요 목적을 명확히 하는 역할을 한다. 시스템 정의서는 프로젝트의 전반적인 방향을 설정하고, 이해 관계자들 간의 공통된 이해를 도출하는 데 중요한 참고 자료가 된다.

5.3 요구 분석

요구 분석은 문제 영역에 대하여 더욱 깊이 이해하고 정제하여 사용자가 필요로 하는 요구를 명확하게 규명하고 확정(정의)하는 과정이다. 요구 추출 과정에서 생성된 자료는 분석을 위한 기본 자료가 된다.

모든 분석 방법들은 자신만의 고유한 분석 방법(예: 구조적 방법, 객체지향 방법)과 함께 분석 결과를 명세하기 위한 모델링 표기법을 제시한다. 분석 방법과 모델링 표기법이 다르더라도, 모든 분석 방법이 공통적으로 언급하는 기본 원칙은 다음과 같다.

- 분석은 시스템 정의 단계에서 파악한 상위 수준의 요구를 더욱 구체화하고 모델링하는 활동이다.
- 분석의 궁극적인 목표는 요구 명세서를 작성하는 것이다. 즉, 요구를 발견하고 정제하여 이를 모델링하고 명세하는 과정이다.

- 모델링과 명세서를 작성하기 위해서는 개발자와 사용자 간의 원활한 의사소통이 필수적이며, 지속적인 면담과 협조가 중요하다.
- 복잡한 시스템을 이해하기 위해서는 다양한 모델들을 생성해야 한다.
- 문제 영역과 사용자 요구를 다각도로 분석하고, 다양한 모델을 생성하며, 모델 간의 불일치성을 파악하는 것이 중요하다.
- 문제 영역에 대한 이해 없이 분석은 불가능하다.
- 사용자 요구를 명확하게 이해하고 시스템과 사용자 간의 상호작용을 파악하기 위해 프로토타입을 개발하는 것도 유용하다.
- 분석가는 최종 시스템이 '어떻게(how)'가 아닌 '무엇(what)'을 제공해야 하는지에 초점을 맞춰야 한다. 분석에서 분석가는 시스템이 "무슨 데이터를 생산하고 소비하는가?", "무슨 기능을 수행해야 하는가?", "무슨 행위를 하는가?"에 대하여 고민해야 하며, 이러한 것들을 어떻게 제공해야 하는지에 대한 솔루션을 고민하는 것은 설계 활동에서 수행한다.
- 요구 추출은 사용자 언어(자연어)를 이용하지만, 요구 분석은 더욱 정확한 이해와 명세를 위해 정형화된 모델링 언어를 사용한다.
- 요구 추출 단계에서 요구는 비구조화 되어 이해와 유지보수가 어렵지만, 분석 단계에서는 요구가 구조화되어 이해와 유지보수가 용이하다.
- 요구 추출 단계에서는 요구가 일관성이 없고 중복될 가능성이 있지만, 요구 분석에서는 모델 간의 일관성과 중복성을 쉽게 확인할 수 있다.

전통적인 구조적 분석 방법은 데이터 흐름과 데이터를 처리하는 프로세스(기능)를 중심으로 분석하는 반면, 객체지향 분석 방법은 객체와 객체 사이의 관계를 중심으로 분석한다.

5.4 요구 명세

분석 활동의 궁극적인 목적은 요구 분석 결과를 명확하게 문서화하는 것이다. 이 명세서를 소프트웨어 요구 명세서(SRS: Software Requirements Specification)라고 하며, SRS는 최종 소프트웨어 품질에 큰 영향을 미치기 때문에 그 품질이 매우 중요하다. 다음은 양질의 SRS가 갖추어야 할 주요 특징들을 보인다.

◎ 정확성 (correctness)

SRS는 고객의 요구를 정확하게 반영해야 한다. 이를 위해 시스템 정의서나 프로젝트 관련 문서, 관련 표준 문서와 비교하여 요구가 올바르게 명세 되었는지 테스트한다.

◎ 일관성 (consistency)

모든 요구 사항은 모호하지 않고, 하나의 해석만 가능하도록 명확하게 기술되어야 한다. 또한 용어는 문서 전체에서 통일성 있게 사용해야 하며, 만일 같은 용어가 다른 문맥에서 여러 의미를 가질 수 있다면 용어집에 이를 명확히 기술해야 한다.

◎ 완전성 (completeness)

SRS는 모든 주요 요구 사항을 포함해야 하며, 기능 요구 외에 성능, 제약 조건 등 비기능 요구도 명시해야 한다.

◎ 확인성 (verification)

요구가 만족되었는지 확인할 수 있도록 정량적으로 명세한다. 예를 들어, "효과적인 사용자 인터페이스"나 "신속한 거래 처리"와 같은 추상적인 표현 보다는 명확한 기준을 제시해야 한다. 추상적인 명세는 개발 후 해당 요구가 만족되었는지 확인하는 것을 어렵게 한다.

◎ 수정성 (modifiability)

명세는 구조나 스타일을 유지하면서 쉽게 수정될 수 있어야 하며, 요구 사항들이 상호 독립적으로 기술되어야 한다. 이는 명세서 일부가 수정되더라도 다른 부분에 최소한의 영향을 미치게 한다.

◎ 추적성 (traceability)

시스템의 각 기능에 관련된 요구 사항들을 쉽게 추적할 수 있도록 작성해야 한다. 이를 위해 표준 양식을 적용하고, 오류 발생 시 관련 설계서나 분석서를 신속히 추적할 수 있게 한다.

SRS는 요구 분석 단계에서 작성되는 핵심 문서로, 설계의 기초 자료로 활용된다. SRS는 시스템에 대한 다양한 모델과 사용자 요구를 포함하며, 제한 조건 및 검증 기준과 같은 정보도 명시되어 인수 테스트 케이스로 활용될 수 있다. 또한, SRS는 사용자가 쉽게 이해할 수 있도록 기술적인 용어를 피하고 간결한 표현으로 작성하는 것이 중요하다. 소프트웨어 개발에서 가장 중요한 문서 중 하나인 SRS는 다음과 같은 역할을 한다.

- 고객과 개발자 사이의 계약서: SRS는 최종 제품이 어떤 기능을 수행할지, 어떤 기능이 제외되는지를 명확히 기술함으로써, 이후에 발생할 수 있는 고객과의 분쟁을 예방하는 근거로 활용될 수 있다.
- 유지보수의 기본 문서 제공: 설계 전에 SRS를 통해 사용자 요구에 대한 철저한 평가가 이루어지므로, 이를 통해 유지보수 작업을 최소화할 수 있다.

SRS는 시스템 개발 전반에서 필수적인 참고 문서로서, 그 품질과 완성도는 프로젝트의 성공에 큰 영향을 미친다.

5.5 요구 검증

요구 검증은 SRS가 시스템을 올바르게 정의하고 있는지 확인하는 과정으로, 개발자와 사용자가 SRS를 함께 검토하며 진행된다. SRS의 품질은 최종 소프트웨어의 품질에 큰 영향을 미치므로, 요구 검증은 매우 중요한 활동이다. 분석가는 고객과 함께 다음의 요구 검증 방법을 통해 SRS 문서의 품질을 평가한다.

검토

가장 일반적인 검증 방법으로, 분석가와 사용자가 협력하여 다양한 모델에 대한 명세의 완전성, 일관성, 정확성을 확인한다.

프로토타입

분석가가 요구 사항을 해석한 내용이 정확한지 확인하거나 새로운 요구 사항을 발견하기 위해 프로토타입을 개발하고 이를 테스트한다.

모델 검증

분석 모델들 사이의 일관성 및 모델 자체의 품질을 검토하여 오류가 없는지 확인한다.

◎ 인수 검사

최종 시스템의 사용자 인수 검사가 가능하도록 인수 테스트 케이스가 SRS에 명확히 기술되었는지 점검한다.

5.6 요구 명세 표준

소프트웨어 요구 명세서(SRS)를 작성하는 방법에는 표준 템플릿 양식을 따르거나, 조직에서 자체적으로 개발한 양식을 사용할 수 있다. [그림 5-4]는 IEEE Std 830에서 제시한 SRS 작성에 대한 표준 가이드라인이며, 이를 통해 명확하고 체계적인 요구 명세서를 작성할 수 있다.

1. Introduction
    - 1.1 Purpose
    - 1.2 Document Conventions
    - 1.3 Intended Audience and Reading Suggestions
    - 1.4 Product Scope
    - 1.5 References
2. Overall Description
    - 2.1 Product Perspective
    - 2.2 Product Functions
    - 2.3 User Classes and Characteristics
    - 2.4 Operating Environment
    - 2.5 Design and Implementation Constraints
    - 2.6 User Documentation
    - 2.7 Assumptions and Dependencies
3. System Features
    - 3.x System Feature X
        - 3.x.1 Description and Priority
        - 3.x.2 Stimulus/Response Sequences
        - 3.x.3 Functional Requirements
4. External Interface Requirements
    - 4.1 User Interfaces
    - 4.2 Hardware Interfaces
    - 4.3 Software Interfaces

4.4 Communications Interfaces
5. Other Nonfunctional Requirements
 5.1 Performance Requirements
 5.2 Safety Requirements
 5.3 Security Requirements
 5.4 Software Quality Attributes
6. Other Requirements
Appendix A: Glossary
Appendix B: Analysis Models
Appendix C: Issues List

그림 5.4 IEEE Std 830 SRS 양식

- IEEE SRS 2.1절(Product Perspective)에 시스템의 전체적인 범위를 기술한다.
- IEEE SRS 3장(System Features)의 3.X.3절(Functional Requirements)에 기능 요구에 대하여 상세히 기술한다.
- IEEE SRS 5장(Other Nonfunctional Requirements)에 비기능 요구(예: 성능, 안전성, 보안, 품질)에 대하여 상세히 기술한다.
- IEEE SRS 부록 B(Appendix B)에 다양한 분석 모델을 포함한다.

연 습 문 제

5.1. 다음 중 '요구'에 대한 정의로 가장 거리가 먼 것은?

① 사용자의 문제를 만족하는 구체적인 해결 방안
② 사용자의 문제 해결이나 목적을 달성하기 위한 조건이나 능력
③ 계약서와 같은 공식적인 문서를 만족하기 위해 시스템이 제공해야 하는 특징
④ 실 세계의 문제를 해결하기 위해 시스템이 제공해야 하는 특징

5.2. 다음 중 비기능 요구에 대한 설명으로 가장 거리가 먼 것은?

① 시스템에 대한 제약조건이나 품질에 대한 요구를 의미한다.
② 일반적으로 시스템 전체에 영향을 미친다.
③ 시스템이 제공하는 서비스나 능력을 의미한다.
④ 일반적으로 환경, 성능, 유지보수성에 대한 요구를 의미한다.

5.3. 다음 중 SRS에 대한 설명으로 가장 거리가 먼 것은?

① 개발자와 고객 사이의 계약서로 활용될 수 있다
② 요구가 만족되었는지 확인 가능하도록 작성하는 것이 필요하다
③ SRS를 검증하기 위해 프로토타입을 개발할 수 있다
④ 시스템 품질을 위해 전문적인 용어를 사용하여 작성하는 것이 필요하다.

5.4. 다음 중 SRS의 품질 특성으로써 가장 거리가 먼 것은?

① 일관성　② 가용성　③ 정확성　④ 확인성

5.5. 사용자 요구는 기능/비기능 요구로 분류할 수 있다. 비기능 요구 중 성능 요구에 대한 실제 보기를 들어라.

5.6. 비기능 요소 중 가용성과 신뢰성의 차이에 대하여 설명하라.

5.7. 사용자 요구 중 기능과 비기능 요구에 대한 실제 보기를 각각 1개씩 적어라.

5.8. 다음에 주어진 요구 공학 프로세스의 4가지 주요 활동을 순서대로 적어라.

① specification ② validation ③ analysis ④ elicitation

5.9. 다음 보기는 품질 좋은 SRS가 갖추어야 할 특징을 보인다. 각 문제와 가장 관련이 깊다고 생각하는 것을 보기에서 선택하라.

① consistency ② completeness ③ verifiability ④ traceability

1) 모든 요구가 애매모호하지 않게 하나로 해석되도록 기술한다.

2) 시스템 기능 관련 요구 사항들이 쉽게 추적할 수 있도록 기술한다.

3) 요구를 만족했는지 확인 가능하도록 정량적으로 기술한다.

4) 모든 주요 사용자 요구를 포함하도록 기술한다.

5.10. 다음 괄호에 적절한 용어를 적어라.

사용자 요구는 시스템이 제공해야 하는 능력이나 서비스를 의미하는 (①) 요구와 시스템에 대한 신뢰성이나 성능과 같은 (②) 요구로 분류될 수 있다.

5.11. 다음은 요구 공학 프로세스에 대한 내용이다. 괄호에 적당한 단어를 적어라.

> 요구 추출 활동에서 사용자 요구를 효과적으로 추출하기 위한 방법으로 직접적인 면담, 팀 미팅, 관찰, 질문지 배포 외에 (①)이 있다.
> 요구 분석 활동의 결과로 생성되는 명세서를 (②)라 하며, 이 명세서는 기술적인 용어를 피하고 쉬운 용어를 사용해서 작성하는 것이 필요한데 이유는 (③) 때문이다.
> 위에서 언급한 명세서는 소프트웨어 품질을 높이기 위해 다음과 같은 다양한 품질 특성을 고려하여 작성해야 한다. 사용자의 모든 요구를 포함했는지 검증하는 (④), 사용자 요구를 올바르게 명세했는지 검증하는 (⑤), 사용자 요구를 정량적으로 명세했는지 검증하는 (⑥)등이 있다.

CHAPTER

06 구조적 분석 방법

6.1 소개

소프트웨어 개발 방법론은 일반적으로 구조적 개발 방법론과 객체지향 개발 방법론으로 분류된다. 구조적 개발 방법론은 1970년대에 제안된 전통적인 개발 방법론으로, 데이터 흐름과 이를 변형하는 프로세스(기능) 중심의 분석과 하향식 모듈화 설계에 기반하여 시스템을 개발하는 방법이다. 반면, 객체지향 개발 방법론은 데이터와 프로세스를 묶은 객체와 객체 사이의 상호작용(통신)을 중심으로 시스템을 개발하는 방법이다.

[그림 6.1]과 같이 구조적 개발 방법론은 분석, 설계, 구현의 모든 단계에 구조적 접근 방법을 적용하여 개발한다. 구조적 개발 방법론에서 개발 단계별 특징을 요약하면 다음과 같다.

- 구조적 분석 방법 :
  사용자 요구를 파악하기 위해 데이터 흐름과 이를 변형하는 프로세스(기능) 중심으로 문제를 분석
- 구조적 설계 방법 :
  시스템을 계층적 하향식 모듈 구조로 설계
- 구조적 프로그래밍 방법 :
  하향식 구조와 3가지 제어(순차, 선택, 반복)를 기반으로 프로그래밍

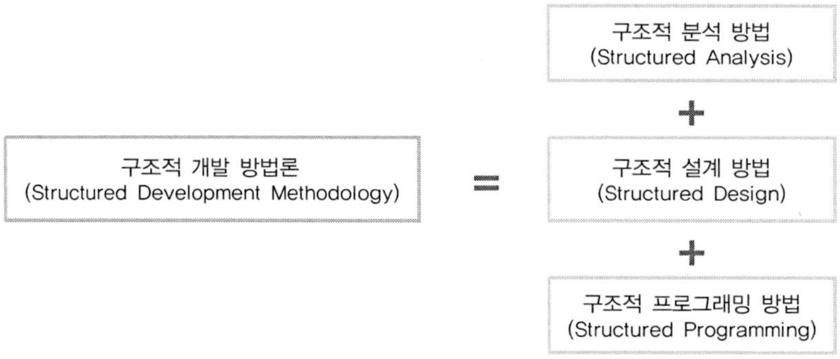

그림 6-1 구조적 개발 방법론 구성요소

[그림 6.2]는 구조적 방법론의 발전 역사를 보인다. 흥미로운 점은 구조적 방법론이 소프트웨어 개발 생명 주기의 일반적인 순서(분석 ➔ 설계 ➔ 코딩)와 반대 순서로 발전되었다는 것이다. 즉, 1960~1970년대 소프트웨어 위기를 해결하기 위하여 구조적 프로그래밍 방법이 가장 먼저 등장했으며, 이후 체계적인 설계 방법의 필요에 의해 구조적 설계 방법이 등장하였다. 구조적 프로그래밍과 구조적 설계 방법만으로는 시스템의 품질 향상과체계적 개발에 한계가 있다는 것을 인식하면서, 사용자 요구에 대한 체계적인 분석의 필요성이 대두되어 구조적 분석 방법이 등장하게 되었다.

년도	제안방법(제안자)
1967	구조적 프로그래밍 (Dijkstra)
1975	구조적 설계 (Constantine, Yourdon, Stevens)
1978	구조적 분석 (DeMarco, Yourdon, Gane & Sarson)
1979	구조적 분석/설계 방법 (SADT: Structured Analysis Design Technique, Ross)
1979	구조적 분석과 시스템 명세 (논문, DeMarco)

그림 6.2 구조적 방법론 역사

본 장에서는 구조적 분석 방법에 대하여 언급하며, 객체지향 분석 방법은 8장에서 상세히 설명한다.

구조적 분석 방법은 [그림 6.3]과 같이 시스템을 다양한 관점에서 이해(분석)하기 위해 데이터(정보), 기능, 행위의 3가지 관점에서 모델링 작업을 수행한다. 이를 통해 정보 모델, 기능 모델, 행위 모델을 생성하며, 각각 ERD, DFD, STD와 같은 다이어그램을 활용하여 시각적으로 표현한다. 이 외에도 분석을 보완하기 위해 프로세스 명세서, 자료사전과 같은 보조 도구를 사용한다.

모델	데이터 (Data)	· 실세계 문제 영역의 정보 구조와 이들 사이의 관계 표현 · 자료, 자료 특징, 자료 사이의 관계를 시각적으로 표현하는 개체 관계도(ERD) 이용
	기능 (Function)	· 시스템이 데이터를 입력, 처리(변형), 출력하는 과정을 표현 · 자료 흐름과 자료를 변형하는 프로세스(기능)를 시각적으로 표현하는 자료 흐름도(DFD) 이용
	행위 (Behavior)	· 외부 사건의 결과로 발생하는 시스템의 동적 행위 표현 · 시스템의 상태 변화와 동작을 시각적으로 표현하는 상태 전이도(STD) 이용
도구	프로세스 명세서 (Process Specification)	· DFD 프로세스의 세부적인 동작을 정의하는 도구
	자료 사전 (Data Dictionary)	· 시스템에서 사용되는 데이터의 특징을 체계적으로 정리한 사전

그림 6.3 구조적 분석 방법의 3가지 모델

1970년대에 제안된 구조적 방법들은 주로 Fortran, Pascal, C와 같이 절차지향 언어를 사용하는 정보 처리 시스템 개발에 효과적이었다. 그러나 이러한 방법들은 최근의 실시간 시스템이나 임베디드 시스템과 같은 다양한 문제 영역을 표현하기 위한 모델링 표기법이 부족했다. 이에 따라 1980년대 중반 이후, 기존 구조적 분석 방법을 확장한 다양한 방법들이 제안되었다. 다음은 확장된 구조적 분석 방법들에 대한 보기를 보인다.

- DSSD (Data Structured Systems Development)
- JSD (Jackson System Development)
- PSL/PSA (Problem Statement Language/Analyzer)
- SREM (Software Requirement Engineering Methodology)

6.2 데이터 모델

전통적인 정보 시스템에 대한 구조적 분석 방법은 데이터 관리에 대한 요구를 중요하게 다룬다. 따라서, 문제 영역에 존재하는 데이터 개체, 데이터 특징, 데이터 사이의 관계를 이해하고 표현하는 것은 필수적이다. 이러한 데이터를 모델링하기 위한 주요 도구로써 개체-관계도(ERD: Entity Relationship Diagram)를 이용한다.

ERD에서 사각형은 데이터 개체(Entity)를 표현하며, 이는 실세계의 특정 사물이나 개념을 나타낸다. 사각형 사이의 선은 데이터 개체 사이의 관계(Relationship)를 표시한다. 관계는 마름모로 이름을 부여하여 표현할 수 있다. 데이터와 개체 사이에 발생할 수 있는 관계의 수를 카디낼러티(Cardinality)라 한다.

[그림 6.4]는 ERD 표기법을 사용하여 가상의 '고객 주문 시스템'에 대한 데이터 모델을 보인다. 해당 모델의 해석은 다음과 같다.

- 한 고객은 0개 이상의 주문을 할 수 있다.
- 한 주문은 반드시 한 고객에 의해 이루어진다.
- 한 주문은 1개 이상의 주문 항목을 포함한다.
- 한 주문 항목은 반드시 1개의 주문에 포함된다.

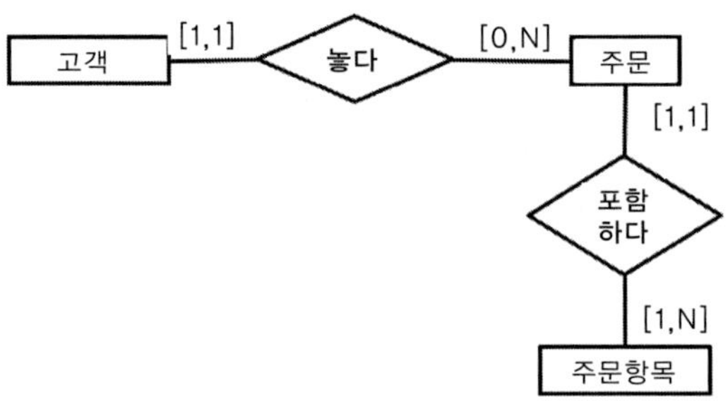

그림 6.4 ERD 보기

6.3 기능 모델

개요

기능 모델은 데이터 흐름 모델이라고도 하며, 시스템 내부에서 데이터가 어떻게 흐르고, 변형(처리)되며, 출력되는가를 표현하는 모델이다. 모든 컴퓨터 시스템은 입력된 데이터를 처리하여 결과를 생산하는 매체로 볼 수 있다. 구조적 분석 방법은 이러한 데이터 흐름에 기초한 분석 방법이다. 다시 말해, 컴퓨터 시스템은 다양한 형태의 데이터를 입력 받아 다양한 매체에 의해 데이터를 변형(처리)하며, 그 결과를 다양한 형태로 출력하는 시스템이다. 여기에서 다양한 입력, 다양한 매체, 다양한 출력에 대한 보기는 다음과 같다.

- 다양한 입력 : 기계 신호, 숫자, 네트워크 패킷, 자료 파일
- 다양한 매체 : 하드웨어, 소프트웨어(알고리즘), 사람
- 다양한 출력 : 신호, 보고서, 파일

이러한 데이터 흐름을 모델링하기 위해 이용되는 그래픽 도구가 자료 흐름도(DFD: Data Flow Diagram)이다. [그림6.5]는 DFD의 표기법과 작성 보기를 보인다.

	표기법	용어	의미
DFD 표기법		단말(terminator)	· 시스템 내부에 없는 외부 개체 · 자료의 생산자 혹은 소비자 · 보기: 사람, 조직, 하드웨어, 소프트웨어
		프로세스	· 입력자료를 출력자료로 변형하는 작업이나 기능 · 보기: 세금계산, 입력처리, 보고서작성
		자료흐름	· 시스템에서 자료흐름을 표시
		자료저장소	· 데이터 저장 장소를 표시 · 보기: 데이터베이스, 파일, 문서함, 캐비닛
DFD 보기	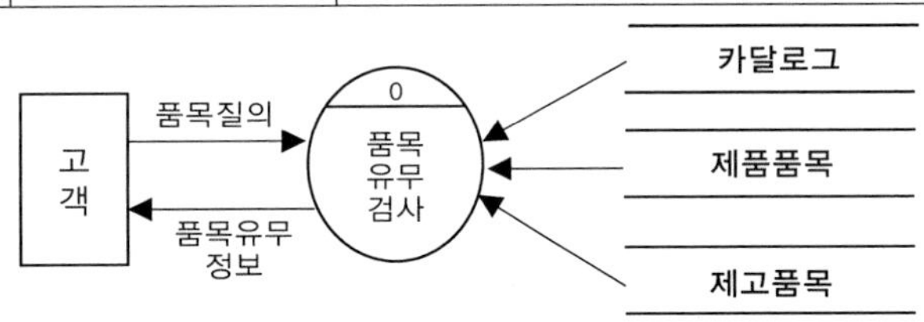		

그림 6.5 DFD 표기법과 보기

DFD는 시스템의 주요 기능과 데이터 흐름을 표현하는 그래픽 다이어그램이다. DFD에서 원으로 표시하는 프로세스는 시스템의 기능에 해당한다. DFD는 단순한 기호를 사용하므로 개발자 뿐만 아니라, 사용자도 최소한의 훈련으로 분석 모델을 이해하고 해석할 수 있기 때문에 널리 사용된다.

[그림 6.5]의 DFD에서 자료의 생산자이자 소비자인 '고객' 단말과 '품목유무검사' 프로세스 사이에는 두 개의 자료 흐름이 있다. '품목유무검사' 프로세스의 입력 자료는 '품목질의'이며 출력 자료는 '품목유무정보'이다. '카탈로그', '제품품목', '제고품목' 자료 저장소는 데이터베이스나 파일과 같은 자료 정보를 저장하는 장소를 나타낸다. 이들 3개의 자료 저장소에서 '품목유무검사' 프로세스로 자료가 입력되며, 이는 화살표의 방향을 통해 확인할 수 있다.

결국, [그림 6.5]는 '고객'으로부터 '품목질의'자료와 3개의 자료 저장소로부터 자료를 입력받아, '품목유무검사' 프로세스를 통해 데이터를 처리(변형)한 후, '고객'에게 '품목유무정보'를 제공하는 것을 표현한다.

DFD 추상화 수준

DFD는 시스템을 다양한 추상화 수준에서 표현할 수 있다. 분석 과정은 시스템의 최상위 추상화 수준에서 시작하여 점진적으로 더욱 세부적인 수준으로 분할된다. 상위 DFD는 시스템의 일반적인 프로세스(기능, 처리)를 표현한다. 하위 DFD는 시스템의 세부 데이터 흐름과 처리 과정을 구체적으로 표현한다. 이와 같이 하향식 분할과 자료 정제를 통해 시스템 기능을 체계적으로 분석할 수 있다.

최상위 DFD는 문맥 다이어그램(Context Diagram) 또는 레벨 0 DFD라 부른다. 문맥 다이어그램은 시스템의 최상위 추상화 수준에서 표현한 데이터 흐름과 프로세스를 보이며, 시스템 외부의 모든 외부 개체와 외부 개체로부터 시스템에 입출력되는 자료 흐름을 보인다. 전체 시스템을 하나의 원(프로세스)으로 표현하며, 분석 과정에서 점차 분할되고 정제된다.

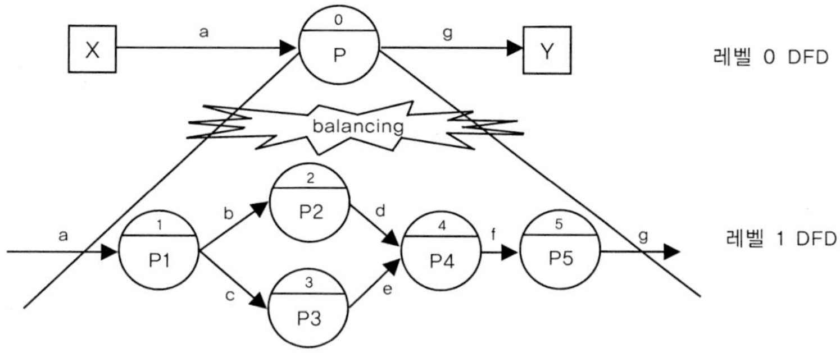

그림 6.6 DFD 추상화 수준

[그림 6.6] 문맥 다이어그램에서 단일 프로세스 이름 'P'는 시스템 이름이 된다. 'P'의 입력자료는 단말 'x'에서 생성된 'a'이고, 출력자료는 단말 'y'에서 소비되는 'g'이다. 문맥 다이어그램은 시스템의 범위를 명확히 정의하는데 유용하게 이용될 수 있다. 보기를 들면, 'P' 프로세스 외부에 존재하는 단말('x', 'y')와 데이터 흐름은 시스템 개발 범위에 포함되지 않는다. 따라서 초기 계획 수립 시, 문맥 다이어그램은 시스템 범위를 정의하는 도구로써 사용될 수 있다.

레벨 0 DFD의 프로세스 'P'는 하위 추상화 수준인 레벨 1 DFD에서 세부 프로세스들('P1'~'P5')로 분할된다. 이때 상위 프로세스의 입출력 자료와 하위 프로세스의 입출력 자료는 동일해야 한다. 보기를 들면, 상위 프로세스 'p'의 입출력 자료인 'a'와 'g'는 하위 프로세스('p1'~'p5')에 유지되어야 한다. 이러한 상하위 프로세스 사이의 입출력 자료의 연속성을 균형(balance)이라 하며, 이는 기능 모델의 일관성을 유지하기 위해 매우 중요하다.

DFD 예제

DFD 작성 가이드라인은 효과적이고 이해하기 쉬운 분석 모델을 작성하고, 품질 좋은 DFD를 제작하는데 도움을 준다. 다음은 DFD 작성 시 따라야 할 주요 지침을 보인다.

- 레벨 0 DFD에서 전체 시스템은 하나의 원으로 표시하고, 원의 이름은 시스템 이름으로 작성한다.
- 자료, 자료흐름, 프로세스에 의미 있는 이름을 사용한다.

- 프로세스 번호는 상위 프로세스 번호를 기반으로 점(.)을 이용해 위에서 아래, 좌에서 우 순서로 연속 번호를 부여한다.
- 프로세스 번호는 실행 순서와 무관하다. 프로세스 1이 프로세스 2보다 낮은 숫자라 하여 먼저 수행된다는 의미가 아니다.
- 레벨 1 DFD의 프로세스들은 일반적으로 시스템의 주요 요구 기능에 해당한다.
- 추상화 수준에 따른 분할은 분석가의 경험과 판단에 의해 결정된다.
- 각 레벨의 다이어그램은 가능한 1페이지 내에 완성하도록 작성한다.
- 선의 중복을 최소화하며, 불가피한 경우 선이나 기호를 중복 사용한다.
- 단계별(leveling) 및 균형(balancing) 개념을 적용한다. 단계별 개념은 한 번에 하나의 프로세스를 정제하여 점차 상세한 DFD를 작성하는 것이다. 균형 개념은 상위 DFD의 입출력 자료가 하위 DFD에서 유지되도록 데이터 흐름의 연속성을 보장하면서 작성하는 것이다.
- 프로세스 내부 절차에 대하여 코드 알고리즘에 가까운 상세 절차를 표현하지 말아야 한다. 프로세스 내부 절차는 사용자도 이해할 수 있는 수준으로 표현한다.
- 각 프로세스는 단일 기능을 수행할 때까지 정제한다.
- 시스템 규모나 복잡도에 따라 레벨 3~레벨 7까지 분해한다.
- 프로세스의 입출력 자료는 의미를 가져야 한다. 즉, 프로세스에 입력된 모든 자료는 프로세스에서 사용되거나 출력되어야 한다.

다음은 DFD 작성 지침을 따르지 않아 발생한 오류를 정리한 내용이다.

보기 1

'보험프리미엄적용' 프로세스는 출력 자료만 존재하며 입력 자료가 없다. 일반적으로 프로세스는 자료를 입력 받아 이를 처리(변형)한 후 출력해야 한다. '총수입계산' 프로세스는 입력 자료만 존재하며 출력 자료가 없다. 출력 자료가 없다면, 데이터 흐름이 단절되어 프로세스의 목적이 명확하지 않다. '보고서성적처리' 프로세스는 프로세스 이름과 관계 없는 '생일' 자료가 입력된다. 이는 잘못된 분석을 의미한다.

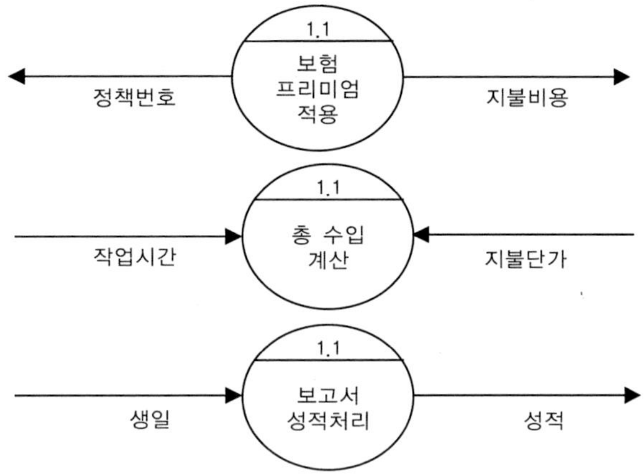

보기 2

외부 개체에서 외부 개체로 직접적인 자료흐름이나, 외부 개체로부터 자료 저장소까지 직접적인 자료흐름은 존재할 수 없으며, 반드시 프로세스를 통해 자료가 전달되어야 한다.

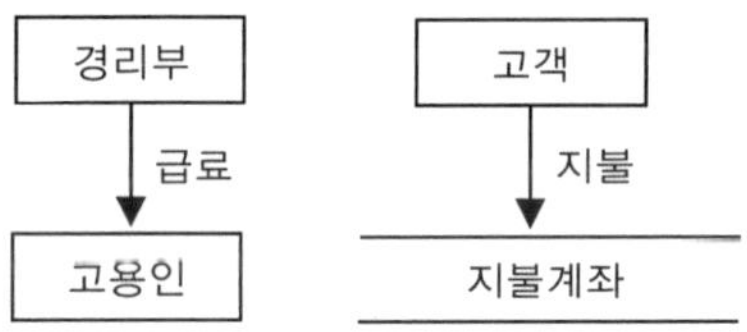

보기 3

'품목유무검사' 프로세스에서 처리하는데 필요한 자료 이외의 '주문', '주문거래' 자료 저장소로부터 입력은 불필요하다.

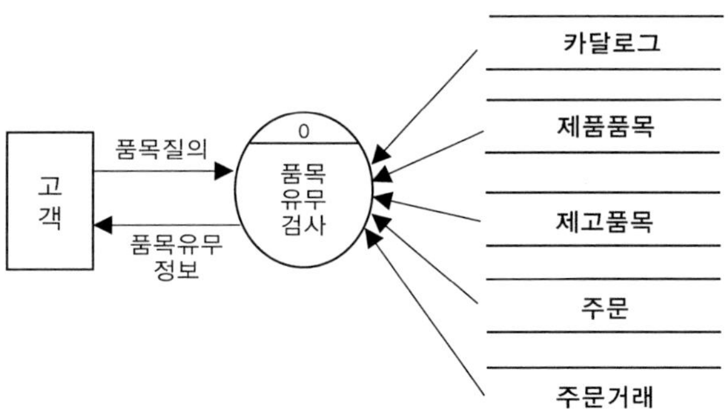

보기 4

프로세스에 필요한 자료가 충분히 입력되지 않는다. '교수'에게 '수업정보'를 제공하려면, '학생' 입력 자료만으로는 부족하다. '수업정보' 생성을 위해 수업과 관련된 다른 자료가 필요하다. (예: 강좌, 시간표 등)

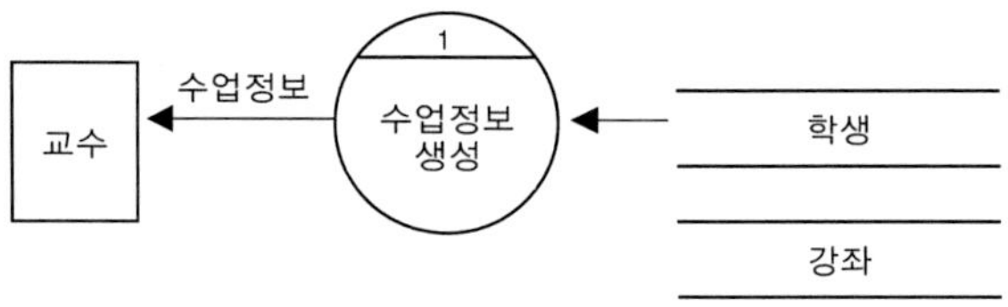

보기 5

프로세스 명세서를 검토한 결과 입력 자료 'B'와 'C'가 프로세스에서 이용되지 않으며 출력되지도 않는다.

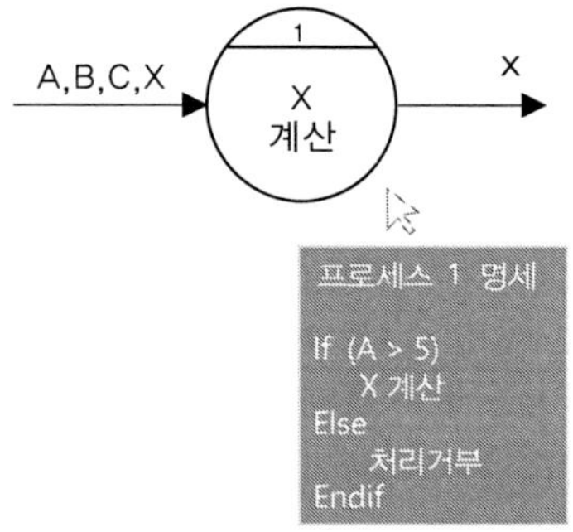

보기 6

프로세스 명세서를 검토한 결과 출력 자료 'B'는 프로세스에 입력되지도 않고 생산되지도 않는다.

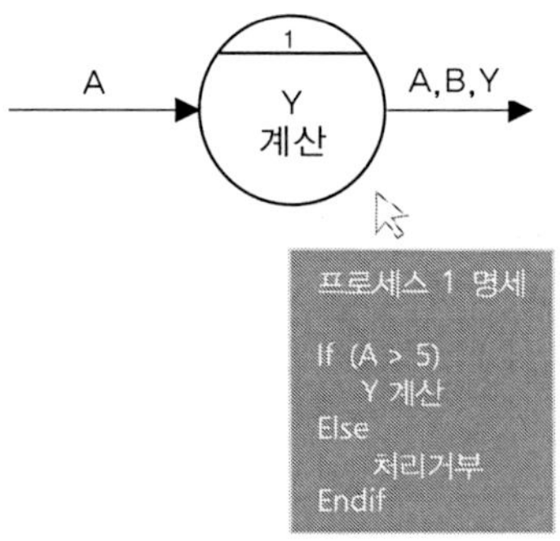

[그림 6.7]은 가상의 '주문처리 시스템'의 문맥 다이어그램(레벨 0 DFD)부터 시작해서 레벨 2 DFD까지 점진적으로 세부적으로 분해하는 보기를 보인다.

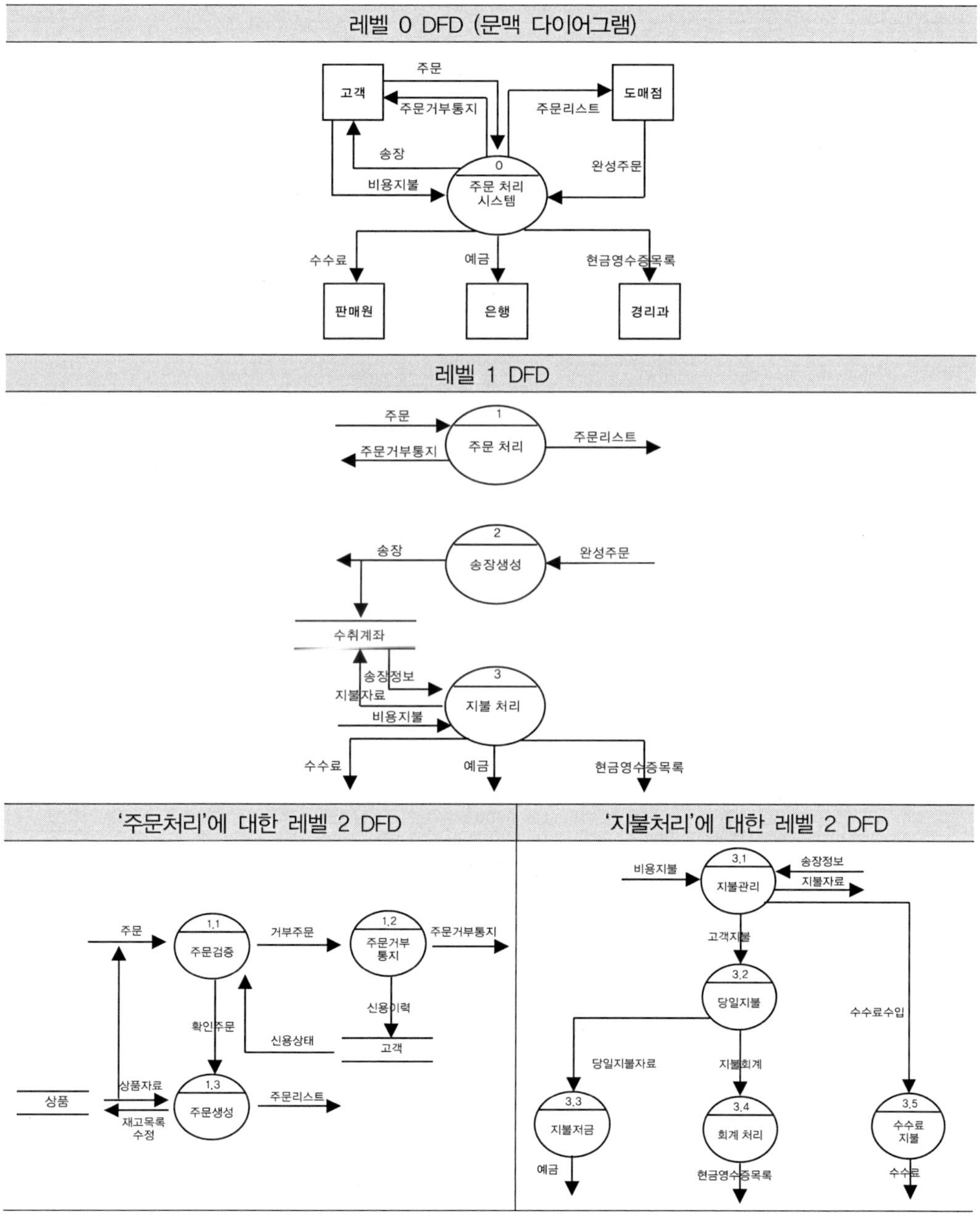

그림 6.7 주문처리 시스템에 대한 DFD 정제 보기

주문처리 시스템의 문맥 다이어그램인 레벨 0에는 1개의 '주문처리 시스템' 프로세스와 외부에 5개의 단말이 존재한다. 3개의 단말('판매원', '은행', '경리과')로 각 1개의 자료('수수료', '예금', '현금영수증목록')가 입력되고 있다. '도매점' 단말로 '주문리스트' 자료가 입력되고 '완성주문' 자료를 출력(생산)한다. 여기에서 '주문리스트' 자료가 주문항목, 주문개수, 주문지역으로 구성된 자료라고 분석되면, 이러한 정보는 자료사전에 기록한다. '고객' 단말은 '주문'과 '비용지불' 자료를 시스템에 입력하고, '송장'이나 '주문거부통지' 자료를 받는다. 이를 종합하여 문맥 다이어그램을 해석하면 '주문처리 시스템'은 '고객' 으로부터 '주문'과 '비용지불' 자료를 입력 받고, '도매점'에서 '완성주문' 자료를 받아 처리하여 고객에게 '송장'이나 '주문거부통지' 자료를 보내고 '도매점'에는 '주문리스트' 자료를 보낸다. 또한 시스템은 '판매원'에게 '수수료', '은행'에게 '예금','경리과'에게 '현금영수증목록' 자료를 보낸다.

레벨 1 DFD는 레벨 0 DFD를 상세히 분해한 것이다. 레벨 0의 단일 프로세스인 '주문처리 시스템' 프로세스는 레벨 1 DFD에서 3개의 프로세스('주문처리', '송장생성', '지불 처리')로 분해된다. 또한, 입출력 자료도 세부적으로 분해한다. 레벨 1 DFD에서 '고객'에 의해 시스템에 입력된 '주문' 자료는 '주문처리' 프로세스에서 처리되며, '주문처리' 프로세스의 결과에 따라 '주문거부통지'를 '고객'에게 보내거나 '도매점'에 '주문리스트'를 보낸다. '도매점'으로부터 생산된 '완성주문'은 '송장생성' 프로세스로 입력되고 ' 송장생성'프로세스는 '고객'과 '수취계좌' 자료 저장소에 '송장' 자료를 보낸다. '고객'이 생성한 '비용 지불' 자료는 '지불처리' 프로세스에서 처리되며, '지불 처리' 프로세스는 '고객'으로부터 '비용 지불' 자료와 '수취계좌' 저장소로부터 '송장정보'를 입력받아 '수취계좌' 저장소에 '지불자료'를 저장하고, '판매원'에게 '수수료', '은행'에게 '예금', '경리과'에게 '현금영수증목록' 자료를 보낸다.

레벨 사이에 정보의 연속성이 유지되고 있다는 점을 주목할 필요가 있다. 레벨 0 DFD에서 입력자료('주문', '비용지불', '완성주문')와 출력자료('송장', '주문거부통지', '주문리스트', '수수료', '예금', '현금영수증목록')는 레벨 1 DFD에서도 동일하게 유지된다. 마찬가지로, 레벨 1 DFD의 '주문처리' 프로세스의 입력 자료('주문')와 출력 자료('주문거부통지', '주문리스트')는 '주문처리' 프로세스에 대한 레벨 2 DFD에서 동일하게 유지된다.

6.4 행위 모델

행위 모델은 시스템의 외부 사건(event)에 대한 행위(동작)를 분석한 결과물이다. DFD가 자료 흐름에 기초하여 시스템을 프로세스 중심으로 분석하는 정적 모델링 도구라면, 상태전이 다이어그램(STD)은 외부 사건에 의해 발생하는 시스템의 상태 변화를 표현하는 동적 모델링 도구이다.

현대 시스템은 실시간으로 외부 사건에 응답해야 하는 실시간 시스템들이 다수이다. 이러한 시스템들은 사건에 따른 상태 변화 처리가 복잡하므로, 이들에 대한 동적 분석 모델링이 필수적이다. STD는 이러한 상태 변화와 행위를 직관적으로 표현할 수 있는 유용한 도구이다.

상태전이 다이어그램에서 원은 시스템이 특정 시점에 놓여 있는 상태(state)를 표현하며, 화살표는 외부 사건에 의해 상태가 변하는 전이(transition)를 표현한다. 각 화살표 위에 상태 변화를 일으키는 사건과 사건의 결과로 발생하는 행위를 표기할 수 있다.

[그림 6.8]은 복사기 시스템의 상태전이 다이어그램을 보인다.

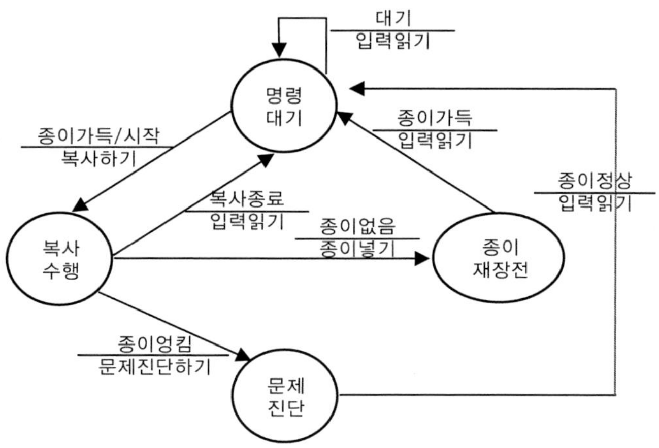

그림 6.8 복사기 시스템에 대한 STD 보기

복사기가 시작하면 '명령대기' 상태가 된다. 특정 순간 종이 배출기에 종이가 있는 '종이가득' 사건과 사용자가 시작 버튼을 누르는 '시작' 사건이 발생했을 때, 복사기는 '복사하기' 행위를 수행하며 '복사수행' 상태로 전이한다. '복사수행' 상태에서 '복사종료' 사건이 발생하면 '입력읽기' 행위를 수행하고 복사기는 '명령대기' 상태로 전이한다.

6.5 자료 사전

자료 사전(DD)은 구조적 분석 과정에서 발생하는 모든 자료의 특징을 체계적으로 정리한 사전이다. 여기에서 자료는 일반적으로 DFD에 나타나는 자료나 자료저장소를 의미한다. 자료 사전에 나타나는 용어는 프로젝트 개발의 모든 단계에서 공용어로 사용되므로 매우 중요하다.

Yourdon은 자료사전을 다음과 같이 정의하였다.

> 자료 사전은 사용자와 분석가의 공통적인 이해를 위하여 입력, 출력, 자료 저장소, 중간 계산에 대한 정확하고 엄격한 정의를 통해 시스템에 포함된 모든 자료를 체계적으로 정리한 목록이다.
> (The data dictionary is an organized listing of all data elements that are pertinent to the system, with precise, rigorous definitions so that both user and system analyst will have a common understanding of inputs, outputs, components of stores and [even] intermediate calculations)

자료 사전은 각 자료에 대하여 다음과 같은 정보 항목들을 포함한다.

- 이름: 자료나 자료 저장소 이름 (보기: 주문리스트, 고객정보)
- 별명: 자료에 대한 다른 이름
- 이용 장소 및 방법: 자료를 이용하는 프로세스들과 이용 방법 (보기: 프로세스 A에서 입력자료, 프로세스 B에서 출력자료)
- 내용: [그림 6.9] 표기법을 이용하여 자료에 대한 세부 구성 내용 표현 (보기: 주문리스트 = 주문항목 + 주문개수 + 주문지역)

◎ 기타 정보: 자료타입, 이미 정의된 값, 제한조건 (보기: 정수형, 주문수 1 이상)

[그림 6.9]는 자료사전에서 자료에 대한 세부 내용을 표현하기 위한 표기법을 보인다.

표기법	의미
=	구성한다.
+	연속적인 순서
[|]	선택
{ } $\{\ \}_x$ $\{\ \}^y$ $\{\ \}_x^y$	중괄호 안의 요소가 반복 중괄호 안의 요소가 최소 x번 이상 반복 중괄호 안의 요소가 최대 y번 반복 중괄호 안의 요소가 x번 이상 y번 이하 반복
( )	옵션
...	코멘트

그림 6.9 자료사전 내용 표기법

[그림 6.10]에서 '전화번호' 자료는 '지역번호', '국번', '가입자번호' 자료로 구성된다. '전화번호'의 첫 번째 구성 요소인 '지역번호'는 숫자 0으로 시작되고, 다음 숫자는 2, 3, 4, 5, 6 중 하나이며, 나머지 숫자는 십진수로 최대 2자리까지 구성될 수 있다. '지역번호' 다음에 오는 '국번'은 십진수로 3자리에서 4자리로 구성되며, 마지막 요소인 '가입자번호'는 4자리의 십진수로 구성된다.

전화번호 = 지역번호 + 국번 + 가입자번호

지역번호 = 0 + 첫자리 + $\{십진수\}_0^2$

첫자리 = [2|3|4|5|6]

국번 = $\{십진수\}_3^4$

가입자번호 = $\{십진수\}_4^4$

십진수 = [0|1|2|3|4|5|6|7|8|9]

그림 6.10 데이터 사전의 복합자료 보기

[그림 6.11]은 '자동전화시스템' 프로세스의 입력 자료인 '전화번호'에 대한 자료 사전을 보인다.

자료사전 내용	
이름	전화번호
별칭	번호
이용 장소	전화번호읽기(입력) 전화번호표시(출력) 장거리전화분석(입력)
내용	전화번호 = 지역번호 + 국번 + 가입자번호 지역번호 = 0 + 첫자리 + $\{십진수\}_0^2$ 첫 자리 = [2|3|4|5|6] 국번 = $\{십진수\}_3^4$ 가입자번호 = $\{십진수\}_4^4$ 십진수 = [0|1|2|3|4|5|6|7|8|9]
형식	숫자와 영문 혼합

그림 6.11 자료사전 보기

6.6 프로세스 명세

프로세스 명세는 DFD의 프로세스가 수행하는 행위를 기술한 것이다. 프로세스 명세서를 작성하기 위한 도구로써 구조적 영어(Structured English), 의사결정 표(Decision Table), 의사결정 트리(Decision Tree)와 같은 도구를 이용할 수 있다. 프로세스 작성 시 주의할 사항은 프로세스 명세는 분석 단계에서 작성되므로 설계 단계에서 작성되는 알고리즘 수준의 상세 절차를 기술하지 말아야 한다는 것이다.

DFD의 최하위 프로세스는 간단한 기능을 수행하므로 간단하게 명세할 수 있다. 이러한 간단한 명세를 미니스펙(Mini-spec)이라 부른다. 상위 또는 중간 단계의 복잡한 프로세스에 대한 명세는 DFD를 이용하여 더욱 분해하고 최하위 단계의 프로세스에 대한 명세는 간단한 문장으로 간략히 작성한다.

구조적 영어

구조적 영어는 의사 코드(pseudo code) 또는 PDL(Program Design Language)이라고 불리며, 제어 구조를 표현하기 위해 제한된 영어 단어(if then else, case, repeat, until ,while 등)와 자연어를 결합하여 프로세스를 명세한다. 이러한 단어들은 구조적 프로그래밍의 3가지 제어 구조(순차, 선택, 반복)를 표현하는데 이용된다. 구조적 영어는 순차 처리나 단순한 제어를 명세하는데 적합하지만 복잡한 제어를 표현할 경우 이해하기 어려워 비효율적이다.

[그림 6.12]는 특정 시스템의 레벨 2 DFD의 '고객주문기록' 프로세스를 명세하기 위해 구조적 영어를 이용한 보기를 보인다.

'고객주문기록' 프로세스

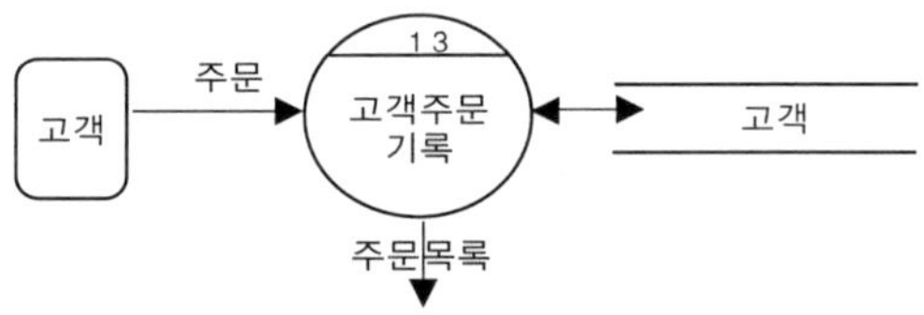

'고객주문기록' 프로세스에 대한 구조적 영어 명세

```
If 고객이 계좌를 갖고 있다
   고객 데이터베이스에서 고객 정보를 검색한다
Else
   고객 데이터베이스에 고객 정보를 생성한다.
Endif

While 주문 항목이 있다
   주문 목록을 갱신한다
Endwhile

주문 목록에 고객 정보를 포함한다
```

그림 6.12 구조적 영어에 의한 프로세스 명세 보기

의사결정 표

의사결정 표는 복잡한 조건들의 조합과 각 조건에 따른 행위를 명확하게 표현하는 경우에 적합하다. [그림 6.13]은 구조적 영어로 명세한 '배달요금계산' 프로세스를

의사결정 표로 변환한 보기를 보인다. 그림에서 보듯이 의사결정 표는 조건이 많고 조합이 복잡한 프로세스를 명세할 때, 구조적 영어 보다 더욱 간결하고 명확하게 표현할 수 있다.

구조적 영어를 이용한 '배달요금계산' 프로세스 명세

```
If 주문가 > 250 then
  If 주문 항목의 수 < 4 then
    If 배달 날짜가 내일까지 then
      배달요금 = 25
    Endif
    If 배달 날짜가 모레까지 then
      배달요금 = 10
    Endif
    If 배달 날짜가 7일까지 then
      배달요금 = 주문 항목당 1
    Endif
  Else
    If 배달 날짜가 내일까지 then
      배달요금 = 주문항목당 6
    Endif
    If 배달 날짜가 모레까지 then
      배달요금 = 주문항목당 2
    Endif
    If 배달 날짜가 7일까지 then
      배달요금 = 무료
    Endif
  Endif
Else
  If 주문 항목의 수 < 4 then
    If 배달 날짜가 내일까지 then
      배달요금 = 35
    Endif
    If 배달 날짜가 모레까지 then
      배달요금 = 15
    Endif
    If 배달 날짜가 7일까지 then
      배달요금 = 주문 항목당 10
    Endif
  Else
    If 배달 날짜가 내일까지 then
      배달요금 = 주문항목당 7
    Endif
    If 배달 날짜가 모레까지 then
      배달요금 = 주문항목당 3
    Endif
    If 배달 날짜가 7일까지 then
      배달요금 = 주문항목당 2
    Endif
  Endif
Endif
```

의사결정 표를 이용한 '배달요금계산' 프로세스 명세

주문가 〉250	Yes						No					
주문수	〈4			〉=4			〈4			〉=4		
배달날짜	1	2	7	1	2	7	1	2	7	1	2	7
요금	25	10	N*1	N*6	N*2	0	35	15	10	N*7	N*3	N*2

그림 6.13 의사결정 표에 의한 프로세스 명세 보기

의사결정 트리

의사결정 트리는 여러 조건과 조건에 따른 결과(행위)를 트리 형태로 좌에서 우로 명세하는 도구이다. 의사결정 표로 작성된 명세는 의사결정 트리로 변환될 수 있다. [그림 6.14]는 [그림 6.13]의 의사결정 표를 의사결정 트리로 변환한 보기를 보인다. 의사결정 표와 의사결정 트리는 구조적 영어보다 복잡한 제어 로직을 더욱 효과적으로 표현할 수 있다.

명세 도구를 선택할 때 가장 중요한 기준은 이해하기 쉽고 검토가 용이한 도구를 선택하는 것이다. 따라서, 분석에서 사용된 도구들은 필요에 따라 설계에서도 이용될 수 있다.

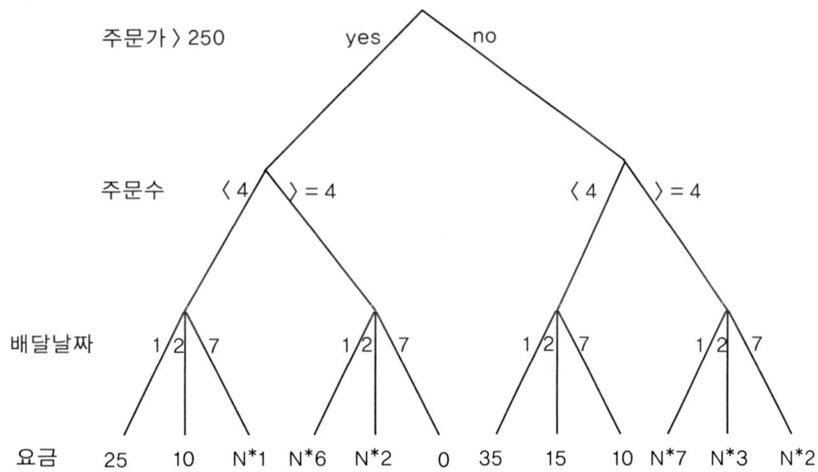

그림 6.14 의사결정 트리

연 습 문 제

6.1. 구조적 분석 방법에 사용되는 도구와 가장 거리가 먼 것은?

① 자료 흐름도 ② 구조도 ③ 자료 사전 ④ 미니 스펙

6.2. 다음 DFD에 대한 내용 중 거리가 먼 것을 4개 선택하라.

① 프로세스에 대한 상세 로직을 작성한다.
② 프로세스 번호는 수행되는 순서와 관계없다.
③ 각 프로세스가 한 가지 기능을 수행할 때까지 정제한다.
④ 자료와 프로세스 이름을 의미 있게 작성한다.
⑤ 레벨0 DFD는 가장 낮은 추상화 수준의 다이어그램이다.
⑥ 레벨1 DFD의 프로세스들은 시스템의 주요 기능을 보인다.
⑦ DFD에서 사각형 표기는 입력자료를 출력자료로 변형하는 것을 의미한다.
⑧ 프로세스 번호가 1.2이면 레벨1 DFD이다.

6.3. 다음에서 구조적 개발 방법론의 발전 과정 순서를 순서대로 적어라.

① 구조적 프로그래밍 기법의 출현 ② 구조적 분석 기법 출현 ③ 구조적 분석/설계 방법의 확장 ④ 구조적 프로그래밍을 위한 구조적 설계 기법의 출현

6.4. DFD를 작성할 경우 자료 흐름의 균형(balancing)을 유지하기 위해 지켜야 할 것은?

① 배경도에서 시작하여 하위 레벨로 상세화 하는 하향식 방법을 사용한다.
② 상위 DFD의 입/출력 자료를 하위 DFD에서 동일하게 유지한다.
③ 각 레벨의 프로세스의 개수는 7개 전후가 되도록 한다.
④ 최하위 레벨의 프로세스는 프로그램으로 코딩할 수 있어야 한다.

6.5. 다음은 시스템을 데이터 흐름에 기초하여 분석한 내용을 기술한 것이다. 이에 상응하는 DFD를 그려라.

> 외부 단말인 '고객'으로부터 생성된 '주문' 데이터는 '주문검증' 프로세스로 입력되고 변형되어 '주문거부통지' 데이터를 '고객' 단말로 보낸다.

6.6. 다음 시스템의 상태 변화에 상응하는 STD를 그려라.

> 시스템은 'empty'상태에서 'push' 이벤트가 발생하면 'normal' 상태로 전이하고 'normal' 상태에서 'pop' 이벤트가 발생하면 'normal' 상태나 'empty'상태로 전이한다.

6.7. 정보 흐름이 어디로 어떻게 이루어지는지 이해하기 쉽도록 정보의 흐름과 내용, 구조를 체계적이며 구체적으로 기술하는데 사용되는 기능 중심의 분석 도구로써 가장 거리가 먼 것은?

① Mini-Spec ② DFD ③ Process Specification ④ ERD

6.8. DFD의 미니 명세서 표현 도구로 가장 거리가 먼 것은?

① 구조적 영어 ② 플로우차트 ③ 의사결정 표 ④ 의사결정 트리

6.9. 다음 중 자료사전에서 반복, 선택, 순차 구조를 나타내는 기호를 차례로 나열한 것은?

① { }, +, [|] ② +, { }, [|] ③ +, [|], { } ④ { }, [|], +

6.10. 다음에서 DFD의 작성 순서를 적어라.

> ① 대상 시스템의 문맥 다이어그램을 작성한다.
> ② 최하위 단계의 DFD가 완성될 때까지 반복 수행한다.
> ③ 입력과 출력 DFD 사이의 변환 과정을 여러 중간 DFD를 통해 표현한다.

6.11. 다음 중 구조적 영어의 기본적인 구조로써 가장 거리가 먼 것은?

① 반복　　② 선택　　③ 처리　　④ 순차

6.12. 다음 중 소프트웨어의 행위를 모델링 하는데 사용되는 도구는?

① Data Flow Diagram　　② Process Specification
③ Entity-Relationship Diagram　　④ State Transition Diagram

6.13. 시스템을 잘 이해하기 위해 구조적 분석 방법은 3가지 관점에서 분석하는 것이 필요하다. 다음 보기에서 3가지 관점과 각 관점을 표현하는데 사용되는 다이어그램을 서로 짝지어라.

① 정보	② 명세	③ 행위	④ 추상
⑤ 기능	⑥ 제어	⑦ 상태전이도	⑧ 구조도
⑨ 자료흐름도	⑩ 제어흐름도	⑪ 개체관계도	⑫ 프로세스명세도

6.14. 구조적 분석 방법에서 DFD의 자료나 자료 저장소의 특징을 체계적으로 정리하기 위해 이용되는 도구를 무엇이라 부르는가?

CHAPTER

07 객체지향과 UML

7.1 소개

본 장에서는 객체지향 시스템의 주요 개념과 객체지향 분석/설계 모델링을 위한 UML 언어를 소개한다.

7.2 객체지향 개념

객체

객체지향 시스템의 가장 기본적인 구성 요소는 객체(object)이다. 객체는 실세계 문제 도메인에서 정체성(identity)을 갖는 어떤 것을 의미한다. 객체는 '이성구', '63빌딩'과 같은 실제 존재하는 유형 객체일 수 있고, '거래1', '주문1'과 같은 개념적이고 추상적인 무형 객체일 수도 있다. 모든 객체는 정체성을 갖는다. 예를 들어, 두 사람의 이름이 동일하고 비슷한 특징을 갖더라도, 각자가 고유한 정체성을 갖기 때문에 서로 다른 객체로 구분된다.

객체는 상태(state)와 행위(behavior)를 갖는다. 상태는 객체가 가지는 속성을, 행위는 객체가 수행할 수 있는 작업을 의미한다. 이러한 상태와 행위는 객체의 특징(features)이 된다.

- 어플리케이션에서 의미가 있으며 개별적으로 파악될 수 있는 개념, 추상이나 사물 (A concept, abstraction, or thing that can be individually identified and has meaning for an application) [Blaha 2005]
- 잘 정의된 경계와 정체성을 가지며 상태와 행위를 캡슐화한 개별 독립체 (A discrete entity with a well-defined boundary and identify that encapsulates state and behavior) [Rumbaugh 2005]

[그림 7.1]은 유형 객체에 대한 예를 보여준다. 골프장에서 운동하는 '어떤것1'은 실세계에서 유일한 정체성을 가진 독립체이므로 객체이다. 객체는 상태와 행위를 가지며, '어떤것1' 객체의 상태는 '나이', '이름', '경력'일 수 있고, 행위는 '말하다', '걷다', '게임하다'일 수 있다. 특정 시점에서 객체의 상태는 속성에 대한 데이터로 표현된다. 예를 들어, '어떤것1의 상태는 나이 '23', 이름 '홍지은', 경력 '10'이라는 속성을 가질 수 있다. 또한, 어떤것1 객체는 말하고, 걷고, 게임할 수 있다.

이와 유사하게, 강의실에서 수업 중인 '어떤것2' 역시 객체이다. '어떤것1'과 '어떤것2'는 실세계에 실제로 존재하는 유형 객체들에 대한 예시이다. [그림 7.2]의 '어떤것3'과 '어떤것4'는 실세계에 존재하지 않는 무형의 개념 객체들에 대한 예를 보여준다. '어떤것3'은 식당에서의 음식 주문을, '어떤것4'는 피자에 대한 전화 주문을 표현하며, 둘은 서로 다른 독립적인 개념 객체이다.

객체		
정체성	어떤것1	어떤것2
상태	나이: 23 이름: 홍지은 경력: 10	나이: 57 이름: 이성구 전공: 컴퓨터
행위	말하다 걷다 게임하다	말하다 걷다 가르치다

그림 7.1 유형 객체 보기

객체		
정체성	어떤것3	어떤것4
상태	날짜: 06-03 총합계: 100	날짜: 03-05 총합계: 50 ....
행위	추가하다 지불하다	추가하다 지불하다 ....

그림 7.2 무형(개념) 객체 보기

객체의 상태와 행위는 개발 프로세스 단계에 따라 부르는 용어가 다르다. 실세계 도메인에서 객체의 데이터는 상태라 하고 객체가 수행할 수 있는 작업은 행위라 한다. 이때 상태와 행위는 객체의 특징이 된다. 분석/설계 모델링 활동을 수행할 때는 상태를 속성, 행위를 연산이라고 부른다. 구현 단계에서 객체지향 언어인 자바로 개발할 경우, 상태는 필드, 행위는 메소드라고 부른다.

실세계 도메인		분석/설계 모델링	구현	객체지향언어		
				C++	C#	Java
특징 (features)	상태 (state)	속성 (attribute)	인스턴스 변수	멤버 변수	필드	필드
	행위 (behavior)	연산 (operation)	메소드	멤버 함수	메소드	메소드

그림 7.3 개발 프로세스 활동에 따른 상태와 행위에 대한 용어

클래스

실세계 도메인에는 유사 종류의 수많은 객체들이 존재한다. 유사 객체들은 유사 특징(상태+행위)을 갖는다. 이러한 유사 특징을 갖는 객체들의 집합을 클래스(class)라

한다. 다음은 클래스에 대한 정의를 보인다.

> 행위와 데이터 구조가 논리적으로 유사한 객체들의 집합
> (A collection of objects that are logically similar in terms of their behavior and the structure of their data) [Bennett 2006]

[그림 7.4]에서 실세계의 '어떤것1'과 '어떤것2' 객체는 공통적인 특징을 가지고 있다. 예를 들어, 두 객체의 '나이'와 '이름' 같은 상태, '말하다'와 '걷다' 같은 행위는 공통된 특징이다. 이러한 공통적인 특징을 추출하여 의미 있는 이름을 정의하는 과정을 추상화(abstraction)라고 한다. 추상화를 통해 유사한 객체들의 집합인 클래스를 정의할 수 있으며, 클래스 이름은 공통 특징을 적절히 나타내는 의미 있는 이름으로 설정한다. 예를 들어, '어떤것1'과 '어떤것2'의 공통 특징은 사람의 특징이므로 '사람' 클래스로 정의할 수 있다. 마찬가지로, '어떤것3'과 '어떤것4'는 주문과 관련된 공통 특징을 가지므로 '주문' 클래스로 정의할 수 있다. 클래스에 속하는 모든 객체는 공통된 특징을 공유하지만, 각각의 객체는 고유한 정체성을 가진다. 예를 들어, '사람' 클래스에 속하는 '어떤것1'과 '어떤것2'는 동일한 사람의 특징을 갖지만, 서로 다른 독립적인 객체이다.

클래스가 정의된 이후에는 이를 재사용하여 동일한 특징을 가진 유사한 객체를 쉽게 생성할 수 있다. [그림 7.4]는 이미 정의된 '사람' 클래스를 재사용하여 '홍순희'라는 이름의 객체를 생성하는 예를 보여준다. 사람의 공통적인 특징을 모아 놓은 '사람' 클래스를 재사용하여 '사람1' 객체를 생성함으로써, 새로운 객체를 쉽게 만들 수 있다. 클래스는 유사한 객체들이 공통으로 갖는 특징을 정의하므로, 객체의 설계도, 형판(template), 타입(type)이라고 할 수 있다. 객체는 클래스의 실제 예시에 해당하므로, 객체를 클래스의 인스턴스(instance)라고도 부른다. '홍순희' 객체는 '사람' 클래스의 인스턴스가 된다. [그림 7.4]의 자바 코드는 '사람' 클래스로부터 이름이 '홍순희'이고 나이가 '33'인 인스턴스를 생성하는 예를 보여준다.

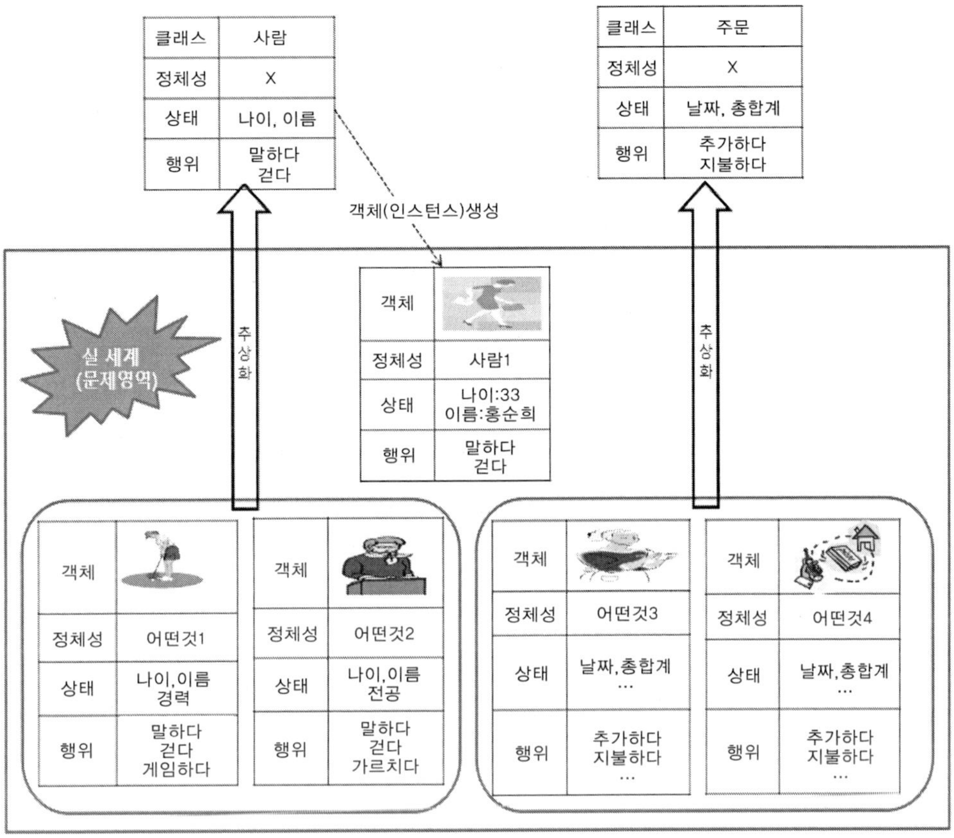

클래스 정의

```
class Person {
    String name;
    int age;

    Person(String name, int age) {
        this.name = name;
        this.age = age;
    }

    void speak( ) { }
    void walk( ) { }
}
```

객체 생성

```
class Main {
    public static void main( ) {
        // 객체 생성
        Person hong = new Person("홍순희", 33);
        // 메시지 요청
        hong.speak( );
    }
}
```

그림 7.4 클래스 vs. 객체

메시지

메시지(message)는 특정 객체에게 행위를 수행하도록 요청하는 명령이자, 객체 사이에 데이터를 교환하는 방법이다. [그림 7.4]에서 hong.speak()는 hong이라는 사람 객체에게 말하라(speak)는 행위를 요청하는 메시지를 보내는 것이다. 객체 간의 데이터 교환은 메시지의 매개변수나 메시지에 대한 응답(반환)을 통해 이루어진다.

객체지향 시스템은 객체 간의 메시지 교환과 상호협력을 통해 문제를 해결한다. 이러한 문제 해결 방식은 사람들이 문제를 해결하는 방식과 매우 유사하다. 사람들은 서로 메시지를 주고받고 협력하여 주어진 문제를 해결한다. 객체지향 방법의 가장 큰 장점이자 특징은 인간의 문제 해결 방식과 유사하게 문제를 해결한다는 점이다.

전통적인 구조적 개발 방법은 상태 데이터와 행위를 분리하여 문제를 해결한다. 행위는 절차지향 언어인 C에서 함수(function)로, 객체지향 언어인 자바에서 메소드(method)로 표현된다. [그림 7.5]에서 볼 수 있듯이, 구조적 개발 방법은 데이터와 행위를 분리하므로 인간의 문제 해결 방식과 다르고, 유지보수가 어렵다. 반면, 객체지향 방법은 상태와 행위를 묶어 객체로 정의하고, 객체 간 메시지 통신을 통해 상호협력하여 문제를 해결한다.

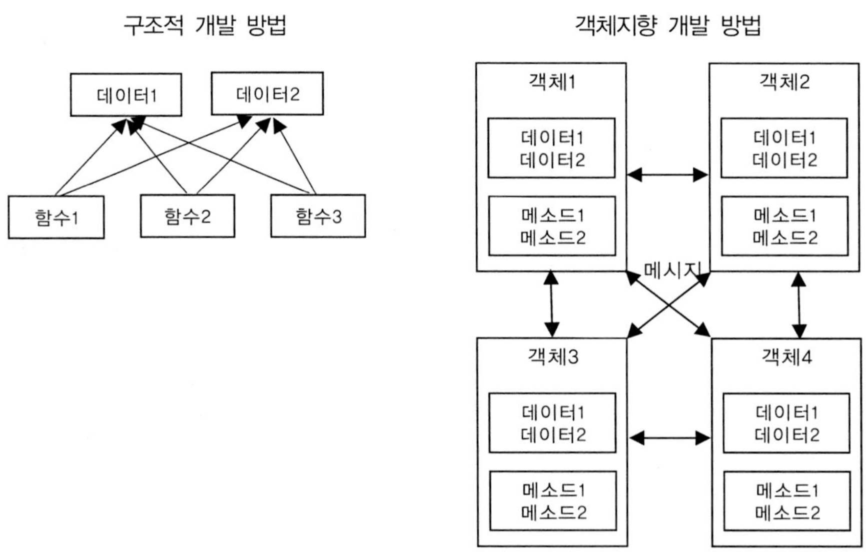

그림 7.5 구조적 방법 vs. 객체지향 방법

캡슐화와 정보은닉

캡슐화(encapsulation)는 상태와 행위를 하나로 묶는 것을 의미하며, 객체지향에서 클래스는 이를 지원한다. 클래스는 객체 내부의 상태 데이터를 외부로부터 보호할 수 있는데, 이를 정보 은닉(information hiding)이라고 한다. 캡슐화는 정보 은닉을 포함하는 개념이다. 객체의 데이터는 외부에서 직접 접근할 수 없으며, 외부 객체가 데이터에 접근할 필요가 있을 때는 메시지 호출을 통해 간접적으로 접근할 수 있다. [그림 7.6]에서 '자동차' 객체는 3개의 상태(기어, 속도, 색깔) 데이터와 4개의 행위를 포함한다. 이 3개의 상태 데이터는 외부로부터 보호되며, 외부에서 이들 데이터에 접근하려면 4개의 연산에 대한 메시지 호출을 통해서만 접근할 수 있다. 이러한 연산들은 외부 객체에게 제공되는 서비스, 즉 인터페이스(interface)라고 한다.

캡슐화와 정보 은닉의 장점은 데이터 접근이 행위를 통해서만 이루어지도록 한다는 점이다. 예를 들어, '사람' 객체가 '자동차' 객체의 '속도'를 10만큼 줄이려면, 속도 데이터에 직접 접근할 수 없기 때문에, '감속하기(10)' 메시지를 보내야 한다. 이때, '감속하기' 행위 내부에서 매개변수로 전달된 속도 값에 대한 검증 작업을 수행할 수 있다. 예를 들어, 속도가 음수가 될 수 없도록 검증한 후, 조건이 맞을 때만 속도 값을 변경하여 중요 데이터를 보호할 수 있다.

또한, 캡슐화와 정보 은닉은 데이터 구조 변경 시 클라이언트('사람') 코드의 수정 최소화에도 기여한다. 예를 들어, '속도' 데이터의 타입이 int에서 String으로 변경되더라도, 행위 내부에서 변환 작업을 처리하면 클라이언트 코드는 이러한 변화를 인식할 필요 없이 int 값을 그대로 전달할 수 있다. 이처럼 캡슐화와 정보 은닉은 객체 간 결합도를 낮추어 클라이언트 코드의 변경을 최소화할 수 있다.

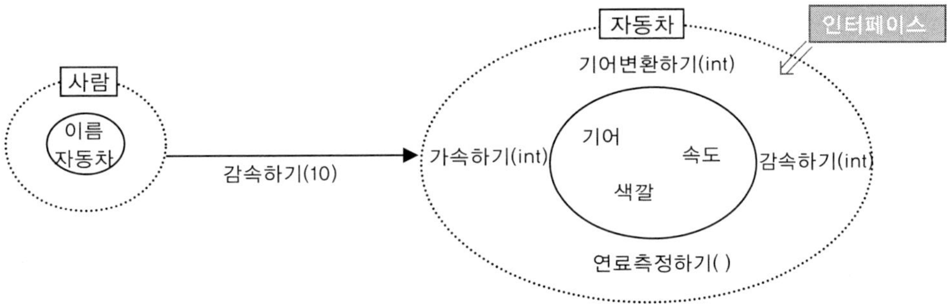

사람 클래스

```
public class Person {
   private String name;
   private Car car;

   public Person(String name, Car car) {
      this.name = name;
      this.car = car;
   }

   public Car getCar( ) { return car; }
}
```

Main

```
public class Main {
   public static void main(String[] args) {
      Car hyundai = new Car( );
      Person lee = new Person("성구", hyundai);

     // lee.getCar( ).speed -= 10 // 접근불가 오류
     lee.getCar( ).speed_down(10); // 변경 불필요
   }
}
```

자동차 클래스

```
public class Car {
   private int gear;
   private int speed; // int -> String 수정
   private int color;

   public void speed_up(int amount) {
      // 상태 값 검증 코드
      // 자료구조 변경에 대한 코드
   }
   public void speed_down(int amount) {
      // 상태 값 검증 코드
      // 자료구조 변경에 대한 코드
   }
   public void change_gear(int level) {
      gear = level;
   }
   public int check_fuel( ) {
      return 20;
   }
}
```

그림 7.6 캡슐화와 정보은닉

상속

상속(inheritance)은 기존 클래스의 상태와 행위를 재사용하는 방법이다. 상속은 클래스 간의 계층 구조가 성립할 때 발생하며, 이 계층 구조는 일반화 과정을 통해 만들어진다. 일반화는 여러 클래스 사이의 공통적인 특징을 파악하여 더 일반적인 상위 클래스를 정의하는 것으로, 추상화와 유사한 개념이다.

계층 구조에서 상위 클래스는 하위 클래스보다 더욱 일반적인 특징을 포함하며, 하위 클래스는 상위 클래스의 특징을 상속받고 자신만의 독특한 특징을 추가할 수 있다. 이러한 상속 관계를 일반화 관계라고 부르며, 그 반대를 특수화 관계라고 한다.

일반화 (generalization)

클래스 간에 계층 관계가 성립할 때, 하위 계층 클래스들의 공통적인 특징을 추출하여 상위 계층 클래스를 정의하는 것을 일반화라고 한다. 이때, 하위 클래스보다 더욱 일반적인 상위 클래스를 수퍼 클래스(superclass)라 하고, 하위 클래스를 서브

클래스(subclass)라 부른다. 수퍼 클래스는 부모(parent) 또는 기반(base) 클래스라고도 하며, 서브 클래스는 자식(child), 확장(extended), 파생(derived) 클래스라고도 부른다.

[그림 7.7]은 '생물'에 대한 클래스 계층 구조를 보여준다. 실세계의 두 마리의 호랑이 객체와 두 마리의 사자 객체에서 공통적인 특징을 일반화(추상화)하여 각각 '호랑이'와 '사자' 클래스로 정의한다. 또한, 이 두 클래스의 공통 특징을 더 일반화하여 '고양이' 클래스를 정의할 수 있다. 이러한 과정은 반복되며, 모든 생물에 대한 클래스 계층 구조를 정의할 수 있다. 계층 구조에서 '고양이'는 '호랑이'와 '사자' 클래스의 공통 특징을 가진 더욱 일반적인 클래스이므로, 수퍼 클래스가 된다. 반면, '고양이' 클래스를 기준으로 '호랑이'와 '사자'는 서브 클래스가 된다.

◎ 특수화 (specialization)

일반화와 반대로 상위 계층 클래스에서 하위 계층 클래스로 구체화하는 것을 특수화라 한다. 하위 클래스는 상위 클래스로부터 공통적이며 일반적인 특징을 상속하고 자신만의 특별한 특징을 포함하므로 상위 계층보다 더욱 구체적인 (추상화 수준이 낮은) 클래스가 된다. 서브 클래스는 수퍼 클래스의 모든 특징을 상속받으며 자신만의 특별한 특징을 추가할 수 있다.

서브 클래스는 수퍼 클래스의 모든 특징을 상속받으므로, 서브 클래스는 수퍼 클래스의 종류라고 할 수 있다. 따라서 일반화 관계는 '~이다(is-a)', '~의 종류이다(a-kind-of)' 관계라고 부른다. 여기서 주의할 점은, 서브 클래스는 수퍼 클래스의 특징을 포함하므로 수퍼 클래스의 종류가 되지만, 그 반대는 성립하지 않는다는 것이다. 예를 들어, '호랑이'와 '사자' 클래스는 '고양이' 수퍼 클래스의 일반적인 특징 외에도 자신만의 특별한 특징을 포함할 수 있으므로, '호랑이'와 '사자'는 '고양이'의 종류일 수 있다. 그러나 '고양이'가 '호랑이' 또는 '사자'의 종류가 될 수는 없다. 이는 '고양이'가 '호랑이'나 '사자'의 고유한 특징을 포함하지 않기 때문이다.

생물에 대한 클래스 계층 구조에서 '고양이'는 '포유동물'의 특징을 포함하므로 '포유동물', '동물', 그리고 '생물'의 일종이다. 가장 낮은 계층에 있는 '호랑이' 클래스는 '고양이', '포유동물', '동물', '생물'의 모든 특징을 상속하면서 자신만의 고유한 특징을 가진다.

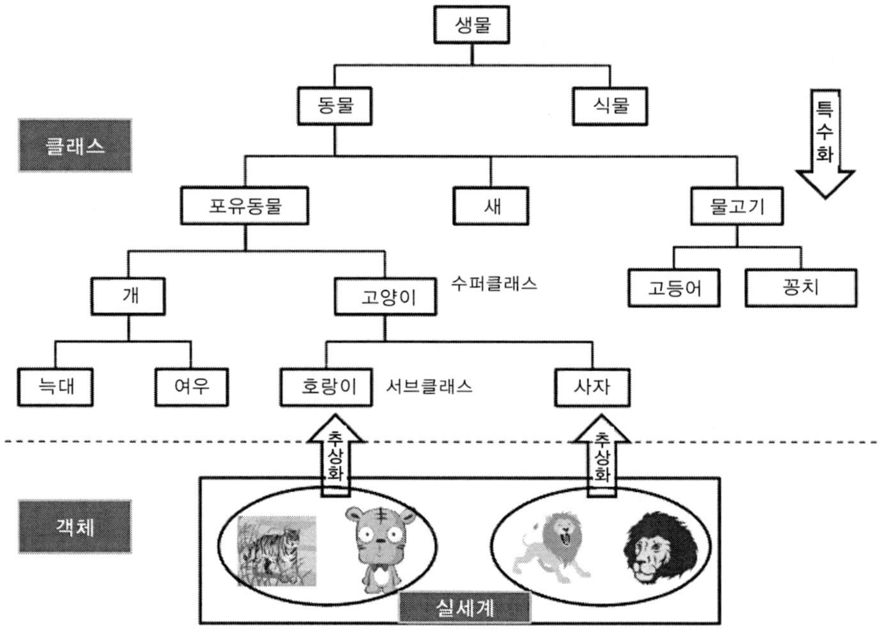

그림 7.7 '생물' 클래스 계층 구조

일반화를 통해 클래스 계층 구조를 정의하는 것은 다음과 같은 장점을 갖는다.

◎ 도메인 정보 구조 이해

도메인에 존재하는 정보의 계층 구조를 정의하면, 문제 도메인의 정보 구조에 대한 이해를 돕는다. [그림 7.8]은 회사 도메인에서 고용인들에 대한 클래스 계층 구조를 보여준다. 이를 통해 회사는 두 종류의 고용인(월급 고용인, 일급 고용인)이 있으며, 그들에 대한 공통적인 정보 구조와 차이점 및 유사점을 쉽게 파악할 수 있다.

모든 고용인은 '이름', '입사 날짜', '부서'에 대한 상태 정보를 가지고, '부서 이동()', '임금 계산()'과 같은 행위를 수행한다. 이 중 '월급 고용인'은 '고용인'의 공통 특징 외에 '월급' 상태 정보를 추가로 가지며, '일급 고용인'은 '시급'과 '작업 시간'에 대한 상태 정보를 갖는다.

◎ 클래스 재사용 용이

클래스 계층 구조는 기존 클래스의 재사용을 용이하게 한다. 예를 들어, 기존의 '고용인' 클래스를 기반으로 '주급고용인'을 정의하는 것은 매우 쉽다. 상속을 통해 기존 '고용인' 클래스를 재사용하여 '주급고용인'이라는 서브 클래스를 정의할 수 있다. '주급고용인'은 '고용인'의 모든 특징을 상속받고, 추가로 '주급' 상태 정보를 갖는다.

일반화 프로그래밍 지원

상속 계층 구조는 다형성을 지원하여 효율적인 프로그래밍을 가능하게 한다. 다형성에 기반한 이러한 효율적인 프로그래밍을 일반화 프로그래밍(generic programming)이라고 부른다.

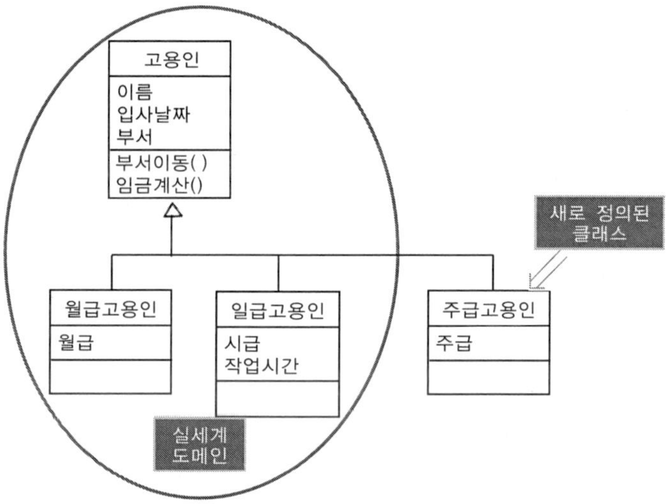

그림 7.8 '고용인' 클래스 계층 구조

다형성

다형성(polymorphism)은 특정 객체가 다양한 클래스 타입이 될 수 있음을 의미한다. 여기서 다양한 클래스 타입은 해당 객체의 수퍼 클래스 타입을 의미한다. 상속 관계에서 하위 클래스는 상위 클래스의 특징을 상속받을 뿐만 아니라 자신만의 고유한 특징을 가진다. 따라서 하위 클래스의 객체는 상위 클래스 타입으로도 사용할 수 있지만, 그 반대는 성립하지 않는다.

예를 들어, [그림 7.8]에서 '일급 고용인' 객체는 자신의 타입('일급 고용인')일 뿐만 아니라 상위 클래스('고용인') 타입도 될 수 있다. 이처럼 특정 객체가 상속을 통해 다양한 클래스 타입을 가질 수 있는 특징을 다형성이라고 한다. 반면에 '고용인' 객체는 '일급 고용인' 타입이 될 수 없다. 이는 '일급 고용인'이 '고용인'의 특징 외에도 '시급'과 '작업시간'과 같은 고유한 특징을 갖기 때문이다.

다형성의 가장 큰 장점은 일반화 프로그래밍(generic programming)을 가능하게 한다는 것이다. 예를 들어, 메소드 오버라이딩(overriding)을 통해 동적 바인딩에 의한 동적 메소드 호출이 가능해진다. 동적 바인딩이란, 동일한 메시지 요청에 대해 다양한 객체들이 실행 시에 자신만의 행위를 수행하는 것을 의미한다. 다형성을 지원하지 않는 [그림 7.9]에서는 '월급 고용인', '일급 고용인', '주급 고용인' 각각에게 '임금 계산( )' 메시지를 개별적으로 보내야 한다. 하지만 회사에 다양한 고용인 타입이 존재할 경우, 이를 효율적으로 처리하기 어렵다.

[그림 7.10]에서는 상속 계층 구조에 의해 '월급 고용인', '일급 고용인', '주급 고용인'이 모두 '고용인' 타입으로 간주된다. 따라서 고용인 종류에 관계없이 동일한 '임금 계산( )' 메시지를 보내면, 실행 시 각 고용인 타입에 따라 적절한 행위가 자동으로 수행된다.

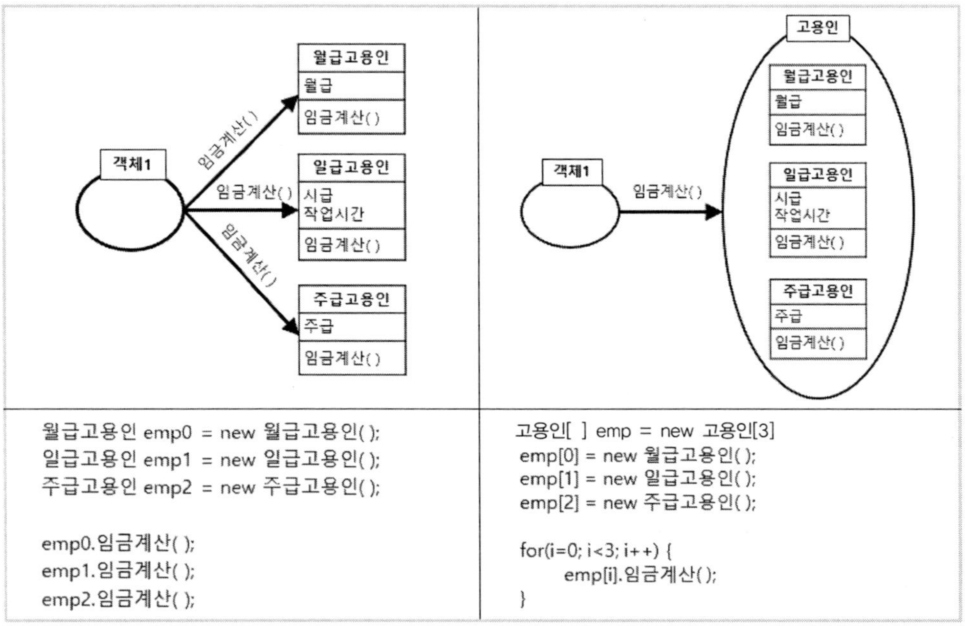

그림 7.9 다형성 없는 동일 메시지 요청 **그림 7.10** 다형성에 의한 동일 메시지 요청

일반화 프로그래밍의 두 번째 장점은 메소드 매개변수 타입을 넓은 범위에서 사용할 수 있게 한다는 점이다. 메소드의 매개변수 타입이 수퍼 클래스(예: 고용인)일 경우, 해당 수퍼 클래스의 어떤 서브 클래스(예: 월급 고용인, 일급 고용인, 주급 고용인) 객체라도 전달이 가능하다. 이를 통해 효율적이고 유연한 프로그래밍이 가능해진다.

```
월급고용인 emp0 = new 월급고용인( );
일급고용인 emp1 = new 일급고용인( );
주급고용인 emp2 = new 주급고용인( );

정보출력(emp0);
정보출력(emp1);
정보출력(emp2);

정보출력(월급고용인 emp) {  };
정보출력(일급고용인 emp) {  };
정보출력(주급고용인 emp) {  };
```

그림 7.11 다형성 없는 메소드 인수 타입

```
월급고용인 emp0 = new 월급고용인( );
일급고용인 emp1 = new 일급고용인( );
주급고용인 emp2 = new 주급고용인( );

정보출력(emp0);
정보출력(emp1);
정보출력(emp2);

정보출력(고용인 emp) {  };
```

그림 7.12 다형성에 의한 메소드 인수 타입 확장

7.3 모델과 모델링

노델이란 복잡한 시스템을 더 잘 이해하기 위해 특정 관점에 집중하여 추상화를 통해 불필요한 정보를 제외하고, 주요 정보만을 강조하여 표현한 것이다.

다음은 모델에 대한 정의를 보인다.

- 시스템이나 프로세스에 대한 모델은 이들이 어떻게 동작하는가에 대한 이해를 향상시키기 위해 이론적으로 기술(표현)한 것이다.
  (A model of a system or process is a theoretical description(representation) that can help you understand how the system or process works). [네이버 영영사전]
- 모델은 어떤 관점에서 문제를 추상화한 것이다. 추상화는 세부 내용을 무시하고 애플리케이션 시스템의 근본적인 관점에 집중하는 능력이다.
  (Model is an abstraction of some aspect of a problem. Abstraction is the ability to focus on essential aspects of an application while ignoring details). [Blaha 2005]
- 관련 없는 상세한 것들을 무시하고 흥미 있는 관점에만 집중하여 시스템을 추상화한 것
  (an abstraction of a system that focuses on interesting aspects and ignores irrelevant details) [Bruegge 2010]

모델은 시스템을 표현하는 방법에 따라 다음과 같이 3가지 모델로 분류된다.

- 서술적 모델: 텍스트 기반의 자연어를 이용하여 표현한 모델
- 그래픽 모델: 그래픽 다이어그램을 이용하여 표현한 모델
- 수학적 모델: 정형(formal) 모델이라고도 하며 수학적 표기법이나 식을 이용하여 표현한 모델

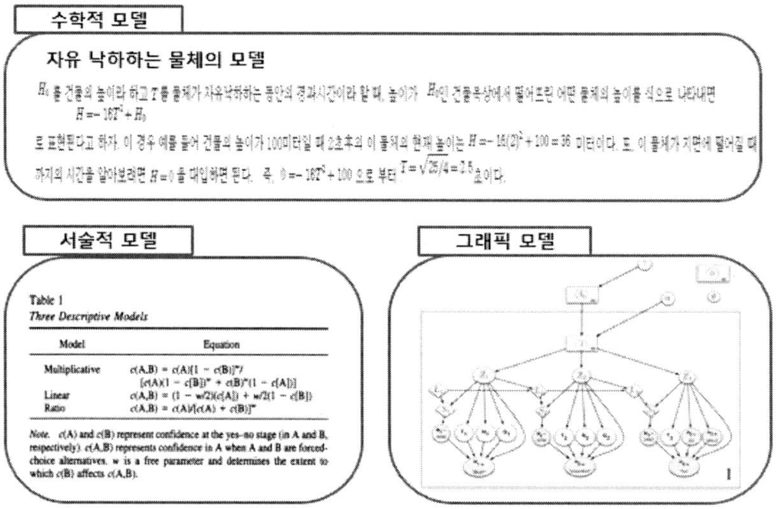

그림 7.13 모델 종류

다양한 관점에서 모델링

개발자는 분석 활동에서 문제 도메인에 대한 모델을 생성하고, 설계 활동에서 시스템에 대한 솔루션 모델을, 구현 활동에서 설계 모델을 실현하는 구현 모델을 생성한다. 분석과 설계 활동의 주된 작업은 시스템에 대한 다양한 모델을 생성하는 모델링 작업이다.

다른 공학 분야에서도 시스템에 대한 이해를 돕기 위해 다양한 모델을 생성하며, 소프트웨어 공학에서도 소프트웨어 개발을 위해 다양한 모델 생성이 중요하다. 소프트웨어 시스템은 본질적으로 복잡하고 다양한 요소로 구성되어 있어 이해하기 어렵다. 이러한 복잡한 시스템을 이해하려면, 시스템을 다양한 관점에서 표현하는 여러 모델을 생성해야 한다. 특정 모델은 주어진 관점에 집중하여 추상화를 통해 불필요한 정

보를 제외하고 주요 정보만을 강조한다.

시스템을 깊이 이해하기 위해 개발자는 여러 관점에서 시스템을 분석하고 설계하는데, 이들에 대한 결과를 표현하는 것을 모델링이라 한다. 모델링의 결과로 다양한 모델들이 생성된다. 시스템에 대한 모델을 생성하는 이유는 다음과 같다.

- 그래픽 다이어그램을 이용한 그래픽 모델은 시각적이기 때문에 시스템에 대한 이해를 돕는다.
- 제한된 관점에서 한 번에 다룰 수 있는 핵심적인 것들을 분리하여 표현하는 모델은 간단하기 때문에 시스템의 복잡성을 감소시킨다. 모델 없이 복잡한 시스템을 이해하는 것은 어렵다.
- 다양한 관점에서 시스템을 분석하여 시스템에 대한 이해를 향상시킬 수 있다.
- 모델 사이의 검증을 통해 요구에 대한 완전성, 일관성, 정확성을 검증할 수 있다.
- 이해하기 쉬운 다이어그램과 같은 그래픽 모델의 시각적인 특성은 팀 구성원 사이, 팀 구성원과 고객 사이의 의사 전달을 용이하게 한다.
- 모델링을 수행하는 동안 학습 효과를 통해 분석과 설계 능력을 향상시킬 수 있다.
- 코드만 존재하는 시스템 보다 분석/설계 모델은 이해가 용이하므로 시스템에 대한 유지보수를 용이하게 한다.

데이터베이스 시스템에서 언급되는 ER 모델은 시스템을 정보(데이터) 관점에서 표현한 결과물이다. ER 모델은 엔터티로 표시되는 데이터와 데이터 사이의 관계에 의해 문제 도메인을 데이터(정보) 관점에서 표현한 모델이라 할 수 있다.

[그림 7.14]는 다양한 관점에서 시스템을 표현한 모델들의 보기를 보인다. '요구모델'은 시스템을 사용자 요구 관점에서 시스템을 표현한 결과물이며, '정적 모델'은 시스템을 정적 구조 관점에서 표현한 모델이라 할 수 있다.

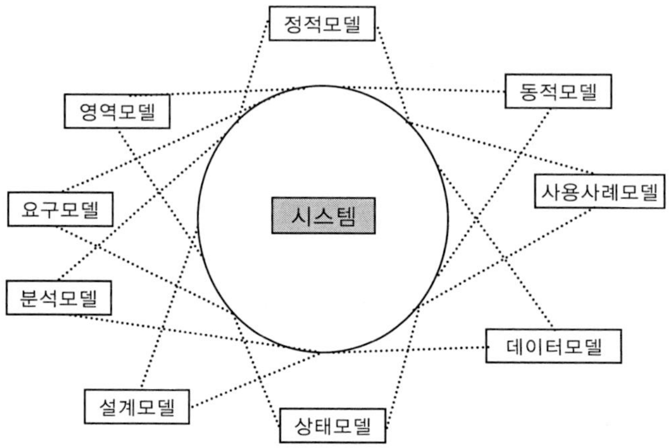

그림 7.14 다양한 시스템 모델들

단순한 시스템은 하나의 다이어그램으로 충분히 표현할 수 있지만, 다양한 요소로 구성된 복잡한 시스템은 여러 다이어그램을 사용하는 것이 필요하다. 하나의 모델은 여러 다이어그램으로 구성될 수 있으며, 텍스트 정보나 다른 모델을 포함할 수도 있다. 예를 들어, [그림 7.15]에서 요구 모델은 사용자 요구 관점에서 시스템을 표현한다. 이 요구 모델은 사용사례 다이어그램, 사용사례에 대한 텍스트 설명, 활동 다이어그램, 아키텍처 모델 등을 포함할 수 있다.

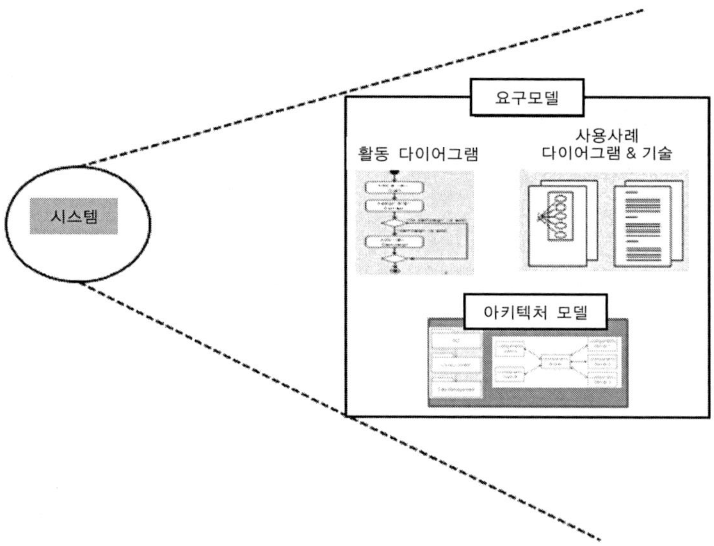

그림 7.15 요구 관점에서 시스템 표현

다이어그램 표기법

그래픽 다이어그램을 작성하는 주된 목적은 시스템을 시각적으로 표현하여 의사 소통과 시스템에 대한 이해를 용이하게 하는 것이다. 다이어그램은 개발자 사이 혹은 개발자와 사용자 사이에 원활한 의사소통을 지원하며 복잡한 시스템이나 비즈니스 프로세스에 대한 이해를 용이하게 한다. 또한 다이어그램은 소프트웨어 개발 팀원 사이의 아이디어 교환을 용이하게 한다. 모델링 언어는 정확하고 의미 있는 그래픽 다이어그램 작성을 위해 그래픽 표기법을 제공한다. 표기법은 다이어그램을 작성하기 위한 규칙이다.

[그림 7.16]은 UML 클래스 다이어그램을 보인다. UML 클래스 다이어그램에서 사각형은 클래스를 표현하며 사각형 내부 제목은 클래스 이름을 의미한다. 두개의 사각형 사이의 속이 빈 화살표는 상속을 의미한다. 이러한 간단한 표기법 규칙에 따라 개발자와 사용자는 해당 클래스 다이어그램으로부터 '고용인'과 '월급고용인'은 클래스이며, '월급고용인' 클래스는 '고용인' 클래스를 상속한다는 것을 쉽게 이해할 수 있다.

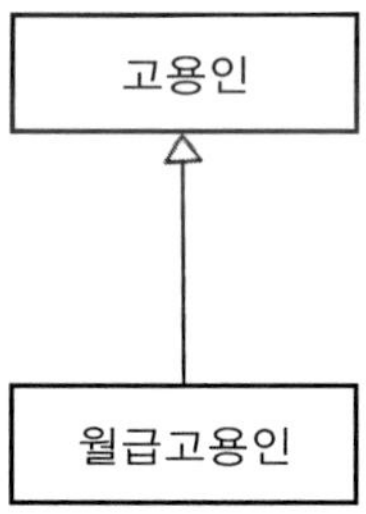

그림 7.16 클래스 다이어그램 표기법 보기

7.4 UML 모델링

소프트웨어 개발 프로세스에서 대부분의 분석/설계 작업은 시스템에 대한 다양한 모델을 생성하는 것이다. 특히, 객체지향 분석/설계의 대부분 작업은 모델링 작업이다. [Sommerville, 2007]은 객체지향 분석/설계 활동을 다음과 같이 기술하였다.

객체지향 분석의 주된 관심사는 응용 도메인에 대한 객체지향 모델을 개발하는 것이며 객체지향 설계의 관심사는 소프트웨어 솔루션에 대한 객체지향 모델을 개발하는 것이다. 객체지향 프로그래밍의 주된 관심사는 객체지향 언어를 이용하여 소프트웨어 설계를 실현하는 것이다.
(Object-oriented analysis is concerned with developing an object-oriented model of the application domain. Object oriented design is concerned with developing an object-oriented model of a software system. Object-oriented programming is concerned with realizing a software design using an object-oriented programming language). [Sommerville, 2007]

UML(Unified Modeling Language)은 소프트웨어 시스템을 분석하고 설계하는데 도움을 주는 그래픽 모델링 표기법이다. 특히, UML은 객체지향 시스템의 분석 및 설계 결과를 표현하는 표준 모델링 언어이다. 과거에는 여러 그래픽 모델링 언어가 존재했지만, UML은 이러한 언어들의 특징을 통합한 표준 모델링 언어로 자리 잡았다.

다음은 UML에 대한 정의를 보인다.

- 소프트웨어 시스템 결과물에 대한 명세, 시각화, 생성, 문서화를 위해 이용되는 범용 비주얼 모델링 언어
  (A general-purpose visual modeling language that is used to specify, visualize, construct, and document the artifacts of a software system) [Rumbaugh 2005]
- 객체지향 개발에 이용하며 시스템의 다른 관점을 표현하는 다양한 시스템 모델들을 포함하는 그래픽 언어
  (A graphical language that is used in object-oriented development that includes a several types of system model that provide different views of a system) [Sommerville 2007]
- 모델들을 표현하기 위한 표기법들의 표준 집합
  (A standard set of notations for representing models) [Bruegge 2010]

표준 모델링 언어인 UML은 1980년대와 1990년대에 존재했던 수많은 객체지향 그래픽 모델링 언어들을 통합한 언어이다. UML은 1997년 객체지향 표준화 단체인 OMG(Object Management Group)에 의해 표준으로 채택되었으며, 이후 소프트웨어 시스템 모델링을 위한 산업 표준이 되었다.

다음은 UML의 특징을 보여준다.

◎ 일반 목적의 모델링 언어

UML은 소프트웨어 시스템 개발을 위한 일반 목적의 모델링 언어로, 주로 객체지향 방법론을 지원하지만, 구조적 방법론을 사용하는 전통적인 소프트웨어 개발에도 사용할 수 있다. UML은 객체 모델링 외에도 시스템의 구조나 행위를 표현할 수 있는 여러 다이어그램을 제공하므로, 다양한 개발 패러다임에 적용할 수 있다.

◎ 다양한 관점 표현

UML은 다양한 관점에서 시스템을 표현할 수 있다. 이를 위해 UML은 다양한 다이어그램을 지원한다. 여러 관점에서 시스템을 모델링하는 것은 시스템에 대한 이해를 돕는다. 시스템의 정적 구조를 보이는 정적 모델, 행위를 묘사하는 동적 행위 모델을 비롯하여 사용자 요구 관점에서 시스템을 표현하는 요구 모델과 같은 다양한 모델 생성을 지원한다.

◎ CASE 도구 지원

OMG에 의해 UML이 표준으로 채택된 이후, 대부분의 CASE 도구는 UML 모델링을 지원한다.

UML을 이용하여 분석과 설계를 수행할 때 주의점은 다음과 같다.

◎ 시스템 유형에 맞는 다이어그램 사용

시스템 유형에 맞는 UML 다이어그램을 사용하는 것이 중요하다. UML은 범용 모델링 언어로, 개발 방법에 관계없이 적용할 수 있다. 이를 위해 UML은 다양한 다이어그램을 제공한다. UML을 효과적으로 활용하려면, 개발자는 여러 다이어그램의 표기법을 자세히 이해해야 한다. 그러나 모든 종류의 시스템에서 모든 다이어그램을 사용할 필요는 없다. 단순한 객체지향 시스템이라면 사용사례 다이어그램, 클래스 다이어그램, 순서 다이어그램만으로도 충분하다.

◎ 효과적인 표현을 위해 다른 표기법 사용

UML은 시스템 모델링을 위한 모든 종류의 다이어그램을 제공하지 않는다. UML은 다양한 다이어그램을 제공하지만, 모든 상황에 적절한 것은 아니다. 상황에 따라 다른 그래픽 표기법을 사용하는 것이 더욱 효과적일 수 있다. 예를 들어, 특정 메소드의 복잡한 논리 조건을 표현할 때 UML 활동 다이어그램을 사용할 수 있지만, 의사 결정표가 복잡한 조건을 표현하는데 더욱 효과적일 수 있다.

◎ 의사소통을 위해 단순한 표기법 사용

분석 활동에서 가장 중요한 것은 개발자와 사용자 간의 원활한 의사소통이다. 사용자는 UML 표기법에 익숙하지 않을 수 있으므로, 분석 단계에서는 복잡한 표기법 대신 사용자가 이해할 수 있는 단순한 표기법을 사용하는 것이 바람직하다. 개발 초기 분석 활동에서는 사용자도 쉽게 이해할 수 있는 단순한 표기법을 통해 정확히 요구사항을 파악하는 것이 더욱 중요하다.

7.5 UML 역사

1990년대 중반까지 많은 개발자들이 각자 독특한 특징을 가진 객체지향 분석/설계 모델링 표기법을 제안했다. 이러한 다양한 표기법으로 인해 개발자들은 어떤 표기법을 선택해야 할지에 대해 많은 어려움을 겪었다. 이를 해결하기 위해, 1995년 Rational사는 모델링 표기법 표준화에 대한 노력을 시작했다.

Rational사는 1994년 OMT(Object Modeling Technique) 방법을 제안한 James Rumbaugh와 1995년 OOSE(Object-Oriented Software Engineering) 방법을 제안한 Ivar Jacobson을 고용했다. 이미 Rational사에서 일하고 있던 Grady Booch는 Booch 방법을 제안한 인물로, 이들과 함께 모델링 표기법 표준화 작업을 수행했다. 이들을 '3명의 친구들(Three Amigos)'이라고 부른다.

1996년, 여러 소프트웨어 개발 회사들의 협조와 '3명의 친구들'의 주도하에 분석/설계에 적용될 수 있는 모델링 언어인 UML이 제안되었고, 1997년 국제 표준화 단체 OMG(Object Management Group)는 UML 1.0을 객체지향 개발자를 위한 모델링 표준으로 채택했다. UML은 이후 여러 버전으로 계속 수정 및 보완되었으며, 2005년에는 UML 2.0, 2015년 6월에는 UML 2.5, 그리고 가장 최근인 2017년에는 UML 2.5.1이 발표되었다.

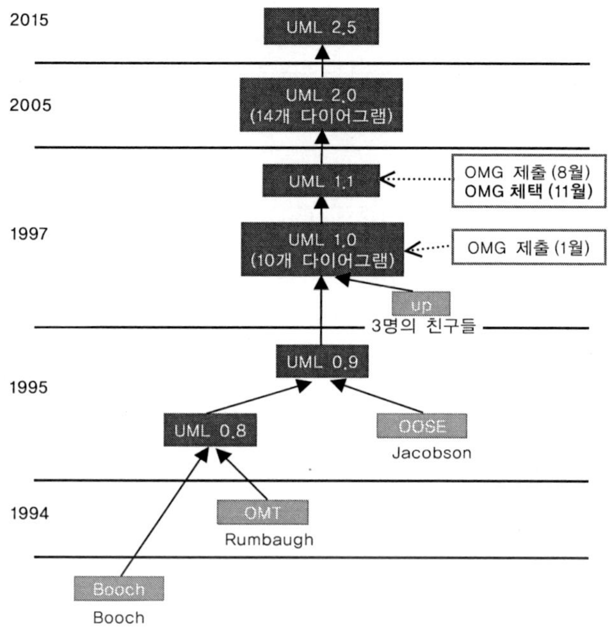

그림 7.17 UML 역사

7.6 UML 다이어그램 분류

시스템에 대한 이해를 돕기 위해, 개발자는 여러 관점에서 시스템을 표현하는 다양한 모델을 생성한다. 이를 위해 UML은 다양한 다이어그램을 제공한다. UML 1.0은 10개의 다이어그램을 정의했으며, UML 2.0에서는 4개의 다이어그램(복합 구조, 타이밍, 상호작용 개요, 프로파일)이 추가되어 총 14개의 다이어그램을 정의하게 되었다. UML 2.0의 14개 다이어그램은 구조 다이어그램과 행위 다이어그램으로 분류된다. [그림 7.18]은 UML 클래스 다이어그램 표기법을 이용하여 UML 2.0이 제공하는 14개의 다이어그램을 분류한 것이다. 클래스 다이어그램에서 속이 빈 화살표는 상속을 의미하며, 이를 통해 14개의 다이어그램이 구조 다이어그램과 행위 다이어그램으로 분류된다는 것을 알 수 있다.

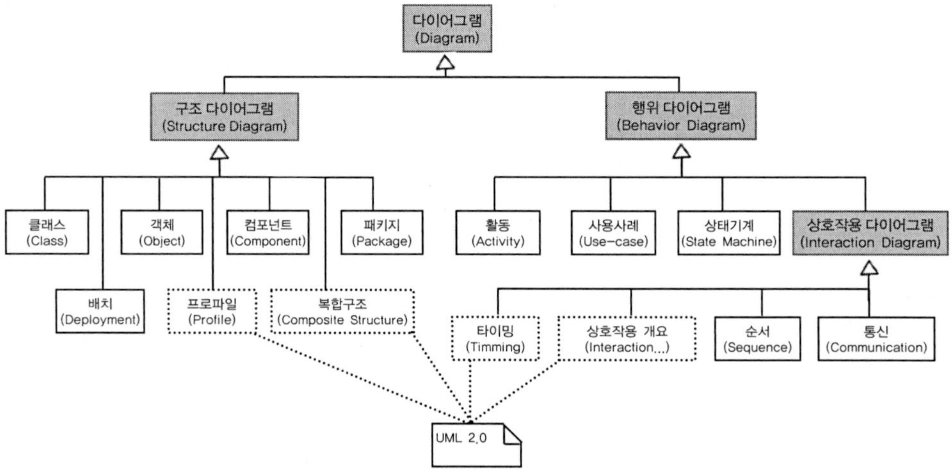

그림 7.18 UML 2.0 다이어그램 분류

구조 다이어그램에 속하는 7개의 다이어그램은 시스템의 정적 구조를 표현하기 위해 사용된다. 반면, 구조 다이어그램에 속하지 않는 다른 7개의 다이어그램은 시스템의 동적 행위나 기능을 표현하는 데 이용된다. 행위 다이어그램 중에서도 시스템의 상호작용을 모델링하기 위해 사용되는 순서, 통신, 상호작용 개요, 타이밍 다이어그램은 상호작용 다이어그램으로 분류된다. 여기서 프로파일, 복합 구조, 타이밍, 상호작용 개요 다이어그램은 UML 2.0에서 새롭게 추가된 다이어그램 들이다.

[그림 7.19]는 UML 2.0의 14개 다이어그램에 대한 간단한 설명을 보인다.

분류	다이어그램	설명
구조	클래스	클래스와 클래스 특징, 클래스 사이의 관계 표현
	객체	인스턴스(객체) 수준에서 클래스 다이어그램 표현
	컴포넌트	재사용 가능한 컴포넌트와 컴포넌트 사이의 관계 표현
	패키지	시스템을 논리적인 그룹으로 분리하고 분리된 그룹 사이의 관계 표현
	배치	시스템의 실행 환경에 이용되는 하드웨어와 하드웨어에 배치되는 결과물(문서 혹은 소프트웨어)의 배치 표현
	프로파일	UML 확장 메커니즘을 지원하기 위해 새로운 UML 요소에 대한 스테레오 타입, 태그정의, 제약조건 표현 (UML 2.0)

	복합구조		시스템의 각 구성 요소들과 구성 요소들이 어떻게 연결되고 분해되는지 표현 (UML 2.0)
행위	활동		시스템의 순차나 병행 작업 흐름 표현
	사용사례		시스템과 외부 사용자 사이의 상호작용 표현
	상태기계		특정 객체의 상태 변화 표현
	상호작용	순서	객체 사이 메시지 호출 순서에 중점을 두고 객체들 사이의 상호작용 표현
		통신	호출 순서보다 객체 사이의 연결에 중점을 두고 객체 사이의 상호관계 표현 – UML 1.0에서 협력 다이어그램 (collaboration diagram)
		상호작용개요	순서 다이어그램 + 활동 다이어그램 (UML 2.0)
		타이밍	실시간 시스템과 같이 시간 제약이 중요할 때, 시간에 중점을 두고 객체 사이의 상호작용 표현 (UML 2.0)

그림 7.19 UML 다이어그램 설명

7.7 UML 모델링 도구

UML 모델링을 지원하는 CASE 도구들은 다양하게 존재하며, 대표적인 UML CASE 도구로는 볼랜드사의 Together, IBM사의 RSA(Rational Software Architect), 비주얼 패러다임사의 VP-엔터프라이즈 등이 있다. 이러한 도구들은 일반적으로 다음과 같은 기능을 제공한다.

- UML 다이어그램 생성과 편집 기능
- 순공학 지원 : 모델에서 코드 자동 생성
- 역공학 지원 : 코드에서 모델 생성
- 재공학(순환공학) 지원 : 순공학과 역공학 모두 지원
- 비즈니스 모델링과 데이터 모델링 지원 : 정보 시스템에 대한 분석 및 설계
- 웹 모델링 지원 : 웹 시스템 개발 및 설계

연 습 문 제

7.1. 다음 중 객체지향 개념에 대하여 올바르게 설명한 것을 3개 선택하라.

① 객체 내의 데이터를 속성이라 하며 속성의 값들은 현재 객체 상태를 의미한다.
② 객체 사이의 상호협력은 상속 관계를 통해 이루어진다.
③ 메서드는 객체에 정의된 연산을 의미하며 객체 상태를 변경하는 수단이다.
④ 인스턴스는 클래스와 같은 의미로써 유사한 특징을 갖는 다른 클래스를 의미한다.
⑤ 클래스는 공통된 특성을 갖는 객체를 모은 것으로 클래스의 인스턴스는 객체가 된다.
⑥ 문제 영역에서 의미 있는 정체성을 갖는 어떤 것을 클래스라 한다.

7.2. 다음 중 UML 다이어그램이 아닌 것은?

① Use case ② Data Flow ③ Class ④ Object ⑤ Activity

7.3. 다른 모델링 표기법과 비교하여 UML을 사용하는 이유(장점)를 2가지만 설명하라.

7.4. 다음 중 UML 다이어그램에 대한 설명 중 가장 거리가 먼 것은?

① 활동 다이어그램은 프로그램 절차(알고리즘)를 표현한다.
② 순서 다이어그램은 시스템의 동적 행위를 표현한다.
③ 사용사례 다이어그램은 사용자의 비기능적인 요구나 제한조건을 표현한다.
④ 정적 다이어그램은 시스템의 구조를 표현한다.

7.5. UML 다이어그램에 대한 다음 내용에서 괄호에 적절한 다이어그램 이름을 적어라.

> UML 다이어그램들 중에 시스템의 정적 구조를 표현하기 위해 이용되는 가장 중요한 다이어그램은 (①) 다이어그램이고, 시스템의 상호작용을 모델링하기 위해 이용되는 가장 중요한 다이어그램은 (②) 다이어그램이다. 시스템의 동적 행위나 기능을 모델링하기 위해 이용되는 가장 중요한 다이어그램은 (③) 다이어그램이다.

7.6. 다음 중 다형성에 대하여 적절하게 설명한 3개를 선택하라.

① 일반화 프로그래밍에 의한 효율적인 코딩을 가능하게 한다.
② 특정 객체는 단일 클래스 타입만 가능하다.
③ 클래스 계층구조의 상속관계에서 존재할 수 있다.
④ 짝 프로그래밍을 가능하게 하여 프로그램의 오류를 발견하기 쉽다.
⑤ 상세 구현 내용과 데이터를 외부 객체로부터 보호할 수 있다.
⑥ 메소드 인수에 대한 데이터 타입을 넓은 범위에서 사용 가능하다.

7.7. 클래스 다이어그램에서 클래스 상속 계층 구조를 정의하는 이유를 2개만 적어라.

7.8. 객체지향과 관련된 다음 내용에서 괄호에 적절한 용어를 적어라.

> 자바에서 객체는 필드와 메소드를 포함한다. 필드와 메소드는 문제 도메인에서 각각 (①)와 (②)라고 부르며, 분석/설계 모델링에서는 (③)과 (④)이라 부른다. 유사 특징을 갖는 객체들의 집합(타입)을 클래스라 부르며, 클래스의 구체적인 실제 보기를 (⑤)라 부른다. 클래스의 상속 계층 구조에서 더욱 구체화된 하위 클래스를 (⑥)라고 부르며, 더욱 일반화된 상위 클래스를 (⑦)라고 부른다. 객체지향 시스템은 객체 상호간 상호협력을 통해 문제를 해결하는데 이러한 상호협력은 객체 사이에 (⑧)를 주고 받으며 수행된다. 데이터와 연산을 하나의 단위로 묶는 것을 (⑨)라 부르며, 이를 통해 외부 객체로부터 데이터에 대한 직접적인 접근을 통제하는 것을 (⑩)이라 한다.

7.9. UML을 일반 목적의 모델링 언어라고 부르는 이유를 적어라.

7.10. UML 모델링을 지원하는 CASE 도구의 대표적인 보기 중 하나인 비주얼 패러다임의 VP 엔터프라이즈는 소프트웨어 개발 프로세스 6개 활동 중 주로 분석과 설계 모델링을 지원하기 위한 도구이지만 이 외에 데이터 모델링, 웹 모델링, 순공학, 역공학 기능을 지원한다. 비주얼 패러다임사 홈페이지를 방문하여 VP-엔터프라이즈를 설치하고 다양한 UML 다이어그램들을 작성하라.

CHAPTER

08 객체지향 분석 방법

8.1 소개

데이터 흐름과 이를 변형하는 프로세스(기능) 중심의 구조적 개발 방법과 달리, 객체지향 개발 방법은 데이터와 기능을 하나로 묶은 객체 중심으로 개발된다. 객체지향 시스템은 객체들로 구성되며, 이들 객체가 협력하여 시스템 기능을 수행한다. 객체 간의 협력은 메시지 호출을 통한 상호작용으로 이루어진다. 객체지향 시스템 개발 과정은 개념적이고 추상적인 다이어그램에서 시작하여 점차 구체적이고 실질적인 다이어그램으로 정제되는 과정을 거친다. 구조적 개발 방법과 달리, 객체지향 개발 방법에서는 분석, 설계, 구현 단계 전반에 걸쳐 동일한 다이어그램들이 사용된다. 개발 초기의 다이어그램은 시스템을 개념적이고 추상적으로 표현하고, 개발이 진행됨에 따라 이러한 다이어그램은 더욱 정제되어 구체적인 다이어그램이 된다. 분석 초기에는 문제 도메인 객체와 그들 사이의 관계를 표현하는 개념적이고 추상적인 도메인 클래스 다이어그램이 생성되며, 개발이 진행됨에 따라 이들 다이어그램은 상세한 정보가 포함된 구체적인 설계 클래스 다이어그램으로 정제된다.

객체지향 개발은 [그림 8.1]에서 보듯이 분석과 설계 활동의 결과로 다양한 모델(기능, 정적, 동적)이 생성된다. 이러한 모델들은 UML과 같은 그래픽 모델링 언어를 통해 표현된다. 분석 단계에서 개발자는 문제 도메인을 조사하고, 시스템이 사용자에게 제공해야 할 기능에 집중하여 분석 모델을 생성한다. 분석 모델은 일반적으로 사용사례 다이어그램, 문제 도메인 클래스 다이어그램, 상호작용 다이어그램, 그리고 사용자 인터페이스를 위한 프로토타입 등으로 구성된다. 설계 단계에서는 분석 모델을 구성하는 다이어그램을 더욱 정제하여 설계 모델을 생성한다. 설계 모델은 시스템의 기능 요구를 어떻게 제공할 것인지 고민할 뿐만 아니라, 비기능적 요구까지 고려하여 만들어진 구체적인 솔루션 모델이다.

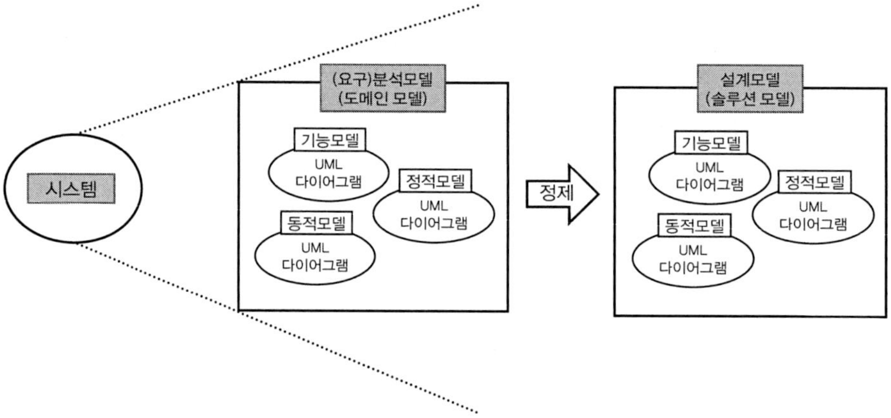

그림 8.1 객체지향 개발에서 모델 생성과 정제

8.2 요구 추출

시스템 정의서

분석 방법과 관계없이 개발의 첫 번째 활동인 요구 추출에서 가장 먼저 수행하는 작업은 개발 시스템과 관련된 주요 특징을 최상위 수준에서 정리한 시스템 정의서(문제 정의서 혹은 시스템 명세서)를 작성하는 것이다. 시스템 정의서는 시스템의 개발 목적과 개발 범위를 명확히 정의한다. 현재 도메인에서 문제가 무엇인지, 개발에 포함되는 것과 포함되지 않는 것은 무엇인지 구체적으로 정의함으로써 고객은 개발자가 프로젝트 목적을 명확히 이해하고 있다는 것을 확인할 수 있다. 프로젝트 초기에 시스템의 개발 범위를 잘못 정의하는 것은 개발 후반부에 상당한 영향을 미치게 된다. 시스템 정의서를 작성하기 위해 개발자는 사용자와 직접적인 인터뷰, 각종 문서에 대한 자료조사, 현장에서의 직접적인 관찰, 실제 업무 수행과 같은 다양한 방법을 이용한다. 소규모 시스템에 대한 시스템 정의서는 1~2 페이지 정도로 간단히 작성할 수 있지만 중대형 시스템에 대한 시스템 정의서는 여러 페이지에 걸쳐 작성한다.

시스템 정의서를 작성하는 목적은 다음과 같다.

- 프로젝트 초기에 사용자와 개발자를 포함한 모든 관계자들 사이에 현재 도메인의 문제와 현황, 개발될 시스템의 목적과 범위를 정확히 이해하고 있다는 것을 확인하고 이를 공유하기 위하여 작성한다.
- 프로젝트 초기에 시스템 정의서 검토를 통해 시스템 개발에 대한 위험 요소를 사전에 파악하고 가능성 분석에 대한 기초 자료로 활용하기 위하여 작성한다. 개발 초기에 위험 요소를 파악하고 가능성 분석을 수행하는 것은 프로젝트 실패에 대한 가능성을 낮춘다.
- 초기 계획 수립을 위한 기초 자료로 활용하기 위해 작성한다.

시스템 정의서에 포함해야 하는 기본적인 내용은 다음과 같다.

◎ 문제, 목적, 범위

시스템이 해결해야 하는 문제 도메인에 대하여 기술한다. 해당 영역의 문제에 대한 이해를 통해 개발 시스템의 정확한 목적과 범위를 정의한다. 이는 개발 활동에 지대한 영향을 미친다. 개발 초기 문제에 대한 이해가 불충분하여 개발 목적 및 범위를 잘못 정의한다면 프로젝트는 실패할 가능성이 높으며 이러한 실패를 극복하기 위해 많은 비용이 소비된다.

◎ 관계자

개발 시스템에 흥미를 갖는 관계자들을 파악하고 그들이 시스템을 이용하는 목적을 기술한다. 결국, 최종 시스템은 이해 관계자들의 목적을 만족해야 한다.

◎ 기대이익

프로젝트 수행으로부터 얻는 사업적인 필요성이 무엇인지, 시스템으로부터 기대하는 이익이 무엇인지 정의한다. 기대 이익은 비즈니스 관점에서 시스템 개발을 통해 얻을 수 있는 재정적인 이익을 기술한다.

◎ 기능 및 제한조건

개발 시스템으로부터 제공되어야 하는 최상위 수준의 주요 기능과 비기능 요구(제한조건)를 정의한다.

[그림 8.2]는 가상의 웹 주문처리 시스템에 대한 시스템 정의서를 보인다.

웹주문처리 시스템
(WOPS: Web-based Order Processing System)

1. 소개

사무용품 도매 기업인 오피스 플라자는 빠르게 변화하는 마케팅 환경에 적응하기 위해 기존 오프라인 주문처리 시스템을 웹기반 주문처리 시스템(WOPS: Web-based Order Processing System)으로 전환하려고 준비 중이다. 기존 시스템에서는 제품 소개 책자를 고객에게 우편으로 발송하고, 고객의 주문을 우편이나 전화로 받아 수작업으로 배송 및 지불을 처리했다. 이러한 오프라인 주문처리 방식은 대량의 주문 데이터를 수집하여 일괄적으로 처리할 수 있는 장점이 있지만, 고객이 언제 어디서나 쉽게 주문할 수 없으며, 신속한 송장 및 지불 처리가 어려운 단점이 있다.

이 문제를 해결하기 위해 개발될 WOPS 시스템은 웹 기반 환경에서 주문을 처리할 수 있게 함으로써 더 많은 새로운 고객을 유입할 가능성을 높이고, 주문처리의 자동화를 통해 인건비 절감, 주문처리 시간 단축, 그리고 오류 감소 등의 효과를 기대할 수 있을 것이다.

2. 관계자

- 고객: 주문에 대한 생성과 갱신, 제품 목록 검색과 제품 반납
- 관리자: 모든 주문에 대한 요약 보고서 생성과 고객에 대한 신용 정보 확인
- 회계부: 회계 처리를 위한 거래 요약 보고서 생성
- 배송부: 배송 정보 기록
- 마케팅부: 효과적인 마케팅을 위한 고객 행위 분석 통계 보고서 작성
- 판매부: 다양한 카탈로그 제작

3. 기대 이익

- 기존 수작업에 의한 주문처리로 발생하는 오류를 감소시킨다.
- 웹 기반의 신속한 주문처리가 가능하다.
- 자동화 처리에 의한 인력 감소 효과가 있을 것이다.
- 인터넷을 통해 언제 어디서나 고객 주문이 가능하여 급속한 판매 신장이 가능하다.
- 고객과 물품 정보에 대한 신속한 통계 정보 분석을 통해 매출 증가가 기대된다.

4. 주요 기능

WOPS는 인터넷 접근이 가능한 어떤 컴퓨터에서도 고객 주문 입력부터 배송에 이르기까지 모든 고객 지원 기능을 제공해야 한다. 다음은 WOPS 시스템이 제공해야 하는 주요 기능을 보인다.

- 주문 정보 기록과 총 합계 계산
- 고객 정보 유지보수, 주문, 이월주문, 반납처리
- 주문, 송장, 지불 상황에 대한 추적
- 판매 현황 분석을 위한 이력 정보 유지보수
- 고객 관리와 보안 관리

5. 제한 조건

- 시스템 관리자만이 시스템에 대한 수정 권한을 가지며, 고객은 자신의 주문에 대한 수정과

삭제 권한을 갖는다. (보안)

- 시스템은 1000명의 동시 사용자 접속을 지원하며, 고객 응답 스크린은 0.1초 이내에 수행되어야 한다. (성능)
- 고객이 시스템의 주문처리 과정을 배우는 것은 10분 이상 걸리지 말아야 한다. (사용성)
- 시스템은 모든 웹 브라우저에서 실행되어야 한다. (환경)

6. 시스템 범위

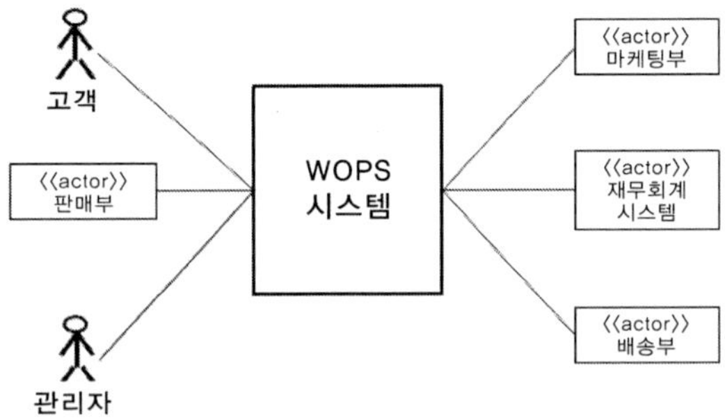

그림 8.2 웹주문처리 시스템(WOPS) 정의서

시스템 개발 범위는 UML의 사용사례 다이어그램이나 배치 다이어그램을 활용하여 정의할 수 있다. [그림 8.2]에서는 사용사례 다이어그램을 통해 개발 범위를 정의 하였다. 사용사례 다이어그램에서 전체 시스템은 하나의 사각형으로 표시되며, 외부에 존재하는 여섯 액터들이 WOPS 시스템과 상호작용하는 것을 보인다. '재무회계 시스템'은 WOPS 시스템과 상호작용하지만, 이번 개발 범위에는 포함되지 않는다.

특히, 기존 시스템에 대한 간단한 유지보수 프로젝트의 경우, 현재 시스템 환경을 파악하여 다이어그램으로 유지보수 범위를 명확하게 정의하는 것이 중요하다. 이를 통해 개발 및 유지보수 범위를 시각적으로 명확하게 표현할 수 있다.

비즈니스 모델

개발 시스템의 문제 영역에 대하여 이해하는 것은 매우 중요하다. 특히, 문제 도메인의 비즈니스(업무) 프로세스에 대하여 이해하지 못한 상태에서 시스템이 성공적으로 개발되기를 기대하는 것은 어렵다. 그러므로 개발 초기 요구 추출 활동에서 개발자는 문제 도메인의 비즈니스를 이해하고 이에 대한 비즈니스 모델을 생성한다. 비즈니스 모델 생성을 위한 효과적인 방법 중 하나는 해당 도메인에서 비즈니스의 작업 흐름을 관찰하는 것이다. 관찰 결과는 UML 활동 다이어그램을 이용하여 표

현한다.[1)]

[그림 8.3]의 (a)는 '주문배송' 비즈니스에 대하여 자연어로 기술된 작업 흐름(프로세스)을 보이며, [그림 8.3]의 (b)는 해당 비즈니스 프로세스를 활동 다이어그램으로 표현한 것이다.

> 배송부에서 주문에 대한 배송 정보 수령시, 배송부 직원은 3개의 배송 명세서를 작성한다. 하나의 명세서는 주문에 따른 구매 정보 수정을 위해 구매부로 보낸다. 다른 하나는 고객 지불 처리를 위해 회계부로 보내며, 다른 하나는 고객이 배송 물품을 받을 수 있도록 고객에게 보낸다. 고객이 지불한 후 회계부는 구매부에게 지불 완료를 고지한다. 고객이 주문 상품을 받은 후 고객은 구매부에 수령 완료를 고지한다. 구매부가 고객으로부터 수령 완료 고지를 받고 회계부로부터 지불 완료 고지를 받은 후 주문은 종결된다.

(a) '주문배송' 비즈니스 프로세스

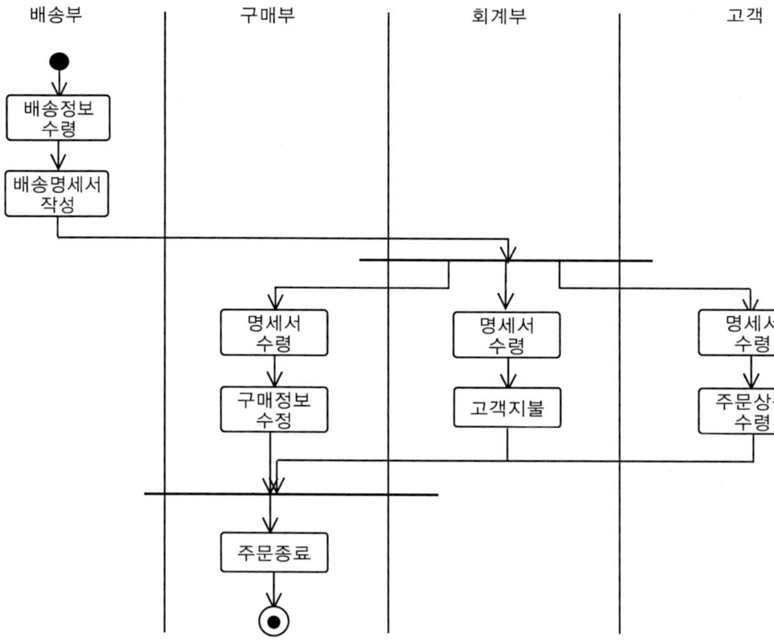

(b) '주문배송' 활동 다이어그램

그림 8.3 '주문배송' 비즈니스 프로세스에 대한 활동 다이어그램

1) 비즈니스 모델링을 위해 표준화된 BPMN(Business Process Model and Notation) 표기법 이용가능

도메인 객체 모델

문제 도메인의 주요 개념 정보를 이해하기 위해 도메인 객체 모델을 생성한다. 도메인 객체 모델은 도메인의 주요 개념인 객체와 객체 사이의 관계를 표현한다. 문제 도메인에 실제로 존재하는 객체들 혹은 실존하지 않은 주요 개념 객체와 그들 사이의 관계를 표현한다. 도메인 객체 모델은 개념 모델 혹은 도메인 모델이라고도 부른다. 도메인 객체 모델은 UML 클래스 다이어그램으로 표현한다. 도메인 객체 모델은 도메인 전문가와 개발자 사이의 팀 미팅을 통해 도메인에 대한 주요 객체와 객체에 대한 일반적인 속성, 그들 사이의 연관 관계를 표현한다. [그림 8.4]는 WOPS 시스템에 대한 도메인 클래스 다이어그램을 보인다.

도메인 객체 모델에서 클래스는 솔루션 영역의 소프트웨어 클래스가 아니라는 점에 주의한다. 보기를 들면 윈도우, 제어, 데이터 접근과 관련된 클래스는 솔루션을 위해 생성되는 클래스이므로 도메인 객체 모델에 포함하지 않는다.

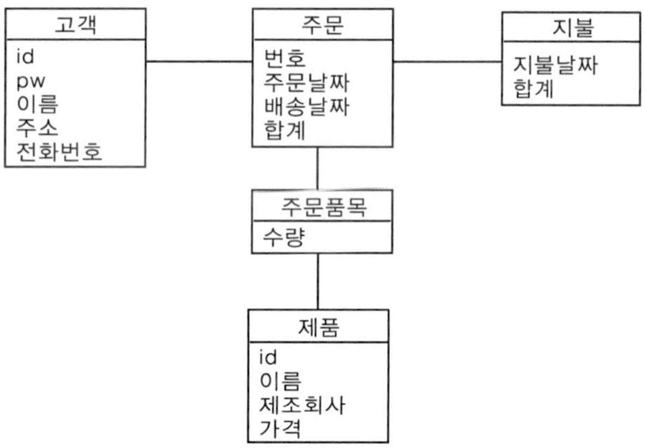

그림 8.4 WOPS 도메인 클래스 다이어그램

도메인 객체 모델은 데이터 모델과 다르다. 데이터 모델은 관계 데이터베이스의 ER 다이어그램과 같이 영구 데이터를 표현한다. 그러나 도메인 객체 모델은 영구적인 데이터 클래스 외에 행위 역할만을 수행하는 클래스 혹은 속성(데이터)이 없는 클래스가 존재할 수 있다.

도메인 객체 모델에 포함된 클래스는 도메인의 주요 개념을 표현하므로 이러한 주요 개념은 용어 사전에 포함하는 것이 필요하다. 도메인 객체 모델과 용어 사전을 작성하는 이유는 도메인에서 사용되는 주요 개념과 어휘에 대한 이해를 통해 도메인에 대한 전반적인 이해를 돕고, 궁극적으로 사용자와 개발자를 포함한 모든 시스템 관계자들 사이에 개발 전반에 이용될 수 있는 일관된 공통 어휘를 제공하기 때문이다.

상위수준 기능 모델

시스템의 기능 요구를 추출하는 것은 매우 중요하다. 기능 요구를 추출(발견)하기 위해 각 액터의 사용사례를 상위 수준에서 간단히 작성한다. 요구 추출 활동은 짧은 기간에 시스템이 무슨 기능을 제공해야 하는지 전체적으로 파악하는 것이 중요하기 때문에 상세한 사용사례 작성을 위해 많은 노력을 기울이지 말고 시스템과 관련되는 모든 액터들을 신속히 파악하여 전체적인 사용사례를 파악하는데 중점을 두고 간단히 기술한다.

사용사례 작성을 위해 가장 효과적인 방법은 시스템의 모든 액터에게 그들이 시스템을 사용하는 목적이 무엇인지 물어보는 것이다. 보기를 들면 WOPS 시스템의 주요 액터인 고객은 시스템을 사용하는 목적 중 하나가 '주문을 생성하기 위해서' 이므로 '주문생성'은 하나의 사용사례가 될 수 있다.

[그림 8.5]는 WOPS 시스템의 주요 액터들과 그들이 시스템을 사용하는 사용사례(목적)를 보인다. 시스템과 상호작용하는 액터들과 그들의 목적은 이미 시스템 정의서에 기술되어 있을 수 있다.

<table>
<tr><th>액터</th><th>사용사례</th><th>액터</th><th>사용사례</th></tr>
<tr><td rowspan="4">고객</td><td rowspan="4">주문생성
제품목록검색
주문갱신
반납처리
제품재고확인
고객확인
고객갱신
고객생성
주문상태확인</td><td>회계부</td><td>거래요약보고서생성</td></tr>
<tr><td>배송부</td><td>주문수행기록
이월주문기록</td></tr>
<tr><td>마케팅부</td><td>고객행위분석보고서생성
할인쿠폰생성</td></tr>
<tr><td rowspan="2">판매부</td><td rowspan="2">카탈로그갱신
카탈로그제작
특별할인생성</td></tr>
<tr><td>관리자</td><td>주문요약보고서생성
고객신용조정
신용조정보고서생성</td></tr>
</table>

그림 8.5 WOPS 액터와 사용사례

모든 액터와 그들의 사용사례를 파악한 후 액터와 시스템이 어떻게 상호작용 하는지에 대한 사용사례를 상위 수준에서 간단히 기술한다. 단지 하나의 사용사례에만 적용되는 비기능 요구가 파악된다면 해당 사용사례에 [그림 8.6]과 같이 함께 기술한다. 일반적으로 시스템 정의서에 기술된 비기능 요구는 시스템 전체에 적용되는 요구이다.

사용사례 이름	주문생성
사용사례 기술	고객은 홈페이지에 로그온하고 주문 양식을 요청한다. 시스템은 제품 목록을 보여주고 고객은 원하는 제품을 주문한다. 시스템은 주문한 총 금액을 보여준다.
제한 조건 (비기능 요구)	주문 양식은 1초안에 생성해야 한다. (성능)

그림 8.6 상위 수준의 '주문생성' 사용사례

사용사례는 XP 프로세스에서 언급한 사용자 이야기와 차이가 있다. 사용사례는 사용자의 전략적인 비즈니스 목적을 성취하기 위해 시스템이 수행해야 하는 기능에 대한 시나리오를 기술한 것이다. 반면에 사용자 이야기는 사용자가 시스템에 요구하는 단순 기능을 기술한 것이다. 보기를 들면 WOPS 시스템의 비즈니스 목적 중 하나는 고객이 주문을 생성하게 하는 것이기 때문에 '주문생성'은 사용사례가 될 수 있다. 그러나 고객이 WOPS 시스템에 요구하는 '회원가입', '로그온', '주문품목추가'와 같은 기능은 고객의 비즈니스 목적이 될 수 없다. 이들은 단지 단순한 기능을 기술한 것이므로 사용자 이야기에 해당한다. 사용사례를 작성하는 것은 정형화된 양식을 사용하여 오랜 시간이 걸리지만 사용자 이야기는 인덱스 카드에 간단히 기술한다. 사용자 이야기는 짧은 기간에 구현하는 것이 가능하기 때문에 결과물에 대한 빈번한 릴리스를 필요로 하고 변화하는 사용자 요구에 대처하기 위한 XP, Scrum과 같은 Agile 방법에서 많이 사용하는 요구 추출 방법이다.

요약

요구 추출은 문제 도메인에 대한 기본적인 이해를 바탕으로 요구를 발견하기 위한 활동이다. 이를 위해 도메인에 대한 정보 소스를 파악하여 효과적으로 요구를 추출하기 위한 방법을 사용하여 정보를 수집한다. 이러한 노력의 결과로써 [그림 9.7]과 같이 비즈니스 모델, 도메인 객체 모델, 상위 수준의 사용사례가 생성된다.

프로젝트 시작 전에 시스템 정의서를 작성한다. 이를 바탕으로 비즈니스 모델과 도메인 객체 모델을 생성한다. 도메인 객체 모델의 주요 개념은 용어 사전에 포함시킨다. 시스템에 대한 요구는 사용사례로 추출한다. 요구 추출 결과에 의해 시스템 개발에 대한 초기 계획을 수립한다.

요구 분석은 요구 추출에서 발견한 기본적인 요구 정보를 바탕으로 도메인에 대한 체계적인 분석을 통해 도메인을 더욱 깊이 이해하고 요구를 정의하는 활동이다. 요구 추출과 요구 분석은 기본적으로 도메인에 대하여 이해하는 활동이므로 두 개의 활동을 명확히 구분하지 않고 요구 분석이라 할 수 있다. 요구 추출 과정에서 생성되는 모든 결과물은 시스템을 요구 관점에서 표현하므로 요구 모델이라 부를 수 있다.

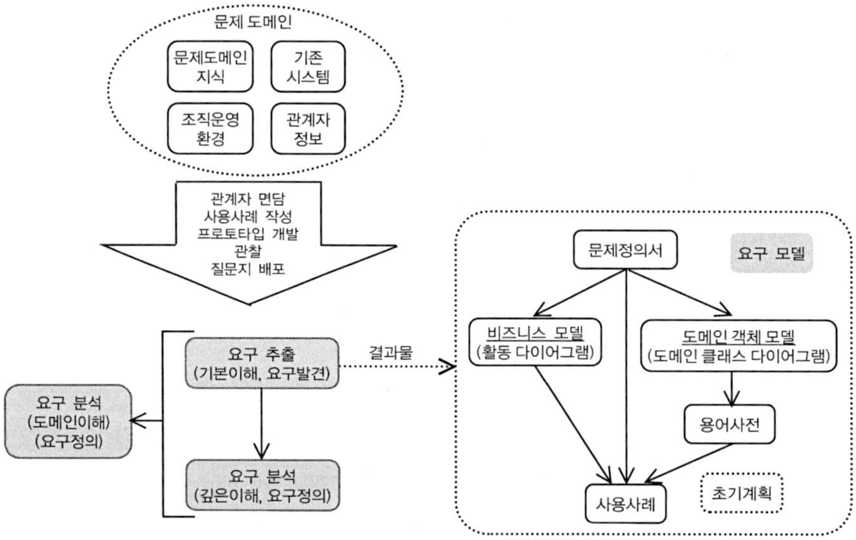

그림 8.7 요구 추출과 요구 모델

8.3 요구 분석

요구 공학 프로세스의 두 번째 단계인 요구 분석은 문제 도메인에 대하여 더욱 깊이 이해하고 사용자가 필요로 하는 요구 사항을 명확히 규명하여 확정하는 것이다. 요구 추출 과정으로부터 생성된 작업 결과물(비즈니스 모델, 도메인 객체 모델, 상위 수준 사용사례)인 요구 모델은 분석을 위한 기초 정보가 된다. 요구 분석의 결과로써 시스템을 3가지 관점(기능, 정적 구조, 동적 행위)에서 분석한 모델들이 생성된다.

8.3.1 기능 관점

기능 관점에서 시스템을 분석하는 것은 시스템의 성공과 실패에 지대한 영향을 미친다. 시스템이 제공해야 하는 기능을 올바르고 정확하게 정의하지 못한다면 최종 시스템은 사용자 요구를 만족하지 못할 가능성이 높다. 요구 추출에서 시스템에 대한 기능 요구는 이미 사용사례로 추출되었다. 분석에서는 이러한 사용사례를 사용사례 다이어그램을 이용하여 표현하고 사용사례를 더욱 상세히 분석하고 정제하여 기술한다.

사용사례를 작성하는 것은 개발자에게 시스템의 사용자가 누구인지, 시스템이 제공해야 하는 기능이 무엇인지, 시스템의 범위가 무엇인지에 대하여 고민하도록 강요한다. 각 사용사례는 해당 사용사례에만 적용되는 비기능 요구를 포함할 수 있다. 특정 사용사례에 적용되는 비기능 요구 이외의 조건은 시스템 전체에 적용되는 비기능 요구에 해당한다. 사용사례에 대한 이해를 돕기 위해 활동 다이어그램을 추가로 작성할 수 있다. 기능 관점에서 분석한 결과물인 사용사례 다이어그램, 사용사례, 활동 다이어그램은 기능 모델 혹은 사용사례 모델이라 부른다. 사용사례 모델은 고객과 개발자 사이의 계약서로 활용될 수 있으며 나머지 개발 활동(설계, 구현, 테스트)에 대한 기초 정보를 제공한다.

사용사례 다이어그램 생성

사용사례 다이어그램을 생성하는 목적은 개발 시스템이 외부 액터들에게 무슨 기능을 제공해야 하는지 전체적으로 파악하는데 도움을 준다. 이에 따라 요구 추출에서 작성된 상위 수준 사용사례들은 외부 액터와 함께 사용사례 다이어그램으로 표현한다. [그림 8.8]은 WOPS 시스템에 대한 사용사례 다이어그램을 보인다.

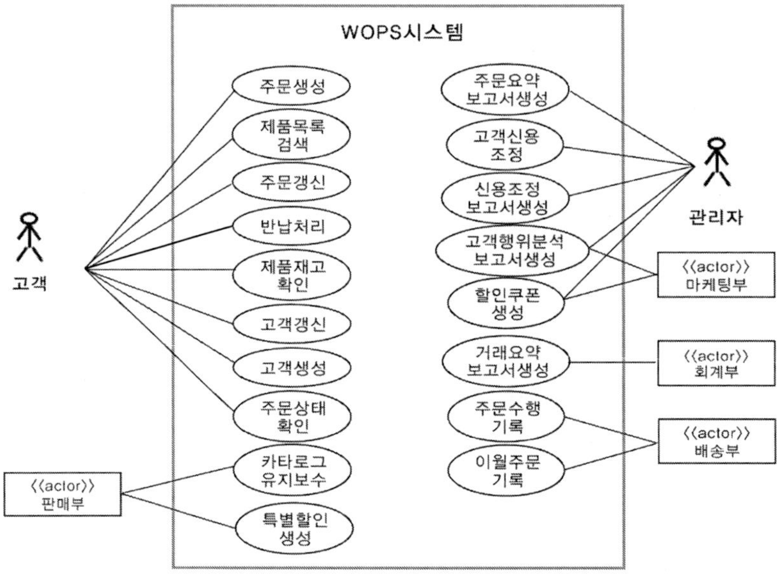

그림 8.8 WOPS 사용사례 다이어그램

사용사례 구조화

용이한 이해, 효율적인 관리를 위해 연관된 사용사례들을 구조화(그룹화) 한다. 사용사례를 구조화하는 2가지 방법이 있다.

첫째, 액터별로 관련 사용사례를 구성하는 것이다. [그림 8.9] (a)는 WOPS 시스템의 액터와 관련된 사용사례 다이어그램을 보인다. 시스템이 수많은 액터와 사용사례를 포함하는 경우에 단지 하나의 사용사례 다이어그램을 생성하는 것은 다이어그램을 매우 복잡하게 하므로 이해를 어렵게 한다. 이런 경우 액터별로 사용사례 다이어그램을 생성하는 것이 더욱 효과적이다.

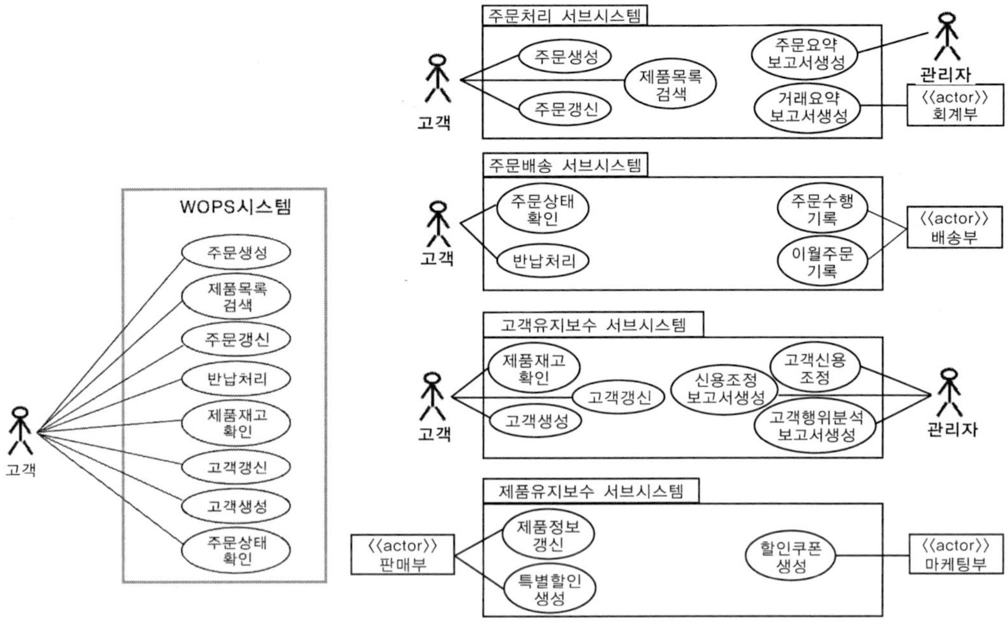

(a) 액터별 사용사례　　　　(b) 기능별 사용사례

그림 8.9 사용사례 구성 방법

둘째, 기능별로 사용사례를 서브 시스템으로 그룹(패키지)화하는 것이다. [그림 8.9] (b)는 관련 기능별로 그룹화하여 구성한 사용사례 다이어그램을 보인다. 기능별로 묶여진 사용사례들은 서브 시스템이 된다. 각 서브 시스템에 포함된 사용사례들은 개발팀에 의해 독립적으로 개발될 수 있다. WOPS 사용사례들은 '주문처리', '주문배송', '고객유지보수', '제품유지보수' 서브 시스템으로 그룹화하였고, 서브 시스템은 패키지 다이어그램을 이용하여 표현하였다.

사용사례 다이어그램 정제

사용사례 사이의 관계를 이용하여 사용사례 다이어그램을 정제한다. 다이어그램을 정제하는 것은 다이어그램에 대한 이해와 사용사례에 대한 유지보수를 용이하게 한다. 특정 사용사례가 여러 사용사례에 공통으로 이용된다면 독립적인 사용사례로 만들어 공유하도록 한다. [그림 8.10]에서 '주문처리'와 관련된 4개의 사용사례들은 공통적으로 사용자에 대한 확인 과정을 포함한다. 이런 경우 사용자 확인을 위한 공통 시나리오를 독립적인 '사용자확인' 사용사례로 만들고 다른 사용사례들은 '사용자확인' 사용사례를 이용한다면 다이어그램은 더욱 구조화되고 간결해질 수 있다.

마찬가지로 '제품목록검색' 사용사례는 '주문생성'과 '주문갱신' 사용사례에 공통으로 이용되므로 독립적인 사용사례로 작성하여 공유한다. '사용자확인' 사용사례는 외부 액터에 의해 직접적으로 연관되는 사용사례가 아니라 내부적으로만 이용되는 사용사례라는 점에 주목한다. '제품목록검색' 사용사례는 외부 액터인 '고객'과 상호작용하는 사용사례이다. '주문생성' 사용사례에서 새로운 고객인 경우에 '고객등록' 사용사례를 선택적으로 포함한다는 것을 알 수 있다.

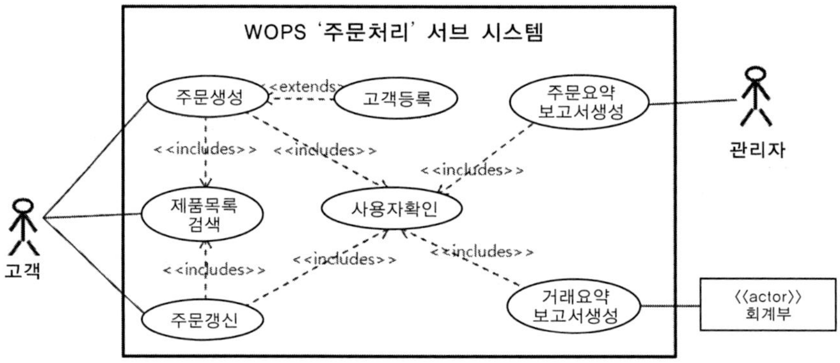

그림 8.10 WOPS 사용사례 다이어그램 정제 보기

사용사례 상세 기술

요구 추출에서 작성한 상위수준 사용사례를 상세히 기술한다. [그림 8.11]은 WOPS 시스템의 '주문생성' 사용사례에 대하여 상세히 기술한 보기를 보인다.

사용사례	주문생성
주액터	고객
이해 관계자	판매부: 정확한 주문입력과 지불처리 배송부: 주문 배송에 필요한 정확한 정보확인 마케팅부: 고객의 주문 패턴 연구를 위한 자료수집
전조건	고객 인증
후조건	주문정보 기록, 재고정보 갱신
정상 시나리오	1. 고객은 홈페이지를 방문하고 주문요청 페이지에 링크 후 로그온 한다. ('사용자확인' 사용사례 호출) 2. 시스템은 제품 목록을 보인다. ('제품목록검색' 사용사례 호출) 3. 고객은 새로운 주문을 요청한다. 4. 시스템은 새로운 주문(쇼핑카트)을 생성한다. 5. 고객은 선택한 제품을 주문에 포함하는 것을 요청한다. 6. 시스템은 사용자가 선택한 제품을 주문에 포함한다. 주문이 완성될 때까지 5~6을 반복한다. 7. 고객은 주문을 종료한다. 8. 시스템은 주문 품목들과 함께 총합계를 표시한다.
확장	1a 새로운 고객이면 '고객등록' 사용사례 호출 5a 제품에 대한 재고가 없는 경우 이월주문에 포함한다.

그림 8.11 WOPS '주문생성' 사용사례 상세 기술 보기

텍스트로 기술한 사용사례 시나리오는 용이한 이해를 위해 활동 다이어그램을 추가로 생성할 수 있다. 텍스트로 기술한 사용사례 시나리오를 그래픽 활동 다이어그램으로 표현하는 것은 시나리오의 작업 흐름에 대한 이해를 더욱 용이하게 한다. 복잡한 사용사례의 경우 사용사례에 대한 텍스트 기술과 함께 그래픽 활동 다이어그램을 작성할 수 있다. [그림 8.12]는 '주문생성' 사용사례의 정상 시나리오에 대한 활동 다이어그램을 보인다.

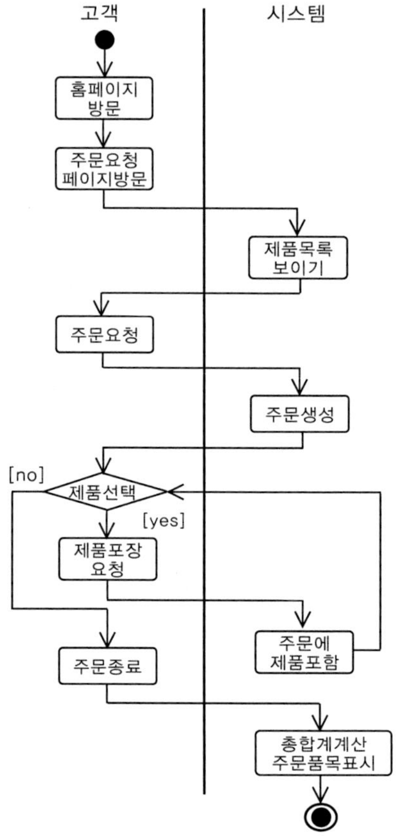

그림 8.12 WOPS '주문생성' 사용사례 정상 시나리오에 대한 활동 다이어그램

8.3.2 정적 구조 관점

기능 관점 외에 정적 구조 관점에서 시스템을 분석함으로써 문제 도메인에 대하여 더욱 깊이 이해할 수 있다. 요구 추출 과정에서 이미 파악된 도메인 객체 모델을 더욱 정제하여 분석 객체 모델을 생성한다. 도메인 객체 모델과 분석 객체 모델은 클래스 다이어그램으로 표현한다. 이러한 객체 모델들을 개발하기 위해 도움을 줄 수 있는 2가지(구문 분석, 분석 패턴) 방법이 있다. 이러한 방법들은 요구 추출 활동에서 생성된 도메인 객체 모델은 물론 요구 분석 활동에서 생성되는 분석 객체 모델을 위해 적용할 수 있다.

구문 분석 방법

구문 분석 방법은 도메인의 문서 정보로부터 객체 모델을 생성하는 것이다. 이러한 문서들은 도메인에 대한 유용한 정보를 포함한다. 도메인 정보에 관한 수많은 문서 중에 텍스트로 작성된 사용사례 시나리오는 도메인 객체를 발견하기에 적절한 정보 소스가 된다. 사용사례 시나리오로부터 파악한 명사나 명사구는 도메인에 존재하는 주요 개념이나 개념에 대한 속성을 표현할 수 있다. 구문 분석 방법에 의해 객체 모델을 생성하는 절차는 다음과 같다.

> 1) 사용사례로부터 명사에 의한 후보 클래스 파악
> 2) 부적절한 클래스 제거
> 3) 클래스 사이의 관계 파악
> 4) 속성 파악
> 5) 클래스 다이어그램 작성

1) 명사에 의한 후보 클래스 파악

[그림 8.13]은 '판매처리' 사용사례에 대한 정상 시나리오를 보인다. 시나리오에서 밑줄로 표시한 명사들은 객체 모델에 대한 후보 클래스나 후보 속성이 될 수 있다.

> 1. **고객**은 구매 **제품**과 함께 **계산대**에 도착한다.
> 2. **판매원**은 새로운 **판매**를 시작하고 **제품번호**를 입력한다.
> 3. **시스템**은 제품 **이름**, **가격**, 현재까지의 총 **합계**를 보인다.
>   판매원은 모든 제품이 처리될 때까지 2~3번을 반복한다.
> 4. 시스템은 **세금**을 포함한 총 합계를 보인다.
> 5. 고객은 총 합계를 **지불**한다.
> 6. 시스템은 모든 판매 정보를 **재고관리** 시스템에게 보낸다.
> 7. 시스템은 **영수증**을 프린트한다.
> 8. 고객은 영수증과 구매한 제품을 갖고 떠난다.

그림 8.13 '판매처리' 정상 시나리오에서 후보 클래스 혹은 속성

2) 부적절한 클래스 제거

후보 클래스들 중에 부적절한 클래스를 제거한다. 다음은 부적절한 클래스 제거에

대한 가이드라인을 보인다.

- 특정 클래스를 묘사하는 명사는 속성에 해당한다. '이름', '가격', '번호'는 '제품' 클래스를 묘사하므로 '제품' 클래스에 대한 속성이 되는 것이 적절하다.
- 2개의 클래스가 동일 개념을 표현한다면 하나를 제거한다. 비행기 예약 시스템에서 '고객'과 '승객' 클래스는 같은 개념이므로, 더욱 정확한 의미를 갖는 '승객'을 클래스로 선택하고 '고객'은 제거한다.
- 도메인과 무관하거나 명확하지 않은 클래스를 제거한다. '시스템'은 범위가 너무 넓어 적절한 클래스가 아니다.

3) 클래스 사이의 관계 파악

문제 도메인에서 클래스 사이에 자연스런 관계가 존재할 수 있다. '직장인은 부서에서 일한다'에서 '직장인'과 '부서' 클래스 사이에 '일하다'라는 관계가 존재한다. 구문 분석 방법에 의해 명사가 후보 클래스에 해당하듯이 클래스 사이의 관계는 일반적으로 동사에 해당한다. '판매처리' 시나리오의 2번에서 '판매원은 새로운 판매를 시작하고'에서 '시작' 동사는 '판매원'과 '판매' 클래스 사이에 연관 관계가 존재할 수 있다는 것을 의미한다.

4) 속성 파악

객체의 데이터를 표현하는 속성은 일반적으로 명사에 해당한다. 자연어에서 명사는 클래스나 속성에 대한 잠재적인 후보가 된다. 특정 명사를 묘사하는 명사는 클래스보다는 속성에 해당한다. 명사가 클래스인지 속성인지 파악하는 방법 중 하나는 복잡한 도메인 개념이 아닌 기본적인 데이터 타입에 해당하는 명사는 속성에 해당한다. 보기를 들면, '판매'나 '고객'은 다양한 데이터를 포함할 수 있기 때문에 단순한 데이터 타입이 아니다. 반면에 '이름', '가격'과 같은 명사는 문자열이나 숫자로 구성된 단순 데이터 타입이므로 속성이 된다.

5) 클래스 다이어그램 작성

자연어는 근본적으로 부정확하고 명확하지 않기 때문에 구문 분석 방법에 의해 객체 모델을 생성하는 것은 한계를 갖는다. 구문 분석 방법 외에 도메인에 대한 기본 지식을 활용하거나 유사 문제 도메인에서 이미 개발된 객체 모델을 패턴으로 만들어 놓은 분석 패턴을 적용하는 것이 효과적일 수 있다.

[그림 8.14]는 '판매처리' 사용사례로부터 구문 분석 방법과 분석 패턴을 적용하여 생성한 분석 클래스 다이어그램이다. '고객', '제품', '판매', '계산대', '판매원', '지불' 클래스는 사용사례의 명사를 파악함으로써 발견된 클래스이며, '송장', '가게' 클래스는 판매 관리 시스템과 유사한 문제 도메인에서 이미 개발된 분석 패턴을 적용하여 발견된 클래스이다.

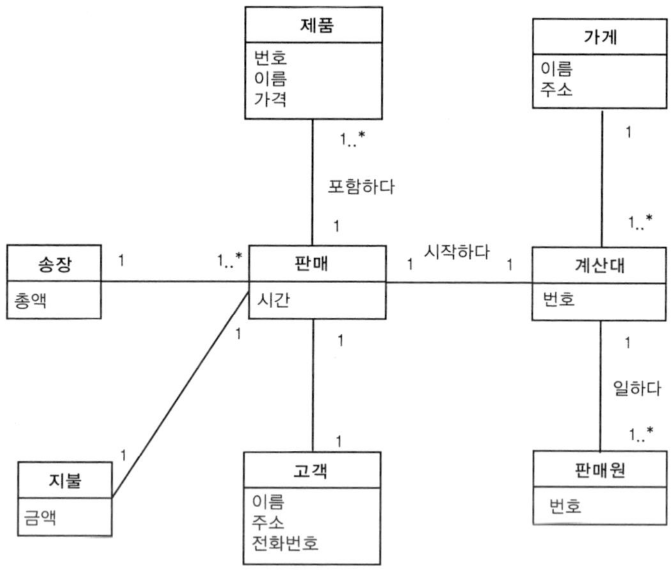

그림 8.14 분석 클래스 다이어그램 보기

분석 패턴

패턴의 일반적인 정의는 '공통적으로 발생하는 문제에 대한 솔루션'을 의미한다. 이렇게 정의된 패턴은 미래의 유사 문제에 대하여 재사용할 수 있다. 소프트웨어 개발의 분석 활동에서 공통으로 발생하는 문제에 적용할 수 있는 솔루션을 분석 패턴(analysis pattern)이라 한다. 이와 유사하게 설계 활동에서 공통으로 발생하는 문제에 적용할 수 있는 솔루션을 설계 패턴(design pattern)이라 한다. 설계 패턴은 13장에서 자세히 언급한다.

유사 문제 도메인에 공통으로 재사용될 수 있는 분석 패턴들이 존재한다. 분석 패턴은 유사 도메인에 존재하는 클래스와 클래스 사이의 관계 구조를 표현한다. 분석 패턴을 적용하는 것은 이미 개발된 분석 객체 모델을 재사용하여 현재 문제 도메인의 개념과 개념 사이의 관계를 파악하는데 도움을 줄 수 있다. [그림 8.15]는 [Tegarden 2013]에서 발췌한 다양한 도메인에 대한 분석 패턴들을 보인다.

비즈니스 도메인	패턴 참조
Accounting	③, ④
Actor–Role	②
Assembly–Part	①
Container–Content	①
Contract	②, ④
Document	②, ④
Employment	②, ④
Financial Derivative Contracts	③
Geographic Location	②, ④
Group Member	①
Interaction	①
Material Requirements Planning	④
Organization and Party	②, ③
Plan	①, ③
Process Manufacturing	④
Trading	③
Transactions	①, ④

① Peter Cord, David North, and Mark Mayfield, "Object Models: Strategies, Patterns, and Applications", 2nd ed. Prentice Hall, 1997.

② Hans–Erik Erikson and Magnus Penker, "Business Modeling with UML: Business Patterns at Work", New–York: Wiely, 2000.

③ Martin Fowler, "Analysis Patterns: Reusable Object Models, Addison Wesley, 1997.

④ David C. Hay, "Data Model Patterns: Conventions of Thought", New York, Dorset House, 1996.

그림 8.15 분석 패턴 목록

상속, 집합, 다중성 파악

개발 초기 요구 추출에서 연관 이외의 상속, 집합, 다중성과 같은 상세 정보를 발견하기 위해 노력하는 것은 불필요하다. 개발 초기에 작성된 도메인 객체 모델은 개발이 진행되면서 문제 도메인에 대한 이해가 깊어짐에 따라 상세 정보를 추가하여 분석 객체 모델로 정제된다. [그림 8.16]은 WOPS 도메인 클래스 다이어그램을 정제한 분석 클래스 다이어그램을 보인다. 해석은 다음과 같다.

- 한 고객은 여러 주문을 할 수 있고 주문을 하지 않을 수도 있다.
- 한 주문은 최소한 하나 이상의 주문 품목으로 구성된다.
- 한 주문 품목은 배송과 관련될 수 있고 (재고가 없는 경우) 관련되지 않을 수 있다. 하나의 배송은 반드시 한 개 이상의 주문 품목과 관련된다.
- 한 주문 품목은 반드시 한 개의 제품과 관련된다.
- 한 주문 품목은 하나 이상의 지불과 관련되며, 신용카드, 현금, 상품권으로 지불할 수 있다.

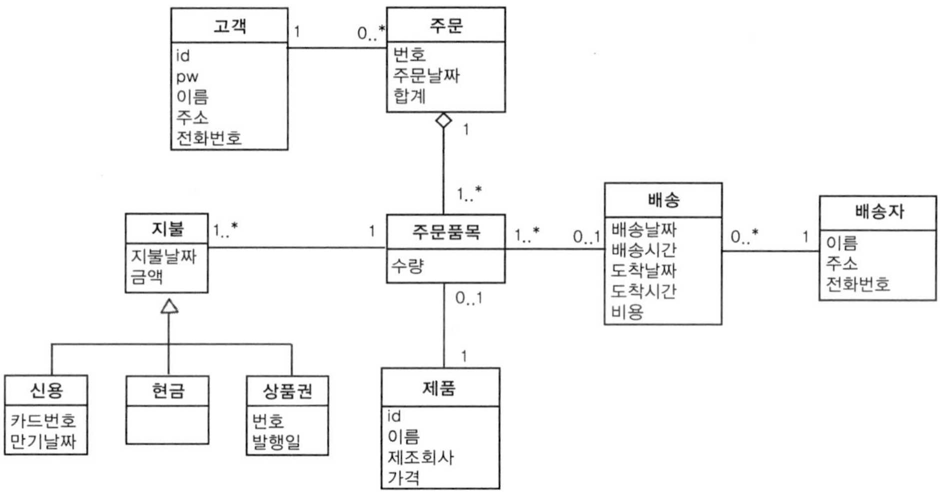

그림 8.16 WOPS 분석 클래스 다이어그램

8.3.3 동적 행위 관점

문제 도메인을 더욱 완전히 이해하기 위해 기능 관점과 정적 관점 외에 동적 행위 관점에서 시스템을 분석하는 것이 필요하다. 분석에서 시스템의 동적 행위는 시스템과 외부 액터 사이의 상호작용을 표현하기 위한 순서 다이어그램과 특정 객체의 복잡한 상태 변화를 표현하기 위한한 상태기계 다이어그램을 이용한다. 동적 행위 관점에 대한 분석 결과인 순서 다이어그램과 상태기계 다이어그램은 시스템의 동적 행위 모델을 구성한다.

시스템 순서 다이어그램 생성

시스템 순서 다이어그램(SSD: System Sequence Diagram)은 외부 액터와 시스템 사이의 입출력 메시지 정보를 보이는 최상위 순서 다이어그램이다. 시스템 순서 다이어그램은 시스템 내부 객체 사이의 상호작용은 기술하지 않는다. 사용사례 시나리오는 외부 액터와 시스템 사이의 작업 흐름을 기술하지만 그들 사이의 입출력 메시지를 보이지는 않는다. 그러므로 외부 액터와 시스템 사이의 입출력 메시지를 명확히 표현하는 시스템 순서 다이어그램을 작성한다. 결국, 분석에서 작성된 시스템 순서 다이어그램의 입출력 메시지는 설계 활동의 순서 다이어그램 작성을 위한 기초 정보가 된다.

[그림 9.17]은 WOPS 시스템의 '주문생성' 시나리오에 대한 SSD를 보인다. SSD는 '고객' 액터와 '시스템' 객체 사이의 입출력 메시지를 보인다. '고객'은 3개의 메시지('주문생성', '주문품목추가', '주문종료')를 시스템에게 요청한다. 이들 메시지는 매개변수를 통해 입력 정보('고객ID', '제품ID', '수량')를 시스템에 전달한다. 시스템은 2개의 출력 정보('주문품목정보', '총합계')를 '고객'에게 전달한다. 일반적으로 각 사용사례에 대하여 하나의 SSD를 생성한다.

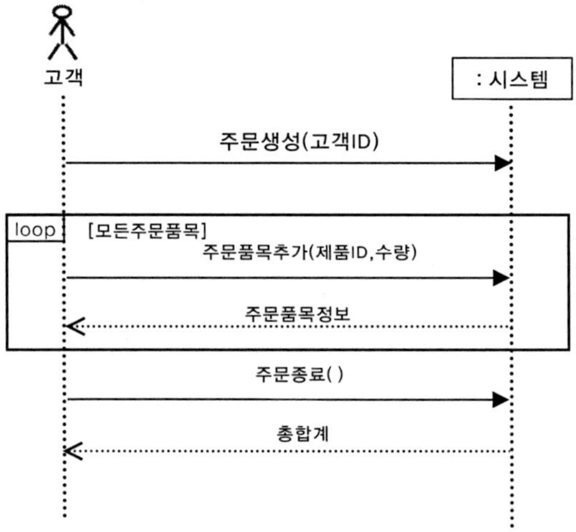

'주문생성' 정상 시나리오

1. 고객은 홈페이지를 방문하고 주문요청 페이지에 링크 후 로그온 한다. ('사용자확인' 사용사례 호출)
2. 시스템은 제품 목록을 보인다. ('제품목록검색' 사용사례 호출)
3. 고객은 새로운 주문을 요청한다. –〉 주문생성(고객 ID)
4. 시스템은 새로운 주문(쇼핑카트)을 생성한다.
5. 고객은 선택한 제품을 주문에 포함하는 것을 요청한다. –〉 주문품목추가(제품ID, 수량)
6. 시스템은 사용자가 선택한 제품을 주문에 포함한다. 〈– 주문품목정보
   주문이 완성될 때까지 5~6을 반복한다.
7. 고객은 주문을 종료한다. –〉 주문종료( )
8. 시스템은 주문 품목들과 함께 총합계를 표시한다. 〈– 총합계

그림 8.17 WOPS '주문생성' 정상 시나리오에 대한 시스템 순서 다이어그램

상태기계 다이어그램 생성

특정 객체에 대한 상태 변화가 복잡하다면 이에 대한 이해를 돕기 위해 상태기계 다이어그램을 작성한다. 문제 도메인에서 '주문품목' 객체는 대부분의 액터들에게 중요한 다양한 상태 정보를 가질 수 있다. 고객은 자신의 주문 품목에 대한 배송 상태를 알기 원하며, 관리자는 고객이 주문에 대하여 지불했는지 확인하기를 원한다. 이런 경우 고객의 '주문품목' 객체에 대한 상태를 명확히 이해하고 표현하기 위해 상태기계 다이어그램을 이용한다.

[그림 8.18]은 '주문품목' 객체에 대한 상태기계 다이어그램을 보인다. '주문품목' 객체는 4개의 상태를 갖는다. 고객이 주문 품목을 추가했을 때 '추가' 상태로 전이한다. 추가한 주문 품목에 대하여 지불 이벤트가 발생했을 때 '배송준비' 상태로 전이한다. 주문 품목에 대한 재고가 없을 때 매수 주문을 내고 '이월' 상태로 전이한다. '이월' 상태에 있는 품목이 도착했다면 '배송준비' 상태로 전이한다. 주문 품목을 배송 했다면 '배송완수' 상태로 전이한다. 배송 정보를 저장했다면 '주문품목' 객체는 시스템에서 제거된다.

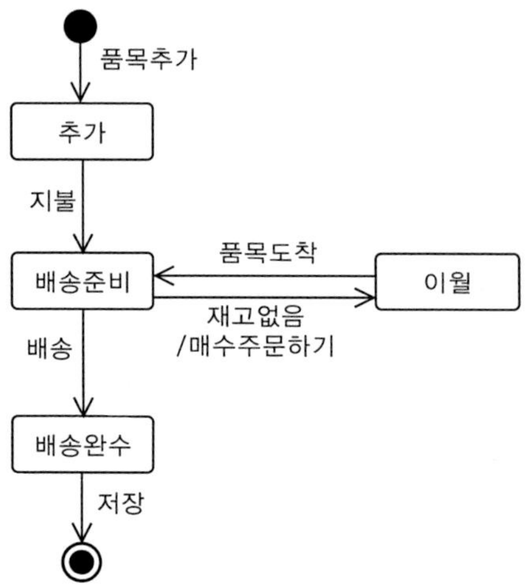

그림 8.18 '주문품목' 객체에 대한 상태기계 다이어그램

8.4 요약

요구 분석은 요구 추출 과정의 결과물에 대한 정제를 통해 문제 도메인에 대하여 깊이 이해하는 활동이다. 문제 도메인에 대하여 보다 정확하고 명확한 이해를 위해 시스템을 3가지 관점에서 분석하여 다양한 모델들을 생성한다. 사용사례(기능) 모델은 시스템의 기능을 표현하기 위해 사용사례 다이어그램과 사용사례에 대한 텍스트 문서를 포함한다. 사용사례 모델은 사용사례에 대한 이해를 돕기 위해 활동 다이어그램을 생성할 수 있다. 정적 구조 모델은 요구 추출에서 생성한 도메인 객체 모델을 정제하고 구조화한 것이다. 정적 구조 모델은 요구 추출에서 생성한 도메인 객체 모델을 정제한 분석 객체 모델을 포함한다. 효과적인 개발을 위해 관련 사용사례들의 그룹화를 위해 패키지 다이어그램을 이용할 수 있다. 동적 행위 모델은 시스템과 액터 사이의 입출력 메시지를 보이기 위해 최상위 수준의 순서 다이어그램인 시스템 순서 다이어그램을 생성한다. 문제 도메인 객체의 복잡한 상태 변화를 이해하기 위해 상태기계 다이어그램을 이용할 수 있다. 요구 분석 결과에 의해 시스템 개발에 대한 기본 계획을 수립한다. 요구 분석에서 기본 계획은 요구 추출에서 수립된 초기 계획보다 구체적이고 안정적이다.

객체지향 분석에서 3가지 관점에 의한 분석은 한 번에 완성되는 것이 아니라 요구 추출 활동과 함께 반복 수행되어 조금씩 정제된다. 분석에 의해 문제 도메인에 대한 이해가 깊어질수록 요구 추출에서 생성한 모델들은 수정되며 수정 결과는 분석에도 영향을 미친다. 이런 과정은 반복되어 조금씩 정제된다. 분석에서 3가지 관점을 표현하는 모델들은 독립적으로 존재하는 것이 아니라 상호 연관된다. 보기를 들면 시스템의 정적 구조와 동적 행위 관점에서 분석한 결과에 따라 기능 관점에서 생략되었거나 잘못된 요구는 수정될 수 있다. 분석 클래스 다이어그램은 시스템의 분석 클래스 객체들을 표현하므로 분석 객체 모델이라 부른다. 요구 분석 과정에서 생성되는 모든 결과물은 시스템을 분석 관점에서 표현하므로 분석 모델이라 부를 수 있다.

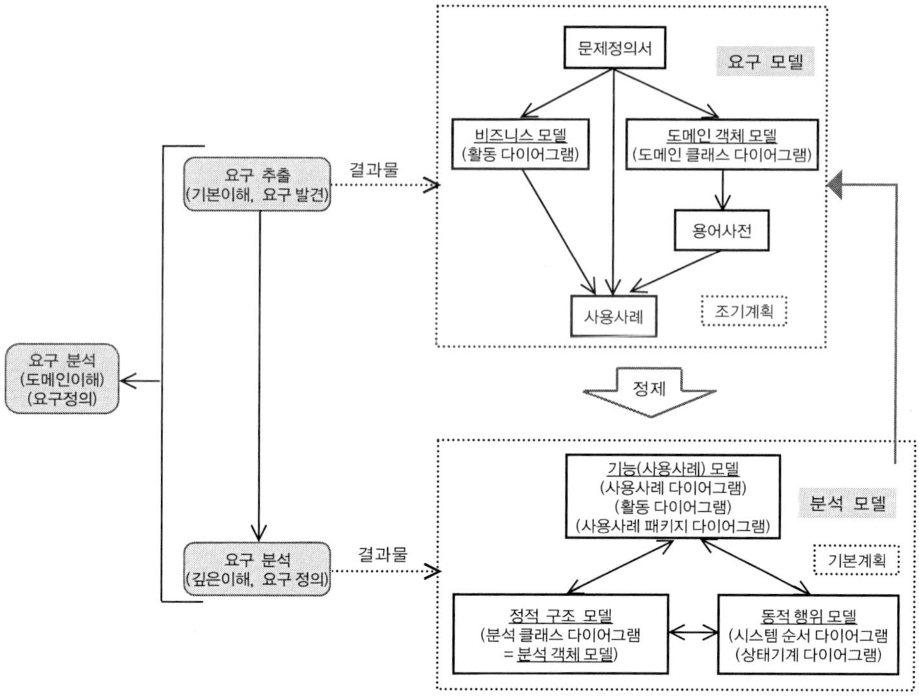

그림 8.19 요구 분석과 분석 모델

연 습 문 제

8.1. 다음은 객체 모델링을 위한 구문 분석 방법에 대한 내용이다. 괄호에 적절한 단어를 적어라.

> 구문 분석 방법은 도메인에 대한 문서 정보로부터 객체 모델 생성을 돕는 효과적인 방법이다. 자연어로 작성된 사용사례 시나리오의 문장을 분석하여 문장에 포함된 동사는 (①)에 해당될 수 있으며, 명사는 (②) 혹은 (③)의 후보가 될 수 있다.

8.2. 다음은 객체지향 개발 과정에서 요구 추출과 요구 분석 활동에서 생성되는 모델들과 다이어그램에 대한 문제이다. 괄호에 적절한 용어를 적어라.

> 요구 추출 활동에서 수행하는 주요 작업은 비즈니스 모델과 (①) 모델을 생성하는 것이다. 이러한 모델들을 생성하기 위해 각각 활동 다이어그램과 (②) 다이어그램을 이용한다.
> 요구 분석 활동에서는 시스템을 기능, 구조, 행위 관점에서 분석한다. 기능 관점에서 분석할 때 주요 작업은 사용사례 모델을 생성하는 것이다. 사용사례 모델은 (③) 모델이라 하며, 해당 모델을 생성하기 위해 (④) 다이어그램을 이용한다. 구조 관점에서 분석할 때 주요 작업은 정적구조 모델을 생성하는 것이다. 정적구조 모델은 (⑤) 모델이라 하며 해당 모델을 생성하기 위해 이용되는 주요 다이어그램은 (⑥) 다이어그램이다. 행위 관점에서 분석할 때 주요 작업은 동적행위 모델을 생성하는 것이며 해당 모델을 생성하기 위해 이용되는 주요 다이어그램은 (⑦) 다이어그램이다.

8.3. 다음 비즈니스 프로세스에 대한 활동 다이어그램을 그려라. 구획면을 포함하고 시작/최종 노드는 생략하라.

> 1. '고객서비스'에서 주문을 받는다.
> 2. '물품보관소'에서 주문을 수행하고 '고객서비스'에서 송장을 발송한다. 주문 수행과 송장 발송은 병행 수행될 수 있다.
> 3. '고객서비스'는 주문 수행과 송장 발송이 끝나면 주문을 완료한다.

8.4. 객체지향 분석 활동은 기능, 정적구조, 동적행위 모델을 생성한다. 각 모델을 생성하기 위한 여러 세부 작업 중 하나를 구체적으로 기술하고, 해당 작업을 수행하기 위해 이용되는 다이어그램을 하나만 적어라.

8.5. 객체지향 시스템 개발에서 수행하는 작업들 중에 요구 추출 활동에서 수행하는 5개의 작업을 다음 보기에서 선택하라.

① 분석 객체모델 생성	② 비즈니스 모델 생성	③ 요구 명세서(SRS) 생성
④ 기능(사용사례) 모델 생성	⑤ 설계 클래스 구조화	⑥ 시스템 아키텍처 모델 생성
⑦ 상위수준 사용사례 작성	⑧ 연산 알고리즘 결정	⑨ 문제(시스템) 정의서 작성
⑩ 사용사례 실현 모델 생성	⑪ 설계 객체모델 생성	⑫ 도메인의 정보 소스 파악
⑬ 도메인 객체 모델 생성	⑭ 사용사례 구조화	⑮ 사용사례 시나리오 작성

PART 03

설계 활동

CHAPTER

09 설계 개요

9.1 소개

분석 활동은 사용자 요구가 무엇(what)인지 깊이 이해하고 파악하여 정의하는 활동이고, 설계 활동은 이러한 요구를 어떻게(how) 만족시킬 것인가에 대한 해결 방안(솔루션)을 찾고 구체적으로 정의하는 활동이다. 분석의 결과물인 소프트웨어 요구명세서(SRS)에 포함되는 분석 모델들은 설계를 위한 기초 자료가 된다. 개발 시스템의 플랫폼을 고려하지 않은 분석 모델을 논리적(logical) 모델이라 하고, 실질적으로 구현될 플랫폼을 고려하는 설계 모델은 물리적(physical) 모델이라 한다. 설계는 논리적 모델을 물리석 모델로 변형하는 활동이며 사용자의 비기능 요구를 고려하는 것이 필요하다.

[그림 9.1]은 분석과 설계의 차이를 보인다.

분석	설계
구현 플랫폼에 독립적인 논리적(개념적) 모델 생성	구현 플랫폼에 의존하는 물리적 모델 생성
문제 도메인과 사용자 요구에 대한 이해에 중점	분석된 요구를 만족하기 위한 기술적인 솔루션에 중점
기능 요구 파악에 중점	기능 요구 실현과 비기능 요구를 반영한 솔루션에 중점
문제 도메인이나 비즈니스 프로세스를 표현하는 분석 모델 개발	시스템의 솔루션을 표현하는 설계 모델 개발
요구 검증을 위해 사용자 포함	사용자 포함 불필요

그림 9.1 분석 vs. 설계

현대의 시스템들은 매우 복잡하기 때문에 전체 시스템을 한 번에 설계하기 어렵다. 설계 활동은 다음과 같이 5가지 세부 작업으로 분류할 수 있다.

◎ 시스템 아키텍처 설계

시스템의 구성 요소인 하드웨어, 소프트웨어, 네트워크를 파악하고 각 구성 요소 사이의 상호작용(통신 프로토콜, 데이터 교환 방식)과 전체적인 시스템 운영 환경에 대한 아키텍처(구조)를 정의한다. 시스템 아키텍처 설계는 아래에서 언급하는 상위수준 소프트웨어 아키텍처 설계를 포함한다.

◎ 소프트웨어 아키텍처 설계

소프트웨어에 대한 전반적인 아키텍처를 정의한다. 소프트웨어 아키텍처 설계는 다음과 같이 상위수준 설계와 하위수준 설계로 구분할 수 있다.

- 상위수준 소프트웨어 아키텍처 설계 : 소프트웨어를 상위 수준에서 책임과 역할에 따라 여러 계층으로 나누어 설계한다. 소프트웨어의 기본 골격을 정의하는 작업이다. 이 작업에서 아키텍처 패턴(보기 : 3계층, MVC, 브로커)을 적용할 수 있다.

- 하위수준 소프트웨어 아키텍처 설계 : 소프트웨어를 구성하는 주요 요소인 모듈(클래스, 함수)들로 분해하고, 이들 사이의 관계와 상호작용을 정의한다. 이 작업에서 특정 설계 방법(구조적 설계 방법, 객체지향 설계 방법)을 적용할 수 있다.

◎ 상세 설계

함수 혹은 메소드 내부의 알고리즘을 설계한다.

◎ 데이터 설계

데이터 모델링을 수행하여 논리적 데이터 모델 및 물리적 데이터 모델을 설계한다.

◎ 사용자 인터페이스 설계

사용자가 시스템을 효과적으로 사용할 수 있도록 사용성을 고려하여 사용자와 시스템 사이의 인터페이스를 설계한다.

설계는 분석 활동에서 생성된 다양한 다이어그램들과 관련 정보에 기초하여 실질적인 구현 플랫폼을 고려하여 작업을 수행한다. [그림 9.2]는 분석 방법의 결과물들과 설계 작업 사이의 관계를 보인다. 분석 결과물 중에 정적 구조 모델은 시스템 아키텍처 설계와 소프트웨어 아키텍처 설계를 위한 기본 정보를 제공한다. 기능 모델과 동적 행위 모델은 소프트웨어 아키텍처 설계와 상세 설계를 위한 기본 정보를 제공한다.

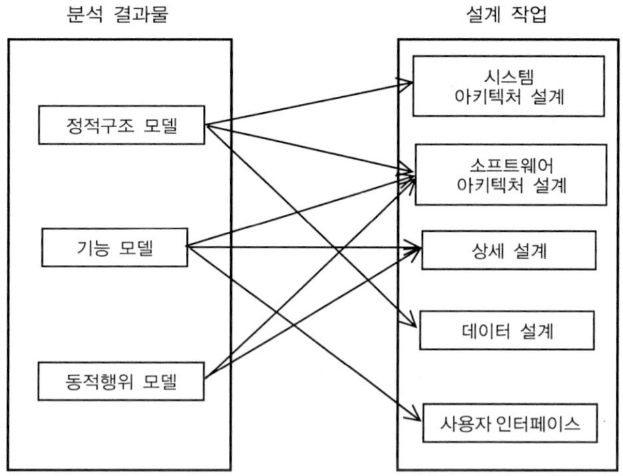

그림 9.2 분석 결과물과 설계 작업 사이의 관계

다음은 IEEE Std 용어 사전에서 설계에 대한 정의를 보인다.

- 소프트웨어 설계는 문제 해결 과정이며 소프트웨어 솔루션을 위해 계획하는 것이다. 소프트웨어의 목적과 명세가 결정된 후, 소프트웨어 개발자는 솔루션을 개발하기 위해 설계하거나 설계자를 고용한다. 설계는 구조적인 관점과 함께 낮은 수준의 컴포넌트와 알고리즘에 대한 구현 문제를 포함한다.
  (Software design is a process of problem-solving and planning for a software solution. After the purpose and specifications of software are determined, software developers will design or employ designers to develop a plan for a solution. It includes low-level component and algorithm implementation issues as well as the architectural view.)
- 설계는 시스템의 구조나 컴포넌트, 인터페이스에 대한 정의(결정)는 물론 시스템의 다른 특징을 정의하는 과정이다.
  (Design is the process of defining the architecture, components, interfaces, and other characteristics of a system)

본 서적은 데이터 설계와 사용자 인터페이스 설계에 대하여 언급하지 않는다. 데이터 설계에 대한 내용은 컴퓨터 전공 과목 중 하나인 데이터베이스나 데이터 구조에서 상세히 다루어지며, 사용자 인터페이스 설계는 인지 과학과 관련된 분야에서 다루어진다. 특히, 사용자 인터페이스 설계는 설계 활동에 포함되기 보다는 분석 활동에 포함되는 작업이다. 개발 초기 사용자 요구를 명확히 파악하기 위해 그래픽 사용자 인터페이스를 포함한 프로토타입 제작은 개발 초기에 수행되는 것이 일반적이며 이는 분석 활동에 해당한다.

개발자가 설계 활동에서 첫 번째로 수행해야 하는 작업은 시스템의 전체적인 아키텍처를 설계하는 것이다. 시스템 아키텍처는 소프트웨어 아키텍처 설계를 포함하여 다른 모든 설계 작업에 지대한 영향을 미친다.

9.2 설계 원리

다음은 적용되는 설계 방법(구조적 설계 방법, 객체지향 설계 방법)과 관계 없이 모든 설계 방법들이 공통적으로 언급하는 설계의 기본 원리에 대하여 언급한다.

추상화

추상화(abstraction)는 복잡한 문제를 이해하기 위한 주요 개념 중 하나이며 일반화(generalization)라고도 부른다. 추상화를 통해 중요하지 않은 세부적인 것들을 배제하고 주요 문제에 집중하여 문제의 핵심과 본질을 쉽게 파악할 수 있다. 추상의 의미는 개별적인 사물이나 구체적인 개념으로부터 공통적인 요소를 뽑아내어 일반적인 개념으로 파악하여 이름을 부여하는 능력이다. 보기를 들면 폭포수 모델의 6개 활동은 프로젝트 개발 과정에서 수행하는 수많은 세부 작업들 사이에서 유사 관련 작업들을 일반화하여 계획, 분석, 설계, 구현, 테스트, 유지보수와 같은 이름을 부여한 것으로 생각할 수 있다. 다음은 추상화에 대한 정의를 보인다.

- 주어진 문제나 시스템 중에서 구체적인 사항은 생략하고 핵심적인 부분만을 분리하여 간결하고 이해하기 쉽게 만드는 작업 (정보통신 용어사전)
- 어떤 개체에 대하여 특별한 목적과 관련되는 정보에만 집중하고 나머지 정보는 무시하는 것.
  (A view of an object that focuses on the information relevant to a particular purpose and ignores the remainder of the information) (IEEE Std 용어사전)"

결국, 추상화는 시스템 설계시 낮은 수준에서의 불필요한 세부적인 것들을 감추고 더욱 높은 수준에서 설계하는 원리이다. 추상화는 절차 추상화와 자료 추상화가 있다.

절차 추상화

기능 추상화라고도 부르는 절차 추상화(procedural abstraction)는 어떤 기능을 수행하기 위해 필요한 일련의 절차(알고리즘)를 묶어 절차와 관련된 의미 있는 이름을 부여하는 것이다. 추상화 결과는 이름을 부여한 모듈(함수, 메소드)이 된다. 보기를 들면 [그림 9.3] (a)는 문으로 걷고, 손잡이를 당기고, 손잡이를 돌리고, 문을 당기는 일련의 절차를 묶어 '열기(open)'라는 이름을 부여한 절차 추상화에 대한 보기이다. [그림 9.3] (b)는 첫 번째 정수에서 두 번째 정수까지 합계를 구하는 C 프로그램 알고리즘에 대하여 'sum'이라는 이름을 부여한 절차 추상화 보기를 보인다.

현대의 프로그램 언어는 절차 추상화를 구현하는 방법을 지원한다. 보기를 들면 C 언어의 함수, 자바에서 메소드를 통해 절차 추상화 개념을 지원한다.

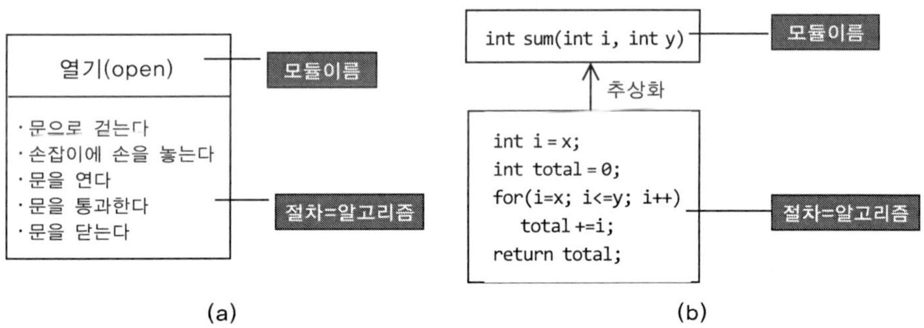

그림 9.3 절차 추상화

자료 추상화

자료 추상화(data abstraction)는 관련 자료를 묶은 것으로 추상화 결과는 연관되는 자료를 포괄적으로 의미하는 자료 개체가 된다. 연관되는 자료는 자료 개체를 묘사하는 특징이 된다. [그림 9.4] (a)는 제조회사, 무게, 길이, 타입 자료를 묶어 '문(door)'이라는 이름의 자료 개체로 추상화한 보기를 보인다. 각 자료는 '문' 개체에 대한 특징이 된다.

현대의 프로그램 언어는 자료 추상화를 구현하는 방법을 지원한다. 보기를 들면 [그림 9.4] (b)에서 C의 구조체(struct) 문과 [그림 9.4] (c)에서 자바의 클래스(class) 문은 자료 추상화 개념을 지원한다.

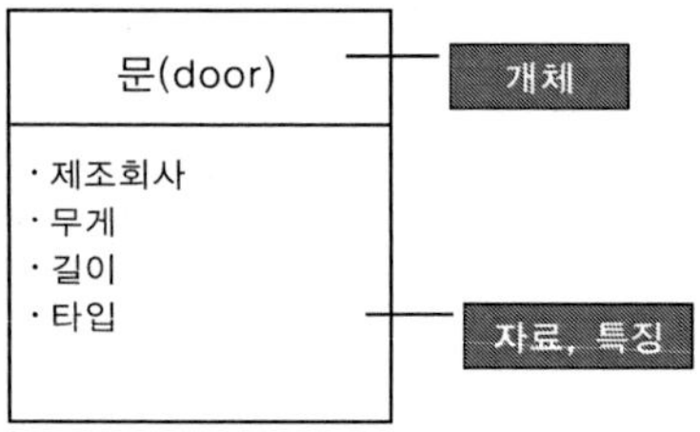

(a)

```
struct person {
  char name[20];
  char phone[20]
  int age;
};
```

(b)

```
class Point {
  int x, y;
  void setPosition(int x, int y);
  void move(int x, int y);
  void show( );
}
```

(c)

그림 9.4 자료 추상화

단계적 정제

단계적 정제(stepwise refinement)는 하향식 설계 방법으로 복잡한 문제를 점진적으로 세부적인 수준으로 나누어 설계하는 것이다. 문제 해결을 위해 최상위 추상화 수준인 상위수준 소프트웨어 아키텍처로부터 시작하여 단계적으로 정제하여 최하위 수준까지 분할하는 것이다. 앞서 언급한 추상화와 단계적 정제는 상호 보완적인 개념이다. 추상화는 설계자가 하위의 상세한 정보를 무시하고 절차와 자료를 명세 하지만, 단계적 정제는 추상화와 반대로 설계를 진행하면서 일반화된 높은 수준에서 구체화된 낮은 수준으로 상세한 정보를 보이는 것이다. [그림 9.5]에서 '열기' 모듈에 대한 절차 중에 '문을 연다'의 세부 수행 절차는 다음 단계에서 정제된다.

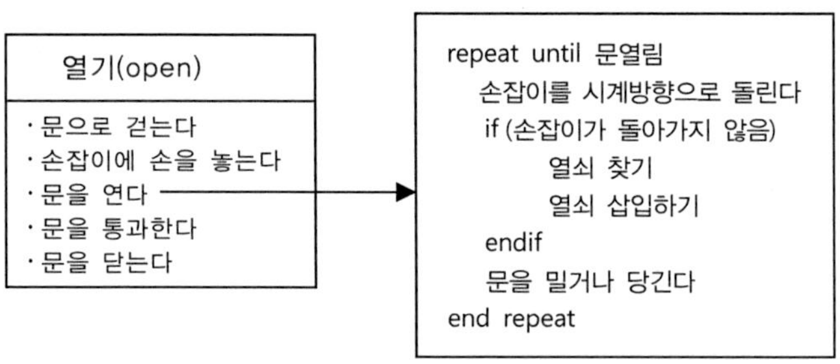

그림 9.5 단계적 정제

모듈화

모듈화(modularity)는 시스템을 독립적인 단일 기능을 갖는 작은 요소(모듈)로 분리하여 설계하는 원리이다. 모듈화 설계는 복잡한 문제를 작은 요소로 나누면 문제 해결 및 관리를 더욱 용이하게 할 수 있으며, 재사용과 유지보수를 용이하게 한다. 모듈은 구조적 프로그래밍 언어인 C에서 함수, 객체지향 프로그래밍 언어인 자바에서 메소드나 클래스가 될 수 있으며 더욱 넓은 범위에서 모듈은 서브 시스템이 될 수 있다.

모듈의 크기를 어떻게 결정할 것인가에 대한 문제가 있다. [그림 9.6]은 설계에서 모듈에 대한 최적의 수와 통합 비용 사이의 문제를 설명한다. 소프트웨어를 아주 작게 분할하여 작은 크기의 모듈들로 설계를 하면 재사용의 가능성은 높아질 수 있고 모듈 개발 비용은 감소한다. 그러나 전체 모듈 수는 증가하며 이들을 통합하는 비용은 상대적으로 증가하여 전체 개발 비용은 높아질 수 있다. 반면 모듈 수를 적게 하면 모듈 통합 비용은 감소한다. 그러나 모듈의 크기가 커져 재사용 가능성은 낮아지고 모듈 개발 비용이 지나치게 증가하여 전체 개발 비용은 상승할 수 있다. 그러므로 설계할 때 최적의 모듈 수를 고려하는 것이 필요하다. 극단적인 경우 전체 프로그램을 하나의 모듈로 정의하면 모듈 통합 비용은 무시할 정도가 되지만 재사용과 유지보수는 어렵고 모듈 개발 비용은 전체 개발 비용이 되므로 이러한 설계는 전혀 의미를 갖지 못할 것이다.

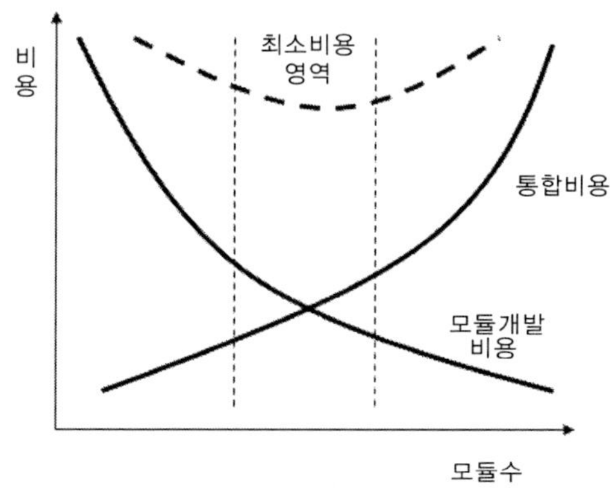

그림 9.6 모듈 설계와 모듈 최적의 수 관계

구조적 분해

구조적 분해(Structured Partitioning)는 시스템을 모듈로 분해하여 역할에 따라 계층 구조로 설계하는 원리이다. 일반적으로 거대한 기업용 시스템들은 [그림 9-7]과 같이 사용자 인터페이스, 비즈니스 로직, 데이터 접근 역할을 수행하는 모듈들을 묶어 3계층 구조로 설계한다. 구조적 분해에 의한 설계는 확장성, 재사용성, 유지보수성을 높인다.

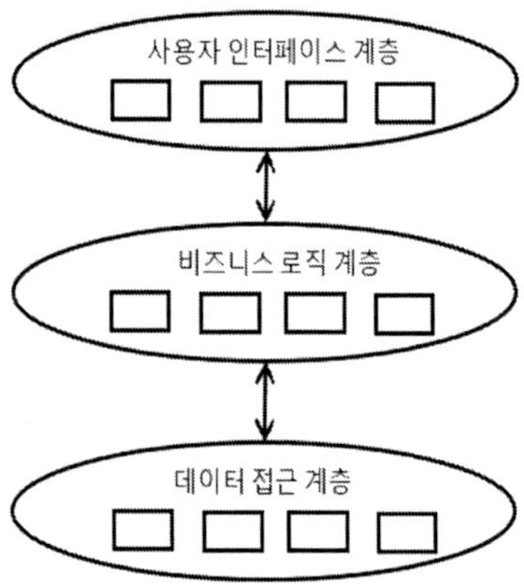

그림 9.7 구조적 분해

9.3 설계 명세

설계 명세를 위한 다양한 다이어그램들이 존재한다. 다음은 시스템 아키텍처 설계, 소프트웨어 아키텍처 설계, 상세 설계 명세를 위한 다이어그램을 보인다.

시스템 아키텍처 설계 명세

시스템 아키텍처를 위해 UML 배치 다이어그램을 이용한다.

- 배치 다이어그램(Deployment Diagram): UML 다이어그램
  시스템의 실행 환경에서 소프트웨어와 하드웨어가 어떻게 배치되는가에 대한 구조 표현

소프트웨어 아키텍처 설계 명세

소프트웨어 아키텍처를 표현하기 위해 소프트웨어의 주요 모듈들을 파악하고 그들 사이의 상호 연결 구조를 표현한다. 다음은 소프트웨어 아키텍처를 명세하기 위해 이용할 수 있는 표기법을 보인다.

- 구조 설계어 (ADL: Architectural Design Language)
  컴포넌트 연결에 의해 소프트웨어 구조를 표현하기 위한 텍스트 기반의 형식 언어

- 개체 관계도 (ERD: Entity Relationship Diagram)
  정보 시스템의 데이터 구조를 표현

- 인터페이스 기술 언어 (IDL: Interface Description Language)
  컴포넌트 사이의 인터페이스를 정의하기 위한 프로그래밍언어와 유사한 언어

- 잭슨 구조도 (JSD: Jackson Structure Diagram)
  데이터 구조를 표현

- 구조도 (SC: Structure Chart)
  프로그램의 호출 구조를 표현

- 클래스와 객체 다이어그램 (Class and Object Diagram): UML 다이어그램
  클래스나 객체 사이의 관계를 표현

- 컴포넌트 다이어그램 (Component Diagram): UML 다이어그램
  컴포넌트와 컴포넌트 사이의 관계를 표현

- 패키지 다이어그램 (Package Diagram): UML 다이어그램
  소프트웨어의 논리적인 그룹 분리와 분리된 그룹 사이의 의존 관계 표현

상세 설계 명세

모듈의 상세 알고리즘을 명세하기 위해 주로 그래픽이나 텍스트 기반의 표기법을 이용한다. 다음은 상세 설계 명세를 위해 이용할 수 있는 표기법을 보인다.

◎ 흐름도 (Flowchart)

프로그램의 제어 흐름과 수행되는 행위 표현

◎ 정형 명세어 (Formal Specification Language)

수학적인 개념을 이용하는 텍스트 기반 명세 언어

◎ 프로그램 설계어 (PDL: Program Design Language)

프로그래밍 언어와 유사한 언어. 슈도코드 혹은 구조적 영어라고도 한다.

◎ 순서 다이어그램 (Sequence Diagram): UML 다이어그램

객체 사이의 상호작용을 시간에 의한 메시지 통신으로 표현

◎ 활동 다이어그램 (Activity Diagram): UML 다이어그램

활동에 대한 제어 흐름을 표현

9.4 설계 방법

대부분의 설계 방법들은 하위수준 소프트웨어 아키텍처를 설계하는 방법을 제안한다. 이들 중에 가장 대표적인 설계 방법은 구조적 설계 방법과 객체지향 설계 방법이다.

◎ 구조적 설계 방법

기능 중심 설계 방법이라고도 부르는 구조적 설계 방법은 고전적인 설계 방법 중 하나이며, 시스템의 기능을 중심으로 하향식으로 분할하고 정제하여 설계하는 방법이다. 구조적 설계 방법은 구조적 분석 방법을 수행한 후 적용하는 것이 효과적이다.

◎ 객체지향 설계 방법

객체지향 설계 방법은 기능과 자료를 캡슐화한 객체와 객체 사이의 관계를 중심으로 설계하는 방법이다. 객체지향 설계 방법은 객체지향 분석 방법을 수행한 후 적용하는 것이 효과적이다.

연 습 문 제

9.1. 다음 중 소프트웨어 설계의 대상이 아닌 것은?

① 컴포넌트 ② 데이터 ③ 프로젝트 범위 ④ 소프트웨어 구조

9.2. 상세 설계에서 수행하는 주요 작업 내용은?

① 소프트웨어 시스템의 개념에 대한 정의와 실현 가능성의 확인
② 시스템 개발 계획 및 요구 기능의 정의
③ 프로그램의 제어구조, 자료구조, 알고리즘 구성
④ 각 프로그램에 대한 코딩 및 부분 테스트

9.3. 다음 중 소프트웨어 아키텍처를 표현하기 위해 사용하는 표기법으로 가장 거리가 먼 것은?

① 클래스 다이어그램 ② 흐름도 ③ 개체 관계도 ④ 구조도

9.4. 소프트웨어 설계에서 사용되는 대표적인 추상화 기법으로 가장 거리가 먼 것은?

① 절차 추상화 ② 기능 추상화 ③ 정보은닉 추상화 ④ 자료 추상화

9.5. 다음 중 추상화 설계에 대한 내용으로 가장 거리가 먼 것은?

① 상세한 것을 배제하고 주요 문제에만 집중하는 설계 방법이다.
② 일련의 절차들을 결합하여 의미 있는 이름을 부여한다.
③ C에서 구조체 개념은 절차 추상화의 보기이다.
④ 자바의 클래스 개념은 데이터 추상화의 보기이다.

9.6. 아키텍처(구조) 설계에 대한 설명 중 가장 거리가 먼 것은?

① 상세 설계와 비교하여 상위수준의 설계를 의미한다.
② 소프트웨어 아키텍처와 시스템 아키텍처 설계로 분류할 수 있다.
③ 모듈에 대한 알고리즘을 정의한다.
④ 시스템이나 소프트웨어의 구성 요소들 사이의 관계를 정의한다.

9.7. 다음 중 설계에 대한 설명으로 거리가 먼 것을 3개 선택하라.

① 요구 만족을 위한 기술 솔루션에 중점
② 구현 플랫폼에 독립적인 논리적 모델 생성
③ 비기능 요구를 반영하는데 중점
④ 문제 도메인에 대한 이해에 중점
⑤ 검증을 위해 사용자 포함
⑥ 소프트웨어 요구 명세서(SRS) 이용

9.8. 시스템의 논리적 모델과 물리적 모델의 차이를 설명하라. 당신의 설명에 '플랫폼', '분석', '설계' 용어를 포함하라.

9.9. 다음 분석과 설계에 대한 내용 중 가장 거리가 먼 것을 3개 선택하라.

① 분석은 검증을 위해 사용자를 포함시킨다.
② 분석에서 생성되는 모델을 논리적 모델이라 부른다.
③ 설계는 사용자의 기능 요구 파악에 중점을 둔다.
④ 설계는 구현될 플랫폼을 고려하여 작성한다.
⑤ 설계 모델은 문제 도메인에 대한 비즈니스 프로세스를 표현한다.
⑥ 분석은 논리적 모델을 물리적 모델로 변형하는 활동이다.

CHAPTER

10 시스템 아키텍처 설계

10.1 소개

IEEE는 시스템 아키텍처 설계를 다음과 같이 정의하였다.

> 컴퓨터 시스템 개발을 위한 하부 구조를 수립하기 위해 하드웨어와 소프트웨어 컴포넌트들을 정의하고 이러한 컴포넌트들의 인터페이스를 정의하는 프로세스.
> (The process of defining a collection of hardware and software components and their interfaces to establish the framework for the development of a computer system)

시스템의 전체적인 운영 환경에 대한 구조를 정의하는 시스템 아키텍처 설계는 설계 활동에서 수행하기 보다 개발 초기 분석 활동에서 수행한다. 개발 초기에 시스템 아키텍처를 정의하는 것은 이후 분석과 여러 설계 작업 수행에 많은 영향을 미친다.

구조적 설계 방법이든 객체지향 설계 방법이든 모든 설계 방법들이 제시하는 방법들은 소프트웨어 아키텍처 설계에 대한 방법들이다. 시스템 아키텍처 설계에 대한 구체적인 방법을 제시하지는 않는다. 그러므로 본 서적은 널리 알려진 다양한 시스템 아키텍처 패턴들의 특징과 장단점에 대하여 언급하며, 이들에 대한 이해는 궁극적으로 개발 시스템의 아키텍처 설계에 도움을 줄 것이다.

10.2 시스템 아키텍처 패턴

복잡한 시스템들은 다음에 열거하는 시스템 아키텍처 패턴들 중 하나 이상을 적용하여 개발된다. 이러한 아키텍처 패턴들의 특징을 이해하는 것은 개발자가 어떤 아키텍처를 적용하여 시스템을 개발할 것인지 결정하는데 도움을 줄 것이다.

- 메인 프레임 아키텍처
- 계층 아키텍처
- 클라이언트-서버 아키텍처
- 분산 객체 아키텍처
- 웹 서비스 아키텍처

메인 프레임 아키텍처

메인 프레임(mainframe) 아키텍처는 강력한 능력을 갖는 한 대의 메인 컴퓨터를 중심으로 한정된 능력을 갖는 외부 장치(터미널)를 연결하는 구조이다. 메인 프레임 컴퓨터는 내부적으로 다수의 CPU를 가지며 거대한 데이터 저장 능력과 강력한 처리 능력을 갖는다. 메인 프레임 아키텍처의 가장 큰 장점은 단순한 구조이다. 하나의 메인 프레임 컴퓨터에 배치되는 소프트웨어는 다른 시스템과 복잡한 상호작용이 필요 없다. 사용자는 입출력 기능만 수행하는 터미널(단말기)을 통해 메인 프레임에 접속하며, 실질적인 처리는 메인 프레임에서 수행한다. 은행의 ATM 단말기를 통한 거래 처리 시스템은 메인 프레임 아키텍처를 적용한 보기일 수 있다.

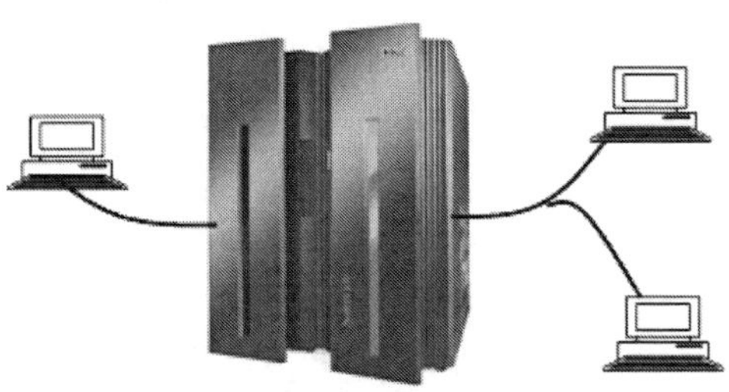

그림 10.1 메인 프레임 아키텍처

계층 아키텍처

계층(layered) 아키텍처는 소프트웨어를 역할과 책임에 따라 독립적인 계층으로 구성하는 것이다. 상위 계층으로 갈수록 추상화 수준은 높아지며, 하위 계층은 상위 계층이 이용할 수 있는 서비스 제공 컴포넌트로 구성한다. 기본적으로 계층 아키텍처에서 특정 계층의 컴포넌트들은 해당 계층 바로 아래 계층의 서비스만을 이용할 수 있다. [그림 10.2]는 네트워크 통신을 위한 표준화된 계층 아키텍처인 OSI 모델을 보인다. OSI 모델은 네트워크 프로토콜을 특정한 역할을 수행하는 7개의 계층으로 나누어 정의하여 네트워크 장치 간의 데이터 통신이 표준화된 방식으로 이루어질 수 있도록 한다.

계층	역할(책임)
7계층 응용 계층 (Application Layer)	네트워크 애플리케이션과 사용자 사이의 상호작용 (HTTP, FTP, SMTP)
6계층 표현 계층 (Presentation Layer)	데이터 형식과 표현 변환, 데이터 암호화, 압축, 변환 수행
5계층 세션 계층 (Session Layer)	통신 세션 설정, 관리, 종료
4계층 전송 계층 (Transport Layer)	데이터 전송 품질 관리 (TCP)
3계층 네트워크 계층 (Network Layer)	데이터를 목적지까지 라우팅, IP 주소를 기반으로 데이터 패킷 전송 (IP)
2계층 데이터 링크 계층 (Data Link Layer)	물리 계층에서 전달된 비트를 프레임 단위로 조직화
1계층 물리 계층 (Physical Layer)	물리적 매체를 통해 비트 단위로 데이터 전송

전송매체(광케이블, 광섬유)

그림 10.2 계층 아키텍처

클라이언트-서버 아키텍처

클라이언트-서버(client-server) 아키텍처는 시스템을 구성하는 컴포넌트들을 서버가 제공하는 서비스 컴포넌트들과 이러한 서비스를 이용하는 클라이언트 컴포넌트들의 집합으로 구분하는 구조이다. 클라이언트는 서버 이름(도메인이름 혹은 IP주소)과 제공 서비스(http, ftp, smtp)를 알아야만 한다. 서버의 대표적인 보기로는 프린트 서버, 파일 서버, e-메일 서버, 웹 서버, DB 서버, 애플리케이션 서버가 있다.

클라이언트-서버 아키텍처의 전형적인 보기는 웹 아키텍처이다. 웹 아키텍처에서 클라이언트는 웹 브라우저를 탑재한 컴퓨터에 해당하며, 서버는 Apache, IIS와 같은 웹 서버 소프트웨어를 탑재한 컴퓨터를 의미한다. 웹 자원들(웹 문서, 이미지, 오디오 파일)은 웹 서버 컴퓨터에 존재하며 클라이언트와 서버 사이의 통신은 TCP/IP 기반의 HTTP 웹 통신 프로토콜을 이용한다.

클라이언트-서버 아키텍처에서 티어(tier)와 계층(layer)을 구분하여 이해하는 것이 필요하다. 계층은 역할에 따라 논리적으로 소프트웨어를 분리하는 것이며, 티어는 역할에 따라 물리적으로 하드웨어(컴퓨터)를 구분하는 것이다.

소프트웨어는 다양한 장점들 때문에 계층으로 분리하여 개발된다. 가장 전형적인 계층 구조는 사용자 인터페이스, 응용 처리, 데이터 접근 계층으로 구성되는 3-계층 구조이다. 사용자 인터페이스 계층은 사용자로부터 데이터를 입력 받고 출력 결과를 보여주는 컴포넌트들로 구성되며, 응용처리 계층은 도메인의 업무 처리를 위한 제어 혹은 연산을 수행하는 컴포넌트들로 구성된다. 데이터 접근 계층은 데이터베이스와 상호작용을 수행하는 컴포넌트들로 구성된다. 소프트웨어를 3-계층 구조로 개발하는 이유는 높은 응집력과 낮은 결합력을 통해 유지보수와 재사용이 용이한 시스템 개발을 가능하게 하기 때문이다. 소프트웨어 계층은 티어에 기초하여 배치될 수 있다. 이에 따라 다양한 아키텍처 설계가 가능하다. 가장 단순한 구조는 1-티어 3-계층 구조로써 모든 3-계층 컴포넌트들을 단일 컴퓨터에 배치하는 구조이다.

가장 전형적인 클라이언트-서버 구조인 2-티어 3-계층 구조는 [그림 10.3]과 같이 얇은 클라이언트 구조와 두꺼운 클라이언트 구조로 분류될 수 있다.

얇은 클라이언트(thin-client) 구조

응용 처리와 데이터 접근 계층은 서버에 배치하며, 클라이언트에는 단순히 사용자와 상호작용하는 인터페이스 계층을 배치하는 구조이다. 사용자 인터페이스는 사용자의 입출력에 대한 간단한 처리를 수행한다. 주요 계층이 서버에 존재하므로 소프트웨어의 유지보수가 간단하다. 그러나 수많은 클라이언트로부터 요청하는 서비스를 처리하기 위해 서버는 강력해야 하며 처리 결과는 네트워크를 통해 제공되므로 서버와 네트워크에 많은 부하가 있다.

◎ 두꺼운 클라이언트(fat-client) 구조

서버는 데이터 관리만 책임이 있고 클라이언트에 사용자 인터페이스 계층과 응용 처리 계층을 배치하는 구조이다. 앞서 언급한 메인 프레임 아키텍처에 기초한 ATM 시스템과 다르게 두꺼운 클라이언트 아키텍처에 기초하여 ATM 시스템을 개발한다면 은행 본점의 데이터베이스 서버에 고객의 계좌 정보 접근을 위한 계층을 배치하고, 클라이언트에 해당하는 ATM 기계에 사용자와 상호작용을 비롯하여 거래 처리까지 담당하는 계층을 배치한다. 두꺼운 클라이언트 구조는 얇은 클라이언트 구조에 비해 서버와 네트워크에 대한 부하가 적지만 주요 계층인 응용처리 계층이 클라이언트에 분산되므로 유지보수가 어렵다.

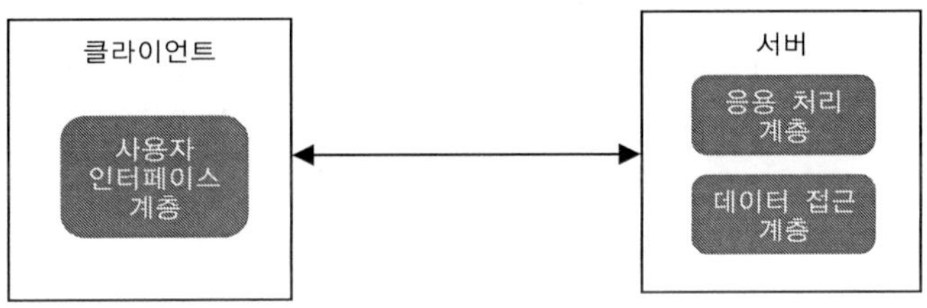

(a) 얇은 클라이언트 구조

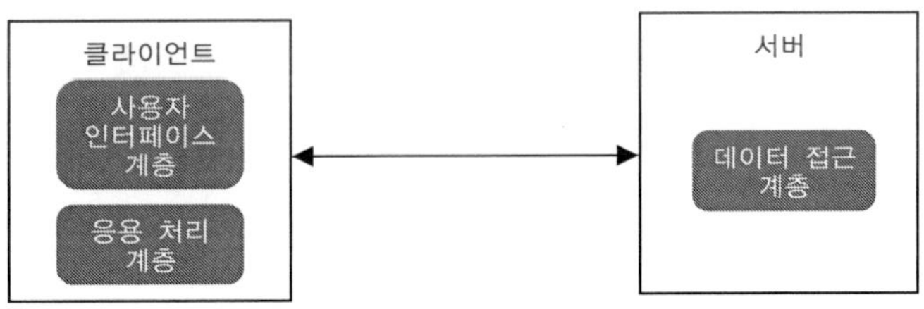

(b) 두꺼운 클라이언트 구조

그림 10.3 2-티어 3-계층 클라이언트-서버 구조

[그림 10.4]는 3-티어 3-계층 클라이언트-서버 구조이다. 사용자 인터페이스, 응용 처리, 데이터 접근 계층은 서로 다른 역할을 수행하는 컴퓨터에 배치한다.

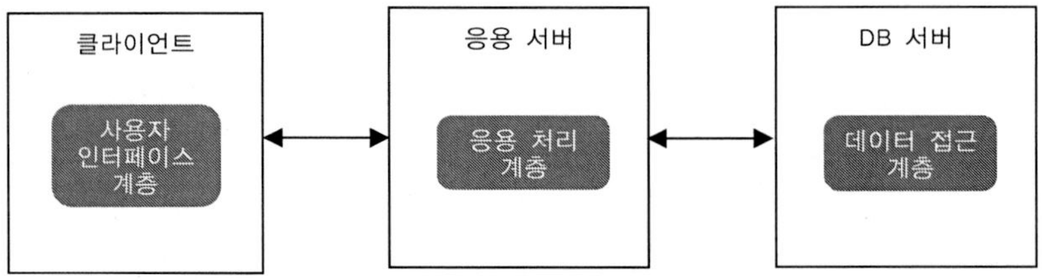

그림 10.4 3-티어 3-계층 클라이언트-서버 구조

3-티어 3-계층 구조의 대표적인 보기는 [그림 10.5]에 보이는 인터넷 뱅킹 시스템이다. 고객 계좌 접근 계층은 데이터베이스 서버 컴퓨터에 배치하고, 사용자 인터페이스 계층은 웹 서버 컴퓨터에 배치하고, 은행 거래 관련 주요 비즈니스 로직 계층은 응용 서버 컴퓨터에 배치한다. 웹 시스템에서 웹 브라우저를 탑재한 클라이언트 컴퓨터는 티어에 포함하지 않는다.

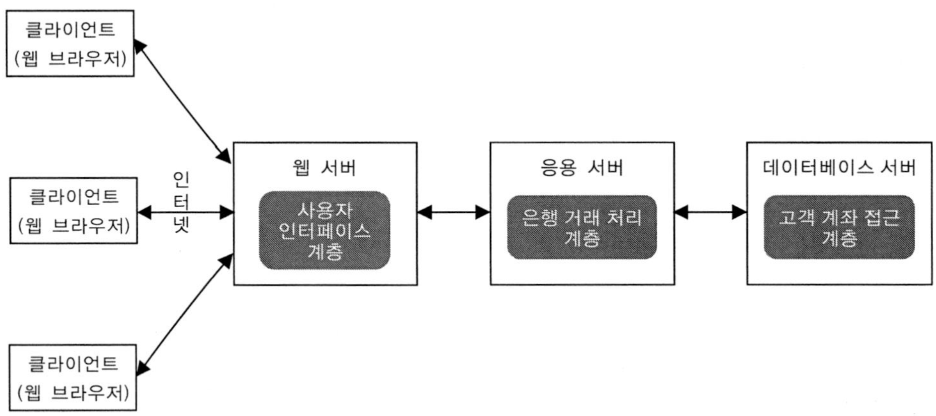

그림 10.5 3-티어 3-계층 인터넷 뱅킹 시스템

[그림 10.6]은 응용 서버와 데이터베이스 서버 사이에 통합 서버를 두어 분산된 데이터를 수집하여 통합된 정보를 제공하는 계층을 분리하여 배치한다. 이러한 구조는 4-티어 4-계층 클라이언트-서버 아키텍처이다. 4-티어 4-계층 이상은 멀티-티어 멀티-계층 아키텍처라고 부른다.

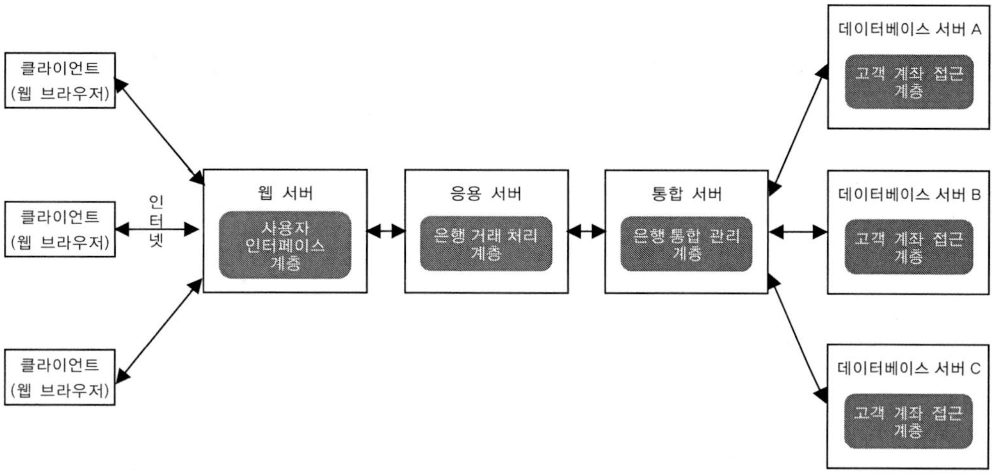

그림 10.6 4-티어 4-계층 클라이언트-서버 구조

분산 객체 아키텍처

앞서 언급한 클라이언트-서버 구조는 일종의 분산 구조이며 클라이언트가 서버에서 제공하는 서비스를 받기 위해 서버 이름과 제공하는 서비스에 대하여 알고 있어야 한다. 이와 다르게 엄밀한 의미에서 분산 구조는 클라이언트와 서버의 차이가 없다는 것이다.

분산 객체 구조의 핵심은 객체 요청 중개자(ORB: Object Request Broker)이다. 이에 따라 분산 객체 아키텍처를 브로커(broker) 아키텍처라고도 부른다. ORB는 분산된 객체 사이의 네트워크 통신을 가능하게 하는 미들웨어(middleware)이다. 미들웨어는 서로 다른 응용 프로그램이나 운영 기기, 운영 환경 사이에 원활한 데이터 교환을 지원하는 소프트웨어이다. ORB는 네트워크로 분산된 서로 다른 플랫폼에서 객체 사이의 통신을 지원하며 시스템에 대한 객체 추가와 제거를 지원한다. [그림 10.7]은 전형적인 분산 객체 아키텍처인 CORBA 아키텍처를 보인다. 분산 객체 시스템의 중요한 요소 중 하나는 서버의 서비스에 대한 인터페이스를 제공해야 한다는 것이다. 다른 객체들은 인터페이스를 통해 클라이언트와 서버 구분 없이 서비스를 요청한다. 서버 객체가 제공하는 서비스에 해당하는 인터페이스는 IDL(Interface Definition Language)에 의해 명세한다. IDL은 분산 네트워크에서 서로 다른 언어로 작성된 객체들이 서로 통신하기 위한 표준 인터페이스 언어이다.

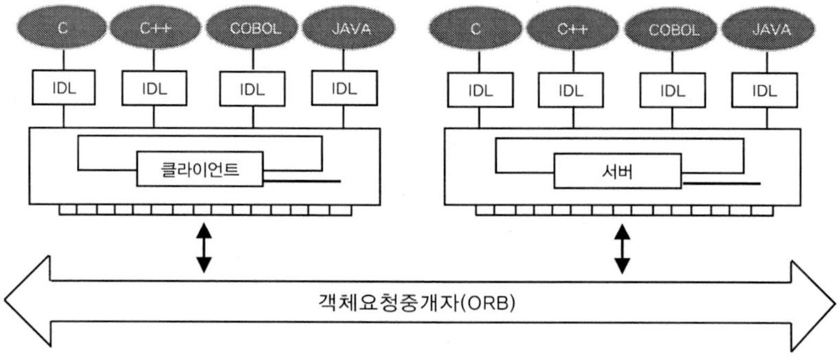

그림 10.7 CORBA 분산 객체 아키텍처

다음은 CORBA 분산 객체 아키텍처의 특징(장점과 단점)을 보인다.

- 개발자는 어디에서 서비스가 제공되어야 하는지 알 필요가 없다. 개발자는 서비스 제공자가 네트워크 상의 어떤 위치에 있는지 고려할 필요 없이 ORB를 통해 서버의 서비스를 요청할 수 있다.
- 서로 다른 플랫폼에서 상이한 언어로 작성된 객체 사이의 통신이 가능하다.
- 클라이언트-서버 아키텍처보다 구현하기 복잡하다.

[그림 10-8]은 대표적인 분산 객체 아키텍처 모델인 CORBA, EJB, DCOM에 대한 특징을 보인다. 이러한 모델들은 기본적으로 컴포넌트 기반 구조이며 분산 네트워크 상에서 다양한 컴포넌트들의 원활한 상호작용을 위한 표준적인 방법과 특성을 정의한다. 각각의 아키텍처는 컴포넌트가 네트워크를 통해 통신하고 협력할 수 있도록 고유의 통신 프로토콜(IIOP, RMI, RPC)을 갖는다.

분산 객체 아키텍처(Distributed Object Architecture)

분류	CORBA (Common Object Request Broker Architecture)	EJB (Enterprise JavaBeans)	DCOM (Distributed Component Object Model)
지원업체	OMG	Oracle	Microsoft
정의	서로 다른 언어와 플랫폼 사이에 분산 컴퓨팅을 위한 아키텍처	Java 기반 분산 컴퓨팅을 위한 아키텍처	윈도우 환경에서 분산 컴포넌트 사이의 상호작용을 위한 아키텍처
통신	IIOP (Internet Inter-ORB Protocol)	RMI (Remote Method Invocation)	RPC (Remote Procedure Call)
지원제품	Orbix, Visibroker, Tuxedo	Webspere, WebLogic,JBoss	Windows 자체 지원(.net 프레임워크)

그림 10.8 분산 객체 아키텍처 특징 비교

웹 서비스 아키텍처

서비스 지향 아키텍처(SOA: Service Oriented Architecture)는 시스템 기능을 불특정 다수의 누구든지 이용할 수 있는 서비스라고 생각하여 이들 서비스들의 조립과 병합을 통해 새로운 시스템을 구축하거나 새로운 서비스의 창출을 지원하는 아키텍처이다. 서비스 지향 아키텍처의 대표적인 보기인 웹 서비스 아키텍처는 인터넷(웹)을 통해 서비스를 지원하는 아키텍처이다. 플랫폼과 관계없이 누구나 접근이 용이한 웹을 통해 서비스 요청자는 서비스 제공자가 제공하는 서비스를 손쉽게 이용할 수 있다. 이를 통해 개발자는 분산 웹 서비스를 통합하여 새로운 시스템을 용이하게 개발할 수 있으며, 서비스 선택과 교체의 용이함을 제공하여 현대의 클라우드 컴퓨팅 시스템 개발의 기본 구조가 된다.

웹 서비스 아키텍처는 앞서 언급한 분산 객체 아키텍처와 매우 유사한 구조를 갖는다. 차이점은 분산 객체 아키텍처가 분산된 객체 사이의 직접적인 메소드 호출을 통해 통신하는데 RMI, IIOP, RPC와 같은 독특한 객체 통신 표준을 이용하는 반면, 웹 서비스 아키텍처는 메시지 기반 통신을 활용하며, 일반적으로 HTTP/HTTPS 프로토콜을 기반으로 동작한다.

웹 서비스 아키텍처는 [그림 10-9]와 같이 메시지 전송 방식에 따라 SOAP과 REST로 분류할 수 있다. SOAP은 XML 형식을 기반으로 메시지를 전송하며, REST는 일반적으로 JSON 메시지를 전송한다.

SOA(Service Oriented Architecture)

분류	SOAP (Simple Object Access Protocol)	REST (REpresentational State Transfer)
정의	- 웹 서비스를 위해 메시지 교환 형식을 정의한 메시지 기반 프로토콜	- 웹 서비스를 위해 이기종 사이의 상호작용을 단순화하고 표준화하기 위한 리소스 기반 아키텍처
통신	- HTTP/HTTPS, SMTP, TCP, UDP와 같은 다양한 통신 프로토콜 사용	- HTTP/HTTPS 통신 프로토콜 사용
메시지 형식	- XML 기반 요청/응답 메시지	- JSON, YAML, XML 기반 요청/응답 메시지
API 정의	- SOAP API 정의 위해 XML 기반 WSDL 언어 이용 (API: 웹서비스의 인터페이스, 사용방법, 위치 정의)	- Rest API 정의 위해 JASON, YAML, XML 기반 OpenAPI 표준 명세 이용
적용분야	- 보안이나 복잡한 트랜잭션 관리가 필요한 기업용 앱 개발 분야 (금융, 정부기관)	- 웹 앱, 모바일 앱, 클라우드 서비스, IoT 개발 분야 - 단순한 CRUD 앱 분야
차이	- 서비스 지향 아키텍처	- 리소스 지향 아키텍처

	- 서비스를 등록하고 발견하는 공동 저장소 (UDDI registry) 필요 - REST에 비해 구현 어려움	- 저장소 없이 리소스 제공자가 직접 리소스 요청자에게 제공 - SOAP에 비해 구현 용이함
지원제품	애플리케이션 서버: Webspere, WebLogic 웹서비스 프레임워크: Spring 프레임워크	애플리케이션 서버: Webspere, WebLogic 웹서비스 프레임워크: Spring 프레임워크

그림 10.9 웹 서비스 아키텍처 특징 비교

[그림 10-10]은 SOAP과 REST 아키텍처에서 어떻게 서비스 요청자(클라이언트)가 서비스 제공자(API 서버)로부터 웹 서비스 요청에 대한 단계별 프로세스를 보인다.

SOA(Service Oriented Architecture)

	SOAP (Simple Object Access Protocol)		REST (REpresentational State Transfer)
publish (게시)	서비스 제공자는 XML 기반으로 작성된 WSDL 문서(=SOAP API)를 원격 UDDI 레지스트리에 게시하여 공개한다. WSDL문서는 위치정보를 포함하여 서비스 인터페이스에 대한 세부 정보를 포함 한다.	publish (게시)	리소스 서버는 JSON 기반으로 작성된 OpenAPI 문서(=RESTful API)를 개발자 웹 사이트 같은 온라인 매체에 게시하여 클라이언트가 접근할 수 있도록 한다. OpenAPI는 서비스 호출 정보를 포함한 서비스 인터페이스에 대한 세부 정보를 포함한다.
find (검색)	서비스 요청자는 UDDI 레지스트리로부터 필요한 서비스를 검색 후 해당 서비스에 대한 WSDL 문서를 받는다.	discover (발견)	클라이언트는 API 문서 사이트에서 필요한 서비스를 검색 후 해당 API 문서를 받는다. REST는 SOAP의 UDDI 같은 레지스트리가 없다.
bind (연결)	서비스 요청자는 UDDI 저장소로부터 받은 WSDL 문서 정보로부터 xml 기반의 SOAP 메시지를 작성하여 서비스 제공자와 상호작용한다.	consume (소비)	클라이언트는 사이트에서 선택한 API 문서 정보로부터 JSON, XML 기반의 REST 메시지를 작성하여 리소스 서버와 상호작용 한다.
모든 통신은 HTTP/HTTPS 이용			

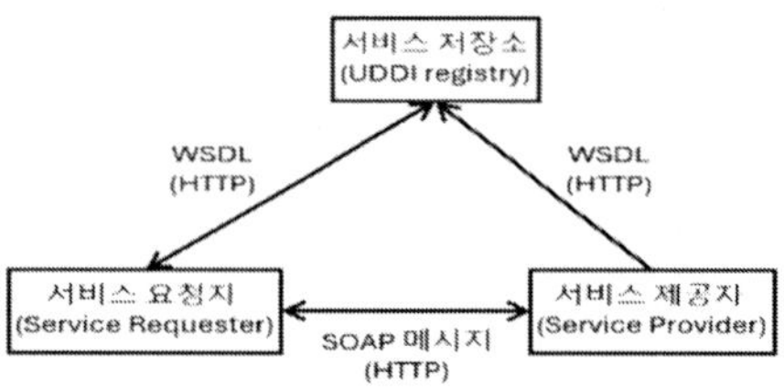

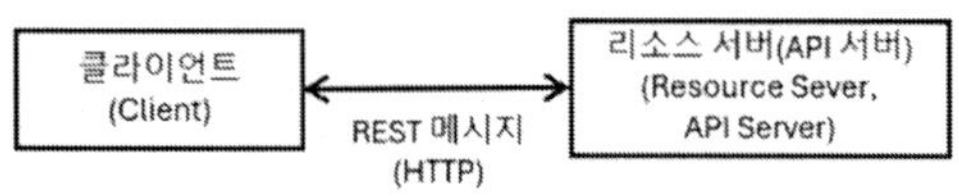

그림 10.10 웹 서비스 단계별 프로세스

10.3 WOPS 시스템 아키텍처

개발 규모에 따라 시스템은 단일 사용자 시스템과 엔터프라이즈 급의 다수 사용자 시스템으로 구분된다. 단일 사용자 시스템은 개발될 서버에 대한 공유 없이 단일 사용자에 의해 단일 데스크탑 컴퓨터에서 작업을 수행하기 때문에 아키텍처는 매우 단순하다. 그러나 이러한 단순한 시스템도 품질 좋은 소프트웨어를 생산하기 위해 컴포넌트들을 다수 계층으로 구성하는 것이 필요하다. 엔터프라이즈 급의 시스템 아키텍처는 많은 사용자들이 공유 자원을 사용하고, 다수의 컴퓨터를 포함하므로 유지보수와 재사용이 용이한 시스템을 개발하기 위해 멀티-티어와 멀티-계층에 의한 아키텍처를 설계하는 것이 필요하다. 시스템 아키텍처 설계는 UML의 배치 다이어그램, 컴포넌트 다이어그램, 패키지 다이어그램을 이용하여 모델링할 수 있다. 배치 다이어그램에서 티어는 노드로 표기하고 계층은 컴포넌트 다이어그램이나 패키지 다이어그램을 이용한다.

[그림 10.11]은 단순한 웹 기반 2-계층 1-티어 WOPS 시스템 아키텍처를 보인다. 물리적인 1개의 컴퓨터가 응용 서버와 데이터베이스 서버 역할을 하므로 1-티어이고 응용 처리와 데이터 접근 계층을 분리하지 않은 1개 계층으로 설계하였기 때문에 2-계층 이므로 1-티어 2-계층 아키텍처이다. 웹 기반 시스템에서 웹 브라우저를 포함하는 클라이언트는 티어에 포함하지 않는다. 단순한 정보 시스템들은 클라이언트 컴퓨터로부터 사용자가 입력한 데이터에 기초하여 단순히 데이터베이스에 저장 하거나 검색한다. 이러한 시스템들은 복잡한 도메인 비즈니스 로직이나 연산이 필요하지 않기 때문에 응용처리 계층과 데이터 접근 계층을 하나로 결합하여 단순히 입력 데이터에 대한 데이터베이스 저장과 검색을 수행한다.

그림의 오른쪽 점선 원에 포함된 아키텍처는 비즈니스 로직을 포함하는 응용처리 계층과 데이터접근 계층을 분리한 3-계층 1-티어 아키텍처를 보인다. UI 계층은 사용자로부터 입력 데이터를 받고 출력 데이터를 표시하는 작업 외에 직접적으로 데이터를 처리하거나 데이터베이스에 접근할 수 없다. 응용처리 계층은 도메인의 복잡한 비즈니스 로직을 포함하며 데이터 접근 계층은 데이터베이스에 대한 직접적인 접근을 다룬다. UI 계층은 응용처리 계층과 상호작용하며 데이터 접근 계층과 직접 상호작용할 수 없다.

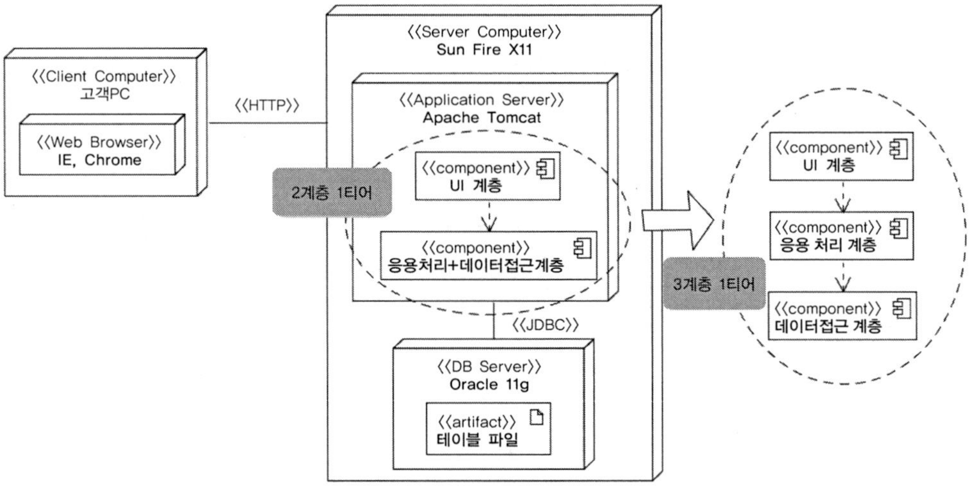

그림 10.11 WOPS 시스템에 대한 2(3)-계층 1-티어 웹 아키텍처

[그림 10.12]는 WOPS 시스템에 대한 3-티어 3-계층 구조이다. UI 계층은 웹서버에 배치하고, 응용처리 계층과 데이터 접근 계층은 응용 서버에 배치하고, 데이터를 저장하고 관리하는 역할을 수행하는 데이터베이스 서버를 별도로 배치하였다.

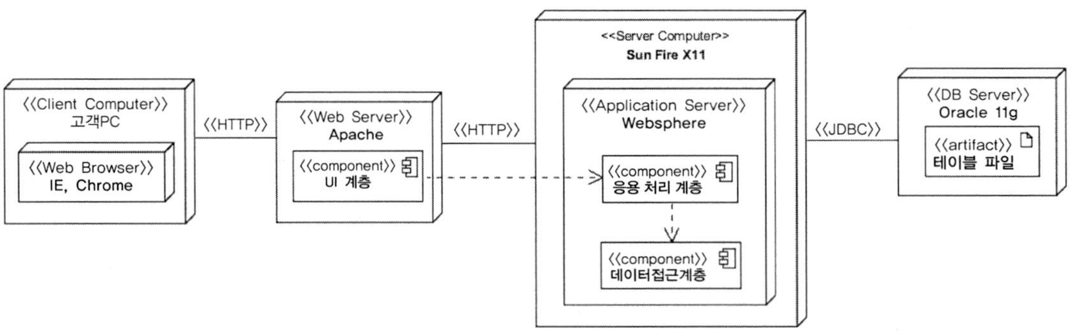

그림 10.12 3-티어 3-계층 웹 아키텍처

시스템 아키텍처 설계는 상위수준 소프트웨어 아키텍처 설계를 포함한다. 시스템 아키텍처 설계 후 하위수준 소프트웨어 아키텍처 설계를 수행한다. (하위수준) 소프트웨어 아키텍처 설계를 위해 객체지향 설계 방법을 적용한다. 응용처리 계층은 문제 도메인과 관련된 주요 비즈니스 로직이나 연산을 수행하므로 이들에 대한 객체지향 설계는 본 서적의 중심이 된다. UI 계층과 데이터 접근 계층에 대한 설계는 컴퓨터 관련 유사 전공 과목에서 상세히 언급하므로 본 서적에서 언급하지 않는다.

연 습 문 제

10.1. 다음은 시스템 아키텍처에 대한 내용이다. 괄호에 적절한 단어를 선택하라.

> 3-계층 클라이언트-서버 구조에서 두꺼운 클라이언트 시스템 아키텍처는 클라이언트에 (①응용처리 ②데이터접근 ③인터페이스) 계층을 배치하고 서버에 (①응용처리 ②데이터접근 ③인터페이스) 계층을 배치하는 구조이다. 이 구조의 특징으로써 유지보수는 (①어렵고 ②용이하고), 서버 부하는 (①적고 ②많고), 네트워크 부하는 (①적다 ②많다)는 것이다.

10.2. 다음 중 두꺼운 클라이언트 구조와 비교하여 얇은 클라이언트 구조에 대한 특징을 2개 선택하라.

① 주요 컴포넌트들이 서버에 존재한다. ② 유지보수가 어렵다.
③ 서버의 능력은 강력해야 한다. ④ 네트워크에 부하가 적다.

10.3. 다음 중 클라이언트-서버 아키텍처에 해당되지 않는 것은?

① 웹 서비스 ② 클러스터 ③ 분산 객체 ④ 얇은 클라이언트

10.4. 클라이언트-서버 구조와 비교하여 분산 객체 구조의 장점 하나를 적고, 분산 객체 구조를 지원하는 모델 중 하나만 적어라.

10.5. 다음 중 시스템 아키텍처 모델링을 위한 다이어그램으로 거리가 먼 것을 2개 선택하라.

① 사용사례 ② 배치 ③ 컴포넌트 ④ 패키지 ⑤ 클래스

10.6. 다음 중 3계층 아키텍처에 포함되지 않는 계층으로 가장 거리가 먼 것을 선택하라.

① 사용자 인터페이스 ② 데이터 접근 ③ 컴포넌트 ④ 응용처리

10.7. 다음 중 분산 객체 아키텍처에서 객체 간 통신을 가능하게 해주는 핵심 기술과 가장 거리가 먼 것은?

① HTTP ② RMI ③ IIOP ④ ORB

10.8. 다음 중 웹 서비스 아키텍처의 구성 요소와 가장 거리가 먼 것은?

① SOAP ② WSDL ③ UDDI ④ IIOP

10.9. 다음 중 분산 객체 아키텍처의 주요 특징과 가장 거리가 먼 것은?

① 객체 사이의 원격 호출을 지원한다.
② ORB(Object Request Broker)를 통해 객체를 관리한다.
③ HTTP 요청과 응답을 통해 동작한다.
④ CORBA, RMI와 같은 기술을 사용한다.

10.10. 다음 중 웹 서비스 아키텍처의 특징과 가장 거리가 먼 것은?

① SOAP은 서비스 지향 아키텍처의 일종이다.
② SOAP은 XML 기반의 메시지 형식을 이용한다.
③ REST는 웹 서비스 지향 아키텍처의 일종이다.
④ CORBA 기반으로 객체 사이의 직접 호출을 지원한다.

CHAPTER

11 구조적 설계 방법

11.1 소개

구조적 설계 방법은 소프트웨어 아키텍처 설계를 위해 적용된 가장 고전적이고 일반적인 방법이다. 이 방법은 1970년 중반 Yourdon, Constantine, Myers, Stevens에 의해 제안되었으며 하향식, 기능 중심, 단계적 정제 개념에 기초하여 소프트웨어를 독립적인 기능을 갖는 모듈로 점진적으로 분할하는 방법이다. 모듈 사이의 구성은 계층 구조가 된다. 구조적 분석 방법에서 사용되는 주요 모델링 도구는 DFD(자료 흐름도)이고, 구조적 설계 방법에서 사용되는 주요 그래픽 모델링 도구는 SC(구조도)이다.

시스템 개발에서 분석 단계에 구조적 분석 방법을 적용했다면, 설계 단계에서 구조적 설계 방법을 적용하는 것이 개발 과정을 더욱 용이하게 만든다. 즉, 구조적 분석 방법으로 생성된 결과물인 자료 흐름도를 구조도로 변경하는 것은 매우 용이하다.

11.2 설계 품질

설계는 사용자 요구를 소프트웨어 시스템으로 변환하는 과정으로, 최종 시스템의 품질에 지대한 영향을 미친다. 품질 좋은 설계를 한마디로 요약하면, 각 모듈이 하나의 작업만 수행하도록 설계하고, 다른 모듈과의 상호작용을 최소화하여 독립성을 유지하는 모듈화 설계를 의미한다. 구조적 설계 방법에서 모듈은 일반적으로 함수나 서브루틴을 가리키지만, 경우에 따라 서브 시스템도 모듈이 될 수 있다. 구조적 설계 방법의 품질 향상을 위한 효과적인 모듈 설계를 위해 모듈 결합도(coupling)와 모듈 응집도(cohesion)에 대한 이해가 필요하다.

11.2.1 결합도

결합도는 모듈 사이의 상호 의존도를 의미하며 모듈 사이의 결합도를 최소화하는 설계가 바람직하다. 소프트웨어 아키텍처에서 모듈 사이의 결합 정도가 낮은 순서대로 자료, 스탬프, 제어, 공통, 내용 결합도로 분류할 수 있다. [그림 11.1]에 나타난 바와 같이 가장 낮은 결합도인 자료 결합도는 모듈 사이에 최소한의 결합을 갖는 설계이며, 이는 이상적인 설계 방식으로 간주된다.

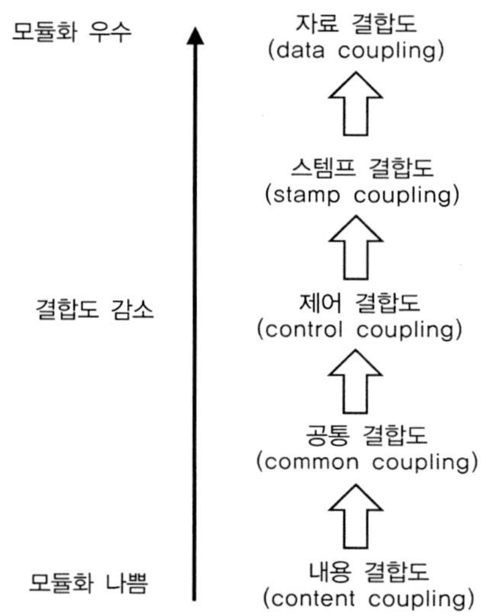

그림 11.1 결합도 단계

자료 결합도

모듈 사이에 매개변수를 통해 필요한 자료만을 교환하는 결합을 의미하며, 한 모듈의 내용을 변경해도 다른 모듈에 영향을 미치지 않기 때문에 모듈 독립성을 강조하는 가장 바람직한 결합도이다.

[그림 11.2]에서 모듈 'X'는 '면적계산' 모듈을 호출하면서 면적 계산을 위해 반드시 필요한 '가로길이'와 '세로길이' 같은 단순 자료만을 전달한다. 이때 '면적계산' 모

듈은 전달받은 모든 자료를 완전히 이용하거나, 자료타입을 전달하는 경우에도 자료타입을 구성하는 모든 원소들이 호출되는 모듈에서 완전히 이용되는 경우를 의미한다. 반면, 모듈 'X'에서 '둘레길이'와 같이 면적 계산에 불필요한 자료를 전달하면, 이는 '면적계산' 모듈에서 이용하지 않으므로 자료 결합도가 아니다.

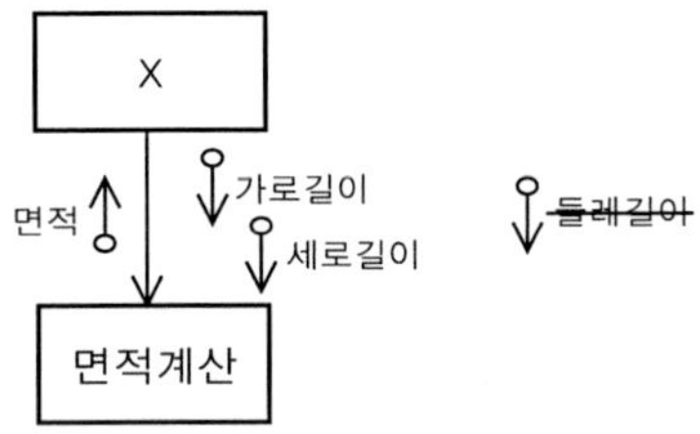

그림 11.2 자료 결합도

스탬프 결합도

호출 모듈에서 자료타입(예: 구조체)에 의해 자료를 전달하고, 호출된 모듈에서 전달된 자료타입의 모든 원소들이 완전히 이용되지 않는 경우를 의미한다.

[그림 11.3]의 왼쪽 그림에서 호출모듈인 '임대료청구서작성' 모듈에서 전달하는 '임대기록' 자료타입의 모든 원소는 호출되는 '기본임대료계산' 모듈에서 완전히 이용되지 않으므로 스탬프 결합도에 해당한다. [그림11.3]의 오른쪽 그림은 왼쪽의 스탬프 결합도를 자료 결합도 특성을 갖는 설계로 수정한 사례를 보여준다. 호출 모듈은 호출된 모듈에 반드시 필요한 자료인 '사용기간', '차종', '주행거리' 만을 전달하고 호출된 모듈인 '기본임대료계산' 모듈은 모든 자료를 이용한다.

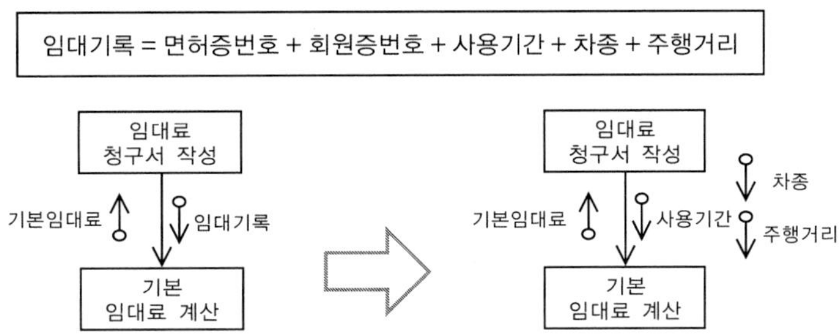

그림 11.3 스탬프 결합도

스탬프 결합도의 문제점은 다음과 같다.

- 호출된 모듈은 전달된 데이터 타입의 전체 구조를 인지하는 것이 필요하다.
- 전달된 데이터 타입의 변화는 다른 참조 모듈에 영향을 미친다.
- 관련 없는 정보까지 전달되어 모듈 사이의 불필요한 의존성을 증가시킨다.

제어 결합도

제어 결합도는 호출 모듈이 호출된 모듈에게 제어 정보를 전달하여 호출된 모듈의 내부 논리 흐름을 제어하거나, 하위 모듈이 상위 모듈의 행위를 결정하는 경우를 의미한다.

[그림11.4]의 왼쪽 구조는 호출 모듈 'A'가 '입출력플래그'라는 제어 정보를 전달하며, 이 정보에 따라 '입출력' 모듈의 내부 흐름이 결정된다. 이는 제어 결합도 특징을 보인다. 그림의 중간 구조는 하위 모듈인 '고객이름찾기'로부터 '그런사람없음'이라는 제어 정보를 상위 모듈에 전달하며, 이 정보가 상위 모듈의 행위를 결정한다. 이는 역시 제어 결합도 특징을 보인다.

그림의 가장 오른쪽 구조도는 결합도를 최소화하기 위해 상위 모듈이 하위 모듈인 '고객이름찾기'에게 '고객번호'를 전달하고, 하위 모듈은 검사 결과인 '불법적인고객번호'만 상위 모듈에 반환하도록 설계하였다. 이를 통해 결합도를 줄이고 모듈 사이의 의존도를 낮추도록 설계하였다. 제어 결합도의 문제점은 호출 모듈이 호출된 모듈의 내부 절차를 알아야 하므로, 모듈 독립성이 약하다는 것이다.

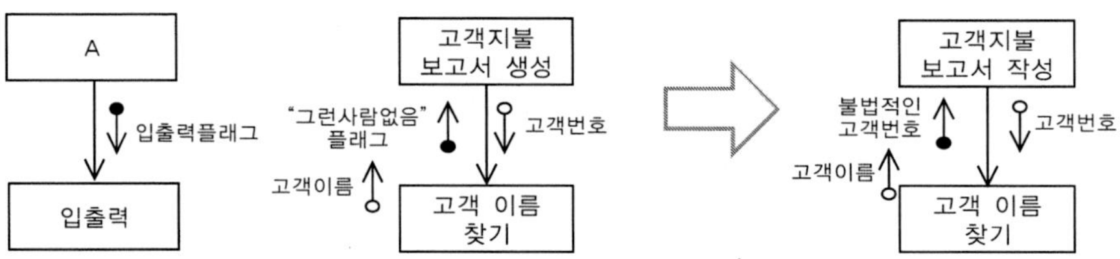

그림 11.4 제어 결합도

공통 결합도

공통 결합도는 둘 이상의 모듈이 하나의 공통 자료 영역에 접근하는 경우를 말한다. 공통 자료 영역이 수정되면 이를 참조하는 다른 모듈에게 영향을 미치므로 모듈 독립성을 약하게 한다. [그림 11.5]에서 4개의 모듈은 하나의 공통 영역을 참조하므로 '직원정보기록' 모듈에서 공통자료 영역을 수정하면 이를 참조하는 다른 모듈에 직접적인 영향을 미친다.

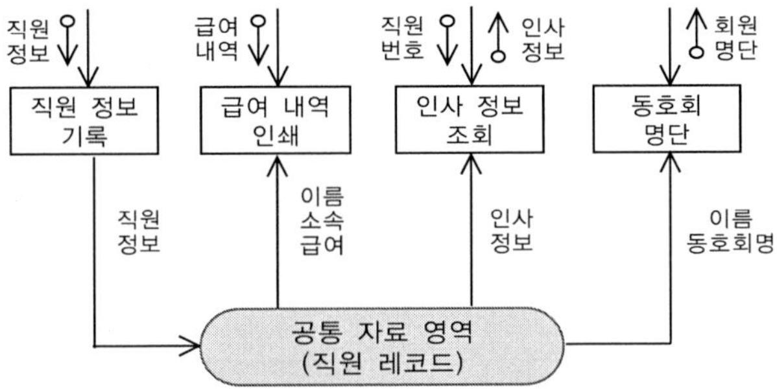

그림 11.5 공통 결합도

내용 결합도

내용 결합도는 한 모듈이 다른 모듈 내부 데이터를 직접 참조하거나 수정하며, 제어를 이동하는 경우(예: branch, goto문)를 의미한다. 이는 모듈 사이의 결합도 중 가장 최악의 결합도이며, 설계 품질에 심각한 부정적 영향을 미친다. 현대의 고급 언어는 임의의 위치로 제어 이동을 금지하므로, 내용 결합도는 근본적으로 발생하기 어렵다. 내용 결합도에 의한 설계는 유지보수와 재사용을 어렵게 한다.

11.3.2 응집도

응집도는 한 모듈 내부의 구성 요소들 사이의 기능적 관련성을 나타내는 정도를 의미한다. 양질의 구조 설계를 위해 모듈 내부의 응집도를 최대화하는 설계가 바람직하며, 응집력이 강한 모듈은 단지 한 가지 기능만을 수행하는 모듈을 의미한다. 응집도는 한 모듈의 기능적 결합 정도에 따라 기능적, 순차적, 통신적, 절차적, 시간적, 논리적, 우연적 응집도로 분류할 수 있다. [그림 11.6]에서 기능적 응집도는 가장 높은 응집력을 보이므로, 기능적 응집력을 갖도록 설계하는 것이 바람직한 모듈화 설계라 할 수 있다.

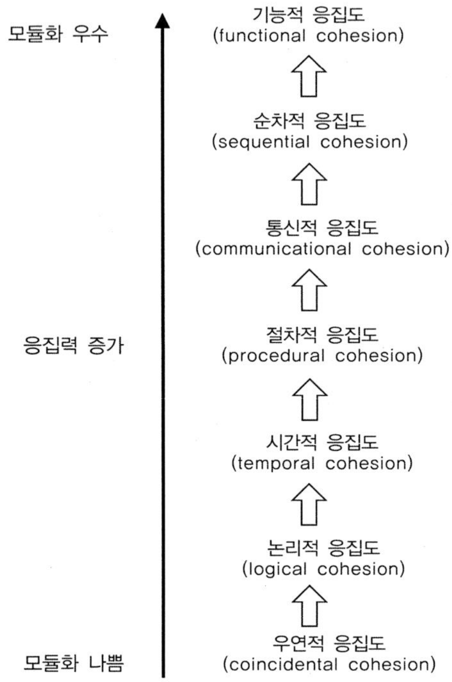

그림 11.6 응집도 관계

기능적 응집도

한 모듈내의 모든 작업이 단일 기능을 수행하며, 서로 밀접하게 관련되는 경우를 의미 한다. 이는 응집도 중 가장 높은 수준의 응집도로, 모듈화 설계에서 가장 이상적인 응집도이다. 보기를 들면 '세금계산' 모듈의 내부 작업이 세금계산 기능과 관련된 작업으로만 구성된다면, 이 모듈은 기능적 응집도를 갖는다.

순차적 응집도

한 모듈에서 이전 작업 결과가 다음 작업의 입력으로 순차적으로 이용되는 경우를 의미 한다. 다음 보기에서 '봉급계산' 모듈에서 '소득계산' 작업의 결과가 '과세표준액결정' 작업의 입력으로 이용되며, '과세표준액결정' 작업 결과는 '세금계산' 작업에 이용된다.

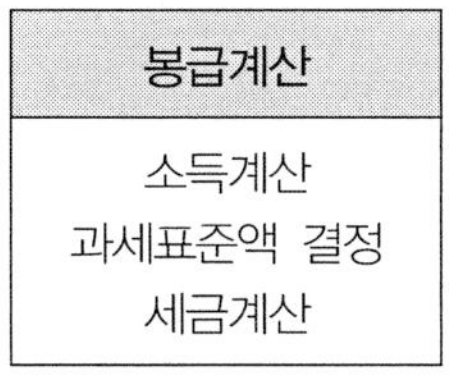

통신적 응집도

순서와 관계없이 서로 다른 작업들이 동일한 입력 자료를 이용하는 경우를 의미한다. 보기에서 '서적번호' 입력 자료가 '서적검색' 모듈내부에서 '제목검색', '가격검색', '저자검색' 작업에 공통으로 이용된다. 통신적 응집도의 문제는 첫째, 사용자가 '가격검색' 작업만 원할 경우에도, '서적검색' 모듈은 다른 불필요한 작업도 수행해야 하므로 모듈 재사용을 어렵게 한다. 둘째, '서적검색' 모듈 호출시, 사용자가 필요하지 않을 수 있는 '제목'이나 '저자'와 같은 결과를 생성하여 불필요한 작업 결과를 처리해야 한다.

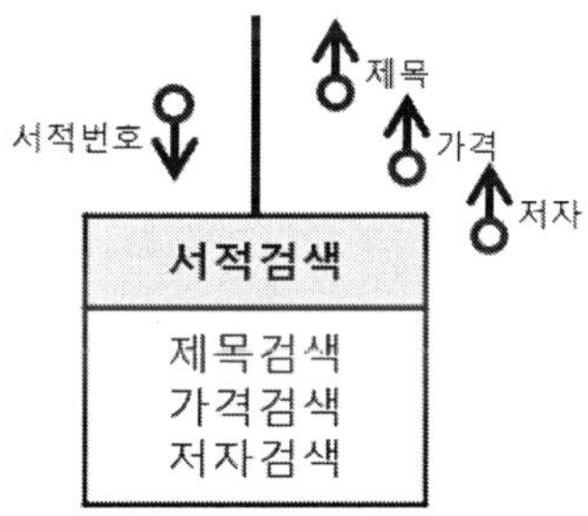

절차적 응집도

순차적 응집도와 통신적 응집도 특성을 갖지 않으면서, 순서에 따라 작업이 수행되는 경우를 의미한다. 각 작업이 반드시 필요하지는 않지만, 작업 순서와 관련이 있는 경우에 해당한다. 다음 보기에서 '상차리기' 모듈은 순차적, 통신적 응집도의 특성을 갖지 않고 5가지 작업은 순서대로 수행된다. 절차적 응집도의 문제점은 해당 모듈의 각 작업이 기능적으로 서로 관련이 없다는 것이다.

상차리기
식기세척 식사준비 전화걸기 샤워하기 상차리기

시간적 응집도

한 모듈의 작업들이 서로 관련되지 않지만, 특정 시점에 함께 수행되어야 하는 작업들과 관련된다. 다음 보기에서 '초기화' 모듈의 3가지 작업은 서로 관련되지 않지만 처음에 수행되는 작업들이다.

초기화
거래파일열기 판매테이블초기화 거래기록읽기

논리적 응집도

한 모듈의 작업들이 논리적으로 공통된 기능과 관련되지만, 구체적인 작업은 외부에서 전달된 조건에 따라 선택적으로 수행되는 경우를 의미한다. 다음 보기에서 '출력' 모듈의 3가지 작업은 모두 출력기능과 관련되지만, '출력' 모듈의 행위는 외부에서 전달된 '출력플래그'에 의해 결정된다.

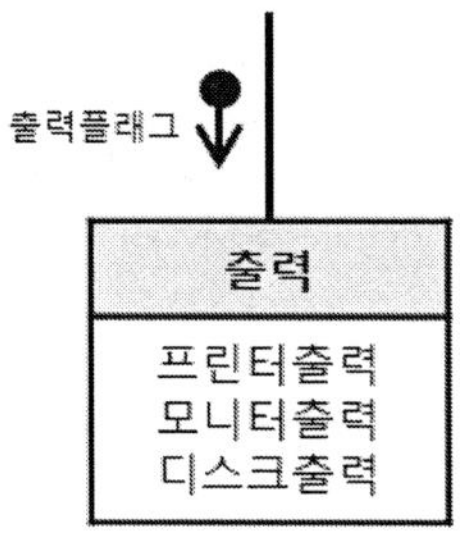

우연적 응집도

한 모듈 내의 각 작업들이 전혀 관련이 없는 것을 의미한다. 한 모듈에 작업들이 포함된 이유가 명확하지 않고 단지 우연적으로 묶여있다.

무엇이든하기
이것하기 저것하기 요것하기

11.3.3 모듈화 설계 휴리스틱

구조적 설계 방법에서 모듈화 설계를 위한 휴리스틱(가이드 라인)은 다음과 같다

- 낮은 결합도와 높은 응집도가 되도록 설계 :
  모듈 독립성과 응집력을 높이기 위해 모듈을 적절히 분해하거나 결합한다.

- 단순한 모듈 인터페이스 설계 :
  복잡한 인터페이스와 불필요한 인터페이스를 피한다. 단순하게 정보를 전달하도록 모듈 인터페이스를 설계하는 것이 중요하며 불필요한 인터페이스를 설계하는 것은 모듈의 응집력이 낮다는 것을 의미한다.

- 양파 모양의 구조 설계 :
  모듈의 공유도(fan-in)를 높이기 위해 구조의 깊이를 증가시키고, 제어도(fan-out)를 줄이기 위해 제어폭을 줄인 양파 모양의 구조가 바람직하다. 공유도는 특정 모듈을 호출하는 다른 모듈의 수를 의미하며, 제어도는 특정 모듈이 직접 제어하거나 호출하는 하위 모듈의 수를 의미한다.
  [그림 11.7]에서 모듈 'r'에 대한 공유도는 4이며, 모듈 'M'의 제어도는 3이다. [그림 11.8]은 특정 모듈의 공유도가 낮고 제어폭이 넓기 때문에 최악의 구조도로 평가된다. 양질의 설계를 위해 [그림 11.8]을 [그림 11.7]과 같이 양파 모양의 구조로 변형하여 설계를 개선하는 것이 필요하다. 양파 모양의 구조는 제어 폭을 줄이고 복잡성을 감소시키며, 하위 모듈의 재사용성을 극대화한다.

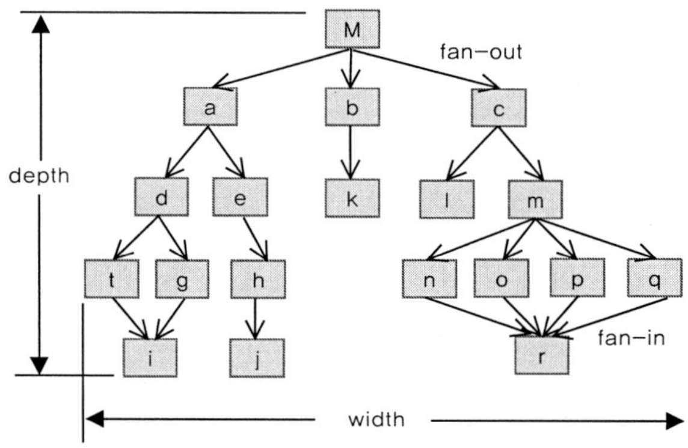

그림 11.7 공유도(fan-in) vs. 제어도(fan-out)

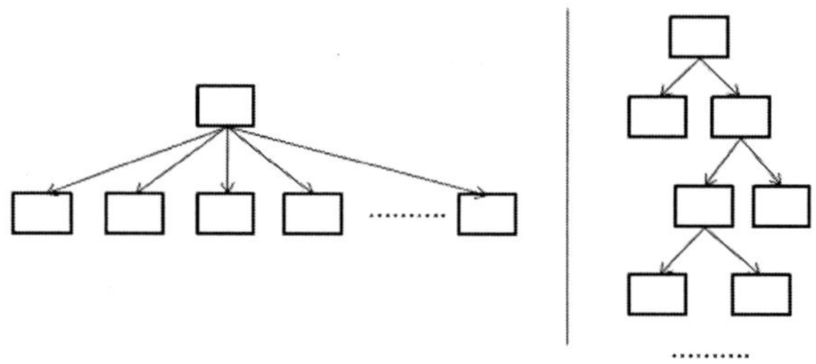

그림 11.8 최악의 구조도

11.3 구조도

구조적 설계 방법에서 소프트웨어 아키텍처를 표현하기 위해 사용되는 다이어그램은 구조도(SC: Structure Chart)이다. 구조도는 소프트웨어 모듈 사이의 계층 관계를 시각적으로 표현하며 모듈 사이의 상호작용을 보인다.

[그림 11.9]는 구조도에서 가장 일반적으로 사용되는 표기법을 보인다. 사각형은 모듈을 표현하며 사각형 내부에 모듈 이름을 작성한다. 모듈은 구조도를 구성하는 기본 요소이며, 단순하고 독립적인 기능을 수행한다. 모듈 내부 절차(프로그램 문장)는 외부에서 볼 수 없는 블랙박스와 같으며 모듈의 단위는 함수, 클래스, 패키지, 서브시스템이 될 수 있다. 화살표는 모듈 사이의 호출 관계에 의한 통신을 보이며, 데이터

(속이 빈 원) 또는 제어 플래그(속이 찬 원)를 전달하는 것을 표기할 수 있다. 사각형 내부에 2개의 직선을 포함하는 사각형은 라이브러리에 이미 존재하는 모듈을 표현하며 개발자가 설계할 필요가 없는 모듈을 의미한다.

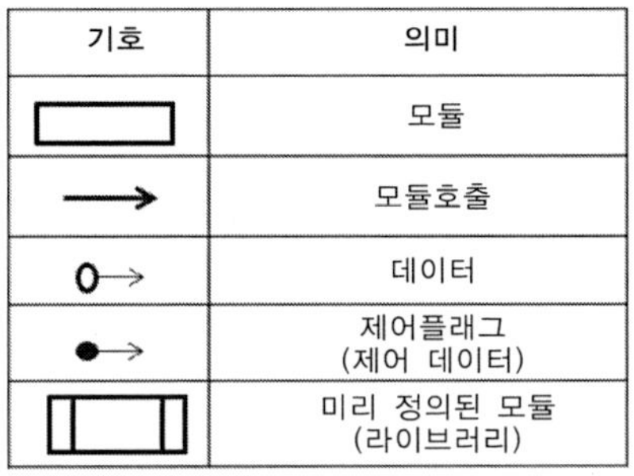

그림 11.9 구조도 표기법

[그림 11.10]은 모듈 사이의 호출(통신) 관계를 보여주는 구조도를 보인다.

- '고객정보획득' 모듈은 '고객이름검색' 모듈을 호출하며, 호출시 '고객계좌번호 ' 데이터를 전달한다.
- '고객이름검색' 모듈은 호출한 '고객정보획득' 모듈에게 '고객이름' 데이터와 '합법계좌번호' 제어 플래그를 반환한다. 제어 플래그인 '합법계좌번호'는 호출 모듈이 합법적인 '고객계좌번호'를 보냈을 때 호출 모듈에게 정상이라는 것을 알리기 위해 반환되는 제어 데이터이다.

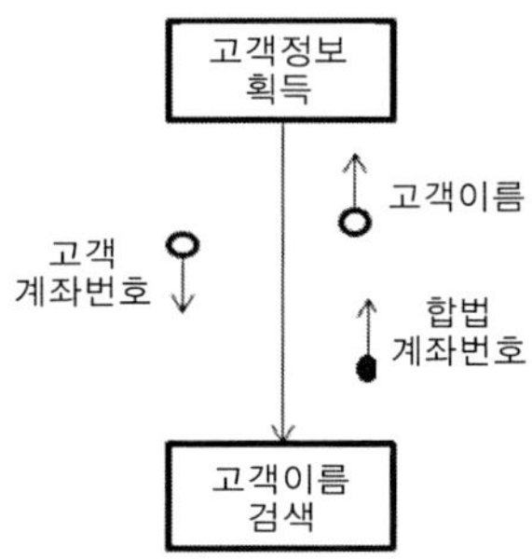

그림 11.10 모듈 사이의 통신에 대한 구조도 보기

[그림 11.11]은 회사 직원에게 급여 명세서를 발행하는 구조도를 보인다. 다음은 해당 구조도에 대한 해석과 작성시 주의 사항에 대하여 언급한다.

- 구조도에서 상위 또는 중위 모듈은 하위 모듈의 실행 흐름을 제어하는 제어 모듈 역할을 하며, 하위 모듈은 실제 시스템 기능을 수행하는 작업 모듈 역할을 한다. 중위 모듈인 '순시급계산' 모듈은 시간당 급여를 계산하는 모듈로써 하위 모듈들의 제어 순서에 대한 책임을 갖는 제어 모듈이며, 실제 시간당 급여 계산 작업은 하위 모듈인 '총시급계산'과 '공제계산'에서 수행된다. 상위 모듈은 하위 모듈에게 작업을 요청하고, 하위 모듈은 요청 받은 자료나 제어 정보를 반환한다.
- '공제계산' 모듈은 '순시급계산'과 '순월급계산' 모듈에서 모두 호출되지만, 구조도에는 한 번만 표시된다. 공유 모듈을 한번만 표기하는 것은 효율적인 구조도 작성과 구조도에 대한 이해를 용이하게 하며, 수정을 편리하게 한다. 마찬가지로 '총시급', '총월급', '공제액' 데이터는 구조도에 한 번만 나타난다.
- 구조도는 모듈 호출 순서를 표현하지 않는다. '순시급계산' 모듈이 '총시급계산'과 '공제계산' 모듈 중 어떤 모듈을 먼저 호출하는지 알 수 없다. 모듈 호출 순서는 모듈 내부의 알고리즘을 설계하는 상세 설계 단계에서 결정된다.
- 모듈 이름은 모듈 자체의 기능뿐만 아니라 모듈이 호출하는 하위 모듈의 모든 기능을 포괄할 수 있도록, 명확하고 의미 있는 이름으로 작성한다.

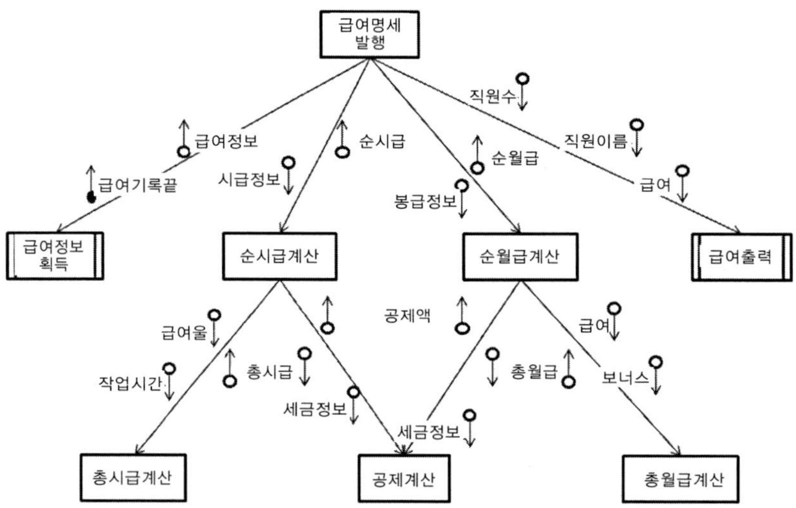

그림 11.11 '급여명세발행'을 위한 구조도 보기

[그림 11.12] (a)는 잘못된 구조도 보기를 보인다. 이 구조도의 문제점은 다음과 같다.

- 모듈 사이의 데이터와 제어 플래그가 없으므로 모듈 사이의 통신 방식을 명확히 이해하기 어렵다.
- 모듈 이름은 해당 모듈의 기능뿐만 아니라 모든 하부 모듈의 행위를 표괄하는 의미 있는 이름으로 작성해야 한다. '수정레코드획득' 모듈은 하부 모듈의 행위를 모두 포함하지만, '읽기' 모듈 이름은 '레코드수정' 모듈의 행위를 포함하지 않아 부적절하다.
- 구조도에서 미리 정의된 라이브러리 모듈의 하위 모듈은 표시하지 않는다.

이러한 문제를 해결하여 올바르게 수정된 구조도는 [그림 11.12] (b)에 보인다.

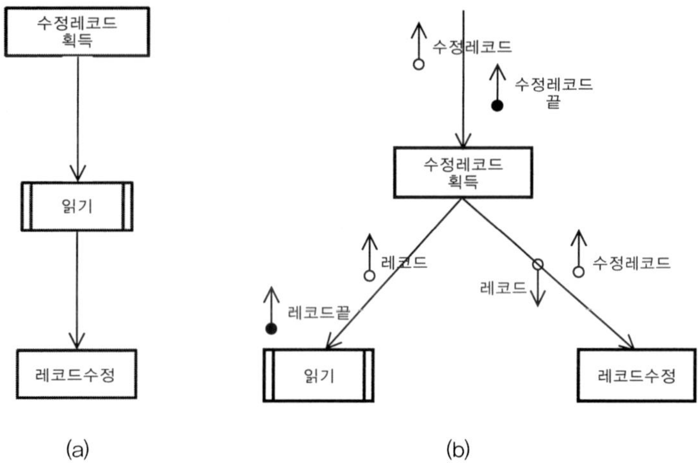

그림 11.12 잘못된 구조도 수정 보기

11.4 설계 절차

구조적 설계 방법은 구조적 분석 방법의 결과물인 DFD를 구조도로 변환하는 방법이다. DFD와 구조도는 밀접하게 연관되어 있어 변환 작업은 비교적 용이하다. 따라서, 분석 단계에서 구조적 분석 방법을 사용했다면 설계 단계에서도 구조적 설계 방법을 적용하는 것이 효과적이다.

[그림 11.13]은 구조적 설계 방법에 대한 5단계 작업 순서를 보인다.

단계	작업
1	**DFD 선정 및 정제**
	변환 대상인 DFD 선택하고, 필요하면 정제
2	**자료 흐름 특성 파악**
	DFD의 자료 흐름이 변형흐름인지, 거래흐름인지 특성 파악
3	**설계 방법 선택**
	특성에 따라 변형중심 설계 방법 혹은 거래중심 설계 방법 적용
	변형중심: 입출력 흐름의 경계를 표시하고 변형센터 구분
	거래중심: 단일 입력 자료를 기준으로 거래센터와 처리경로 특성 파악
4	**구조도로 변환**
	DFD의 각 프로세스를 계층적으로 구조화하여 구조도 작성
	상위 모듈은 제어 역할, 하위 모듈은 작업 수행 역할을 하도록 계층 구조
5	**구조도 개선**
	설계 원리와 경험적 규칙(휴리스틱) 적용하여 구조도 최적화

그림 11.13 구조적 설계 방법

구조적 설계 방법은 DFD의 자료 흐름 특성에 따라 구조도로 변환하는 방법에 약간의 차이가 있다. 2번 단계에서 DFD의 자료 흐름이 변형흐름 특성을 갖는지, 거래흐름 특성을 갖는지 파악하여 적절한 설계 방법을 선택한다. 시스템(DFD)이 변형흐름 특성을 갖는다면 변형중심 설계 방법에 의해 구조도로 변형하고, 거래흐름 특성을 갖는다면 거래중심 설계 방법을 적용하여 구조도로 변형한다.

변형중심 설계 방법

변형중심 설계 방법은 선정된 DFD가 변형흐름 특성을 가질 때 적용한다. 변형흐름 특성이란 외부 입력 자료가 내부에서 변형되어 출력으로 전달되는 자료 흐름을 의미한다. 이때 외부 자료가 시스템에 입력되는 경로를 입력 흐름(incoming flow), 입력 자료가 내부에서 처리되고 변형되는 중심부를 변형센터(transform center), 변형된 자료가 외부로 출력 되기 위해 준비되는 경로를 출력흐름 (outgoing flow)이라 한다.

다음은 변형중심 설계 방법의 세부 수행 단계를 보인다.

1) DFD 선정 및 정제

구조도로 변형할 DFD를 선정할 때, 높은 응집력을 가진 최하위 DFD를 선정하는 것이 일반적이다. 만일 최하위 DFD의 프로세스가 단순한 한 가지 기능을 수행하지 않는다면 추가적인 정제를 수행한다.

[그림 11.14]은 선정된 '구독 갱신 시스템' DFD를 보인다.

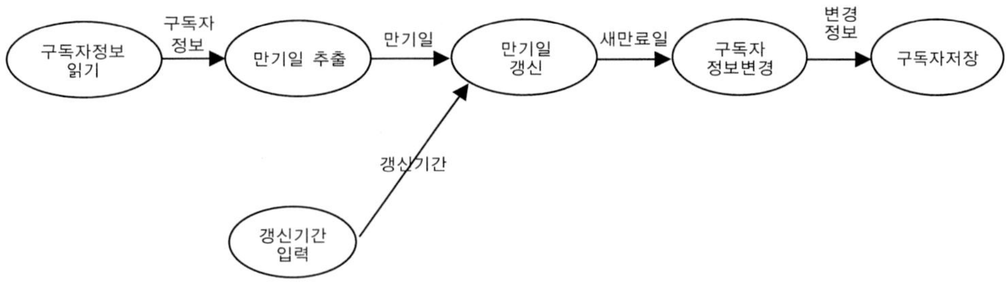

그림 11.14 구독 갱신 시스템 DFD

2) 자료흐름 특성 파악

[그림 11.14]의 DFD에서 '구독자정보'와 '갱신기간'은 시스템에 대한 입력 자료가 되며, '만기일' 자료는 '구독자정보' 입력 자료를 단순히 편집 및 재정리한 결과이므로 입력 흐름으로 간주한다. 즉, 입력 자료가 모이고, 편집되고, 재정리되는 과정을 거치지만 자료의 근본적인 형태가 변하지 않으면 입력 흐름에 해당한다. 이러한 입력 자료는 시스템에서 변형된 후 외부 출력인 '새 만료일' 자료를 준비한다. 결론적으로, '구독갱신시스템'은 입력 자료가 변형되어 출력 자료로 흐르기 때문에 변형흐름 특성을 갖는다고 파악된다.

3) 설계 방법 선택 (변형중심 설계 방법)

[그림 11.15]는 입력 흐름과 출력흐름의 경계를 표시하여 변형센터를 구분하는 방법을 보인다. 입력 흐름은 시스템에 입력을 준비하는 경로이며, 출력흐름은 시스템이 외부로 출력을 준비하는 경로이다. 변형센터는 입력 흐름과 출력흐름의 중앙에 위치하며, 시스템의 핵심적인 데이터 처리와 변환 작업을 수행한다.

변형센터를 구분하는 것은 설계자의 경험과 능력에 의존하지만, 이를 체계적으로 지원하기 위해 다음과 같은 가이드라인을 활용할 수 있다.

- DFD의 중앙을 향하여 외부에서 내부로 들어오는 자료 흐름을 추적한다.

- 약간의 편집만 거치고 근본적으로 입력 성질을 유지하는 자료 흐름을 표시한다.
- 외부 출력을 생성하는 최초 흐름을 표시한다.

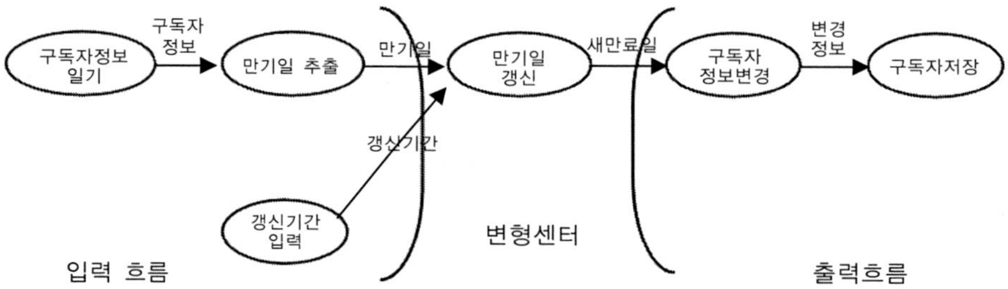

그림 11.15 입출력 흐름과 변형센터 구분

4) 구조도 변환

첫 번째 분해 수행

하향식 계층 구조인 구조도의 최상위 부분은 [그림 11.16] (a)와 같이 입력, 처리, 출력에 대한 제어 구조로 변환된다. 프로그램 전체를 관장하는 메인 제어 모듈을 최상위에 배치하고, 메인 제어 모듈 아래 입력, 처리, 출력에 대한 제어 모듈을 배치한다. [그림 11.16] (b)는 '구독 갱신 시스템' DFD를 기반으로 첫 번째 분해 후 작성된 초기 구조도를 보인다.

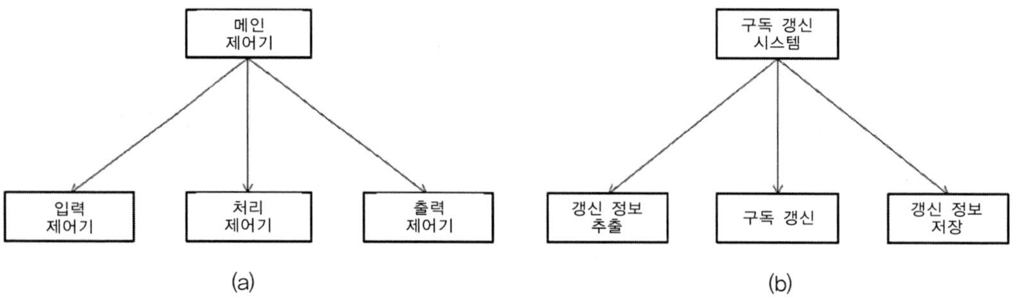

그림 11.16 첫 번째 분해 후 구독 갱신 시스템 구조도

두 번째 분해 수행

DFD의 모든 프로세스가 구조도의 적절한 하위 모듈로 변환될 때까지 구조도를 점진적으로 확장한다. 변형센터를 중심으로 입력 경로와 출력 경로를 따라 외부로

진행하면서 각 프로세스를 분해한다. [그림 11.17] (a)는 두 번째 분해 과정에서 변형센터를 중심으로 입력과 출력 경로를 따라 점진적으로 확장한 구조도를 보인다. [그림 11.17] (b)는 두 번째 분해 후 '구독 갱신 시스템'의 구조도를 보인다. 이 구조도는 DFD의 모든 프로세스를 포함하는 계층 구조가 된다.

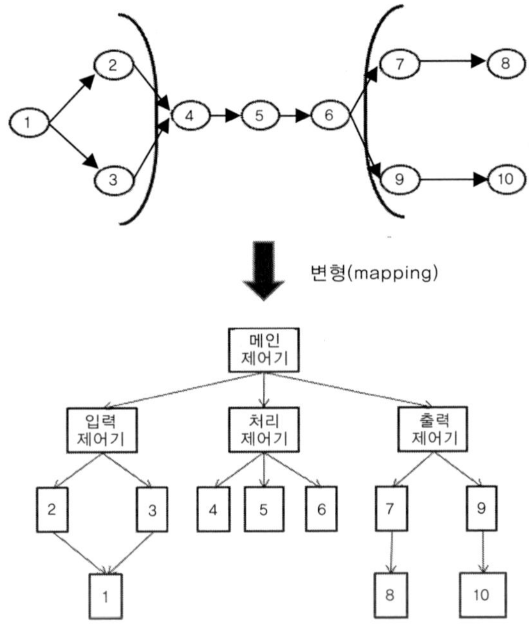

(a)

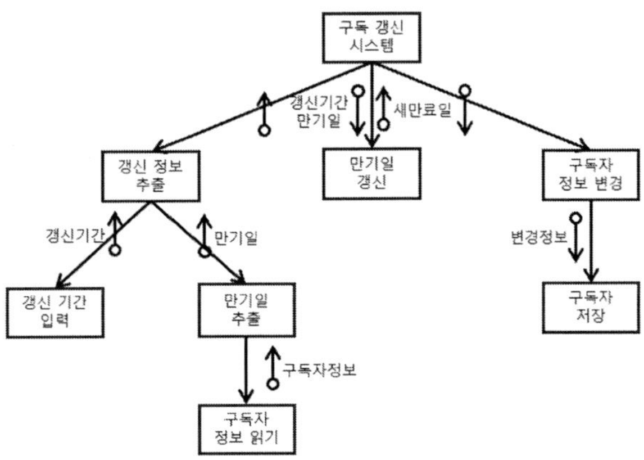

(b)

그림 11.17 두 번째 분해 후 구독 갱신 시스템 구조도

5) 구조도 개선

소프트웨어 품질을 위해 구조도를 개선하는 단계이다. 구조도 개선을 위해 추상화, 모듈화와 같은 설계 기본 원리와 높은 응집도, 낮은 결합도, 높은 공유도, 낮은 제어도와 같은 설계 품질 평가 기준을 적용한다. 이를 통해 기능적으로 밀접한 여러 모듈이 하나의 모듈로 통합될 수 있고, 복잡한 모듈은 여러 단순한 모듈로 분해될 수 있다.

거래중심 설계 방법

거래중심 설계 방법은 선정된 DFD가 거래흐름 특성을 가질 때 적용한다. 거래흐름 특성이란, 단일 입력 자료가 여러 처리경로(processing path)를 발생시키는 흐름을 의미한다. 이러한 특성은 사용자와 시스템 사이의 상호작용이 많은 시스템에서 주로 발견된다. 보기를 들면, 은행의 ATM 시스템에서 고객의 입력에 따라 현금인출, 잔액 조회, 계좌이체 등 다양한 거래(처리경로)가 발생하며, 각 거래는 독립된 처리를 수행한다.

대부분의 시스템은 변형흐름 특성을 갖지만, 대형 정보 시스템은 변형흐름과 거래흐름 특성을 모두 가질 수 있다. 시스템이 혼합된 특성을 갖는 경우, 각 부분의 특성에 따라 설계 방법을 다르게 적용해야 한다.

다음은 DFD가 거래흐름 특성을 가질 경우, 거래중심 설계 방법의 세부적인 수행 단계를 보인다.

1) DFD 선정 및 정제

변형중심 설계 방법과 동일하게 수행된다.

2) 자료흐름 특성 파악

[그림 11.18]은 가상의 사용자 상호작용 시스템에 대한 DFD를 보인다. 시스템에 입력되는 자료는 '사용자명령'이며, 이 자료는 입력 흐름을 통해 단일 입력 자료인 '명령종류'로 정제된다. '명령종류'에 따라 3개의 거래(형상, 시스템운영, 비밀번호)와 관련된 처리경로가 생성된다. 이에 따라, 이 시스템은 단일 입력 자료가 여러 처리경로를 발생시키므로 거래흐름 특성을 갖는다.

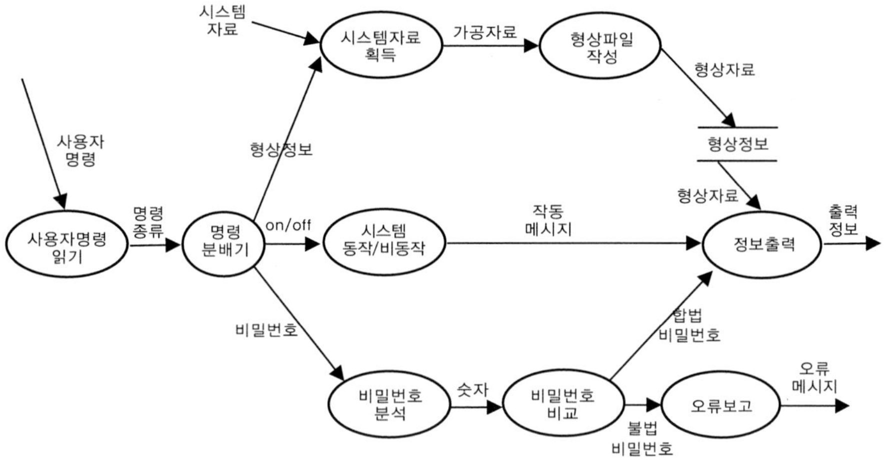

그림 11.18 거래흐름 특성 보기

3) 설계 방법 선택(거래중심 설계 방법)

단일 입력 자료가 여러 처리경로를 발생시킬 때, 해당 프로세스를 거래센터로 구분한다. [그림 11.19]에서 '명령분배기' 프로세스는 단일 입력 자료인 '명령종류'를 기반으로 여러 처리경로를 발생시키므로 명백히 거래센터로 구분될 수 있다.

다음에 거래센터에서 분기된 각 처리경로에 대한 자료 흐름 특성을 파악한다. '비밀번호'와 '형상정보' 처리경로의 자료 흐름은 변형흐름 특성을 갖기 때문에 입력 흐름과 출력흐름의 경계를 파악하여 변형센터를 구분한다.

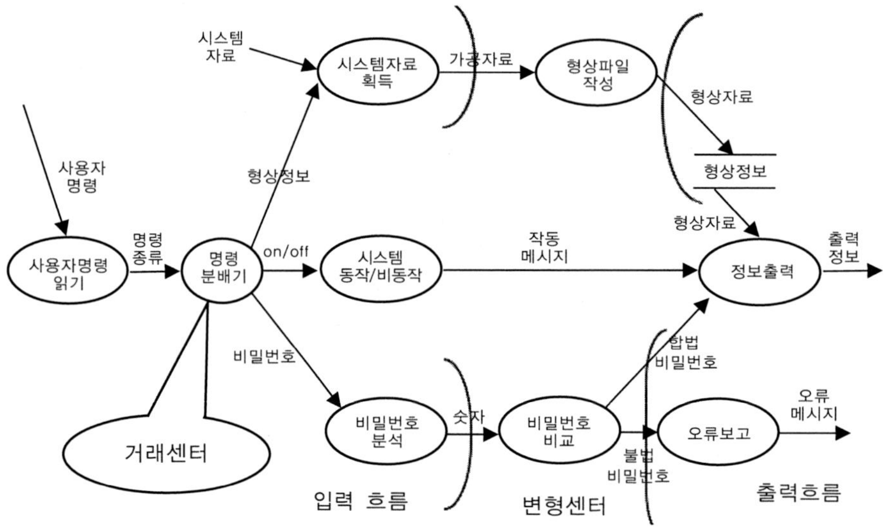

그림 11.19 거래센터 파악과 각 처리경로 특성 파악 보기

4) 구조도 변환

[그림 11-20]과 같이 모든 처리경로를 제어하는 분배기(dispatcher) 모듈을 중심으로 구조도를 작성한다. 분배기 모듈은 입력 자료를 기반으로 각 처리경로를 제어한다. 입력 경로에 대한 구조는 변형중심 설계 방법과 유사하게 진행되며, 각 처리경로의 자료 흐름 특성에 따라 구조도로 변환한다.

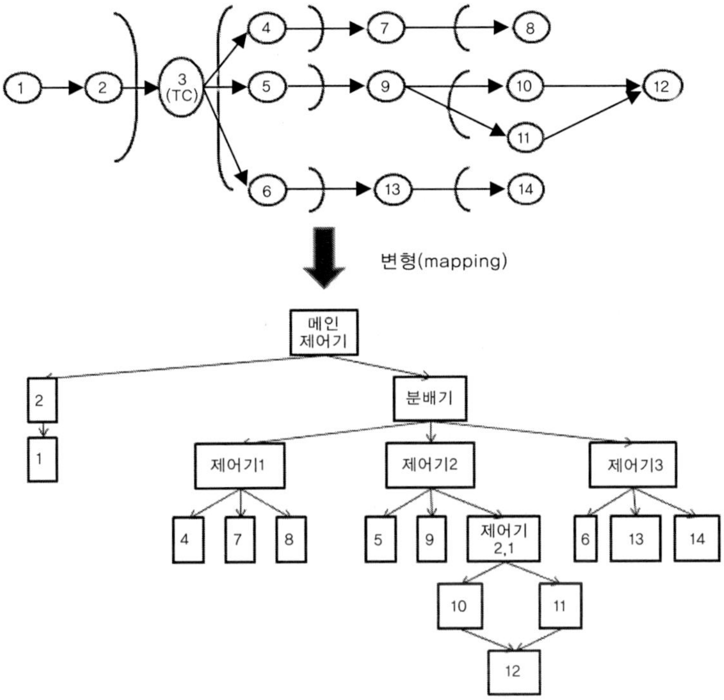

그림 11.20 DFD에서 구조도 변환 보기

[그림 11.21]은 [그림 11.20]의 사용자 상호작용 시스템 DFD를 구조도로 변환한 결과를 보인다. '비밀번호'와 '형상정보' 처리경로는 변형흐름 특성을 갖기 때문에 입력흐름과 출력흐름의 경계를 파악하여 변형중심 설계 방법을 적용한다.

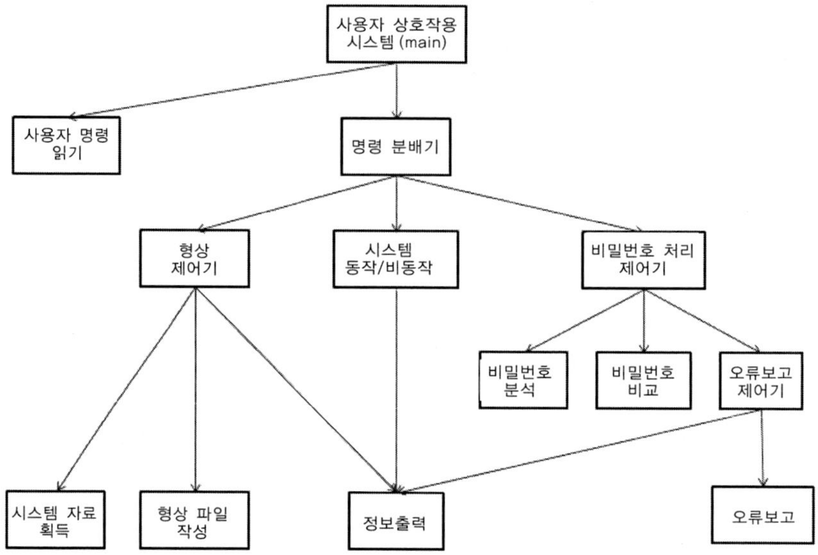

그림 11.21 사용자 인터페이스 시스템 구조도

5) 구조도 개선

변형중심 설계 방법과 동일하게 진행된다.

연 습 문 제

11.1. 구조도가 표현하는 것은 무엇인가?

① 논리 구조 ② 알고리즘 ③ 소프트웨어 구조 ④ 자료 구조 ⑤ 시스템 구조

11.2. 구조적 기법에 사용되는 구조도에 대한 설명으로 거리가 먼 것을 3개 선택하라.

① 구조도는 프로그램 모듈들의 계층구조를 나타낸다.
② 구조도의 최상위 노드는 일반적으로 프로그램의 제어를 수행한다.
③ 구조도에서 데이터의 흐름을 표시할 수 있다.
④ 구조도는 왼쪽에서 오른쪽의 순서로 실행된다.
⑤ 구조도는 모듈 호출 순서를 표현하지 않는다.
⑥ 구조도의 하위 노드는 일반적으로 시스템의 주요 기능을 표시한다.
⑦ 제어의 범위를 너무 크게 하지 않는 것이 좋다.
⑧ 모듈 응집력은 높게, 모듈 결합도는 낮게 작성한다.
⑨ 구조도는 균형을 이루는 피라미드 모형이 가장 일반적이며 바람직하다.
⑩ 모듈내의 요소들이 기능 응집도를 유지하면 좋은 구조도가 유도된다.

11.3. 다음 중 변형중심 설계와 가장 거리가 먼 용어는?

① 출력흐름 ② 처리경로 ③ 입력 흐름 ④ 변형센터

11.4. 다음 DFD에서 2번 프로세스를 거래센터(TC)라고 가정하고, 각 처리경로는 변형흐름 특성을 갖는다고 가정한다. 각 처리경로에 대한 입력 흐름과 출력 흐름에 대한 경계표시가 다음과 같다고 가정할 때 구조도로 변환하라.

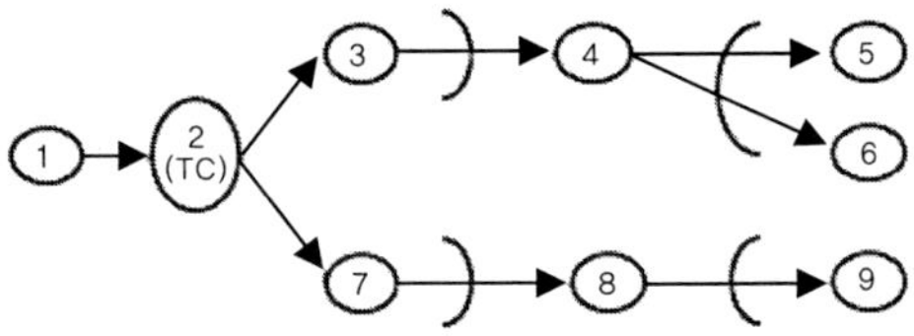

11.5. 구조적 설계 방법에 대한 다음 내용의 괄호에 적절한 용어를 적어라.

> 구조적 설계 방법은 선정된 DFD의 자료 흐름 특성에 따라 (①) 방법 혹은 (②) 방법으로 분류된다.

11.6. 구조도에 대한 다음 내용의 괄호에 적절한 용어를 적어라.

> 구조도에서 상위 계층의 모듈은 일반적으로 (①) 모듈 역할을 하며, 하위 계층 모듈은 실제 작업을 수행하는 (②) 모듈 역할을 한다.

11.7. 구조적 설계 방법 수행 순서를 적어라.

> ① 구조도 초안을 작성하라.
> ② DFD의 특성을 파악하라.
> ③ 설계평가 기준에 의해 구조도 초안을 개선하라.

11.8. 다음은 텍스트로 기술한 소프트웨어 아키텍처 설계에 대한 내용이다. 이에 상응하는 구조도를 그려라.

> '시급계산' 모듈은 '작업시간' 데이터와 함께 '총시급계산' 모듈을 호출한다. '총시급계산' 모듈은 '시급계산' 모듈에게 '총시급' 데이터와 '계산OK' 제어 플래그를 반환한다.

11.9. 설계 품질에 대한 평가기준으로써 가장 거리가 먼 것은?

① 결합도 ② 실행도 ③ 제어도 ④ 공유도

11.10. 약 200라인으로 작성된 프로그램을 임의적으로 50라인씩 4등분하였다. 이 경우 발생될 수 있는 모듈 응집도는 무엇인가?

① functional ② sequential ③ procedural ④ coincidental

11.11. 다음 중 상세(모듈) 설계에서 결합도가 가장 높은 것은?

① Control ② Stamp ③ Common ④ Content

11.12. 다음은 프로그램 구조를 나타낸다. 모듈 F에서 fan-in과 fan-out의 값은 얼마인가?

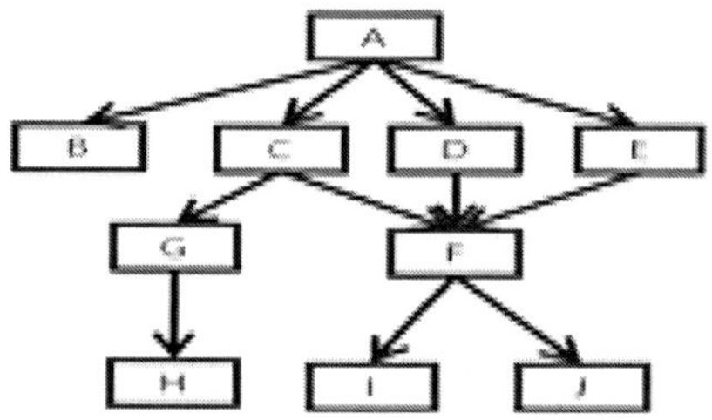

11.13. 소프트웨어 아키텍처와 관련된 용어로 특정 모듈을 제어하는 상위 모듈 수를 무엇이라 하는가?

11.14. 응집도 중에 가장 응집력이 높은 것은 '기능적' 응집도이며, 다음으로 높은 것은 '순치적' 응집도이다. 두 응집도 사이의 차이를 설명하라.

11.15. 결합도 중에 가장 결합력이 높은 것은 '내용' 결합도이며, 가장 결합력이 낮은 것은 '자료' 결합도이다. 두 결합도 사이의 차이를 설명하라.

CHAPTER

12 객체지향 설계 방법

12.1 소개

객체지향 설계 방법은 분석 클래스 다이어그램을 정제하여 설계 클래스 다이어그램을 생성하는 것이다. 설계 클래스 다이어그램은 문제 도메인에 존재하지 않는 솔루션에 필요한 객체들을 포함한다. 설계 클래스 다이어그램 개발을 위해 상호작용(순서, 통신) 다이어그램은 매우 중요한 역할을 한다. 설계의 주된 목적은 각 사용사례를 성공적으로 수행하기 위해 필요한 모든 협력 객체들을 파악하고 모델링하는 것이며, 이를 위해 UML 상호작용 다이어그램을 이용한다. 소프트웨어 아키텍처 설계는 역할에 따라 계층을 구성하는 UI 객체, 응용처리 객체, DB 접근 객체들을 파악하고 이러한 객체들 사이의 메시지 통신에 의한 상호작용을 결정하는 것이다. 객체지향 분석에서 각 사용사례에 대한 입출력 메시지 파악을 위해 시스템 순서 다이어그램(SSD)을 생성하였다. 객체지향 설계에서 SSD의 입력 메시지 요청을 수행(실현)하기 위해 필요한 협력 객체들을 파악하고 순서 다이어그램을 개발하여 설계 클래스 다이어그램을 완성한다. 설계 클래스 다이어그램은 객체지향 프로그래밍에 직접적으로 적용되기 때문에 상세한 정보를 포함하는 것이 필요하다. 클래스 사이의 관계나 속성 이름, 속성 타입, 메소드 시그니처에 대한 정보를 파악하여 추가한다.

객체지향 설계 품질을 높이기 위해 객체지향에서의 응집도와 결합도를 이해하는 것이 필요하다.

12.2 설계 품질

설계는 사용자 요구를 소프트웨어 시스템으로 변형하는 활동이기 때문에 최종 시스템의 품질에 지대한 영향을 미친다. 품질 좋은 설계를 한마디로 요약하면 각 모듈이 가능하면 하나의 작업만 수행하도록 설계하고, 다른 모듈과의 상호작용을 최소화하여 독립성을 유지하도록 모듈화 설계를 하는 것이다. 객체지향 시스템에서 모듈은 일반적으로 클래스나 메소드를 의미하지만, 모듈 크기에 따라 패키지로 묶여진 서브시스템도 모듈이나 컴포넌트가 될 수 있다. 객체지향 설계에 대한 품질 향상을 위해 객체지향에서 응집도와 결합도에 대한 개념을 이해하는 것이 필요하다.

12.2.1 결합도

객체지향에서 결합도는 클래스 사이의 연관 관계나 의존 관계에 의한 결합도를 의미한다. 연관 관계와 의존 관계에 의해 특정 객체는 다른 객체들과 메시지를 주고받을 수 있다. 특정 객체로 부터 메시지를 주고받을 수 있는 객체들의 수가 많을수록 상호작용 결합도는 높다. 높은 상호작용 결합도는 복잡한 설계를 야기하므로 유지보수와 재사용을 어렵게 한다. 특정 객체가 다른 객체에게 메시지를 보낼 수 있는 경우는 [그림 12-1]과 같이 3가지가 있다.

❶ 객체 속성에서 참조하는 객체에게 메시지를 보내는 경우(연관관계)

❷ 메소드 매개변수로써 전달되는 객체에게 메시지를 보내는 경우(의존관계)

❸ 메소드 내부에서 생성되는 객체에게 메시지를 보내는 경우(의존관계)

각 경우에 대한 객체 사이의 관계가 많을수록 결합도는 증가한다. 품질 좋은 설계를 위해 객체 사이의 결합도를 최소화하는 것이 필요하다.

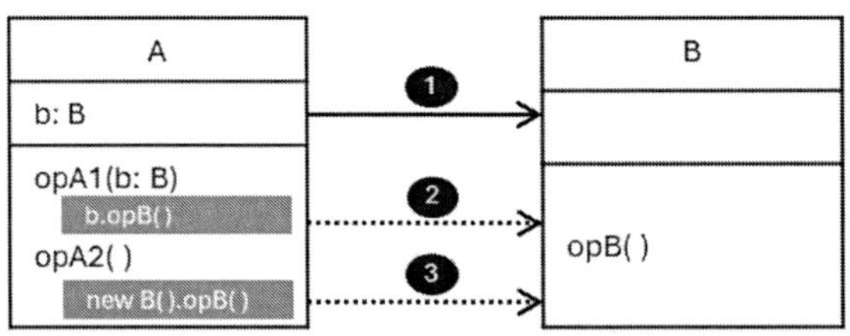

그림 12.1 연관관계와 의존관계에 의한 결합도

12.2.2 응집도

객체지향 설계에서 응집도는 클래스나 메소드 내부의 관련 정도를 의미하며 양질의 설계를 위해 클래스나 메소드 내부의 응집도를 최대화하는 설계가 바람직하다. 응집도는 메소드 응집도와 클래스 응집도로 분류될 수 있다.

◎ 메소드 응집도

객체지향 설계에서 메소드 응집도는 구조적 설계에서 함수 응집도(11.3.2 참조)와 동일하다. 양질의 객체지향 설계를 위해 메소드는 하나의 기능을 수행하는 모듈화 설계가 바람직하다. 여러 기능을 수행 하는 메소드는 이해하기 어렵고 재사용과 유지보수를 어렵게 한다. 메소드 응집도는 응집 정도가 높은 순서대로 기능, 순차, 통신, 절차, 시간, 논리, 우연 응집도로 분류할 수 있다.

응집도	설명	보기
기능	단일 기능 수행과 밀접하게 관련되는 작업들로 메소드를 구성하는 경우를 의미한다. 예를 들면, '세금계산' 메소드의 내부 작업들이 세금계산 기능 수행과 관련된 작업으로만 구성되면 해당 메소드는 기능적 응집도를 갖는다.	
순차	하나의 작업 결과가 다른 작업의 입력으로 순차적으로 이용하는 작업들로 메소드를 구성하는 경우를 의미한다. '봉급계산' 메소드에서 '소득계산' 작업의 결과가 '과세표준액 결정' 작업의 입력으로 이용되며 '과세표준액 결정' 결과는 '세금계산' 작업에 이용된다.	봉급계산 소득계산 과세표준액 결정 세금계산
통신	순서와 관계없이 서로 다른 작업이 동일한 입력 혹은 출력 자료를 이용하는 작업들로 메소드를 구성하는 경우를 의미한다. '서적번호' 입력 자료가 순서와 관계없이 '제목검색', '가격검색', '저자검색' 작업에 이용된다.	서적검색(번호) 제목검색 가격검색 저자검색
절차	순차와 통신 응집도 특성을 갖지 않으면서 작업 수행이 순차적인 작업들로 메소드를 구성하는 경우를 의미한다. '상차리기' 메소드는 순차와 통신 응집도의 특성을 갖지 않지만 5개 작업들은 순차 적으로 수행된다.	상차리기 식기세척 식사준비 전화걸기 샤워하기 상차리기
시간	서로 관련되지 않지만 특별한 시간과 관련하여 한 번에 수행하는 작업들로 메소드를 구성하는 경우를 의미한다. 초기화 수행을 위한 3개 작업은 서로 관련되지 않지만 처음에 수행된다.	초기화수행 거래파일열기 판매테이블초기화 거래기록읽기

논리	한 가지 기능과 관련되기는 하지만 작업 수행이 외부에서 선택되는 작업들로 메소드를 구성하는 경우를 의미한다. 3가지 작업은 '출력' 기능과 관련되지만 작업 수행은 외부 입력 자료인 '플래그'에 의해 제어된다.	
우연	각 작업들이 전혀 관련이 없는 작업들로 메소드를 구성하는 경우를 의미한다.	

그림 12.2 메소드 응집도 분류

클래스 응집도

클래스 응집도는 클래스와 클래스에 소속된 속성과 메소드 사이의 응집 정도를 의미한다. 클래스에 포함된 모든 메소드와 속성들이 해당 클래스가 책임져야 하는 특징으로 밀접하게 연관되어 있을 때 높은 응집도를 갖는다. 양질의 설계를 위해 클래스 응집도가 높은 것이 바람직하다. [그림 12.3]에서 '주문' 클래스의 모든 속성과 메소드는 주문의 책임인 특징만 포함해야 한다. 그러나 '나이' 속성과 '고객검색( )' 연산은 '주문'이 책임져야 하는 특징과 거리가 있다. 해당 클래스와 관련되지 않은 특징(속성과 메소드)을 포함한다면 재사용과 유지보수는 어렵다.

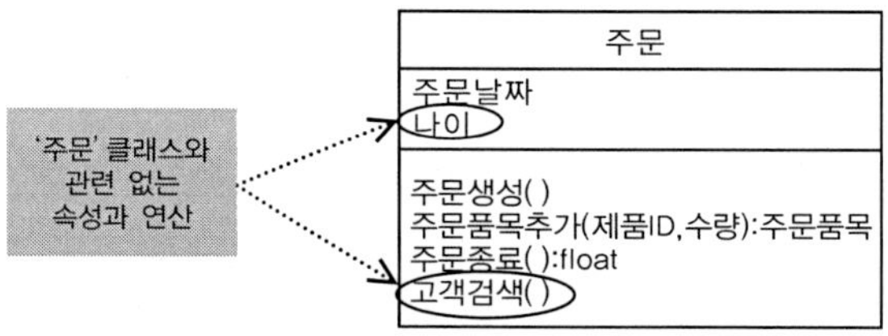

그림 12.3 낮은 클래스 응집도 보기

12.3 설계 절차

객체지향 시스템의 (하위 수준) 소프트웨어 아키텍처 설계를 위해 분석 클래스 다이어그램을 확장하고 정제하여 설계 클래스 다이어그램을 작성하는 세부 절차는 다음과 같다.

① 각 사용사례에 대한 초기 순서 다이어그램을 개발한다. 초기 순서 다이어그램은 사용사례 수행을 위해 어떤 객체들이 포함되는지, 객체 사이의 상호작용을 통해 어떻게 협력하는지를 파악한다. 초기 순서 다이어그램은 도메인 클래스만을 포함한다.

② 시스템 아키텍처 설계에 따라 UI 클래스들과 DB 접근 클래스들을 포함하는 3-계층 솔루션을 위한 상세 순서 다이어그램을 개발한다.

③ 순서 다이어그램 개발 동안 파악된 클래스, 메소드, 속성에 대한 상세 정보를 분석 클래스 다이어그램에 추가하여 설계 클래스 다이어그램을 작성한다.

④ 사용사례에 포함되는 모든 클래스와 클래스에 대한 책임 파악을 돕는 CRC 카드, 설계 패턴을 적용하여 설계 클래스 다이어그램을 정제한다.

⑤ 패키지 다이어그램을 이용하여 관련 기능별로 설계 클래스들을 그룹화(구조화)한다.

설계 절차에서 ①~④ 단계를 사용사례 실현(use-case realization)이라 부른다. 분석에서 파악한 사용사례를 성공적으로 수행하는 사용사례 실현(구현) 과정을 통해 소프트웨어 아키텍처 설계를 수행한다. 이를 위한 협력 클래스들과 지원 클래스들을 결정한다. 3-계층 시스템 아키텍처에 따라 UI, 도메인, 데이터 접근 클래스를 정의한다.

상호작용 다이어그램을 개발하는 것은 객체지향 설계의 핵심이다. 각 사용사례를 실현하기 위해 협력 객체와 지원 객체들이 무엇인지, 이러한 객체들 사이에 메시지 전달이 어떻게 수행되는지 결정하기 위해 상호작용 다이어그램을 이용한다. 본 서적은 UML 상호작용 다이어그램으로 분류되는 순서 다이어그램과 통신 다이어그램에서 순서 다이어그램을 이용하여 사용사례 실현 과정을 보인다. 순서 다이어그램은 설계 클래스 다이어그램 작성에 주요 정보를 제공한다.

12.3.1 초기 순서 다이어그램 개발

사용사례에 대한 초기 순서 다이어그램은 도메인 클래스만을 포함한다. 초기 순서 다이어그램은 분석에서 생성된 시스템 입출력 정보만을 보이는 시스템 순서 다이어그램(SSD)으로부터 시작한다. 액터와 시스템 사이의 메시지 순서를 보이는 SSD의 각 입력 메시지를 하나씩 검토하여 입력 메시지 요청을 수행하기 위해 협력이 필요한 도메인 클래스를 파악한다. 결국, 사용사례 실현은 SSD의 '시스템' 객체를 협력 객체들로 확장하는 것을 의미한다.

[그림 12.4]는 [그림 9.17]에서 언급한 '주문생성' 사용사례에 대한 시스템 순서 다이어그램을 보인다. [그림 12.5]는 시스템 순서 다이어그램으로부터 도메인 클래스

만으로 작성한 초기 순서 다이어그램이다. 초기 순서 다이어그램은 '주문생성' 사용 사례를 실현하기 위해 '고객', '주문', '주문품목', '제품'과 같은 도메인 객체들의 협력을 필요로 한다는 것을 알 수 있다.

초기 순서 다이어그램과 같은 설계는 계층이 분리되지 않은 구조를 가지고 있다. 이러한 설계는 도메인 클래스가 사용자 인터페이스, 제어(비즈니스) 로직, 데이터 접근에 대한 여러 책임을 가지며, 이로 인해 높은 결합도와 낮은 응집도가 발생한다. 이러한 특성은 재사용과 유지보수와 같은 소프트웨어 품질에 부정적인 영향을 미친다. 결국, 시스템을 한 가지 책임만 수행하는 계층으로 분리하여 개발하는 것이 필요하다.

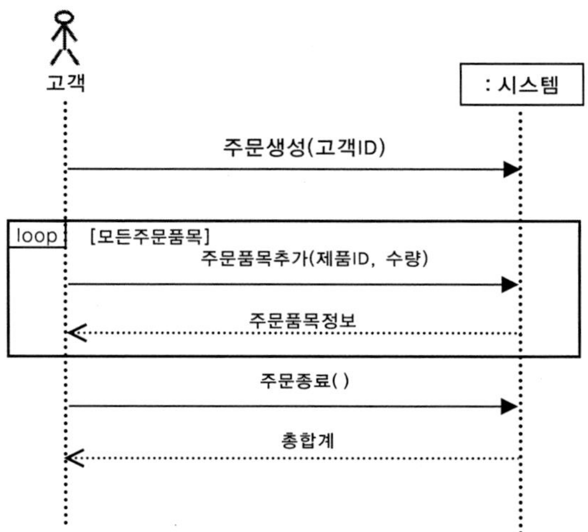

그림 12.4 '주문생성' 시스템 순서 다이어그램(SSD)

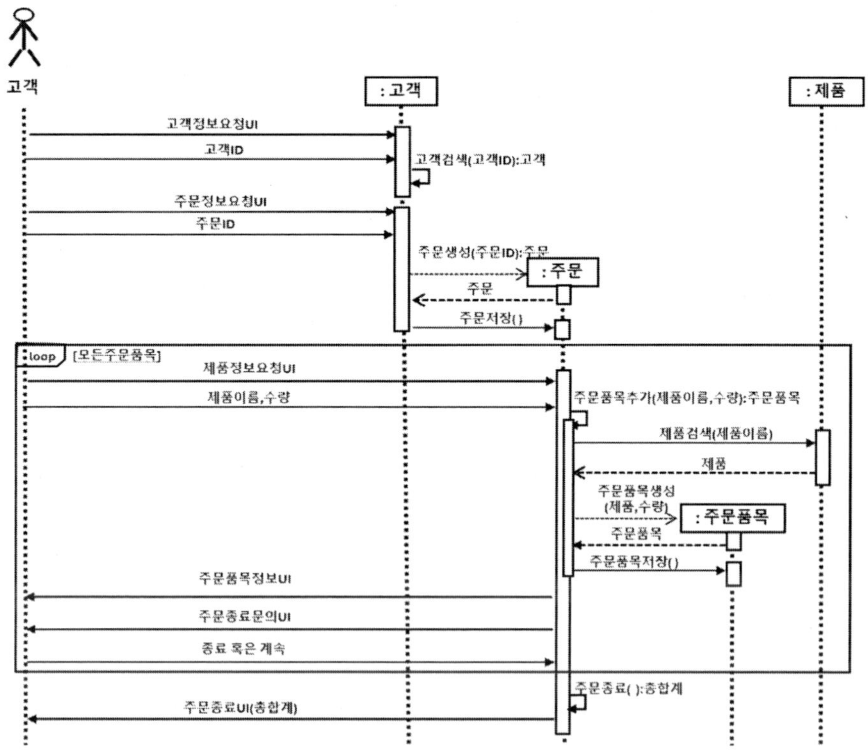

그림 12.5 '주문생성' 초기 순서 다이어그램

12.3.2 상세 순서 다이어그램 개발

시스템을 3-계층 아키텍처로 개발한다면 도메인 클래스 외에 수많은 지원 클래스들을 파악하고 정의하는 것이 필요하다. 지원 클래스 종류는 사용자와 상호작용을 지원하는 UI 클래스(경계 계층), 비즈니스 로직을 위한 도메인 클래스(도메인 계층), 데이터에 대한 접근을 지원하는 데이터 접근 클래스(데이터 접근 계층)가 있다.

3-계층 설계 클래스 UML 표기법

UML은 3-계층 아키텍처 모델링을 위해 [그림 12.6]과 같이 4 종류의 설계 클래스(UI, 제어, 엔터티, 데이터접근)에 대한 스테레오 타입 표기법과 함께 자신만의 독특한 아이콘을 제공한다. 경계 계층은 UI 클래스들로 구성되며, 도메인 계층은 제어 클래스와 엔터티 클래스로 구성된다. 데이터 접근 계층은 데이터 접근 클래스들로 구성된다. 서비스 계층은 UML의 3-계층 아키텍처에 포함되지 않는다.

MVC 아키텍처	3계층 아키텍처	설계 클래스	설명	표기법 아이콘
뷰 (View)	경계 (뷰, 표현)	UI 클래스	- 시스템과 사용자 사이의 상호작용역할(책임)을 수행하는 클래스. - 보기: OrderForm, OrderView	<<boundary>> ATM ATM
컨트롤러 (Controller)	도메인 (비즈니스 로직, 애플리케이션)	제어 클래스	- 경계 클래스와 도메인 클래스 사이에 위치하여 경계 클래스로 부터 사용자 입력을 처리하고, 도메인 클래스의 결과를 경계 계층에 전달하는 역할을 수행하는 클래스. - 보기: OrderController - 도메인의 업무 처리 대한 수행 순서를 처리하므로 도메인 계층에 포함된다. 그러나 제어 클래스의 역할은 사용자 입력 받아 도메인 계층에 전달하므로 경계 계층에 포함될 수도 있다.	<<control>> 인출 인출
모델 (Model)		엔터티 클래스	- 도메인에서 주요 데이터와 데이터를 다루는 비즈니스 로직에 대한 수행 책임을 갖는 클래스 - 보기: Order, Product, OrderItem - 엔터티 클래스가 비즈니스 로직 수행 책임 없이 단순히 데이터와 데이터 상태를 관리하는 메소드로 설계한다면 DTO라 부름 - DTO는 계층 사이에 데이터 교환을 위해 사용되며, DTO가 자바 표준을 준수하면 JavaBean이라고도 부름	<<entity>> 계좌 계좌
	서비스 계층 (3계층 제외)	서비스 클래스 (3계층 제외)	- 여러 엔터티들을 조합해서 복잡한 비즈니스 로직을 수행하는 메소드를 별도로 모아 놓은 클래스 - 보기: OrderService, ProductService	<<서비스>> 주문
	데이터 접근	데이터접근 클래스	- 데이터베이스 혹은 파일과 같은 저장소와 직접적인 CRUD 작업을 수행하는 클래스 - 보기: OrderDAO, OrderItemDAO - 이러한 객체를 DAO라 부른다.	<<dataAccess>> 주문 주문

그림 12.6 설계 클래스에 대한 3-계층과 MVC

웹 시스템 개발에 적용되는 MVC 아키텍처는 UML 3-계층 아키텍처와 유사하다. MVC 아키텍처는 시스템을 뷰, 컨트롤러, 모델 계층의 독립적인 역할을 수행하는 3-계층으로 분리한다. 뷰 계층은 시스템과 사용자 사이의 상호작용을 담당하는 경계 계층과 동일한 역할을 수행하고, 모델 계층은 비즈니스 로직과 데이터를 담당하는 도메인 계층과 데이터 접근 계층 역할을 수행한다. 컨트롤러 계층은 뷰와 모델 사이에 위치하여 뷰로부터 입력을 처리하고 모델의 결과를 뷰로 전달하는 역할을 수행하므로 UML 3-계층 중 도메인 계층의 제어 클래스와 동일한 역할을 수행한다. 특히, MVC 아키텍처는 서비스 계층을 별도로 구성하여 3-계층의 엔터티 클래스에 포함된 비즈니스 로직을 독립 계층으로 구성하기도 한다.

제어 클래스 역할

사용사례 실현을 위한 초기 순서 다이어그램에서 액터(고객)는 도메인(엔티티) 클래스에 직접 메시지를 요청한다. 이런 상황에서 입력 메시지에 대한 수행 책임을 갖는 도메인 클래스가 누구인지, 어떤 도메인 클래스가 입력 정보를 전달받아야 하는지를 결정하는 것이 필요할 것이다. 이런 결정을 위해 액터와 엔터티 클래스 사이에 제어 클래스를 정의한다. 제어 클래스는 액터로 부터 입력 메시지를 받고 적절한 엔터티 클래스에 해당 입력 메시지를 전달하는 역할을 수행한다. 제어 클래스를 정의하는 것은 다음과 같은 장점을 제공한다.

- 특정 입력 메시지 수행을 위해 액터가 다수의 엔터티 클래스에게 해당 메시지를 보내는 경우 액터는 여러 도메인 클래스에 대하여 아는 것이 필요하다. 즉, 이러한 아는(연관) 관계를 위해 액터는 참조 변수(필드)를 필요로 할 것이다. 이는 액터와 엔터티 클래스 사이의 결합도를 증가시킨다. 이런 경우 입력 메시지를 처리하는 제어 클래스를 정의함으로써 액터와 엔터티 클래스 사이의 결합도를 감소시킨다.
- 사용사례 실행 흐름은 제어 클래스가 담당하므로 엔터티 클래스와 액터는 자신의 역할에만 집중하므로 응집력은 높아진다.
- 시스템 내부의 도메인 계층과 외부 환경 사이의 연결을 최소화하여 전체적인 결합도를 감소시킨다.

각 사용사례에 대하여 하나의 제어 클래스를 정의한다. 이런 경우 수많은 제어 클래스가 생성될 수 있으므로 개발자들은 서로 밀접한 관계를 갖는 사용사례들에 대하여 단일 통합 제어 클래스를 정의하기도 한다.

[그림 12.7]은 [그림 12.5]의 초기 순서 다이어그램에 제어 클래스를 추가한 순서 다이어그램을 보인다. '주문제어기' 클래스는 외부 액터와 4개의 엔터티 클래스 사이에 위치하여 액터가 요청한 입력 메시지를 올바른 엔터티 클래스에게 전달하고 엔터티 클래스로부터 반환 값을 외부 액터에게 제공한다.

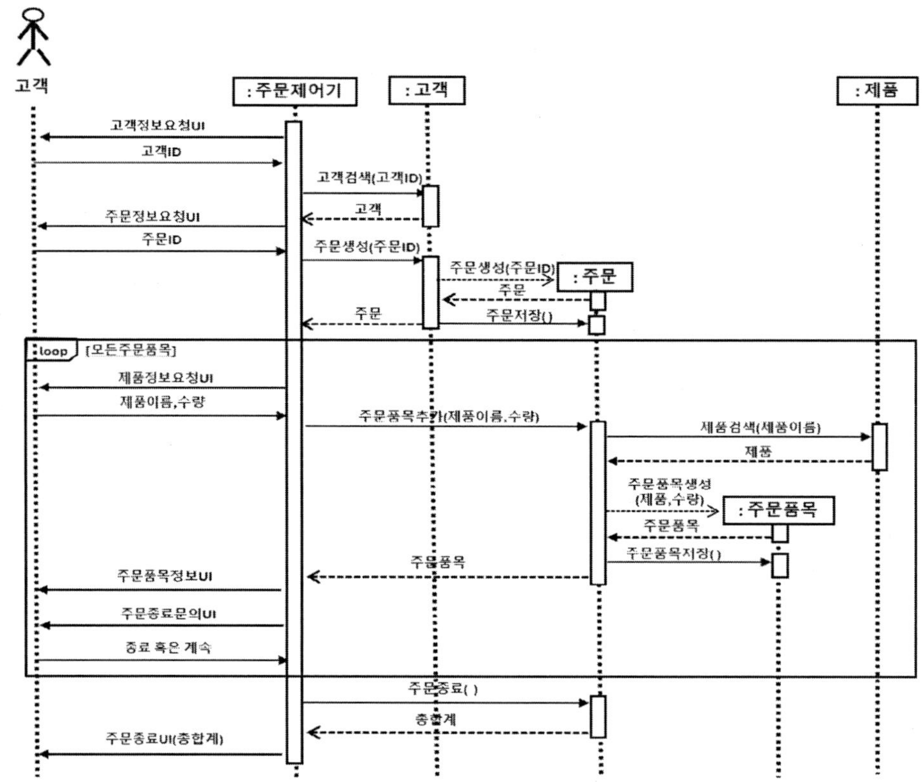

그림 12.7 제어 클래스를 포함한 '주문생성' 순서 다이어그램

'주문생성' 사용사례 실현을 위한 주문 제어기 객체와 엔터티 객체 사이의 협력 과정은 다음과 같다.

- 첫 번째 메시지는 '고객검색(고객ID)' 메시지이다. 고객으로부터 전달받은 고객 ID 데이터와 함께 '주문제어기' 객체는 고객 확인을 위해 '고객' 객체에게 '고객검색(고객ID)' 메시지를 요청한다.
- 두 번째 메시지는 '주문생성(주문ID)' 메시지이다. 고객으로부터 전달받은 주문 ID 데이터와 함께 '주문제어기' 객체는 주문 생성을 위해 '고객' 객체에게 '주문생성(주문ID)' 메시지를 요청하고, '고객' 객체는 '주문' 객체를 생성한다. 생성된 '주문' 객체를 '고객'에게 반환하고 '고객' 객체는 반환된 '주문'을 저장하기 위해 '주문저장' 메시지를 '주문' 객체에게 보낸 후 '주문제어기' 객체에게 전달한다. 이러한 설계에서 '고객' 객체가 존재하지 않으면 '주문' 객체는 존재할 수

없다.

- 세 번째 메시지는 '주문품목추가(제품이름, 수량)' 메시지이다. 고객이 선택한 주문 품목을 추가해 달라는 요청이다. 고객으로부터 전달받은 제품이름과 수량 데이터와 함께 '주문제어기' 객체는 주문 품목 추가를 위해 '주문' 객체에게 '주문품목추가(제품이름, 수량)' 메시지를 요청한다. 해당 '주문품목추가' 메시지에서 주문품목에 해당하는 제품 정보를 얻기 위해 '제품' 객체에게 '제품검색' 메시지를 요청하고, '주문품목' 객체를 생성한다. 생성된 주문품목은 '주문' 객체에 반환되고 '주문제어기'를 통해 '고객'에게 전달된다. 고객은 주문 품목 추가를 반복적으로 요청한다.
- 네 번째 메시지는 '주문종료( )' 메시지이다. '주문종료' 메시지는 '주문' 객체에게 모든 주문항목에 대한 총 합계를 계산하도록 요청한다.

경계 계층 클래스 역할

경계 계층은 윈도우 폼과 같은 사용자 인터페이스(UI) 클래스들로 구성된다. 일반적으로 2-계층 시스템들은 경계 계층이 입출력 역할 외에 앞서 언급한 제어의 역할은 물론 도메인 계층에 포함되어야 하는 비즈니스 로직에 대한 책임을 가질 수 있다. 이렇게 개발된 시스템들은 책임 분할과 낮은 응집력 문제로 인해 유지보수와 재사용이 어렵다. 이런 문제를 해결하기 위해 사용자 입출력 책임을 갖는 경계 계층을 독립적으로 분리한다. 일반적으로 하나의 사용사례에 대하여 하나의 UI 클래스를 정의한다. [그림 12.8]은 UI 클래스를 추가한 순서 다이어그램을 보인다. UI 클래스인 '주문생성UI'는 주문 생성을 위해 고객과 상호작용을 수행하는 역할만을 가지며 '주문제어기'에 의해 경계 계층과 엔터티 클래스는 완전히 분리되어 결합도는 낮아진다.

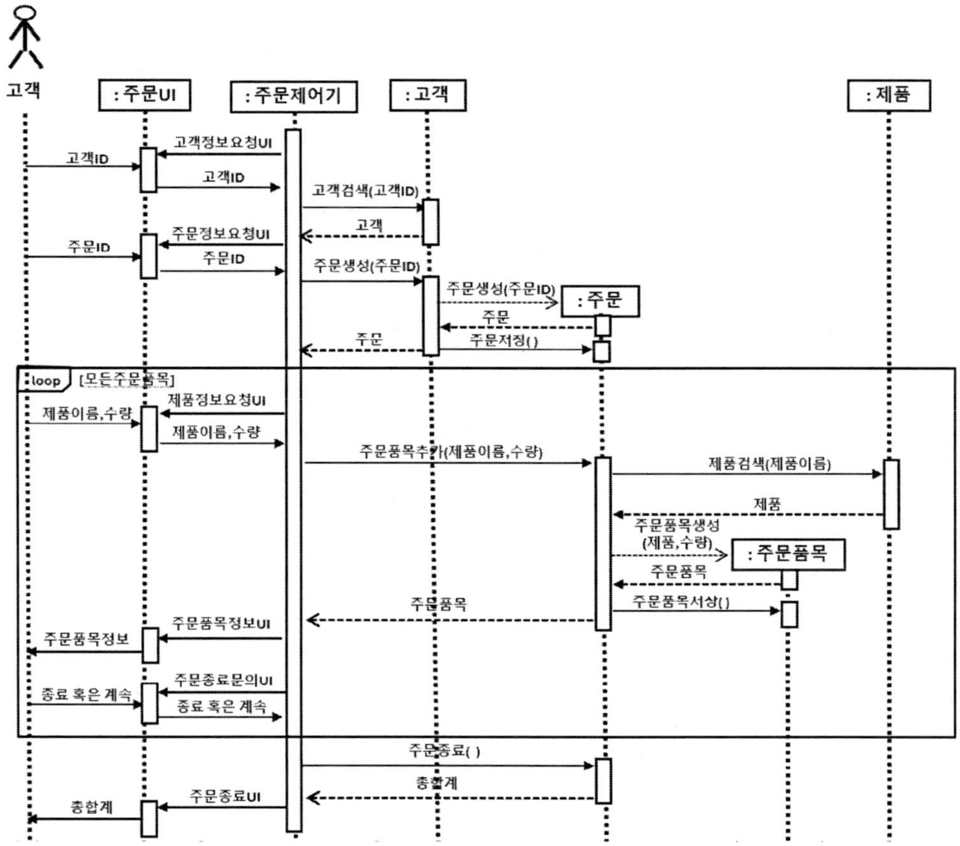

그림 12.8 제어 클래스와 경계 클래스를 포함한 '주문생성' 순서 다이어그램

데이터 접근 계층 클래스 역할

데이터 접근 계층은 데이터 검색과 저장을 지원하는 클래스들로 구성한다. 데이터 접근 계층이 없다면 물리적인 데이터베이스 접근을 위한 로직(데이터베이스 연결, 쿼리, CRUD 기능)이 도메인 계층의 엔터티 클래스에 포함될 것이다. 이러한 구조는 엔터티 클래스가 너무 많은 역할을 수행하므로 응집도는 낮아진다. 또한 엔터티 클래스는 특정 데이터베이스에 강하게 결합되어 결합도는 높아질 것이다.

3-계층 상세 순서 다이어그램

[그림 12.9]는 '주문생성' 사용사례 실현을 위해 3-계층 구조에 의한 상세 순서 다이어그램을 보인다. 상세 순서 다이어그램의 경계 계층은 1개의 UI 클래스로 구성되

며, 도메인 계층은 1개의 제어 클래스와 4개의 엔터티 클래스로 구성되고, 데이터 접근 계층은 4개의 엔터티 클래스들에 대응하는 4개의 데이터 접근 클래스들로 구성된다.

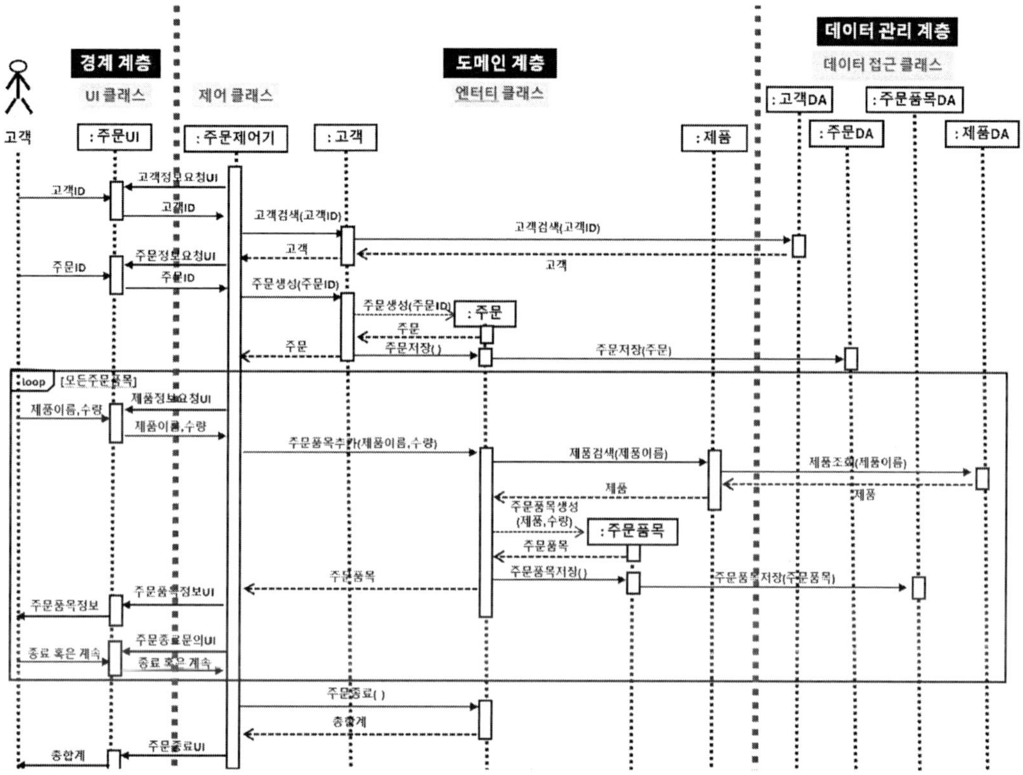

그림 12.9 3-계층 구조에 기초한 '주문생성' 상세 순서 다이어그램

[그림 12.10]은 응집도와 결합도 중심으로 3-계층 아키텍처의 장점과 단점을 보인다.

장점	높은 응집도	- 각 계층이 특정 역할과 책임을 명확하게 수행하기 때문에 응집도는 높아진다. 보기를 들면, 경계 계층은 사용자 인터페이스와 관련된 모든 작업을 처리하고, 도메인 계층은 비즈니스 로직을 다루며, 데이터 접근 계층은 데이터베이스와의 상호작용에 집중한다. - 높은 응집도 때문에 각 계층이 독립적으로 변경되고 재사용될 수 있다. 보기를 들면, DBMS 변경이 필요한 경우에 데이터 접근 계층만 수정하며, 나머지 계층에는 영향을 미치지 않는다.
	낮은 결합도	- 각 계층은 독립적으로 구성되므로 계층을 수정하거나 교체하더라도 다른 계층에 미치는 영향이 최소화된다. 보기를 들면, 경계 계층은 도메인 계층의 엔터티 클래스에 대하여 전혀 알지 못한다. - 낮은 결합도로 인해 특정 계층의 기능을 다른 애플리케이션에서 재사용할 수 있다. 보기를 들면, 데이터 접근 계층은 다양한 도메인 계층에서 재사용할 수 있다. - 낮은 결합도로 인해 각 계층은 독립적으로 개발되고 수정 가능하다. 보기를 들면, 경계 계층이 변경되어도 도메인 계층이나 데이터 접근 계층에 영향을 미치지 않으므로 유지보수가 용이하다.
단점		- 시스템을 여러 계층으로 분리하므로 설계의 복잡성이 증가할 수 있다. 독립적인 계층 설계를 위해 추가적인 노력이 필요하다. - 계층 사이의 메시지 통신이 자주 발생하므로 시스템 성능은 저하될 수 있다.

그림 12.10 3-계층 구조의 장점 및 단점

12.3.3 설계 클래스 다이어그램 생성

[그림 12.11]은 [그림 12.9]의 상세 순서 다이어그램에 기초하여 생성된 설계 클래스 다이어그램을 보인다. 경계, 도메인, 데이터 접근 계층에 속한 새로운 설계 클래스들을 정의한다. 도메인 계층에 제어 클래스를 추가한다. 순서 다이어그램의 상세한 메소드 시그니처 정보와 메시지 호출 방향에 따른 연관 방향 정보를 추가한다. 일반적으로 클래스에 대한 생성자 메소드와 get/set 메소드는 클래스 다이어그램에 포함하지 않는다. 그러나 중요한 메소드들은 반드시 포함한다. 굵은 글씨로 표시된 속성은 연관 관계를 강조하기 위해 표시하였다. 보기를 들면 '주문제어기' 클래스는 '주문UI', '고객', '주문' 클래스와 연관 관계를 갖고, 각 엔터티 클래스는 상응하는 데이터 접근 클래스와 연관 관계를 갖는다. 클래스 다이어그램의 화살표 표기에 의한 연관 관계를 표기하였기 때문에 속성 표기는 불필요하다. (1..*)와 같은 다중성 표기는 자

바의 Collection 프레임워크의 List 구조로 표현하였다.

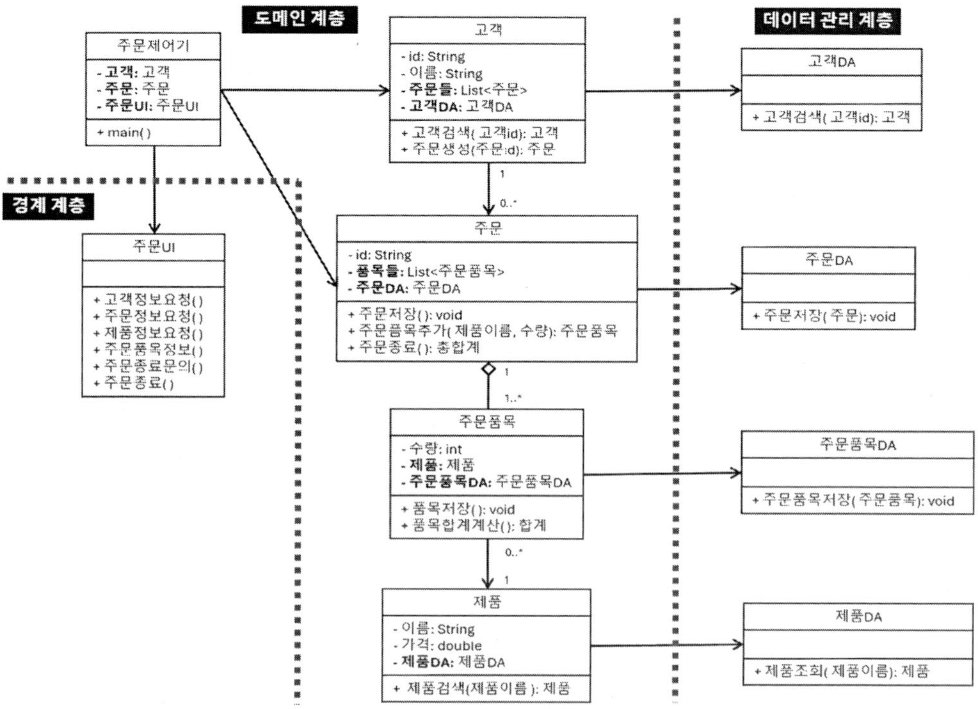

그림 12.11 3-계층 구조 '주문생성' 설계 클래스 다이어그램

[그림 12.12]는 [그림 12-11] 3-계층 아키텍처 '주문생성' 설계 클래스 다이어그램에 대한 자바 코드를 보인다. 계층은 package 키워드를 사용하고, 이용(의존)하는 클래스는 import 키워드를 사용한다. 클래스 사이의 연관 관계는 필드로 선언한다.

```
package 경계;

public class 주문UI {
    public 고객정보요청( )
    public 주문정보요청( )
    public 제품정보요청( )
    public 주문품목정보( )
    public 주문종료문의( )
    public 주문종료( )
}
```

```
package 도메인;

import 경계.주문UI;
Import 도메인.고객;
import 도메인.주문;

public class 주문제어기 {
    private 주문UI 주문UI;
    private 고객 고객;
    private 주문 주문;
}
```

```
package 도메인;

import 데이터접근.고객DA;

public class 고객 {
    private String id;
    private String 이름;
    private List<주문> 주문들;
    private 고객DA  고객DA;
}
```

```
package 데이터접근;

import java.sql.Connection;
import java.sql.DriverManager;
import java.sql.PreparedStatement;
import java.sql.ResultSet;
import java.sql.SQLException;

public class 고객DA {
   // 데이터베이스 연결 코드
   // CRUD 메소드 코드
}
```

```
package 도메인;

import 데이터접근.주문DA;

public class 주문 {
   private String id;
   private List<주문항목> 품목들;
   private 고객DA  주문DA;
}
```

```
package 데이터접근;

import java.sql.Connection;
import java.sql.DriverManager;
import java.sql.PreparedStatement;
import java.sql.ResultSet;
import java.sql.SQLException;

public class 주문DA {
   // 데이터베이스 연결 코드
   // CRUD 메소드 코드
}
```

```
package 도메인;

import 데이터접근.주문항목DA;

public class 주문항목 {
  private int 수량;
  private 제품 제품;
  private 주문항목DA  주문항목DA;
}
```

```
package 데이터접근;

import java.sql.Connection;
import java.sql.DriverManager;
import java.sql.PreparedStatement;
import java.sql.ResultSet;
import java.sql.SQLException;

public class 주문항목DA {
   // 데이터베이스 연결 코드
   // CRUD 메소드 코드
}
```

```
package 도메인;

import 데이터접근.제품DA;

public class   제품 {
   private String 이름;
   private double 가격;
   private 제품DA 제품DA;
}
```

```
package 데이터접근;

import java.sql.Connection;
import java.sql.DriverManager;
import java.sql.PreparedStatement;
import java.sql.ResultSet;
import java.sql.SQLException;

public class 제품DA {
   // 데이터베이스 연결 코드
   // CRUD 메소드 코드
}
```

그림 12.12 3-계층 구조 '주문생성' 설계 클래스 다이어그램에 대한 자바코드

12.3.4 설계 클래스 다이어그램 정제

소프트웨어 아키텍처 설계의 네 번째 단계는 설계 품질을 고려하여 설계 클래스 다이어그램을 정제하는 것이다. 양질의 설계를 위해 다양한 방법들이 있다. 첫 번째 방법은 '13장 설계 패턴'에서 언급할 과거 유사 문제 도메인에서 발생한 설계 솔루션인 설계 패턴을 적용하는 것이다. 두 번째 방법은 '14장 SOLID 원리'에서 언급할 객체지향 설계 기본 원리를 적용하는 것이다. 세 번째 방법은 다음에 언급할 클래스와 클래스 사이의 책임과 협력 관계 파악을 돕는 CRC 카드 방법을 적용하는 것이다.

CRC 카드

1989년 Ward Cunningham과 Kent Beck이 제안한 CRC(Class Responsibility Collaboration) 카드는 클래스의 책임 연산과 책임 속성을 파악하는데 효과적으로 이용할 수 있는 브레인스토밍 방법이다. CRC 카드 방법은 사용사례 시나리오 실현에

필요한 협력 클래스들과 클래스 책임을 파악하는데 도움을 줄 수 있다. CRC 카드를 통해 파악된 정보는 설계 클래스 다이어그램을 개발하고 정제하기 위해 이용될 수 있다.

CRC 카드 구성

인덱스 카드의 일종인 CRC 카드는 [그림 12.13]과 같이 앞면은 클래스 이름, 수행 책임인 연산, 협력 클래스를 나열하는 3개의 영역으로 분할되며 뒷면은 아는 책임인 속성을 나열한다.

클래스 이름

카드 앞면의 맨 위에 클래스 이름을 적는다.

책임

카드 앞면의 왼쪽에 클래스의 수행 책임(doing responsibility)을 적는다. 수행 책임은 해당 클래스가 사용사례를 수행하는데 필요한 연산(메소드)에 해당한다. 카드 뒷면에는 해당 클래스의 아는 책임(knowing responsibility)을 적는다. 아는 책임은 해당 클래스가 사용사례를 수행하는데 알고 있거나 알아야만 하는 속성(데이터)을 적는다.

협력

카드 앞면의 오른쪽에 협력 클래스를 적는다. 협력 클래스는 해당 클래스가 사용사례 실현을 위해 협력이 필요한 클래스들을 적는다.

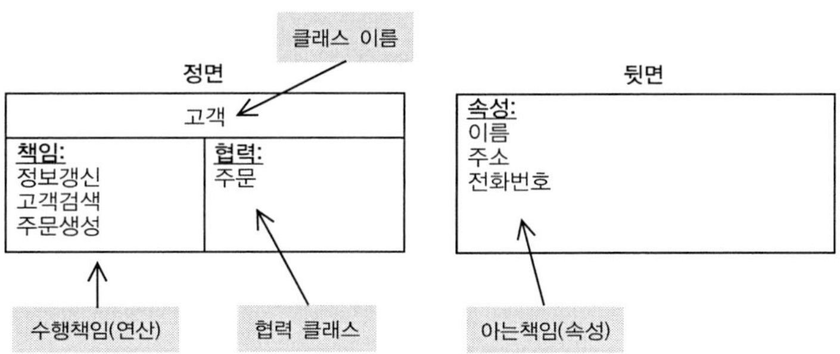

그림 12.13 CRC 카드 보기

CRC 카드 앞면에 클래스 이름, 수행 책임, 협력 클래스와 카드 뒷면에 속성 외에 다음 추가 정보들을 카드에 포함할 수 있다.

◎ 앞면 추가 정보

- ID : 해당 클래스를 식별할 수 있는 번호
- 설명 : 해당 클래스를 간단히 기술하는 문장
- 사용사례 : 해당 클래스와 관련되는 사용사례 목록

◎ 뒷면 추가 정보

- 관계 : 해당 클래스와 연관, 집합, 일반화 관계를 갖는 클래스 목록

CRC 카드 개발 프로세스

사용사례 시나리오 실현을 위한 CRC 카드 개발 프로세스는 다음과 같다.

❶ 사용사례 선택

CRC 카드 방법은 특정 사용사례 시나리오를 실현하는 과정이므로 사용사례 하나를 선택한다. 개발 초기에는 가장 중요하고 복잡한 사용사례를 선택한다.

❷ 브레인스토밍 회의 소집

사용사례 시나리오 수행을 위한 협력 클래스들을 파악하기 위해 브레인스토밍 회의를 소집한다.

❸ 객체 역할 할당

각 팀 멤버에게 클래스 객체 역할을 할당한다.

❹ 역할 게임 수행

사용사례 실현을 위해 팀 멤버 사이에 역할 게임을 수행한다. 역할 게임을 통해 어떤 객체에게 책임이 있는지, 어떻게 객체들이 서로 협력해야 하는지 파악한다.

❺ 반복 수행

다른 사용사례에 대하여 ❶ ~ ❹ 과정을 반복한다.

CRC 카드 개발 회의 전에 팀 멤버들에게 분석 결과물인 분석 클래스 다이어그램,

시스템 순서 다이어그램, 사용사례와 같은 정보를 제공한다. 이런 정보는 객체 역할을 수행하는 팀 멤버에게 기본적인 정보를 제공한다.

효과적인 CRC 카드 설계는 클래스들 사이에 책임을 적절히 분산하는 것이다. 클래스 책임을 효과적으로 할당하기 위해 특정 객체 역할을 수행하는 팀 멤버는 합리적인 이유가 없다면 자신의 책임 이외의 추가적인 책임 할당을 거부해야 한다. 반면에 각 팀 멤버(객체)는 특정 책임을 할당하는 것이 가장 적절하다고 판단되는 객체에게 책임을 맡도록 설득한다. 설득에 합리적인 이유가 있다면 책임을 받아들이고, 그렇지 않으면 거부한다. 효과적인 책임분산의 목적은 객체 사이의 메시지 호출을 최소화하여 복잡성을 줄이고, 응집력이 높은 클래스를 정의하는 것이다.

CRC 개발 보기

[그림 12.14]와 같이 '주문생성' 사용사례 실현을 위해 '고객', '주문', 주문품목' 객체들의 협력이 필요하므로 3장의 CRC 카드를 준비한다. 각 객체에 대한 역할을 팀 멤버들에게 할당한다. '주문생성' 사용사례의 두 번째 입력 메시지인 '주문생성' 요청에서 외부 액터인 고객은 주문을 생성하는 것이 필요하다. 주문 생성에 대한 책임을 '고객' 객체에게 할당할 것인지 '주문' 객체에게 할당할 것인지 명확하지 않다. '주문' 객체가 고객의 주문에 대한 상세 정보를 보유하므로 모든 팀 멤버들이 주문 생성에 대한 책임을 '주문' 객체에 할당하려 한다. 그러나 '주문' 객체 역할을 수행하는 팀 멤버는 현재 생성하는 주문 외에 다른 주문이 어떤 '고객' 객체에 소속되는지 알지 못한다고 불평한다. 다른 객체 역할을 수행하는 팀 멤버들과 논의 후에 '고객' 객체는 주문 생성에 대한 책임을 받아들인다. 결국 '고객' 객체는 '주문생성' 책임을 받아들여 '주문생성' 연산을 포함하고 '주문' 객체와 협력한다.

'주문생성' 사용사례의 세 번째 입력 메시지인 '주문품목추가' 요청에서 외부 액터인 고객은 주문품목을 추가하는 것이 필요하다. 첫 번째 입력 메시지인 '주문생성' 요청과 마찬가지로 역할 게임을 통해 '주문' 객체 역할을 수행하는 팀 멤버는 주문품목 추가에 대한 책임을 받아들인다. 결국 '주문' 객체는 '주문품목추가' 연산을 포함하며 '주문품목' 객체와 협력한다.

'주문생성' 사용사례의 마지막 입력 메시지인 '주문종료' 요청에 대한 책임이 어떤 객체에 할당되어야 하는지는 명백하다. '주문' 객체는 현 주문에 대한 종료 처리에 대한 책임을 가진다.

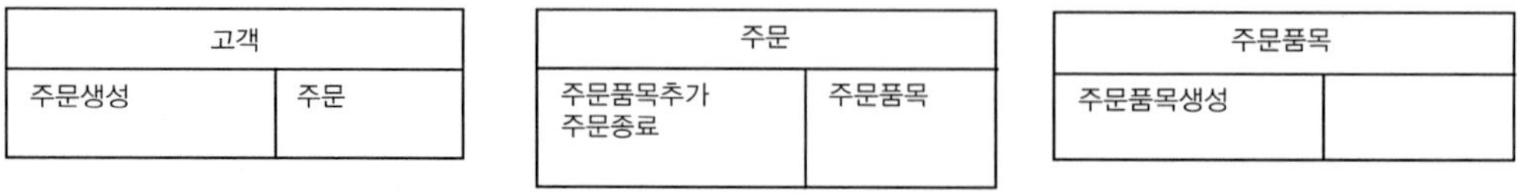

그림 12.14 '주문생성' 사용사례에 대한 CRC 카드

12.3.5 설계 클래스 구조화

설계자는 3-계층 구조에 적절하도록 설계 클래스들을 관련 그룹으로 패키지화 한다. 설계 클래스 구조화는 시스템의 분산 처리 환경과 3-계층 시스템 구조에 영향을 받는다. [그림 12.15] (a)는 '주문생성' 사용사례 설계 클래스들에 대한 UML 3-계층 패키지 다이어그램을 보인다.

경계, 도메인, 데이터 접근 계층은 분리 패키지로 구성되며 각 계층에 속하는 클래스들은 해당 패키지에 포함된다. 그림의 점선 화살표는 패키지 사이의 의존 관계를 보인다. '도메인' 패키지 클래스들은 '경계' 패키지 클래스와 '데이터접근' 패키지 클래스들을 이용(의존)한다. '경계' 패키지와 '데이터접근' 패키지는 서로 전혀 알지 못한다. 패키지는 다른 패키지를 포함할 수 있다. 3-계층에서 '도메인' 패키지는 '제어' 패키지를 포함한다. 기능별로 관련 사용사례를 그룹화한 사용사례 패키지 구조와 유사하게 역할에 따라 설계 클래스들을 서브 시스템으로 그룹(패키지)화 한다. 각 서브 시스템에 포함된 클래스들은 개발 팀에 의해 독립적으로 개발될 수 있다.

[그림 12.15] (b)의 MVC 아키텍처 기반 3-계층 구조는 '제어' 계층을 독립 계층으로 분리하고 엔터티 클래스들과 데이터 접근 클래스들을 '모델' 계층으로 구분한다. [그림 12.15] (c)의 MVC 아키텍처 기반 5-계층 구조는 '뷰', '제어', '서비스', '엔터티', '데이터접근'의 5-계층으로 더욱 분리한다.

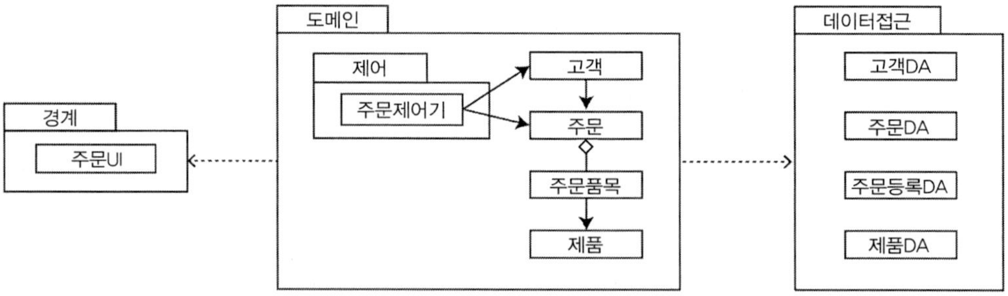

(a) UML 3-계층

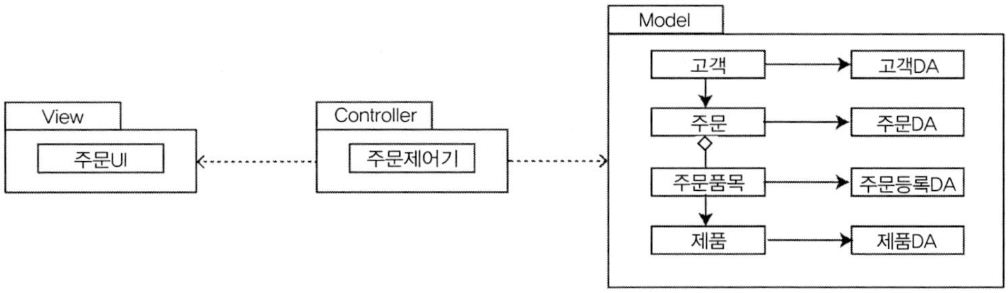

(b) MVC 3–계층

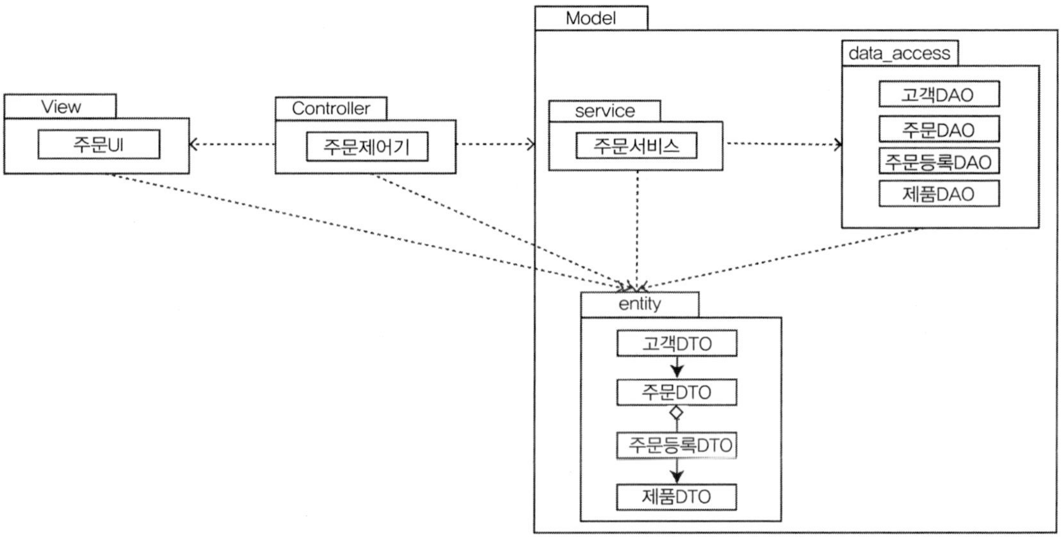

(C) MVC 5–계층

그림 12.15 WOPS '주문생성' 사용사례에 대한 설계 클래스 3–계층 패키지 다이어그램

12.4 요약

설계는 분석에서 정의한 사용사례를 실현하기 위한 솔루션을 결정하는 활동이다. 기능 요구에 대한 사용사례 실현과 함께 시스템에 대한 비기능 요구를 만족하는 시스템 아키텍처와 소프트웨어 솔루션을 결정하는 활동이다. 전통적인 구조적 개발 방법과 다르게 객체지향 방법에서는 분석과 설계의 구분이 명확하지 않고 분석 활동에서 생산된 결과물(모델)에 대한 정제를 통하여 시스템은 구체화된다.

분석이 도메인을 이해하는 활동이라면 설계는 솔루션을 결정하는 활동이다. 분석에서 생성한 3개의 모델은 설계 동안 더욱 구체적으로 정제된다. 시스템 아키텍처 모델은 소프트웨어를 포함하여 하드웨어, 네트워크에 대한 전체적인 시스템 구조와 구성을 표현한다. 시스템 아키텍처 모델링을 위해 배치, 컴포넌트, 패키지 다이어그램을 이용할 수 있다. 설계의 정적 구조 모델은 분석의 정적 구조 모델을 더욱 정제한 것이다. 설계 활동에서 개발된 설계 클래스 다이어그램은 분석 활동의 분석 클래스 다이어그램을 정제한 결과이다. 설계 클래스 다이어그램은 도메인에 존재하지 않는 다양한 솔루션 클래스(경계, 도메인, 데이터접근)를 포함한다. 시스템 아키텍처에 적용할 수 있도록 설계 클래스들을 관련 그룹으로 묶으며 이를 위해 패키지 혹은 컴포넌트 다이어그램을 이용한다. 분석에서 패키지 다이어그램은 사용사례를 그룹화하기 위해 이용되며 설계에서 패키지 혹은 컴포넌트 다이어그램은 설계 클래스들을 그룹화하기 위해 이용된다.

설계의 동적 행위 모델은 분석의 사용사례에 대한 시스템 순서 다이어그램을 실현하는 모델이다. 시스템 순서 다이어그램에서 시스템 객체 내부의 협력 객체들 사이의 동적 행위를 표현하기 위해 협력 객체 사이의 메시지 순서를 강조한 상세 순서 다이어그램을 개발한다. 이해를 돕기 위해 협력 객체 사이의 공간적인 관계를 강조한 통신 다이어그램을 개발할 수 있다. 특정 객체의 복잡한 상태 변화를 표현하기 위해 상태 기계 다이어그램을 개발할 수 있다. 메소드의 상세 알고리즘 설계(상세 설계)를 위해 활동 다이어그램을 작성할 수 있다.

객체지향 시스템의 3가지 관점에 의한 설계는 한 번에 완성되는 것이 아니라 반복 수행하여 조금씩 정제된다. 이러한 3가지 관점의 모델들은 독립적이 아니라 상호 관련된다. 설계 클래스 다이어그램은 시스템의 설계 클래스 객체들을 표현하므로 설계 객체 모델이라 부를 수 있다. 상세 순서 다이어그램은 사용사례 실현을 표현하므로 사용사례 실현 모델이라 부를 수 있다. 설계 과정에서 생성되는 모든 결과물은 시스템을 설계 관점에서 표현하므로 설계 모델이라 부를 수 있다.

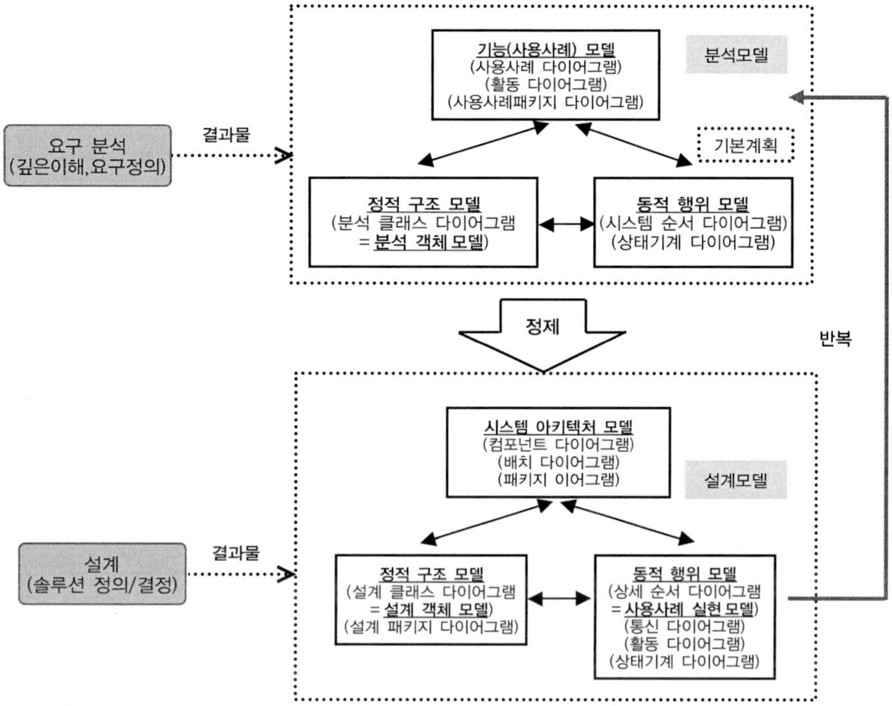

그림 12.16 설계와 설계 모델

[그림 12.17]은 본 서적에서 언급한 객체지향 분석/설계 활동을 통해 생성되는 모든 모델들과 각 모델에 이용되는 UML 다이어그램들을 보인다.

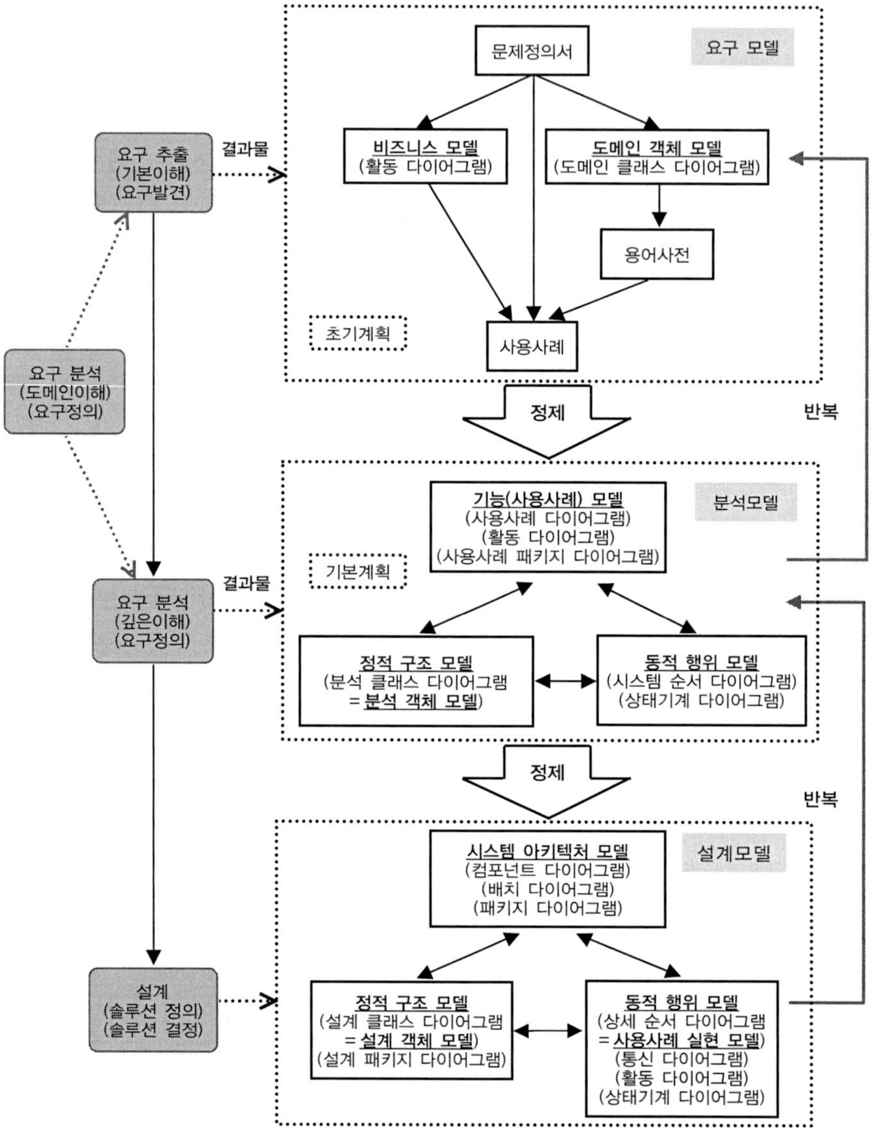

그림 12.17 객체지향 분석/설계 활동에서 생성되는 모델들과 UML 다이어그램들

연 습 문 제

12.1. 계층 구조에서 경계 클래스와 도메인 클래스 중간에 위치하는 제어 클래스의 역할에 대한 설명으로 거리가 먼 것을 3개 선택하라.

① 경계 클래스가 도메인 클래스에게 메시지를 직접 요청하도록 한다.
② 경계 클래스와 도메인 클래스는 자신의 역할에만 집중하도록 돕는다.
③ 경계 클래스와 도메인 클래스 사이의 결합도를 증가시킨다.
④ 시스템 외부 환경과 시스템 내부 사이의 연결을 최소화한다.
⑤ 비즈니스 로직 및 데이터 관리에 대한 책임을 갖는다.

12.2. 다음은 CRC 카드에 대한 내용이다. 괄호에 적절한 단어를 적어라.

> 사용사례 실현과 클래스 책임 분산을 위해 효과적으로 이용할 수 있는 CRC 카드에서 카드의 앞면은 해당 클래스에 대한 수행 책임을 나열하며 뒷면은 아는 책임을 나열한다. 이때 아는 책임은 해당 클래스의 (①)에 해당하며 수행 책임은 클래스의 (②)에 해당한다.

12.3. 다음은 UML 3-계층 구조에서 도메인 계층에 대한 내용이다. 괄호에 적절한 단어를 적어라.

> UML 3-계층 구조는 경계, 도메인, 데이터접근 계층으로 구성된다. 도메인 계층은 영속성이 있는 도메인 클래스에 해당하는 (①) 클래스와 사용사례 수행을 위해 전체적인 흐름을 관장하는 (②) 클래스를 포함한다. 도메인 계층은 (③) 계층이라고도 부른다.

12.4. 다음은 양질의 객체지향 설계를 위한 결합도와 응집도에 대한 내용이다. 괄호에 적절한 단어를 적어라.

> 품질 좋은 객체지향 설계를 위해 결합도는 (①)하고, 응집도는 (②)하는 것이 필요하다. 여기에서 결합도는 클래스 사이의 (③) 관계 혹은 (④) 관계에 의한 결합 정도를 의미하며, 클래스 응집도는 단일 클래스와 클래스에 포함된 (⑤)과 (⑥)이 얼마나 밀접하게 관련되는지를 의미한다.

12.5. 3-계층 클래스 구조화를 위해 이용되는 UML 다이어그램과 기능 모델링을 위해 이용되는 UML 다이어그램을 적어라.

12.6. 다음은 객체지향 설계 활동에서 생성되는 모델들과 이용되는 다이어그램에 대한 내용이다. 괄호에 적절한 단어를 적어라.

> 설계 활동에서는 시스템 아키텍처 모델, 설계 객체 모델, 사용사례 실현 모델을 생성한다. 시스템 아키텍처 모델을 생성하기 위해 (①), 패키지, (②) 다이어그램을 이용하며, 설계 객체 모델을 생성하기 위해 (③) 다이어그램을 이용한다. 사용사례 실현 모델을 생성하기 위해 (④) 다이어그램을 이용한다.

12.7. UML의 3개 계층과 4개 설계 클래스에 대하여 각 문제에 답하라.

1) 다음 순서 다이어그램(SD)을 참조하여 표의 빈 곳을 채워라.

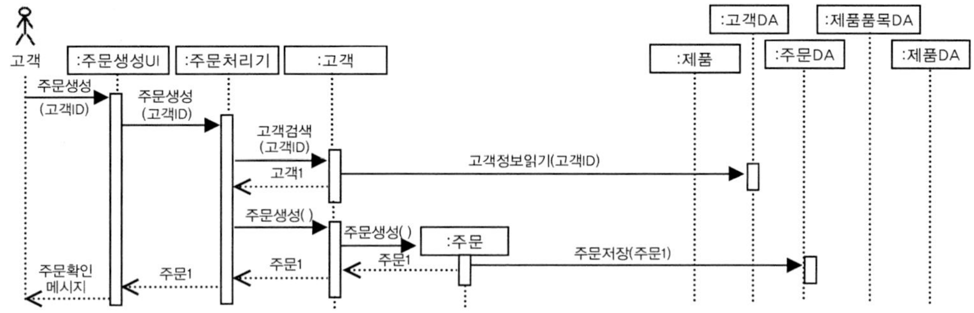

설계 클래스	SD에서 1개 선택	스테레오타입 표현	아이콘 표현
데이터 접근	고객DA	⟨⟨dataAccess⟩⟩ 고객DA	 고객DA
UI	주문생성UI		
엔터티			
제어			

2) UML 3-계층 구조에서 데이터 접근 클래스는 데이터 접근 계층, UI 클래스는 경계 계층이라 한다. 엔터티 클래스와 제어 클래스는 무슨 계층이라 부르는지 적어라.

3) 데이터 접근 계층이 없다면 발생하는 문제점에 대하여 설명하라. 당신의 설명에 '응집도', '책임' 단어를 포함하라.

CHAPTER

13 설계 패턴

13.1 소개

설계 패턴(design pattern)은 과거 객체지향 시스템 개발 과정에서 자주 나타난 설계 문제들에 대한 해결 방안을 체계적으로 정리한 것이다. 이러한 패턴들은 경험 많은 개발자들에 의해 정의되었으며, 이러한 패턴들을 새로운 시스템 개발에 적용한다면 재사용을 통한 높은 생산성과 유지보수가 용이한 품질 좋은 시스템을 구축하는데 도움을 줄 수 있다.

재사용과 유지보수가 용이한 객체지향 시스템을 설계하는 일은 결코 쉽지 않다. 개발 시스템에 적합한 객체를 발견하고, 유사한 객체들을 적절한 클래스로 추상화하며, 인터페이스와 상속 관계를 포함한 주요 클래스 간의 관계를 명확히 정의하는 과정은 복잡하고 까다롭다. 이 때문에, 이미 검증된 설계 패턴을 재사용하면 보다 유연하고 품질 높은 설계를 할 수 있으며, 이는 개발 과정에서 발생하는 문제를 해결하는 데 큰 도움이 된다.

설계 패턴이라는 용어는 1977년 건축가인 Christopher Alexander에 의해 처음으로 소개되었다. Alexander는 설계 패턴을 다음과 같이 정의하였다.

> 패턴은 현재 환경에서 반복적으로 발생하는 문제를 기술하고 이러한 문제에 대한 솔루션을 여러 번 사용할 수 있도록 한다.
> (Each pattern describes a problem which occurs and over again in our environment, and then describes the core of the solution to that problem in such a way that you can use this solution a million times over, without ever doing in the same way twice) [Pressman 2010]

Alexander의 정의는 '패턴은 현재 환경에서 빈번하게 발생하는 문제와 그 문제에 대한 설계 솔루션을 기술한 것'으로 요약할 수 있다. 이러한 솔루션은 유사 문제 해결을 위해 여러 번 적용될 수 있다.

Alexander의 소개 이후 설계 패턴은 다양한 분야에 적용되었다. 소프트웨어 개발 분야에서 설계 패턴이 널리 알려진 것은 1995년 Erich Gamma, Richard Helm, Ralph Johnson, John Vlissides가 공동으로 저술한 'Design Patterns: Elements of Reusable Object-Oriented Software' 서적이 출간된 이후이다. 설계 패턴의 유용성을 전파한 이들 4명의 저자들을 '4명의 갱들(GoF: Gang of Four)'이라 부른다. 그들은 설계 패턴을 다음과 같이 정의하였다.

> 설계 패턴은 객체지향 시스템에서 반복적으로 발생하는 문제의 일반적인 설계 솔루션에 대하여 체계적으로 설명하고 이름을 짓는 것이다. 설계 패턴은 문제, 솔루션, 적용 시기, 결과, 구현 힌트, 보기를 (체계적으로) 기술한다. 솔루션은 문제 해결을 위한 객체와 클래스들에 대한 일반적인 배치이며, 문맥에 따라 문제 해결을 위해 솔루션을 개조하고 구현할 수 있다.
> (A design pattern systematically names, motivates, and explains a general design that addresses a recurring design problem in object-oriented systems. It describes the problem, the solution, when to apply the solution, and its consequences. It also gives implementation hints and examples. The solution is a general arrangement of objects and classes that solve problem. The solution is customized and implemented to solve the problem in a particular context.) [Gamma 1995]

GoF에 의한 정의에서 설계 패턴은 '반복적으로 발생하는 설계 문제들을 해결할 수 있도록 프로그램 솔루션을 구성하는 클래스와 객체들의 상호작용을 정형화하고 체계적인 형태로 기술(기록)한 것'으로 요약된다.

[그림 13.1]은 설계 패턴을 기술할 때 포함되어야 하는 구성 요소들을 보인다.

요소	내용
패턴 이름	패턴을 부를 때 사용하는 이름이다. 설계 어휘로써 사용되므로 간결하고 함축적인 이름으로 작성한다.
문제 및 배경	패턴을 적용하는 문맥(상황, 분야, 배경)과 해결하려는 문제에 대하여 기술한다.
솔루션	패턴을 구성하는 클래스 구조, 객체 사이의 관계, 책임, 협력에 대하여 클래스 다이어그램으로 기술한다.
결과	해당 패턴을 사용할 때 얻을 수 있는 장점, 단점, 특징, 영향을 기술한다.
샘플 코드	패턴을 적용한 샘플 원시 코드를 기술한다.
관련 패턴	다른 패턴들과 어떻게 관련되는지, 다른 유사 패턴들과 차이를 기술한다.

그림 13.1 설계 패턴 구성 요소

13.2 설계 패턴 분류

GoF는 [그림 13.2]와 같이 23개의 설계 패턴들을 소개하면서 이들을 다음과 같이 3가지 범주로 분류했다.

- 생성 패턴(Creational Patterns) : 객체 생성 방법과 관련된 문제를 해결한다. 이 패턴들은 객체를 어떻게 생성하고, 객체 생성의 제어를 어떻게 할 것인가에 대한 문제를 다룬다.
- 구조 패턴(Structural Patterns) : 클래스나 객체 간의 구조적인 관계를 다룬다. 이러한 패턴들은 시스템의 구조를 보다 유연하고 효율적으로 만드는 문제를 다룬다.
- 행위 패턴(Behavioral Patterns) : 클래스나 객체 간의 상호작용과 책임 분산을 다루며, 객체 간의 통신과 협력 방식을 정의하는 패턴들이다.

생성	구조	행위
Factory Method Abstract Factory Builder Prototype Singleton (13.3절)	Adapter (13.4절) Bridge Composite Decorator Façade Flyweight Proxy	Interpreter Template Method (13.5절) Chain of Responsibility Command Iterator Mediator Memento Observer (13.6절) State Stratergy Visitor

그림 13.2 GoF 설계 패턴 분류

본 서적은 설계 패턴에 대한 이해를 높이기 위해 GoF 설계 패턴 중 4개의 패턴(Singleton, Adapter, Template Method, Observer)을 다룬다. 각 패턴은 '문제와 배경', '샘플 코드', '솔루션', '결과'의 순서로 설명된다. 이 책에서 선택한 4개의 설계 패턴은 객체지향 설계에서 자주 사용되며, 다른 패턴들에 비해 상대적으로 단순하여 이해하기 쉬운 패턴들이다. 일반적으로 설계 패턴은 단독으로 사용되지 않고, 다른 패턴들과 조합하여 적용되는 경우가 많다.

GoF가 제시한 23개의 패턴들과 본 서적의 11장에서 언급한 시스템 아키텍처 패턴들과는 약간의 차이가 있다. 계층, MVC, 클라이언트-서버와 같은 아키텍처 패턴들은 시스템의 전체적인 구조나 구성 요소 사이의 상호작용을 다루며, 더욱 큰 범위에서 시스템을 어떻게 구성할지에 대한 설계 솔루션을 제공한다. 반면에, GoF 설계 패턴들은 클래스나 객체 수준에서 더욱 세밀한 해결책을 구체적으로 제시한다.

13.3 Singleton 패턴

문제와 배경

Singleton 패턴은 특정 클래스가 단지 하나의 객체(인스턴스)만을 생성하는 것을 보장하고 외부 객체에게 해당 객체에 대한 용이한 접근을 제공할 필요가 있을 때 적용한다. 보기를 들면, 운영체제 설정 정보를 관리하는 레지스트리 설정 객체, 복수 작업을 효과적으로 관리하기 위한 쓰레드 풀 객체, 효과적인 데이터베이스 연결을 위한 커넥션 풀 객체, 시스템에 대한 주요 제어 객체는 단지 하나의 객체만 존재해야 하고 필요할 때 언제든지 접근 가능해야 한다. 이러한 객체들이 하나 이상 존재한다면 프로그램 수행 결과는 올바르게 작동하지 못할 가능성이 많으므로 유일하게 존재해야 한다. 다음은 Singleton 패턴에 대한 정의를 보인다.

> Singleton 패턴은 특정 클래스가 단지 하나의 인스턴스를 갖는 것을 보장하고, 해당 인스턴스에 대한 전역 접근을 제공한다.
> (The Singleton Pattern ensures a class only has one instance and provides a global point of access to it.)

샘플 코드

'주문생성' 사용사례 실현을 위한 '주문제어기' 클래스는 효과적이고 정확한 시스템 운영을 위해 단지 하나의 객체만 존재하는 것이 필요하며, 해당 제어 객체에 대한 접근이 용이하도록 설계하는 것이 필요하다. 이런 문제가 발생했을 경우 Singleton 패턴을 적용하는 것이 필요하다. [그림 13-3]은 Singleton 패턴을 적용한 코드와 클래스 다이어그램을 보인다.

OrderController

```java
public class OrderController {
    private static OrderController oc;
    private OrderController( ) {
        ..............................
    }
    public static OrderController getOC( ) {
        if(oc == null)
            oc = new OrderController( );
        return oc;
    }
}
```

Test

```java
public class Test {
    public static void main(String[ ] args) {
        OrderController oc = OrderController.getOC( );
    }
}
```

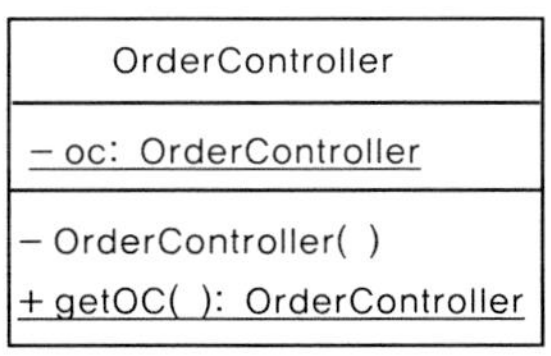

그림 13.3 Singleton 패턴 적용 코드와 클래스 다이어그램

다음은 코드에 대한 설명을 보인다.

- 1: Singleton 패턴을 적용한 제어기 클래스 이름(OrderController)을 선언한다.
- 2: 제어기 클래스의 유일 객체를 참조하는 변수를 클래스 변수(static 변수)로 선언한다.
- 3: 제어기 클래스에 대한 생성자를 private으로 선언하여 외부에서 제어기 클래스인 'OrderController' 객체를 생성하지 못하게 하고 정적 메소드인 'getOC( )'을 통해서만 객체 생성이 가능하도록 정의한다.
- 6~10: 제어기 클래스의 단일 객체 생성을 보장하는 'getOC( )' 정적 메소드를 정의한다. 제어기 객체가 존재하지 않으면 제어기 객체를 생성하고 이미 생성했다면 해당 객체를 반환한다.
- 14: 제어기 객체를 생성하거나 참조를 얻기 위해 'getOC( )' 정적 메소드 호출은 객체 생성 없이 단지 클래스 이름을 통해 접근할 수 있으므로 시스템의 어떤 곳에서도 접근이 용이하다.

솔루션

클래스 다이어그램

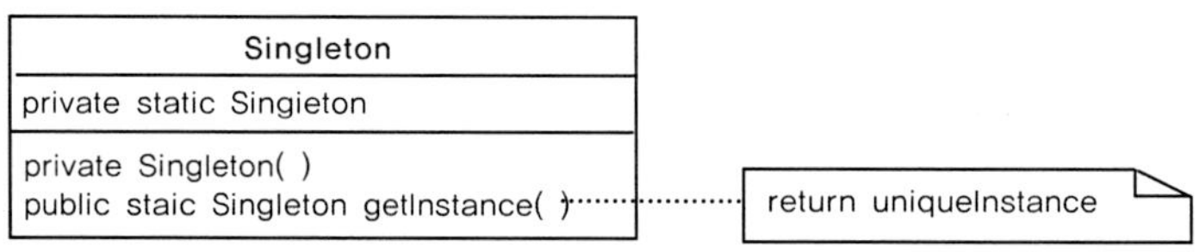

설명

Singleton:

외부에서 'Singleton' 단일 객체에 대한 용이한 접근을 위해 클래스 메소드(static 메소드)를 정의한다. 클래스 메소드는 자기 자신 클래스에 대한 단일 객체 생성에 책임을 갖는다.

그림 13.4 Singleton 패턴 솔루션

결과

- 클래스(정적) 메소드를 정의하여 객체 생성 없이 클래스 이름만으로 유일한 객체를 생성할 수 있으며 시스템의 어떤 곳에서도 쉽게 접근 가능하다.

- 특정 클래스에 대한 단일 객체 생성을 보장한다.
- 성능 개선, 다중 쓰레드 환경, 컴퓨터 자원을 소모하는 객체 생성에 이용할 수 있다.

13.4 Adaptor 패턴

문제와 배경

Adaptor 패턴은 기존 인터페이스와 호환되지 않는 외부 인터페이스로 대체하는 것이 필요할 때 적용한다. 기존 인터페이스와 대체 인터페이스는 일반적으로 다르다. 이런 경우 기존 인터페이스를 이용했던 고객(클라이언트)은 대체 인터페이스를 이용하기 위해 많은 것을 변경해야 한다. Adaptor 패턴은 고객 시스템이 최소한의 변경을 통해 대체 인터페이스가 기존 인터페이스와 동일하게 보이도록 새로운 클래스인 Adaptor를 정의하는 것이다. 다음은 Adaptor 패턴에 대한 정의를 보인다.

> Adaptor 패턴은 특정 클래스에 대한 인터페이스를 클라이언트가 기대하는 인터페이스로 변경한다. Adaptor는 인터페이스 불일치에 있는 클래스들이 함께 작업할 수 있도록 한다. (The Adaptor Pattern converts the interface of a class into another interface clients expect. Adaptor lets classes work together that could't otherwise because of in-compatible interfaces.)

샘플 코드

'주문생성' 시스템에서 주문에 대한 총 가격 계산을 위해 기존 세금계산 클래스 대신 새로운 세금계산 클래스 라이브러리를 구매하였다고 가정한다. 구매 라이브러리는 자신들의 세금계산 인터페이스를 제공한다. 세금계산에 대한 기존 코드 변경을 최소화하도록 설계하려 한다. [그림 13.5]는 Adaptor 패턴 적용 없이 구매 인터페이스를 기존 인터페이스와 완전히 대체하여 이용하는 경우의 코드와 클래스 다이어그램을 보인다.

기존 인터페이스 TaxIF 이용

```
1 public interface TaxIF {
2    void findTax( );
3 }
4 public class Tax implements TaxIF {
5    public void findTax( ) {
6         ..............................;
7    }
8 }
```

대체 인터페이스 NewTaxIF 이용

```
public interface NewTaxIF {
   void getTax( );
}
public class NewTax implements NewTaxIF {
   public void getTax( ) {
      ..............................;
   }
}
```

TaxTest

```
9  public class TaxTest {
10    static TaxIF tax;
11    public static void main(String[ ] args) {
12       tax = new Tax( );
13       tax.findTax( );
14    }
15 }
```

NewTaxTest

```
public class NewTaxTest {
   static NewTaxIF tax;
   public static void main(String[ ] args) {
      tax = new NewTax( );
      tax.getTax( );
   }
}
```

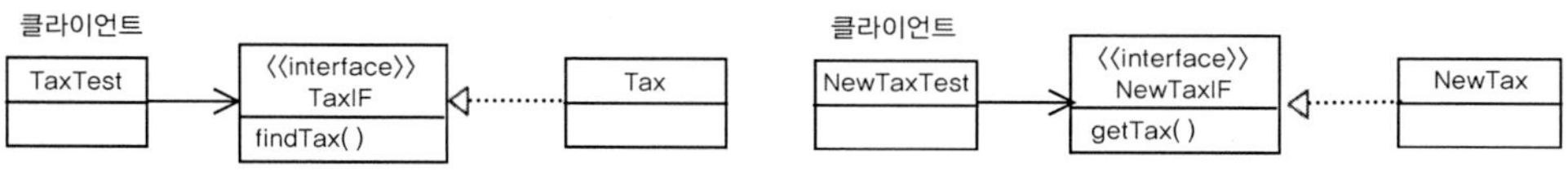

그림 13.5 Adaptor 패턴을 적용하지 않은 코드와 클래스 다이어그램

다음은 코드에 대한 설명을 보인다.

- 1~3: 기존 시스템에서 세금계산을 위한 'TaxIF' 인터페이스를 정의한다. 세금계산 메소드 이름은 'findTax( )'이다. 대체 세금계산 인터페이스는 'NewTaxIF' 이고 세금계산 메소드 이름은 'getTax( )' 이다.
- 4~8: 기존 인터페이스와 대체 인터페이스를 구현한다.
- 9~15: 세금계산을 테스트하기 위한 클라이언트 클래스 'TaxTest'를 정의한다. 기존 인터페이스 이용 보기의 클라이언트 객체인 'TaxTest'는 'Tax' 객체의 'findTax( )' 메소드 호출을 통해 세금계산을 수행한다. 대체 인터페이스 이용 보기의 클라이언트 객체인 'NewTaxTest'는 기존 인터페이스의 'findTax( )'가 아닌 대체 인터페이스의 'getTax( )' 메소드 호출을 통해 세금계산을 수행한다. 기존 인터페이스와 대체 인터페이스 차이에 의해 'TaxTest'의 10번, 13번 코드를 수정하는 것이 필요하다.

[그림 13.6]은 Adaptor 패턴을 적용한 코드와 클래스 다이어그램을 보인다.

TaxAdaptor

```
public interface TaxIF              { //동일코드 }
public class Tax implements TaxIF  { //동일코드, 사용하지 않음 }
public interface NewTaxIF           { //동일코드 }
public class NewTax implements NewTaxIF  { //동일코드 }

public class TaxAdaptor implements TaxIF {
   private NewTaxIF newTax;
   public TaxAdaptor(NewTaxIF newTax) {
      this.newTax = newTax;
   }
   public void findTax( ) {
      newTax.getTax( );  // 위임
   }
}
```

TaxAaptorTest

```
public class TaxAaptorTest {
   static TaxIF tax;
   public static void main(String[ ] args) {
      tax = new TaxAdaptor(new NewTax( ));
      tax.findTax( );
   }
}
```

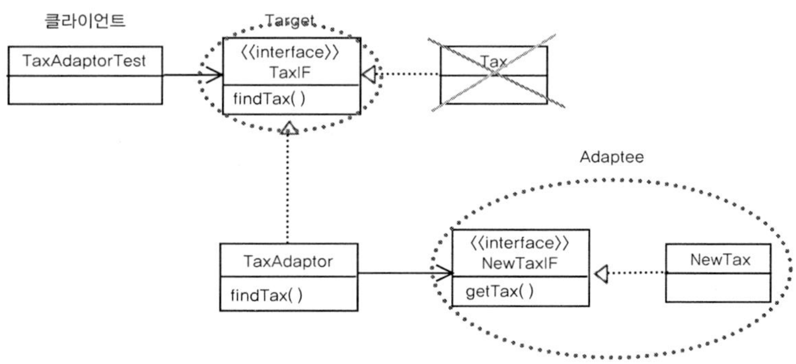

그림 13.6 Adaptor 패턴 적용 코드와 클래스 다이어그램

다음은 코드에 대한 설명을 보인다.

- 1~4: 기존 인터페이스와 대체 인터페이스를 보이며 [그림 13.5]와 동일한 코드를 갖는다.
- 6: 기존 인터페이스인 'TaxIF'를 구현하는 Adaptor 클래스인 'TaxAdaptor'를 정의한다.
- 7: 대체 인터페이스 객체를 참조하는 필드를 선언한다.
- 8~10: TaxAdaptor 생성자 메소드를 통해 대체 인터페이스 클래스 객체를 7번에 선언한 필드에 할당한다.
- 11-13: 기존 인터페이스의 추상 메소드인 'findTax( )' 메소드를 구현한다. 대체 인터페이스의 세금계산 메소드인 'getTax( )' 메소드 호출을 통해 수행 책임을 위임하도록 구현한다.
- 15~21: 세금계산을 테스트하기 위해 'TaxAdaptorTest' 클라이언트 클래스를 정의한다. 18번에서 대체 클래스 객체를 생성한 후에 이를 매개변수로 하여 TaxAdaptor 객체를 생성하고 기존 인터페이스 참조 변수인 'tax'에 저장한다. 참조 변수 'tax'를 통해 기존 메소드인 'findTax( )'를 호출하여 세금계산을 요청할 수 있다. 이 호출은 궁극적으로 12번에서 해당 요청을 대체 클래스의 세금계산 메소드인 'getTax( )'로 바꾼다. 기존 인터페이스가 아닌 대체 인터페이스를 사용하더라도 TaxAdaptor 클래스에 의해 클라이언트는 기존 인터페이스와 동일한 메소드인 'findTax( )'를 호출하므로 코드 변경은 최소가 된다. [그림 13.5]의 기존 인터페이스를 이용하는 세금계산 코드 13번과 [그림 13.6]의 TaxAdaptor를 이용한 세금계산 코드 19번은 동일하다.

솔루션

클래스 다이어그램

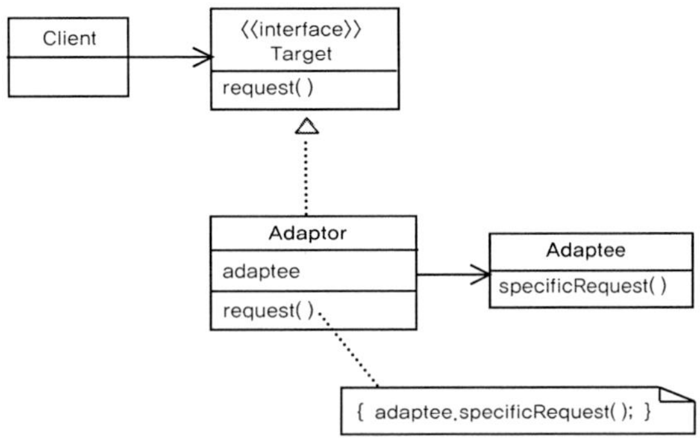

설명

Client('TaxTest'):
Target 인터페이스를 이용하는 클래스를 의미한다. Client는 대체 인터페이스인 Adaptee의 존재에 대하여 알지 못하고 단지 Target 인터페이스에 대하여 안다.

Target('TaxIF'):
Client가 이용하는 기존 인터페이스를 의미한다.

Adaptee('NewTaxIF', 'NewTax'):
대체 인터페이스를 의미한다. Client로부터 모든 요청은 기존 Target 인터페이스를 통해 호출되지만 Adaptor에 의해 Adaptee에 대한 요청으로 변환된다.

Adaptor('TaxAdaptor'):
Adaptee 인터페이스를 Target 인터페이스에 적용시키는 클래스를 의미한다. Adaptor는 Target 인터페이스를 구현하고, Adaptee에 대하여 안다.

그림 13.7 Adaptor 패턴 솔루션

결과

- 외부 라이브러리 인터페이스인 Adaptee 인터페이스는 필요에 따라 언제든지 쉽게 대체될 수 있다. 대체될 때 코드 변화는 Adapter 클래스에 한정되며 기존 시스템을 의미하는 클라이언트에서의 코드 변경은 최소화된다.
- Adaptor 클래스 생성을 통하여 클라이언트는 일치하지 않는 인터페이스를 이용하는 것이 용이하기 때문에 클라이언트와 대체 인터페이스(Adaptee) 사이의 결합도는 감소한다.

13.5 Template Method 패턴

문제와 배경

Template Method 패턴은 특정 기능을 수행하기 위한 처리 단계(알고리즘)에 대한 기본 구조(흐름, 뼈대)가 유사할 때 사용한다. 기본 구조는 수퍼 클래스에 정의하고 알고리즘의 몇몇 단계에 대한 구체적인 구현 내용은 서브 클래스에서 재정의 하게 한다. 이렇게 함으로서 기능에 대한 기본적인 알고리즘 구조는 변하지 않고 유지시킨다. 다음은 Template Method 패턴에 대한 정의를 보인다.

> Template Method 패턴은 특정 메소드의 알고리즘에 대한 구조를 정의하며, 약간의 단계들은 서브 클래스로 미룬다. Template Method는 알고리즘 구조의 변경 없이 서브 클래스에게 알고리즘에 대한 약간의 특정 단계들을 재정의 하도록 한다.
> (The Template Method Pattern defines the skeleton of an algorithm in a method, deferring some steps to subclasses. Template Method lets subclasses redefine certain steps of an algorithm without changing the algorithm's structure)

샘플 코드

요리사는 커피와 차를 요리하는 요리법을 가진다. 커피와 차 요리법에 포함된 요리 단계(알고리즘)는 유사하다. 이런 경우 요리법에 대한 기본 구조는 거의 변하지 않고 약간의 요리 단계에 대한 내용만 변경된다. [그림 13.8]의 보기는 [Freeman 2004]로부터 발췌한 커피와 차를 만드는 요리법을 보인다. 커피와 차 요리법에 대한 기본 구조를 보이는 단계(알고리즘)는 유사하다. 즉, 2번과 4번 단계는 약간 다르지만 1번과 3번 단계는 동일하다.

커피 요리법	차 요리법
1. 물을 끓인다. 2. 끓는 물에 커피를 우린다. 3. 컵에 따른다. 4. 설탕과 우유를 첨가한다.	1. 물을 끓인다. 2. 끓는 물에 티백을 적신다. 3. 컵에 따른다. 4. 레몬을 첨가한다.

그림 13.8 커피와 차 요리법

[그림 13.9]는 커피와 차 알고리즘의 유사성에도 불구하고 Template Method 패턴을 적용하지 않은 경우의 코드와 클래스 다이어그램을 보인다. Coffee와 Tea 클래스의 'prepareRecipe()' 메소드는 커피와 차에 대한 요리법을 보인다. 요리법의 각 단계는 분리 메소드로 구현한다. 첫 번째 단계인 'boilWater()' 메소드(3)와 세 번째 단계인 'pourInCup()' 메소드(5)는 커피와 차 요리법에서 동일하지만 두 번째 단계 메소드(4)와 네 번째 단계 메소드(6)는 커피와 차 요리법에서 약간의 차이가 있다. 요리사(Barista) 클래스는 커피와 차를 만드는 클래스이다. 커피와 차 객체를 생성하고(15, 16), 요리법 알고리즘에 해당하는 'prepareRecipe()' 메소드를 호출한다(17,18).

Coffee

```
1   public class Coffee {
2      void prepareRecipe( ) {
3         boilWater( );
4         brewCoffee( );
5         pourInCup( );
6         addSugarAndMilk( );
7      }
8      public void boilWater( ) { }
9      public void brewCoffee( ) { }
10     public void pourInCup( ) { }
11     public void addSugarAndMilk( ) { }
12  }
```

Tea

```
public class Tea {
   void prepareRecipe( ) {
      boilWater( );
      steepTeaBag( );
      pourInCup( );
      addLemon( );
   }
   public void boilWater( ) { }
   public void steepTeaBag( ) { }
   public void pourInCup( ) { }
   public void addLemon( ) { }
}
```

Barista(요리사)

```
13  public class Barista {
14     public static void main(String[] args) {
15        Coffee coffee = new Coffee( );
16        Tea tea = new Tea( );
17        coffee.prepareRecipe( );
18        tea.prpareRecipe( );
19     }
20  }
```

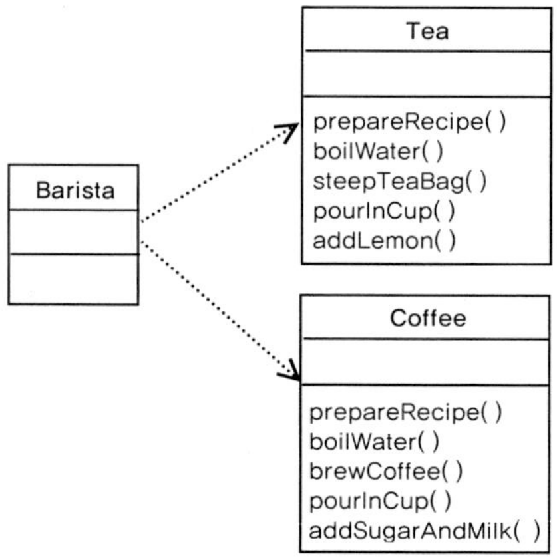

그림 13.9 Template Method 패턴을 적용하지 않은 코드와 클래스 다이어그램

Template Method 패턴을 적용하지 않은 코드는 커피와 차 요리법 알고리즘에서 중복된 코드를 갖는다. 품질 좋은 설계를 위해 추상화 과정을 통해 공통적인 코드를 수퍼 클래스로 정의하는 것이 필요하다. [그림 13.10]은 공통적인 알고리즘에 대한 기본 구조를 유지하면서 약간의 단계들을 서브 클래스에서 재정의 하도록 강요하는 Template Method 패턴을 적용한 코드와 클래스 다이어그램을 보인다.

CaffeineBeverage

```
public abstract class CaffeineBeverage {
 final void prepareRecipe( ) { // 템플릿 메소드
      boilWater( );
      brew( ); // 적시다
      pourInCup( );
      addCondiments( ); // 양념추가하다
 }
 void boilWater( ) { … }
 abstract void brew( );
 void pourInCup( ) { … }
 abstract void addCondiments( );
}
```

Coffee

```
public class Coffee extends CaffeineBeverage {
   void brew( ) { … }
   void addCondiments( ) { … }
}
```

Tea

```
public class Tea extends CaffeineBeverage {
   void brew( ) { … }
   void addCondiments( ) { … }
}
```

Barista

```
public class Barista {
   public static void main(String[] args) {
      CaffeineBeverage cb1 = new Coffee( );  // 다형성
      CaffeineBeverage cb2 = new Tea( );     // 다형성
```

```
17        cb1.prepareRecipe( );                    // 실행시 Coffee 요리법 시행
18        cb2.prpareRecipe( );                     // 실행시 Tea 요리법 시행
19     }
20  }
```

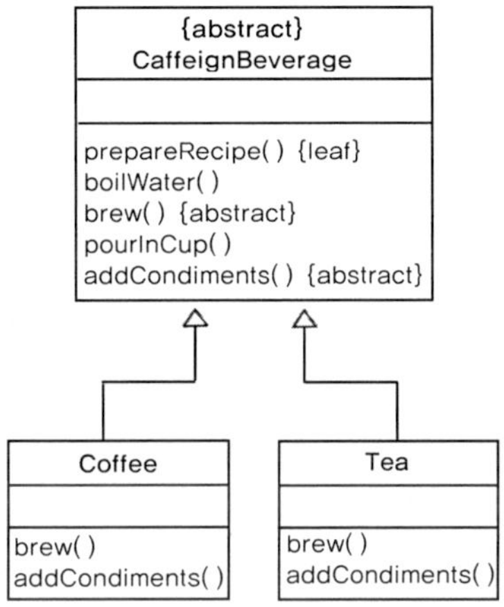

그림 13.10 Template Method 패턴 적용 코드와 클래스 다이어그램

다음은 코드에 대한 설명을 보인다.

- 1 : 커피와 차의 공통 요리법의 기본 구조를 추상화한 'CaffeineBeverage' 클래스를 정의한다. 요리법에 포함되는 약간의 단계(메소드)는 구현할 수 없으므로 추상 클래스로 선언한다.
- 2~7 : 요리법에 해당하는 'prepareRecipe( )' 메소드는 커피와 티에 공통으로 이용되는 요리법이다. 공통 알고리즘의 기본 구조는 유지되어야 하므로 'final'로 선언하여 서브 클래스가 'prepareRecipe( )'의 기본 구조를 재정의(수정)하지 않도록 강요한다. 'prepareRecipe( )'는 카페인 음료를 만드는 알고리즘에 대한 기본 틀이 되므로 Template Method가 된다.
- 9,11 : 'brew()'와 'addCondiments( )' 메소드는 현 클래스에서 구현하는 것이 불가하므로 'abstract' 키워드를 이용하여 추상 메소드로 선언한다.
- 8,10 : 'boilWater( )'와 'pourInCup( )' 메소드는 모든 종류의 카페인 클래스에 공통적으로 같은 행위를 수행하므로 구현한다.

- 1~9(오른쪽 코드) : 커피와 차 클래스는 카페인 음료 추상 클래스를 상속한다. 커피와 차 클래스는 'CaffegineBeverage' 추상 클래스에서 구현하지 않은 추상 메소드인 'brew( )'와 'addCondiments()'를 자신의 클래스에 맞게 정의한다.

솔루션

클래스 다이어그램

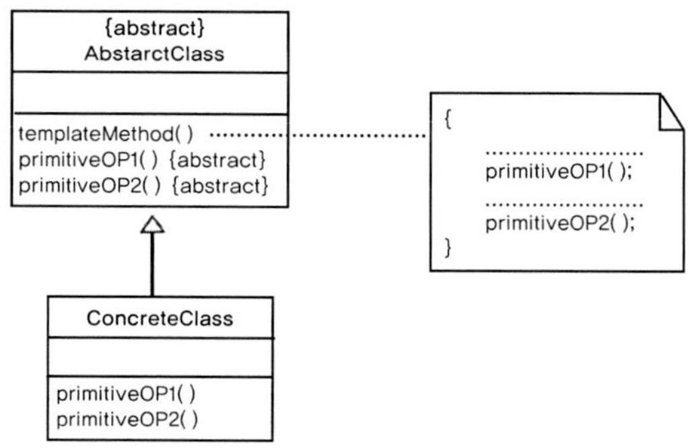

설명

AbstractClass('CaffeineBeverage'):
특정 알고리즘의 기본 구조를 정의하는 템플릿 메소드를 구현하며, 템플릿 메소드에 포함된 약간의 단계들에 대한 추상 연산을 정의한다.
ConcreteClass('Coffee', 'Tea'):
'AbstrctClass'에서 정의한 추상 연산을 서브 클래스에서 적절하게 구현한다.

그림 13.11 Template Method 패턴 솔루션

결과

- 서브 클래스Coffee, Tea) 사이의 공통 행위를 수퍼 클래스(CaffeineBeveage)로 추상화하는 것은 코드 중복을 피하고 코드 재사용을 극대화한다.
- 공통 알고리즘이 수퍼 클래스(CaffeineBeveage)와 같이 한정된 특정 클래스에 존재하므로 알고리즘에 대한 제어와 관리가 용이하다. 템플릿 메소드를 적용하지 않은 코드에서 요리법에 대한 알고리즘 변경이 필요하면 Coffee와 Tea 서브 클래스 모두를 수정하는 것이 필요할 것이다.
- Template Method를 포함하는 클래스는 알고리즘에 대한 약간의 단계(메소드)들을 구현해야 하므로 모든 메소드가 abstract인 interface로 설계하지 말아야 한다.

즉, 추상 클래스로 설계해야 한다,

- Template Method는 final 키워드를 사용하여 서브 클래스에서 재정의 하는 것을 금지하여 공통 알고리즘에 대한 기본 구조는 서브 클래스에서 다시 구현할 수 없도록 만드는 것이 필요하다.
- Template Method 패턴은 프레임워크 개발에 적용될 수 있다. 프레임워크는 알고리즘 단계에 대한 기본 템플릿만을 제공하고 각 단계에서 실제로 발생하는 상세 구현 내용은 프레임워크 사용자에게 남겨 놓는다. 보기를 들면 'CaffeineBeverage' 클래스의 'prepareRecipe()' 템플릿 메소드는 다른 카페인 음료(예: 코코아)에 대한 요리법 개발을 위한 기본 프레임워크가 될 수 있다.

13.6 Observer 패턴

문제와 배경

Observer 패턴은 관찰 대상(Subject)인 객체의 상태 데이터가 변하면 그것을 관찰하는 다른 여러 관찰자(Observer) 객체들에게 이러한 사실을 자동으로 통지하고 반영하게 하는 경우에 적용한다. Subject의 상태 변화에 의존하는 수많은 Observer들이 존재할 수 있으며, Subject의 상태 변화가 발생할 때 마다 모든 Observer들에게 통지한다. Observer 패턴은 게시자(Publisher)-구독자(Subscriber) 패턴이라고도 부른다. Publisher는 Subject에 해당하며 Subscriber는 Observer에 해당한다. 다음은 Observer 패턴에 대한 정의를 보인다.

> Observer 패턴은 객체 사이의 1:N 관계를 정의한다. 특정 객체 상태가 변할 때 모든 의존 객체들에게 통지하고 자동으로 갱신한다.
> (The Observer Pattern defines a one-to-many dependency between objects so that when one object changes state, all of its dependents are notified and updated automatically.)

샘플 코드

[그림 13.12]와 같이 숫자나 문자 데이터 처리를 위한 엑셀 시스템은 데이터 처리 결과를 여러 형태로 보여주기 위해 테이블, 막대 차트, 원형 차트와 같은 GUI 객체

들을 제공한다. 이러한 시스템에서 사용자가 테이블과 같은 특정 GUI 객체의 데이터를 수정하면 막대 차트와 원형 차트와 같은 다른 GUI 객체는 테이블에서 수정한 데이터를 즉시 반영하는 것이 필요할 것이다. 이런 상황에서 UI 계층과 데이터 계층 분리에 따라 3개의 GUI 객체와 데이터 객체는 분리되며, 모든 GUI 객체들에 대한 데이터들은 데이터 객체에 저장된다.

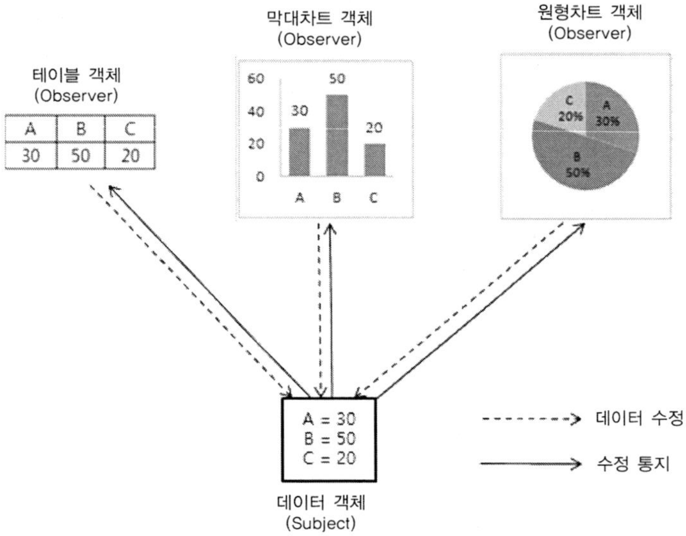

그림 13.12 엑셀 시스템의 GUI 객체들

[그림 13.13]은 Observer 패턴을 적용하지 않은 엑셀 시스템에 대한 코드와 클래스 다이어그램을 보인다. 'EData' 클래스는 엑셀의 모든 GUI 객체들에 대한 상태 데이터를 추적하는 클래스이다. 'EData' 클래스의 'changed()' 메소드는 GUI 객체 데이터가 수정될 때마다 호출된다고 가정한다(11-18). 프로그램 테스트를 위해 'ETest'의 'main()'에서 데이터 수정을 통지할 대상인 GUI 객체들을 생성하고 이들을 매개변수로 하여 'EData' 객체를 생성한다(37). 'EData' 생성자 메소드에서 데이터 수정을 통지할 대상인 GUI 객체들을 필드에 초기화하여 연관관계를 갖게 한다(6~10). 'EData'의 상태 데이터 값이 변경되었다는 것을 보이기 위해 'changed()' 메소드를 호출한다(38). 'EData' 상태 값은 a = 10, b = 40, c = 50으로 변경되고(12-14), 연관 관계에 있는 3개의 GUI 객체들의 'update( )' 메소드를 'EData' 객체를 매개변수로 하여 호출한다(15~17). 각 GUI 객체는 변경된 데이터를 반영한다(26~28).

EData(Subject)

```java
public class EData {
    private Table table;
    private Bar bar;
    private Circle circle;
    private int a, b, c;
    public EData( ) {
        this.table = new Table( );
        this.bar = new Bar( );
        this.circle = new Circle( );
    }
    public void changed(int a, int b, int c) {
        this.a = a;
        this.b = b;
        this.c = c;
        table.update(this);
        bar.update(this);
        circle.update(this);
    }
    public int getA( ) { return a; }
    public int getB( ) { return b; }
    public int getC( ) { return c; }
}
```

테이블(Observer)

```java
public class Table {
    private int a, b, c;
    public void update(EData eData) {
        this.a = eData.getA( );
        this.b = eData.getB( );
        this.c = eData.getC( );
        display( );
    }
    public void display( ) { .................... }
}
```

막대차트(Observer), 원형차트(Observer)

```java
public class Bar { // Table과 동일 }
public class Circle { // Table과 동일 }
```

ETest

```java
public class ETest {
    public static void main(String[] args) {
        EData eData = new EData( );
        eData.changed(10, 40, 50);
    }
}
```

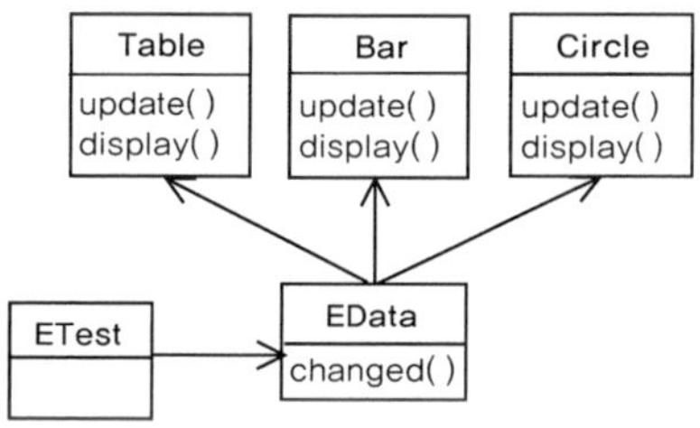

그림 13.13 Observer 패턴을 적용하지 않은 코드와 클래스 다이어그램

Observer 패턴을 적용하지 않은 코드는 인터페이스가 아닌 구체 클래스(Table, Bar, Circle)에 의존하기 때문에 분산 차트, 꺾은선 차트와 같은 새로운 GUI 객체를 추가할 때 마다 'EData' 클래스를 변경하는 것이 필요하므로 높은 결합도를 갖는다. 개발자는 'EData' 클래스에 대한 수정 없이 유연하게 새로운 GUI 객체를 생성하고 추가, 제거할 수 있는 방법이 필요하다. 또한, 'changed( )' 메소드에서 데이터 변화를 통지하기 위해 각 GUI 객체의 'update( )' 메소드를 호출하는 형태는 매우 유사하기 때문에 이러한 유사 형태에 대하여 추상화를 통해 인터페이스를 정의하는 것이 필요할 것이다. [그림 13.14]는 Observer 패턴을 적용한 코드를 보이며, [그림 13.15]는 이에 상응하는 클래스 다이어그램을 보인다.

Subject 인터페이스

```
public interface Subject {
      void registerObserver(Observer o);
      void removeObserver(Observer o);
      void notifyObservers( );
}
```

Observer 인터페이스

```
public interface Observer {
      void update( );
}
```

EData(Subject)

```
public class EData implements Subject {
      private ArrayList<Observer> observers;
      private int a, b, c;
      public EData( ) {
           observers = new ArrayList( );
      }
      public void registerObserver(Observer o) {
           observers.add(o);
      }
      public void removeObserver(Observer o) {
          observers.remove(o);
      }
      public void notifyObservers( ) {
           for (Observer o : observers)
                o.update( ); //pull 방법
      }
      public void changed(int a, int b, int c) {
           this.a = a;
           this.b = b;
           this.c = c;
           notifyObservers( );
      }
      public int getA( ) { return a; }
      public int getB( ) { return b; }
      public int getC( ) { return c; }
}
```

테이블(Observer)

```
public class Table implements Observer {
      private int a, b, c;
      private Subject sub;
      public Table(Subject sub) {
           this.sub = sub;
           sub.registerObserver(this);
      }
      public void update( ) {
          this.a = sub.getA( );
          this.b = sub.getB( );
          this.c = sub.getC( );

          display( );
      }
      public void display( ) { .................... }
}
```

막대차트(Observer), 원형차트(Observer)

```
public class Bar implements Observer { // 테이블과 동일 }
public class Circle implements Observer { // 테이블과 동일 }
```

ETest

```
public class ETest {
      public static void main(String[] args) {
           EData eData = new Edata( );
           Table table = new Table(eData);
           Bar bar = new Bar(eData);
           Circle circle = new Circle(eData);
           eData.changed(10, 40, 50);
      }
}
```

그림 13.14 Observer 패턴 적용 코드

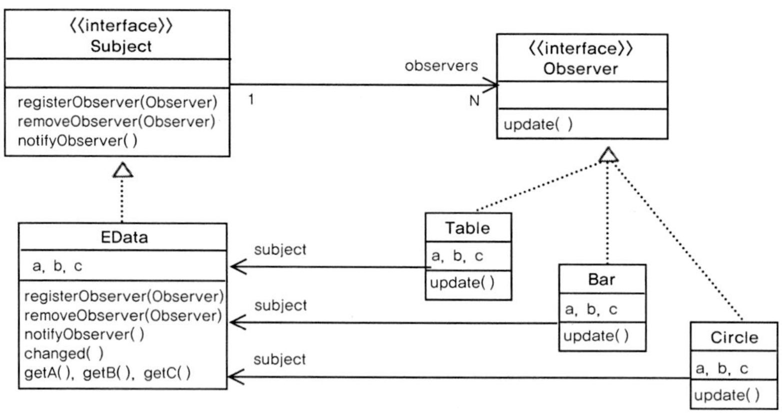

그림 13.15 Observer 패턴을 적용한 코드의 클래스 다이어그램

다음은 코드에 대한 설명을 보인다.

- 1~5 : 관찰 대상이 되는 Subject 인터페이스를 정의한다. Subject는 Observer를 등록하고 제거하는 메소드(2~3)와 등록한 Observer들에게 통지하는 메소드(4)를 선언한다.
- 31~33 : 모든 관찰자들이 구현해야 하는 Observer 인터페이스를 정의한다. 모든 Observer는 'update()' 메소드를 선언한다.
- 5 : Subject 역할을 하는 'EData' 클래스를 정의하기 위해 Subject 인터페이스를 구현한다.
- 6 : 'EData'와 1:n 관계를 갖는 Observer들을 참조하기 위한 동적 배열을 선언한다.
- 11~16 : 특정 Observer 등록과 제거를 위한 메소드를 구현한다. 등록한다는 것은 동적 배열에 추가를 의미하며, 등록을 원하지 않을 때 동적 배열에서 제거한다.
- 17~20 : 등록된 모든 Observer들에게 Subject인 'EData'의 상태 변화에 대하여 통지한다. 모든 Observer는 'update( )' 메소드를 구현하므로, 각 Observer의 'update( )' 메소드를 호출할 수 있다(19).
- 34: Subject의 상태 변화에 대한 관찰자가 되기 위해 테이블 클래스는 Observer 인터페이스를 구현한다.
- 37~40 : Observer인 테이블 객체 생성시 매개변수로 Subject 객체를 전달하여 테이블 객체의 관찰 대상을 저장하고 Subject에 등록한다(39).
- 41~49 : Observer 인터페이스의 'update( )' 메소드를 구현한다. Subject에서 'update( )' 메소드 호출과 함께 Subject 객체의 상태 데이터를 반영한다.

솔루션

클래스 다이어그램

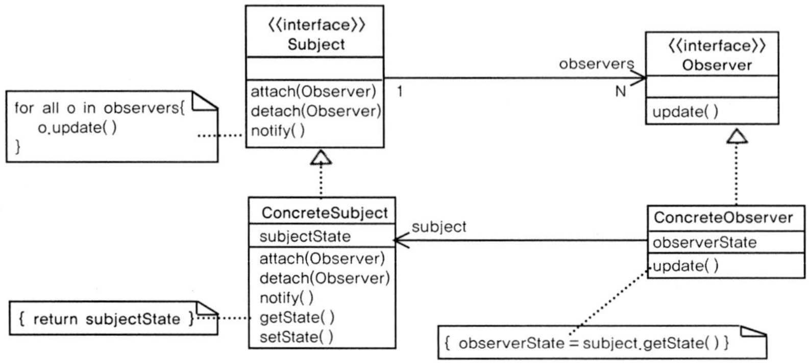

설명

Subject('Subject'):

Observer 객체를 추가하고 제거하는 인터페이스를 정의한다. 한 Subject는 여러 Observer들과 관련되며, 여러 Observer들은 특정 Subject를 관찰할 수 있다.

Observer('Observer'):

특정 Subject의 변화에 대하여 통지해야만 하는 객체들의 update() 인터페이스를 정의한다.

ConcreteSubject('EData'):

Subject 인터페이스에서 정의한 Observer 추가, 제거 메소드를 구현한다. 특히, Subject 상태가 변할 때마다 현재 등록된 모든 Observer들을 수정하기 위한 notify() 메소드를 구현한다. ConcreteObserver들이 관심을 갖고 있는 상태 데이터를 저장하며, 이러한 상태 데이터에 대한 get/set 메소드를 가질 수 있다.

ConcreteObserver('Table', 'Bar', 'Circle'):

Observer 인터페이스의 update() 메소드 구현에 의해 모든 Observer는 Subject 상태와 일관성을 유지할 수 있다. Subject 상태와 일관된 상태를 저장하기 위한 변수를 가지며, Subject에 대한 참조 변수를 갖는다. Observer에서 Subject에 대한 참조 변수를 저장하는 것은, 미래에 Subject의 등록 리스트로부터 자기 자신을 제거하기 위해 필요하다.

그림 13.16 Observer 패턴 솔루션

결론

- 분산 차트와 같은 새로운 타입의 관찰자를 추가할 때 Subject 코드를 변경할 필요가 없다.

- Subject는 Observer가 얼마나 많이 존재하는지 모르기 때문에 불특정 다수에게 정보나 메시지를 동시에 보내는 브로드케스트 통신(broadcast communication)을 지원한다.
- Subject는 상태 데이터의 유일한 소유자 이므로 많은 Observer 객체에 중복될 수 있는 데이터에 대한 관리를 용이하게 한다.
- Observer가 상태정보를 취하는데 'push' 방법과 'pull' 방법이 있다. [그림 13.14]는 각 Observer가 필요한 상태 정보만을 가져오게 하는 'pull' 방법을 사용한 것이다. 이를 위해 Subject인 'EData' 클래스에서 등록 Observer들의 'update( )' 메소드를 호출하면서 Subject는 자신의 상태 정보를 취하는 'get( )' 메소드를 제공한다(27~29). 'update()' 요청을 받은 각 Observer는 Subject와 get( ) 메소드를 통해 필요한 상태 정보만을 가져올 수 있다(42~44). 'push' 방법은 Subject에서 일방적으로 상태 정보를 Observer에게 보내는 것이다. 즉, 19번 문장의 'update( )' 메소드의 매개변수로써 상태 데이터 a, b, c를 직접 각 Observer에게 전달하는 것이다. 'push' 방법에서 Subject는 'get( )' 메소드를 제공할 필요 없으므로 Subject의 코드는 단순할 것이다. 그러나 Subject의 상태 정보가 미래에 증가한다면 모든 Observer의 'update( )' 메소드를 수정하는 것이 필요하므로 유지보수 문제가 발생한다. 반면에, 필요한 상태 정보만을 취하는 'pull' 방법은 Observer 코드를 수정할 필요 없이 Subject 만을 수정하면 될 것이다.
- 자바 언어의 'java.util' 패키지에 포함된 Observer 인터페이스의 update(Observable) 메소드와 Observable 클래스의 addObserver(Observer), deleteObserver(Observer), notifyObservers( ) 메소드는 GoF의 Observer 패턴을 지원한다. 자바의 Observer 인터페이스는 Observer 패턴에서 Observer와 동일한 역할을 수행하며, Observable 클래스는 Subject에 해당한다. 주의할 점은 자바가 지원하는 Observable은 인터페이스가 아니라 클래스라는 점이다.
- 자바의 Swing 패키지는 Observer 패턴을 적용한 보기라 할 수 있다. 'JButton'과 같은 자바 GUI 컴포넌트들은 이벤트 리스너(Event Listener)를 사용하여 사용자 인터페이스(UI)의 상태 데이터 변화를 처리하는데 이러한 방식은 Observer 패턴의 개념과 유사하다. 'JButton'은 Subject에 해당한다. 다양한 Listener들(Action, Mouse, Focus, Window,…)은 Observer에 해당한다. 'JButton'의 상태 변화에 관심을 갖는 Listener들을 등록하고 해당 버튼에 버튼 클릭, 마우스 클릭, 키 조작과 같은 상태가 변하는 이벤트가 발생할 때 등록된 모든 청취자(Listener)에게 상태 변화를 통지한다.

연 습 문 제

13.1. 다음 중 설계패턴을 적용하는 장점으로 거리가 먼 것을 3개 선택하라.

① 객체 사이의 관계 파악을 돕는다. ② 메소드 내부 알고리즘 설계를 돕는다.
③ 수정이 용이한 설계를 가능하게 한다. ④ 사용자의 요구 파악을 용이하게 한다.
⑤ 도메인 객체 파악을 돕는다. ⑥ 적절한 객체를 발견하도록 돕는다.

13.2. 다음은 GoF의 4개 설계패턴을 보인다. 각 문제에 대한 설계패턴을 보기에서 선택하라.

① Singleton	② Adaptor	③ Template Method	④ Observer

1) 생성자 메소드를 private으로 선언하고 객체 생성을 책임지는 메소드를 가진다.
2) GoF의 패턴 분류에서 '생성' 패턴에 속한다.
3) publisher-subscriber 패턴이라고도 부른다.
4) 공통 알고리즘에 대한 제어와 관리가 용이하다.
5) 객체 사이의 1:N 의존 관계를 정의한다.
6) 기존 인터페이스를 구현하고 대체 인터페이스를 참조하는 클래스를 생성한다.
7) GoF에 의한 패턴 분류에서 '구조' 패턴에 속한다.
8) 알고리즘에 대한 기본 구조가 유사할 때 사용한다.
9) 자바 GUI 컴포넌트들의 이벤트 처리에 적용된다.
10) 관찰 대상인 Subject 인터페이스를 정의한다.
11) 클라이언트 코드를 최소한으로 수정하기 위해 이용한다.
12) 컴퓨터 자원을 소비하는 객체 생성에 이용할 수 있다.
13) 프레임워크 개발에 유용하게 이용될 수 있다.
14) 특정 객체의 상태 변화를 다른 객체들에게 자동으로 통지한다.
15) 기존 클래스를 외부 클래스로 대치하는 것이 필요할 때 이용한다.
16) 특정 메소드의 약간의 단계에 대한 추상 연산을 정의한다.

13.3. 다음 설계 문제 해결을 위해 Adaptor 패턴을 적용한 클래스 다이어그램을 완성하라.

> 클래스 C는 인터페이스 A의 find( ) 연산을 이용하고 있었다. 그러나 인터페이스 B를 구매하였기 때문에 클래스 C는 find( ) 연산을 get( ) 연산으로 대체하는 것이 필요하다.

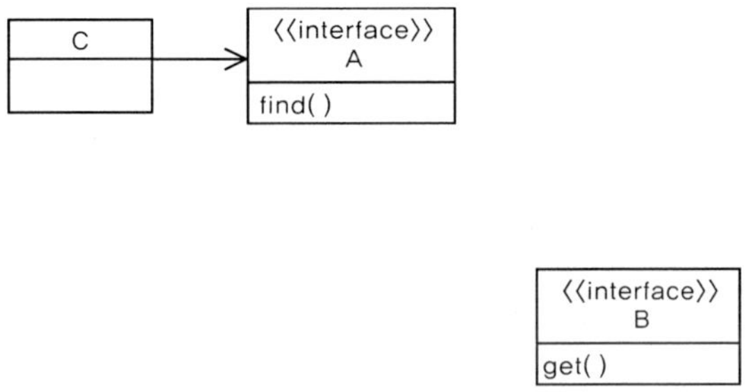

13.4. 다음 문제에 대하여 괄호에 적절한 용어를 적어라.

> 도메인 객체 모델로부터 분석 객체 모델 생산을 돕기 위해 구문 분석 방법과 (①) 을 적용할 수 있으며, 분석 객체 모델로부터 품질 좋은 설계 객체 모델 생산을 돕기 위해 낮은 결합도와 높은 응집도 외에 CRC 카드와 (②)을 적용할 수 있다.

13.5. 다음 각 문제의 괄호를 채워라.

Singleton 패턴은 단일 객체 생성을 위해 생성자 메소드를 (①)으로 선언하여 외부에서 객체 생성을 못하게 하고 내부 메소드 만을 통해 객체 생성이 가능하도록 한다. 또한 단일 객체에 대한 용이한 접근을 위해 내부 메소드를 (②)(으)로 선언한다.
Adaptor 패턴은 기존 클래스를 외부 대체 클래스로 대치하기 위해 Adaptor 클래스를 정의하는 것이 필요하다. 정의된 Adaptor 클래스는 기존 클래스에 대한 인터페이스를 (③)하고 대체 인터페이스를 (④)하는 것이 필요하다.
Template Method 패턴은 공통 알고리즘에 대한 기본 구조가 유사할 때 사용한다. 공통 알고리즘의 기본 구조에 해당하는 템플릿 메소드는 서브 클래스에서 변경할 수 없도록 (⑤)로 선언하고, 템플릿 메소드의 약간의 단계들은 (⑥) 메소드로 정의하여 서브 클래스에서 다시 구현 하도록 강요한다.
Observer 패턴은 특정 객체의 상태 변화를 등록된 다른 객체들에게 통지할 필요가 있을 때 사용한다. 이때 관찰 대상이 되는 특정 객체를 (⑦)라 하고 통지되는 다른 객체들을 (⑧)라 한다. 자바 라이브러리는 Observer 패턴을 지원하기 위해 관찰 대상이 되는 특정 객체를 위해 (⑨) 클래스를 제공하며 통지되는 객체들을 위해 (⑩) 인터페이스를 제공한다.

CHAPTER

14 SOLID 원리

14.1 소개

2001년에 발표된 애자일 선언문과 애자일 원리의 공동 작성자 중 한명인 로버트 C. 마틴은 2002년 "Agile Software Development, Principles, Patterns, and Practices" 서적을 출간하였다. 이 서적에서 마틴은 품질 좋은 객체지향 설계를 위해 적용하면 유용할 다섯 가지 원리를 언급하였다. SOLID는 이러한 다섯 가지 원리를 언급한 약어이다. SOLID 원리를 적용한 설계는 높은 응집도와 낮은 결합도를 통해 재사용성, 유지보수성, 확장성, 유연성, 가독성, 테스트성을 향상시킬 수 있는 설계를 가능하게 한다.

[그림 14.1]은 SOLID에 대한 요약 내용을 보인다.

SRP	단일 책임 원리 (Single Responsibility Principle)	클래스는 단일 책임만을 갖도록 설계한다.
OCP	개방 폐쇄 원리 (Open-Closed Principle)	클래스는 확장에 열려 있고, 변경에 닫혀 있도록 설계한다.
LSP	리스코프 치환 원리 (Liskov Substitution Principle)	하위 클래스는 언제나 상위 클래스를 대체할 수 있도록 설계한다.
ISP	인터페이스 분리 원리 (Interface Segregation Principle)	인터페이스를 클라이언트 사용에 맞게 분리하여 설계한다.
DIP	의존 역전 원리 (Dependency Inversion Principle)	추상성이 높고 안정적인 고수준 클래스에 의존하도록 설계한다.

그림 14.1 SOLID 요약

14.2 단일 책임 원리(SRP)

SRP는 '클래스는 하나의 책임(역할) 만을 갖도록 설계해야 한다'는 것이다. 여기에서 책임은 클래스가 수행해야만 하는 행위를 말한다, 하나의 클래스가 여러 책임을 수행하면 변경이 필요할 때 변경에 의해 다른 코드들이 영향을 받기 때문에 수정해야 할 코드가 많아진다. 이는 응집도가 낮은 설계를 야기한다. 또한 많은 책임을 갖는 클래스는 관련되는 다른 클래스도 많아지므로 결합도가 높은 설계를 야기한다. 그러므로 품질 좋은 설계를 위해 단일 책임을 갖도록 클래스를 분리하여 설계하라는 것이다.

다음은 SRP에 대한 정의를 보인다.

> 클래스는 변경해야 할 단 하나의 이유만 가져야 한다. 다시 말해, 클래스는 오직 하나의 책임이나 역할만 가져야 한다.
> (A class should have only one reason to change. In other words, a class should only have one responsibility or job.) [Martin, 2002]

[그림 14.2]는 SRP를 적용하지 않은 코드와 적용한 코드 보기를 보인다.

SRP 미적용 코드 문제점

Account 클래스는 여러 책임(역할)을 수행하고 있다. 계좌에 대한 입출금과 이자계산 기능을 수행하는 책임(비즈니스 로직), 계좌 데이터를 파일이나 DB에 저장하는 기능을 수행하는 책임(퍼시스턴스 로직), 계좌 정보를 읽거나 출력하는 기능을 수행하는 책임(입출력 로직)과 같은 여러 책임을 갖고 있다. 이와 같이 많은 역할을 수행하는 Account 클래스는 여러 문제들을 갖는다. 첫째, Account 클래스에 여러 변경 이유가 발생할 수 있다. 입출금 방식이나 이자 계산 방식이 변경되면 deposit( ), withdraw( ), addInterest( ) 메소드를 수정해야 하고, DB 스키마 변경 혹은 파일 저장 방식이 변경되면 'save( )' 메서드를 수정하는 것이 필요하다. 또한, 출력 방식(콘솔, 파일, 네트워크)이 변경되면 'print( )' 메서드를 수정해야 한다. 둘째, 여러 역할을 수행하는 코드가 함께 존재하므로 하나의 변경이 전체 코드에 영향을 미칠 수 있다. 보기를 들면, 비즈니스 로직 변경시 퍼시스턴스 로직 변경은 물론 입출력 로직에도 영향을 미칠 가능성이 있다. 셋째, 여러 책임이 혼재한 Account 클래스는 테스트하기 어렵다. 입출금 로직을 테스트할 때, 저장 로직과 입출력 로직까지 모두 테스트해야 하므로 복잡성이 증가한다.

SRP 적용 코드 장점

단일 책임을 갖는 독립 클래스로 분리하여 각 클래스가 하나의 책임만 수행하도록 한다. 입출금 및 이자계산 기능과 같은 비즈니스 로직을 담당하는 Account 클래스, 계좌 데이터 저장 기능과 같은 퍼시스턴스 로직을 담당하는 AccountDAO 클래스, 계좌 데이터에 대한 입출력 기능과 같은 입출력 로직을 담당하는 AccountIO 클래스로 분리한다. 각 클래스는 하나의 책임을 갖기 때문에 독립적으로 수정하고 테스트할 수 있다.

하나의 책임을 갖는 클래스는 여러 장점들을 갖는다. 첫째, 각 클래스는 하나의 책임만 갖기 때문에 변경 이유가 하나이므로 독립적으로 관리할 수 있다. 둘째, 각 클래스가 독립적이므로 특정 로직을 수정해도 다른 로직에 영향을 미치지 않는다. 셋째, 각 클래스가 독립적이므로 테스트가 용이하다.

<table>
<tr><th>SRP 미적용</th><th>SRP 적용</th></tr>
<tr><td><pre>
class Account {
   int num;
   String owner;
   int balance;

   // 입출금 기능(책임)
   //비즈니스 로직
   void deposit( ) { }
   void withdraw( ) { }
   void addInterest( ) { }

   // DB 접근 기능(책임)
   // 퍼시스턴스 로직
   void save( ) { }

   // 입출력 기능(책임)
   void read( ) { }
   void print( ) { }
}
</pre></td><td><pre>
// 입출금 클래스
class Account {
   int num;
   String owner;
   int balance;

   void deposit( ) { }
   void withdraw( ) { }
   void addInterest( ) { }
}

// DB 접근 클래스
class AccountDAO {
   void save(Account acc) { }
}

// 입출력 클래스
class AccountIO {
   void read(Account acc) { }
   void print(Account acc) { }
}
</pre></td></tr>
</table>

그림 14.2 SRP 미적용/적용 자바코드 보기

14.3 개방 폐쇄 원리(OCP)

OCP는 '클래스는 확장에 개방적이며, 수정에는 폐쇄적이도록 설계해야 한다'는 것이다. 새로운 변경 사항이 발생했을 때 기존 클래스에 대한 코드 수정을 최소화 하고, 확장에 따른 기능 추가는 유연하게 허용할 수 있도록 설계해야 한다. 이를 위해 추상 클래스, 인터페이스, 상속을 통해 기존 코드를 수정하지 않고 기능을 확장할 수 있도록 설계한다.

다음은 OCP에 대한 정의를 보인다.

> 소프트웨어 엔터티(클래스, 모듈, 함수)는 확장에 열려 있고, 수정에 닫혀 있어야 한다.
> (Software entities (classes, modules, functions) should be open for extension but closed for modification.) [Meyer, 1988]

[그림 14.3]은 OCP를 적용하지 않은 코드와 적용한 코드 보기를 보인다.

OCP 미적용 코드 문제점

OCP 미적용 코드는 다음과 같은 문제를 갖는다. 첫째, 확장에 대한 어려움이다. 기존 CheckAccount 클래스는 입출금과 이자계산 기능을 갖고 있다. CheckAccount 와 유사한 기능을 제공하는 SaveAccount 클래스를 추가하는 경우 기존 CheckAccount 클래스와 비슷한 코드를 반복 작성하는 방식으로 SaveAccount를 정의한다. 이와 같이 새로운 계좌 타입이 추가된다면 유사 코드를 계속해서 반복 정의하는 문제가 발생하며, 이는 확장성을 어렵게 한다. 둘째, 빈번한 코드 수정이 필요하다는 것이다. 계좌에 대한 서비스 기능을 관리하는 AccountService 클래스를 정의했을 때 새로운 계좌 타입을 추가할 때마다 해당 계좌에 대한 입출금과 이자계산 메서드를 추가해야 한다.

OCP 적용 코드 장점

OCP를 적용하기 위해 공통 기능에 대한 추상화와 상속을 통해 서브 클래스에서 구현하는 방식으로 설계하는 것이 필요하다. 추상 클래스인 Account 클래스는 기본적인 입출금 기능에 해당하는 deposit()과 withdraw() 메서드를 포함하고 이자계산 기능인 addInterest() 메소드는 추상 메소드로 정의한다. CheckAccount 클래스와

SaveAccount 클래스는 Account 클래스를 상속받아 이자계산 기능을 구현한다.

OCP를 적용한 코드는 추상화와 상속을 통해 다음과 같은 장점을 갖는다. 첫째, 새로운 계좌 유형이 추가될 때마다 기존 Account 클래스 코드를 건드리지 않고 상속에 의해 새로운 계좌 클래스로 확장이 용이하다. 둘째, 새로운 계좌 타입을 추가해도 상속과 다형성에 의해 계좌 서비스 기능을 관리하는 AccountService 클래스에 대한 코드 수정은 불필요하다.

OCP 미적용

```
class CheckAccount {
   int balance;
   void deposit( ) { }
   void withdraw( ) { }
   void addInterest( ) { }
}
//계좌 유형 추가시 확장성 부족
class SaveAccount {
   int balance;
   void deposit( ) { }
   void withdraw( ) { }
   void addInterest( ) { }
}

// 계좌 유형 추가시 코드 수정 필요
// 저수준 클래스에 의존
class AccountService {
   void deposit(CheckAccount chkAcc) {
      chkAcc.deposit( );
   }
   void deposit(SaveAccount saveAcc) {
      saveAcc.deposit( );
   }
   void withdraw(CheckAccount chkAcc) { … }
   void withdraw(SaveAccount saveAcc) { … }
   void addInterest(CheckAccount chkAcc) { … }
   void addInterest(SaveAccount saveAcc) { … }
}
```

OCP 적용

```
//Account 추상 클래스 정의
abstract class Account {
   int balance;
   void deposit( ) { }
   void withdraw( ) { }
   abstract void addInterest( );
}
//계좌 유형 추가시 확장 용이
class CheckAccount extends Account {
   void addInterest( ) { }
}
class SaveAccount extends Account {
   void addInterest( ) { }
}
// 계좌 유형 추가시 코드 수정 불필요
// 주상 클래스에 의존
class AccountService {
   void deposit(Account acc) {
      acc.deposit( );
   }
   void withdraw(Account acc) {
     acc.withdraw( );
   }
   void addInterest(Account acc) {
      acc.addInterest( );
   }
}
```

그림 14.3 OCP 미적용/적용 자바코드 보기

14.4 리스코프 치환 원리(LSP)

LSP는 '하위 클래스가 상위클래스의 기능을 그대로 유지하면서 확장기능을 제공해야 한다'는 것이다. 즉, 상위 클래스 타입으로 선언한 코드를 하위 클래스 객체로 대체해도 프로그램이 정상적으로 작동하도록 설계해야 한다. 이를 위해 하위 클래스는 상위 클래스의 계약(규약)을 준수해야 한다. 만약 하위 클래스가 상위 클래스의 계약을 위반하거나 예외적인 행위를 수행한다면 프로그램은 정확히 동작하지 않을 가능성이 있으므로 하위 클래스는 상위 클래스에 정의된 계약 기능을 준수하도록 설계하는 것이 필요하다.

다음은 LSP에 대한 정의를 보인다.

> 하위 타입은 프로그램의 올바른 동작을 변경하지 않고 상위 타입을 대체할 수 있어야 한다.
> (Subtypes must be substitutable for their base types without altering the correctness of the program.) [Liskov, 1987]

[그림 14.4]는 LSP를 적용하지 않은 코드와 적용한 코드 보기를 보인다.

LSP 미적용 코드 문제점

Account 클래스의 출금(withdraw) 메서드는 기본적으로 입금액(amount)이 0보다 크고 잔액(balance) 보다 작을 때만 정상적으로 출금을 실행하며, 그렇지 않으면 예외를 발생시킨다. 하위 타입인 CheckAccount 클래스는 상위 타입인 Account 클래스를 상속했고 출금 메소드를 재정의 하였다. 이때 하위 타입인 CheckAccount 클래스는 상위 타입인 Account 클래스의 출금에 대한 기본적인 계약(규약) 조건을 준수하는 것이 필요하다. 그러나, 하위 클래스인 CheckAccount는 '입금액(amount)<0' 인 경우에만 예외를 발생시키므로 계약을 위반하고 있다. 이로 인해 상위 타입인 Account 타입에 하위 타입인 CheckAccount 객체를 대입하면, 예상치 못한 예외 처리나 잘못된 동작을 초래할 수 있다.

LSP 적용 코드 장점

하위 클래스인 CheckAccount의 출금 메소드는 상위 클래스인 Account의 출금 메소드와 단지 구현 방법에서 차이가 있고 조건을 확장했을 뿐 상위 클래스인 Account 계약 행위를 준수한다. 하위 클래스인 CheckAccount는 상위 클래스인 Account의 계약을 준수하면서 확장했기 때문에, 상위 클래스를 사용하는 곳에 하위 클래스 객체를 대체해도 일관되며 정상적인 동작을 보장한다.

LSP 미적용

```
class Account {
   int balance = 100;
   //계약조건: 0<amount<잔액 이외 예외발생
   void withdraw(int amount) throws Exception {
      if (amount <= 0 || amount > balance)
         throw new Exception("예외발생");
      balance -= amount;
   }
}
class CheckAccount extends Account {
   //계약위반: amount<0 경우만 예외
   void withdraw(int amount) throws Exception {
      if (amount < 0)
         throw new Exception ("예외발생");
      balance -= amount;
   }
}
```

main( )

```
Account acc;
//인출 행위에 대한 계약조건
acc = new Account();
acc.withdraw(10);  //0<amt<잔액: 출금
acc.withdraw(200); //amt>잔액: 예외
acc.withdraw(-20); //amt<0: 예외
//인출 행위에 대한 계약 준수 X
acc = new CheckAccount();
acc.withdraw(10);  //0<amt<잔액: 출금
acc.withdraw(200); //계약위반: amt>잔액: 예외 X
acc.withdraw(-20); //amt<0 예외
```

LSP 적용

```
class Account {
   int balance = 100;
   //계약조건: 0<amount<잔액 이외 예외발생
   void withdraw(int amount) throws Exception   {
      if (amount <= 0 || amount > balance)
         throw new Exception("예외발생");
      balance -= amount;
   }
}
class CheckAccount extends Account {
   //계약준수: 계약조건과 동일
   //구현방법차이, 조건추가(확장)
   int dayLimit = 500;
   void withdraw(int amount) throws Exception   {
      if (amount <= 0)
         throw new Exception("예외발생");
      If (amount > balance)
         throw new Exception("예외발생");
      if (amount > dayLimit) { //조건추가
         throw new Exception("예외발생");
      balance -= amount;
   }
}
```

main( )

```
Account acc;
//인출 행위에 대한 계약조건
acc = new Account();
acc.withdraw(10);  //0<amt<잔액: 출금
acc.withdraw(200); //amt>잔액: 예외
acc.withdraw(-20); //amt<0: 예외
//인출 행위에 대한 계약 준수
acc = new CheckAccount();
acc.withdraw(10);  //0<amt<잔액: 출금
acc.withdraw(200); //amt>잔액: 예외
acc.withdraw(-20); //amt<0 예외
```

그림 14.4 LSP 미적용/적용 자바코드 보기

14.5 인터페이스 분리 원리(ISP)

ISP는 '인터페이스를 여러 개의 작은 인터페이스로 분리하여, 클라이언트 클래스가 자신이 사용하지 않는 기능을 구현하거나 의존하지 않도록 설계해야 한다'는 것이다. 즉, 인터페이스를 각 클라이언트의 용도와 목적에 맞게 분리하여 설계하는 원리이다. 앞서 언급한 SRP는 단일 책임을 위한 클래스 분리를 강조한다면 ISP는 클라이언트 목적에 맞게 인터페이스 분리를 강조한다. 필요한 기능만 제공하는 작은 인터페이스를 만들어 클라이언트가 불필요한 의존성을 피하도록 설계하는 원리이다. 인터페이스는 다중 상속(구현)이 가능하기 때문에 분리할 수 있으면 분리하여 각 클라이언트 클래스 용도에 맞게 구현할 수 있도록 설계한다.

다음은 ISP에 대한 정의를 보인다.

> 클라이언트는 사용하지 않는 메서드에 의존하도록 강요되지 말아야 한다. 인터페이스는 클라이언트의 요구에 맞게 구체적이어야 한다.
> (Clients should not be forced to depend on methods they do not use. Interfaces should be specific to client needs.) [Martin, 2002]

[그림 14.5]는 ISP를 적용하지 않은 코드와 적용한 코드 보기를 보인다.

ISP 미적용 코드 문제점

Account 인터페이스는 'deposit()', 'withdraw()', 'addInterest()' 메서드를 포함한다. Account 인터페이스는 CheckAccount와 SaveAccount 계좌에 모두 사용되는데, CheckAccount는 이자계산 기능이 없고, SaveAccount는 이자계산 기능이 필요하다. 이런 경우 CheckAccount는 이자계산 기능을 구현해야 하지만 'addInterest()' 메서드를 비워두거나 예외를 발생시키는 방법으로 구현될 것이다. 이러한 설계는 CheckAccount가 필요하지 않은 기능에 의존하게 되는 문제가 발생한다. 또한 Account 인터페이스가 모든 계좌 유형에 공통적인 메서드를 포함하고 있기 때문에 Account 인터페이스를 구현하는 모든 클라이언트 클래스가 불필요한 메서드를 가지게 된다. 결국, 비대한 인터페이스는 너무 많은 책임을 갖게 된다.

ISP 적용 코드 장점

ISP 미적용 코드에서 Account는 여러 책임을 갖는 비대한 인터페이스이다. 이것을 작은 인터페이스로 나누어 계좌 유형에 맞는 기능만 제공하도록 설계하는 원리가 ISP이다. 즉, 이자계산 기능을 사용하는 계좌와 그렇지 않은 계좌에 맞게 인터페이스를 분리하는 것이 필요하다. 이렇게 하면 각 계좌는 필요한 기능만 구현하고 불필요한 기능을 구현할 필요가 없다. Accountable 인터페이스는 입출금과 같은 모든 계좌에 공통으로 필요한 기능만 정의한다. 이자계산 기능이 필요한 계좌에만 적용하기 위해 별도의 Interestable 인터페이스를 정의한다. CheckAccount 클래스는 이자계산 기능이 없는 계좌이므로 Accountable 인터페이스만 구현한다. SaveAccount 클래스는 이자계산 기능이 있는 계좌이므로 Accountable 인터페이스와 Interestable 인터페이스를 모두 구현한다.

ISP 적용 설계는 여러 장점을 갖는다. 첫째, 단일 책임을 갖는 인터페이스는 작고 명확하기 때문에 유지보수가 용이하다. 둘째, 클라이언트는 자식의 목적에 맞게 취사 선택하여 필요한 기능만 구현하므로 유연성이 증가한다. 셋째, 클라이언트 클래스는 자신이 사용하는 기능에만 의존하고 불필요한 기능에 의존하지 않기 때문에 결합도는 낮아진다.

ISP 미적용

```
interface Account {
   void deposit( );
   void withdraw( );
   void addInterest( );
}
class CheckAccount implements Account {
   public void deposit( ) { }
   public void withdraw( ) { }
   //addInterest( ) 행위 없음
   public void addInterest( ) {
      //예외발생 혹은 비워둠
   }
}
class SaveAccount implements Account {
   public void deposit( ) {
   public void withdraw( ) { }
   public void addInterest( ) { }
}
```

ISP 적용

```
interface Accountable {
   void deposit( );
   void withdraw( );
}
interface Interestable {
   void addInterest( );
}
class CheckAccount implements Accountable {
   public void deposit( ) { }
   public void withdraw( ) { }
}
class SaveAccount implements Accountable,
                              Interestable {
   public void deposit( ) {
   public void withdraw( ) { }
   public void addInterest( ) { }
}
```

그림 14.5 ISP 미적용/적용 자바코드 보기

14.6 의존 역전 원리(DIP)

DIP는 '시스템은 추상성이 높고 안정적인 고수준 클래스(모듈)에 의존하고, 구체적인 저수준 클래스(모듈)에 의존하지 않도록 설계해야 한다'는 것이다. 여기에서 저수준 클래스는 구체적인 실제 기능을 수행하는 클래스이고, 고수준 클래스는 저수준 클래스들을 조합하여 주요 기능을 제공하는 추상성이 높은 상위 계층의 클래스이다. 시스템이 어떤 클래스를 참조해서 이용해야 하는 상황이 발생하면 해당 클래스를 직접 참조하는 것이 아니라 상위 클래스를 참조하라는 것이다. 의존 관계를 맺을 때 변화하기 쉬운 것 또는 자주 변화하는 것보다 거의 변화가 없는 것에 의존하라는 것이다. DIP 적용 설계는 클래스 사이의 결합도를 낮추며 저수준 클래스가 변경되더라도 고수준 클래스에 영향을 주지 않도록 설계하는 방법이다.

다음은 DIP에 대한 정의를 보인다.

> 상위 모듈은 하위 모듈에 의존하지 말아야 한다. 둘 다는 추상화에 의존해야 한다. 추상화는 세부 사항에 의존하지 말아야 하며, 세부 사항이 추상화에 의존해야 한다.
> (High-level modules should not depend on low-level modules. Both should depend on abstractions. Abstractions should not depend on details; details should depend on abstractions.) [Martin, 2002]
>
> 구체적인 구현은 언제든 변경될 수 있기 때문에, 시스템은 변화에 유연하게 대처할 수 있도록 추상화에 의존해야 한다.
> (Concrete implementations can change at any time, so systems should depend on abstractions to be adaptable to change)

[그림 14.6]은 DIP를 적용하지 않은 코드와 적용한 코드 보기를 보인다.

DIP 미적용 코드 문제점

상위 모듈인 AccountService가 하위 모듈인 CheckAccount와 SaveAccount와 같은 추상성이 낮은 구체 클래스에 의존하고 있다. 만약 새로운 계좌 타입이 추가되면 확장성이 부족하게 되고, CheckAccount와 SaveAccount가 변경되면 AccountService도 변경해야 한다.

DIP 적용 코드 장점

계좌의 기본 기능을 담당하는 추상성이 높은 Account 인터페이스를 정의한다. CheckAccount, SaveAccount와 같은 구체 클래스가 Account 인터페이스를 구현한다. 상위 모듈인 AccountService는 하위 모듈인 구체 클래스에 의존하지 않고 추상화된 인터페이스인 Account에 의존한다. 즉, DIP 미적용 코드는 상위 모듈이 하위 모듈인 구체 클래스에 의존하고 있었다면, DIP 적용 코드는 하위 모듈들이 추상화된 Account 인터페이스에 의존하고 있으며 상위 모듈 또한 추상화된 Account 인터페이스에 의존하고 있다. 여기에서 의존 역전 현상이 발생한다. 즉, 상위 모듈이 하위 모듈에 의존하는 구조에서 하위 모듈이 추상화된 상위 모듈에 의존(구현)하는 구조로 바뀌는 의존 역전 현상이 발생한다. DIP와 관련하여 자주 언급되는 의존 주입(Dependency Injection)이라는 용어는 DIP를 구현 하는 방법으로써 클래스에 대한 의존성을 클래스 내부에서 결정하지 않고 외부에서 주입하는 방법이다. [그림 14.6]에서 AccountService는 생성자를 통해 Account 객체를 주입한 보기를 보인다, DIP 적용을 통해 얻어지는 여러 장점들이 있다. 첫째, Account 인터페이스를 통해 새로운 계좌 추가시 확장이 용이하다. 둘째, AccountService는 추상화 인터페이스인 Account에 의존하므로, 계좌 타입 변경시 단순한 객체 전달을 통해 유연하게 대응할 수 있다. 셋째, 상위 모듈과 하위 모듈 사이의 결합도가 낮아져 하위 모듈의 코드 변경이 발생하더라도 상위 모듈에 영향을 주지 않으므로 유지보수성이 좋아진다.

<table>
<tr><th>DIP 미적용</th><th>DIP 적용</th></tr>
<tr><td><pre>class CheckAccount {
   int balance;
   void deposit( ) { }
   void withdraw( ) { }
   void addInterest( ) { }
}
//계좌 유형 추가시 확장성 부족
class SaveAccount {
   int balance;
   void deposit( ) { }
   void withdraw( ) { }
   void addInterest( ) { }
}
//계좌 유형 추가시 코드 수정 필요
//저수준 클래스에 의존
class AccountService {
   CheckAccount chkAcc;
   SaveAccount saveAcc;</pre></td><td><pre>//인터페이스 Account 정의
interface Account {
   void deposit( );
   void withdraw( );
   void addInterest( );
}
//계좌 유형 추가시 확장 용이
class CheckAccount implements Account {
   int balance;
   public void deposit( ) { }
   public void withdraw( ) { }
   public void addInterest( ) { }
}
class SaveAccount implements Account {
   int balance;
   public void deposit( ) { }
   public void withdraw( ) { }
   public void addInterest( ) { }</pre></td></tr>
</table>

<pre> AccountService( ) {
    this.chkAcc = new CheckAccount( );
    this.saveAcc = new SaveAccount( );
  }
  void depositCheckAccount( ) { chkAcc.deposit( ); }
  void depositSaveAccount( ) { saveAcc.deposit( ); }
  void withdrawCheckAccount( ) { … }
  void withdrawSaveAccount( ) { … }
  void addInterestCheckAccount( ) { … }
  void addInterestSaveAccount( ) { … }
}</pre>
	<pre>}
	//계좌 유형 추가시 코드 수정 불필요
	//고수준 인터페이스에 의존
	class AccountService {
	  Account acc;
	  //생성자를 통한 의존 주입
	  AccountService(Account acc) {
	    this.acc = acc;
	  }
	  void deposit( ) { acc.deposit( ); }
	  void withdraw( ) { acc.withdraw( ); }
	  void addInterest( ) { acc.addInterest( ); }
	}</pre>

그림 14.6 DIP 미적용/적용 자바코드 보기

OCP vs. DIP 차이

[그림 14.7]은 OCP와 DIP를 적용한 자바 코드의 클래스 다이어그램을 보인다. 두 개의 클래스 다이어그램을 비교할 때 OCP와 DIP는 구조적으로 매우 유사해 보이지만 각 원리가 강조하는 것에 차이가 있다. OCP는 상속을 통해 시스템의 확장성을 강조하는 반면에 DIP는 상위 모듈이 구체적인 하위 모듈의 변경에 영향을 미치지 않도록 모듈 사이의 결합력 약화를 강조한다. 다음은 이에 대한 세부 내용을 보인다.

- OCP는 기존 코드를 변경하지 않고 새로운 기능을 추가할 때 유연하게 확장될 수 있도록 설계하는 것이다, 즉, 확장성에 강조를 둔다. OCP를 적용하기 위해 인터페이스나 추상 클래스를 사용하여 새로운 요구사항이 발생했을 때 기존 코드를 변경하지 않고 해당 인터페이스를 구현하는 새로운 클래스를 추가할 수 있도록 설계한다. 보기를 들면, [그림 14.7] (a)에서 새로운 계좌 유형이 추가될 때, AccountService는 추상 클래스인 Account 클래스에 의존하므로 AccountService 클래스를 수정할 필요 없이 상속을 통해 새로운 계좌 클래스를 추가하여 시스템을 확장하는 것이 용이하다.
- DIP는 상위 모듈과 하위 모듈이 인터페이스나 추상 클래스에 의존하게 하여, 상위 모듈이 하위 모듈인 구체적인 구현 클래스에 의존하지 않도록 설계하는 것이다. 즉, 의존성에 강조를 둔다. 하위 모듈은 인터페이스를 구현하고, 상위 모듈은 인터페이스에 의존하도록 설계하여 모듈 사이의 결합도를 낮추도록 설계한다. 보기를 들면, [그림 14.7] (b)에서 Account 인터페이스를 사용하여 상위 모듈인

AccountService 클래스가 하위 모듈인 CheckAccount, SaveAccount와 같은 구체 클래스에 의존하지 않기 때문에 구체 클래스가 변경되어도 상위 모듈인 AccountService 클래스 코드는 영향을 받지 않는다.

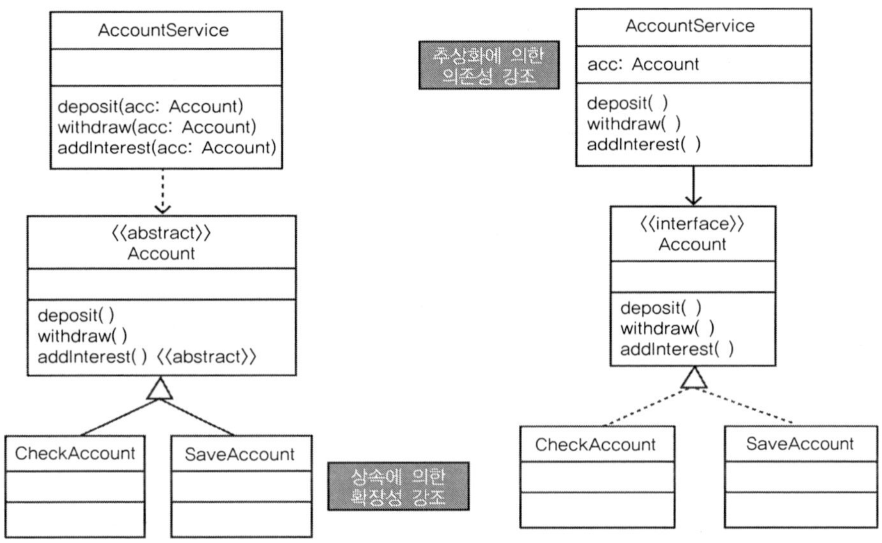

(a) OCP 적용 클래스 다이어그램

(b) DIP 적용 클래스 다이어그램

그림 14.7 OCP/DIP 적용 클래스 다이어그램

연 습 문 제

14.1. 다음 중 단일 책임 원리(SRP)와 가장 거리가 먼 것을 2개 선택하라.

① 클래스는 변경해야 할 단 하나의 이유만 가져야 한다.
② 클래스는 응집도를 높이기 위해 여러 기능을 동시에 수행해야 한다.
③ 클래스는 하나의 책임만 가져야 한다.
④ 클래스는 유지보수를 위해 하나의 명확한 역할을 가져야 한다.
⑤ 클래스는 다양한 책임을 가져야 재사용성이 높아진다.

14.2. 다음 중 개방-폐쇄 원리(OCP)와 가장 거리가 먼 것을 2개 선택하라.

① 소프트웨어 모듈은 확장에는 열려 있고, 수정에는 닫혀 있어야 한다.
② 새로운 기능을 추가할 때 기존 코드를 수정해야 한다.
③ 기능 추가 시 상속을 사용하여 시스템을 확장할 수 있어야 한다.
④ 기존 모듈을 수정하지 않고 새로운 요구 사항을 반영할 수 있어야 한다.
⑤ 새로운 요구사항이 생기면 기존 코드의 수정을 피하고 새로운 클래스를 만들어야 한다.

14.3. 다음 중 리스코프 치환 원리(LSP)와 가장 거리가 먼 것을 2개 선택하라.

① 자식 클래스는 언제나 부모 클래스를 대체할 수 있어야 한다.
② 자식 클래스는 부모 클래스의 기능을 확장할 수 있으며, 프로그램 동작에 영향을 주지 않아야 한다.
③ 서브 타입은 수퍼 타입을 대체할 수 있어야 한다.
④ 서브 클래스는 수퍼 클래스 메서드를 다른 방식으로 구현할 수 있어야 한다.
⑤ 자식 클래스는 부모 클래스의 동작과 무관하게 자신만의 독립적인 로직을 가져야 한다.

14.4. 다음 중 인터페이스 분리 원리(ISP)와 가장 거리가 먼 것을 2개 선택하라.

① 클라이언트는 자신이 사용하지 않는 메서드에 의존하지 않아야 한다.

② 여러 작은 인터페이스로 분리하여 클라이언트가 필요한 것만 사용할 수 있도록 해야 한다.

③ 인터페이스는 가능한 모든 기능을 한곳에 모아야 클라이언트가 더 쉽게 사용할 수 있다.

④ 인터페이스는 여러 기능을 포함하여 모든 클라이언트가 공통으로 사용할 수 있게 설계되어야 한다.

⑤ 클라이언트는 자신이 사용하는 메서드만 포함된 인터페이스에 의존해야 한다.

14.5. 다음 중 의존성 역전 원리(DIP)와 가장 거리가 먼 것을 2개 선택하라.

① 의존성 주입(DI)은 DIP 원리를 적용하는 방법 중 하나이다.

② 고수준 모듈과 저수준 모듈은 추상화에 의존하는 것이 필요하다.

③ 고수준 모듈은 저수준 모듈에 의존해야 한다.

④ DIP를 위해 추상 클래스나 인터페이스에 의존하는 것이 필요하다.

⑤ 고수준 모듈은 구체적인 클래스에 의존하는 것이 필요하다.

CHAPTER

15 상세 설계

15.1 소개

상세 설계는 복잡한 모듈 내부의 세부 처리 과정(알고리즘)을 설계하는 것이다. 여기에서 모듈은 절차지향 언어에서 함수, 객체지향 언어에서 메소드를 의미한다. 단순 기능을 수행하는 상세 설계는 필요 없지만 복잡한 연산이나 주요 연산에 대한 알고리즘은 설계하는 것이 필요하다. 상세 알고리즘을 표현하기 위해 실제 프로그래밍 언어가 사용될 수도 있지만 구현 언어와 독립적이며 코드로 쉽게 변형될 수 있는 그래픽 혹은 텍스트 기반의 표기법을 이용한다.

15.2 상세 설계 명세 도구

상세 설계의 결과는 궁극적으로 프로그래밍 코드로 변환되기 때문에, 상세 설계를 위한 명세 도구는 프로그램의 제어 구조를 표현할 수 있어야 한다. 현대의 모든 프로그램은 기본적으로 다음과 같은 3가지 제어 구조를 지원한다.

- 순차(sequential)
- 조건(conditional) : if, if-else, case
- 반복(loop) : while, do-while

상세 설계 명세 도구는 이 세 가지 제어 구조를 모두 지원하는 표기법을 제공해야 한다. 이러한 도구들은 [그림 15.1]과 같이 그래픽 기반과 텍스트 기반 도구로 분류할 수 있다. 그래픽 기반 도구는 다이어그램을 사용해 제어 구조를 시각적으로 표현하고, 텍스트 기반 도구는 특정 키워드를 통해 제어 구조를 표현한다.

분류	표기법	설명
그래픽 기반	· 흐름도(flowchart) · 활동 다이어그램(activity diagram) · NS도표(Nassi–Schneiderman Chart)	· 순서도라고도 한다. · UML 다이어그램 중 하나이다. · 박스도(box diagram)라고도 한다.
텍스트 기반	· PDL(Program Design Language)	· 의사 코드(pseudo code) 혹은 구조적 영어(structured English)라고도 한다.

그림 15.1 모듈 설계 명세 도구

흐름도

가장 고전적이며 광범위하게 사용되는 흐름도는 프로그램의 논리 구조를 표현하기 위한 상세 설계 명세 도구로써, 모듈 내부의 수행 절차에 대한 흐름을 표현한다. 예를 들면, 직사각형은 처리를, 마름모는 판단을, 화살표는 절차의 흐름을 나타낸다. 흐름도에 사용되는 표기법은 [그림 15.2]와 같다.

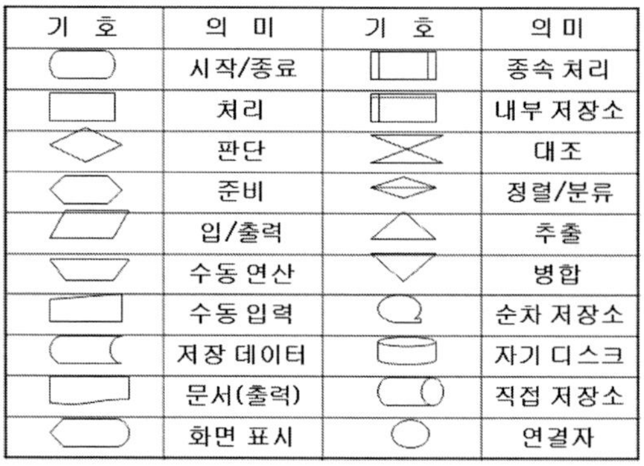

그림 15.2 흐름도 표기법

[그림 15.3]은 흐름도에서 순차, 조건, 반복 제어 구조를 표현하는 방법을 보인다.

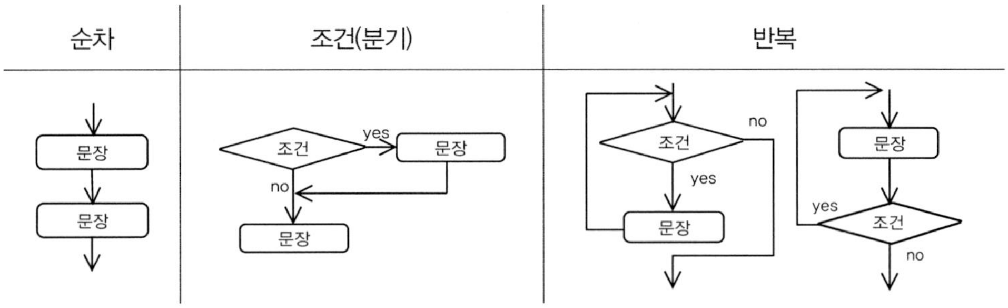

그림 15.3 흐름도에서 3가지 제어 구조 표현

[그림 15.4]는 흐름도를 이용하여 '1부터 100까지 정수 더하기' 모듈에 대한 흐름도와 이를 자바 코드로 변형한 결과를 보인다. [그림 15.5]는 '수수료 계산' 모듈에 대한 흐름도를 보인다.

흐름도	자바 코드

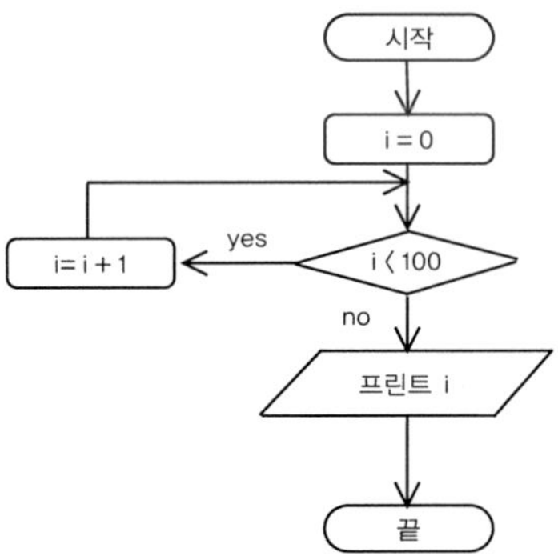	`int i = 0;`
	`while(i < 100)`
	`   i = i + 1;`
	`System.out.printf(i);`

그림 15.4 '1부터 100까지 정수 더하기' 모듈에 대한 흐름도

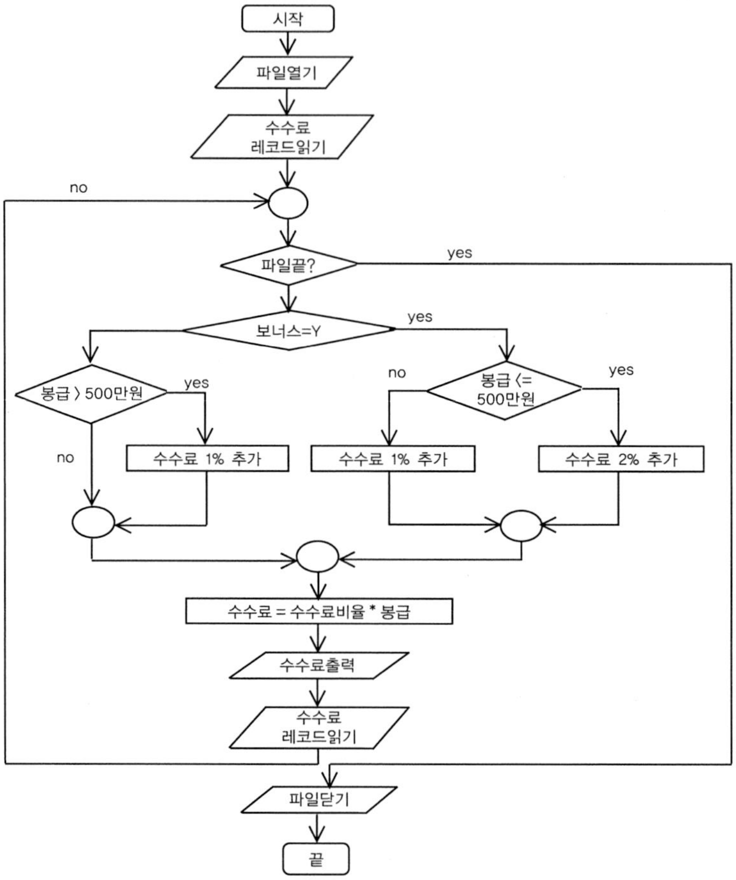

그림 15.5 '수수료 계산' 모듈에 대한 흐름도

활동 다이어그램

UML의 활동 다이어그램은 흐름도와 유사하며 상세 설계 명세를 위해 이용될 수 있다. [그림 15.6]은 [그림 15.4]의 흐름도를 활동 다이어그램으로 표현한 것이다.

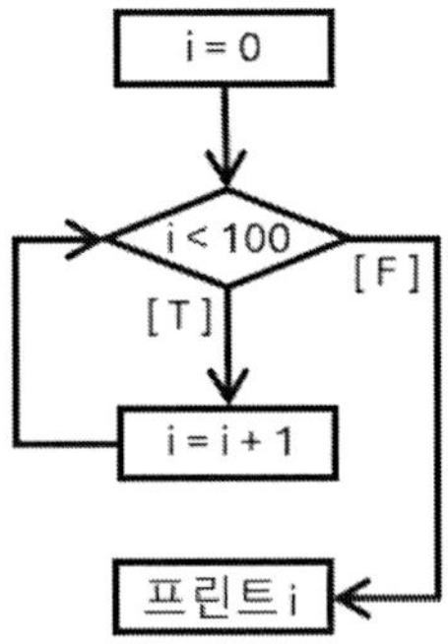

그림 15.6 '1부터 100까지 정수 더하기' 모듈에 대한 활동 다이어그램

PDL

슈도코드(의사코드)는 프로그래밍 코드와 비슷하지만 특정 프로그래밍 언어에 종속되지 않는 서술적 상세 설계 명세 도구이다. 이로 인해 명확하고 간결한 방법으로 알고리즘이나 절차를 표현할 수 있지만, 실제 코드로 컴파일 할 수 없다. if, select, repeat, do, until 등의 키워드를 사용하여 3가지 제어 구조를 표현할 수 있다. [그림 15.7]은 수수료 계산 모듈의 흐름도 표현을 PDL로 변환한 보기를 보인다.

```
Module 수수료 계산
  Open 수수료 파일
  Read 수수료 레코드
  Do until 파일끝
     if 보너스 = Y
       if 봉급 > 500만원
          add 1% to 수수료비율
       endif
     else
       if 봉급 <= 500만원
          add 2% to 수수료비율
       else
          add 1% to 수수료비율
       endif
     endif
     compute 수수료 = 수수료비율 * 봉급
     output 수수료
     read 수수료 레코드
   Enddo
   Close 수수료파일
End Module
```

그림 15.7 '수수료 계산' 모듈에 대한 PDL 표현

NS 도표

박스 다이어그램이라고 부르는 NS 도표는 순차, 선택, 반복에 대한 3가지 제어 구조를 박스로 표현한 것이다. [그림 15.8]은 NS 도표 표기법을 보인다. 순차는 2개의 박스를 위에서 아래로 연결하여 표현한다. 선택은 조건 박스 다음에 then(T) 박스와 else(F) 박스를 연결한다. 반복은 반복되는 절차를 둘러싸는 박스로 표현한다. [그림 15.9]는 잡지 구독 레코드 처리 모듈에 대한 NS 도표를 보인다.

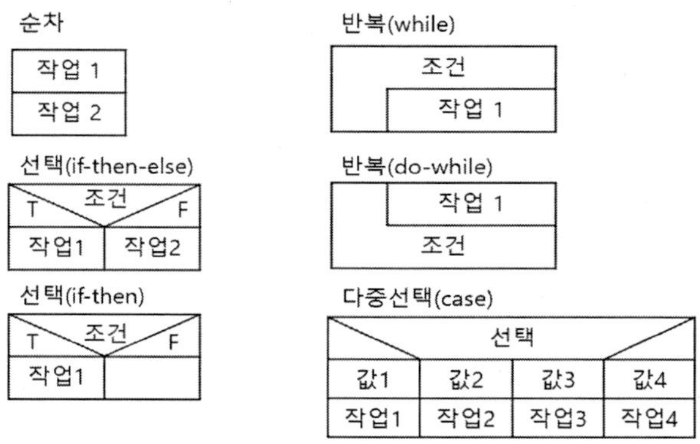

그림 15.8 NS 도표를 이용한 제어구조 표현

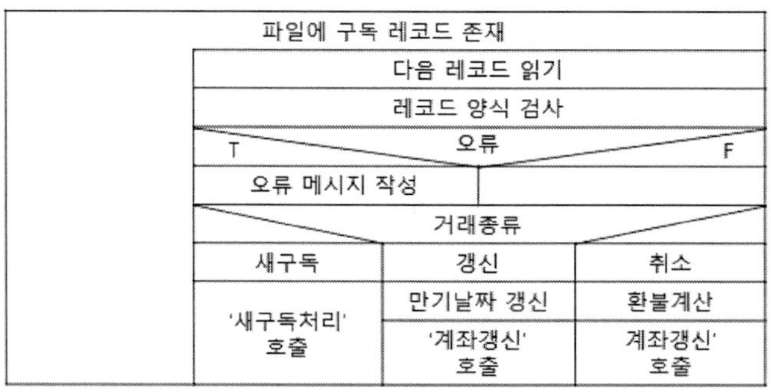

그림 15.9 '구독 레코드 처리' 모듈에 대한 NS 도표

연 습 문 제

15.1. 다음 중 나시-슈나이더만(NS) 도표에서 표현할 수 있는 3가지 제어 구조로써 가장 거리가 먼 것은?

① 선택　　② 반복　　③ 분기　　④ 순차

15.2. 다음 중 상세 설계 명세 도구에 대하여 가장 거리가 먼 것을 2개 선택하라.

① 분석 모델링 도구들은 보조 도구로 이용될 수 있다.
② 흐름도는 텍스트 기반의 명세 도구이다.
③ PDL은 슈도코드 라고도 한다.
④ 의사코드는 그래픽 기반의 명세 도구이다.
⑤ 활동 다이어그램은 흐름도와 유사한 표기법을 제공한다.

15.3. 다음 중 상세 설계를 위해 프로그래밍 코드와 유사한 주요 키워드를 이용하여 서술적으로 명세하는 도구로써 가장 거리가 먼 것은?

① PDL　　② Activity Diagram　　③ Pseudo code　　④ Structured English

15.4. 다음 '예금인출' 프로세스에 대한 흐름도와 활동 다이어그램을 작성하라.

'예금인출' 모듈
1. 카드삽입 2. 비번입력 3. 비번 틀리면 2번 단계 반복 4. 예금인출

15.5. 다음 박스 다이어그램 표기법 중 반복(while)에 해당하는 표기는?

① 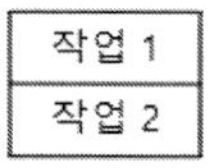

② 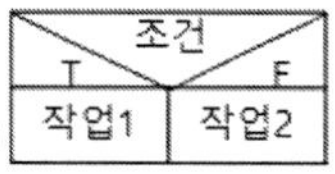

③ 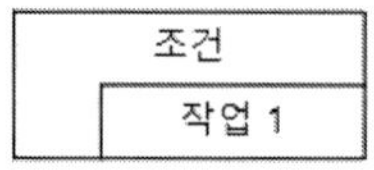

④ 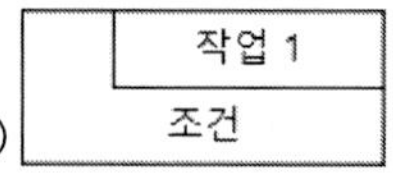

15.6. 다음 괄호에 적절한 용어를 적어라.

> 슈도코드 혹은 (①)라고 부르는 PDL은 상세 설계를 위한 대표적인 텍스트 기반 표기법이다. 반면에 NS 도표와 (②)는 상세 설계를 위한 대표적인 그래픽 기반의 표기법이다. PDL은 모든 프로그래밍 언어에서 제공하는 3가지 제어 구조인 (③), (④), (⑤)에 대한 표기법을 지원한다.

15.7. 다음 상세 설계에 대하여 가장 거리가 먼 것을 3개 선택하라.

① 아키텍처 설계와 비교하여 하위 수준의 설계를 의미한다.
② 소프트웨어 구조 설계와 시스템 구조 설계로 분류할 수 있다.
③ 모듈에 대한 알고리즘을 정의한다.
④ 시스템이나 소프트웨어의 구성 요소들 사이의 관계를 정의한다.
⑤ 모듈 설계라고도 부른다.
⑥ 모듈을 분해하고 모듈 사이의 인터페이스를 결정하는 것이다.

15.8. 다음 슈도 코드를 NS 도표로 작성하라.

```
Do until 파일끝
    Read 레코드
End do
```

PART 04

다른 활동

CHAPTER

16 테스트

16.1 소개

과거 테스트 활동은 프로그램을 실행하여 오류를 발견하는 것을 의미했다. 그러나 현대의 테스트 개념은 단순히 코드 실행을 통한 오류 검사에 그치지 않고, 개발 프로세스 전반에 걸쳐 생성되는 문서를 검토하여 잠재적인 오류를 사전에 발견하는 활동을 포함한다.

테스트를 수행하는 주요 목적은 소프트웨어에 오류가 없음을 증명하는 것이 아니라, 소프트웨어에 존재할 수 있는 잠재적인 오류를 발견하는 것이다. 특히, 대규모 시스템에서 오류가 없다는 것을 증명하기 위해 모든 상황을 고려하여 테스트를 수행해야 하는데 이것은 현실적으로 불가능하다. 따라서, 성공적인 테스트란 최소의 시간(효율성)과 최소의 노력(효과성)으로 오류를 발견하는 것이다.

개발 초기부터 테스트에 대한 계획을 수립해야 한다. 분석 단계에서는 시스템의 요구 기능에 기반한 테스트 데이터를 준비하고, 설계 단계에서는 모듈 테스트를 위한 테스트 데이터를 개발한다. 이처럼 개발자는 소프트웨어 품질을 향상시키기 위해 사전에 테스트 계획을 수립하고, 오류를 발견할 가능성이 높은 효율적이고 효과적인 테스트 데이터를 설계하는 것이 필요하다.

16.2 테스트 원리

테스트 수행에 대한 기본 원리는 다음과 같다.

◎ 요구에 대한 추적성

테스트의 가장 중요한 목적은 고객 요구를 만족하지 못하는 오류를 발견하는 것이므로, 이를 확인하기 위해 모든 테스트는 고객 요구로 추적할 수 있어야 한다.

◎ 테스트 이전 계획 수립

구현 활동 전에 모든 테스트에 대한 계획을 수립해야 한다. 테스트에 대한 수행, 통제, 검증 계획은 계획 단계에서 수립하고 테스트 데이터는 분석과 설계에서 개발한다.

◎ Pareto 원리 적용

테스트 활동에서 오류 집중의 원리를 적용하는 것이 필요하다. Pareto 원리는 테스트 활동에서 밝혀진 모든 오류의 80%는 20%의 모듈에 존재한다는 것을 의미한다. 이는 복잡하거나 크기가 큰 소수의 모듈에 오류가 내재할 확률이 높기 때문에 이러한 모듈을 우선적으로 분석하고 집중적으로 테스트하는 것이 필요하다.

◎ 완전 테스트 불가능

모든 상황을 고려하여 완전하게 테스트하는 것은 불가능하다. 그러므로 테스트에서 오류가 발견되지 않았다고 해서 시스템에 오류가 존재하지 않는다는 것을 증명하는 것은 아니다.

◎ 효과적인 테스트 데이터 선정

모든 상황을 고려한 완전 테스트는 불가능하기 때문에, 최소한의 테스트 데이터로 최대한 많은 오류를 발견할 수 있는 효율적인 테스트 데이터를 선정하는 것이 필요하다.

◎ 독립적인 3자 테스트 수행

개발자는 테스트에 대한 전문 지식을 갖고 있지 않을 가능성이 높으며, 자신이 개발한 코드를 직접 테스트하면 오류 발견 가능성이 낮아질 수 있다. 따라서 전문적인 테스트 지식을 갖는 독립적인 소프트웨어 품질 보증(SQA) 그룹에 의해 테스트를 수행하는 것이 효과적이다.

테스트와 디버깅 차이

테스트는 시스템이 요구를 만족하는지 확인하고, 실제 결과와 기대 결과와 차이가 있는지 검사하는 활동이다. 디버깅은 테스트 후속 단계에서 수행되며 테스트에서 발견된 오류의 원인을 분석하고 수정하는 활동이다. 일반적으로 테스트는 독립적인 SQA 그룹이 수행하고, 디버깅은 개발자가 수행한다. 특히 단위 테스트와 같은 일부 테스트는 개발자가 직접 수행하는 경우가 많다.

생명주기 전반의 테스트

테스트는 프로그램 실행에 기초한 테스트만 포함하는 것이 아니다. 개발 과정에서 생산되는 모든 문서를 검토하여 오류를 발견하는 활동도 테스트에 포함된다.

16.3 테스트 분류

고객에게 소프트웨어를 인도하기 전에 다양한 테스트를 수행한다. 테스트는 코드 실행 여부에 따라 동적 테스트와 정적 테스트로 분류되며, 개발자 관점인지 사용자 관점인지에 따라 확인과 검증 테스트로 분류된다. 또한, 개발 단계에 따라 단위, 통합, 시스템, 인수 테스트로 분류될 수 있으며, 특별한 목적에 따라 알파, 베타, 회귀, 성능, 스트레스 테스트로 분류될 수 있다.

구분	분류	특징
실행	정적 (static)	· 프로그램을 실행하지 않고 테스트하므로 비실행 기반 테스트라고 부른다. · 워크스루, 기술적 검토, 인스펙션 같은 정형화 검토 방법에 의한 테스트를 포함한다.
	동적 (dynamic)	· 프로그램 실행을 통해 테스트하므로 실행 기반 테스트라고 부른다. · 구현 단계 이후에 수행되며, 단위/통합/시스템/인수 테스트를 포함한다. · 동적 테스트는 테스트 케이스 설계 방법에 따라 블랙박스 테스트와 화이트박스 테스트로 분류된다.
관점	확인 (verification)	· 개발자 관점에서 '소프트웨어 제품을 올바르게 만들고 있는가? (Are we building the product right?)'를 테스트한다.

		• 사용자 요구(명세)가 개발 과정에서 반영되는지 확인하는 테스트이다. • 소프트웨어 개발 주기에서 현 단계의 결과물이 이전 단계의 명세를 만족(반영)하는지 확인하는 테스트이다. • 단위, 통합 테스트를 포함한다.
	검증 (validation)	• 사용자 관점에서 '올바른 소프트웨어 제품을 만들고 있는가? (Are we building the right product?)'를 테스트한다. • 소프트웨어 결과물이 사용자의 실제 요구와 기대를 충족하는지 검증하는 테스트이다. • 시스템, 인수 테스트를 포함한다.
단계	단위 (unit)	• 단위 모듈에 대한 테스트로써 모듈 테스트라고도 불린다. • 상세(모듈) 설계 명세에 따라 단위 모듈이 올바르게 구현되었는지 확인하는 테스트이다. • 화이트박스, 블랙박스 테스트 방법에 의해 개발된 테스트 데이터를 이용한다.
	통합 (integration)	• 통합된 모듈 사이의 인터페이스와 상호작용을 테스트한다. • 아키텍처(구조) 설계 명세에 따라 올바르게 구현되었는지 확인하는 테스트이다. • 화이트박스, 블랙박스 테스트 방법에 의해 개발된 테스트 데이터를 이용한다.
	시스템 (system)	• 완전히 통합된 시스템을 독립적인 SQA 팀이 테스트한다. • 요구 명세의 기능/비기능 요구를 만족하는지 검증하는 테스트이다. • 블랙박스 테스트 방법에 의해 설계된 테스트 데이터를 이용한다.
	인수 (acceptance)	• 완성된 제품을 인수할 것인지 아닌지 결정하기 위해 고객(사용자)이 테스트한다. • 시스템이 사용자의 요구사항과 기대를 충족하는지 검증하는 테스트이다. • 제품은 고객에게 인도되어 테스트 데이터가 아닌 실제 데이터와 하드웨어 환경에서 테스트를 수행한다.
목적	알파 (alpha)	• 소프트웨어를 릴리스하기 전에 한정된 잠재 고객에 의해 개발자의 환경에서 수행하는 테스트이다. • 기술적 문제 피드백을 얻기 위한 목적으로 수행된다.
	베타 (beta)	• 소프트웨어를 릴리스하기 전에 한정된 잠재 고객에 의해 사용자 환경에서 수행하는 테스트이다. • 사용자로부터 사용성 평가 피드백을 얻기 위해 수행한다.

회귀 (regression)	· 시스템 변경 혹은 수정 이후, 새로운 오류가 유입되었는지 확인하고, 기존기능이 제대로 동작하는지 확인하기 위해 기존 테스트 데이터를 이용하여 다시 테스트를 수행한다.
성능 (performance)	· 성능(실행시간, 응답시간, 처리량, 속도, 자원사용량) 요구사항을 만족하는지 확인하기 위하여 테스트를 수행한다.
스트레스 (stress)	· 비정상적인 부하 상황에서 시스템의 대처 능력을 테스트하며, 시스템이 고장(스트레스) 이후 적절하게 복구하는지 테스트한다

그림 16.1 테스트 분류

16.4 단계별 테스트

소프트웨어 개발 프로세스에서 구현 활동 후 단위, 통합, 시스템, 인수 테스트가 순서대로 수행된다. 소프트웨어 생명주기 모델 중 V 모델은 폭포수 모델의 변형 모델로써, 각 개발 단계와 테스트 단계가 어떻게 상호 관련되는지 표현하며 확인과 검증을 강조한다.

[그림 16.2]에 보이는 V 모델은 구현 활동을 중심으로 왼쪽에 개발 단계를, 오른쪽에 테스트 단계를 배치한다. 단위 테스트는 모듈 내부의 상세 알고리즘 설계 명세에 따라 단위 모듈이 올바르게 작동하는지 확인하며, 통합 테스트는 소프트웨어 아키텍처(구조) 설계 명세에 따라 모듈 사이의 인터페이스와 상호작용이 올바르게 동작하는지 확인한다. 시스템 테스트는 시스템이 사용자 요구 명세에 기술한 기능 및 비기능 요구를 올바르게 구현했는지 확인 및 검증한다. 개발자가 아닌 고객이 수행하는 인수 테스트는 시스템이 기대한 요구사항과 사용자의 실제 요구를 충족하는지 검증한다. 폭포수 모델은 문서 중심 모델인 반면, V 모델은 테스트 중심 모델이다.

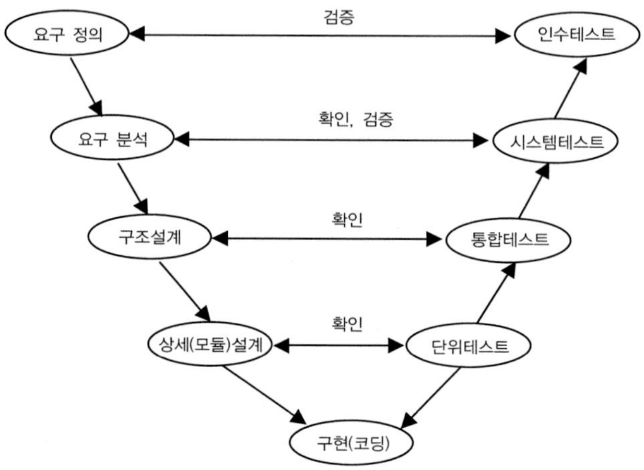

그림 16.2 V 모델

단위 테스트

단위 테스트는 설계의 최소 단위인 모듈을 테스트하는 것으로, 각 모듈이 상세(모듈) 설계 명세에 따라 올바르게 구현되었는지 확인한다. 단위 테스트는 모듈 테스트라고도 불리며, 주로 화이트박스 테스트 방법에 의해 설계된 테스트 데이터를 이용하지만, 경우에 따라 블랙박스 테스트 방법도 적용할 수 있다.

단위 테스트는 모듈 자체만으로 실행될 수 없기 때문에 테스트를 수행하기 위해 드라이버(driver)와 스터브(stub)를 필요로 한다. [그림 16.3]은 단위 테스트를 위한 수행 환경을 보인다. 드라이버는 테스트 데이터를 대상 모듈에게 전달하고, 대상 모듈의 수행 결과를 출력하는 단순한 메인 모듈 역할을 한다. 스터브는 대상 모듈이 호출하는 가짜 모듈 역할을 하며, 실제 구현 대신 미리 정의된 동작(값이나 결과)을 반환하여 테스트 환경을 만든다.

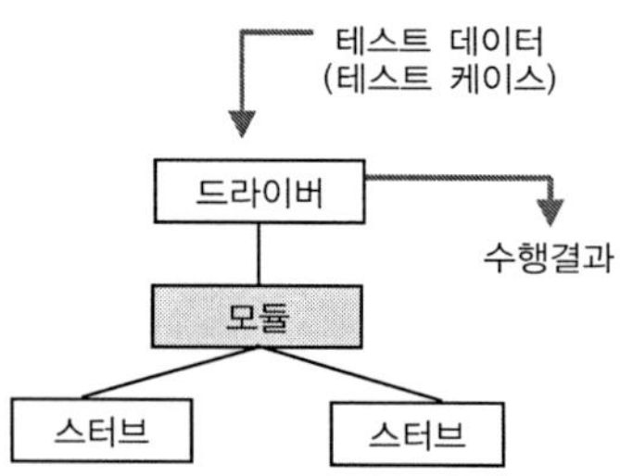

그림 16.3 단위 테스트 수행 환경

통합 테스트

단위 테스트를 통해 각 모듈이 올바르게 동작하는 것을 확인한 후, 여러 모듈을 함께 통합하여 테스트하는 것을 통합 테스트라 한다. 이는 모듈 사이의 인터페이스와 프로그램 구조의 오류를 발견 하기 위해 테스트한다. 통합 테스트는 화이트박스와 블랙박스 테스트 방법으로 설계한 테스트 데이터를 이용하며, 주요 통합 테스트 방법으로는 빅뱅, 하향식, 상향식, 샌드위치 방법이 있다.

빅뱅 방법

모든 모듈을 개발 후 한 번에 통합하여 테스트한다. 모듈들에 대한 점증(단계)적인 통합에 의한 테스트가 아니기 때문에 오류가 발생했을 때 오류 원인을 파악하기 어렵다.

하향식 방법

메인 제어 모듈부터 시작해서 위에서 아래로 점진적으로 통합하여 테스트한다.

프로그램 구조도	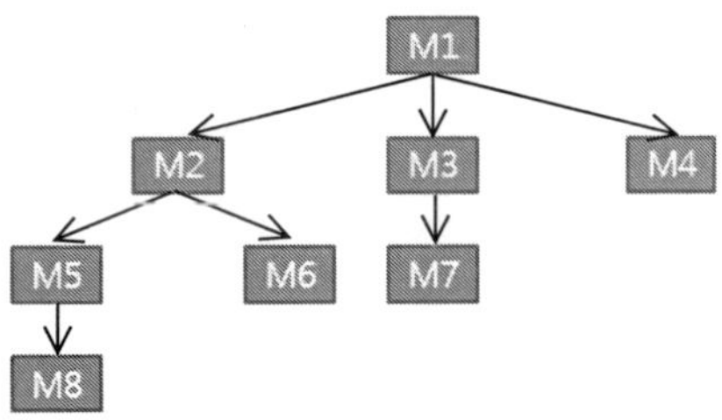
통합절차	1. 메인 제어 모듈(M1)은 드라이버 역할을 하고 하부 모듈(M2, M3, M4)은 스터브로 대체한다. 2. 깊이우선(depth-first) 또는 너비우선(breadth-first) 방법에 따라, 하위 스터브를 하나씩 실제 모듈로 교체하고, 하부 모듈을 스터브로 대체한다. · 깊이우선: M1, M2 통합 ➔ M5, M6 스터브 대체 ➔ M5 통합 ➔ M8 스터브 대체 ➔ M8 통합 ➔ M6 통합 ➔ ...... · 너비우선: M1,M2 통합 ➔ M5, M6 스터브 대체 ➔ M3 통합 ➔ M7 스터브 대체 ➔ M4 통합 ➔ M5 통합 ➔ M8 스터브 대체 ➔ ...... 3. 모듈을 통합할 때 마다 회귀 테스트를 수행한다.
장점	· 주요 제어는 상위 계층에 존재하므로 주요 제어 오류를 조기에 발견하는 것이 가능하다. · 처음부터 프로그램의 전체적인 구조를 갖추고 있다.

	·하향식 깊이 우선 방법은 초기에 시스템의 주요 기능에 대한 테스트를 가능하게 한다.
단점	·스터브에 대한 추가 개발 노력이 필요하다.

그림 16.4 하향식 방법

◎ 상향식 방법

하위 모듈부터 시작하여 아래에서 위로 점진적으로 통합하여 테스트한다.

<table>
<tr><td>프로그램
구조도</td><td>
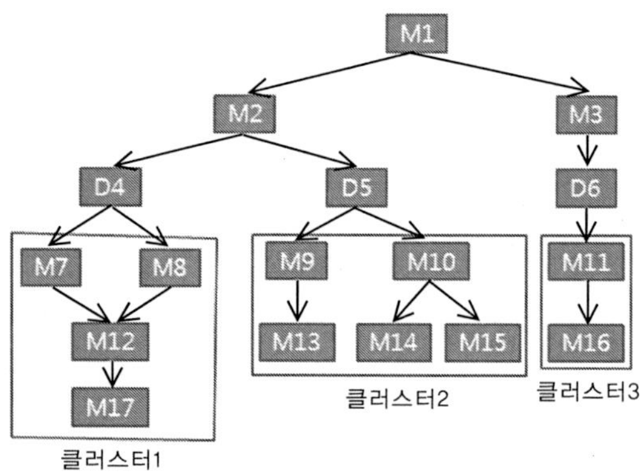

</td></tr>
<tr><td>통합절차</td><td>1. 하위 모듈들은 특별한 기능을 수행하는 클러스터로 통합한다.
2. 각 클러스터에 대한 드라이버(D4, D5, D6)를 작성한다.
3. 드라이버를 이용해 클러스터를 테스트한다.
4. 드라이버를 제거하고, 클러스터는 위로 움직이면서 통합한다.</td></tr>
<tr><td>장점</td><td>·스터브 개발 비용을 감소시킨다.</td></tr>
<tr><td>단점</td><td>·테스트 후반부까지 프로그램의 전체적인 구조를 파악하기 어렵다.
·스터브는 불필요 하지만 드라이버를 필요로 한다.
·하향식의 장점은 상향식의 단점이 된다.</td></tr>
</table>

그림 16.5 상향식 방법

◎ 샌드위치 방법

하향식과 상향식 방법을 결합한 테스트 방법이다. 하위 작업 모듈은 상향식으로,

상위 제어 모듈은 하향식으로 통합하면서 테스트하는 방식이다. 이 방법은 스터브와 드라이버 모두 필요하다. 반면에, 하향식의 장점인 주요 제어 모듈의 오류를 조기에 발견하는 것이 가능하며, 상향식의 장점인 재사용 가능한 주요 기능 모듈에 대한 적절한 테스트를 할 수 있다는 장점이 있다.

시스템 테스트

시스템 테스트는 전체 시스템이 사용자 요구 명세에 기술된 기능 및 비기능 요구를 만족하는지 검증하는 테스트이다. 주로 블랙박스 테스트 방법으로 설계된 테스트 데이터를 이용하며, 시스템의 외부 동작을 중점적으로 테스트한다.

16.5 정적 테스트

16.5.1 소개

정적 테스트는 프로그램을 실행하지 않고 소프트웨어 개발 과정에서 생성된 문서(코드, 설계서, 분석서, 계획서, 표준 등)를 검토하여 오류를 발견하는 비실행 기반 테스트이다. 정적 테스트와 동적 테스트는 서로 보완적인 관계이다. 이는 두 테스트에서 발견할 수 있는 오류의 종류가 서로 상이하기 때문이다. 즉, 표준 준수 여부, 요구사항 누락, 설계 오류, 유지보수가 어려운 코드 구조와 같은 오류는 실행 기반의 동적 테스트를 통해 발견하기 어렵지만 정적 테스트를 통해 쉽게 발견할 수 있다.

다음은 정적 테스트를 통해 얻을 수 있는 장점에 대하여 언급한다.

- **초기 오류 발견**

  개발 초기에 오류를 발견하고 수정함으로써 품질과 생산성을 향상시켜 궁극적으로 프로젝트 비용을 절감할 수 있다.

- **미래 오류 예방**

  개발자의 작업 프로세스의 문제점을 파악하고 개선하여, 미래 프로젝트에서 발생할 수 있는 오류를 예방할 수 있다.

◎ 개발자 훈련

코드 리뷰나 문서 검토를 통해 경험 많은 개발자가 신입 개발자에게 오류를 피하는 방법과 적절한 작업 프로세스를 교육할 수 있다. 이러한 과정은 신입 개발자의 역량을 빠르게 성장시키는데 기여한다.

정적 테스트는 다양한 프로젝트 관련자(개발자, 관리자, 사용자)로 구성된 팀이 문서를 검토하여 오류를 발견하는 활동이다. 특히, 문서 작성자의 동료가 검토자로 참여하는 경우가 많으며, 이를 동료 검토(peer review) 부른다.

정적 테스트를 효과적으로 수행하기 위한 기본 원리는 다음과 같다.

◎ 전문성을 갖는 검토자

자신이 작성한 문서를 스스로 검토하는 것은 오류 발견에 한계가 있으므로, 다양한 전문 지식을 갖는 검토자들로 팀을 구성한다. 팀 멤버들은 각자 역할에 따라 다른 관점에서 검토를 수행하면 더욱 많은 오류를 발견할 수 있다.

◎ SQA 그룹 대표 주도

SQA 그룹 대표는 품질 보증에 최종 책임을 지기 때문에 테스트 팀을 주도하는 것이 필요하다. SQA 그룹 멤버를 제외한 다른 멤버는 각자의 역할과 목적을 우선시할 수 있다. 보기를 들면, 고객은 오류를 정적 테스트에서 발견하기 보다 개발 후반부인 인수 테스트에서 발견하고 수정하는 것이 비용면에서 더욱 효율적이라고 생각할 수 있다. 그러나 프로젝트 후반부에서 오류 발견은 더욱 많은 비용을 소모하므로, 초기에 오류를 발견하는 것이 중요하다.

◎ 오류 수정이 아닌 발견

정적 테스트의 목적은 오류를 발견하고 기록하는 것이지 수정하는 것이 아니다. 실질적인 수정 작업은 관련 문서를 작성한 담당자(개발자)가 수행한다. 검토 시간은 제한적이므로 테스트 팀은 오류를 발견하는데 집중해야 한다. 오류 발견과 수정을 동시에 하는 것은 비효율적이다.

◎ 팀 멤버 평가 금지

팀 멤버를 평가하는 도구로 정적 테스트를 이용하지 말아야 한다. 정적 테스트는 팀 멤버의 역량을 평가하거나 비교하기 위한 도구로 사용해서는 안 되며, 단지 결과물의 품질에 대한 검토의 수단으로 수행되어야 한다. 평가 목적으로 테스트를 진행할 경우, 팀 분위기를 저하시키고 오류 발견의 본래 목적이 흐려질 수 있다.

◎ 논쟁 제한

테스트 과정에서 발생하는 논쟁은 시간을 허비할 수 있으므로, 논쟁에 대한 문제는 후에 별도의 논의 시간에 다루기 위해 기록한다.

◎ 사전 준비

팀 멤버는 검토 대상 문서를 미리 검토하여 발견한 문제점이나 개선 사항에 대한 코멘트를 준비해야 한다. 사전 준비는 효율적인 논의를 가능하게 하고, 중요한 오류를 놓칠 확률을 줄이며. 미리 준비된 코멘트는 검토 시간을 단축하는데 기여한다.

◎ 검사목록 준비

테스트 팀 리더는 주요 오류 항목에 집중할 수 있도록 검사목록(checklist)을 제공해야 한다. 검사목록은 팀 구성원의 주의를 집중시키며, 효과적이며 효율적인 테스트 수행을 돕는다.

16.5.2 정형 검토 방법

정적 테스트 방법은 비정형 검토 방법과 정형 검토 방법으로 구분된다. 비정형(informal) 검토는 공식적인 절차나 규칙이 없고, 문서화되지 않으며, 계획 없이 임의적으로 수행하는 검토를 말한다. 임의의 시간에 아무런 준비 없이 동료에게 문서에 대한 검토를 부탁하여 오류를 발견하는 테스트는 비정형 검토 방법에 해당한다. 비정형 검토는 적용하기 간단하지만 오류 발견에 집중하지 못하게 하여 시간 낭비가 될 가능성이 많다.

정형(formal) 검토는 미리 수립된 계획과 정해진 규칙과 절차에 따라 검토를 수행하고, 모든 과정이 문서화된다. 비정형 검토와 비교하여 많은 시간과 노력이 필요하지만, 오류 발견 가능성을 크게 높일 수 있다. 대표적인 정형 검토 방법에는 워크스루, 기술적 검토, 인스펙션이 있다.

워크스루

워크스루(walkthrough)는 기술적 검토나 인스펙션에 비해 가장 정형화 수준이 낮은 방법이다. 검토에 참여하는 인원이나 각 팀원의 역할을 명확하게 정의하지 않는다. 계획 수립 없이 임의적으로 필요에 따라 팀 미팅을 자주 소집하여 간단하고 짧은 검토를 수행한다.

다음은 워크스루의 주요 특징을 보인다.

- 문서 작성자 주도: 문서 작성자가 검토 과정을 주도하며, 참가자들에게 문서 내용을 단계별로 설명한다.
- 사전 준비 불필요: 참가자들은 문서를 사전에 검토하거나 준비할 필요 없다.
- 문서 이해 증진: 오류 발견보다는 관계자들에게 문서 내용에 대한 이해를 증진시키는 것이 목적이다.
- 다양한 관점 피드백: 다양한 외부 참가자들의 관점에서 문서에 대한 피드백 정보를 얻기 위해 수행한다.
- 문서 변경 합의: 문서 변경에 대한 합의를 이끌기 위해 수행한다.
- 교육 및 훈련: 신입 팀원에게 문서 내용을 교육하는 훈련 목적으로 수행한다.

기술적 검토

기술적 검토(technical review)는 워크스루보다 더욱 정형화되지만, 인스펙션 보다는 비정형화된 검토 방법이다. 기술적 검토는 인스펙션의 주요 특징(관리자 역할, 검사 목록 준비, 문제점 및 수정사항 기록)을 포함하지 않을 수 있다.

다음은 기술적 검토의 주요 특징을 보인다.

- 기술 전문가 주도: 기술 전문가(중재자)가 주도하여 논의를 이끌어 간다. 주제가 기술적으로 복잡하거나 고도의 전문성이 필요한 경우 특히 중요하다.
- 토론 중심의 검토 방식: 오류 발견이 아닌 기술적 합의 도출을 위한 토론 중심이다. 보기를 들면, 적용 기술에 대한 가치를 평가하거나, 여러 대안 중 최적의 선택을 위한 합의를 도출한다.

인스펙션

인스펙션(inspection)은 가장 정형화된 검토 방법으로써, 1976년 Michael Fagan에 의해 제안되었다. 이를 Fargan 인스펙션 혹은 정형 기술 검토(FTR: Formal Technical

Review) 라고도 부른다. 인스펙션은 워크스루나 기술적 검토보다 더욱 많은 참여 인원을 필요로 하고, 각 팀원의 역할을 명확히 정의하며, 엄격한 절차를 따른다. 워크스루가 짧은 시간 동안 자주 비공식적인 미팅을 소집하는 반면, 인스펙션은 개발 초기 단계에서 미리 계획을 수립하고, 수립된 계획에 따라 검토 회의를 수행한다.

다음은 인스펙션의 주요 특징을 보인다.

- 훈련 받은 중재자 주도 : 검토 프로세스에 대하여 특별 훈련을 받은 중재자가 회의를 주도한다.
- 사전 준비 필수 : 모든 검토자는 회의 전에 검사목록에 기초하여 관련 문서를 철저히 검토하여 준비한다. 오류 가능성이 높은 항목을 포함하는 검사목록은 검토 효율성을 높이는데 도움을 준다.
- 검사목록 제공 : 사전 준비를 위해 오류 가능성이 많은 검사목록을 제공한다.
- 오류 기록 : 검토 회의에서 발견된 문제점과 오류를 기록하고, 수정은 나중에 수행한다.

[그림 16.6]은 인스펙션에서 정의하고 있는 팀 멤버들의 역할과 책임을 보인다.

역할	책임
중재자(moderator)	· 검토 회의 리더 (인스펙션 책임자) · 검토 프로세스에 대해 전문적으로 훈련받은 사람 · '재작업'에서 오류 수정에 대한 '후속조치' 확인 · 회의에 대한 세부 계획 수립 · 회의 전에 관련 문서 배포 · 다양한 참가자들의 토론 중재
생성자(author)	· 검토 대상 문서를 작성한 사람 · 인스펙션을 통해 생성자의 문서 작성 능력 향상
기록자(recorder)	· 회의 동안 언급되는 모든 오류, 문제점, 수정사항 기록
검토자(reviewer)	· 문제영역에 대한 지식을 갖고 있거나 기술 전문가 · 회의 전에 검토 대상 문서와 관련 문서(점검목록, 표준문서)를 검토하고 회의 중에 오류 발견
관리자(manager)	· 초기 계획에서 인스펙션에 대한 전체적인 계획 수립 · 인스펙션 수행 여부 결정

그림 16.6 인스펙션에서 역할과 책임

[그림 16.7]은 인스펙션의 6단계 프로세스를 보인다.

1. 계획(Planning)

- 중재자는 회의에 대한 세부 계획을 수립한다.
  - 프로젝트 관리자는 인스펙션에 대한 전체 계획을 개발 초기에 이미 수립했다
  - 일정(날짜, 시간)을 수립하고, 장소, 회의 참가자, 역할을 결정한다.
- 중재자는 검토 대상 문서 및 참조 문서를 결정한다.

↓

2. 시작(Kick-off)

- 중재자는 간단한 시작 회의를 소집한다.
- 중재자는 인스펙션의 목적과 절차(개요)를 검토자에게 설명한다.
- 설명 후 중개자는 검토 문서, 참조 문서, 검사목록을 배포한다.

↓

3. 준비(Preparation)

- 검토자는 시작 회의에서 배포한 문서들을 이용하여 개별적으로 문서를 검토한다.
- 검토자는 잠재적인 오류를 파악하고 검토회의에서 제기할 질문이나 문제점을 기록한다.

↓

4. 검토회의(Review meeting)

- 준비 단계에서 개별적으로 파악한 문제점이나 오류에 대하여 토론한다.
- 이러한 오류나 문제들을 어떻게 다룰 것인지 결정하고 문서화한다.

↓

5. 재작업(Rework)

- 생성자는 검토 회의에서 발견한 오류를 수정하고 결과를 기록한다.

↓

6. 후속조치(Follow-up)

- 중재자는 생성자가 오류를 수정했는지 확인한다.

그림 16.7 인스펙션 프로세스

인스펙션에서 가장 중요한 요소 중 하나는 잠재적인 오류에 대한 검사목록을 준비하는 것이다. 검사목록을 준비하는 것은 인스펙션 참여자로 하여금 목록에 포함된 오류에 더욱 집중하게 하여, 오류 발견 가능성을 높이도록 돕는다. 점검목록에 포함된 오류 항목들은 과거 검토과정에서 발견했던 오류 유형을 기반으로 구성된다.

[그림 16.8]은 인스펙션 수행시 검사목록에 대한 보기를 보인다.

문서	보기
코드	· 코멘트가 회사 코드 표준에 따라 작성되었는가? · 비교 연산(==)에서 대입 연산자(=)를 사용했는가?
요구	· 요구사항을 확인 가능 하도록 (정량적으로) 기술하였는가? · 각 요구에 대하여 관련 모델들로 추적 가능하도록 기술하였는가?
설계	· 모듈 인터페이스에 대하여 인수와 매개변수는 올바르게 상응하는가? · 현재 가능한 하드웨어 자원에 상응하도록 설계하였는가?

그림 16.8 검사목록 보기

16.6 동적 테스트

16.6.1 소개

동적 테스트는 코드 실행에 기반을 둔 테스트로써, 정적 테스트와 대조된다. 동적 테스트는 테스트 데이터 설계 방법에 따라 블랙박스 테스트와 화이트박스 테스트로 분류된다.

블랙박스 테스트는 명세기반 테스트라고 부르며, 모듈 내부 구조나 구현 세부 사항을 고려하지 않는다. 시스템의 기능이나 요구 명세를 기초로 하여 테스트 데이터를 개발(설계)하여 테스트한다. 다시 말해 블랙박스 테스트는 모듈 자체를 검은 상자로 간주하고 모듈 내부 구조에 대한 세부 정보를 무시하고 테스트한다. 모듈의 입력과 출력에 대해서만 관심을 갖고, 요구 명세에 정의된 기능이 올바르게 수행 되는지 테스트한다.

화이트박스 테스트는 글래스박스 테스트라고 부르며, 모듈의 내부 구조를 테스트한다. 화이트박스 테스트는 소프트웨어 아키텍처에서 모듈 사이의 호출 구조나 단일 모듈 내부의 제어 흐름을 테스트한다.

[그림 16.9]는 블랙박스 테스트와 화이트박스 테스트 방법에 대한 비교를 보인다.

	블랙박스 테스트	화이트박스 테스트
내용	· 명세기반(specification-based) 테스트라고 부르며, 모듈 내부 구조를 고려하지 않고 시스템의 기능 및 요구 명세에 기초하는 테스트 · 주로 시스템, 인수 테스트와 같은 후반부 테스트 단계에 적용 · 요구 명세에 기초하여 테스트 케이스 설계	· 글래스박스(glass-box) 테스트라고 부르며, 모듈 내부 구조를 고려하는 테스트 · 주로 단위, 통합 테스트와 같은 초반부 테스트 단계에 적용 · 소프트웨어 아키텍처 설계 또는 상세(모듈) 설계에 기초하여 테스트 케이스 설계
방법	· 동등 분할 · 경계 값 분석 · 의사결정 표	· 문장 커버리지 · 분기 커버리지 · 조건 커버리지 · 조건/결정 커버리지 · 변형 조건/결정 커버리지 · 다중조건 커버리지 · 기초경로 테스트 · 변경 테스트

그림 16.9 동적 테스트 분류 및 방법

16.6.2 테스트 케이스 설계

동적 테스트는 프로그램 실행에 기초하여 소프트웨어를 테스트하는 실행 기반 테스트이다. 그러나 프로그램이 오류 없이 완전하게 동작하는 것을 보장하는 테스트는 현실적으로 불가능하다. 완전성을 보장하기 위해 모든 경우의 수를 고려하는 테스트 데이터를 설계하려면, 작은 프로그램조차 경우의 수가 매우 커질 수 있다. 보기를 들면, 중첩 반복문을 포함하는 간단한 모듈에서도 모든 반복 경로를 테스트하려면 방대한 테스트 데이터를 필요로 한다. 이러한 모든 테스트 데이터를 적용한 테스트는 엄청난 컴퓨터 자원과 시간을 소모할 수 있다. 따라서, 모든 경우의 수를 테스트하는 대신, 주어진 시간에 잠재적인 오류를 발견할 가능성이 많은 최소의 테스트 데이터를 설계하는 것이 중요하다.

지금까지 우리는 테스트 데이터라는 용어를 사용하였으나, 테스트 데이터라는 용어 대신 더 정확히 "테스트 케이스"라는 용어를 사용하는 것이 필요하다. 다음은 IEEE 용어사전에서 테스트 케이스에 대한 정의를 보인다.

> 사용자 요구를 만족하는지 입증하거나, 특정 프로그램 경로를 시험하기 위해 설계된 테스트 입력, 실행조건, 기대결과들의 집합
> ("A set of test inputs, execution conditions, and expected results developed for a particular objective, such as to exercise a particular program path or to verify compliance with a specific requirement.")

테스트 케이스는 개발 과정에서 생산되는 다양한 개발 산출물(명세서, 설계서)에 기초하여 개발된다. 개발 초기 분석과 설계 단계에서 테스트 케이스를 작성하며, 이러한 테스트 케이스는 개발 후반부 테스트 단계(단위, 통합, 시스템, 인수)에서 이용된다.

테스트 케이스는 다음과 같은 항목을 포함한다.

- 테스트 대상 : 모듈, 서브 시스템, 클래스, 함수
- 테스트 데이터 : 테스트 대상에 전달할 입력 값
- 기대 결과 : 테스트 실행 후 기대되는 출력
- 테스트 실행 환경 (제한조건) : 하드웨어, 소프트웨어, 장비, 필요 인력
- 테스트 수행 절차 : 테스트 실행을 위한 순서와 방법

다음은 '사용자 등록' 기능 요구에 대한 테스트 케이스 보기이다.

테스트 케이스 ID	절차	테스트 데이터	기대 결과
TC1	합법 사용자 정보 입력 제출 버튼 클릭	이름: 이현우 나이: 29	등록 성공 메시지 화면 표시 사용자 데이터 성공적 저장
TC2	불법 사용자 정보 입력 제출 버튼 클릭	이름: 이현우 나이: −29	등록 오류 메시지 화면 표시 재입력 프롬프트 표시

16.6.3 블랙박스 테스트 설계 방법

블랙박스 테스트 설계 방법은 소프트웨어가 사용자가 원하는 기능을 정확히 수행하는지 테스트하는데 중점을 둔다. 이 방법은 모듈 내부 동작을 고려하지 않고 명세 기반으로 테스트 케이스를 설계한다.

동등 분할

동등 분할(equivalence partitioning) 테스트 방법은 입력 조건이 단순한 명세를 테스트하는데 효과적으로 적용할 수 있는 방법이다. 이 방법은 입력 조건에 따라 합법적인 데이터 집합과 비합법적인 데이터 집합의 동등 클래스로 분할하고, 각 클래스에서 대표 값을 선택하여 테스트 데이터로 선정한다.

다음은 동등 클래스를 정의 하는 가이드라인을 보인다.

- 범위

  입력 조건이 범위이면 범위 내의 값은 합법 동등 클래스, 범위를 벗어난 값은 불법 동등 클래스로 정의한다. 보기를 들면, 입력 조건에 '수입이 100~200'인 경우, 150은 합법 클래스 대표, 99, 201은 불법 클래스의 대표일 수 있다.

- 특수 값

  입력 조건이 특수 값이면 특수 값은 합법 동등 클래스, 특수 값이 아닌 값은 불법 동등 클래스로 정의한다. 보기를 들면, 입력 조건에 특정 이름이 '길동'인 경우, '길동'은 합법 클래스 대표, '현우'는 불법 클래스의 대표일 수 있다.

- 집합

  입력 조건이 집합이면 집합 내의 값은 합법 동등 클래스, 집합 외부 값은 불법 동등 클래스로 정의한다. 보기를 들면, 입력 조건에 동물 집합이 [기린, 개, 염소]인 경우, '기린'은 합법 클래스의 대표, '딸기'는 불법 클래스의 대표일 수 있다.

- 논리 조건

  입력 조건이 논리 조건이면 논리 조건에 맞는 값은 합법 동등 클래스, 논리 조건에 맞지 않는 값은 불법 동등 클래스로 정의한다. 보기를 들면, 입력 조건에 조건이 짝수라면, 2는 합법 클래스의 대표, 3은 불법 클래스의 대표일 수 있다

동등 분할 방법은 동등 클래스 내의 대표 값에서 오류가 발생하면, 해당 클래스의 다른 값에서도 동일한 오류가 발생할 것이라는 가정하에 대표 값을 선정하는 방법이다. 따라서 동등 클래스를 정의하는 것이 중요하다. 동등 클래스보다 더 많은 테스트 데이터를 선정하여 테스트를 수행하면 추가적인 오류를 발견할 가능성이 높아질 수도 있다. 그러나 많은 테스트 데이터를 수행한다고 하여 프로그램에 오류가 없다는 것을 보장하지는 못한다. 임의로 많은 테스트 데이터를 선정하는 대신, 오류 발견 가능성이 높은 데이터를 효과적으로 선정하는 동등 분할 방법은 적용이 용이하여 널리 이용된다.

수입에 따라 세금을 계산하는 '세금계산' 기능에 대한 명세가 다음과 같다고 가정한다.

- 수입이 100~200 이면 세금은 수입의 5%
- 수입이 201~300 이면 세금은 수입의 10%
- 수입이 301~400 이면 세금은 수입의 15%
- 수입이 401~500 이면 세금은 수입의 20%

동등 분할 방법에 의해 '세금계산'기능에 대한 테스트 케이스를 설계하면 [그림 16.10]과 같이 6개의 테스트 케이스가 필요하다. 입력 조건이 범위이므로 4개의 합법 동등 클래스와 2개의 불법 동등 클래스로 부터 대표 테스트 데이터를 선정한다.

테스트 케이스 ID	동등 클래스	테스트 데이터	기대 결과
TC1	100~200(합법)	150	7.5
TC2	201~300(합법)	250	25
TC3	301~400(합법)	350	52.5
TC4	401~500(합법)	450	90
TC5	99,98,....(불법)	50	오류 메시지
TC6	501,502....(불법)	550	오류 메시지

그림 16.10 동등 분할 테스트 방법 보기

경계 값 분석

경계 값(boundary value) 분석 테스트 방법은 동등 분할 방법의 변형으로, 경험적으로 동등 클래스의 경계 부분에서 오류가 발견될 확률이 높다는 점에 착안하여 테스트 데이터를 선정하는 방법이다. 이 방법은 동등 클래스에서 임의로 대표 테스트 데이터를 선정하는 대신에 동등 클래스의 경계 부근에 있는 데이터를 선정하는 방법이다.

경계 값 분석 방법에 의해 '세금계산' 기능의 테스트 케이스를 설계하면 [그림 16.11]과 같이 10개의 테스트 케이스를 필요로 한다.

테스트 케이스 ID	동등 클래스	테스트 데이터	기대 결과
1. 2	100~200(합법)	100, 200	5, 10
3. 4	201~300(합법)	201, 300	20.1, 30
5. 6	301~400(합법)	301, 400	45.15, 60
7. 8	401~500(합법)	401, 500	80.2, 100
9	99,98,....(불법)	99	오류 메시지
10	501,502....(불법)	501	오류 메시지

그림 16.11 경계 값 분석 테스트 방법 보기

의사결정 표

동등 분할과 경계 값 분석 방법은 단순한 입력 조건에 대한 명세를 테스트할 때 효과적이다. 반면, 의사결정 표(decision table) 방법은 복잡한 논리 조건이나 비즈니스 규칙이 포함된 명세를 테스트할 때 더욱 효과적이다. 의사결정 표는 입력 조건(원인)에 따른 출력 행위(결과)를 체계적으로 정리한 표로써, 명세 조건의 모든 가능한 조합과 이에 따른 결과를 명확히 기술한다.

'할인율 계산' 기능 명세가 다음과 같다고 가정한다.

- 새로운 고객이면 구매 가격의 15% 할인
- 기존 고객이면 구매 가격의 10% 할인
- 쿠폰을 소유하면 구매 가격의 20% 할인
- 쿠폰 할인은 새로운 고객 할인과 이중 적용 불가

의사결정 표 방법에 의해 '할인율 계산' 명세에 대한 테스트 케이스를 설계하면 [그림 16.12]와 같이 5개의 테스트 케이스를 필요로 할 것이다.

입력 조건(원인) \ 규칙	1	2	3	4	5	6	7	8
새로운 고객	T	T	T	T	F	F	F	F
기존 고객	T	T	F	F	T	T	F	F
쿠폰 소유	T	F	T	F	T	F	T	F
출력행위(결과)								
할인율	불가	불가	20%	15%	30%	10%	20%	불가

그림 16.12 의사결정 표 테스트 방법 보기

입력 조건 3개에 대하여 참(T)과 거짓(F)의 모든 조합을 나열한다. 의사 결정표는 입력 조건의 조합이 많아질수록 테스트 케이스 수가 기하급수적으로 증가할 수 있으므로, 모든 조합을 테스트하는 것은 비효율적이다. 이때 의사결정 표는 불필요하고 논리적으로 무의미한 테스트 케이스를 체계적으로 제거하여 효율적인 테스트 케이스 설계를 돕는다. 위 보기에서 규칙 1, 2, 8은 할인 조건 간의 충돌이나 비현실적인 조합으로 인해 논리적으로 무의미하므로 제외할 수 있다. 따라서 총 5개의 테스트 케이스를 설계하여 효율적으로 테스트를 수행한다.

16.6.4 화이트박스 테스트 설계 방법

화이트박스 테스트 설계 방법은 모듈의 내부 구조를 기반으로 테스트 케이스를 설계하는 방법이다. 화이트박스 테스트는 소프트웨어 아키텍처에서 모듈 사이의 호출 구조와 프로그램 모듈 내부의 제어 흐름을 테스트하는데 중점을 둔다.

문장 커버리지

문장 커버리지(statement coverage)는 프로그램 모듈 내의 모든 문장이 적어도 한 번 이상 실행을 보장할 수 있도록 테스트 케이스를 설계하는 방법이다. 이 방법은 소프트웨어의 제어 흐름 중 특정 문장이 테스트되지 않고 넘어가는 것을 방지하기 위한 기본적인 기준을 제공한다. 문장 커버리지의 이 기준은 다른 화이트박스 테스트 방법을 수행하기 위한 최소한의 요구 조건이 된다.

[그림 16.13]은 특정 모듈의 상세 설계에 대한 PDL 표현을 보인다. 문장 커버리지를 만족하기 위해 테스트 데이터로 x = 2, y = 1을 선택하면 ③번 분기문이 참이 되어, 프로그램의 모든 문장이 최소 한 번 이상 실행된다. 결국, 문장 커버리지를 만족하기 위해 테스트 케이스 1개(TC1)로 충분하다.

번호	PDL(슈도코드)
①	read x;
②	read y;
③	if ((x > 1) and (y == 1)) then
④	print 'x+y';
⑤	endif

그림 16.13 프로그램 모듈 보기

테스트 케이스 ID	테스트 데이터	기대 결과
TC1	x=2, y=1	3

문장 커버리지는 가장 단순한 형태의 테스트 방법인 반면, 다른 테스트 방법에 비해 잠재하는 오류를 간과할 가능성이 높다는 한계를 갖는다. 위 보기에서 ③번 분기문이 거짓인 경우를 테스트하지 못하기 때문에 해당 코드에 존재할 수 있는 잠재적인 오류를 발견하지 못할 가능성이 있다.

분기 커버리지

분기 커버리지(branch coverage)는 모든 분기(결정)문이 최소 한 번은 참이나 거짓 결과를 가질 수 있도록 테스트하는 방법이다. 이 방법은 프로그램 모듈에 포함된 논리 조건을 테스트하는 가장 간단한 방법으로, 결정 커버리지(decision coverage)라고도 부른다.

[그림 16.14]는 [그림 16.13]의 분기문에서 'and' 연산자에 대한 2개의 단순 조건의 논리 결과표를 보인다. 여기에서 분기문 전체 결과가 참과 거짓을 모두 테스트하는 것을 보장하기 위해 (TC1, TC2), (TC1, TC3), (TC1, TC4) 중 하나를 선택할 수 있다. 결국, 분기 커버리지를 만족하기 위해 최소 2개의 테스트 케이스가 필요하다.

테스트 케이스 ID	분기문(and)			테스트 데이터	기대 결과
	x〉1	y==1	결과		
TC1	T	T	T	x=2, y=1	3
TC2	T	F	F	x=2, y=2	해당 없음
TC3	F	T	F	x=0, y=1	해당 없음
TC4	F	F	F	x=0, y=2	해당 없음

그림 16.14 분기문의 단순 조건들에 대한 논리 결과

조건 커버리지

조건 커버리지(condition coverage)는 분기문 내의 각 단순 조건이 참과 거짓을 최소한 한 번씩 만족하도록 테스트하는 방법이다. 분기문 내의 조건이 복합 조건이라면 복합 조건을 구성하는 각 단순 조건에 대한 참과 거짓인 경우를 최소 한 번 이상 테스트한다.

[그림 16.14]에서 조건 커버리지를 만족하기 위해 분기문의 단순 조건들의 참과 거짓인 경우를 최소 한 번씩 수행하는 조합은 (TC1, TC4), (TC2, TC3), (TC1, TC2, TC3), (TC4, TC3, TC2)등이 있으며, 이들 중 하나를 선택하면 될 것이다. 그러나 효과적인 테스트를 위해 최소의 테스트 케이스 조합인 (TC1, TC4), (TC2, TC3) 중 하나를 선택한다. 결국, 조건 커버리지를 만족하기 위해 2개의 테스트 케이스가 필요하다.

조건 커버리지는 일반적으로 분기 커버리지보다 오류를 발견할 가능성이 높다. 이는 단축 연산(short-circuit evaluation) 문제를 해결할 수 있기 때문이다. 보기를 들면,

[그림 16.13] 분기문의 'and' 연산자에서 전 조건(x>1)이 거짓인 경우 후 조건(y==1)은 평가되지 않는다. 따라서, 후 조건에 잠재적인 오류가 있어도 이를 발견하지 못할 가능성이 있다. 조건 커버리지는 모든 단순 조건에 대하여 참과 거짓인 경우를 테스트하기 때문에 이러한 문제에 따른 오류 발견 가능성을 높일 수 있다.

조건 커버리지가 분기 커버리지를 포함하는 것은 아니다. 보기를 들면, 조건 커버리지를 만족하는 테스트 케이스 (TC2, TC3)를 사용하면, 분기문의 결과는 모두 거짓으로 평가된다. 이런 경우, 분기 커버리지를 만족하지 못한다. 따라서, 조건 커버리지와 분기 커버리지는 상호 보완적으로 사용해야 한다.

조건/결정 커버리지

조건/결정 커버리지(C/DC)는 분기문의 각 조건에 대하여 분기문 전체에 대한 참/거짓인 경우와 각 조건에 대한 참/거짓인 경우를 최소 한 번씩 수행하도록 테스트하는 방법이다.

[그림 16.14]에서 조건/결정 커버리지를 만족하는 최소 테스트 케이스 조합은 (TC1, TC4)가 된다. 결국, 조건/결정 커버리지 테스트를 만족하기 위해 2개의 테스트 케이스가 필요하다.

변형 조건/결정 커버리지

변형 조건/결정 커버리지(MC/DC)는 분기문 내의 각 단순 조건이 독립적으로 전체 분기 결과에 미치는 영향을 테스트하는 방법이다.

테스트 케이스	분기문(and)			x〉1 독립 조건	y==1 독립 조건	테스트 데이터	기대 결과
	x〉1	y==1	결과				
TC1	T	T	T	✓	✓	x=2, y=1	3
TC2	T	F	F	✓		x=2, y=2	해당 없음
TC3	F	T	F		✓	x=0, y=1	해당 없음
TC4	F	F	F			x=0, y=2	해당 없음

그림 16.15 변형 조건/결정 진리표

[그림 16.15]는 [그림 16.14]의 분기문을 기준으로 MC/DC 방법을 적용한 결과를 보인다. 전 조건(x>1)을 T로 고정하고 후 조건(y==1)을 T에서 F로 수정 했을 때, 분기 결과가 바뀌는 조합은 TC1, TC2 이다. 반면에, 전 조건(x>1)을 F로 고정하고 후 조건(y==1)을 T에서 F로 수정했을 때, 분기 결과는 F로 동일하다. 이는 후 조건인 y==1의 값 변화가 분기 결과에 영향을 미치지 않는다는 것을 의미한다.

마찬가지로 후 조건(y==1)을 고정하고 전 조건(x>1)을 수정했을 때, 분기 결과가 바뀌는 조합은 TC1, TC3 이다. 따라서, MC/DC를 만족하는 최소 테스트 케이스 조합은 총 3개의 테스트 케이스(TC1, TC2, TC3)가 된다.

다중 조건 커버리지

다중 조건 커버리지(MCC)는 각 조건의 모든 가능한 조합을 최소한 한 번씩 수행하도록 테스트하는 방법이다. 이론적으로 MCC는 오류 발견에 대한 가장 바람직한 테스트 방법이지만, 조건의 수가 증가할수록 테스트 케이스가 기하급수적으로 증가하기 때문에 비실용적일 수 있다. 보기를 들면, 분기문 내에 n개의 조건이 있다면 2^n개의 테스트 케이스가 필요하다. 앞 예제에서 2개의 조건(x>1, y==1)이 포함된 분기문의 경우, 각 조건의 모든 조합을 테스트하기 위해 4개의 테스트 케이스가 필요하다.

기초경로

기초경로(basis path) 테스트 방법은 대표적인 화이트박스 테스트 방법으로써, 프로그램의 제어 흐름과 논리적인 경로를 기반으로 테스트를 수행한다. 기초경로란 프로그램 내부에서 반복되지 않고 새로운 실행 경로를 의미한다. 이 방법은 모든 기초경로가 최소 한 번은 실행되도록 테스트 케이스를 설계하는 방법이다.

다음은 기초경로 테스트 방법의 수행 순서를 보인다.

① 제어 흐름도 작성 ② 순환적 복잡도 계산 ③ 기초경로 집합 정의 ④ 테스트 케이스 생성

❶ 제어 흐름도 작성

제어 흐름도(control flow graph)는 프로그램의 논리적인 제어 흐름을 시각적으로 표현한 그래프이다. [그림 16.16]에서 보이는 바와 같이 제어 흐름도는 프로그램의 논리 구조인 선택, 반복, 순차와 같은 기본 제어 구조를 표시하는 표기법을 이용한다. 원(노드: node)은 일련의 프로그램 문장을 표현하며, 화살표(엣지: edge)는 프로그램의 제어 흐름을 표현한다.

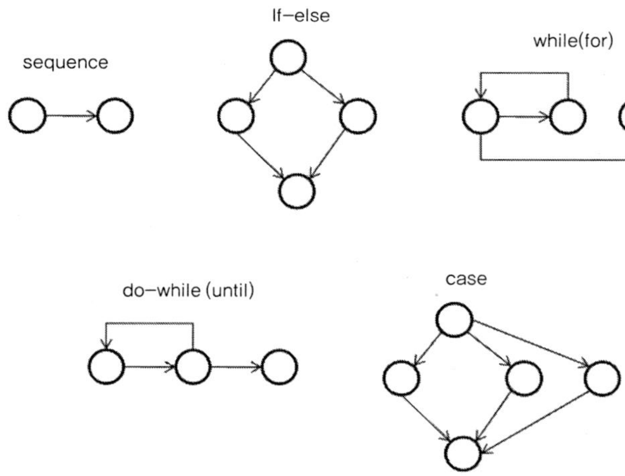

그림 16.16 제어 흐름도 표기법

[그림 16.17] (a)는 'module1' 모듈의 논리 구조를 표현한 의사코드이고, (b)는 이 모듈에 대한 제어 흐름도를 보인다. 제어 흐름도의 각 원(노드)은 한 방향으로 흐르는 문장들의 블록을 표시한다. 블록의 한 문장이 실행되면 블록 내의 모든 문장이 실행된다. 화살표는 프로그램에 대한 제어 흐름을 표시한다. 노드와 화살표에 의해 둘러싸인 공간을 영역(region)이라 부른다. 보기에서, 'module1'의 영역 값은 4이다.

```
module1( )
    read age
    while (age != 0)
        if (age > 65)
            print '노인'
        else if (age > 55)
            print '장년'
        else
            print '청년'
        endif
        read age
    endwhile
 end module1
```

(a)

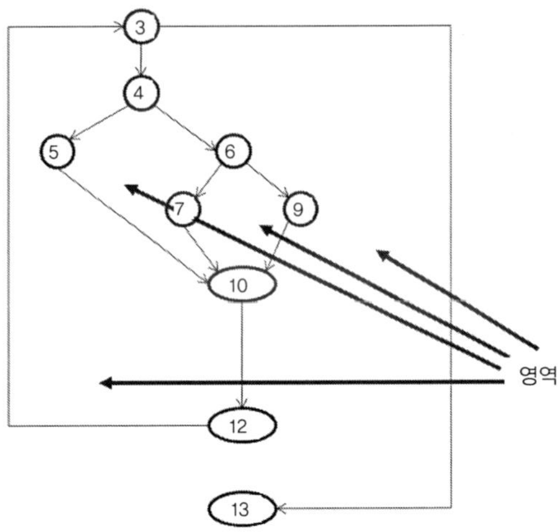

(b)

그림 16.17 제어 흐름도 보기

❷ 순환적 복잡도 계산

순환적 복잡도(cyclomatic complexity)는 1970년대에 McCabe가 제안한 프로그램 모듈의 논리적 복잡성을 측정하는 척도이다. 순환적 복잡도를 통해 프로그램 모듈이 얼마나 복잡한가를 정량적으로 측정할 수 있다.

순환적 복잡성은 기초경로 테스트 방법에도 이용될 수 있다. 기초경로 테스트 방법에서 순환적 복잡도는 해당 모듈에서 새로운 모든 경로들이 최소 한 번은 실행되었다는 것을 보장하는 테스트 케이스 수를 의미한다.

순환적 복잡도를 계산하는 방법은 다음 3가지 방법 중 하나로 계산할 수 있다.

- 영역 수:
  노드와 화살표로 둘러싸인 영역 수는 4 이므로 순환적 복잡도는 4
- 화살표 수 - 노드 수 + 2 :
  화살표 수(11개) - 노드 수(9개) + 2 = 4 이므로 순환적 복잡도는 4
- 분기 노드 수 + 1:
  분기 노드 수(3개:③④⑥) + 1 = 4 이므로 순환적 복잡도는 4

순환적 복잡도가 4라는 것은 해당 모듈의 모든 독립 경로 수행을 보장하기 위해 최소 4개의 테스트 케이스가 필요하다는 것을 의미한다.

순환적 복잡도가 작으면 이해하기 쉬운 단순한 프로그램을 의미하며. 순환적 복잡도가 크면 유지보수가 어렵고 오류 가능성이 높을 수 있다. 따라서, 순환적 복잡도는 유지보수에 대한 척도로 활용될 수 있다.

❸ 기초경로 집합 정의

기초경로란 프로그램의 제어 흐름도에서 반복되지 않는 유일한 독립적인 경로를 의미하며, 새로운 조건이나 최소 하나 이상의 새로운 문장을 소개하는 경로이다. 제어 흐름도에서 독립 경로는 최소 하나 이상의 화살표가 이전에 방문하지 않았던 경로를 의미한다.

[그림 16.17]의 제어 흐름도에서 기초 경로는 다음과 같다.

- 경로1: 3 ➔ 13
- 경로2: 3 ➔ 4 ➔ 5 ➔ 10 ➔ 12 ➔ 3 ➔ 13
- 경로3: 3 ➔ 4 ➔ 6 ➔ 7 ➔ 10 ➔ 12 ➔ 3 ➔ 13
- 경로4: 3 ➔ 4 ➔ 6 ➔ 9 ➔ 10 ➔ 12 ➔ 3 ➔ 13

각 경로는 하나 이상의 새로운 화살표를 소개하므로 기초 경로가 된다. 각 기초

경로를 최소 한 번씩 실행하는 테스트 케이스를 설계하면 모든 독립 경로를 최소 한 번 이상 수행한다는 것을 보장할 수 있다.

❹ 테스트 케이스 생성

[그림 16.18]은 각 기초 경로를 만족하는 테스트 케이스를 보인다.

ID	기초경로	테스트 데이터	기대 결과
TC1	3 → 13	age=0	no print
TC2	3 → 4 → 5 → 10 → 12 → 3 → 13	age=70, age=0	'노인'
TC3	3 → 4 → 6 → 7 → 10 → 12 → 3 → 13	age=60, age=0	'장년'
TC4	3 → 4 → 6 → 9 → 10 → 12 → 3 → 13	age=50, age=0	'청년'

그림 16.18 기초 경로에 의한 테스트 케이스

변경

변경(mutation) 테스트는 과거 자주 발생한 오류가 현재 모듈에서도 발생할 가능성이 높다는 가정하에, 이러한 오류를 효과적으로 발견할 수 있는 테스트 데이터를 선정하는 방법이다.

변경 테스트 방법의 수행 순서는 다음과 같다.

❶ 원본 모듈에서 과거에 오류 발생이 많았던 부분을 인위적으로 수정한 변경 모듈을 생성한다.

❷ 원본 모듈과 변경 모듈에 동일한 테스트 데이터를 적용하여 실행한다.

❸ 원본 모듈과 변경 모듈의 출력 결과가 동일하면, 기존 테스트 데이터가 오류를 충분히 검사하지 못한다는 것을 의미하므로 출력 결과가 다른 새로운 테스트 데이터를 추가한다.

[그림 16.19]는 변경 테스트에 대한 보기를 보인다.

<table>
<tr><td rowspan="2">테스트 케이스</td><td>sum
(원본모듈)</td><td>m1
(변경모듈)</td><td>m2
(변경모듈)</td></tr>
<tr><td>int sum(int x, y) {
return(x + y):
}</td><td>int sum(int x, y) {
return(x - y):
}</td><td>int sum(int x, y) {
return(x - 1):
}</td></tr>
<tr><td>TC1(x=1,y=0)</td><td>1</td><td>1</td><td>0</td></tr>
<tr><td>TC2(x=-1,y=0)</td><td>−1</td><td>−1</td><td>−2</td></tr>
</table>

그림 16.19 변경 모듈에 대한 테스트 결과

원본 모듈 'sum'은 두 정수 x, y의 합을 반환하는 모듈이다. 기존 테스트 케이스 TC1(x=1, y=0)과 TC2(x=-1, y=0)를 이용한 출력 결과는 각각 1, -1이다. 'sum' 모듈의 반환(return) 문장에서 오류가 자주 발생한다는 가정하에, 'sum' 모듈을 변경한 'm1', 'm2' 모듈을 생성하고, 동일 테스트 케이스 TC1과 TC2를 변경 모듈에 적용한 결과 'm1'은 원본모듈과 같은 결과를 보이며 'm2'는 다른 결과를 보인다. 이 경우 다른 결과를 보이는 'm2'는 이미 기존 테스트 케이스와 차별화되었으므로 고려할 필요 없다. 그러나 기존 테스트 케이스만으로 sum과 m1 사이의 차이를 구별할 수 없기 때문에 새로운 테스트 케이스를 추가해야 한다.

이를 만족하는 테스트 케이스 중 하나는 다음과 같다.

TC3: x=1, y=1

TC3를 'sum'과 'm1' 모듈에 실행했을 때 결과는 각각 2, 0 이므로, TC3는 'sum'과 'm1'을 차별화하는 테스트 케이스가 될 수 있다. 결국, 원본 모듈인 'sum'을 테스트하기 위해 필요한 테스트 케이스는 TC1, TC2, TC3가 된다.

연 습 문 제

16.1. 블랙박스 테스트를 통해 발견하기 힘든 오류는?

① 성능 오류　　② 부정확한 기능
③ 인터페이스 오류　　④ 프로그램 논리 구조 오류

16.2. 화이트박스 테스트의 설명으로 가장 거리가 먼 것은?

① 프로그램의 제어구조에 따라 논리적 경로를 테스트 한다.
② 모듈 내부의 작동을 직접 관찰할 수 있다.
③ 각 기능별로 적합한 입력에 대한 출력의 정확성을 점검한다.
④ 소스코드의 모든 문장을 한 번 이상 수행한다.

16.3. 다음 중 글래스박스 테스트 방법이 아닌 것은?

① 변경 조건/결정 커버리지　② 의사결정 표　③ 변경 테스트　④ 기초 경로

16.4. 소프트웨이가 사용자의 실제 요구를 만족하는지 추적해 보는데 중점을 두는 테스트는?

① unit test　② integration test　③ validation test　④ verification test

16.5. 다음 보기에서 화이트박스 테스트 방법에 의해 테스트 케이스를 준비해야 하는 단계는?

① 시스템 계획　② 요구 분석　③ 아키텍처 설계　④ 상세 설계

16.6. 소프트웨어 프로세스 모델인 V 모델에 대한 설명으로 가장 거리가 먼 것은?

① V 모델은 분석과 설계 단계에 대한 테스트 가이드 라인이다.
② 코드를 중심으로 분석과 설계는 왼편에, 테스트는 오른편에 위치한다.

③ Bohem의 나선형 모델에 기초하여 테스트를 강조한 모델이다.
④ 분석과 설계 활동이 테스트와 어떻게 관련되는지 보이는 모델이다.

16.7. 테스트에 대한 다음 설명 중 거리가 먼 것을 3개 선택하라.

① 대부분 오류는 소수의 제한된 모듈에서 발생한다.
② 테스트는 오류가 존재하지 않는다는 것을 보이는 활동이다.
③ 테스트는 개발자에 의해 수행된다.
④ 통합 테스트는 소프트웨어의 구조를 테스트하는 것이다.
⑤ 테스트는 시스템 테스트로부터 시작하여 하향식으로 수행한다.
⑥ 인스펙션은 정적 테스트의 한 종류이다.

16.8. 통합 테스트의 하향식 방법과 상향식 방법에 대한 다음 설명 중 거리가 먼 것을 2개 선택하라.

① 하향식 방법은 드라이버와 스터브를 필요로 한다.
② 상향식 방법은 스터브를 필요로 하지 않는다.
③ 상향식 방법은 프로그램의 전체적인 구조 파악이 용이하다.
④ 하향식 방법은 깊이우선과 너비우선 방식으로 분류된다.

16.9. 수정된 소프트웨어에서 오류를 발생시키지 않았다는 것을 확인하기 위해 과거 테스트를 반복하는 것을 무슨 테스트라 하는가?

16.10. 다음 Sort 모듈에 대하여 기초경로 테스트 방법을 이용하여 테스트 데이터를 설계하려 한다. Sort 모듈에 대한 제어 흐름도를 그리고, 이 흐름도에 기초하여 순환적 복잡성 값을 계산하고, 순환적 복잡성에 따라 기초경로를 결정하고, 각 기초경로에 해당하는 테스트 데이터를 설계하라.

Sort 모듈

```
Module : Sort
  Do
      Read 레코드
      If 필드 1 = 0
          레코드 처리
      Else
          Reset 카운터
          Store 파일
    EndIf
  End While (not EOF)
 EndModule
```

16.11. 단계별 테스트에서 요구 명세의 기능/비기능 요구를 만족하는지 검사하는 테스트와 상세 설계에 따라 올바르게 구현되었는지 검사하는 테스트를 무엇이라 하는가?

16.12. 다음 구조도에 대하여 하향식 깊이 우선 통합 테스트 절차에 따라 다음 괄호를 적절히 채워라.

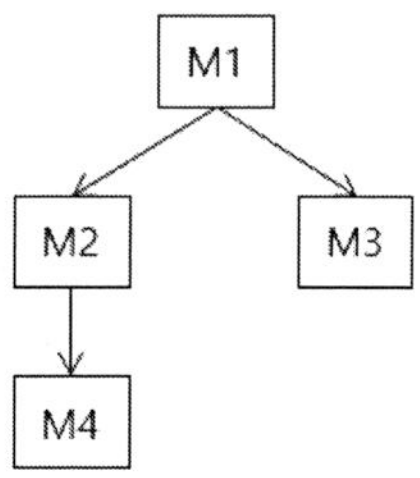

1) M1은 드라이버의 역할을 하고 M2,M3는 (①)로 대체한다.

2) M1, M2를 통합하고 M4는 (②)로 대체한 후 (③) 테스트를 수행한다.

3) (④)를 통합하고 (⑤) 테스트를 수행한다.

4) (⑥)를 통합하고 (⑦) 테스트를 수행한다.

16.13. 다음은 테스트에 대한 내용이다. 각 문제에 답하라.

1) 대부분(80%)의 오류는 소수(20%)의 모듈에 집중한다는 원리를 무슨 원리라 하는가?
2) 테스트는 개발자가 아닌 독립적인 그룹에 의해 수행되는 것이 필요하다. 독립적인 그룹 이름을 무엇이라 부르는가?
3) 정적 테스트 방법 중에 가장 정형화된 방법과 가장 비정형화된 방법 이름을 적어라.
4) 특정 모듈의 논리적인 복잡성을 측정하는 대표적인 척도 이름을 적고, 해당 척도를 이용하는 화이트 박스 테스트 방법 이름을 적어라.
5) 블랙박스 테스트 방법에 의해 작성된 테스트 케이스는 후반부 테스트 단계인 시스템 테스트에 적용된다. 화이트박스 테스트 방법에 의해 작성된 테스트 케이스가 적용될 수 있는 테스트 단계를 적어라.
6) 소프트웨어를 릴리스하기 전에 수행하는 테스트로써 고객 환경에서 고객이 직접 수행하는 테스트를 무슨 테스트라 하는가?

16.14. 다음은 '세금계산' 기능에 대한 명세이다. 경계값 분석 방법에 의해 설계된 테스트 케이스는 4개가 필요하다. 각 테스트 케이스에 대한 '테스트 데이터'와 '기대결과'를 설계하라.

수입이 100~200 이면 세금은 10% 이고, 해당 범위 외 구간에 대한 세금은 0% 이다.

16.15. 다음 중 순환적 복잡성과 거리가 먼 용어를 4개 선택하라.

① 데이터 흐름도	② 변경 테스트	③ 유지보수 척도
④ 기초경로 테스트	⑤ 블랙박스 테스트	⑥ 영역 수
⑦ 프로그램 복잡성 척도	⑧ 동등분할 테스트	

16.16. 다음 슈도코드에 대하여 문장 커버리지 방법과 다중조건 커버리지 방법에 기초하여 테스트 케이스를 설계하라. 테스트 케이스는 '테스트 데이터'와 '기대결과'로 구성된다.

```
if ((x = 1) and (y = 2)) then
    print 'x+y'
print 'x-y'
```

CHAPTER

17 유지보수

17.1 소개

과거 소프트웨어 개발에서 유지보수는 고객에게 제품 인도 후 오류를 수정하는 활동을 의미했다. 당시 소프트웨어 프로젝트는 규모가 작고 사용자 요구가 단순했기 때문에 유지보수는 분석, 설계, 구현과 같은 다른 활동에 비해 크게 주목받지 못했다. 그러나 현대 소프트웨어 프로젝트는 장기간에 걸쳐 개발되어 개발 기간 중 사용자 요구가 자주 변경되고 프로젝트 규모가 커지면서 개발 초기 오류 수정이 필수적이다. 그러므로 현대 유지보수는 인도 후 유지보수(post-delivery maintenance) 뿐만 아니라, 개발 초기부터 시작하여 전체개발 과정에서 수행하는 인도 전 유지보수(pre-delivery maintenance)를 포함한다.

다음은 유지보수 활동이 중요한 이유를 보인다.

- 높은 유지보수 비용 : 유지보수 비용은 개발 비용의 대부분을 차지한다. 그러므로 유지보수 비용을 줄이는 것은 소프트웨어 공학의 주된 목적 중 하나이다. 유지보수 비용을 줄이기 위해 개발 초기에 결함을 발견하고 수정하는 것은 매우 중요하다.
- 오픈 소스 개발 환경 : 최근 활성화되고 있는 오픈 소스 개발에서 다른 사람이 작성한 코드를 이해하고 수정하는 작업이 중요하다. 코드를 이해하고 수정하는 것은 유지보수의 핵심 작업이다.
- 미래 비용 절감 : 현재 프로젝트의 코드를 이해하기 쉽고 변경이 용이하게 작성하는 것은 추가 비용이 들지만, 장기적으로 전체 프로젝트 비용을 절감할 수 있다.

유지보수는 소프트웨어를 고객에게 인도하고 운영하는 과정에서 오류 수정, 시스템 운영 환경의 변화에 따른 적응, 사용자 요구에 따른 새로운 기능 추가와 같은 여러 상황에 대한 변경을 기록하고 추적하며, 변경에 대한 파급 효과를 분석하고, 코드를 수정하고, 수정 후 기존 기능이 올바르게 동작하는지 테스트한 후 소프트웨어의 새로운 버전을 릴리스하는 프로세스를 의미한다.

IEEE Std 용어 사전은 유지보수를 다음과 같이 정의하였다.

> 소프트웨어 시스템이나 컴포넌트를 인도한 후, 결함을 수정하고, 성능이나 기타 특성을 개선하며, 변화된 환경에 적응하기 위해 수정하는 프로세스
> (The process of modifying a software system or component after delivery to correct faults, improve performance or other attributes, or adapt to a changed environment.)

IEEE Std 용어사전의 정의는 소프트웨어 제품을 인도한 후에 수행하는 유지보수를 의미하며, 이를 인도 후 유지보수라고 부른다. 그러나 현대의 유지 보수는 다음 정의에 보이는 바와 같이 인도 전에 수행되는 모든 변경 활동을 포함한다.

> 문제 해결이나 개선 또는 적응을 위해 소프트웨어 결과물을 수정할 때 발생하는 프로세스
> (The process that occurs when a software artifact is modified because of a problem or because of a need for improvement or adaptation) [ISO/ IEC95] [IEEE/EIA98]

17.2 유지보수 종류

소프트웨어 유지보수는 다음과 같이 4가지 유형으로 분류될 수 있다.

◎ 정정(corrective) 유지보수

- **설명 :** 사용자 테스트 혹은 내부 테스트를 통해 발견된 오류를 올바르게 고치기 위해 수정하는 유지보수를 의미한다. 다른 유지보수와 다르게 현재 발생한 오류를 수정하는 유지보수이다. (인도전 유지보수)

· **보기:**

- 테스트 단계에서 발견한 오류 수정
- 코드, 분석서, 설계서, 기타 문서에 대한 오류 수정

적응(adaptive) 유지보수

· **설명:** 하드웨어나 소프트웨어의 환경 변화에 맞춰 소프트웨어 제품을 계속 사용하기 위해 수정하는 유지보수를 의미한다. 완전 유지보수와 다르게 새로운 기능 추가 없이 기존 기능을 유지한다.

· **보기:**

- 운영체제 변경에 따른 수정
- 구현 언어의 새로운 버전 적용에 따른 수정

완전(perfective) 유지보수

· **설명:** 사용자의 새로운 기능 요구나 비기능 요구에 의해 수정하는 유지보수를 의미한다.

· **보기:**

- 사용자가 요청한 새로운 기능 추가
- 성능 개선 요구에 의한 수정

예방(preventive) 유지보수

· **설명:** 문제가 발생하기 전에 예방을 위한 목적으로 수행하는 유지보수를 의미한다. 오류는 발생하지 않았고, 환경 변화나 새로운 요구가 없어도 미래에 발생할 수 있는 문제를 방지하기 위해 개조하는 유지보수를 의미한다. 즉, 예방 유지보수의 목적은 유지보수성을 개선하는 것이다.

· **보기:** 재공학, 역공학, 재구조화, 재문서화, 순공학

위 분류에서 가장 새롭게 등장한 유지보수는 예방 유지보수이다. 정정, 적응, 완전 유지보수는 기존 시스템의 구조를 유지한 상태로 유지보수 목적에 따라 수정하는 유지보수이다. 반면, 예방 유지보수는 미래의 유지보수를 위해 기존 시스템의 구조를 개조하는 유지보수이다.

예방 유지보수를 건축물의 리모델링 작업과 비교할 수 있다. 리모델링의 목적은 건

축물의 일부 또는 전체를 개조하여 미래 발생하는 문제를 예방하는 것이다. 이에 반해, 정정, 적응, 완전 유지보수는 건축물에 대한 개조 없이 발견된 문제(오류)를 해결하거나 환경 변화에 적응하고, 사용자의 새로운 요구 만족을 위해 기존 건축물을 땜질하듯 수정하는 활동이라 볼 수 있다. 예방 유지보수는 재공학, 역공학, 재구조화, 재문서화, 순공학 활동과 관련된다.

일반적으로 사람들은 유지보수를 정정 유지보수로 인식하는 경우가 많다. [그림 17.1]에 보듯이 유지보수 비용의 약 80%는 정정 유지보수가 아닌 다른 유지보수 활동에 소모된다는 것을 알 수 있다. 유지보수 비용의 50%는 기존 소프트웨어의 기능을 개선하거나 새로운 기능을 추가하는 완전 유지보수에 사용된다.

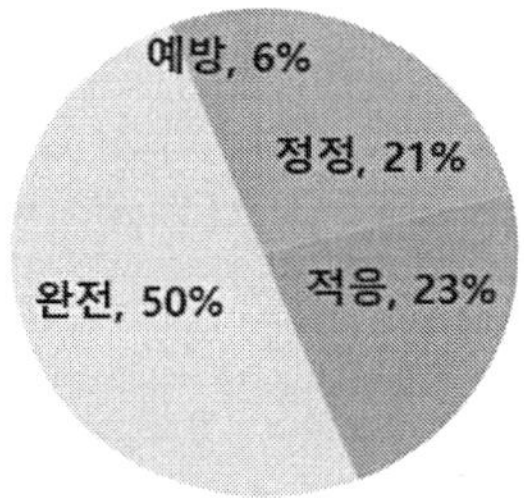

그림 17.1 유지보수 종류별 소요 비용

17.3 유지보수 프로세스

유지보수 프로세스는 진화(반복/점증) 개발 프로세스와 유사하다. 대규모 소프트웨어 시스템은 단기간에 완성되지 않으며, 시간이 지나면서 점진적으로 발전하고 진화한다. 이와 마찬가지로, 유지보수 프로세스는 이전 버전의 결과물(보기: 설계서, 코드, 문서)에 대한 지속적인 변경을 통해 진화한다.

[그림 17.2]는 유지보수 프로세스가 반복과 점증의 형태로 진행됨을 보여준다. 변경 요구에 따라 분석과 시험이 반복해서 수행되며, 변경된 결과물을 통해 진화된 새로운 버전이 릴리스된다.

유지보수 프로세스와 관련이 깊은 지원 활동은 다음과 같다.

- 형상관리 : 소프트웨어 개발 동안 생성된 산출물의 변경을 관리.
- 확인/검증 : 변경 작업이 올바르게 수행되었는지 점검.
- 품질보증 : 소프트웨어의 품질을 유지하고 보장.
- 검토 및 감사 : 변경 사항과 전체 시스템에 대한 검토.

이 중 형상관리 활동은 유지보수와 가장 관련이 깊은 활동으로, [그림 3.13]에서 언급했던 정형화된 '소프트웨어 형상 변경 제어 프로세스'를 유지보수에도 적용해야 한다.

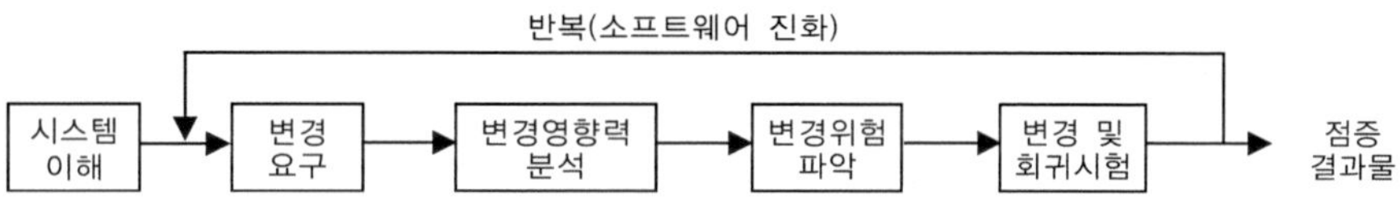

그림 17.2 유지보수 프로세스

◎ 시스템 이해

유지보수를 위해 가장 중요한 작업은 시스템을 이해하는 것이다. 시스템의 구조와 작동 방식을 이해하지 못한 상태에서 유지보수를 수행하는 것은 불가능하다. 유지보수 담당자는 사용자 매뉴얼, 분석/설계 다이어그램, 각종 문서를 통해 시스템을 이해해야한다. 특히, 코드 구조와 내용에 대한 상세한 지식이 필수적이다. 연구에 따르면 유지보수 작업의 약 40~50%는 소프트웨어 이해에 소비되는 것을 보였다. 만약, 소프트웨어 코드를 설명해 줄 개발자가 없거나, 변경 기록이 문서화되지 않았다면 소프트웨어를 이해하는데 많은 어려움이 있을 것이다.

◎ 변경 영향력 분석

변경 요구로 인해 시스템에 미치는 영향을 파악하고, 변경에 필요한 비용을 추정한다. 변경의 범위를 결정하고, 변경으로 인한 이익과 비용을 분석한다.

◎ 변경 위험 파악

변경으로 발생할 수 있는 잠재적인 위험 요소를 파악한다.

변경 및 회귀 시험

변경이 승인되면, 변경을 수행하고 변경 후에도 기존 기능이 정상 작동하는지 검증하기 위해 회귀 테스트를 수행한다. 회귀 테스트는 기존 시스템 기능이 변경으로 인해 영향을 받지 않았음을 검증하는 테스트이다. 이전에 사용된 테스트 케이스를 이용하여 시스템이나 모듈을 다시 테스트한다. 회귀 테스트는 시스템 이해와 함께 유지보수 관점에서 매우 중요한 작업 중 하나이다.

점증 결과물

변경 작업과 화귀 테스트가 완료되면, 새로운 버전을 릴리스한다. 새로운 버전은 이전 버전보다 개선된 결과물을 제공한다.

17.4 재공학

소개

재공학(reengineering)은 기존 시스템을 새로운 형태로 변형 또는 개조하여 전통적인 소프트웨어 개발 프로세스를 다시 적용하는 프로세스이다. 재공학의 목적은 기존 시스템의 품질을 개선하여 미래 유지보수를 용이하게 하는 새로운 버전의 시스템을 생성하는 것이다. 재공학 프로세스는 시스템을 이해하기 위해 먼저 역공학 프로세스를 적용하고, 다음에 새로운 시스템 개발을 위해 순공학 프로세스를 적용한다.

IEEE Std 용어사전은 재공학을 다음과 같이 정의한다.

> 역공학 다음에 순공학을 수행하는 프로세스
> (The process of reverse engineering followed by forward engineering)

역공학은 기존 시스템의 이해를 위해 수행한다. 유지보수 담당자가 기존 시스템을 이해해야 적절한 수정이 가능하므로, 역공학은 재공학 프로세스에서 가장 먼저 수행한다.

IEEE는 역공학을 다음과 같이 정의했다.

유지보수를 위한 유일한 문서가 코드인 경우, 코드로 부터 설계 문서나 요구 명세를 재생성하는 프로세스.
(The process of starting with the code and attempting to recreate the design documents or even the specifications when the only documentation for postdelivery maintenance is the code itself)

순공학(forward engineering)은 소프트웨어 공학의 전통적인 개발 프로세스와 동일한 과정이다. 유일한 차이점은 순공학 프로세스는 역공학 또는 재공학 이후에 수행하는 개발 프로세스라는 것이다. 즉, 순공학은 기존 소프트웨어에 역공학 프로세스를 적용한 후 분석으로부터 시작하여 설계, 구현까지 순차적이고 전통적인 개발 과정을 적용하는 프로세스를 의미한다. 순공학은 기존 시스템을 현대화하거나, 새로운 사용자 요구와 기술적 요구를 반영하여 기존 시스템을 확장하거나 개선한다. 반면, 역공학은 기존 시스템의 기능을 보존하면서 더욱 높은 추상화 수준으로 변형한다.

Elliot[Elliot 1990]은 재공학, 역공학, 순공학, 재구조화, 재문서화 사이의 관계를 [그림 17.3]과 같이 소프트웨어 개발 생명주기의 추상화 수준에 기초하여 설명했다. 개발 초기 요구 분석 단계는 구현에 독립적인 가장 일반적이고 추상화 수준이 높은 단계이다. 개발 후반부 설계, 구현 단계는 구현에 의존하여 시스템의 상세 부분을 다루는 추상화 수준이 낮은 단계이다. 이에 따라 역공학은 낮은 추상화 수준(코드)에서 높은 추상화 수준(분석/설계 명세)의 정보를 추출하는 프로세스라고 말할 수 있다.

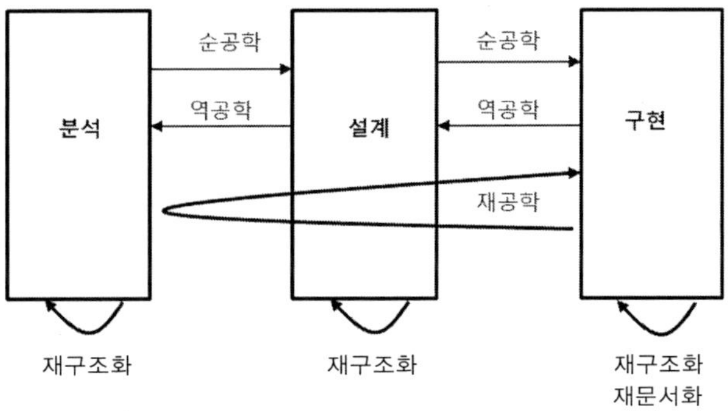

그림 17.3 재공학, 순공학, 역공학, 재구조, 재문서화 사이의 관계

재공학은 역공학, 순공학, 재구조화, 재문서화를 포함한다. 이러한 프로세스들이 반

드시 순차적으로 수행되는 것은 아니지만, 일반적으로 역공학이 가장 먼저 수행된다. 재공학은 많은 비용과 자원을 소모하는 프로세스이다. 현재 큰 문제가 없는 시스템을 미래 유지보수를 위하여 오랜 시간 투자하는 것은 위험할 수 있다. 하지만, 재공학을 통해 시스템을 개조하면 궁극적으로 전체 프로젝트 비용을 절감할 수 있다.

역공학

역공학(reverse engineering)의 기원은 하드웨어로부터 시작되었다. 기업이 제품을 개선하거나 경쟁사의 복잡한 하드웨어 제품을 분석(이해)하기 위해 가장 먼저 수행하는 작업은 설계도를 이해하는 것이다. 하드웨어에 대한 역공학은 제품에서 설계도를 추출하는 프로세스이다. 이러한 개념을 소프트웨어에 적용하면, 역공학은 소프트웨어의 구성 요소와 그들 사이의 관계를 이해하기 위해 기존 시스템을 분석하여 추상화 수준이 낮은 코드에서 추상화 수준이 높은 설계나 요구 명세를 추출하는 프로세스라고 생각할 수 있다.

일반적으로 역공학은 코드로 부터 설계 정보를 추출하는 것을 의미하지만, 반드시 코드에만 국한되지 않는다. 특정 추상화 수준에서 더욱 높은 추상화 수준의 표현을 생성하는 모든 작업은 역공학에 해당된다. 또한, 역공학은 기존 시스템을 변형하여 새로운 시스템을 생성하는 것이 아니라는 것에 주의해야 한다. 즉, 역공학은 기존 시스템의 외부 동작(기능)을 변형하지 말아야 한다.

다음은 역공학 프로세스에서 수행하는 전형적인 보기를 보인다.

- 코드에서 소프트웨어 아키텍처 설계도 추출 : 구조도(모듈 호출 계층 구조) 혹은 클래스 다이어그램 생성
- 코드에서 모듈 설계도 추출 : 슈도 코드, 프로세스 명세서, 제어 흐름도, 활동 다이어그램 생성
- 코드에서 데이터 설계도 추출 : 개체-관계도 생성

재구조화

재구조화(restructuring)는 시스템의 외부 행위(기능)를 보전하면서, 동일 추상화 수준에서 기존 표현을 다른 표현으로 변형하는 프로세스이다. 전형적인 보기는 스파게티 코드를 구조화된 코드로 변형하는 리팩토링이 있다.

다음은 재구조화에 대한 보기를 보인다.

- 비구조적(스파게티)인 코드를 구조적인 코드로 변형한다. 보기를 들면, 리팩토링 방법 중 하나인 'Extract Method'를 사용하여 메소드 내부 코드가 중복되거나 너무 긴경우에 새로운 메소드로 분리한다. 이를 통해 코드는 더욱 구조적이고, 간결하며, 이해가 용이하게 된다.

```
void print() {
    int n1=1, n2=2, n3=3;

    System.out.println("-----");
    System.out.println("- " + n1 + " -");
    System.out.println("-----");
    System.out.println("-----");
    System.out.println("- " + n2 + " -");
    System.out.println("-----");
    System.out.println("-----");
    System.out.println("- " + n3 + " -");
    System.out.println("-----");
}
```

→

```
void print() {
    int n1=1, n2=2, n3=3;

     subPrint(n1);
     subPrint(n2);
     subPrint(n3);
}

void subPrint(int n) {
    System.out.println("-----");
    System.out.println("- " + n + " -");
    System.out.println("-----");
}
```

- 단순한 코드를 만들기 위해 코드를 변형한다. 다음과 같이 중첩 if 문을 논리 연산자를 이용하여 더욱 단순하고 이해하기 쉬운 코드로 변형한다.

```
if (50 < age)
    if (age < 60)
        print "장년";
```

⇨

```
if (50 < age) && (age < 60)
    print "장년";
```

- 관계 데이터베이스 설계에서 중복을 최소화하기 위해 데이터 정규화를 적용하여 데이터 구조를 변형한다. 다음은 '주문목록' 테이블을 1NF 폼으로 변형한 결과를 보인다.

주문목록 테이블

제품번호	제품명	주문번호	고객번호	주문수량
1	연필	O1	C1	1
1	연필	O2	C2	3
2	볼펜	O3	C3	6
2	볼펜	O1	C1	4
2	볼펜	O4	C2	7
3	사인펜	O2	C2	3

1NF

제품 테이블

제품번호	제품명
1	연필
2	볼펜
3	사인펜

1

N

재주문 테이블

주문번호	제품번호(FK)	고객번호	주문수량
1	1	C1	1
2	1	C2	3
3	2	C3	6
1	2	C1	4
4	2	C2	7
2	3	C2	3

재문서화

재문서화(redocumentation)는 시스템의 외부 행위를 보전하면서, 동일 추상화 수준에서 수행한다는 점에서 재구조화와 동일하다. 차이점은 기존 표현을 다른 표현으로 변형하는 것이 아니라 기존 코드에 대한 이해를 돕는 추가 정보를 얻는 것이다.

재문서화의 보기로는 해당 코드에 대한 분석과 이해를 돕기 위해 정적 분석 보고서를 생성하는 것이다. 정적 분석 보고서에는 다음과 같은 정보를 포함할 수 있다.

- 코드 표준(스타일)에 정의된 작성 규칙을 따르고 있는지 분석 결과 정보
- 코드 복잡도를 정량적으로 측정하여 유지보수성 평가 정보
- 코드에 존재할 수 있는 잠재적인 오류를 사전에 분석한 정보

순환공학

순환공학(round-trip engineering)은 역공학과 순공학을 통합하여 자동화한 프로세스를 말한다. 보기를 들면, 설계 모델과 구현 코드를 동기화하여 양방향으로 자동 변환되도록 한다. 즉, 설계에서 코드를 생성하고 코드 변경시 설계 모델이 자동으로 갱신된다.

연 습 문 제

17.1. 다음 중 유지보수의 분류로 부적절한 것은?

① 정정　　② 적응　　③ 예방　　④ 수정

17.2. 소프트웨어 재공학의 필요성이 대두된 주된 이유는?

① 요구 분석의 문제　　② 설계의 문제
③ 구현의 문제　　④ 유지보수의 문제

17.3. 리눅스 오픈 소스코드를 구하여 이를 개선하여 기능이 강화된 새로운 버전을 개발하려 한다면 어떤 프로세스가 우선적으로 적용되어야 하는가?

① 재공학　　② 역공학　　③ 재구조　　④ 순공학

17.4. 역공학에 대한 다음 설명 중 가장 거리가 먼 것은?

① 재공학 프로세스의 가장 중요한 요소이다.
② 코드로부터 설계나 요구 명세를 추출하기 위해 수행하는 활동이다.
③ 시스템의 동일 추상화 수준에서 다른 표현으로 변형하는 것이다.
④ 시스템의 유지보수를 위해 전체적인 이해를 개선하는 것이다.

17.5. 다음 유지보수 프로세스에서 (1)과 (2)에 들어갈 내용을 적어라.

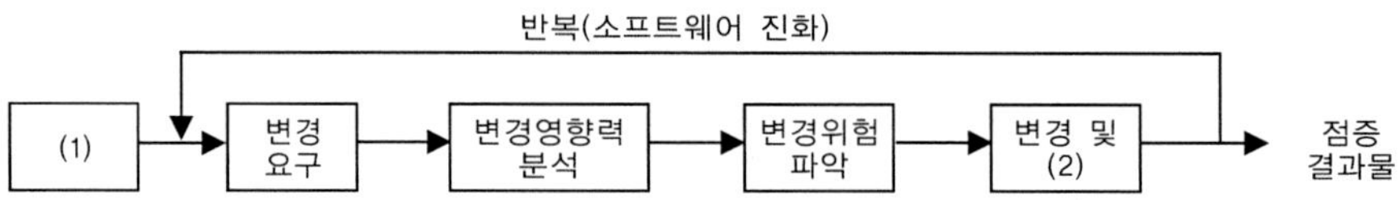

17.6. 다음은 재공학에 대한 설명이다. 괄호에 적절한 용어를 적어라.

> 리눅스 오픈 소스코드를 구하여 이를 개선하고 기능이 강화된 새로운 버전을 개발하려 한다면 코드를 이해하기 위해 우선적으로 (①) 프로세스를 적용한다. 변경 후에는 기존 시스템 기능이 제대로 수행하는지 확인하기 위해 기존 테스트 케이스를 다시 수행하는 (②) 테스트를 수행한다.

17.7. 각 문제에 해당하는 유지보수 종류를 적어라.

1) DBMS가 MySQL에서 Oracle 로 변경되어 소프트웨어를 수정하였다.
2) 현재 잘 운영되는 시스템을 미래 수정에 대비하기 위해 변경하였다.
3) 사용자가 통계분석 기능 추가를 요구하여 소프트웨어를 수정하였다.
4) 관리자 모드의 검색 기능 오류를 고치기 위해 소프트웨어를 수정하였다.

17.8. 각 문제가 설명하는 것을 '①재공학', '②순공학', '③역공학', '④재구조' 중에 선택하라.

1) 동일 추상화 수준에서 시스템을 다른 표현으로 변형한다.
2) 시스템에 대한 이해를 개선하기 위해 코드로부터 설계를 추출한다.
3) 역공학 다음에 순공학 프로세스를 적용한다.
4) 기존 시스템을 다시 개발하기 위해 전통적인 개발 순서를 순차적으로 적용한다.
5) 기존 시스템을 새로운 형태로 개조하는 것을 의미하는 포괄적인 프로세스이다.
6) 시스템의 특정 추상화 수준에서 더욱 높은 추상화 수준의 표현을 생성한다.
7) 리팩토링과 같이 비구조화된 코드로부터 구조화된 코드로 변형한다.
8) 시스템의 특정 추상화 수준에서 더욱 낮은 추상화 수준의 표현을 생성한다.

17.9. 주변 환경 변화에 따라 시스템을 수정하는 유지보수는?

17.10. 유지보수 프로세스에서 가장 우선적으로 수행해야 하는 작업은?

17.11. 유지보수를 지원하는 여러 활동 중 가장 중요하고 핵심적인 지원 활동은?

PART 05

기타 주제

CHAPTER

18 CASE 도구

18.1 소개

CASE(Computer Aided Software Engineering) 도구는 소프트웨어 개발 프로세스의 자동화를 지원하는 소프트웨어이다. 이러한 도구들은 소프트웨어 개발 과정에서 발생하는 다양한 작업 결과물의 관리뿐만 아니라 분석, 설계, 코드 작성, 테스트등의 작업을 자동화하는데 도움을 준다. CASE 도구를 이용하면 소프트웨어 생산성을 높이고 제품의 품질도 향상시킬 수 있다.

IEEE 용어사전은 CASE를 다음과 같이 정의하였다.

> 소프트웨어 공학 프로세스를 돕기 위해 컴퓨터를 이용하는 것. 소프트웨어 도구들은 설계, 요구추적, 코드생성, 테스트, 문서 생성을 포함하여 다른 소프트웨어 공학 활동에 적용할 수 있다.
> (The use of computers to aid in the software engineering process. May include the application of software tools to software design, requirements tracing, code production, testing, document generation, and other software engineering activities.)

18.2 CASE 분류

지원 활동

CASE 도구는 소프트웨어 생명 주기의 어떤 활동을 지원하는가에 따라 다음과 같이 상위 CASE 도구와 하위 CASE 도구로 분류될 수 있다.

상위 CASE 도구

소프트웨어 개발 주기의 전반부 활동인 계획, 분석, 설계를 지원하는 CASE 도구를 의미한다. 전통적인 개체관계도, 자료흐름도, 구조도, 의사결정도, 의사결정표, UML 다이어그램과 같은 모델 생성을 지원하는 도구를 포함한다.

하위 CASE 도구

소프트웨어 개발 주기의 후반부 활동인 구현, 테스트, 유지보수, 재공학, 역공학을 지원하는 CASE 도구를 포함한다.

지원 기능

CASE 도구는 어떤 기능을 지원하는가에 따라 다음과 같이 분류될 수 있다.

비즈니스 프로세스 모델링 도구

비즈니스 프로세스의 주요 구성 요소를 이해하기 쉽게 모델링할 수 있는 지원 도구이다. 주로 이 분류에 포함되는 도구는 회사 조직 사이에서 발생하는 데이터 흐름이나 데이터 관계에 대한 프로세스 모델링을 지원하는 도구이다.

프로젝트 계획 도구

프로젝트 계획 수립을 위해 비용 추정, 일정 수립, 노력, 기간, 투입 인원에 대한 추정, WBS, PERT/CPM, Gantt 차트 작성을 지원하는 도구이다.

위험 분석 도구

프로젝트 진행 중 발생할 수 있는 위험을 식별하고 분석을 지원하는 도구이다.

◎ 프로젝트 관리 도구

프로젝트 일정과 계획에 따라 작업을 추적 및 감시하며, 생산성 및 품질 평가를 위한 자료 수집을 지원하는 도구이다.

◎ 요구 추적 도구

고객 요구 사항을 체계적으로 추적하여 프로젝트 작업과 요구 사이의 연계성 유지를 지원하는 도구이다.

◎ 척도 관리 도구

소프트웨어 생산성과 품질 평가를 위한 척도(LOC/PM, 오류수/FP 등) 측정에 대한 자료 수집을 지원하는 도구이다.

◎ 문서화 도구

소프트웨어 개발 활동에서 생산되는 문서의 체계적인 작성을 지원하는 도구이다.

◎ 품질 보증 도구

소프트웨어 품질과 관련된 척도를 수집하고 분석하여 품질 향상을 지원하는 도구이다.

◎ 데이터베이스 관리 도구

CASE와 관련된 모든 정보를 통합 관리하는 데이터베이스 관리를 지원하는 도구이다. CASE 데이터베이스는 레포지토리 혹은 프로젝트 데이터베이스라고 부르기도 한다.

◎ 소프트웨어 형상 관리 도구

형상 식별, 버전 관리, 변경 제어, 감사, 보고 기능을 지원하는 도구로써, CASE 환경의 핵심 도구이다.

◎ 분석/설계 모델링 도구

시스템 모델링을 지원하며, 모델의 일관성과 합법성을 검사하여 오류 제거를 지원하는 도구이다.

◎ PRO/SIM 도구

프로토타입 개발과 시뮬레이션을 지원하여, 개발에 앞서 실시간 시스템과 같은 행위 중심의 시스템에 대한 예측 기능을 지원하는 도구이다.

◎ 인터페이스 설계 도구

메뉴, 버튼, 창과 같은 사용자 인터페이스(UI) 설계를 지원하는 도구이다.

◎ 프로그래밍 도구

컴파일러, 편집기, 디버거 등 프로그래밍 환경을 지원하는 도구이다.

◎ 테스트 도구

- 정적 테스트 도구 : 코드를 분석하여 품질과 표준 준수 여부를 지원하는 도구
- 동적 테스트 도구 : 실행을 통해 코드에 대한 동작과 결과 분석을 지원하는 도구
- 모의 테스트 도구 : 하드웨어나 외부 장비 기능을 대치하기 위한 모의 테스트를 지원하는 도구
- 테스트 관리 도구 : 테스트 계획, 테스트 데이터 개발, 테스트 제어를 지원하는 도구

◎ 재공학 도구

- 역공학 도구 : 소스 코드로 부터 설계 모델을 생성하는 도구
- 재구조화 도구 : 소스 코드를 분석하여 자동으로 코드 구조를 개선하는 도구

통합 정도

CASE 도구는 소프트웨어 개발의 여러 단계들을 지원하기 위해 통합될 수 있으며, 통합 정도에 따라 [그림 18.1]과 같이 4가지로 분류할 수 있다.

분류	설명
CASE 도구	· 소프트웨어 개발 생명 주기의 세부 작업(예: 다이어그램)을 지원하는 도구
CASE 툴킷	· 소프트웨어 개발 생명 주기의 특별한 활동(예: 설계)을 지원하기 위해 통합된 CASE 도구 집합
CASE 워크벤치 = CASE 환경	· 소프트웨어 개발 생명 주기의 전반적인 개발 활동(예: 분석, 설계, 코딩, 테스트, 유지보수, 프로젝트 관리)을 지원하기 위해 통합된 CASE 도구 집합 · 생명주기의 각 활동의 결과물은 자동으로 다음 단계로 이동
CASE 방법론 지원도구	· 특정 개발 방법론의 개발 절차에 대한 자동화 지원을 위해 통합된 CASE 도구 집합 · CASE 방법론 지원도구는 CASE 툴킷 혹은 CASE 워크벤치임

그림 18.1 지원 규모에 의한 CASE 도구 분류

소프트웨어 개발 중 특정 세부 작업을 지원하는 CASE 도구나 특정 활동을 지원하는 CASE 툴킷은 제한적인 자동화를 지원한다. 반면, 개발의 모든 활동을 지원하는 CASE 워크벤치(환경)는 생산성과 품질 향상에 더욱 효과적일 수 있다.

통합 CASE 도구의 장점은 다음과 같다.

- 한 도구에서 다른 도구로, 또는 한 개발 단계에서 다음 단계로 정보(예: 모델, 문서, 데이터) 전달 용이
- 개발 전반에 걸쳐 수행해야 하는 활동(SCM, 품질보증, 문서화)에 대한 노력 감소
- 계획, 감시, 협력에 대한 효과적인 프로젝트 관리
- 대규모 프로젝트에서 일하는 여러 팀 멤버 사이의 협력 개선

통합 CASE가 제공하는 기능은 다음과 같다.

- CASE 도구 사이에 정보 공유 및 데이터 연계 지원
- 결과물의 정보 변화가 다른 관련 문서로 자동 추적
- 모든 소프트웨어 정보에 대한 버전 관리와 형상 관리
- 환경에 포함된 모든 도구에 대한 직접적 접근

- 각 도구에서 일관된 GUI를 제공하여 사용 편의성 향상
- 팀 멤버 사이의 효과적인 의사소통 및 협업 지원
- 프로세스와 프로덕트 품질 개선을 위한 관리 및 기술적 척도 수집

18.3 CASE 레포지토리

CASE 레포지토리는 통합 CASE 기능을 제공하기 위한 핵심 구성 요소이다. 이는 개발 과정에서 생성된 모든 정보를 저장하고 관리하는 장소로써, CASE 데이터베이스, 프로젝트 데이터베이스, 통합 프로젝트 지원 환경(IPSE: Integrated Project Support Environment), 또는 단순히 레포지토리라고 부른다.

CASE 레포지토리는 단순히 DBMS의 기본적인 데이터 저장 및 관리 기능 제공에 그치지 않고, 개발 환경의 요구에 맞는 특화된 기능을 지원해야 한다. [그림 18.2]는 CASE 레포지토리가 제공해야 하는 주요 기능을 언급한다.

기능	설명
복잡한 데이터 구조 저장	· 다이어그램, 그래픽 모델, 메타 데이터, 문서, 파일 등 복잡하고 다양한 데이터 구조를 저장할 수 있는 기능
데이터 완전성	· 비즈니스 규칙, 제한 조건, 요구사항에 따라 데이터의 정확성, 일관성을 검사하는 기능
정보 공유	· 개발자나 도구 사이에 정보를 공유하는 기능 · 모든 도구에서 모델에 접근하고 활용할 수 있는 기능
소프트웨어 형상관리 기능	· 버전, 변경, 추적, 형상, 검사에 대한 관리 기능
문서 표준화	· 문서 생성을 표준화할 수 있도록 데이터를 정의하고 일관된 문서작성 방법을 지원하는 기능

그림 18.2 CASE 레포지토리 지원 기능

연 습 문 제

18.1. CASE에 대한 다음 설명 중 가장 거리가 먼 것은?

① 소프트웨어 개발 프로세스와 관련된 활동을 돕는 자동화 도구를 의미한다.
② 하위 CASE 도구는 다이어그램 모델 생성을 지원하는 도구를 의미한다.
③ 형상 관리 도구는 형상식별, 버전제어, 변경 제어를 지원하는 도구이다.
④ CASE 툴킷은 특별한 개발 활동을 지원하기 위해 통합된 도구들의 집합이다.

18.2. CASE의 원어를 적어라.

18.3. 다음 중 소프트웨어 개발 과정에서 생성되는 모든 정보를 저장하는 데이터베이스를 호칭하는 용어로써 가장 거리가 먼 것은?

① 프로젝트 데이터베이스　　② 시스템 데이터베이스
③ IPSE　　④ 레포지토리

18.4. 다음 중 일반 DBMS와 비교하여 CASE 레포지토리가 지원하는 독특한 기능으로 가장 거리가 먼 것은?

① 다양하고 복잡한 데이터 구조를 저장할 수 있는 기능
② 표준화 방법을 적용할 수 있도록 데이터를 정의하는 기능
③ 버전, 변경, 추적, 형상, 검사에 대한 관리 기능
④ 개발자 사이의 상호 교류를 위한 정보 공유 기능

18.5. 당신이 지금까지 사용한 CASE 도구 이름을 하나만 적고, 이 도구가 SDLC의 주요 활동 중 무슨 활동을 지원하는지 적어라

18.6. 지원 기능에 따른 CASE 도구 분류에서 '소스코드를 입력하여 그래픽 설계 모델 생성을 지원하는 도구'와 가장 관련이 깊은 것은?

① PRO/SIM 도구 ② 재공학 도구

③ 프로젝트 관리 도구 ④ 정적 테스트 도구

18.7. 다음 CASE 도구 분류 중 '비주얼 스튜디오' 혹은 '이클립스'와 가장 거리가 먼 것을 3개 선택하라.

① CASE Companions	② CASE 툴킷	③ 상위 CASE
④ 하위 CASE	⑤ 모델링 도구	⑥ 프로그래밍 도구

CHAPTER

19 조직 프로세스 개선

19.1 소개

지금까지 우리는 소프트웨어 개발에 공학적인 기술과 방법을 적용하면 소프트웨어의 품질을 향상시킬 수 있다는 것을 이해했다. 그러나 개발자들은 소프트웨어 품질에 영향을 미치는 요소가 단순히 기술과 방법을 적용하는 것 외에, 개발 조직의 프로세스를 효율적으로 관리하고 개선하는 것이 더욱 큰 영향을 미친다는 것을 인식하게 되었다.

이런 인식에 따라 미국 국방성(DoD: Department of Defense)은 조직 프로세스 개선에 대한 연구를 위해 카네기 멜론 대학의 소프트웨어 공학 연구소(SEI: Software EngineeringInstitute)를 설립하고, 조직 프로세스 개선을 위한 연구 프로젝트를 지원하였다. 그 결과 SEI는 능력 성숙도 모델(CMM: Capability Maturity Model)을 개발하였다.

CMM은 조직의 개발 능력 성숙도를 표현하는 모델이며, 조직의 프로세스를 평가하고 개선 방향을 제시하기 위해 이용되는 모델이다. 또한, CMM은 조직의 프로세스를 어떤 방향으로 발전시켜야 하는지를 단계적으로 제시한 모델이다.

SEI는 소프트웨어 개발 외에도 다음과 같이 다양한 분야에 적용할 수 있는 프로세스 개선 모델을 개발하였다.

◎ SW-CMM (SoftWare Capability Maturity Model)
소프트웨어 개발 조직의 프로세스 성숙도를 측정하고, 조직 프로세스 개선에 적용할 수 있는 모델

◎ P-CMM (People Capability Maturity Model)
인적 자원 관리 프로세스에 대한 능력 성숙도 모델

◎ SE-CMM (Systems Engineering Capability Maturity Model)
시스템 공학 능력 성숙도 모델

◎ IPD-CMM (Integrated Product Development Capability Maturity Model)
통합 제품 개발 능력 성숙도 모델

◎ SA-CMM (Software Acquisition Capability Maturity Model)
소프트웨어 획득 능력 성숙도 모델

이처럼 SEI는 다양한 분야의 CMM 모델을 개발했으며, 여러 기업들은 이러한 모델들을 적용해 왔다. 그러나 많은 기업 조직은 개별 모델을 별도로 사용하기보다 하나의 통합된 모델을 선호했다. 이에 SEI는 여러 CMM 모델을 통합하여 CMMI(Capability Maturity Model Integration) 모델을 개발하였다.

SEI 외에 조직 프로세스 개선을 위한 다양한 노력들이 다음과 같이 진행되었다.

◎ ISO 9000 시리즈
국제 표준화 기구인 ISO(International Standard Organization)에서 개발한 품질 경영 시스템 표준으로, 품질 관리와 프로세스 개선을 위한 기본 프레임워크를 제공한다. 특히, ISO 9000-3은 품질 경영을 소프트웨어 조직에 적용하기 위한 지침을 정의한 것으로써 소프트웨어 프로세스 품질 개선에 사용된다. ISO 9000은 제조업 중심의 프로세스 개선을 목표로 유럽에서 개발된 반면, CMMI는 소프트웨어 프로세스 개선에 중점을 두고 미국에서 개발되었다.

◎ ISO/IEC 15504 (SPICE)
프로세스 품질 개선을 위한 또 다른 중요 모델은 ISO/IEC 15504이다. 이 모델은 초기에 SPICE(Software Process Improvement Capability dEtermination)로 불렸으나,

1997년 ISO와 IEC 합동 위원회로 이관되어 개선된 후 최종적으로 ISO/IEC 15504로 명명되었다.

위에서 언급한 3가지 프로세스 개선 모델(CMMI, ISO 9000, SPICE) 중 많은 조직이 CMMI를 적용하고 있으며, 그 이유는 다음과 같다.

- 다양한 모델들을 통합한 단일 모델
- 고객은 프로젝트 수행시 CMMI 인증을 보유한 기업을 원함
- 프로세스 개선에 대한 명확하고 구체적인 방법 제시

본 서적은 조직 프로세스 개선을 위해 널리 사용되는 CMMI와 SPICE(ISO/IEC 15504) 모델에 대하여 설명하며, 이들 사이의 구조적인 차이점에 대하여 언급한다.

19.2 CMMI 모델 구조

CMMI 모델은 조직 프로세스 개선을 위해 단계적(staged) 방법과 연속적(continuous) 방법에 의한 두 가지 표현 방식을 제공한다. 본 서적은 CMMI 모델에 대한 이해를 돕기 위해 [Kulpa 2003]의 번역본인 [이민재 2006]을 참고하였다.

단계적 방법

단계적(staged) 표현 방법은 조직 프로세스 개선을 위한 길잡이 역할을 하는 로드맵을 제시한다. 이 로드맵은 조직의 프로세스 발전 과정을 5개의 성숙 단계로 정의하고, 각 단계에서 필요한 주요 프로세스 영역(KPA: Key Process Area)을 정의한다. 하위 성숙 단계는 상위 성숙 단계의 기초가 되므로, 상위 단계에 도달하려면 하위 단계의 모든 프로세스 영역을 충족해야 한다.

연속적 방법

연속적(continuous) 표현 방법은 조직의 특정 목표에 따라 선택적으로 프로세스 영역을 개선할 수 있는 방법이다. 단계적 방법이 조직 프로세스 개선을 위한 성숙(maturity) 단계를 평가하는 모델인 반면, 연속적 방법은 조직에서 개별 프로세스 영역 개선을 위한 능력(capability) 단계를 평가하는 모델이다. 조직은 필요에 따라

특정 프로세스 영역에만 집중하여 개선 노력을 기울일 수 있다.

조직은 자신의 목표와 상황에 따라 단계적 방법 또는 연속적 방법 중 하나를 선택할 수 있다. 조직의 프로세스 개선이 처음이어서 무엇부터 시작해야 하는지 모르는 경우 단계적 방법을 적용하는 것이 효과적이다. 단계적 방법은 조직이 프로세스 개선을 위해 무엇부터 수행해야 하는지 자세히 제시한다. 보기를 들면, 경험이 없는 조직은 성숙단계 2에서 정의한 7개의 프로세스 영역에 대하여 개선을 시작하도록 권고한다.

조직이 단지 특정 프로세스 영역만 선택적으로 개선하는 경우, 혹은 개선해야 할 프로세스 영역이 명확한 경우에는 연속적 방법을 적용하는 것이 효과적이다. 보기를 들면, 테스트만 전문적으로 수행하는 조직은 모든 프로세스 영역을 고려할 필요 없이 자신들의 조직에서 개선이 필요한 특정 프로세스 영역만을 선택하여 개선하는 것이 필요할 것이다. 이런 경우 연속적 방법을 적용하는 것이 효과적이다.

19.2.1 단계적 표현 방법

모델 구성 요소

[그림 19.1]은 CMMI 단계적 모델에 대한 구성 요소를 보인다.

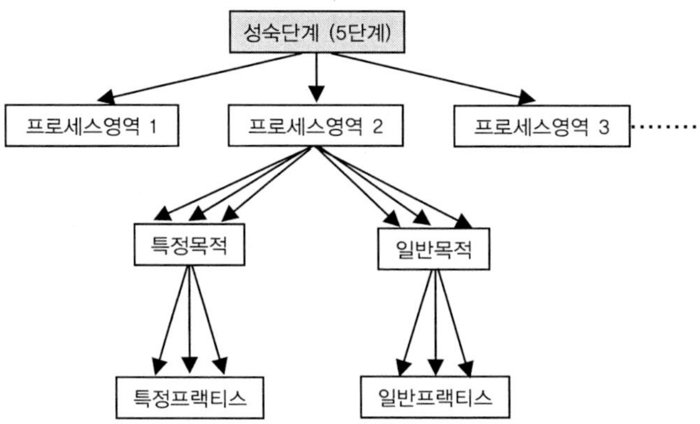

그림 19.1 CMMI 단계적 모델 구성 요소

◎ 성숙단계

조직의 프로세스 성숙 단계를 1~5단계 까지 총 5개의 성숙 단계로 정의한다.

◎ 프로세스 영역

각 성숙 단계는 달성해야 할 주요 프로세스 영역(KPA)으로 구성된다. 보기를 들면, 성숙 단계 2는 '요구사항 관리'와 같은 프로세스 영역을 포함한다.

◎ 목적

각 프로세스 영역에서 달성해야 하는 구체적인 목적을 정의한다. 이러한 목적은 해당 프로세스 영역이 조직에서 수행되고 있음을 판단하는 기준이 된다. 목적은 다음과 같이 특정 목적과 일반 목적이 있다.

- 특정 목적(SG: Specific Goal)

  특정 프로세스 영역에서 달성해야 하는 고유한 목적을 정의한다. 보기를 들면, 성숙 단계 2의 '프로젝트 계획 수립' 프로세스 영역에서 달성해야 하는 목적은 다음과 같이 3가지이다.

  - 특정목적 1 : 견적을 수행해야 한다.
  - 특정목적 2 : 프로젝트 계획을 수립해야 한다.
  - 특정목적 3 : 프로젝트 계획에 대한 합의가 이루어져야 한다.

- 일반 목적(GG: Generic Goal)

  모든 프로세스 영역에 공통적으로 적용되는 목적을 정의한다. 일반 목적은 해당 프로세스가 조직에 내재화[2]되어 있는지 판단하는데 도움을 준다. 보기를 들면, 성숙 단계 2를 달성하기 위한 일반 목적은 '관리 프로세스 내재화'이다. 이는 성숙 단계 2에 포함된 모든 프로세스 영역이 조직에 자연스럽게 융합되고 지속적으로 수행되는 것을 목표로 한다.

  - 관리 프로세스 내재화

---

2) 내재화(institutionalization): 어떤 프로세스가 조직의 문화로 스며들어 모든 사람들이 당연하게 해당 활동을 수행하는 것.

프랙티스

프로세스 영역의 목적을 달성하기 위해 수행해야 하는 구체적인 활동을 의미한다. 프랙티스는 다음과 같이 특정 프랙티스와 일반 프랙티스가 있다.

- 특정 프랙티스 (SP: Specific Practice)
  특정 목적을 만족하기 위해 조직이 수행해야 하는 활동을 의미한다. 보기를 들면, 성숙 단계 2의 '프로젝트 계획 수립' 프로세스 영역에서 '견적을 수행해야 한다'라는 목적을 만족시키는 특정 프랙티스는 다음과 같다.
  - 프로젝트 범위를 견적해야 한다.
  - 작업 산출물 및 필요한 활동을 견적해야 한다.
  - 프로젝트에서 사용할 개발 생명주기를 정의해야 한다.
  - 프로젝트 투입인력 및 비용을 견적해야 한다.

- 일반 프랙티스(GP: Generic Practice)
  일반 목적을 달성하기 위해 수행하는 활동으로, 모든 프로세스 영역에 공통적으로 적용된다. 보기를 들면, 성숙 단계 2의 일반 목적인 '관리 프로세스 내재화'라는 목적을 만족시키는 일반 프랙티스는 다음과 같다.
  - 조직 정책 수립
  - 프로세스 계획 수립
  - 자원 제공
  - 책임 배분
  - 인력 교육
  - 형상 관리

성숙단계 및 프로세스 영역

CMMI의 단계적 모델에서 성숙 단계는 1~5단계로 나누어 표현하며, 각 단계는 조직의 프로세스 성숙도를 보인다. 단계별로 달성해야 하는 주요 프로세스 영역(KPA)을 정의한다. [그림 19.2]는 CMMI 성숙 5단계와 각 단계에 포함된 주요 프로세스 영역을 보인다.

성숙단계 5. 최적화(optimized)	
주요내용	프로세스 분석을 통해 지속적인 개선
KPA	• 조직 혁신 및 적용 관리 • 원인 분석 및 해결

⇧

성숙단계 4. 정량적으로 관리됨(quantitatively mamaged)	
주요 내용	통계적이고 정량적인 프로세스 관리
KPA	• 조직 프로세스 성과 관리 • 정량적 프로젝트 관리

⇧

성숙단계 3. 정의됨(defined)	
주요내용	조직 차원의 표준 프로세스 존재
KPA	• 요구사항 개발 • 기술 솔루션 • 제품통합 • 검증, 확인 • 조직 프로세스 중점 관리 • 조직 프로세스 정의 • 조직 교육 관리 • 통합제품 팀 관리 • 통합 공급업체 관리 • 의사결정 분석 및 해결 • 조직 통합 환경

⇧

성숙단계 2. 관리됨(managed)	
주요내용	기본적인 관리 프로세스 존재함
KPA	• 요구사항 관리 • 프로젝트 계획 수립 • 프로젝트 모니터링 및 통제 • 공급업체 계약관리 • 측정 및 분석 • 프로세스 및 제품 품질 보증 • 형상 관리

⇧

성숙단계 1. 초기(initial)	
주요내용	구조화된 프로세스 없음
KPA	• 적용할 수 없음

그림 19.2 CMMI 단계적 모델에서 5가지 성숙 단계와 프로세스 영역

◎ 성숙단계 1: 초기

가장 낮은 단계인 성숙 단계 1 조직은 체계적인 프로세스 관리 체계를 전혀 갖고 있지 않다. 개발 활동은 정형화되어 있지 않고 임기응변으로 대응한다. 프로젝트

는 프로세스 관리 부재로 인하여 비용 초과 및 품질 저하가 발생하며, 프로젝트 성공 여부는 조직 프로세스가 아닌 개발자의 개인 역량에 의존하는 단계이다.

- 성숙단계 2: 관리됨

성숙 단계 2 조직은 기본적인 프로젝트 관리 프로세스가 존재하며, 과거 유사 프로젝트에서 얻은 경험을 바탕으로 계획하고 관리한다. 프로젝트 시작 전에 기본 프로세스를 정의하고, 비용과 기간에 대한 기본적인 측정을 수행한다. 수집된 측정 결과를 바탕으로 미래 프로젝트의 비용과 기간을 추정하는데 활용한다.

- 성숙단계 3: 정의됨

성숙 단계 3은 조직 차원의 표준화된 프로세스가 문서화되어 존재하며, 개별 프로젝트 경험을 통합하여 조직 전체의 표준 프로세스를 정의한다. 모든 프로젝트가 표준 프로세스를 기반으로 관리되며, 개별 프로젝트 특성에 따라 적절히 조정 가능하다. 표준 프로세스를 지속적으로 개선한다.

- 성숙단계 4: 정량적으로 관리됨

조직이 수행하는 모든 프로젝트가 정량적인 데이터를 기반으로 관리된다. 프로세스 성과를 측정하고, 다양한 데이터를 장기간에 걸쳐 수집하고 통계 분석을 수행한다.

- 성숙단계 5: 최적화

성숙 단계 4의 안정적이고 예측 가능한 프로세스를 지속적으로 분석하여 개선한다. 이를 통해 프로세스의 효율성과 효과성을 최적화한다. 지속적인 프로세스 혁신과 개선을 통해 최고의 성과를 달성한다.

일반적으로 성숙 단계 1에서 성숙 단계 2로 이동하는데 가장 많은 시간(2~5년)이 소요된다. 이는 비구조적이며 임기웅변 조직이 기본적인 프로세스 관리 체계를 갖춘 조직이 되는데 많은 시간과 비용이 필요하기 때문이다.

CMMI의 단계적 모델은 조직이 현재의 프로세스를 이해하고, 각 성숙 단계의 KPA를 충족하며, 점진적으로 프로세스 성숙을 달성할 수 있는 구체적인 로드맵을 제공한다. 특히, 성숙 단계 2~5의 KPA는 조직 프로세스를 개선하려는 조직에게 훌륭한 지침서가 된다.

19.2.2 연속적 표현 방법

모델 구성 요소

연속적 표현 방법은 단계적 표현 방법과 유사하게 특정 목적, 특정 프랙티스, 일반 목적, 일반 프랙티스를 포함하지만, 조직 전체가 아닌 개별 프로세스 영역의 개선 능력에 중점을 둔다.

[그림 19.3]은 CMMI 연속적 모델에 대한 구성 요소를 보인다.

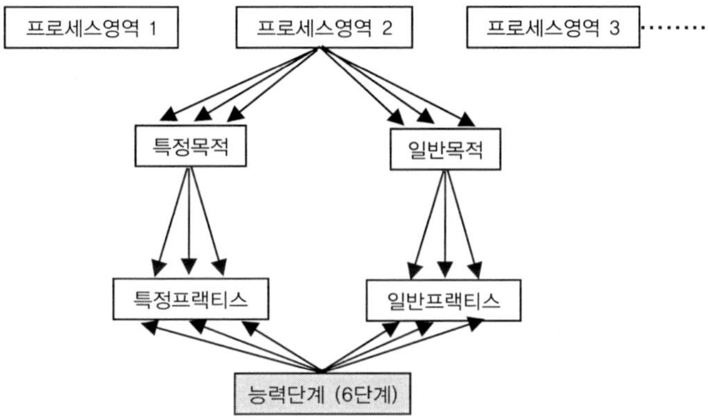

그림 19.3 CMMI 연속적 모델 구성 요소

단계적 방법에서는 조직의 전체 성숙도를 5단계로 평가하지만, 연속적 방법에서는 개별 프로세스 영역의 개선 능력을 6단계로 평가한다. 연속적 방법은 특정 프로세스 영역의 수행 능력을 점진적으로 향상시키는데 중점을 둔다.

단계적 방법과 마찬가지로 연속적 방법에서도 특정 목적과 특정 프랙티스는 하나의 프로세스 영역과 관련되며, 일반 목적과 일반 프랙티스는 여러 프로세스 영역에 공통으로 적용된다.

능력단계 및 프로세스 영역

연속적 방법은 [그림 19.4]에 보이는 바와 같이 25개의 프로세스 영역을 4개의 그룹(프로세스 관리, 프로젝트 관리, 엔지니어링, 지원)으로 분류하며, 각 프로세스 영역별로 6단계의 능력을 평가한다. 연속적 방법에서는 조직 전체의 성숙도를 하나의 숫자로 표현하는 것은 어렵지만, 개별 프로세스 영역별 능력 단계를 통하여 성숙 정도를 나타낼 수 있다.

프로세스 관리	프로젝트 관리
·조직 프로세스 중점 관리 ·조직 프로세스 정의 ·조직 교육 관리 ·조직 프로세스 성과 관리 ·조직 혁신 및 적용 관리	·프로젝트 계획 수립 ·프로젝트 모니터링 및 통제 ·공급업체 계약 관리 ·통합 프로젝트 관리 ·위험 관리 ·통합 제품 팀 관리 ·통합 공급업체 관리 ·정량적 프로젝트 관리
엔지니어링	**지원**
·요구사항 관리 ·요구사항 개발 ·기술 솔루션 ·제품 통합 ·확인(verification) ·검증(validation)	·형상 관리 ·프로세스 및 제품 품질 보증 ·측정 및 분석 ·의사결정 분석 및 해결 ·조직 통합 환경 ·원인 분석 및 해결

그림 19.4 CMMI 연속적 표현 모델에서 프로세스 영역

연속적 방법에서는 개별 프로세스 영역별로 6개의 능력 단계를 정의하여 특정 프로세스에 대한 개선 방향을 제시한다.

◎ 능력단계 0: 불완전함 (Incomplete)

능력단계 1에서 요구하는 대부분의 활동이 수행되지 않음을 의미한다.

◎ 능력단계 1: 수행됨 (Performed)

특정 프랙티스들이 수행되고 있음을 의미한다.

◎ 능력단계 2: 관리됨 (Managed)

프로세스가 계획되고, 수행되고, 통제되고 있음을 의미한다.

- **능력단계 3: 정의됨 (Defined)**

  조직 차원의 표준 프로세스가 정의되어 있으며, 이를 개별 프로젝트에 적합하게 조정하여 적용하는 상태를 의미한다.

- **능력단계 4: 정량적으로 관리됨 (Quantitatively Managed)**

  통계적 기법이나 정량적 데이터를 기반으로 프로세스를 예측하고 안정적으로 관리하고 있음을 의미한다.

- **능력단계 5: 최적화 (Optimized)**

  프로세스 수행 결과를 분석하고 지속적으로 개선하며, 변화를 최소화하여 안정화하고, 품질과 효율성을 극대화함을 의미한다.

19.2.3 단계적 vs. 연속적

	단계적 표현 방법 (Staged Representation)	연속적 표현 방법 (Continuous Representation)
평가	조직 전체의 성숙도(Maturity)를 5단계(1~5)로 평가	개별 프로세스 영역의 능력(Capability)을 6단계(0~5)로 평가
구성	성숙 5단계에 따라 프로세스 영역 그룹화	4그룹(프로세스 관리, 프로젝트 관리, 엔지니어링, 지원)으로 프로세스 영역 분류
장점	조직 전체의 프로세스 성숙도를 점진적으로 개선 가능하며, 조직 전체의 프로세스 평가에도 활용 가능	특정 프로세스 영역(예: 요구사항 관리, 위험 관리 등)이 개선에 활용 가능
단점	하위 단계의 모든 프로세스 영역을 만족해야 상위 단계로 이동 가능하므로, 많은 시간과 자원 소요됨	조직 전체의 성숙도를 한눈에 파악하기 어렵고, 조직 전체의 프로세스의 통합적 개선이 부족할 수 있음

그림 19.5 CMMI 단계적 모델과 연속적 모델 비교

19.3 SPICE 모델 구조

SPICE(Software Process Improvement and Capability Determination) 모델은 CMMI의 연속적 모델과 유사한 구조를 갖고 있으며, 개별 프로세스 영역 개선 활동에 초점을 둔다. SPICE는 각 프로세스 영역별로 6단계(0~5)의 능력 단계를 정의하여 개선 방향과 방법을 제시한다.

SPICE는 CMMI 연속적 모델과 구조적으로 유사하지만, SPICE는 ISO에서 제정한 개별 프로세스 평가를 위한 국제 표준이고, CMMI는 미국 SEI에서 개발한 모델로써 소프트웨어 개발 외에도 다양한 산업군에 적용할 수 있는 포괄적인 프레임워크를 제공한다.

기본 프로세스		
획득 그룹	공급그룹	공학그룹
· 획득 준비 · 공급업체 선택 · 공급업체 모니터링 · 고객 인수	· 공급업체 입찰 · 소프트웨어 릴리스	· 요구 추출 · 소프트웨어 구조설계 · 소프트웨어 요구 분석 · 소프트웨어 설계 · 소프트웨어 구현 · 소프트웨어 통합 · 소프트웨어 테스팅 · 소프트웨어 설치 · 시스템 통합 · 시스템 테스팅 · 시스템 & 소프트웨어 유지보수

조직 프로세스			
관리 그룹	프로세스 개선 그룹	자원 및 기반구조 그룹	재사용 그룹
· 조직 정렬 · 조직 관리 · 프로젝트 관리 · 품질 관리 · 위험 관리 · 측정	· 프로세스 정립 · 프로세스 평가 · 프로세스 개선	· 인력자원 관리 · 훈련 · 지식 관리 · 기반 구조	· 자산 관리 · 재사용 프로그램 관리 · 도메인 공학

지원 프로세스	
관리 그룹	품질 보증 그룹
· 문서 관리 · 향상 관리 · 문제 관리 · 변경 요청 관리	· 확인 · 검증 · 연합 검토 · 감사 · 제품 평가

그림 19.6 SPICE 모델의 프로세스 영역

SPICE는 [그림 19.6]에 보이는 바와 같이, 총 48개의 프로세스 영역을 3개의 최상위 그룹(기본, 조직, 지원)과 9개의 세부 그룹으로 분류한다.

- 기본 프로세스(Primary Processes) 그룹
  소프트웨어 시스템 개발 및 운영에 직접적으로 관련된 프로세스
- 조직 프로세스(Organizational Processes) 그룹
  조직 전체의 프로세스 관리 및 개선을 지원하는 프로세스.
- 지원 프로세스(Support Processes) 그룹
  기본 프로세스와 조직 프로세스를 지원하는 보조적인 프로세스

SPICE에서 각 프로세스에 대한 능력 단계는 다음과 같이 6단계(0~5)로 정의되며, 이는 CMMI의 연속적 방법의 능력 단계와 유사하다.

- 능력단계 0 : 불완전 프로세스 (Incomplete Process)
  - CMMI 능력단계 0 : 불완전함(Incomplete)과 유사
- 능력단계 1 : 수행 프로세스 (Performed Process)
  - CMMI 능력단계 1 : 수행됨(Performed)과 유사
- 능력단계 2 : 관리 프로세스 (Managed Process)
  - CMMI 능력단계 2 : 관리됨(Managed)과 유사
- 능력단계 3 : 수립 프로세스 (Established Process)
  - CMMI 능력단계 3 : 정의됨(Defined)과 유사
- 능력단계 4 : 예측 가능 프로세스 (Predictable Process)
  - CMMI 능력단계 4 : 정량적 관리됨(Quantitatively Managed)과 유사
- 능력단계 5 : 최적화 프로세스 (Optimizing Process)
  - CMMI 능력단계 5 : 최적화(Optimized)와 유사

19.4 단계적 표현에서 목적과 프랙티스

본 절에서는 CMMI 5가지 성숙단계에 포함된 모든 프로세스 영역에 적용되는 일반 목적과, 이를 달성하기 위해 수행해야 하는 구체적인 활동인 일반 프랙티스를 설명

한다. 또한, 특정 프로세스 영역에만 적용되는 특정 목적과, 이를 달성하기 위해 수행해야 하는 구체적인 활동인 특정 프랙티스도 함께 다룬다.

19.4.1 성숙단계 2 (관리됨)

일반 목적과 일반 프랙티스

다음은 성숙단계 2를 달성하기 위해 필요한 일반 목적과 이를 실현하기 위한 일반 프랙티스이다.

일반목적		관리 프로세스 내재화
일반 프랙티스	1	조직 정책 수립
	2	프로세스 계획 수립
	3	자원 제공
	4	책임 배분
	5	인력 교육
	6	형상 관리
	7	관련 이해 관계자 식별 및 참여
	8	프로세스 모니터링 및 통제
	9	표준준수 여부의 객관적 평가
	10	상위 관리자 검토

특정 목적과 특정 프랙티스

◎ 프로세스영역 1: 요구사항 관리

'요구사항 관리' 프로세스 영역의 목적은 프로젝트의 제품 및 컴포넌트에 대한 요구사항을 관리하고, 이러한 요구사항과 프로젝트 계획, 작업 산출물 간의 일관성을 확보하기 위한 것이다. 이 프로세스 영역의 목적들과 구체적인 프랙티스는 다음과 같다.

특정목적 1		요구사항을 관리해야 한다.
특정 프랙티스	1	요구사항에 대한 이해를 확보해야 한다.
	2	요구사항에 대한 합의가 이루어져야 한다.
	3	요구사항의 변경을 관리해야 한다.
	4	요구사항의 추적성을 확보해야 한다.
	5	요구사항과 작업 산출물 간의 불일치 사항을 식별해야 한다.

프로세스영역 2: 프로젝트 계획 수립

'프로젝트 계획 수립' 프로세스 영역의 목적은 프로젝트에서 수행되어야 하는 활동을 정의하는 계획서를 작성하고 유지하기 위한 것이다. 이 프로세스 영역의 목적들과 구체적인 프랙티스는 다음과 같다.

특정목적 1		견적을 수행해야 한다.
특정 프랙티스	1	프로젝트 범위를 추정해야 한다.
	2	작업 산출물 및 필요한 활동을 견적해야 한다.
	3	프로젝트에서 사용할 개발 생명주기를 정의해야 한다.
	4	프로젝트 투입인력 및 비용을 추정해야 한다.
특정목적 2		**프로젝트 계획을 수립해야 한다.**
특정 프랙티스	1	예산 및 일정을 수립해야 한다.
	2	프로젝트 위험 요소를 식별해야 한다.
	3	데이터 관리 계획을 수립해야 한다.
	4	프로젝트 자원 계획을 수립해야 한다.
	5	필요지식 및 기술 확보 계획을 수립해야 한다.
	6	프로젝트 계획서를 작성해야 한다.
특정목적 3		**프로젝트 계획에 대한 합의가 이루어져야 한다.**
특정 프랙티스	1	프로젝트에 영향을 미치는 다른 계획을 검토해야 한다.
	2	작업 및 자원 수준을 조정해야 한다.
	3	계획에 대한 합의가 이루어져야 한다.

프로세스영역 3: 프로젝트 모니터링 및 통제

'프로젝트 모니터링 및 통제' 프로세스 영역의 목적은 프로젝트 진행 상황에 대한 이해를 제공하고, 실제 진행 상황이 프로젝트 계획과 차이를 보일 경우 적절한 시정 조치를 수행하기 위한 것이다. 이 프로세스 영역의 목적들과 구체적인 프랙티스는 다음과 같다.

특정목적 1		프로젝트 계획서를 기반으로 프로젝트를 모니터링해야 한다.
특정 프랙티스	1	프로젝트 계획수립 파라미터들을 모니터링 해야 한다.
	2	프로젝트에서 합의된 사항을 모니터링 해야 한다.
	3	프로젝트 위험요소를 모니터링 해야 한다.
	4	데이터 관리 활동을 모니터링해야 한다.
	5	이해 관계자의 프로젝트 참여를 모니터링 해야 한다.
	6	프로젝트 진척 사항을 검토해야 한다.
	7	주요 단계별 검토활동을 수행해야 한다.
특정목적 2		시정 조치가 완료될 때까지 시정 조치 활동을 관리해야 한다.
특정 프랙티스	1	이슈사항을 분석해야 한다.
	2	시정 조치 활동을 수행해야 한다.
	3	시정 조치 활동을 관리해야 한다.

프로세스영역 4: 공급업체 계약 관리

'공급업체 계약 관리' 프로세스 영역의 목적은 공식적인 계약 관계에 있는 공급업체들로부터 제품의 획득을 관리하기 위한 것이다. 이 프로세스 영역의 목적들과 구체적인 프랙티스는 다음과 같다.

특정목적 1		공급업체와 계약을 관리해야 한다.
특정 프랙티스	1	제품획득 유형을 결정해야 한다.
	2	공급업체를 선정해야 한다.
	3	공급업체와의 계약을 체결해야 한다.
특정목적 2		공급업체와의 계약내용을 준수해야 한다.
특정 프랙티스	1	상용 소프트웨어 제품들을 검토해야 한다.
	2	공급업체와의 계약 내용을 수행해야 한다.
	3	공급업체의 제품을 승인해야 한다.
	4	제품에 대한 인수인계가 이루어져야 한다.

프로세스영역 5: 측정 및 분석

'측정 및 분석' 프로세스 영역의 목적은 필요한 정보를 관리하기 위해 요구되는 측정 능력을 향상시키고 유지하기 위한 것이다. 이 프로세스 영역의 목적들과 구체적인 프랙티스는 다음과 같다.

특정목적 1		측정 및 분석 활동을 수립해야 한다.
특정 프랙티스	1	측정 목표를 수립해야 한다.
	2	측정 항목을 선정해야 한다.
	3	측정 데이터 수집 및 관리 절차를 수립해야 한다.
	4	분석 절차를 수립해야 한다.
특정목적 2		측정 결과를 제공해야 한다.
특정 프랙티스	1	측정 데이터를 수집해야 한다.
	2	측정 데이터를 분석해야 한다.
	3	측정 데이터 및 분석 결과를 저장해야 한다.
	4	측정 결과를 공유해야 한다.

프로세스영역 6: 프로세스 및 품질 보증

'프로세스 및 품질 보증' 프로세스 영역의 목적은 관리자 및 팀원에게 프로세스 및 관련 작업 산출물에 대한 객관적인 시각을 제공하기 위한 것이다. 이 프로세스 영역의 목적들과 구체적인 프랙티스는 다음과 같다.

특정목적 1		프로세스 및 작업 산출물에 대해 객관적으로 평가해야 한다.
특정 프랙티스	1	프로세스를 객관적으로 평가해야 한다.
	2	작업 산출물 및 서비스를 객관적으로 평가해야 한다.
특정목적 2		객관적인 시각을 제공해야 한다.
특정 프랙티스	1	부적합 사항에 대하여 공유하고, 이의 해결을 보장해야 한다.
	2	기록을 유지해야 한다.

프로세스영역 7: 형상 관리

'형상 관리' 프로세스 영역의 목적은 형상 항목 식별, 형상 통제, 형상 상태 보고 및 형상 감사를 통해 작업 산출물의 완전성을 보장하고 유지하기 위한 것이다. 이 프로세스 영역의 목적들과 구체적인 프랙티스는 다음과 같다.

특정목적 1		베이스라인을 설정해야 한다.
특정 프랙티스	1	향상항목을 식별해야 한다.
	2	향상 관리 시스템을 구축해야 한다.
	3	베이스라인을 생성하고 릴리즈 해야 한다.
특정목적 2		변경을 추적하고 통제해야 한다.
특정 프랙티스	1	변경요청을 추적해야 한다.
	2	형상 항목을 통제해야 한다.
특정목적 3		완전성을 확보해야 한다.
특정 프랙티스	1	형상 관리 기록을 유지해야 한다.
	2	형상 감사를 수행해야 한다.

19.4.2 성숙단계 3 (정의됨)

일반 목적과 일반 프랙티스

다음은 성숙단계 3을 달성하기 위한 일반 목적이다. 성숙단계 3을 달성하기 위해서 성숙단계 3의 모든 목적은 물론 성숙단계 2의 모든 목적이 달성되어야 한다. 그러므로 성숙단계 3의 일반 프랙티스는 성숙단계 2의 모든 일반 프랙티스를 포함하며, 성숙단계 3에서 추가된 2개의 프랙티스인 '정의 프로세스 수립'과 '개선 정보 수집'이 함께 기술되어 있다.

일반목적		정의 프로세스 내재화
일반 프랙티스	1	조직 정책 수립
	2	프로세스 계획 수립
	3	자원 제공
	4	책임 배분
	5	인력 교육
	6	형상 관리
	7	관련 이해 관계자 식별 및 참여
	8	프로세스 모니터링 및 통제
	9	표준준수 여부의 객관적 평가
	10	상위 관리자 검토
	11	정의 프로세스 수립 (추가)
	12	개선 정보 수집 (추가)

특정 목적과 특정 프랙티스

프로세스영역 1: 요구사항 개발

'요구사항 개발' 프로세스 영역의 목적은 고개의 기대 사항과 제품 및 컴포넌트들에 대한 요구 사항을 도출하고 분석하기 위한 것이다. 이 프로세스 영역의 목적들과 구체적인 프랙티스는 다음과 같다.

특정목적 1		견적을 수행해야 한다.
특정 프랙티스	1	고객 요구사항을 도출해야 한다.
	2	고객 요구사항을 개발해야 한다.
특정목적 2		**제품 요구사항을 개발해야 한다.**
특정 프랙티스	1	제품 및 컴포넌트들에 대한 요구사항을 정의해야 한다.
	2	인터페이스 요구사항을 식별해야 한다.
특정목적 3		**요구사항을 분석하고 검증해야 한다.**
특정 프랙티스	1	운영 개념 및 운영 시나리오를 수립해야 한다.
	2	요구 기능을 정의해야 한다.
	3	요구 사항을 분석해야 한다.
	4	이해관계의 균형을 위해 요구사항을 분석해야 한다.
	5	종합적 방법에 의해 요구사항을 검증해야 한다.

프로세스영역 2: 기술 솔루션

'기술 솔루션' 프로세스 영역의 목적은 요구사항에 대한 솔루션을 설계, 개발, 구현하기 위한 것이다. 이 프로세스 영역의 목적들과 구체적인 프랙티스는 다음과 같다.

특정목적 1		제품 컴포넌트에 대한 솔루션을 선정해야 한다.
특정 프랙티스	1	구체적인 후보 솔루션 및 솔루션 선정 기준을 개발해야 한다.
	2	운영 개념 및 운영 시나리오를 구체화해야 한다.
	3	제품 컴포넌트에 대한 솔루션을 선정해야 한다.
특정목적 2		설계 작업을 수행해야 한다.
특정 프랙티스	1	제품 혹은 컴포넌트에 대한 설계 작업을 수행해야 한다.
	2	기술 데이터 패키지를 정의해야 한다.
	3	기준에 근거하여 인터페이스를 설계해야 한다.
	4	자체 개발, 구매, 재사용에 대한 분석 작업을 수행해야 한다.
특정목적 3		제품 설계를 구현해야 한다.
특정 프랙티스	1	설계를 구현해야 한다.
	2	제품 지원 문서를 개발해야 한다.

프로세스영역 3: 제품 통합

'제품 통합' 프로세스 영역의 목적은 제품 컴포넌트를 통합하고, 통합된 제품이 제대로 기능하는 것을 보장하고, 이를 고객에게 인도하기 위한 것이다. 이 프로세스 영역의 목적들과 구체적인 프랙티스는 다음과 같다.

특정목적 1		제품 통합을 준비해야 한다.
특정 프랙티스	1	통합 순서를 결정해야 한다.
	2	제품 통합 환경을 구축해야 한다.
	3	제품 통합 절차 및 기준을 수립해야 한다.
특정목적 2		인터페이스 호환성을 확보해야 한다.
특정 프랙티스	1	인터페이스 기술서의 완전성을 검토해야 한다.
	2	인터페이스를 관리해야 한다.

특정목적 3		제품 컴포넌트들을 통합하고 제품을 인도해야 한다.
특정 프랙티스	1	제품 컴포넌트들의 통합 준비성을 확인해야 한다.
	2	통합된 제품 컴포넌트를 평가해야 한다.
	3	제품, 제품 컴포넌트를 패키지화하여 인도해야 한다.

프로세스영역 4: 확인 (verification)

'확인' 프로세스 영역의 목적은 선정된 작업 산출물이 정해진 요구사항에 부합하는 것을 보장하기 위한 것이다. 이 프로세스 영역의 목적들과 구체적인 프랙티스는 다음과 같다.

특정목적 1		확인을 준비해야 한다.
특정 프랙티스	1	확인 대상 작업 산출물을 선정해야 한다.
	2	확인 환경을 구축해야 한다.
	3	확인 절차 및 기준을 수립해야 한다.
특정목적 2		동료 검토를 수행해야 한다.
특정 프랙티스	1	동료 검토를 준비해야 한다.
	2	동료 검토를 수행해야 한다.
	3	동료 검토 데이터를 분석해야 한다.
특정목적 3		선정된 작업 산출물을 확인해야 한다.
특정 프랙티스	1	확인 활동을 수행해야 한다.
	2	확인 결과를 분석하고 시정 조치사항을 식별해야 한다.

프로세스영역 5: 검증 (validation)

'검증' 프로세스 영역의 목적은 최종 제품이 고객이 원하는 내용대로 구현되었음을 보장하기 위한 것이다. 이 프로세스 영역의 목적들과 구체적인 프랙티스는 다음과 같다.

특정목적 1		검증 활동을 준비해야 한다.
특정 프랙티스	1	검증 대상 제품을 선정해야 한다.
	2	검증 환경을 구축해야 한다.
	3	검증 절차 및 기준을 수립해야 한다.
특정목적 2		제품 혹은 제품 컴포넌트를 검증해야 한다.
특정 프랙티스	1	검증 활동을 수행해야 한다.
	2	검증 결과를 분석해야 한다.

프로세스영역 6: 조직 프로세스 중점 관리

'조직 프로세스 중점 관리' 프로세스 영역의 목적은 조직 프로세스와 프로세스 자원의 강점과 약점에 대한 이해를 기반으로 조직의 프로세스 개선 활동을 계획하고 이행하기 위한 것이다. 이 프로세스 영역의 목적들과 구체적인 프랙티스는 다음과 같다.

특정목적 1		프로세스 개선 기회를 결정해야 한다.
특정 프랙티스	1	조직 프로세스에 대한 요구를 수립해야 한다.
	2	조직 프로세스를 심사해야 한다.
	3	조직 프로세스 개선 기회를 식별해야 한다.
특정목적 2		프로세스 개선 활동을 계획하고 이행해야 한다.
특정 프랙티스	1	프로세스 실행 계획을 수립해야 한다.
	2	프로세스 실행 계획을 이행해야 한다.
	3	조직 프로세스 자산을 적용해야 한다.
	4	조직 프로세스 자산에 프로세스 관련 경험을 통합해야 한다.

프로세스영역 7: 조직 프로세스 정의

'조직 프로세스 정의' 프로세스 영역의 목적은 사용 가능한 조직 프로세스 자원을 정립하고 유지하기 위한 것이다. 이 프로세스 영역의 목적들과 구체적인 프랙티스는 다음과 같다.

특정목적 1		조직 프로세스 자산을 정립해야 한다.
특정 프랙티스	1	표준 프로세스를 수립해야 한다.
	2	생명주기 모델을 정의해야 한다.
	3	조정 기준 및 가이드 라인을 수립해야 한다.
	4	조직의 측정 데이터베이스를 구축해야 한다.
	5	조직의 프로세스 자산 라이브러리를 구축해야 한다.

프로세스영역 8: 조직 교육 관리

'조직 교육 관리' 프로세스 영역의 목적은 조직 구성원이 각자의 역할을 효율적이고 효과적으로 수행할 수 있도록 기술과 지식을 개발하기 위한 것이다. 이 프로세스 영역의 목적들과 구체적인 프랙티스는 다음과 같다.

특정목적 1		조직 교육 역량을 확립해야 한다.
특정 프랙티스	1	전략적 교육 필요를 수립해야 한다.
	2	조직에서 당당해야 하는 교육을 결정해야 한다.
	3	조직 교육 계획을 수립해야 한다.
	4	조직 교육 역량을 수립해야 한다.
특정목적 2		필요한 교육을 제공해야 한다.
특정 프랙티스	1	교육을 제공해야 한다.
	2	교육 기록을 유지해야 한다.
	3	교육의 효과성을 평가해야 한다.

프로세스영역 9: 통합 프로젝트 관리

'통합 프로젝트관리' 프로세스 영역의 목적은 조직 표준 프로세스를 적절히 조절하여 정의한 프로세스에 따라 프로젝트를 관리하기위한 것이다. 이 프로세스 영역의 목적들과 구체적인 프랙티스는 다음과 같다.

특정목적 1		정의된 프로젝트 프로세스를 사용해야 한다.
특정 프랙티스	1	정의된 프로젝트 프로세스를 수립해야 한다.
	2	조직 프로세스를 이용하여 프로젝트 계획을 수립해야 한다.
	3	계획을 통합해야 한다.
	4	통합 계획에 근거하여 프로젝트를 관리해야 한다.
	5	프로세스 자산에 반영해야 한다.
특정목적 2		이해관계자와 조정 및 협력해야 한다.
특정 프랙티스	1	이해관계자의 참여를 관리해야 한다.
	2	주요 의존성을 관리해야 한다.
	3	조정 이슈사항을 해결해야 한다.
특정목적 3		프로젝트 비전을 공유해야 한다.
특정 프랙티스	1	프로젝트 비전을 위한 근거를 식별해야 한다.
	2	프로젝트 비전을 수립해야 한다.
특정목적 4		통합 제품 팀을 조직해야 한다.
특정 프랙티스	1	프로젝트의 통합 제품 팀 구조를 결정해야 한다.
	2	통합 제품 팀에 요구사항을 할당해야 한다.
	3	통합 제품 팀을 구축해야 한다.

◎ 프로세스영역 10: 위험 관리

'위험 관리' 프로세스 영역의 목적은 위험이 발생하기 전에 잠재적인 문제를 식별하여 제품 또는 프로젝트 생명주기 전반에 걸쳐 목표 달성이 용이하도록 위험 완화 활동을 계획하고 실행하기 위한 것이다. 이 프로세스 영역의 목적들과 구체적인 프랙티스는 다음과 같다.

특정목적 1		위험 관리 활동을 준비해야 한다.
특정 프랙티스	1	위험의 소스 및 분류 유형을 결정해야 한다.
	2	위험 기준을 정의해야 한다.
	3	위험 관리 전략을 수립해야 한다.
특정목적 2		위험을 식별하고 분석해야 한다.
특정 프랙티스	1	위험을 식별해야 한다.
	2	위험을 평가하고 분류한 후, 우선 순위를 결정해야 한다.

특정목적 3		선정된 작업 산출물을 확인해야 한다.
특정 프랙티스	1	위험 완화 계획을 개발해야 한다.
	2	위험 완화 계획을 실행해야 한다.

프로세스영역 11: 통합 제품 팀 관리

'통합 제품 팀 관리' 프로세스 영역의 목적은 작업 산출물을 개발하기 위한 통합 제품 팀을 구성하고, 이를 유지하기 위한 것이다. 이 프로세스 영역의 목적들과 구체적인 프랙티스는 다음과 같다.

특정목적 1		팀 구성을 결정해야 한다.
특정 프랙티스	1	팀 작업을 식별해야 한다.
	2	피요 지식 및 기술을 식별해야 한다.
	3	적절한 팀원을 배치하여야 한다.
특정목적 2		팀 운영을 관리해야 한다.
특정 프랙티스	1	공유 비전을 수립해야 한다.
	2	팀 강령을 수립해야 한다.
	3	역할 및 책임을 정의해야 한다.
	4	운영 절차를 수립해야 한다.
	5	관련 팀 간 협력해야 한다.

프로세스영역 12: 통합 공급 업체 관리

'통합 공급 업체 관리' 프로세스 영역의 목적은 프로젝트 요구사항을 충족시킬 수 있는 제품의 공급업체를 식별하고, 이들과 협력관계를 유지하는 동안 선정된 공급업체를 관리하기 위한 것이다. 이 프로세스 영역의 목적들과 구체적인 프랙티스는 다음과 같다.

특정목적 1		제품 공급 업체를 분석하고 선정해야 한다.
특정 프랙티스	1	잠재 제품 공급업체를 분석해야 한다.
	2	제품 공급업체를 평가하고 결정해야 한다.
특정목적 2		공급업체와 작업을 조정해야 한다.
특정 프랙티스	1	선정된 공급업체의 프로세스를 모니터링해야 한다.
	2	선정된 공급업체의 작업 산출물을 평가해야 한다.
	3	공급업체와의 계약 혹은 관계를 갱신해야 한다.

◎ 프로세스영역 13: 의사 결정 분석 및 해결

'의사 결정 분석 및 해결' 프로세스 영역의 목적은 수립된 기준을 근거로 식별된 대안을 평가하기 위한 공식적인 평가 프로세스를 사용하여 적절한 의사 결정을 하기 위한 것이다. 이 프로세스 영역의 목적들과 구체적인 프랙티스는 다음과 같다.

특정목적 1		가능한 대안들을 평가해야 한다.
특정 프랙티스	1	의사 결정을 위한 가이드라인을 수립해야 한다.
	2	평가기준을 수립해야 한다.
	3	대안들을 식별해야 한다.
	4	평가 방법을 선택해야 한다.
	5	대안을 평가해야 한다.
	6	해결안을 선택해야 한다.

◎ 프로세스영역 14: 조직 통합 환경

'조직 통합 환경' 프로세스 영역의 목적은 통합 제품 및 프로세스 개발을 위한 기반 구조와 이를 위한 인력을 제공하고 관리하기 위한 것이다. 이 프로세스 영역의 목적들과 구체적인 프랙티스는 다음과 같다.

특정목적 1		통합제품 및 프로세스개발을 위한 기반구조를 제공해야 한다.
특정 프랙티스	1	조직의 공유 비전을 수립해야 한다.
	2	통합 작업 환경을 수립해야 한다.
	3	통합 개발을 위해 요구되는 기술을 식별해야 한다.
특정목적 2		통합 개발을 위한 인력 관리를 수행해야 한다.
특정 프랙티스	1	리더쉽 절차를 수립해야 한다.
	2	통합 작업을 위한 인센티브 방안을 수립해야 한다.
	3	통합 제품 팀과 기존 팀과의 조율 절차를 수립해야 한다.

19.4.3 성숙단계 4 (정량적으로 관리됨)

일반 목적과 일반 프랙티스

성숙단계 4의 일반 목적은 성숙단계 3의 일반 목적과 동일하다. 단지, 성숙단계 4에서는 기존 목적과 프랙티스를 기반으로 정량적 데이터를 사용해 프로세스를 더욱 효과적으로 관리하는 것이 추가적으로 요구된다.

특정 목적과 특정 프랙티스

◎ 프로세스영역 1: 조직 프로세스 성과 관리

'조직 프로세스 성과 관리' 프로세스 영역의 목적은 조직 표준 프로세스들의 수행 결과를 바탕으로 품질 및 프로세스 성과 목표를 수립하고, 정량적인 프로젝트 관리를 위한 프로세스 성과 베이스라인과 프로세스 성과 모델을 제공하기 위한 것이다. 이 프로세스 영역의 목적들과 구체적인 프랙티스는 다음과 같다.

특정목적 1		프로세스 성과 베이스라인 및 모델을 수립해야 한다.
특정 프랙티스	1	프로세스를 선정해야 한다.
	2	프로세스 성과 측정치를 결정해야 한다.
	3	품질 및 프로세스 성과 목표를 수립해야 한다.
	4	프로세스 성과 베이스라인을 수립해야 한다.
	5	프로세스 성과 모델을 수립해야 한다.

◎ 프로세스영역 2: 정량적 프로젝트 관리

'정량적 프로젝트 관리' 프로세스 영역의 목적은 정의된 프로젝트 프로세스를 정적으로 관리하여 프로젝트의 품질 및 프로세스 성과 목표를 달성하기 위한 것이다. 이 프로세스 영역의 목적들과 구체적인 프랙티스는 다음과 같다.

특정목적 1		프로젝트를 정량적으로 관리해야 한다.
특정 프랙티스	1	프로젝트 목표를 수립해야 한다.
	2	정의된 프로세스를 수립해야 한다.
	3	통계적으로 관리되어야 할 하부 프로세스를 선정해야 한다.
	4	프로젝트 성과를 관리해야 한다.
특정목적 2		하부 프로세스 성과를 통계적으로 관리해야 한다.
특정 프랙티스	1	측정치 및 분석 기법을 선정해야 한다.
	2	변동을 이해하기 위한 통계 방법을 적용해야 한다.
	3	선정된 하부 프로세스의 성과를 모니터링 해야 한다.
	4	통계 관리 데이터를 기록해야 한다.

19.4.4 성숙단계 5 (최적화)

일반 목적과 일반 프랙티스

성숙단계 5의 일반 목적은 성숙단계 3의 일반 목적과 동일하다. 단지, 성숙단계 5에서는 프로세스를 정기적으로 분석하고 최적화하여, 혁신적인 개선안을 조직에 통합한다.

특정 목적과 특정 프랙티스

- 프로세스영역 1: 조직 혁신 및 적용 관리

'조직 혁신 및 적용 관리' 프로세스 영역의 목적은 조직에서 사용하고 있는 프로세스와 기술을 개선하기 위한 점진적이며 혁신적인 개선사항들을 선정하고, 적용하기 위한 것이다. 이 프로세스 영역의 목적들과 구체적인 프랙티스는 다음과 같다.

특정목적 1		개선 사항을 선정해야 한다.
특정 프랙티스	1	개선 제안을 수집하고 분석해야 한다.
	2	혁신적인 개선 사항을 식별하고 분석해야 한다.
	3	개선 사항들을 시범 적용해야 한다.
	4	적용하기 위한 개선사항을 선정해야 한다.
특정목적 2		개선사항을 적용해야 한다.
특정 프랙티스	1	적용 계획을 수립해야 한다.
	2	적용 활동을 관리해야 한다.
	3	개선 효과를 측정해야 한다.

프로세스영역 2: 원인 분석 및 해결

'원인 분석 및 해결' 프로세스 영역의 목적은 결함 및 기타 문제들의 원인을 식별하고, 재발 방지를 위한 시정 조치 활동을 수행하기 위한 것이다. 이 프로세스 영역의 목적들과 구체적인 프랙티스는 다음과 같다.

특정목적 1		결함 원인을 결정해야 한다.
특정 프랙티스	1	분석 대상 결함 데이터를 선정해야 한다.
	2	원인 분석을 수행해야 한다.
특정목적 2		결함 원인을 처리해야 한다.
특정 프랙티스	1	제안된 활동을 실행해야 한다.
	2	변경 효과를 평가해야 한다.
	3	데이터를 기록해야 한다.

연 습 문 제

19.1. CMMI와 SPICE에 대한 설명 중 가장 거리가 먼 것은?

① CMMI의 단계적 모델은 5단계의 능력 성숙도를 제시한다.

② CMMI는 단계적 모델과 연속적 모델 2가지를 제시한다.

③ SPICE는 개별 프로세스 영역을 개선하는 방법을 제시한다.

④ SPICE는 단계적 모델에 의해 각 성숙단계를 정의한다.

19.2. CMMI 모델의 능력 성숙도 5단계를 순서대로 나열하라?

① 관리됨	② 정량적으로 관리됨	③ 정의됨	④ 최적화	⑤ 초기

19.3. CMMI의 원어를 적어라.

19.4. 수많은 소프트웨어 개발 조직들이 조직 프로세스 개선을 위한 다양한 모델 중 CMMI를 가장 많이 적용하고 있는 이유 중 하나는 '다양한 프로세스 개선에 적용할 수 있는 모델들을 통합'한 모델이기 때문이다. 이 외에 다른 이유를 적어라.

19.5. CMMI 능력 성숙도 5단계 중 성숙단계 2(관리됨)와 성숙단계 3(정의됨)의 차이점을 간단히 설명하라.

19.6. CMMI 모델에서 '성숙단계'라는 용어는 조직에서 해당 업무를 얼마나 체계적으로 수행하고 있는지 나타내는 지표로써 1단계부터 5단계까지 표현한다. 이에 비해 '프로세스영역'이라는 용어는 무엇을 의미하는지 설명하라.

CHAPTER

20 정형 명세 방법

20.1 소개

정형 명세 방법(formal specification method)은 소프트웨어 공학에서 안전성이 중요한 시스템을 분석하고 설계할 때 사용하는 수학적인 이론 기반의 명세 방법을 의미한다. 정형 명세 방법은 전통적인 그래픽 다이어그램 표현보다 더욱 완전하고, 일관되며, 명확한 명세를 가능하게 한다. 이 방법은 수학 이론과 논리 표기법을 사용하여 사용자 요구사항을 체계적으로 명확히 정의하며, 이를 통해 명세의 일관성과 정확성에 대한 자동 분석을 가능하게 한다.

정형 명세 방법은 안전성, 보안성, 신뢰성이 우선적으로 고려되는 시스템에 대한 명세 방법으로 이용된다. 이러한 시스템들은 한 번의 고장으로 엄청난 경제적인 손실이나 사람의 생명에 직접적인 영향을 미치기 때문에, 이들 시스템에 정형 명세 방법을 적용해 초기부터 사용자 요구를 정확히 정의하여 완전한 시스템을 개발하는 것이 필요하다.

다음은 IEEE 용어 사전에서 정형 명세 방법에 대한 정의를 보인다.

정형 방법은 컴퓨터 시스템 개발 시 시스템의 특징을 수학적으로 묘사하기 위한 방법이다. 이러한 방법들은 체계적으로 시스템을 명세, 개발, 확인할 수 있는 하부 구조를 제공한다. 특정 방법이 견고한 수학적 토대를 가질 때 이를 정형 방법이라고 한다. 이러한 수학적 토대는 일반적으로 정형화된 명세 언어에 의해 제공되며, 일관성, 완전성, 명세, 구현, 정확성과 같은 개념을 정확히 정의할 수 있도록 돕는다.
(Formal methods used in developing computer systems are mathematically based techniques for describing system properties. Such formal methods provide frame-works within which people can specify, develop, and verify systems in a system-atic, rather than ad hoc manner. A method is formal if it has a sound mathematical basis , typicall y given by a formal specification language. This basis provides a means of precisely defining notions like consistency and completeness, and more relevantly, specification, implementation and correctness.)

20.2 비정형 방법의 문제점

자연어나 그래픽 다이어그램을 이용한 비정형 명세 방법은 검토에 의한 오류 발견을 통해 소프트웨어 품질을 높일 수 있다. 그러나 이러한 비정형 명세 방법은 다음과 같은 문제를 갖는다.

◎ 일관성 문제

자연어나 그래픽 표기법으로 작성된 명세 문장들은 동일한 요구사항에 대하여 해석이 다를 수 있다. 보기를 들면, 동일 요구에 대하여 자연어로 작성한 다음 두 문장은 서로 다른 해석을 초래한다.

- 시스템은 용광로의 모든 온도를 모니터링 해야 한다.
- 시스템은 용광로의 특정 범위에서 발생하는 온도를 모니터링 해야 한다.

즉, '용광로의 온도 모니터링'이라는 동일 요구사항에 대하여 '모든 온도'와 '특정 범위의 온도'라는 일관되지 않은 명세를 보인다. 이러한 명세 불일치 문장이 같은 페이지에 있다면 쉽게 발견할 수 있지만, 여러 페이지에 분산되어 있다면 이를 찾아내는 것은 어렵다. 정형 명세 방법은 수학적 추론 규칙을 이용하여 이러한 일관성 문제를 자동으로 검증하고, 일관성을 보장할 수 있다.

명확성 문제

자연어나 그래픽 표기법에서 하나의 명세 문장이 다르게 해석될 수 있다. 보기를 들면, 다음 명세 문장은 다양한 해석이 가능하다. 여기서 '그것'이 비밀번호를 의미하는지, 운영자 신원 정보를 의미하는지 다양한 해석이 가능하다.

- 운영자에 대한 신원은 운영자 이름과 비밀번호의 조합으로 판단한다. 비밀번호는 6자리 숫자로 구성한다. 운영자가 시스템에 로그인할 때 그것은 모니터에 표시되어야 한다.

다른 보기로써, 다음 명세 문장에서 '편리하다'는 기준이 명확하지 않아 다양한 해석이 가능하다.

- 시스템에 대한 사용자 인터페이스는 사용하기 편리해야 한다.

정형 명세 방법은 수학적 표기법이나 논리 표기법을 이용하여 애매모호한 명세를 정확하고 명확하게 작성하는 것을 가능하게 한다.

완전성 문제

모든 요구사항을 포함해야 한다는 완전성 문제는 정형 명세 방법을 이용해도 만족하기 어렵다. 복잡하고 대규모 시스템에서 모든 요구를 파악하여 명세하는 것은 사실상 불가능하다. 그러나, 자연어나 그래픽 명세 방법보다 정형 명세 방법은 수학적 논리와 검증 기법을 활용하여 요구사항의 모든 시나리오를 정의하고 검증함으로써 완전성 문제를 해결할 수 있다.

20.3 정형 명세 언어

정형 명세를 위한 다양한 정형 명세 언어(formal specification language)들이 존재한다. 다음은 대표적인 정형 명세 언어를 보인다.

- KRA (Kate and Requirements Apprentice)
- Gist
- VDM (Vinna Development Method)

- Z
- Larch
- Lamport's transition axiom method
- Gypsy
- HDM (Hierarchical Development Method)
- FDM (Formal Development Method)

이들 중 Z 언어는 가장 대표적이고 널리 알려진 정형 명세 언어이다. 대부분의 정형 명세 언어와 마찬가지로 개발자가 Z 언어를 사용하기 위해 수학적인 배경을 필요로 한다. 특히, 함수, 집합, 이산수학, 논리에 대한 기본적인 지식이 필수적이다. Z 언어는 일반적인 집합이론과 논리 기호를 포함하며, 이 외에도 다양한 특수 기호를 사용한다. 이로 인해, 수학적 지식을 갖고 있는 개발자라도 Z 언어를 완전히 이해하고 사용하는 데는 시간이 걸릴 수 있다.

[그림 20.1]은 '주민번호 사전'에 대한 Z 명세를 보이며 이 명세의 의미는 다음과 같다.

- 주민번호 사전은 주민번호(number)와 이름(name)으로 구성한다.
- Z에서 P는 집합을 표시하므로 number는 주민번호 중 하나이며, name은 이름 중 하나이다.
- ssnDictionary는 주민번호와 이름의 함수이다.
- Z에서 ⤔ 기호에 의해 2명의 이름이 같은 주민번호를 가질 수 없다.

```
number: P 주민번호
name: P 이름
ssnDictionary: 주민번호 ⤔ 이름
────────────────────────────
```

그림 20.1 '주민번호 사전'에 대한 Z 명세

[그림 20.2]는 '주민번호', '이름'에 대한 Z 명세를 보이며 이 명세의 의미는 다음과 같다.

- 주민번호는 자연수(N)의 한정 집합(F)이다.

- 주민번호는 9자리 숫자이다.
- 이름은 최대 6자리의 문자이다.

주민번호: FN

주민번호 ∈ 100000000..999999999

이름: seqCHAR

#(이름) ≤ 6

그림 20.2 '주민번호'와 '이름'에 대한 Z 명세

[그림 20.3]은 '주민번호 사전에 주민번호 추가'에 대한 Z 명세를 보이며 이 명세의 의미는 다음과 같다.

- Z에서 △ 기호에 의해 '주민번호 추가' 연산은 주민번호 사전의 상태를 변화시킨다는 것을 의미한다.
- 새로운 주민번호가 입력된다.
- 새로운 이름이 입력된다.
- 입력되는 주민번호는 주민번호 사전에 없어야 한다.
- 새로운 주민번호 사전 내용은 기존 주민번호 사전과 새로 입력된 이름/주민번호를 추가 한 것이다.

Δ 주민번호사전
number?:주민번호
name?:이름

---

number? ∈ dom ssnDictonary
ssnDictionary' = ssnDictionary U {number? ↦ name?}

그림 20.3 '주민번호 사전에 주민번호 추가'에 대한 Z 명세

Z 명세 보기에서 알 수 있듯이, 정형 명세 언어를 이용하는데 있어서 가장 큰 문제는 실제로 이를 실무에 적용하기 어렵다는 것이다. 개발자나 사용자는 정형 명세 언어의 문법과 의미를 이해하기 위해 수학적 지식과 논리적 사고에 대한 많은 노력을

필요로 한다. 이러한 높은 학습 노력과 복잡성은 개발 과정에서 정형 명세 언어의 적용을 제한하는 주요 요인이 된다.

이러한 문제에도 불구하고 정형 명세 언어를 이용하는 이유는 다음과 같다.

- 작성한 명세서 검토시 오류 발견이 용이하다.
- 개발자가 정확하게 명세하는 것을 요구한다. 이에 따라 일관적이고, 정확하고, 명확한 명세를 제공한다.
- 개발자가 명세의 정확성을 증명하는 것이 가능하다.
- 언어를 배우는데 시간이 걸리더라도 궁극적으로 개발 시간을 단축할 수 있다.

20.4 정형 명세 방법 적용 규칙

정형 명세 방법을 적용하는 프로젝트는 증가하는 추세에 있지만, 높은 비용과 적용의 어려움으로 보안이나 안전이 중요한 프로젝트에 제한적으로 이용되고 있다. 프로젝트 개발에 정형 명세 방법을 적용할 때 고려해야 하는 규칙은 다음과 같다.

적절한 표기법 선택

각 정형 명세 언어에서 제공하는 표기법은 특정 도메인에 적용될 때 더욱 효과적이다. 현재의 프로젝트 상황을 적절하게 반영하고 표현할 수 있는 표기법을 선택하는 것이 필요하다.

과도한 정형화 불필요

정형 명세는 필수적이고 중요한 부분에만 적용해야 하며, 회사 방침을 만족하기 위해 혹은 주변 환경의 압력에 의해 시스템의 모든 관점에 정형화를 적용하는 것은 불필요한 시간과 비용의 낭비를 초래할 수 있다.

비용 추정

정형 명세 방법을 처음 도입하고 이들을 효과적으로 이용할 때까지 상당한 훈련과 투자 비용이 필요할 수 있다. 그러나 이를 통해 테스트 시간 단축 등으로 전체 비용은 감소할 수 있다.

◎ 정형 방법 전문가 요청

정형 명세 방법의 성공적인 적용을 위해서 해당 분야의 전문 지식을 갖는 전문가가 필요하다. 정형 방법을 적용하려는 프로젝트 팀은 최소한 한 사람의 정형 기술 전문가를 포함해야 한다.

◎ 전통적인 개발 방법 대치 불필요

기존 개발 방법을 정형 방법으로 완전히 대체하는 것은 비효율적이다. 정형 방법을 기존 개발 방법에 통합하여 상호 보완적으로 활용하는 것이 이상적이다.

◎ 보충 명세 필요

정형 방법은 시스템 기능에 대한 명확성과 정확성을 제공하지만, 비정형적인 자연어를 이용하여 보충 명세하는 것이 필요하다. 자연어에 의한 보충 명세는 정형 명세만으로 전달하기 어려운 정보를 제공하며, 개발자나 사용자에게 정형 명세에 대한 이해를 돕는다.

◎ 오류 수정 필요

시스템 개발은 인간이 수행하므로 정형 방법을 적용한 시스템에 대하여 정확성, 일관성, 명확성을 자동으로 보장하는 것은 아니다. 명세가 잘못될 가능성을 항상 염두에 두고 반복적인 수정 작업을 수행하는 것이 필요하다.

연 습 문 제

20.1. 다음 중 정형 명세의 특징으로 가장 거리가 먼 것은?

① 일관성　　② 유지보수성　　③ 정확성　　④ 명확성

20.2. 다음 중 정형 명세에 대한 설명으로 가장 거리가 먼 것은?

① 정형 명세는 비정형 명세에 비해 이해하기 어렵다.
② 정형 명세는 비정형어를 이용하여 보충 정보를 제공하는 것이 필요하다.
③ 자연어나 그래픽 표기법은 비정형어에 속할 수 있다.
④ 정형 명세 방법은 일반적으로 대규모 프로젝트에 적용한다.

20.3. 그래픽 명세가 아닌 수학적인 집합이론과 논리 표기법에 의해 더욱 정확하고 일관되게 명세하는 방법을 무엇이라 하는가?

20.4. 분석과 설계에 대한 정형 명세 방법의 단점과 장점을 하나씩 적고, 여러분이 알고 있는 정형명세 언어 이름을 하나만 적어라.

부록 A: UML 다이어그램

A1 구조 다이어그램

A2 행위 다이어그램

A3 상호작용 다이어그램

A4 UML 확장

부록

A1 구조 다이어그램

구조 다이어그램에 속하는 7개의 다이어그램은 시스템의 정적 구조를 표현하기 위해 사용된다. 본 장에서는 그중 클래스 다이어그램, 객체 다이어그램, 패키지 다이어그램, 컴포넌트 다이어그램, 배치 다이어그램에 대해 다룬다.

A1.1 클래스 다이어그램

클래스 다이어그램은 객체, 객체의 속성, 연산, 그리고 객체 간의 관계를 모델링하기 위한 그래픽 표기법을 제공한다. 클래스 다이어그램은 궁극적으로 객체지향 프로그래밍 언어로 변환되어 시스템을 구현하기 때문에, UML 다이어그램 중 가장 중요한 다이어그램이라고 할 수 있다.

A1.1.1 속성과 연산

실세계 도메인에서 객체에 대한 상태와 행위는 분석/설계 모델링에서 속성과 연산, 자바에서 필드와 메소드라고 부른다. 객체의 속성과 연산은 해당 객체의 특징을 나타낸다.

속성 표기법

속성에 대한 UML 표기법은 다음과 같다.

가시성 이름: 타입[다중성] = 초기값 {제약조건}

◎ 가시성

클래스 외부에서 속성에 대한 접근을 한정한다. UML은 가시성에 대하여 다음 4가지 표기법을 제공한다.

가시성	의미
+	클래스 외부에서 접근 가능하며 자바의 'public'에 해당
#	서브 클래스에서 접근 가능하며 자바의 'protected'에 해당
~	같은 패키지에서 접근 가능하며 자바의 'package'에 해당
−	자신의 클래스만 접근 가능하며 자바의 'private'에 해당

◎ 이름

속성에 대한 이름이다.

◎ 타입

속성에 대한 데이터(객체) 종류를 의미한다.

◎ 다중성

속성이 포함(참조)할 수 있는 객체 수를 의미한다. 다중성은 '1..4'와 같이 '최소값..최대값'으로 표현한다. '*'는 0 이상의 무한대를 의미하며, '0..*'와 동일한 의미를 갖는다. '2..2'처럼 최소값과 최대값이 같은 경우, '2'로 하나의 숫자로 표현할 수 있다. 다중성은 속성이 포함할 수 있는 객체 수를 제한하며, 속성 표기법에 사용될 수 있지만, 클래스 사이의 관계를 표현할 때 특히 중요하게 사용된다. 다음은 다중성에 대한 보기를 보인다.

- cars: Car ➜ 'cars' 속성은 단지 1개의 Car 객체를 포함한다.
- cars: Car[1..5] ➜ 'cars' 속성은 1개에서 5개의 Car 객체를 포함한다.
- cars: Car[*] ➜ 'cars' 속성은 여러 Car 객체를 포함할 수 있고 전혀 포함하지 않을 수도 있다.
- cars: Car[1..*] ➜ 'cars' 속성은 1개 이상의 Car 객체를 포함할 수 있다.

◎ 제약 조건

속성에 대한 제약 조건을 기술한다.

[그림 A1.1]은 속성 표기법에 대한 다양한 보기를 보인다.

보기	의미
age: int	속성 'age'의 가시성은 결정되지 않았고 정수 값을 가질 수 있다.
time: Date	속성 'time'의 가시성은 결정되지 않았고 'Date' 객체를 참조할 수 있다.
+ cars: Car[*]	속성 'cars'는 외부 클래스에서 접근 가능하며 0개 이상의 'Car' 객체를 참조할 수 있다.
– curve: Point[2..*]	속성 'curve'는 자신의 클래스에서만 접근 가능하며 2개 이상의 'Point' 객체를 참조할 수 있다.
–finished: Boolean = true {readOnly}	속성 'finished'는 자신의 클래스에서만 접근 가능하며 초기값이 'true'인 'Boolean' 객체를 참조할 수 있다. 속성 값은 수정할 수 없다.

그림 A1.1 속성 표기법 보기

연산 표기법

연산에 대한 UML 표기법은 다음과 같다.

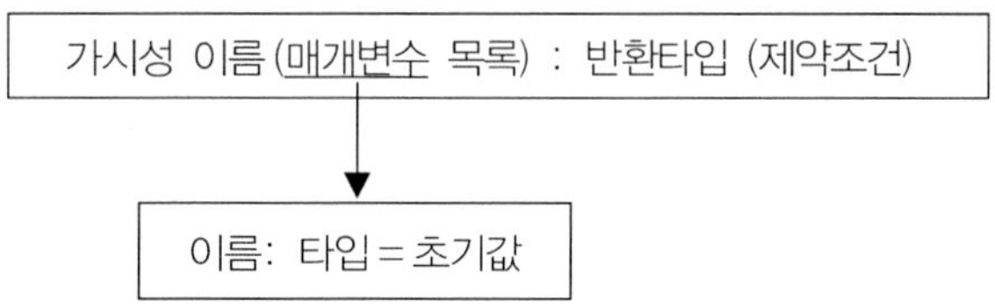

가시성, 이름, 제약조건

속성 표기법과 동일하다.

반환타입

연산 수행 후 반환되는 데이터(객체) 종류를 의미한다.

매개변수

연산은 여러 개의 매개변수를 가질 수 있다. 매개변수 목록은 ','에 의해 분리된다.

[그림 A1.2]는 연산 표기법에 대한 보기를 보인다.

보기	+ isLarge(first: Circle, second: Circle) : Boolean
의미	연산 'isLarge'는 외부 클래스에서 접근 가능하며 2개의 매개변수 'first'와 'second'를 갖는다. 두 개의 매개변수 타입은 모두 'Circle'이며 연산의 반환 타입은 'Boolean'이다.

그림 A1.2 연산 표기법 보기

A1.1.2 클래스와 객체

UML에서 클래스는 사각형으로 표기되며, 사각형은 세 개의 칸으로 나뉜다. 첫 번째 칸에는 클래스 이름, 두 번째 칸에는 속성, 세 번째 칸에는 연산이 표기된다. [그림 A1.3]은 클래스 표기법에 대한 보기를 보인다.

보기	의미
고용인	속성과 연산 정보를 생략한 '고용안' 클래스를 표현한다.
고용인 이름: String 부서:	연산 정보를 생략한 클래스 표현이다. '고용인' 클래스는 '이름'과 '부서' 속성을 갖는다. '이름' 속성 타입은 'String'이고, '부서' 속성에 대한 타입은 아직 결정되지 않았다.
고용인 이름: String 부서: 부서이동( ) 임금계산(보너스: int) : double	'고용인' 클래스에 대한 속성과 연산 정보를 보인다. '고용인' 클래스는 '부서이동( )'과 '임금계산( )' 연산을 가지며 '임금계산( )'에 대한 매개변수 이름은 '보너스'이고 타입은 'int', 반환 타입은 'double'이다.

그림 A1.3 클래스 표기법 보기

UML에서 객체는 사각형 내부에 '객체이름 : 클래스이름'을 순서대로 적고, 객체 이름과 클래스 이름 아래에 밑줄을 그어 표기한다. [그림 A1.4]는 객체 표기법에 대한 보기를 보인다.

보기	의미
<u>: 고용인</u>	'고용인' 클래스의 특정 인스턴스 객체를 표현한다. 객체 이름은 명세하지 않았다.
<u>홍길동 : 고용인</u>	'고용인' 클래스의 '홍길동' 객체를 표현한다.
<u>홍길동 : 고용인</u> 이름 = 홍길동 부서 = 사무처	'고용인' 클래스의 '홍길동' 객체의 이름은 '홍길동'이고 부서는 '사무처'이다.

그림 A1.4 객체 표기법 보기

[그림 A1.5]는 UML 클래스와 객체 표기에 대한 자바 코드를 보인다. UML 속성과 연산은 자바에서 필드와 메소드에 해당한다.

UML 클래스	자바 코드

고용인
– 이름: String
– 부서: String
+ 임금계산(보너스: int) : double
	`class Employer {`
	`    private String name;`
	`    private String dept;`
	`    Employer(String name, String dept) {`
	`        this.name = name;`
	`        this.dept = dept;`
	`    }`
	`    public double computeSalary(int bonus) { }`
	`}`

<u>홍길동 : 고용인</u>
이름 = 홍길동
부서 = 사무처
	`void main( ) {`
	`    Employer 홍길동 =`
	`            new Employer("홍길동", "사무처");`
	`}`

그림 A1.5 UML 클래스/객체 표기와 자바코드

A1.1.3 관계

클래스 다이어그램은 클래스와 클래스 사이의 관계를 표현할 수 있다. [그림 A1.6]은 클래스 사이에 존재하는 관계 종류와 이에 대한 표기법을 보인다.

관계	표기법	의미
일반화 (generalization)		클래스 사이의 일반화(상속) 관계를 표현하며 '이다(is-a)', '종류이다(kind-of)'로 해석한다.
연관 (association)		클래스 사이의 일반적인 관계를 표현하며 '관련되다(related-to)', '안다(know-about)'로 해석한다. 연관 방향에 따라 화살표로 표현할 수 있다.
집합 (aggregation)		연관 관계의 특별한 형태이며 논리적인 전체와 부분 관계를 표현한다. '포함하다(contains)', '구성하다(consists-of)', '부분이다(part-of)'로 해석한다.
복합 (composition)		연관 관계의 특별한 형태이며 물리적인 전체와 부분 관계를 표현한다. 집합 관계와 동일하게 해석한다.
실현 (realization)		특정 클래스의 명세(인터페이스)를 실현(구현)하는 관계를 표현한다.
의존 (dependency)	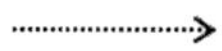	특정 클래스에 의존하는 관계를 표현하며 '이용하다(use)'로 해석한다. 특정 클래스의 명세나 구현의 변화가 다른 클래스에 영향을 미치는 관계를 표현한다.

그림 A1.6 클래스 사이의 관계 표기법

일반화 관계

일반화 관계는 클래스 간의 공통점과 차이점에 따라 계층 구조를 형성한다. 공통적인(일반적인) 특징을 가진 클래스를 수퍼 클래스라 하며, 공통 특징에 더해 자신만의 독특한 특징을 가진 클래스를 서브 클래스라 한다. 서브 클래스는 수퍼 클래스의 특징을 상속하기 때문에, 일반화 관계를 상속 관계라고도 부른다. UML에서 일반화 관계는 속이 빈 화살표로 표기되며, 화살표는 수퍼 클래스를 가리킨다.

일반화 관계에서, 서브 클래스는 수퍼 클래스의 특징을 상속하므로 "서브 클래스 객체는 수퍼 클래스의 종류이다"로 해석할 수 있다. 이 때문에 일반화 관계를 '이다', '종류이다' 관계라고 부른다. 그러나, 서브 클래스는 수퍼 클래스의 특징을 상속받는 동시에 자신만의 고유한 특징을 가지므로, "수퍼 클래스 객체는 서브 클래스의 종류이다"라는 반대 해석은 성립하지 않는다.

[그림 A1.7]은 차량에 대한 일반화 관계를 보여준다. 예를 들어, '잠수함'은 '차량'

클래스의 특징과 '바다' 클래스의 특징을 상속하므로, '잠수함은 바다 차량이다'라고 해석할 수 있다. 그러나, '바다 차량이 잠수함이다'라는 반대 해석은 성립하지 않는다. 따라서, 일반화 관계를 모델링할 때는 서브 클래스가 수퍼 클래스에 대해 '이다' 또는 '종류이다'라는 해석이 가능한지 주의 깊게 검토하여 정확하게 모델링하는 것이 중요하다.

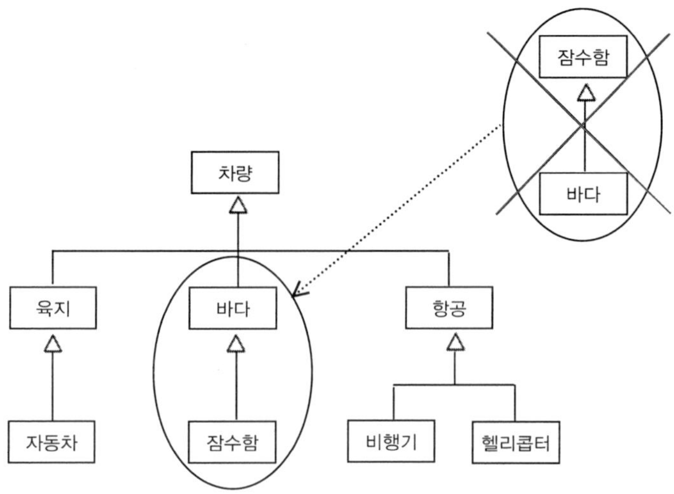

그림 A1.7 차량에 대한 일반화 관계

[그림 A1.8]은 고용인 클래스의 일반화 관계에 대한 자바 코드를 보인다. 일반화 관계는 자바의 'extends' 키워드를 이용하여 구현한다.

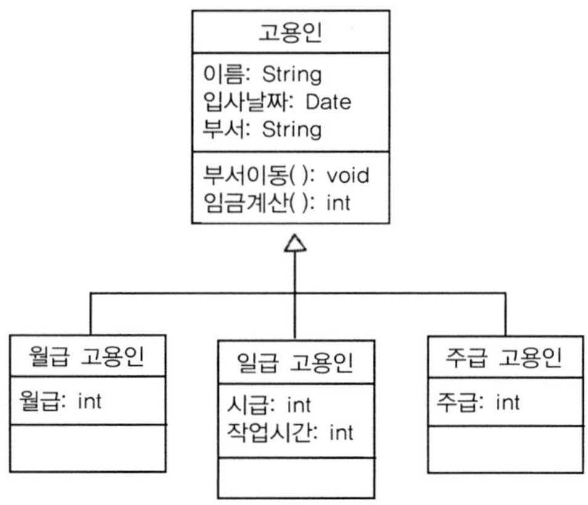

```
class 고용인 {                class 월급고용인 extends 고용인 {
   String 이름;                   int 월급;
   Date 입사날짜;             }
   String 부서;               class 일급고용인 extends 고용인 {
   void 부서이동( );              int 시급;
   int 임금계산( );               int 작업시간;
}                             }
                              class 주급고용인 extends 고용인 {
                                  int 주급;
                              }
```

그림 A1.8 '고용인' 클래스의 일반화 관계에 대한 자바 코드

연관 관계

문제 도메인에서는 객체들 사이에 관계가 존재할 수 있으며, 이러한 관계가 동일한 의미로 연결될 경우 연관 관계로 표현할 수 있다. 예를 들어, [그림 A1.9]에서 홍길동, 이성구, 민경미, 이현우, 이지은, 삼성, LG는 모두 실세계의 객체들이다. 홍길동과 이성구는 삼성에서 일하고, 민경미와 이현우는 LG에서 일하므로, 이들 객체는 '일하다'라는 의미로 연결될 수 있다. 이처럼 문제 도메인에서 객체들 간의 관계가 존재할 때, 이를 UML 클래스 다이어그램의 연관 관계로 표현할 수 있다.

추상화를 통해 홍길동, 이성구, 민경미, 이현우, 이지은 객체는 '사람' 클래스로, 삼성과 LG 객체는 '회사' 클래스로 정의될 수 있으며, 객체들 사이의 공통적인 관계인 '일하다'는 '사람'과 '회사' 클래스 간의 연관 관계로 표현될 수 있다.

실세계의 객체 관계를 보다 정확하게 표현하기 위해 다중성을 표기할 수 있다. 예를 들어, 이지은 객체는 어느 회사에서도 일하지 않으며, 민경미 객체는 삼성과 LG 두 회사에서 일하고 있다는 점에 주의해야 한다. 이를 표현하기 위해 연관 관계의 양쪽 끝에 '*'를 포함한다. 따라서, [그림 A1.9]의 클래스 다이어그램은 '사람은 0개 이상의 회사에서 일할 수 있다'로 해석되며, 이는 사람이 여러 회사에서 일할 수도 있고, 전혀 일하지 않을 수도 있다는 의미가 되어, 더욱 정확한 실세계 모델링이 가능하다.

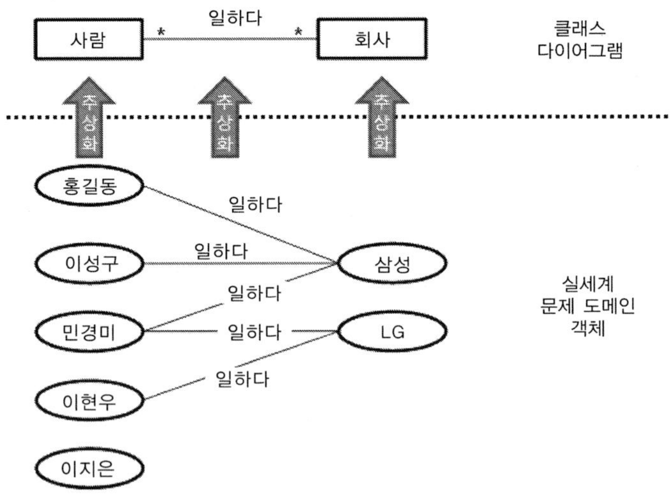

그림 A1.9 연관 관계 보기

[그림 A1.10]은 연관 관계에 대한 UML 표기법을 보여준다. 연관은 직선으로 표기되며, 직선 중앙에 연관 이름을 적는다. 연관의 끝에는 연관과 관련된 클래스들 의 역할을 표시하는 이름이 표기된다. 또한, 연관은 다중성을 포함할 수 있는데, 다중성은 연관 관계에 있는 특정 클래스 객체가 다른 클래스의 몇 개의 객체와 관련되는지를 나타내며, 연관 관계의 끝에 표기된다.

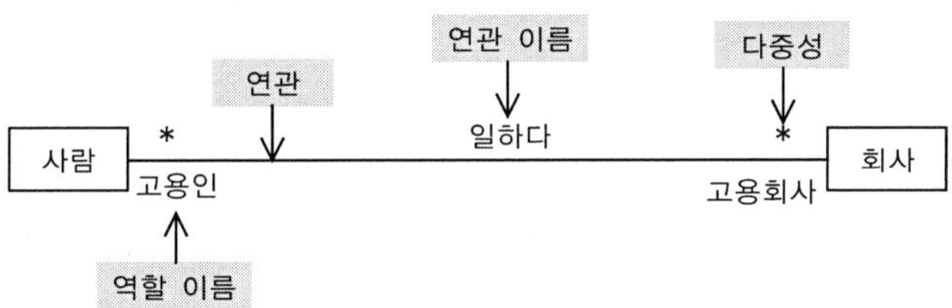

그림 A1.10 연관 관계 표기법

연관 관계에서 다중성은 속성의 다중성과 동일하게 '최소값..최대값' 형식으로 표기된다. 다중성을 생략한 경우 기본적으로 1로 간주된다. 연관 관계는 화살표를 사용해 방향을 나타낼 수 있으며, 화살표가 없는 직선은 방향이 아직 결정되지 않았거나 양방향 관계를 의미한다. 연관 이름과 역할 이름은 클래스 다이어그램을 더 명확하게 해석하는데 도움을 준다. 구체적인 연관 이름이 없는 경우, 연관 관계는 '관련되다' 또는 '안다'로 해석될 수 있다. [그림 A1.11]은 연관 관계에 대한 보기를 보인다.

보기	해석
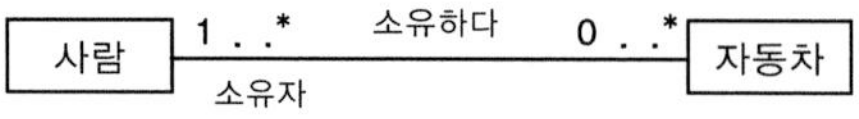	・한 사람의 소유자는 여러 대의 자동차를 소유할 수도 있고 전혀 소유하지 않을 수도 있다. ・한 자동차는 최소 한 사람 이상의 소유자에 의해 소유된다.
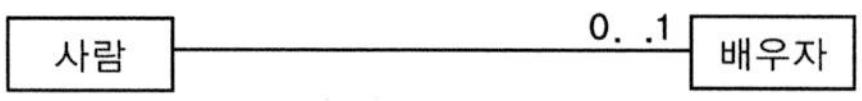	・한 사람은 배우자가 없을 수도 있고 많아야 한 명의 배우자와 관련된다. ・한 배우자는 한 사람과 관련된다.
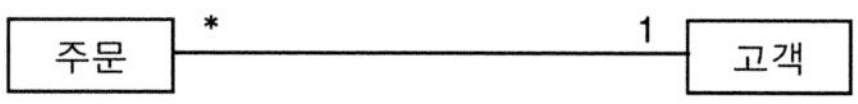	・한 주문은 한 고객과 관련된다. ・한 고객은 여러 주문과 관련되며 주문과 관련되지 않을 수도 있다.
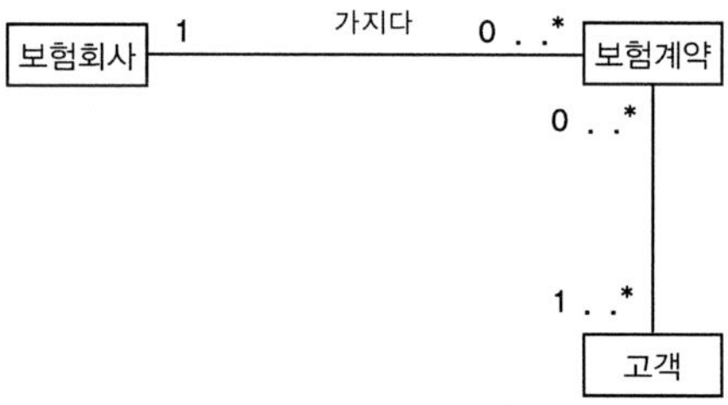	・한 보험회사는 여러 보험계약을 가질 수 있지만 전혀 보험계약을 갖지 않을 수도 있다. 한 보험계약은 단지 한 보험회사와 관련된다. ・한 명의 고객은 여러 보험계약을 가질 수 있지만 전혀 보험계약을 갖지 않을 수도 있다. 한 보험계약은 한 명 이상의 고객과 관련된다. ・한 보험계약은 한 보험회사와 한 명 이상의 고객과 관련될 수 있다.

그림 A1.11 연관 관계 표기법 보기

[그림 A1.12]에 보이는 6개의 연관 관계는 유사하게 해석될 수 있다. 그러나 하위 클래스 다이어그램은 상위 클래스 다이어그램보다 더 구체적인 정보를 제공한다. 상위 클래스 다이어그램은 한정된 표기법을 사용하므로, 그에 따른 제한된 정보로 인해 다양한 해석이 가능하다. 반면, 상세 표기법을 사용하는 하위 클래스 다이어그램은 세부 정보를 통해 명확한 해석이 가능하다. 상위 클래스 다이어그램은 문제 도메인에 대한 이해가 부족한 시스템 개발 초기에 생성된다. 개발이 진행됨에 따라 문제 도메인에 대한 이해가 깊어지면서, 클래스 다이어그램은 상세 표기법을 사용하여 더 구체적이고 정제된 클래스 다이어그램으로 발전한다.

예를 들어, 1번 연관 관계는 "선수와 팀은 관련된다"로 해석될 수 있다. 이 해석은 매우 일반적이어서 다양한 해석이 가능하다. 3번 연관 관계는 연관 이름과 방향을 표기했기 때문에 "선수는 팀에서 운동한다"로 해석된다. 명확한 방향 표기 덕분에 다른 방향의 관계를 고려할 필요가 없다. 6번 연관 관계는 "한 명의 선수(고용인)는 한 팀(고용주)에서 운동하고, 한 팀은 최소 5명 이상의 선수를 고용한다"로 해석된다. 6번 클래스 다이어그램은 다른 다이어그램보다 더 구체적인 정보를 제공하며, 이로 인해 명확한 해석이 가능하므로, 시스템 개발 후반부의 설계 활동에서 완성될 수 있다.

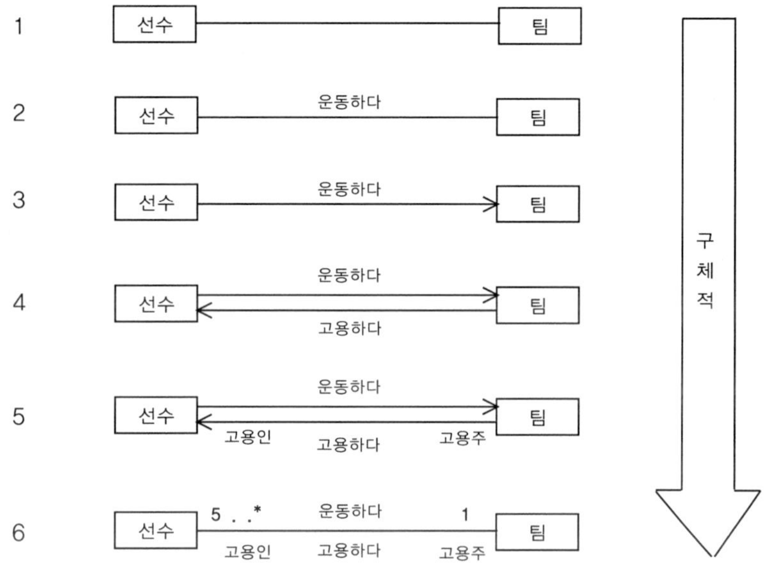

그림 A1.12 개발 단계에 따른 연관 관계 보기

[그림 A1.13]은 연관 관계에 대한 자바 코드를 보인다. 자바에서 연관 관계는 다른 객체를 참조하는 필드로 구현된다. 필드 이름은 역할 이름으로 정의된다. 첫 번째 예시에서 역할 이름과 연관 방향이 결정되지 않았기 때문에, 상응하는 자바 코드는 다양한 선택지가 있을 수 있다. 첫 번째 예시에서 '선수'와 '팀'이 서로 관련되므로, '선수' 클래스에서 '팀' 객체를 참조하는 필드 이름은 임의로 't', '팀' 클래스에서 '선수' 객체를 참조하는 필드 이름은 임의로 'p'로 설정하여 코드로 변환되었다.

세 번째 예시에서 다중성 '*'은 자바에서 동적 객체 배열을 처리하기 위해 'List' 인터페이스로 구현될 수 있다. 역할 이름과 연관 방향에 따라, '선수' 클래스에서 '팀' 객체를 참조하는 필드 이름은 '고용주', '팀' 클래스에서 '선수' 객체를 참조하는 필드 이름은 '고용인'이 된다.

연관관계	자바 코드	

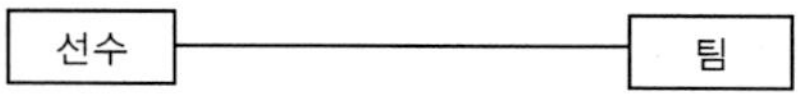	class Player {
	  Team t;
	}
		class Team {
		  Player p;
		}

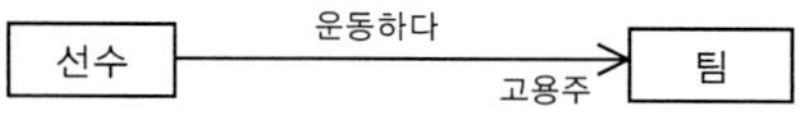	class Player {
	  Team 고용주;
	}
		class Team {
		
		}

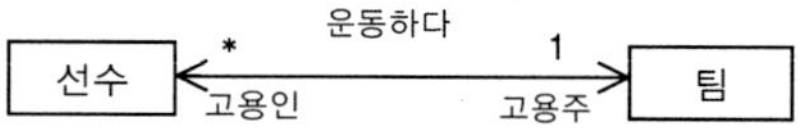	class Player {
	  Team 고용주;
	}
		class Team {
		  List<Player> 고용인;
		}

그림 A1.13 연관 관계에 대한 자바코드

연관 관계는 속성 표기법이나 화살표를 사용하여 표현할 수 있다. [그림 A1.14]의 왼쪽 그림은 화살표로 연관 관계를 표현한 것이며, 오른쪽 그림은 속성 표기법을 이용해 연관 관계를 표현한 것이다. 어떤 표현을 사용할지는 개발자의 선택에 달려 있다. 그러나 직관적으로 보았을 때, 중요하거나 강조하고 싶은 연관 관계는 화살표로 표기하는 것이 바람직하다. 반면, 라이브러리에서 제공하는 기본 클래스 타입은 속성 표기법을 사용하는 것이 일반적이다.

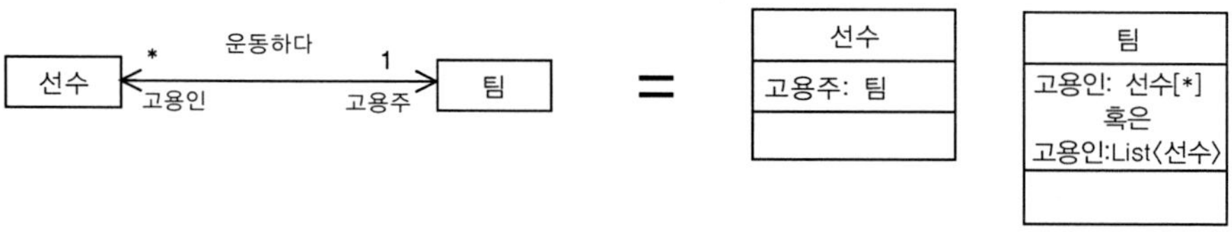

그림 A1.14 연관 관계에 대한 속성 표기법 표현

집합/복합 관계

집합/복합 관계는 특별한 형태의 연관 관계로, 전체(whole)-부분(part) 관계를 표현한다. 집합 관계는 직선과 속이 빈 다이아몬드로 표기하며, 복합 관계는 직선과 속이 채워진 다이아몬드로 표기한다. 전체에 해당하는 클래스는 다이아몬드 쪽에 위치시킨다. 집합/복합 관계를 갖는 클래스 구조는 '포함하다', '구성하다', '부분이다'로 해석될 수 있다. [그림 A1.15]에서 보이는 집합/복합 관계는 "한 대의 차량은 1개의 엔

진, 1개 이상의 실린더, 여러 타이어, 여러 거울, 1개의 오디오로 구성된다"로 해석될 수 있다.

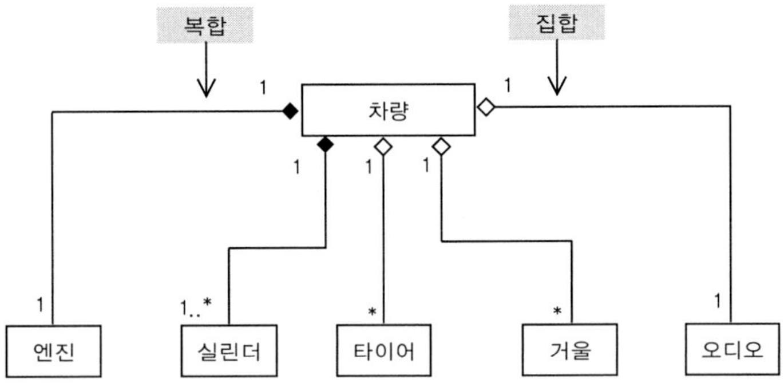

그림 A1.15 집합/복합 관계 보기

복합 관계는 집합 관계보다 더 강력한 전체-부분 관계이다. 복합 관계에서 전체에 해당하는 클래스는 부분 클래스들의 존재에 완전한 책임을 진다. 즉, 복합 관계에서는 전체 클래스가 생성되거나 소멸될 때, 부분 클래스들도 함께 생성되고 소멸된다. 예를 들어, 차량은 엔진, 실린더, 타이어, 거울, 오디오로 구성되지만, 복합 관계에 있는 엔진과 실린더는 차량이 생성되거나 소멸될 때 함께 생성되고 소멸된다. 반면, 집합 관계에 있는 타이어, 거울, 오디오는 차량의 생성이나 소멸과 무관하다.

[그림 A1.16]은 [그림 A1.15]의 집합/복합 관계를 구현한 자바 코드를 보여준다. 집합/복합 관계는 연관 관계와 마찬가지로 필드로 구현된다.

Vehicle(차량) 클래스

```
class Vehicle {
    Engine e;
    List<Cylinder> c;


    List<Tire> t;
    List<Mirror> m;
    Audio a;

    Vehicle(List<Tire> t, List<Mirror> m, Audio a) {
        e = new Engine( );
        c = new ArrayList<Cylinder>( );
        for (int i = 1; i <= numOfCylinders; i++)
            c.add(new Cylinder( ));
        this.t = t;
        this.m = m;
        this.a = a;
    }
}
```

복합관계

엔진, 실린더 객체의 생성(소멸)은 차량 객체의 생성(소멸)과 관련된다. 생성자 메소드에서 생성.

집합관계

타이어, 거울, 오디오 객체의 생성(소멸)은 차량 객체의 생성(소멸)과 관계없다. 생성자 아닌 다른 곳에서 생성.

Main 클래스

```
class Main {
    public static voiid main(String[ ] args) {
        List<Tire> t = new ArrayList<Tire>( );
        for (int i = 1; i <= numOfTires; i++)
            m.add(new Tire( ));
        List<Mirror> m = new ArrayList<Mirror>( );
        for (int i = 1; i <= numOfMirrors; i++)
            m.add(new Mirror( ));
        Audio a = new Audio( );
        Vehicle v = new Vehicle(t, m, a);
    }
}
```

그림 A1.16 집합/복합 관계에 대한 자바코드

실현 관계

실현 관계는 클래스와 인터페이스(interface) 사이의 관계를 말한다. 인터페이스는 일종의 클래스로, 모든 연산이 구현되지 않고, 연산의 반환 타입을 포함한 시그니처만을 명세한 클래스이다. 인터페이스의 모든 연산은 'public' 가시성을 갖는다. 인터페이스는 클래스를 표현하는 사각형 내부에 스테레오 타입 '<<interface>>'를 사용해 표기한다. 인터페이스와 실현 관계에 있는 클래스는 인터페이스의 모든 연산을 구현해야 한다. 실현 관계는 클래스에서 인터페이스로 향하는 속이 빈 삼각형이 있는 점선 화살표로 표기된다.

[그림 A1.17]의 왼쪽 그림에서 '직렬통신'과 '리모콘' 인터페이스는 각각 2개의 구현되지 않은 연산을 명세한다. '텔레비전' 클래스는 '직렬통신'과 '리모콘' 인터페이스와 실현 관계에 있기 때문에, 두 인터페이스의 총 4개의 연산을 구현해야 하며, 자신만의 독특한 '볼륨높이기( )'와 '볼륨낮추기( )' 연산을 갖는다. 또한, '리모콘' 인터

페이스와 실현 관계에 있는 '선풍기' 클래스는 '켜다( )'와 '끄다( )' 연산을 구현해야 하며, 자신만의 '속도높이기( )'와 '속도낮추기( )' 연산을 갖는다. 실현 관계는 [그림 A1.17]의 오른쪽 그림처럼 점선 화살표 대신 직선과 작은 원 아이콘 으로도 표기할 수 있다.

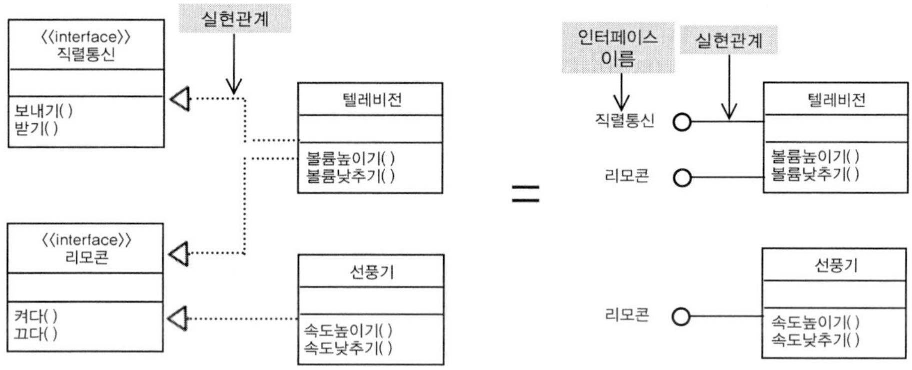

그림 A1.17 실현 관계 보기

[그림 A1.18]은 [그림 A1.17]의 실현 관계에 대한 자바 코드를 보인다. UML 실현 관계는 자바의 'implements' 키워드를 이용하여 구현한다.

직렬동신

```
publib interface 직렬통신 {
    void 보내기( );
    void 받기( );
}
```

리모콘

```
public interface 리모콘 {
    void 켜기( );
    void 끄기( );
}
```

텔레비전

```
public class 텔레비전 implements 직렬통신, 리모콘 {
    public void 보내기( ) {...}
    public void 받기( ) {...}
    public void 켜기( ) {...}
    public void 끄기( ) {...}
    public void 볼륨높이기( ) {...}
    public void 볼륨낮추기( ) {...}
}
```

선풍기

```
public class 선풍기 implements 리모콘 {
    public void 켜기( ) {...}
    public void 끄기( ) {...}
    public void 속도높이기( ) {...}
    public void 속도낮추기( ) {...}
}
```

그림 A1.18 실현 관계에 대한 자바 코드

의존 관계

의존 관계는 특정 클래스(사용자)가 다른 클래스(공급자)를 이용하는 관계이다. 의존 관계는 사용자 클래스의 연산에서 공급자 클래스를 매개변수로 사용하거나, 사용자 클래스의 연산 내부에서 공급자 클래스의 객체를 생성하여 공급자 클래스의 연산을 이용할 때 성립한다. 예를 들어, [그림 A1.19] (a)에서 사용자 클래스 A의 연산 opA( )는 매개변수로 전달된 공급자 클래스 B 객체인 b를 참조하여 연산 opB( )를 호출(이용)한다. 이에 따라 사용자 클래스 A는 공급자 클래스 B를 이용하는 의존 관계가 성립한다. [그림 A1.19] (b)에서는 사용자 클래스 A가 자신의 연산 opA( ) 내부에서 클래스 B 객체를 생성한 후 opB( )를 호출(이용)하므로, 역시 의존 관계가 성립한다. 의존 관계는 공급자 클래스 쪽에 점선 화살표로 표기된다.

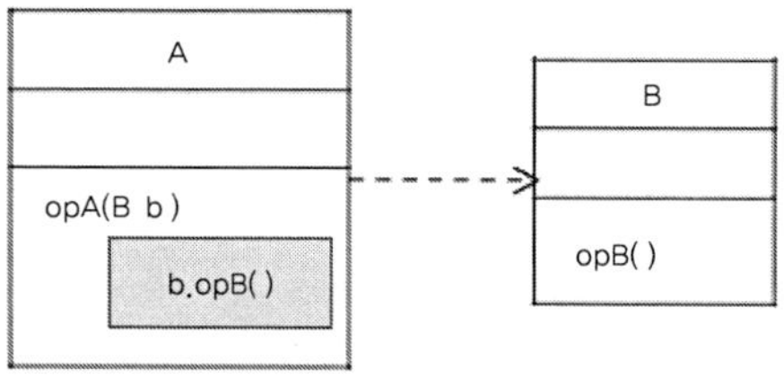

(a) 매개변수에 의한 의존 관계

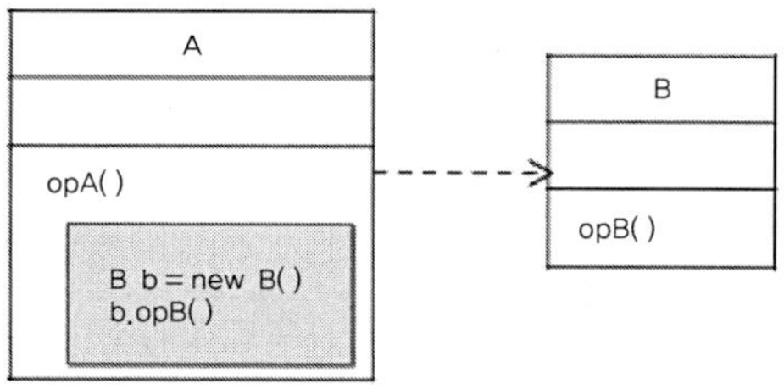

(b) 객체 생성에 의한 의존 관계

그림 A1.19 의존 관계 보기

일반화 관계와 실현 관계는 의존 관계의 특별한 형태이다. 일반화 관계에서 사용자 클래스인 서브 클래스는 공급자 클래스인 수퍼 클래스의 특징을 상속받아 수퍼 클래스를 이용하기 때문에 의존 관계가 성립한다. 실현 관계에서는 인터페이스가 공급자에 해당하고, 인터페이스를 실현하는 클래스가 사용자에 해당한다. 사용자 클래스는 공급자 인터페이스의 구현되지 않은 연산 시그니처를 이용해 연산을 구현하므로, 이 역시 의존 관계로 볼 수 있다.

연관 관계도 의존 관계의 특별한 형태이다. 연관 관계에 있는 특정 클래스는 다른 클래스의 특징을 이용하기 때문에 의존 관계의 한 유형으로 볼 수 있다. 그러나 연관 관계와 의존 관계 사이에는 명백한 차이가 있다. 의존 관계는 일시적으로 잠시 이용하는 관계인 반면, 연관 관계는 지속적으로 이용하는 관계이다. 연관 관계는 필드 변수로 구현되어 클래스 구조에 영향을 미치지만, 의존 관계는 매개변수나 연산 내부에서 객체 생성을 통해 구현되어 클래스 구조에 영향을 주지 않는다.

[그림 A1.20]은 [그림 A1.19]의 의존 관계를 연관 관계로 수정한 예를 보여준다. 연관 관계에서 공급자 클래스 B는 사용자 클래스 A의 필드 변수로 구현되어 클래스 A의 구조에 영향을 미치며, 클래스 A 전체에서 사용될 수 있다. 클래스 A의 연산 opA( ) 내부에서 클래스 B의 연산 opB( )를 이용한 후에도 클래스 A에는 클래스 B에 대한 필드 변수가 존재하므로, 클래스 A와 클래스 B 사이의 관계는 지속된다.

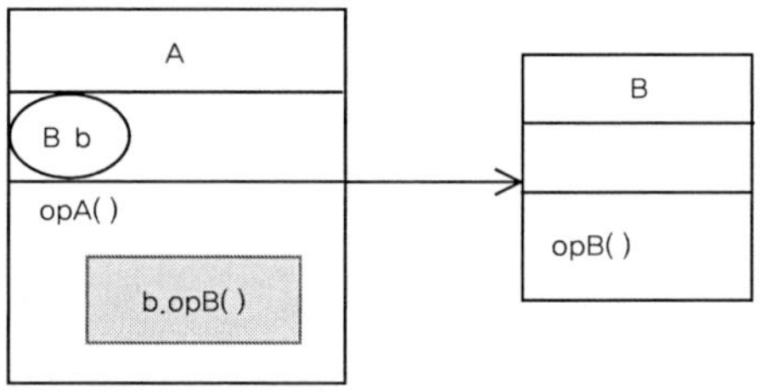

그림 A1.20 연관/의존 관계 차이

의존 관계는 클래스 사이의 관계를 표현하는 데 사용될 뿐만 아니라, UML의 다른 모델링 요소들 사이의 관계를 표현하기 위해 광범위하게 사용될 수 있다. 의존 관계는 클래스, 컴포넌트, 패키지, 배치 다이어그램 등 다양한 UML 다이어그램에서 이용된다.

A1.1.4 기타 표기

연관 클래스

연관 클래스는 연관 관계 자체에 대한 클래스로, 연관 관계에 있는 클래스에 포함될 수 없는 연관 자체의 속성과 연산을 가질 수 있다. 연관 클래스는 연관 관계를 표현하는 직선 위에 점선으로 연결된 사각형으로 표기한다.

[그림 A1.21] (a1)의 '1:N' 연관 관계는 "한 회사는 여러 사람을 고용한다"로 해석할 수 있다. 그러나 회사와 사람의 다양한 조합에 따라 달라지는 봉급이나 입사 날짜 같은 상태 데이터를 '회사'나 '사람' 클래스에 포함시키는 것은 적절하지 않다. 이런 경우, [그림 A1.21] (a2)처럼 연관 관계에 대한 새로운 클래스인 '고용' 클래스를 생성하여 '봉급'과 '시작날짜' 속성을 포함시킬 수 있다. 이때 '회사'와 '고용'은 '1..*' 다중성이 되고, '고용'과 '사람'은 '1..1' 다중성으로 변경된다. [그림 A1.22] (a)는 이에 대한 자바 코드를 보인다.

[그림 A1.22] (b1)의 'N:M' 연관 관계는 '한 회사는 여러 사람을 고용하고, 한 사람은 여러 회사에 고용된다'로 해석된다. 연관 클래스는 이러한 N:M 다중성 관계를 1:N 다중성 관계로 변환하는데 사용될 수 있다. 이처럼 다중성을 감소시키는 것은 다이어그램을 단순화하여 이해를 용이하게 하고, 객체지향 설계 모델링에서 일반적으로 사용하는 방법이다. [그림 A1.21] (b2)에서는 '회사'와 '고용'이 '1..*' 다중성이 되고, '고용'과 '사람'이 '*..1' 다중성으로 변경된다. [그림 A1.22] [b]는 관련 자바 코드를 보인다.

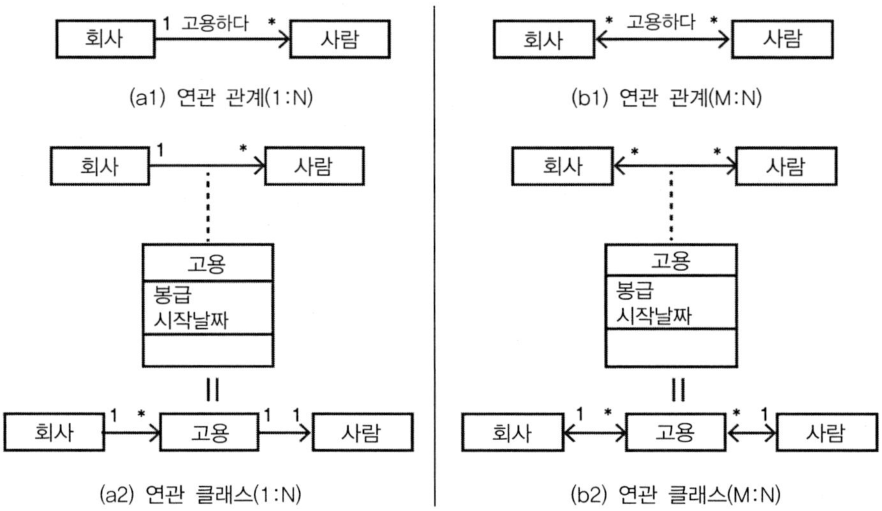

그림 A1.21 연관 클래스 보기

(a) 연관 클래스(1:N) 자바코드

회사
```
class 회사 {
    List<고용> enrolls;
}
```
사람
```
class 사람 {
}
```
고용
```
class 고용 {
    사람 person;
    double 봉급;
    Date 시작날짜;
}
```

(b) 연관 클래스(N:M) 자바코드

회사
```
class 회사 {
    List<고용> enrolls;
}
```
사람
```
class 사람 {
    List<고용> enrolls;
}
```
고용
```
class 고용 {
    사람 person;
    회사 company;
    double 봉급;
    Date 시작날짜;
}
```

그림 A1.22 연관 클래스에 대한 자바 코드

추상 클래스

인터페이스와 달리, 추상 클래스(abstract class)는 구현되지 않은 연산을 포함하는 클래스이다. 인터페이스와 추상 클래스는 구현되지 않은 연산을 포함하기 때문에 객체를 생성할 수 없다. 반면, 객체를 생성할 수 있는 클래스를 구체 클래스(concrete class)라 한다. 구체 클래스는 모든 연산이 구현되어 있어 객체 생성이 가능하다. 추상 클래스에서 구현되지 않은 연산을 추상 연산이라 하며, 인터페이스는 모든 연산이 추상 연산으로 구성된 클래스라고 생각할 수 있다. 추상 클래스를 상속받은 서브 클래스가 구체 클래스가 되기 위해서는, 모든 추상 연산을 구현해야 한다. 추상 클래스와 추상 연산은 이탤릭체로 표기하거나, '{abstract}' 제약 조건 또는 '<<abstract>>' 스테레오 타입을 사용해 표기한다.

[그림 A1.23]은 추상 클래스에 대한 예를 보여준다. '차량' 클래스에서 '주차하기( )' 연산은 구현되었지만, '운전하기( )' 연산은 구현되지 않은 추상 연산이므로 '차량' 클래스는 추상 클래스이다. 상속 관계에 의해 '자동차'와 '보트' 클래스는 '차량' 추상 클래스의 추상 연산을 상속받는다. '자동차'와 '보트' 서브 클래스는 구체 클래스가 되기 위해, 추상 클래스에서 구현되지 않은 '운전하기( )' 추상 연산을 구현하였다.

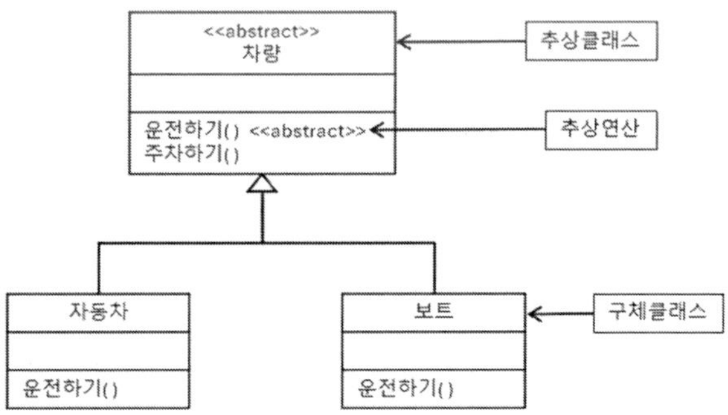

그림 A1.23 추상 클래스 보기

[그림 A1.24]는 추상 클래스와 인터페이스에 대한 보기를 보인다. '자동차'와 '보트'는 '차량' 추상 클래스를 상속하고, '속력' 인터페이스를 실현한다. '자동차'와 '보트' 클래스를 구체 클래스로 만들기 위해 '차량' 추상 클래스의 '운전하기( )' 연산과 '속력' 인터페이스의 '감속하기( )', '가속하기( )' 연산을 구현한다.

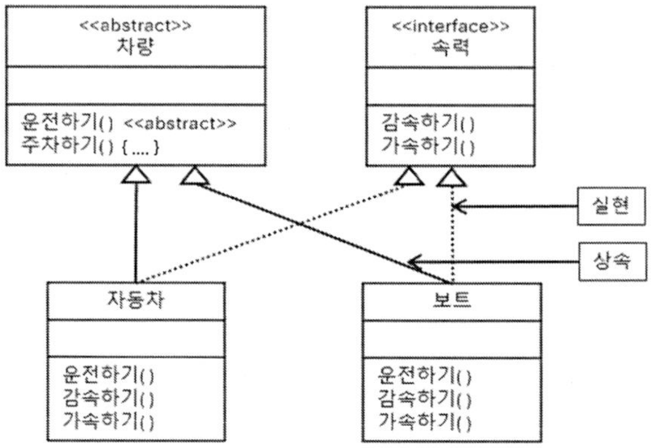

그림 A1.24 추상 클래스와 인터페이스 보기

[그림 A1.25]는 [그림 A1.24]에 대한 자바 코드를 보인다. UML 추상 클래스는 자바의 'abstract' 키워드를 이용하여 구현한다.

차량	속력

`public abstract class Vehicle {`
`    abstract void drive( );`
`    void park( )  {.........}`
`}`
	`public interface Velocity {`
	`    void speedUp( );`
	`    void speedDown( );`
	`}`

자동차	**보트**

`public class Car extends Vehicle`
`               implements Velocity {`
`    void drive( ) {.........}`
`    public void speedUp( ) {.........}`
`    public void speedDown( ) {.........}`
`      . . . . . . . . . .`
`}`
	`public class Boat extends Vehicle`
	`               implements Velocity {`
	`    void drive( ) {.........}`
	`    public void speedUp( ) {.........}`
	`    public void speedDown( ) {.........}`
	`      . . . . . . . . . .`
	`}`

그림 A1.25 추상 클래스에 대한 자바 코드

[그림 A1.26]은 추상 클래스를 포함하여 복합, 일반화 관계를 포함하는 클래스 다이어그램에 대한 보기와 해석을 보인다.

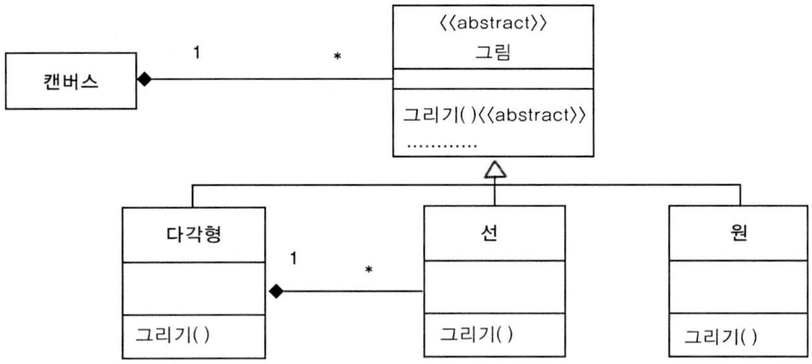

해석

- 하나의 '캔버스'는 여러 '그림'으로 구성된다.
- 하나의 '다각형'은 여러 '선'들로 구성된다.
- '원', '선', '다각형'은 그림 종류이다.
- '원', '선', '다각형'은 그들 자신에 대한 '그리기( )' 연산을 구현한다.

그림 A1.26 추상, 복합, 일반화 관계를 포함하는 클래스 다이어그램 보기

제한 연관

제한 연관(qualified association)은 연관 관계의 특수한 형태로 제한자(qualifier)라는 속성을 통해 1:N 혹은 N:M 연관 관계에서 특정 객체를 선택할 수 있도록 제한하는 연관이다. 제한자는 객체 집합을 구분하는 키 값 역할을 하며, 이를 통해 1:N 혹은 N:M의 다중성을 1:1로 감소시켜 다이어그램을 단순화하여 이해를 용이하게 한다. 제한 연관은 자바에서 Map과 같이 (키, 객체) 조합으로 구성되는 데이터 구조를 이용하여 구현한다.

[그림 A1.27] (a)는 1:N 연관 관계로 "한 은행은 여러 계좌와 관련된다"로 해석할 수 있다. [그림 A1.27] (b)는 제한 연관을 사용해 그림 (a)의 해석에 더해, "은행은 계좌번호를 통해 여러 계좌 중 특정 계좌를 선택할 수 있다"는 추가 정보를 제공한다. 제한자인 '계좌번호'는 계좌를 구분하는 키를 의미하며, 이는 N쪽 클래스인 '계좌'의 속성이 된다. 이로 인해 다중성은 1:1로 줄어든다. 그림 (b)에 대한 완전한 해석은 "한 은행은 여러 계좌와 관련되며, 계좌번호는 계좌를 구분하는 키이다"로 해석할 수 있다.

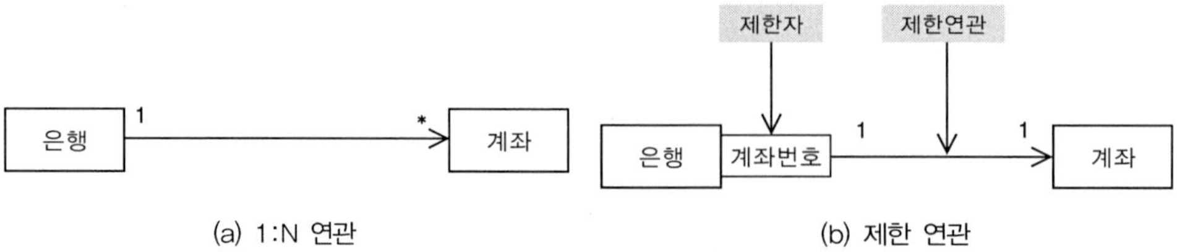

그림 A1.27 제한 연관 보기

1:N 연관 관계와 같이 객체들의 집합을 효율적으로 관리하기 위해, 자바는 [그림 A1.28]과 같은 자바 Collection 프레임워크를 제공한다. 자바에서 배열은 크기가 고정된 객체 집합을 위한 정적 할당 구조이지만, Collection 프레임워크는 객체 집합의 크기를 동적으로 할당할 수 있는 데이터 구조이다.

자바에서 모든 Collection 종류의 데이터 구조는 동적 객체 할당이 가능하다. Collection 인터페이스를 상속하는 List 구조는 순서가 있고 중복이 가능한 특징을 가지며, 마찬가지로 Collection 인터페이스를 상속하는 Set 구조는 순서가 없고 중복이 불가능한 특징을 가진다. List와 Set과 같이, 모든 Collection 구조는 단순한 객체 집합으로 구성되지만, Map 구조를 상속하는 서브 클래스들은 (키, 객체) 조합에 의해 구성되며, 키 값을 통해 객체를 효율적으로 검색할 수 있다.

클래스 다이어그램에서 1:N 가시성을 갖는 연관 관계는 일반적으로 ArrayList 구체 클래스를 이용하여 구현되며, 제한 연관 관계는 (키, 객체) 조합의 데이터 구조인 HashMap 구체 클래스를 이용하여 구현된다.

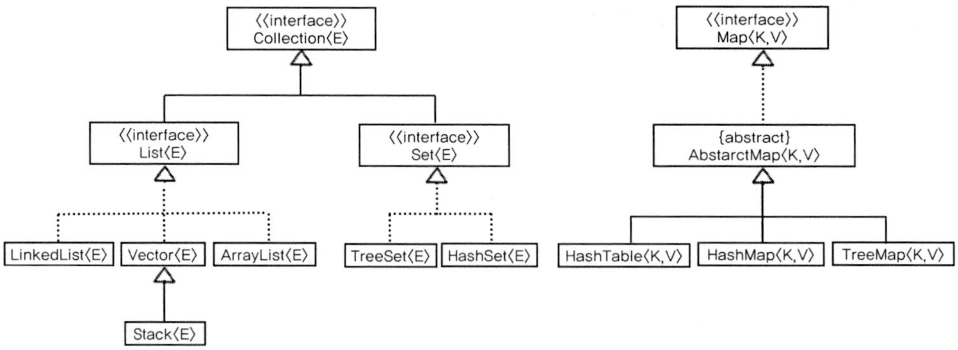

그림 A1.28 자바 Collection 프레임워크

[그림 A1.29]는 제한 연관에 대한 자바 코드를 보인다.

제한 연관	자바 코드

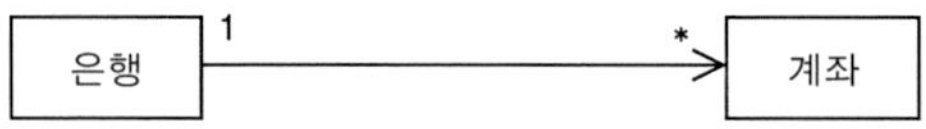	`class Bank {`
	`    ArrayList<Account> accs;`
	`}`
	`class Account {`
	`}`

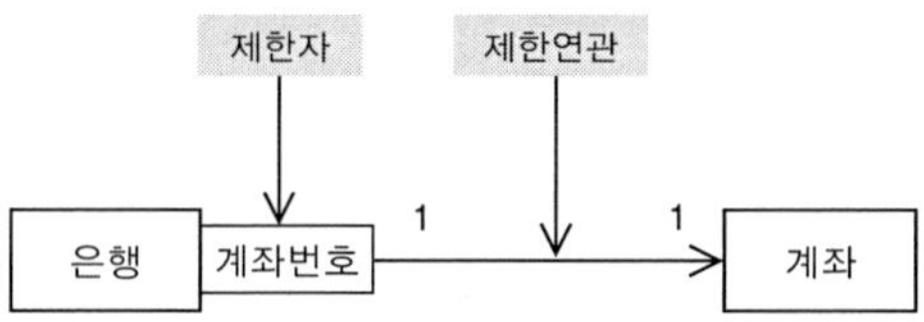	`class Bank {`
	`    HashMap<Integer, Account> accs;`
	`}`
	`class Account {`
	`    Integer accNum;`
	`}`

그림 A1.29 제한 연관에 대한 자바 코드

템플릿 클래스

템플릿 클래스(template class)는 자바에서 지원하는 제너릭 클래스(generic class) 혹은 매개변수 클래스(parameterized class)에 해당한다. 템플릿 클래스는 부분적으로 명세한 클래스이며 템플릿 매개변수를 통해 최종 명세가 이루어지는 클래스이다. 다시 말해 템플릿 클래스의 매개변수가 실제 타입을 가질 때 실제로 이용될 수 있는 클래스가 된다.

[그림 A1.30]에서 MyClass는 템플릿 클래스 이름이며 T는 템플릿 매개변수이다. 매개변수는 어떤 문자열도 사용될 수 있다. 템플릿 클래스는 완전한 명세가 아니므로 직접적으로 이용될 수 없다. 클래스 'MyClassTest'가 템플릿 클래스인 'MyClass'를 이용하려 한다면 매개변수 'T'에 'String'과 같은 실제 타입을 결합해야 한다. 템플릿 클래스와 이를 이용하는 클래스 사이의 표기법은 의존 관계인 점선 화살표 위에 <<bind>> 키워드를 적고 템플릿 매개변수와 결합하는 실제 타입을 적는다.

템플릿 클래스	자바 코드

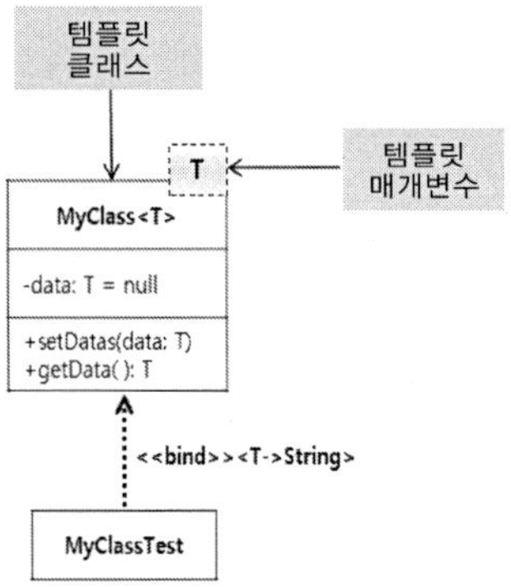


```
class MyClass<T> {
    private T data = null;
    public void setData(T data) { this.data = data;}
    public T getData( ) { return data; }
}
class MyClassTest {
    public static void main(String args[]) {
        MyClass<String> s1 = new MyClass<String>( );
        s1.setData(new String("hello"));
        String s2 = s1.getData( );
    }
}
```

그림 A1.30 템플릿 클래스 표기법과 자바 코드

유도 속성, 노트, 정적 속성, 정적 연산

유도 속성은 다른 속성에서 유도되어 계산될 수 있는 속성을 의미하며, 유도 속성 앞에 '/'를 표기한다. [그림 A1.31]에서 '고용인' 클래스의 '고용기간' 속성은 시스템에서 얻을 수 있는 현재 날짜와 속성 값인 '시작날짜' 사이의 차이를 계산하여 유도될 수 있으므로 유도 속성으로 표기한다. 모델링 요소에 대한 부가적인 설명이 필요하다면 UML의 노트 표기법을 이용할 수 있다. 노트는 모든 UML 모델링 요소에 적용할 수 있으며 설명이 필요한 모델링 요소에 점선으로 연결한다.

정적(static) 속성과 정적 연산은 인스턴스(객체) 단위가 아닌 클래스 단위의 속성과 연산을 의미하므로 클래스 속성, 클래스 연산이라 부르고 밑줄로 표기한다. 객체 단위의 속성인 '시작날짜'와 '이름' 값은 인스턴스 단위로 값을 갖지만 정적 속성인 '고용인수'의 값은 모든 고용인 인스턴스가 공유하는 정적 속성이며 정적 속성을 참조하는 '총고용인수( )'는 정적 연산이 되어야 한다. 자바에서 정적 속성과 정적 연산은 'static' 키워드를 이용하여 구현된다.

유도 속성
정적 속성
정적 연산
노트

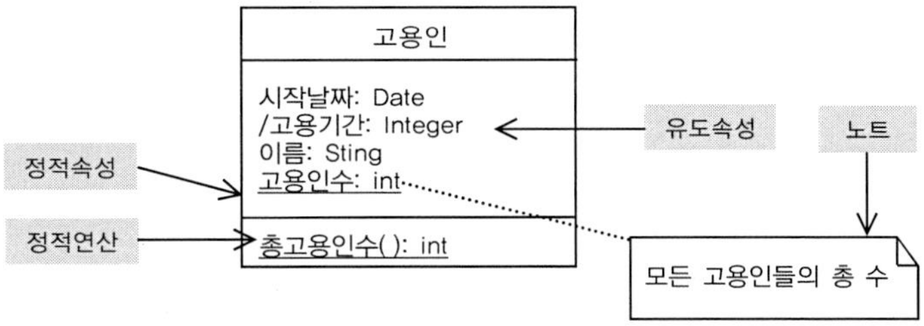

자바 코드

```
class Employee {
    Date startDate;
    Integer workPeriod;
    String name;
    static int numOfEmployees;

    static int getNumOfEmp( ) {.........}
}
```

그림 A1.31 유도, 정적 속성, 정적 메소드, 노트 표기법 보기

A1.1.5 작성 시 주의사항

다음은 클래스 다이어그램을 작성할 때, 개발자가 고려해야 하는 요소들을 보인다.

- UML 클래스 다이어그램이 제공하는 모든 표기법을 사용할 필요는 없다. 개발 초기 클래스, 연관, 속성, 일반화, 제약조건과 같은 단순한 표기만을 이용하고 개발이 진행됨에 따라 더욱 상세한 표기법을 이용하여 더욱 정확하고 명확한 정보를 제공하는 클래스 다이어그램을 생성한다.
- 문제 도메인에 대하여 이해한 다음에 도메인 클래스들을 모델링한다.
- 개발 초기에는 필요하지 않거나 명확하게 정의하기 어려운 클래스를 고려하지 말고 클래스 다이어그램을 단순화한다.
- 용이한 이해를 위해 다이어그램은 대칭이 되도록 작성하고 중요 클래스를 중앙에 위치시키며 선을 겹치지 않게 한다.
- 의미 있고 명확한 이름을 사용한다. 이름을 정의하는 것은 모델링에서 가장 어려운 작업 중 하나이다.
- 명확한 모델링을 위해 가능하면 속성 대신 연관 관계로 표현한다.
- 클래스 다이어그램을 검토하고 결과에 따라 클래스 다이어그램을 수정한다.

A1.2 객체 다이어그램

객체 다이어그램은 특정 순간에 발생하는 클래스 다이어그램의 구체적인 보기를 나타내는 다이어그램이다. 객체 다이어그램은 클래스가 아닌 객체를 표현하기 때문에 인스턴스 다이어그램이라고도 부른다. 구체적인 객체를 통해 실제 사례를 표현하는 객체 다이어그램은 클래스 다이어그램에 대한 이해를 높여주며, 클래스 다이어그램에서 오류를 발견하는 데 도움을 준다. 객체 다이어그램은 클래스 다이어그램의 구조가 복잡할 때 이를 보완하기 위해 추가적으로 생성할 수 있다. [그림 A1.32]는 병원 클래스 다이어그램에 대한 특정 순간의 속성들의 실제 값을 할당한 객체 다이어그램을 보여준다.

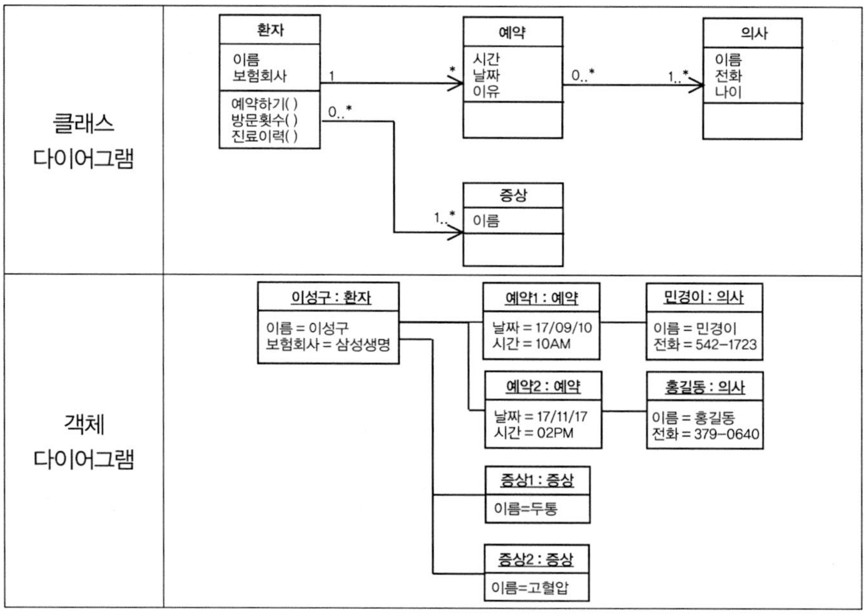

그림 A1.32 UML 객체 다이어그램 보기

A1.3 패키지 다이어그램

패키지 다이어그램은 관련되는 UML 모델링 요소들을 그룹으로 묶는 다이어그램이다. 대규모 시스템을 효과적으로 관리하기 위해 작은 서브 시스템으로 분리하는 경우에 패키지 다이어그램을 이용할 수 있다. 패키지 다이어그램은 패키지 사이의 관계를 표현할 수 있다.

A1.3.1 패키지 표기

패키지는 UML 요소들을 그룹화하기 위해 이용된다. 대부분의 UML 요소들(클래스, 객체, 사용사례, 컴포넌트)은 패키지로 묶을 수 있다. 패키지의 가장 일반적인 이용은 관련 클래스들을 그룹화하는 것이다. 패키지는 다른 패키지를 포함할 수 있다. [그림 A1.33]은 패키지 표기에 대한 다양한 표기법을 보인다.

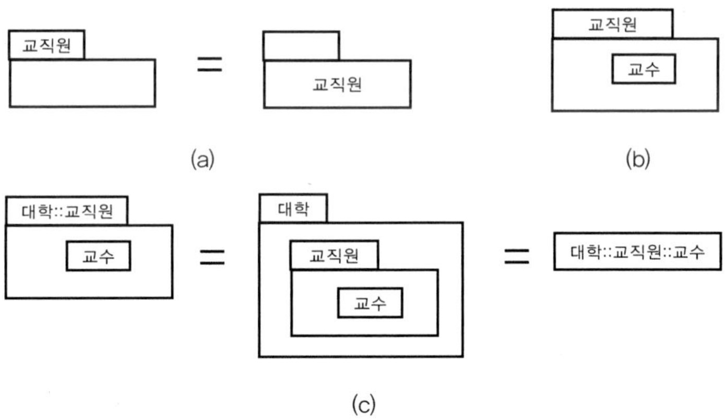

해석

(a) 두 개의 다이어그램 모두 교직원 패키지를 표현한다.
(b) 교수 클래스는 교직원 패키지에 소속된다는 것을 표현한다.
(c) 세 개의 다이어그램은 모두 동일한 의미를 갖는다. '교수' 클래스는 '교직원' 패키지에 소속되며, '교직원' 패키지는 '대학' 패키지에 소속된다. 가장 오른쪽에 있는 그림은 '교수' 클래스를 표현 하며 두 개의 콜론(: :)을 통해 소속 패키지를 표현할 수 있다.

그림 A1.33 패키지 표기법 보기

[그림 A1.34]는 패키지 표기에 대한 자바 코드를 보인다. UML의 패키지 표기는 자바의 'package' 키워드를 이용하여 구현한다.

패키지 표기	자바 코드

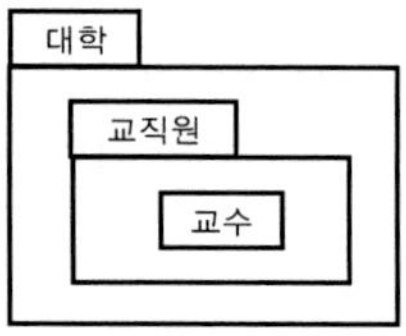	package 대학.교직원;
	class 교수 {
	  ....
	}

그림 A1.34 패키지 표기에 대한 자바 코드

A1.3.2 패키지 관계

패키지 다이어그램은 패키지 간 의존 관계를 보여줄 수 있다. 패키지 사이의 의존 관계는 특정 패키지가 다른 패키지를 이용하는 관계를 타낸다. 패키지 다이어그램에서 의존 관계는 클래스 다이어그램에서 클래스 사이의 의존 관계와 마찬가지로 점선 화살표로 표현된다. [그림 A1.35]의 패키지 다이어그램은 '사용자 인터페이스' 패키지가 '문제영역' 패키지와 '기반' 패키지를 이용하며, '문제영역' 패키지가 '기반' 패키지와 '데이터관리' 패키지를 이용한다는 것을 의미한다. 또한, '데이터관리' 패키지는 '문제영역' 패키지를 이용할 수 없고, '사용자 인터페이스' 패키지는 '데이터관리' 패키지를 이용할 수 없다.

패키지 다이어그램에 대한 자바 코드는 그림의 오른쪽에 나와 있다. 자바에서는 패키지를 선언하기 위해 package 키워드를 사용하고, 다른 패키지의 클래스를 이용하기 위해 import 키워드를 사용한다.

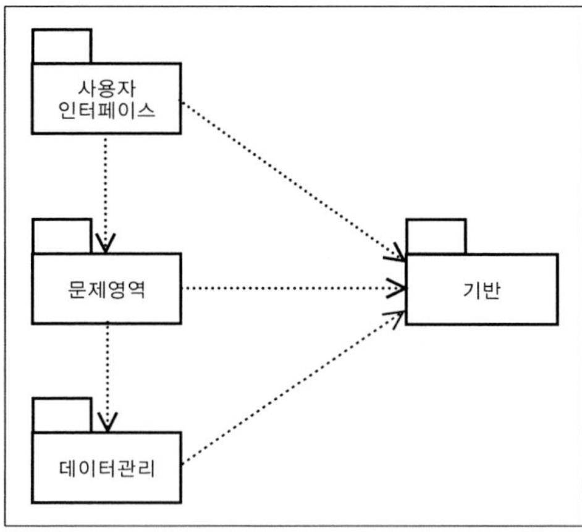


```
package  base;  // 기반 패키지
......

package  UI;      // 사용자 인터페이스 패키지
import  base.*;   // 기반 패키지 이용
import  domain.*; // 문제영역 패키지 이용
......

package  domain; // 문제영역 패키지
import  base.*;  // 기반 패키지 이용
import  data.*;  // 데이터관리 패키지 이용
......

package  data;   // 데이터관리 패키지
import  base.*;  // 기반 패키지 이용
......
```

그림 A1.35 패키지 관계 보기

A1.3.3 작성시 주의사항

다음은 패키지 다이어그램 작성시 개발자가 고려할 사항들을 보인다.

- 패키지 다이어그램은 대규모 시스템의 주요 구성 요소들 사이의 전체적인 의존 관계를 파악하는데 도움을 준다.
- 서로 밀접하게 관련되는 클래스는 하나의 패키지로 구성한다. 연관 관계나 일반화 관계를 갖는 클래스들은 하나의 패키지에 포함될 수 있는 후보가 된다.

A1.4 컴포넌트 다이어그램

컴포넌트는 시스템을 구성하는 재사용 가능한 부품(요소)이다. 컴포넌트는 일반적으로 하나의 인터페이스와 여러 클래스로 구성되며 다른 컴포넌트를 포함할 수 있다. 컴포넌트는 인터페이스를 통해 외부와 상호작용한다. 컴포넌트 다이어그램은 컴포넌트와 컴포넌트 사이의 관계를 표현할 수 있다.

A1.4.1 컴포넌트 정의

모듈과 컴포넌트는 소프트웨어 재사용과 관련된 용어로써 유사한 의미로 사용되지만 차이가 있다. 다음은 모듈과 컴포넌트 사이의 차이에 대하여 언급한다.

◎ 모듈

구조적 프로그래밍 방법에서 나온 용어로써 시스템을 구성하는 기본 단위인 모듈의 범위는 함수, 메소드, 클래스, 서브 시스템이 될 수 있다. C 언어에서 함수는 모듈에 해당한다. 공통적인 코드를 함수로 만들어 여러 사람이 코드를 재사용할 수 있도록 하는 것이다. 객체 지향 프로그래밍 방법에서는 메소드나 클래스가 재사용을 위한 모듈에 해당할 수 있다. 소프트웨어 라이브러리는 모듈에 대한 대표적인 보기이다. 자주 사용되는 코드를 함수나 클래스 라이브러리로 만들고 이러한 모듈들을 재사용한다. 모듈은 독립적인 실행이 불가능하고 소스코드 재사용을 통해 단일 프로그램(프로세스)에서 실행 가능하다.

◎ 컴포넌트

컴포넌트는 모듈에서 코드 재사용 보다는 교환하여 대치될 수 있는 대체성을 강조한 소프트웨어 모듈이라 할 수 있다. 컴포넌트에서 가장 중요한 것은 인터페이스이다. 컴포넌트 내부 정보는 외부로부터 숨겨지며 외부에서는 컴포넌트가 제공하는 서비스(기능, 연산)를 명확히 정의한 인터페이스를 통해서 접근할 수 있다. 내부 구현 정보를 숨기고 제공된 인터페이스만을 통해 컴포넌트를 이용한다. 이런 방식은 제조업에서 부품 조립에 의해 제품을 생산하는 방식과 유사하다. 이러한 컴포넌트들은 쉽게 교환되고 대치될 수 있다. 일반적으로 컴포넌트는 하나의 인터페이스와 여러 클래스들로 구성된다. 컴포넌트는 독립적인 배포와 실행이 가능하며 소스코드가 아닌 실행코드를 재사용한다.

[그림 A1.36]은 모듈과 컴포넌트 사이의 특징적인 차이점을 보인다.

	모듈	컴포넌트
정의	재사용 가능한 시스템의 기본 단위	재사용 보다 대체, 교환, 조립 가능한 시스템의 부품
재사용 방법	소스코드 재사용	실행코드 재사용
범위	함수, 메소드, 클래스, 서브 시스템	인터페이스와 여러 클래스
외부 상호작용	정의된 코드 사용	인터페이스 사용
배포 및 실행	단일 프로세스에서 실행	독립적 배포 및 실행 가능

그림 A1.36 모듈 vs. 컴포넌트

- 컴포넌트는 시스템 내부의 독립적인 단위이다. 컴포넌트는 하나 이상의 인터페이스를 가지며 인터페이스가 제공하는 것 외에 컴포넌트 내부는 볼 수 없으며 접근할 수 없다. 컴포넌트가 필요 인터페이스를 통해 다른 요소에 의존할 지라도, 컴포넌트는 캡슐화되고 독립적이 되도록 설계한다. 인터페이스 연결을 통해 컴포넌트들은 유연하게 재사용되고 대치될 수 있다.
  (A component can be considered an autonomous unit within a system. It has one or more interfaces, and its internals are hidden and inaccessible other than as provided by its interfaces. Although it may be dependent on other elements in terms of interfaces that are required, a component is encapsulated and its dependencies are designed such that it can be treated as independently as possible. As a result, components can be flexibly reused and replaced by connecting ("wiring") them together via their interfaces.) [OMG 2005]
- 외부 인터페이스 집합을 통해 구현을 숨기는 시스템 설계의 모듈화 부품이다. 특정 시스템에서 같은 인터페이스를 만족하는 컴포넌트들은 자유롭게 대치될 수 있다.
  (A modular part of a system design that hides its implementation behind a set of external interfaces. Within a system, components satisfying the same interfaces may be substituted freely.) [Rumbaugh 2005].

[그림 A1.37]은 컴포넌트에 대한 UML 표기법을 보인다. 가장 왼쪽 그림은 UML 1.0에서 사용했던 표기이며 중앙 그림은 UML 2.0에서 사용한 표기이다. 오른쪽 그림은 <<component>> 스테레오타입을 사용하여 표기한 것이다.

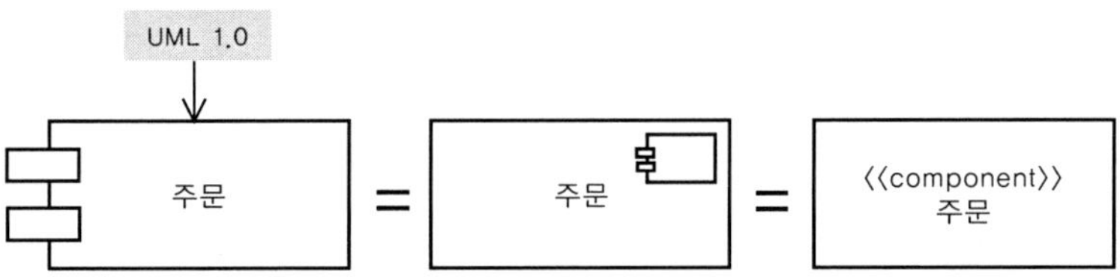

그림 A1.37 컴포넌트 표기법

A1.4.2 제공 vs. 필요 인터페이스

컴포넌트에서 인터페이스는 매우 중요한 역할을 한다. 인터페이스를 통해 컴포넌트의 내부 구현은 외부로부터 숨겨지며, 동일한 인터페이스를 구현하는 다른 컴포넌트로 쉽게 대체할 수 있다. 인터페이스는 제공 인터페이스(provided interface)와 필요 인터페이스(required interface)로 구분된다.

◎ 제공 인터페이스

모듈(클래스) 또는 컴포넌트가 실현(구현)하여 외부에 제공하는 기능이나 서비스를 명시하는 인터페이스를 말한다. 클래스 다이어그램의 실현 관계로 설명한 모든 인터페이스는 제공 인터페이스에 해당한다.

◎ 필요 인터페이스

모듈(클래스) 또는 컴포넌트가 외부에서 필요로 하는 인터페이스를 의미하며, 클래스 다이어그램의 의존(연관) 관계에 해당한다.

[그림 A1.38]은 UML에서 제공 인터페이스와 필요 인터페이스에 대한 표기법을 보인다. 그림 (a), (b), (c)는 제공/필요 인터페이스를 아이콘으로 표기한 것이며, 그림 (d)는 <<interface>> 스테레오 타입을 사용해 그림 (c)와 동일한 의미의 클래스 다이어그램을 작성한 것이다. 이때 제공 인터페이스는 실현 관계에 해당하고, 필요 인터페이스는 의존 관계에 해당한다. 그림 (f)는 자바 코드를 보인다. '접근센서' 클래스는 '센서' 인터페이스를 구현하므로, '센서' 인터페이스는 제공 인터페이스가 된다. 반면, '보안경보' 클래스는 '센서' 인터페이스를 사용하므로, '센서' 인터페이스는 필요 인터페이스가 된다.

(a) 제공 인터페이스

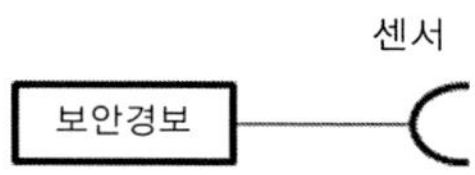

(b) 필요 인터페이스

(c) 제공/필요 인터페이스

(d) 제공/필요 인터페이스에 대한 클래스 다이어그램

해석

(a) '접근센서' 클래스는 '센서' 인터페이스를 구현(실현)한다. '센서' 인터페이스는 외부에 서비스를 제공하는 제공 인터페이스이다.
(b) '보안경보' 클래스는 '센서' 인터페이스를 이용하는 것이 필요하다. '센서' 인터페이스는 필요 인터페이스이다.
(c) '접근센서' 클래스는 '센서' 인터페이스를 실현하고, 외부에 '센서' 인터페이스 서비스를 제공한다. '보안경보' 클래스는 '센서' 인터페이스의 서비스를 이용한다.
(d) 그림 (c)의 제공 인터페이스와 필요 인터페이스에 상응하는 클래스 다이어그램을 보인다. 제공 인터페이스는 실현 관계, 필요 인터페이스는 의존 관계로 표현한다.

(e) 제공/필요 인터페이스에 대한 해석

접근센서 클래스	센서 인터페이스	보안경보 클래스

class 접근센서 implements 센서 {
    public void 작동하기( ) { … }
    public void 읽기( ) { … }
}
	interface 센서 {
	    void 작동하기( );
	    void 읽기( );
	}
		class 보안경보 {
		    센서 sensor;
		}

(f) 제공/필요 인터페이스에 대한 자바코드

그림 A1.38 인터페이스 표기법과 자바코드

A1.4.3 컴포넌트 다이어그램 보기

[그림 A1.39]는 제공 인터페이스와 필요 인터페이스에 대한 컴포넌트 표기법 보기를 보인다. 특정 컴포넌트는 여러 인터페이스를 제공하고 여러 인터페이스를 필요로 한다.

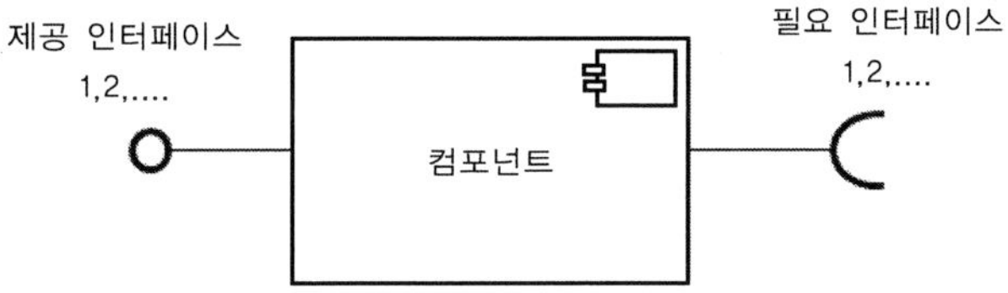

그림 A1.39 컴포넌트 표기법

UML에서 포트(port)는 주변 환경과 상호작용할 수 있는 통로를 의미한다. 포트는 주변 환경과의 경계를 표시하는 사각형 위에 작은 사각형을 겹쳐서 표기한다. 컴포넌트 다이어그램에서 포트는 여러 관련 인터페이스를 그룹으로 묶는 역할 외에도, 특정 컴포넌트의 제공/필요 인터페이스가 해당 컴포넌트의 내부 구성 요소와 어떻게 연관되는지 모델링하는 방법을 제공한다. [그림 A1.40]에서 '창고매장' 컴포넌트는 '가구배달', '가전배달', '요금계산기' 인터페이스를 필요로 하고, '배송' 인터페이스를 제공한다. '가구배달'과 '가전배달' 인터페이스는 관련이 있으므로 하나의 동일한 포트에 연결되고, '배송'과 '요금계산기' 인터페이스는 다른 포트에 연결된다. [그림 A1.40]은 포트를 통해 외부 인터페이스들이 '창고매장' 컴포넌트의 내부 구성 요소와 어떻게 연관되는지에 대한 정보는 제공하지 않는다.

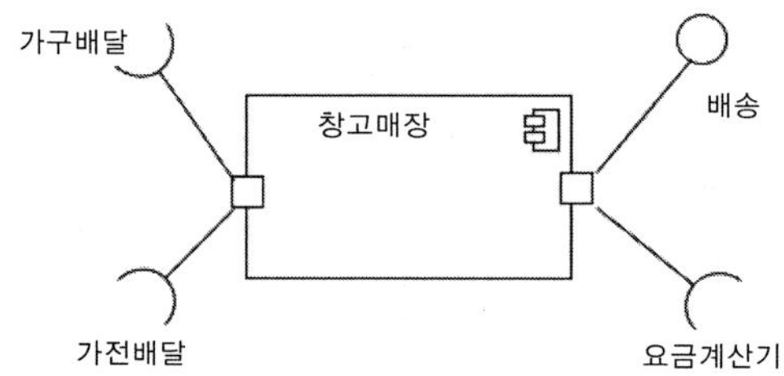

그림 A1.40 포트 표기법

[그림 A1.41]은 컴포넌트 다이어그램에 대한 보기와 이에 대한 해석을 보인다.

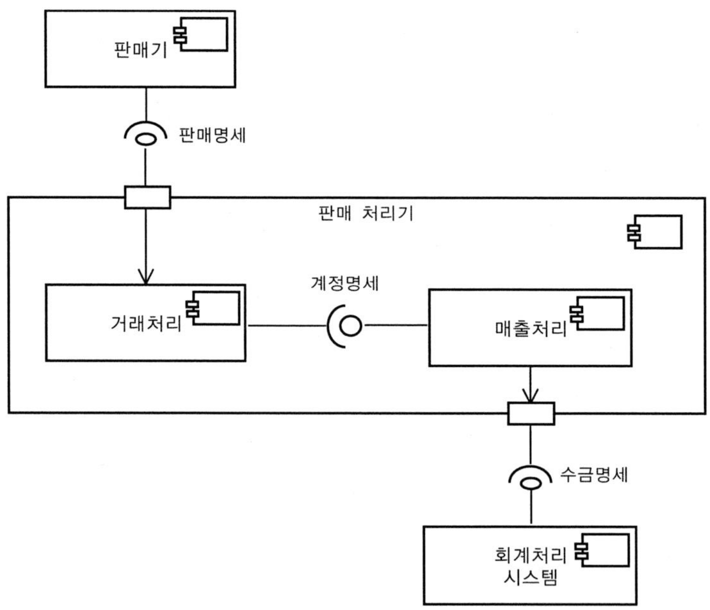

해석
• '판매기' 컴포넌트는 '판매처리기' 컴포넌트가 제공(구현)하는 '판매명세' 인터페이스를 이용한다. • '판매처리기' 컴포넌트는 2개의 컴포넌트로 구성되며, 외부에 '판매명세' 인터페이스를 제공하고 '회계처리 시스템' 컴포넌트가 제공하는 '수금명세' 인터페이스를 이용한다. • '판매처리기' 컴포넌트 내부의 '거래처리' 컴포넌트는 '매출처리' 컴포넌트가 제공하는 '계정명세' 인터페이스를 이용한다.

그림 A1.41 컴포넌트 다이어그램 보기

패키지 다이어그램이 UML 요소들을 그룹화하여 시스템의 구조적 관점을 모델링하는 것을 목적으로 한다면, 컴포넌트 다이어그램은 시스템의 실행 관점에서의 모델링을 중시한다. 컴포넌트의 단위는 클래스에서부터 서브시스템까지 확장될 수 있으며, 서브시스템 컴포넌트는 하나의 계층이 되어 독립적인 배포가 가능하다. 이러한 특성으로 인해 컴포넌트 다이어그램은 다음에 언급할 배치 다이어그램과 함께 사용된다.

A1.5 배치 다이어그램

배치 다이어그램은 실행 환경에서 시스템의 소프트웨어와 하드웨어가 어떻게 배치되는지를 나타내는 정적 구조를 표현하는 다이어그램이다. 배치 다이어그램의 주요 구성 요소는 노드, 통신 경로, 그리고 산출물이다. 이 다이어그램은 시스템에 존재하는 노드가 무엇인지, 산출물이 어느 노드에 배치되어 실행되는지, 그리고 이러한 노드들이 어떻게 연결되는지를 표현한다.

노드

노드는 소프트웨어를 처리할 수 있는 컴퓨터 자원을 의미하며, 장치 노드와 실행 환경 노드로 분류할 수 있다. 노드는 정육면체로 표기하고, 노드 타입과 노드 이름을 함께 표시할 수 있다. 장치 노드는 <<device>> 스테레오 타입으로, 실행 환경 노드는 <<execution environment>> 스테레오 타입으로 일반적으로 표기된다. 또한, 노드 내부에 다른 노드를 포함할 수 있다.

- 장치 노드

  시스템에 연결되는 하드웨어 장치를 표현한다. 장치 노드는 <<device>> 스테레오 타입으로 표기되지만, 구체적인 장치 노드를 표현하기 위해 <<client>>, <<application server>>, <<workstation>>, <<PC>>, <<mobile device>>, <<embedded device>>, <<DB server>>, <<computer>> 등의 스테레오 타입을 사용할 수 있다.

- 실행환경 노드

  소프트웨어의 실행을 지원하는 소프트웨어를 표현한다. 실행 환경 노드는 <<execution environment>> 스테레오 타입으로 표기되지만, 구체적인 실행 환경을 나타내기 위해 <<OS>>, <<database system>>, <<JSP container>>, <<web browser>>, <<EJB container>>, <<web server>> 등의 스테레오 타입을 사용할 수 있다.

통신경로

통신 경로는 노드와 노드 사이를 직선으로 연결하며, 그 위에 통신 프로토콜을 표기한다. 통신 프로토콜에 사용되는 일반적인 스테레오 타입으로는 <<HTTP>>, <<RMI>>, <<JDBC>>, <<Internet>>, <<TCP/IP>> 등이 있다.

산출물

산출물은 개발 과정에서 생성되는 물리적 결과물을 표현하며, 노드는 산출물을 포함할 수 있다. 산출물은 사각형으로 표기되며, <<artifact>> 스테레오 타입을 사용한다. 산출물의 예로는 zip, jar, war, ear 같은 압축 파일, exe, dll 같은 실행 파일, XML, HTML 같은 텍스트 파일, 그리고 데이터베이스 테이블이 있다.

[그림 A1.42]는 배치 다이어그램에서 노드 표기법을 이용하여 어플리케이션 서버를 표현하는 다양한 보기를 보인다.

그림 A1.42 노드 표기법 보기

[그림 A1.43]은 배치 다이어그램에 대한 보기를 보인다. 다이어그램에 대한 해석은 다음과 같다.

- 'Sun Fire X11 Server' 컴퓨터에 리눅스 운영체제와 톰캣 서블릿 컨테이너를 설치한다.
- 톰캣 서블릿 컨테이너에 'shopping.war' 파일을 배치한다.
- 'Sun Sparc' 데이터베이스 서버 컴퓨터에 오라클 DBMS를 설치하고, 'Order DB' 데이터베이스 파일을 배치한다.
- 선 서버와 데이터베이스 서버 사이는 JDBC 프로토콜을 이용하여 상호작용한다.
- '삼성 PC' 컴퓨터는 '크롬' 웹 브라우저가 설치되고 'Sun Fire X11 Server' 컴퓨터 사이는 http 통신 프로토콜을 이용하여 통신한다.

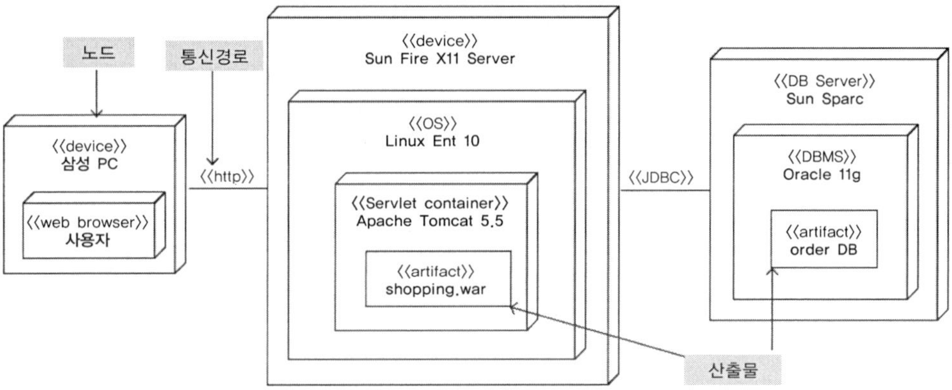

그림 A1.43 배치 다이어그램 보기

연 습 문 제

A1.1. 클래스 관계 중에 연관 관계와 의존 관계 사이의 유사점과 차이점에 대하여 설명하라.

A1.2. 다음 클래스 다이어그램을 해석하고 상응하는 자바코드를 적어라.

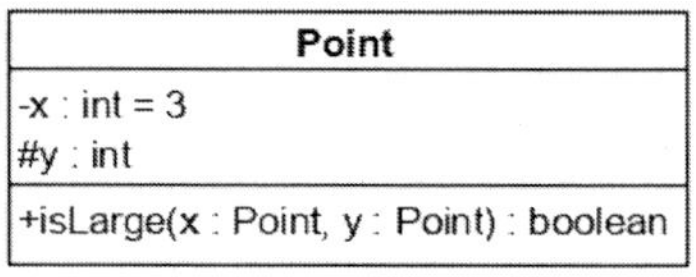

A1.3. 다음 설명에 해당하는 클래스 다이어그램을 작성하라.

> '직렬통신' 인터페이스는 '보내기( )'와 '받기( )' 연산을 포함하며 '리모콘' 추상클래스는 '켜다( )' 추상 연산과 '끄다( )' 연산을 포함한다. '텔레비전' 구체 클래스는 '직렬통신' 인터페이스를 실현하며 '리모콘' 추상 클래스를 상속한다.

A1.4. 다음 컴포넌트 다이어그램을 해석하라.

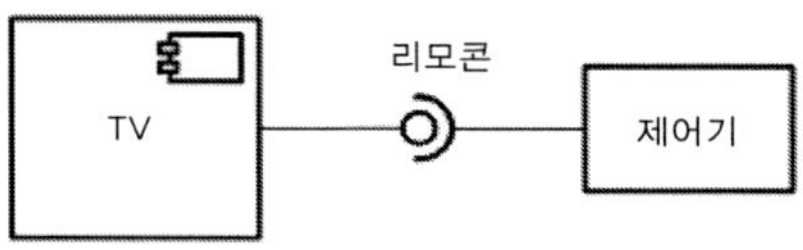

A1.5. 다음 해석에 해당하는 배치 다이어그램을 작성하라.

> '윈도우10' 운영체제가 설치되어 있는 '이성구PC' 컴퓨터에 웹서버 소프트웨어인 '아파치'를 설치하고 'index.htm' 웹문서를 배치한다. '이성구PC' 컴퓨터는 '한신DB 서버' 컴퓨터와 'JDBC' 프로토콜을 이용하여 통신한다.

A1.6. 다음 해석에 상응하는 클래스 다이어그램과 자바 코드를 작성하라.

> 한 '사람'은 여러 '자동차'와 관련되고 전혀 관련되지 않을 수도 있다. 한 '자동차'는 최소 한 '사람' 이상과 관련된다. '사람'에 대한 역할 이름은 '소유자'이다.

A1.7. UML 다이어그램 중에 소프트웨어 아키텍처를 표현하는 대표적인 다이어그램과 시스템 아키텍처를 표현하는 대표적인 다이어그램을 적어라.

A1.8. 클래스 다이어그램에서 상속 관계는 '이다', '종류이다'로 해석된다. 의존 관계는 어떻게 해석되는가?

A1.9. 재사용 관점에서 모듈과 컴포넌트의 차이점을 설명하라.

A1.10. 클래스 다이어그램에서 밑줄로 표기한 속성은 자바로 구현될 때 어떤 키워드를 사용하는가?

A1.11. 다음은 UML의 다양한 클래스 종류에 대한 내용이다. 괄호에 적절한 용어를 적어라.

> 클래스 종류 중에 객체를 생성할 수 있는 클래스를 (①) 클래스, 객체를 생성할 수 없는 클래스를 (②) 클래스, 매개변수를 통해 최종 명세가 이루어지는 클래스를 (③) 클래스, 연관 자체에 대한 속성과 연산을 가지는 클래스를 (④) 클래스라 부른다.

A1.12. 다음 클래스 다이어그램을 E 클래스 중심으로 해석하고 E 클래스에 대한 자바코드를 작성하라

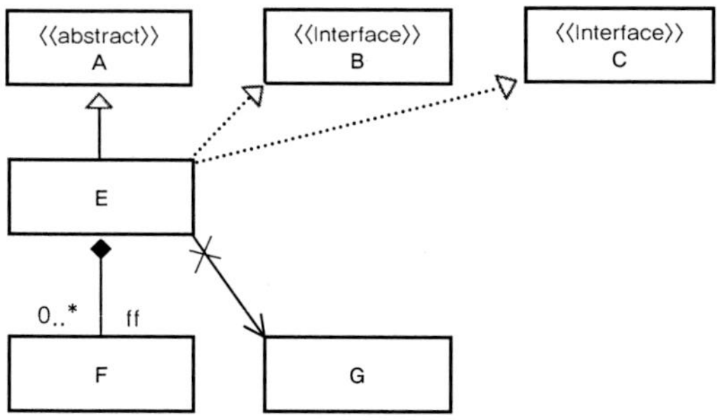

A1.13. 다음 해석에 해당하는 컴포넌트 다이어그램을 그려라. 인터페이스는 아이콘으로 표기하라

> C1 컴포넌트는 T1 인터페이스를 제공(구현)하고 T2 인터페이스와 T3 인터페이스를 이용(필요) 한다. C2 컴포넌트는 T2 인터페이스를 제공(구현)한다.

A1.14. 다음 다이어그램을 해석하고 자바 코드를 적어라.

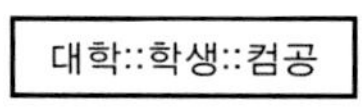

A1.15. 다음 다이어그램을 해석하고 아이콘 없는 동일한 클래스 다이어그램으로 변형하라.

부록

A2 행위 다이어그램

행위 다이어그램은 시스템의 동적 행위를 표현하기 위해 사용되는 다이어그램 들이다. 이러한 다이어그램들은 시스템의 행위나 기능을 표현하기 위해 이용된다. 행위 다이어그램 중 순서 다이어그램과 통신 다이어그램은 객체 사이의 상호작용을 표현하기 때문에 상호작용 다이어그램이라고 부른다. 본 장에서는 사용사례 다이어그램, 활동 다이어그램, 상태기계 다이어그램에 대해 다루며, 다음 장에서는 상호작용 다이어그램인 순서 다이어그램과 통신 다이어그램에 대하여 언급한다.

A2.1 사용사례 다이어그램

사용사례 다이어그램은 외부 사용자(혹은 외부 시스템)와 시스템 사이의 상호작용을 표현하는 다이어그램이다. 반면에 사용사례는 사용자와 시스템 사이의 상호작용을 단계별로 텍스트로 기술한 것이다.

사용사례 다이어그램은 사용자 관점에서 시스템의 기능 요구를 시각적으로 표현하며, 이를 통해 사용자와 개발자는 시스템의 요구 기능을 전체적으로 쉽게 이해할 수 있다.

시스템 개발의 궁극적인 목표는 사용자의 사용사례를 실현(구현)하는 것이기 때문에, 사용사례와 사용사례 다이어그램은 클래스 다이어그램과 함께 중요한 다이어그램 중 하나이다. 사용사례와 사용사례 다이어그램을 생성함으로써 상위 수준에서 시스템의 기능 요구 파악이 용이해지며, 개발자와 사용자 간의 원활한 의사소통을 돕는다.

A2.1.1 사용사례

사용사례(use case)는 사용자의 비즈니스(업무) 목적을 만족시키기 위해 사용자와 시스템 간의 상호작용을 단계별로 텍스트로 기술한 것이다. 사용자가 시스템을 어떻게 사용하는지에 대한 사례를 파악하여 작성하는 것은 사용자의 기능 요구를 발견하고 정의하는데 매우 효과적인 방법이다. 이러한 사용사례는 개발 후반부 인수 테스트에서 사용자 요구 기능이 올바르게 작동하는지를 검증하기 위해 활용된다.

다음은 사용사례에 대한 정의를 보인다.

- 사용자와 시스템 사이의 상호작용을 텍스트로 기술한 것
- 사용자 요청에 대한 응답으로 사용자와 시스템 사이의 수행 활동에 대한 세부적인 단계를 기술한 것
- 시스템이 제공하는 서비스에 대하여 기술한 것
- 사용자 관점에서 시스템이 제공해야 하는 기능에 대하여 기술한 것
- 사용자의 기능 요구를 텍스트로 기술한 것

사용사례는 시나리오(scenario)들의 집합이다. 시나리오는 특정 순간 발생하는 사용자와 시스템 간의 상호작용을 단계별로 기술한 것이다. [그림 A2.1]은 소매점이나 대형 마켓에서 특정 순간에 판매원(사용자)과 시스템 사이에 발생하는 판매 처리를 위한 시나리오를 보여준다.

1. 고객은 구매 제품과 함께 계산대에 도착한다.
2. 판매원은 새로운 판매를 시작하고 제품 번호를 입력한다.
3. 시스템은 제품이름, 가격, 수량, 합계를 보인다.
   판매원은 모든 제품이 처리될 때까지 <u>2~3번을 반복</u>한다.
4. 시스템은 세금을 포함한 총 합계를 보인다.
5. 고객은 총 합계를 지불한다.
6. 시스템은 모든 판매 정보를 재고관리 시스템에게 보낸다.
7. 시스템은 영수증을 프린트한다.
8. 고객은 영수증과 구매한 제품을 갖고 떠난다.

그림 A2.1 '판매처리' 정상 시나리오

[그림 A2.1]은 고객이 구매한 제품에 대하여 정상적으로 판매가 처리된 시나리오를 보여준다. 그러나 이러한 정상 시나리오 외에도 판매원의 비즈니스 목적은 동일하게 판매 처리이지만, 예외 시나리오나 대안 시나리오가 존재할 수 있다. 예를 들어, 2번 단계에서 입력된 제품 번호가 시스템에서 발견되지 않았을 때는 예외 시나리오가 발생할 수 있으며, 5번 단계에서 고객이 현금, 신용카드, 직불카드와 같은 다양한 지불 방법을 선택할 수 있을 때 대안 시나리오들이 존재할 수 있다.

이러한 정상 시나리오, 예외 시나리오, 대안 시나리오 모두는 판매원이 시스템을 사용하는 비즈니스 목적이 '판매 처리'로 동일하므로, 이 세 개의 시나리오 집합은 '판매 처리' 사용사례가 된다([그림 A2.2]).

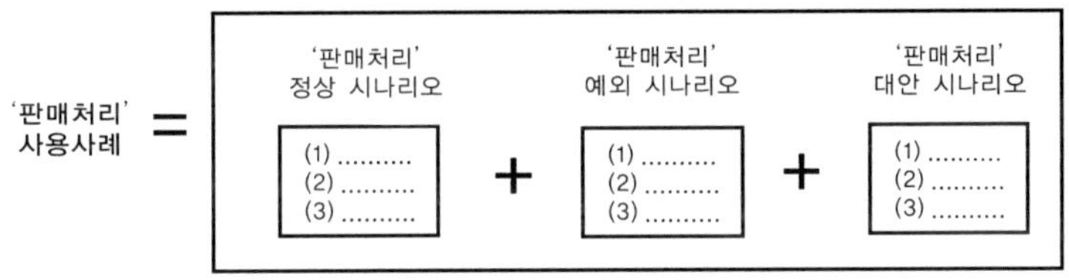

그림 A2.2 사용사례 vs. 시나리오

A2.1.2 사용사례 작성

사용사례 작성을 위한 표준 양식은 없기 때문에, 본 서적에서는 [Cockburn 2001]과 [Larman 2005]가 제안한 사용사례 양식을 이용한다. 가장 단순한 형태로 사용사례를 작성하는 방법은 [그림 A2.3]과 같이 사용사례 이름과 정상 시나리오를 1~2문장으로 간단하게 기술하는 것이다.

사용사례 이름	판매처리
정상 시나리오	판매원은 고객이 구매한 제품을 기록하고, 총합계와 구매 제품의 상세 정보를 표시하기 위해 시스템을 이용한다. 고객은 대금을 지불하고 시스템은 영수증을 프린트한다.

그림 A2.3 '판매처리'에 대한 간단 사용사례 보기

상세히 사용사례를 작성하는 것은 [그림 A2.4]와 같이 정상 시나리오, 확장 (예외+대안) 시나리오, 기타 여러 정보를 추가하여 기술하는 것이다.

사용사례 이름	판매처리
주액터	판매원
이해 관계자	・판매원: 신속한 입력과 정확한 지불처리 ・고객: 신속한 판매 처리, 구매 제품 정보의 명확한 표시 ・관리자: 신속한 판매 중단 기능, 판매 문제의 용이한 수정 ・결재승인 시스템: 올바른 형식의 결재 승인 정보 받기 ・회사(주인): 정확하고 신속한 거래 기록과 자동화된 재고관리, 외부 결재 시스템 장애에도 내부 판매 처리 가능
전조건	판매원 인증
후조건	판매정보 기록, 올바른 세금계산, 재고정보 갱신, 영수증 생성
정상 시나리오	1. 고객은 구매 제품과 함께 계산대에 도착한다. 2. 판매원은 새로운 판매를 시작하고 제품번호를 입력한다. 3. 시스템은 제품이름, 가격, 수량, 합계를 보인다. 판매원은 모든 제품이 처리될 때까지 2~3번을 반복한다. 4. 시스템은 세금을 포함한 총 합계를 보인다. 5. 고객은 총 합계를 지불한다. 6. 시스템은 모든 판매 정보를 재고관리 시스템에게 보낸다. 7. 시스템은 영수증을 프린트한다. 8. 고객은 영수증과 구매한 제품을 갖고 떠난다.
확장(예외) 시나리오	a*: 관리자에 의한 판매 중단 요청 1. 관리자는 ID와 PW로 로그인 한다. 2. 시스템은 관리자 모드를 승인한다. 3. 관리자는 다음과 같은 기능을 수행할 수 있다. －등록기의 현금 잔고 교환 －과거 중단된 판매에 대한 재처리 －현재 처리하고 있는 판매 무효화 4. 시스템은 판매자 모드로 복귀한다. 2a: 불법적인 제품 번호 1. 시스템은 오류를 알린다. 2. 판매원은 제품번호를 입력한다.
확장(대안) 시나리오	5a: 현금 지불 1. 판매원은 현금 액수를 입력한다. 2. 시스템은 차감액을 보이고, 금고를 연다. 3. 판매원은 차감액을 고객에게 준다. 5b: 신용카드 지불 1. 판매원은 스캐너를 통해 신용카드 정보를 입력한다. 2. 시스템은 고객 확인을 위해 총 금액을 표시한다. 3. 고객은 확인하고 서명한다. 4. 시스템은 카드 정보를 결재승인 시스템에게 보낸다. 5. 시스템은 승인을 받고, 신용거래 명세서를 프린트한다.

그림 A2.4 '판매처리'에 대한 상세 사용사례 보기

사용사례 이름은 사용자가 시스템을 사용하는 비즈니스 목적이 무엇인지 고려하여, 사용사례 시나리오를 함축적으로 표현할 수 있는 의미 있는 이름으로 결정한다. 사용자가 시스템을 통해 무엇을 성취하려 하는지 파악하여 사용사례 이름을 선택해야 한다.

사용사례에서 시스템과 상호작용하는 외부 사용자를 액터라고 한다. 액터는 사람일 수도 있고, 소프트웨어 시스템, 하드웨어 장치, 회사, 조직이 될 수도 있다. 액터는 사용자의 역할에 따라 구분되며, 하나 이상의 역할을 수행할 수 있다. 예를 들어, 한 사람은 관리자이자 판매원 두 가지 역할로 시스템을 이용할 수 있다. 액터는 주액터와 부액터로 구분된다. 주액터는 시스템에 사용사례 서비스를 요청하는 액터이고, 부액터는 사용사례 수행 중 시스템에 서비스를 제공하는 액터이다. 예를 들어, '판매원'은 '판매처리' 사용사례 서비스를 요청하는 주액터이며, '결제승인 시스템'은 시스템에 서비스를 제공하는 부액터에 해당한다. 각 사용사례는 하나 이상의 주액터와 상호작용할 수 있다.

이해 관계자는 해당 사용사례에 관심을 갖는 모든 액터를 의미한다. 주액터와 부액터는 이해 관계자에 포함될 수 있다. 이해 관계자들이 해당 사용사례를 통해 무엇을 얻으려 하는지를 파악하고 기술해야 한다. 이해 관계자와 그들의 목적을 명확히 파악하는 것은 사용사례 작성에 많은 도움이 된다. 궁극적으로, 개발 시스템은 이해 관계자들의 목적을 만족시켜야 한다.

전조건은 사용사례 시나리오가 시작되기 전에 반드시 충족되어야 하는 조건을 의미한다. 예를 들어, '판매처리' 사용사례가 시작되기 전에 '판매원'이 인증되어야 한다. 후조건은 사용사례가 성공적으로 수행된 후 반드시 사실이어야 하는 조건을 의미한다. 예를 들어, '판매처리' 사용사례가 성공적으로 완료된 후에는 판매 정보가 저장되고, 세금계산이 정확히 이루어지며, 재고 정보가 올바르게 갱신되고, 영수증이 생성되어야 한다.

정상 시나리오는 여러 시나리오 중 정상적이고 기본적인 시나리오를 의미한다. 확장 시나리오는 예외 시나리오와 대안 시나리오를 포함한다. 예시에서 'a*'는 정상 시나리오 중 언제든지 발생할 수 있는 예외를 기술한다. '2a'는 정상 시나리오의 2번 단계에서 발생할 수 있는 예외를, '5a'와 '5b'는 정상 시나리오의 5번 단계에서 발생할 수 있는 대안을 기술한다.

A2.1.3 표기법

사용사례 다이어그램은 [그림 A2.5]와 같이 사용사례, 액터, 관계에 대한 표기법을 제공한다.

<table>
<tr><th>분류</th><th>표기</th><th>의미</th></tr>
<tr><td rowspan="3">사용사례</td><td>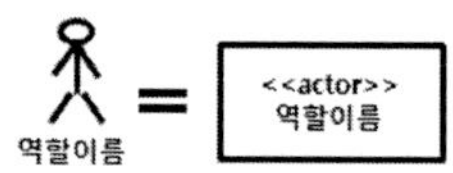</td><td>액터
· 시스템의 외부 액터 표현
· 액터가 사람이면 사람 기호로 표기하고, 시스템이면 사각형 내에 《actor》 스테레오타입으로 표기
· 역할 이름 표기하고 시스템 경계 외부에 위치</td></tr>
<tr><td></td><td>사용사례
· 시스템의 주요 기능 표현
· 타원으로 표기하고 내부에 사용사례 이름 표기
· 시스템 경계 내부에 위치</td></tr>
<tr><td></td><td>시스템 경계
· 시스템의 경계(범위) 표현
· 사각형으로 표시하고 내부에 시스템 이름 작성</td></tr>
<tr><td rowspan="4">관계</td><td> </td><td>연관 관계
· 액터와 사용사례 사이의 기본적인 관계
· 액터가 사용사례에 참여하는 경우</td></tr>
<tr><td>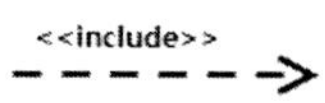</td><td>포함 관계
· 하나의 사용사례 내부에서 다른 사용사례를 반드시 포함하는 관계
· 기존 사용사례로부터 포함되는 사용사례로 화살표 방향</td></tr>
<tr><td>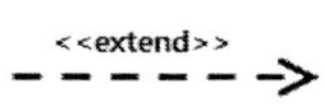</td><td>확장 관계
· 조건에 따라 선택적으로 확장되는 사용사례 관계
· 예외적이고 드물게 사용되는 사용사례에 해당
· 확장 사용사례로부터 기존 사용사례로 화살표 방향</td></tr>
<tr><td></td><td>일반화 관계
· 액터 또는 사용사례 사이의 상속 관계 표현
· 하위 액터(사용사례)로부터 상위 액터(사용사례)로 화살표 방향</td></tr>
</table>

그림 A2.5 사용사례 표기법

[그림 A2.6]은 소매점이나 대형 마켓의 '판매정보관리' 시스템에 대한 사용사례 다이어그램을 보인다. 사각형은 시스템의 경계를 나타내며, 그 내부에 시스템 이름을 표기한다. 시스템 경계 내부에는 사용자의 기능 요구에 해당하는 사용사례를 타원으로 표시한다.

시스템 경계 외부에는 시스템과 상호작용하는 액터를 표기한다. 사람인 경우에는 막대 모양의 사람 기호를 사용하고, 시스템인 경우에는 <<actor>> 스테레오 타입을 이용한다. 일반적으로, 시스템의 서비스를 요청하는 주액터는 시스템 경계 왼쪽에 위치시키고, 시스템에 서비스를 제공하는 부액터는 오른쪽에 배치한다. 직선으로 표시된 연관 관계에 의해, 주액터인 '판매원'과 '판매관리자'는 '판매처리' 사용사례와 '반납처리' 사용사례에 참여한다. 또한, '판매처리' 사용사례를 수행하기 위해 외부 시스템인 '결제승인 시스템'과 '재무회계 시스템'의 서비스가 필요하다. 마지막으로, '판매활동시스템' 액터는 '판매활동분석' 사용사례 서비스에 참여한다.

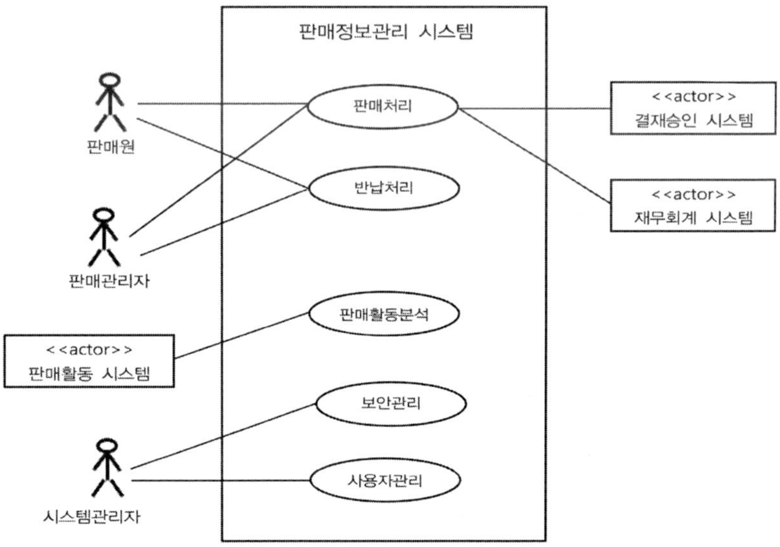

그림 A2.6 '판매정보관리' 시스템의 사용사례 다이어그램

A2.1.4 사용사례 관계

사용사례 사이의 관계에는 연관, 포함, 확장, 일반화 관계가 있다. 사용사례 관계를 이용해 사용사례를 구성하면, 시스템의 행위나 기능에 영향을 미치지 않으면서 중복되는 사용사례를 줄여 관리와 이해를 더욱 용이하게 할 수 있다. 하지만, 사용사례 관계를 파악하는데 지나치게 많은 시간을 소비하거나, 사용사례 다이어그램을 복잡하게 만드는 것은 바람직하지 않다. 오히려 사용사례를 명확히 기술하기 위해 더욱 많은 노력을 기울이는 것이 중요하다.

사용사례 관계 중 가장 빈번하게 사용되는 것은 포함 관계이다. 여러 사용사례에 공통적인 수행 단계가 존재할 때, 사용사례를 중복해서 기술하기 보다는 하나의 새로운 사용사례를 생성하여 여러 사용사례가 이를 공유하도록 하면, 사용사례가 더욱 단순해지고 이해하기 쉬워진다. 이런 경우 포함 관계를 사용한다. 확장 관계는 특정 조건에 따라 발생하는 행위를 새로운 사용사례로 만들어 기존 사용사례에 선택적으로 추가하는 방식이다. 확장 관계는 드물게 사용되며, 특정 조건에서만 수행되는 사용사례를 추가하고 싶을 때 이용된다. 예를 들어, '게시판등록' 사용사례에서 '파일첨부' 사용사례는 선택적으로 추가될 수 있기 때문에 확장 관계로 표현할 수 있다. 새로운 사용사례를 기존 사용사례에 반드시 포함하는 경우는 포함 관계이고, 선택적으로 추가하는 경우는 확장 관계이다.

[그림 A2.7]은 [그림 A2.4]의 '판매처리' 사용사례에 포함 관계와 확장 관계를 적용하여 다시 작성한 것이다. 포함 관계에 있는 사용사례 이름은 굵은 글씨와 밑줄로 표시하고, 확장 관계는 '확장점' 항목을 추가하여 기술한다.

사용사례 이름	판매처리
확장점	2번에서 '새제품 등록'
정상 시나리오	.... 2. 판매원은 제품번호를 입력한다. .... 5. 고객은 총합계를 지불한다. 현금: **<u>현금지불처리</u>** 사용사례 수행 신용카드: **<u>신용카드처리</u>** 사용사례 수행 상품권: **<u>상품권처리</u>** 사용사례 수행 ....
확장 시나리오	2a: **<u>새제품등록</u>** 사용사례 수행

그림 A2.7 포함/확장 관계를 이용한 '판매 처리' 사용사례

일반화 관계는 클래스 사이의 상속 관계와 마찬가지로, 하위 사용사례는 상위 사용사례에서 정의된 모든 특징, 행위, 순서를 상속하며 상위 사용사례의 모든 관계에 참여한다. 하지만 일반화 관계를 사용하여 사용사례를 작성하는 것은 사용사례를 복잡하게 만들 가능성이 크기 때문에 가급적 사용하지 않는 것이 좋다. 사용사례에 많은 관계를 추가하는 것은 바람직하지 않으며, 관리와 이해의 용이성을 위해 포함 관계나 확장 관계 정도만을 고려하여 작성하는 것이 바람직하다.

[그림 A2.8]은 포함 및 확장 관계가 추가된 '판매정보관리' 시스템의 사용사례 다이어그램을 보여준다. 텍스트로 작성된 사용사례와 달리, 사용사례 다이어그램은 전체 시스템 경계, 외부 액터, 사용사례 이름을 통해 시스템이 제공해야 하는 기능(서비스)을 쉽게 파악할 수 있도록 돕는다. 사용사례 관계에서, '현금지불처리', '신용카드처리', '상품권처리' 사용사례는 '판매처리'와 '반납처리' 사용사례에 공통적으로 포함되며, '판매처리' 사용사례에서 제품번호가 존재하지 않는 특별한 조건에 따라 '새제품등록' 사용사례가 선택적으로 확장된다는 것을 알 수 있다. 확장 관계에서 화살표 방향에 주의해야 한다.

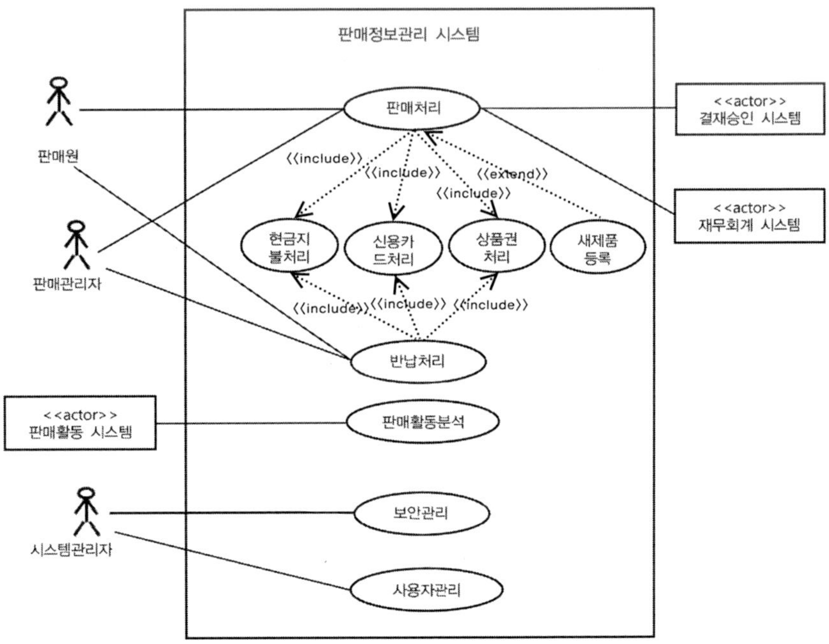

그림 A2.8 포함/확장 관계를 추가한 사용사례 다이어그램

A2.1.5 병원 예약 시스템 보기

사용사례 다이어그램에 대한 이해를 돕기 위해 [그림 A2.9]와 [그림 A2.10]은 병원 예약 시스템에 대한 '예약하기' 사용사례와 사용사례 다이어그램을 보인다.

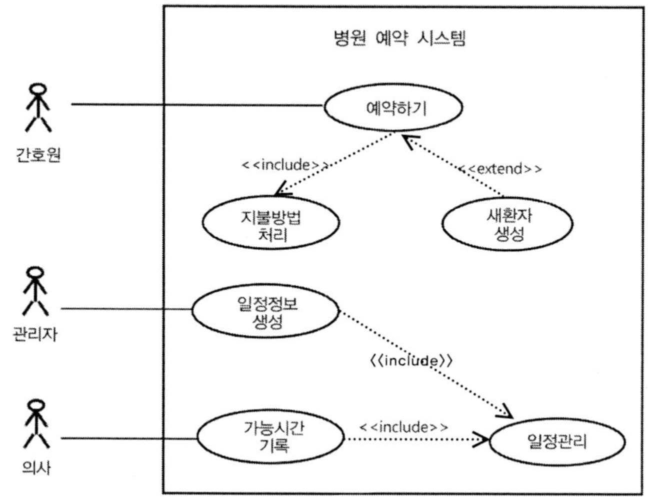

그림 A2.9 병원 예약 시스템의 사용사례 다이어그램

사용사례 이름	예약하기
주액터	간호원
이해 관계자	· 간호원: 예약, 변경, 취소 수행 · 의사: 환자와 예약 정보 기록과 조회
정상 시나리오	1. 환자는 예약하기 위해 병원에 도착한다. 2. 간호원은 환자의 개인 정보를 요청하고 입력한다. 3. 시스템은 기존 자료에서 환자 정보를 확인한다. 4. 간호원은 **지불방법처리** 사용사례를 수행한다. 5. 간호원은 예약을 처리한다. 6. 시스템은 예약 결과를 제공한다.
확장(예외) 시나리오	3a: 새로운 환자 1. 간호원은 **새환자생성** 사용사례를 수행한다.
확장(대안) 시나리오	5a: 예약생성 1. 간호원은 환자에게 예약시간을 묻는다. 2. 시스템은 가능한 날짜를 확인하고 새로운 예약 일정을 잡는다.

5b: 예약취소
1. 간호원은 환자에게 기존 예약 시간을 묻는다.
2. 시스템은 기존 예약 시간을 확인하고 취소한다.
5c: 예약변경
1. 간호원은 환자에게 기존 예약 시간을 묻는다.
2. 시스템은 기존 예약 시간을 확인하고 취소한다.
3. 간호원은 환자에게 예약시간을 묻는다.
4. 시스템은 가능한 날짜를 확인하고 새로운 예약 일정을 잡는다.

그림 A2.10 병원 예약 시스템의 '예약하기' 사용사례

A2.1.6 작성시 주의사항

다음은 사용사례 다이어그램을 작성할 때 주의해야 하는 내용을 보인다.

- 사용사례는 시스템의 기능 요구를 발견하고 정의하기 위해 적용되는 가장 핵심적인 방법이다.
- 사용사례 다이어그램보다 사용사례 작성에 더욱 집중하는 것이 필요하다. 사용사례를 정확히 기술하는 것이 가장 중요하며 사용사례 다이어그램은 단지 상위 수준에서 시스템의 주요 기능과 시스템의 범위를 전체적으로 파악하는 것을 돕는다.
- 사용사례와 함께 사용사례 다이어그램은 개발자와 사용자 사이에 효과적인 의사소통 수단으로 활용될 수 있다.
- 사용사례나 사용사례 다이어그램은 단순하고 이해하기 쉽게 작성하는 것이 필요하다. 양식이나 표기법에 지나치게 의존하여 복잡한 사용사례를 작성하는 것은 이해를 어렵게 한다. 사용사례 다이어그램에서 확장 혹은 일반화 관계를 파악하기 위해 많은 노력을 기울이는 것은 대부분의 경우 불필요하다.
- 사용사례 시나리오 작성 시 주액터와 시스템 사이의 상호작용에 중점을 두고 기술하는 것이 필요하다. 시스템 행위를 생략하고 주액터의 행위만을 중점적으로 기술하거나 반대로 시스템의 행위만을 중심으로 기술하지 말아야 한다.
- 사용사례를 기술할 때 사용자 인터페이스(버튼, 스크린)에 대하여 지나치게 언급하는 것을 피해야 한다. 사용사례의 목적은 사용자 요구를 추출하는 것이지 상세한 솔루션을 결정하는 것이 아니다.
- 사용사례의 각 문장은 주어와 목적어를 명확하게 사용하여 기술한다. 주어는 상호

작용을 시작하는 주체이고, 목적어는 상호작용 결과로 영향을 받는 대상을 의미한다. 이처럼 명확하게 기술하면 사용사례의 의미가 분명해지고, 흐름을 이해하기가 더욱 쉬워진다.

- 사용사례는 여러 단계로 기술되기 때문에, 분석할 가치가 있을 정도의 추상화 수준을 적절히 결정해야 한다. 예를 들어, '고객정보관리' 시스템의 사용사례 다이어그램을 [그림 A2.11]에서 보여주는 것처럼, 사용사례 이름을 '고객정보처리' 로 결정하면 추상화 수준이 너무 높아져, 시스템 사용사례가 하나로만 표현될 수 있다. 그러면 해당 사용사례는 너무 많은 단계를 기술해야 한다. 반대로, 사용사례 이름을 '고객이름입력'으로 정하면 추상화 수준이 너무 낮아, 무수히 많은 사용사례가 파악될 수 있으며, 사용사례 기술이 한 단계에서 끝날 수 있다. 따라서 사용사례는 적절한 추상화 수준과 유사한 크기로 결정하는 것이 필요하다. 예를 들어, 적절한 추상화 수준에서의 사용사례 이름으로는 '고객정보입력', '고객정보갱신', '고객정보삭제', '미납고객처리' 등이 적합하다. 또한, 사용사례의 각 단계는 동일한 추상화 수준에서 기술되어야 한다.

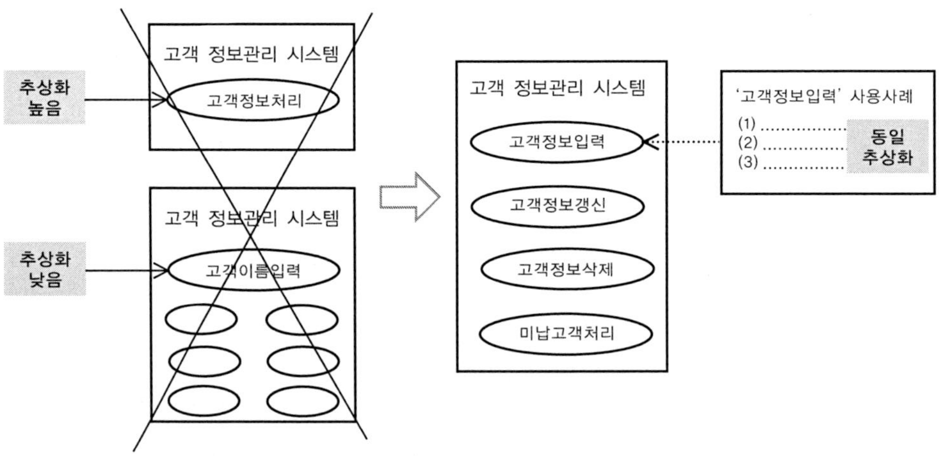

그림 A2.11 적절한 추상화 수준의 사용사례 보기

- 사용사례 작성이 먼저인지 사용사례 다이어그램 작성이 먼저인지 중요하지 않다. 그러나 사용사례와 사용사례 다이어그램을 효과적으로 작성하기 위한 일반적인 순서는 다음과 같다.

순서	작업
1	시스템의 액터를 파악하고 시스템의 경계를 파악한다.
2	각 액터가 시스템을 통해 성취하려는 목적(사용사례 이름)을 파악한다.
3	각 사용사례에 대하여 간단히 기술한다.
4	시스템 경계를 그린다. (다이어그램)
5	시스템 경계 내부에 사용사례를 포함한다. (다이어그램)
6	시스템 경계 외부에 액터를 그린다. (다이어그램)
7	연관 관계를 표시한다. (다이어그램)
8	기능성이나 위험성에서 있어서 중요한 사용사례를 선택한다.
9	선택한 사용사례를 이해관계자, 전조건등을 포함하여 상세히 작성한다.
10	선택한 사용사례의 정상 시나리오를 작성한다.
11	선택한 사용사례의 확장 시나리오를 작성한다.

그림 A2.12 사용사례와 사용사례 다이어그램 작성 지침

A2.2 활동 다이어그램

활동 다이어그램은 작업 흐름을 표현하기 위해 이용된다. 활동 다이어그램은 모든 종류의 프로세스 모델링에 사용 가능하다. 프로그램의 복잡한 논리적인 프로세스(알고리즘)를 기술하거나 문제 도메인의 비즈니스 프로세스의 작업 흐름을 표현하기 위해 이용될 수 있다. 특히 개발 초기 비즈니스 모델링을 위해 활동 다이어그램을 이용하는 것은 문제 도메인에 대한 이해를 돕고 사용자와 개발자 사이의 의사소통을 원활하게 한다. 활동 다이어그램은 흐름도(flowchart)와 유사하지만 흐름도와 다르게 병행 작업을 표현할 수 있다.

A2.2.1 표기법

다음은 활동 다이어그램에 대한 표기법을 보인다.

표기	의미
	활동 노드 · 일련의 작업들의 집합을 표현한다. · 하나의 입력 흐름과 하나의 출력 흐름이 허용된다.
	제어 흐름 · 실행에 대한 제어 흐름을 표현한다.
	객체 노드 · 활동 노드에 의해 생성되거나 이용되는 데이터 객체를 표현한다.
	시작 노드 · 활동 다이어그램의 시작을 표현한다.
	최종 노드 · 활동 다이어그램의 마지막을 표현한다.
	결정(decision) 노드 · 하나의 입력 흐름을 가지며 조건식(가드)에 의해 여러 출력 흐름을 가질 수 있다. 조건에 맞는 단 하나의 출력 흐름으로 분기한다. · 예외적으로 반복되는 작업 수행을 위해 여러 입력 흐름이 허용된다. · 조건식은 대괄호([ ])로 표기하며 상호 배타적인 조건을 기술한다. 결합(merge) 노드 · 여러 입력 흐름과 하나의 출력 흐름을 갖는다. · 여러 입력 흐름 중 하나의 흐름이 시행된 후 다음 활동을 수행한다.
	분기(fork) 노드 · 하나의 입력 흐름과 병행 수행하는 여러 출력 흐름을 갖는다. 합병(join) 노드 · 병행 수행하는 여러 입력 흐름들이 모두 수행된 후 합병되며 하나의 출력 흐름을 갖는다.
	최종 흐름 노드 · 흐름의 마지막을 표현한다.

그림 A2.13 활동 다이어그램 표기법

A2.2.2 활동 다이어그램 보기

활동 다이어그램은 문제 도메인의 비즈니스 프로세스나 프로그램의 복잡한 알고리즘을 표현하는 데 사용될 수 있다. [그림 A2.14]는 '주문처리' 비즈니스 프로세스를 모델링한 보기이다. 프로세스는 시작 노드에서 시작해 '주문받기' 활동을 수행한 후, 제어 흐름에 따라 분기 노드에 도달한다. 이 분기 노드는 하나의 입력 흐름과 여러 병행 출력 흐름을 가지기 때문에 '주문이행', '송장발송', '배달', '대금받기' 활동은 순서에 상관없이 병행해서 수행될 수 있다. 예를 들어, 주문을 처리한 후 송장을 발송하고 물건을 배달한 뒤 대금을 받을 수 있고, 송장을 발송한 후 대금을 받은 뒤에 배달할 수도 있다. 이런 병행 흐름이 모두 완료된 후에는 합병 노드에 도달해 모든 활동을 완료한 뒤 '주문완료' 활동으로 이어진다.

결정 노드는 조건에 따라 여러 출력 흐름 중 하나를 선택한다. 예를 들어, '긴급주문'일 경우 '당일배달'이 수행되고, 그 외의 경우 '정규배달'이 수행된다. 여기서 주의할 점은 '당일배달' 또는 '정규배달'이 수행된 후 결합 노드를 사용한다는 것이다. 결합 노드를 사용하지 않으면, 두 개의 배달 활동과 '대금받기' 활동이 모두 병행되어 다음 활동인 '주문완료'로 이어진다고 잘못 해석될 수 있다. 따라서 결합 노드를 명확히 사용해 '당일배달'이나 '정규배달' 중 하나가 완료된 후에만 다음 활동으로 이어지도록 표기하는 것이 필요하다.

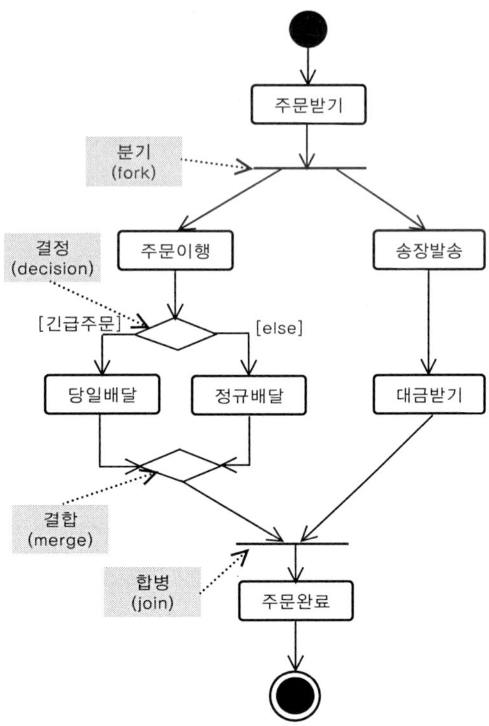

그림 A2.14 '주문처리' 비즈니스 프로세스에 대한 활동 다이어그램

활동 다이어그램은 프로그램의 복잡한 논리적 프로세스(알고리즘)를 표현하는 데 이

용한다. 이러한 알고리즘을 표현하기 위해 활동 다이어그램은 대부분의 프로그래밍 언어에서 제공하는 6가지 제어문을 표현할 수 있어야 한다. [그림 A2.15] (a)에서는 6가지 제어문에 대한 활동 다이어그램을 보인다. 여기서 주의할 점은 for/while, do-while 반복문에서 결정 노드가 결합 노드의 역할도 동시에 수행한다는 것이다. 표기법에 따르면, 결정 노드는 단일 입력 흐름을 가져야 하므로 결정 노드 위에 결합 노드를 사용해 두 개의 입력 흐름을 하나로 결합하는 것이 필요할 수 있다. 그러나 이는 다이어그램을 더욱 복잡하게 만들어 가독성을 저해할 수 있다. 따라서 상황에 따라 결합 노드를 적절히 생략하여 가독성을 높이는 것이 더 적합할 수 있다.

[그림 A2.15] (b)는 시스템에서 1~100 사이의 임의로 생성된 숫자와 사용자가 입력한 숫자를 비교하여 일치할 때까지 반복하는 'guessNum()' 메소드의 알고리즘에 대한 활동 다이어그램과 이에 상응하는 자바 코드를 보인다.

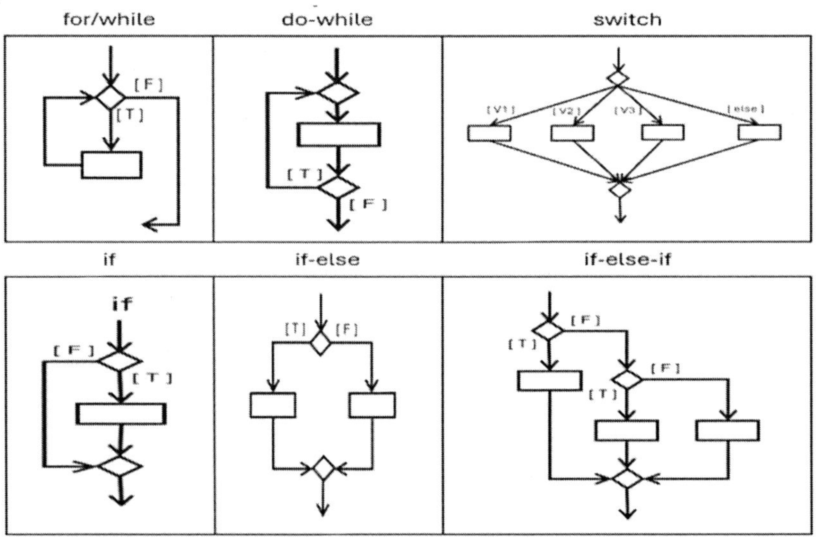

(a) 프로그램 제어문에 대한 활동 다이어그램

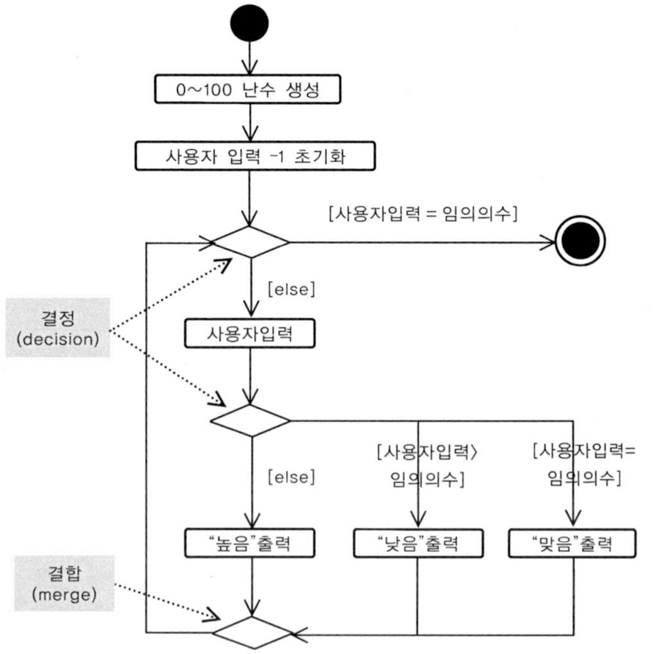


```
void guessNum( ) {
  int random_num = (int)(Math.random()*101); // 0~100 난수생성
  int user_num = -1;                          // -1 초기화

  Scanner scanner = new Scanner(System.in);

  while(random_num != user_num) {
    String user_num_str = scanner.nextLine(); // 사용자 입력
    user_num = Integer.parseInt(user_num_str);

    if(user_num > random_num)
        System.out.println("낮음");         // 낮음 출력
    else if(user_num == random_num)
        System.out.println("맞음");         // 맞음 출력
    else
        System.out.println("높음");         // 높음 출력
  }
}
```

(b) 알고리즘에 대한 활동 다이어그램과 자바코드

그림 A2.15 프로그램 알고리즘에 대한 활동 다이어그램 보기

구획면

활동 다이어그램은 각 활동에 대한 수행 책임이 누구에게 있는지 표현할 수 있다. 관련 활동에 책임을 표현하기 위해 활동 다이어그램은 구획면(swimlane) 표기법을 지원한다. [그림 A2.16]은 [그림 A2.14]의 활동 다이어그램에서 각 활동이 누구에게 책임이 있는지 이해할 수 있도록 구획면을 포함한 다이어그램이다.

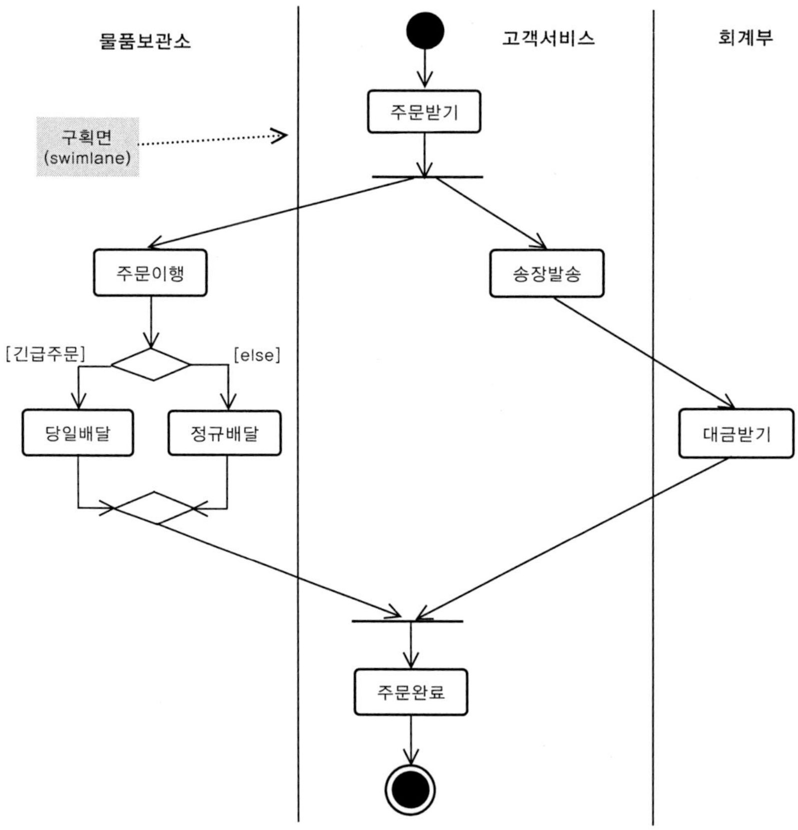

그림 A2.16 활동 다이어그램의 구획면 표기

서브 활동 다이어그램

활동 다이어그램은 활동 표기 내부에 갈퀴 표기에 의해 서브 활동으로 분해하여 새로운 활동 다이어그램으로 확장할 수 있다.

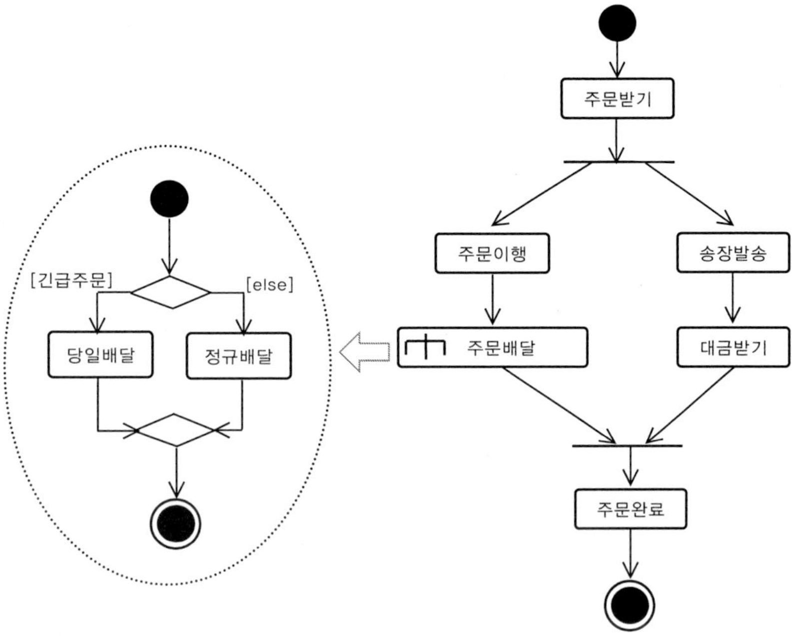

그림 A2.17 활동 다이어그램의 확장

시그널

시그널(signal) 표기는 외부에서 발생하는 사건(event)을 모델링하기 위해 사용한다. 사건은 주로 시간 경과나 외부로부터의 행위 요청이 발생하는 것을 의미한다. 활동 다이어그램은 이러한 외부 시그널이 발생했을 때 작업 흐름이 어떻게 진행되는지를 표현하는 표기법을 제공한다.

[그림 A2.18]은 UML에서 제공하는 두 종류의 시그널(타임 시그널, 수신 시그널)을 포함하는 활동 다이어그램을 보여준다. 시간 경과에 따른 타임 시그널은 특정 시간 이벤트가 발생할 때(예: 지난번 송장 발송 후 30일이 경과했지만 대금이 지불되지 않은 경우) '송장 재발송' 활동을 수행한다. 결합 노드를 통해 '송장 발송' 또는 '송장 재발송' 중 하나가 완료된 후 '대금 받기'가 수행된다. 수신 시그널 표기에 의해 '취소 요청' 사건이 발생하면 주문은 취소된다.

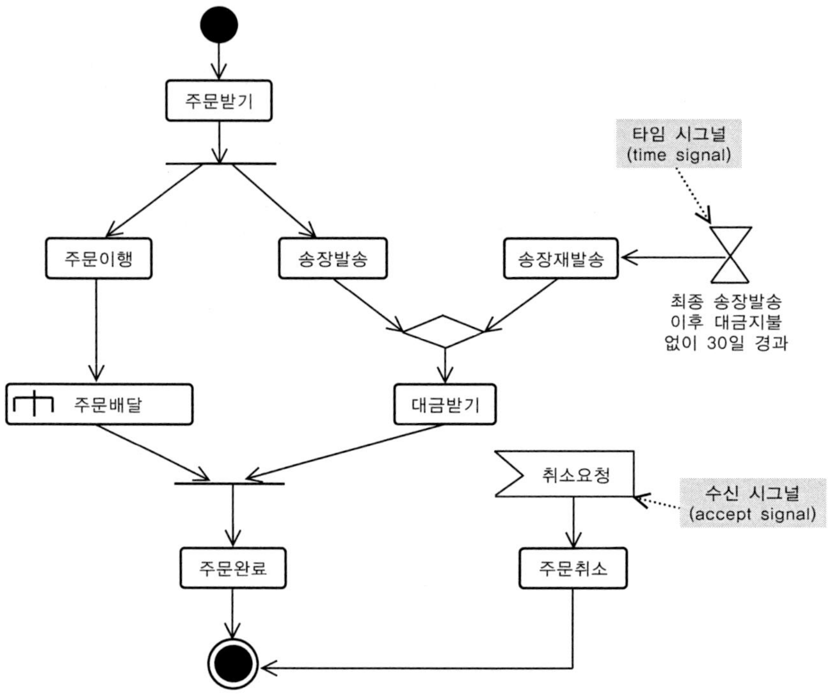

그림 A2.18 시그널을 포함하는 활동 다이어그램 보기

데이터 표현

활동 다이어그램은 작업 흐름을 표현할 뿐만 아니라 객체 노드를 통해 데이터 흐름도 표현할 수 있다. 객체 노드는 각 활동에서 생성되거나 사용되는 데이터를 나타내며, 이는 사각형으로 표기된다.

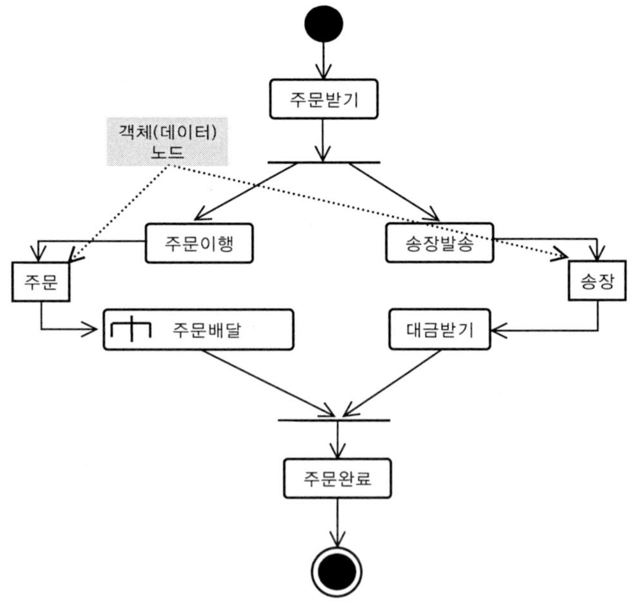

그림 A2.19 활동 다이어그램의 데이터 표현

최종 흐름

활동 다이어그램에서 작업 흐름이 끝나지 않았지만 특정 작업을 중지할 필요가 있을 때는 최종 흐름 노드를 사용할 수 있다. 예를 들어, 주문처리 과정에서 주문 품목을 창고에서 가져오면 재고 상태를 확인해 재주문이 필요한지 결정할 수 있다. 만약 창고에 남은 재고 수량이 10개 미만이면 상품을 재주문하고, 그렇지 않으면 작업 흐름을 중지한다. 동시에, 주문 품목에 대한 배달 준비와 수송은 상품 재주문과 병행하여 진행될 수 있다.

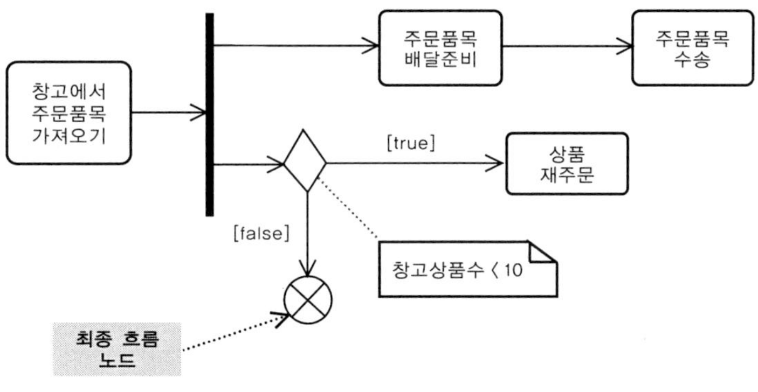

그림 A2.20 활동 다이어그램의 최종 흐름

A2.2.3 작성시 주의 사항

다음은 활동 다이어그램을 작성할 때 개발자가 주의해야 하는 내용들을 보인다.

- 사용사례의 이해를 돕기 위해 활동 다이어그램을 활용할 수 있다. 사용사례는 액터와 시스템 간의 상호작용을 텍스트로 기술한 것이지만, 복잡한 사용사례의 상호작용을 활동 다이어그램으로 표현하면 더욱 쉽게 이해할 수 있다.
- 단순하고 명확한 활동 다이어그램을 만들기 위해 서브 활동 다이어그램을 적절히 사용하여 복잡한 프로세스를 분리한다.
- 활동 다이어그램에서 각 활동의 추상화 수준을 비슷하게 유지해야 한다. 각 활동에 대한 세부 작업은 유사한 추상화 수준을 가져야 한다. 예를 들어, 활동 다이어그램에 '주문처리'와 '대금계산' 활동이 모두 존재할 경우, '주문처리'는 추상화 수준이 너무 높고 '대금계산'은 너무 세부적인 작업일 수 있다. '주문처리'는 여러 작업을 포함하는 반면 '대금계산'은 단순한 작업만을 수행하기 때문이다. 이런 경우, '주문처리' 활동을 더욱 세분화된 활동으로 나누는 것이 적절하다.

A2.3 상태기계 다이어그램

상태기계 다이어그램은 이벤트에 따른 특정 객체의 상태 변화를 표현한다. 객체는 상태를 가질 수 있으며 상태는 이벤트에 의해 변할 수 있다. 이와 같이 특정 객체의 복잡한 상태 변화를 표현하기 위해 상태기계 다이어그램을 이용한다.

A2.3.1 표기법

다음은 상태기계 다이어그램에 대한 표기법을 보인다.

표기	의미
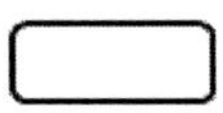	상태 · 특정 객체의 상태를 표현한다.
	전이 · 특정 상태에서 다른 상태로 변경되는 것을 표현한다. · 각 전이는 이벤트 정보를 포함한다. · 이벤트 발생에 의해 객체 상태는 전이한다.
이벤트	이벤트

	· 상태 변화를 유발하는 사건을 표현하며 전이 위에 표기한다.
	초기상태 · 객체가 생성되어 존재하는 처음 상태를 표현한다.
	최종상태 · 상태기계 다이어그램의 완성이나 객체의 제거를 의미한다.

그림 A2.21 상태기계 다이어그램 표기법

상태는 특정 시점에서 객체가 가지고 있는 속성 값을 의미한다. 전이는 객체가 한 상태에서 다른 상태로 변화하는 과정을 말한다. 이벤트는 특정 순간에 주목할 만한 사건이나 동작을 의미하며, 이를 통해 객체는 상태 변화를 겪게 된다. 이벤트의 예로는 '버튼 클릭', '텍스트 입력', '자동차 도착', '시간 경과' 등이 있다.

A2.3.2 상태기계 다이어그램 보기

[그림 A2.22]는 전화기 객체에서 발생할 수 있는 상태 변화를 이벤트에 따라 표현한 상태기계 다이어그램이다. 이 다이어그램에서 초기 상태는 전화기 객체의 생성과 다이어그램 시작을 의미하며, 전화기의 초기 상태는 '유휴' 상태로 시작한다. 전화기는 '유휴', '발신', '경고', '연결', '비연결'의 5가지 상태를 갖는다. '유휴' 상태에서 수화기를 드는 '올림' 이벤트가 발생하면 전화기는 '발신' 상태로 전이한다. '발신' 상태에서 전화번호를 입력하는 '번호입력' 이벤트가 발생하면 '연결' 상태로 전이하며, 번호를 입력하지 않고 10초가 경과하면 '경고' 상태로 전이한다. '비연결' 상태에서는 수화기를 놓으면 전화기는 다시 '유휴' 상태로 전이하지만, 전화기가 '도난'되는 이벤트가 발생하면 최종 상태로 전이한다. 최종 상태는 다이어그램의 종료를 의미하거나 생성된 객체의 제거를 의미한다. 모든 상태에서 수화기를 제자리에 두는 '놓음' 이벤트가 발생하면 전화기는 '유휴' 상태로 전이한다. 이 다이어그램에 해당하는 자바 코드에서는 이벤트는 메소드로, 상태는 속성으로, 전이는 메소드 호출에 따른 속성 값의 변경으로 구현된다.

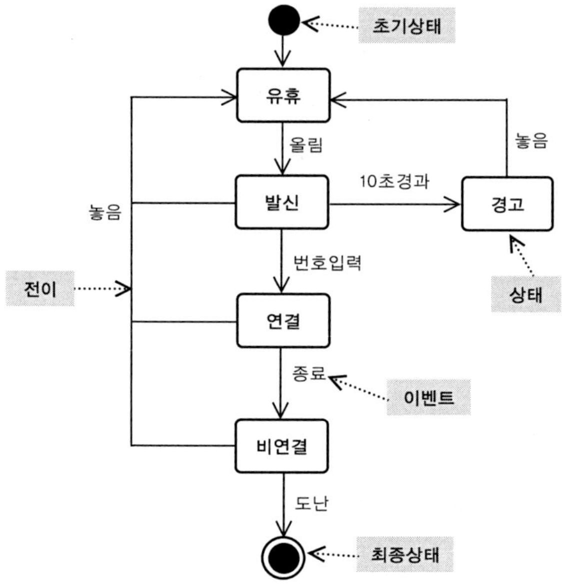


```
public class Telephone {
  private static final int IDLE = 1;         // 유휴상태
  private static final int DIALTONE = 2;     // 발신상태
  private static final int WARNING = 3;      // 경고상태
  private static final int CONNECTING = 4;   // 연결상태
  private static final int DISCONNECTED = 5; // 비연결상태
  private int state; // 전화기의 현재 상태

  public Telephone( ) {
    state = IDLE; // 전화기 생성시 유휴상태
  }
  public void pick_up( ) { // 올림 이벤트
    if(state == IDLE) state = DIALTONE;
  }
  public void put_down( ) { // 놓음 이벤트
    if(state == DIALTONE || state == WARNING ||
       state == CONNECTING || state == DISCONNECTED)
          state = IDLE;
    }
  public void time_out(int second) { //시간경과 이벤트
    if(state == DIALTONE)  state = WARNING;
  }
  public void press_num(int n) { // 번호입력 이벤트
    if(state == DIALTONE) state = CONNECTING;
  }
  public void stop( ) { // 종료 이벤트
    if(state == CONNECTING) state = DISCONNECTED;
  }
```

```
public static void main(String[] args) {
  Telephone tel = new Telephone( );

  tel.pick_up( );
  tel.time_out(10);

  tel.put_down( );
  tel.pick_up( );
  tel.put_down( );  // 유휴상태

  tel.put_down( );  // 전이불가
  tel.time_out(10); //전이불가
  tel.pick_up( );   // 발신상태

  tel.press_num(5);
  tel.stop( );
  tel.rob( );
  tel.pick_up( );
}
```

```
  public void rob( ) { // 도난 이벤트
    if(state == DISCONNECTED) state = 0;
  }
}
```

그림 A2.22 '전화기' 객체에 대한 상태기계 다이어그램과 자바코드

A2.3.3 전이 상세 표기

상태 변화를 유발하는 이벤트는 전이 표기 위에 명시한다. [그림 A2.23]과 같이 이벤트에 조건과 활동 정보를 추가로 표기할 수 있다. 이벤트는 전이를 일으키는 사건이며, 단일 이벤트가 일반적이지만 여러 이벤트를 동시에 표기할 때는 쉼표(',')를 사용한다. 전이하기 위해 만족해야 하는 조건이 있을 경우, 그 조건은 대괄호([ ])로 표시한다. 또한, 전이 중에 수행해야 하는 활동이 있다면 '/' 기호 뒤에 활동을 나열할 수 있다. 예를 들어, [그림 A2.24]의 상태 다이어그램은 "유휴' 상태의 전화기가 합법적인 전화기일 때, 수화기를 들면 발신음이 울리고 전화기는 발신 상태로 전이한다"로 해석할 수 있다.

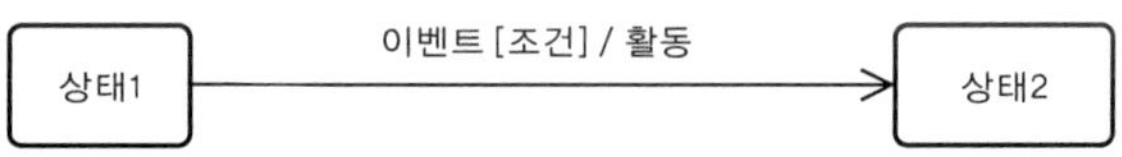

그림 A2.23 전이에 대한 상세 표기법

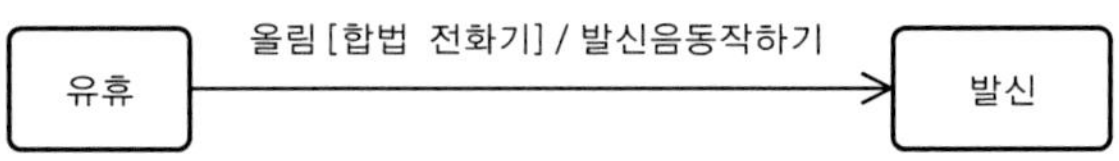

그림 A2.24 전이 보기

전이에 포함되는 이벤트, 조건, 활동은 생략될 수 있다. 활동을 생략하면 전이 동안 아무것도 수행하지 않는 다는 것을 의미하며, 조건을 생략하면 이벤트가 발생할 때마다 항상 전이되는 것을 의미한다.

A2.3.4 상태 상세 표기

전이에 대한 상세 표기처럼, 상태도 이벤트나 활동 등의 추가 정보를 표기할 수 있다. 상태 내부에는 다양한 이벤트를 표기할 수 있지만, UML에서는 미리 정의된 세 가지 특별한 이벤트인 entry, exit, do를 지원한다. entry 이벤트는 상태로 들어갈 때, exit 이벤트는 상태에서 나올 때 항상 발생하며, do 이벤트는 해당 상태에 있는 동안 지속적으로 발생한다. 이러한 이벤트가 발생할 때마다 관련된 활동이 수행된다.

[그림 A2.25]에서는 복사기의 상태기계 다이어그램을 보여준다. 복사기는 '정지', '예열', '준비', '용지 없음', '복사', '종이걸림'의 6가지 상태를 가진다. '정지' 상태에서 '스위치-on' 이벤트가 발생하면 복사 개수를 1로, 크기를 기본 값으로 초기화한 후 '예열' 상태로 전이된다.

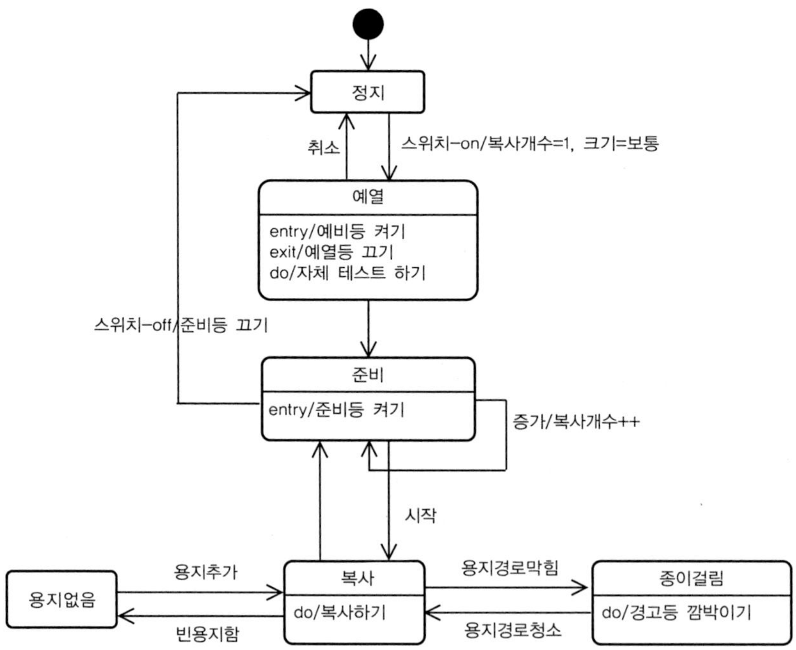

그림 A2.25 '복사기' 객체에 대한 상태기계 다이어그램

'예열' 상태는 자체적으로 이벤트와 활동을 포함한다. '예열' 상태로 들어갈 때는 entry 이벤트에 의해 '예열등켜기' 작업이 수행되고, 상태에서 나올 때는 exit 이벤트에 의해 '예열등끄기' 작업이 수행된다. 또한, do 이벤트에 의해 '예열' 상태에 있는

동안 '자체테스트하기'가 지속적으로 수행된다.

'예열' 상태에서 '자체테스트하기'를 수행하는 중에 '취소' 이벤트가 발생하면 '정지' 상태로 전이된다. '예열' 상태에서 '준비' 상태로 전이할 때는 별도의 이벤트가 없으며, 이는 '자체테스트하기'가 완료되면 자동으로 '준비' 상태로 전이됨을 의미한다.

활동을 전이에 포함하는 것과 상태에 포함하는 것의 의미는 다르다. 특정 상태로의 모든 전이가 동일한 활동을 수행해야 한다면, 해당 활동을 전이에 표기하기보다는 상태에 포함시키는 것이 다이어그램을 더욱 간결하게 만들 수 있다.

[그림 A2.26]은 '자동문 제어기' 객체에 대한 상태기계 다이어그램을 보인다. 자동문은 '누름' 버튼을 통해 열리고 닫힌다. '닫힘'과 '닫히는중' 상태에서 '누름' 이벤트가 발생하면 '가속하기' 행위가 수행되며 '열리는중' 상태로 전이된다. 즉, '열리는중' 상태로 전환되는 모든 전이가 '가속하기' 활동을 수행하는 것이다. 이러한 경우, [그림 A2.27]과 같이 '가속하기' 활동을 '열리는중' 상태의 'entry' 이벤트에 포함시키는 것이 더욱 간결한 상태기계 다이어그램을 만들 수 있다. 결국, [그림 A2.26] 과 [그림 A2.27]의 상태 다이어그램은 동일한 의미를 갖는다.

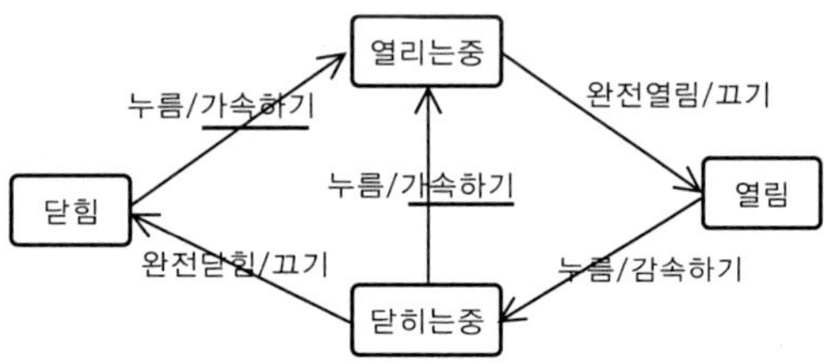

그림 A2.26 전이에 포함된 활동

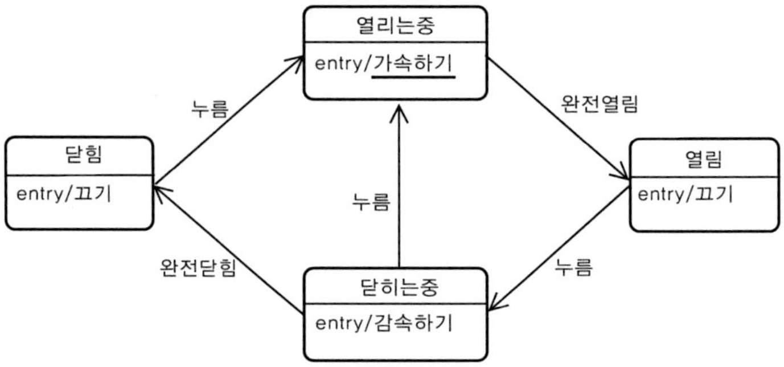

그림 A2.27 상태에 포함된 활동

연 습 문 제

A2.1. 다음 중 사용사례 작성시 고려해야 할 내용으로 가장 거리가 먼 것을 3개 선택하라.

① 사용사례는 사용자의 품질과 관련된 비기능 요구를 발견하는데 가장 효과적인 방법이다.

② 사용사례 다이어그램은 상위 수준에서 시스템의 범위와 주요 기능파악을 돕는다.

③ 개발 초기 다양한 사용사례 관계를 파악하기 위해 많은 노력을 기울이는 것이 필요하다.

④ 사용사례에 상세한 사용자 인터페이스 컴포넌트들을 언급하지 말아야 한다.

⑤ 사용사례는 주어와 목적어를 이용하여 명확히 기술한다.

⑥ 사용사례는 추상화 수준이 가장 높은 상태로 기술하는 것이 필요하다.

A2.2. 요구 추출, 분석, 설계에서 UML 활동 다이어그램이 어떻게 이용될 수 있는지 설명하라.

A2.3. 사용사례 작성시 '사용사례는 분석할 가치가 있을 정도의 동일 추상화 수준으로 작성'하는 것을 강조한다. 지나치게 낮은 추상화 수준의 사용사례 작성시 문제점을 설명하라.

A2.4. 다음 문장에 대한 사용사례 다이어그램을 그려라.

> '병원예약시스템'에서 외부 액터인 '간호원'은 '예약하기' 사용사례를 이용한다. '예약하기' 사용사례는 '지불처리' 사용사례를 이용(포함)한다.

A2.5. 다음은 '쇼핑몰 시스템'의 '주문처리' 사용사례를 보인다. 각 문제에 답하라.

> 1. 회원은 제품을 선택한다.
> 2. 시스템은 선택한 제품의 이름, 가격, 현재 합계를 보인다.
>   회원이 선택한 모든 제품에 대하여 1~2번을 반복한다.
> 3. 시스템은 세금을 포함한 총합계를 보인다.
> 4. 회원은 총합계를 지불한다.
>   – 계좌이체로 지불하면 '계좌이체' 사용사례를 수행한다.
>   – 신용카드로 지불하면 '신용카드' 사용사례를 수행한다.
> 5. 시스템은 모든 정보를 '재고관리시스템'에 보낸다.

1) 사용사례 다이어그램을 작성하라.

2) 다음 부분 활동 다이어그램을 완성하라. (시작/종료 노드는 생략된다)

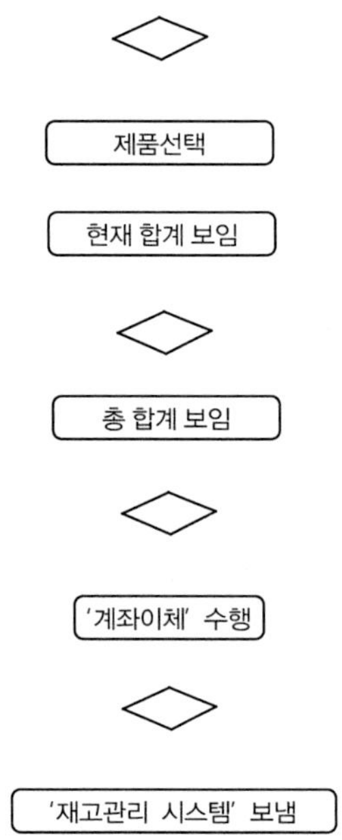

A2.6. 다음 복사기 객체의 상태 변화에 대한 상태기계 다이어그램을 그려라.

> 복사기는 '준비' 상태와 '복사' 상태를 갖는다. '준비' 상태에서 '증가' 이벤트가 발생하면 '복사개수증가' 행위를 수행하고 다시 '준비' 상태로 전이한다. '준비' 상태에서 '시작' 이벤트가 발생하면 '복사' 상태로 전이한다. '복사' 상태에 있는 동안 '복사하기' 행위를 계속 수행하고, '복사하기'를 완성하면 자동으로 '준비' 상태가 된다.

A2.7. 다음은 전이에 활동을 포함시킨 상태기계 다이어그램이다. 상태에 활동을 포함시킨 동일한 다이어그램으로 전환하라.

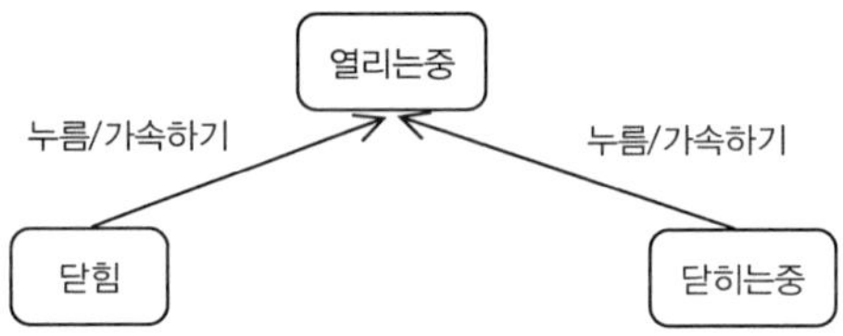

부록

A3 상호작용 다이어그램

상호작용 다이어그램은 시스템의 동적 행위를 표현하는 행위 다이어그램 중 하나이다. 이 중에서 순서 다이어그램과 통신 다이어그램은 객체들 사이의 상호작용을 통해 그들의 협력 관계를 묘사하기 때문에 특별히 상호작용 다이어그램으로 분류된다. 다른 행위 다이어그램, 예를 들어 상태기계 다이어그램은 주로 단일 객체의 상태 변화를 표현하기 위해 사용되지만, 순서 다이어그램과 통신 다이어그램은 여러 객체 사이의 상호작용을 표현하기 위해 사용된다.

순서 및 통신 다이어그램은 사용사례 시나리오를 수행하기 위해 여러 객체들이 어떻게 상호작용하는지를 표현한다. 즉, 시나리오가 성공적으로 수행되기 위해 객체들이 서로 협력하는 방식을 보여준다. 이러한 다이어그램들은 시나리오에 참여하는 객체들과 이들 객체 사이의 정보 교환을 위한 메시지 전달을 시각적으로 표현한다. 순서 다이어그램은 메시지 전달의 시간적 순서를 강조하며, 통신 다이어그램은 객체들 간의 관계를 더 중점적으로 다룬다.

A3.1 순서 다이어그램

순서 다이어그램은 시간에 중점을 두고 객체 사이의 메시지 호출 순서를 보이는 다이어그램이다.

A3.1.1 표기법

다음은 순서 다이어그램에 대한 표기법을 보인다.

표기	의미
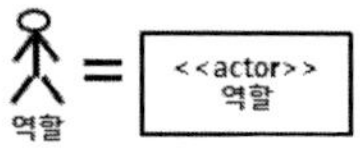	액터 · 시스템 외부에 존재하는 액터를 표현한다. · 시스템과 메시지를 주고받으며 순서 다이어그램에 참여하는 외부 액터를 표현한다.
객체 : 클래스	객체 · 메시지를 주고받으며 순서 다이어그램에 참여하는 객체를 표현한다.
	생명선(lifeline) · 객체 수명을 표현하며 객체가 더 이상 존재하지 않을 때 생명선 끝에 X를 표시한다.
	활동막대(activation bar) · 생명선 내에서 메시지의 주고 받음에 의해 객체가 실행하는 기간을 표현한다. · UML 2.0부터 실행명세막대(execution specification bar)라고 부른다.
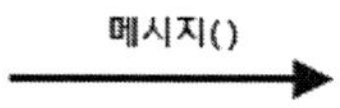	호출 · 객체 사이의 정보 전달을 위한 수단으로써 특정 객체의 연산 요청(호출)을 표현한다. · 메시지 이름과 매개변수를 화살표 위에 작성한다. · 동기(—►), 비동기(—>), 객체생성(-->) 메시지로 분류된다.
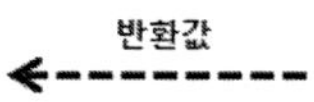	반환 · 메시지의 반환 값을 표현한다.
	객체파괴 · 객체가 더 이상 존재하지 않을 때 생명선 끝에 삽입한다. · 가비지 컬렉션을 수행하는 자바에서는 불필요한 표기이며 C++에서 명시적으로 객체를 파괴할 때 적용 가능하다.

그림 A3.1 순서 다이어그램 표기법

A3.1.2 순서 다이어그램 보기

시나리오에 참여하는 액터와 협력 객체는 순서 다이어그램의 상단에 나열한다. 나열 순서는 고정적이지 않지만, 호출 순서를 고려하여 다이어그램이 복잡하지 않도록 배치하는 것이 좋다. 객체의 생명선은 해당 객체 아래에 점선으로 표기되며, 순서 다이어그램은 위에서 아래로 읽어가며 메시지 호출 순서를 나타낸다. 생명선 사이의 화살표는 객체 간의 메시지 호출을 통해 이루어지는 상호협력을 나타낸다.

[그림 A3.2]는 [그림 A2.10]에서 소개한 병원 예약 시스템의 '예약하기' 사용사례의 정상 시나리오 실현을 위한 순서 다이어그램이다. 이 다이어그램은 병원 예약을 위해 액터와 시스템 객체들이 어떻게 상호작용해야 하는지를 표현한다.

- '환자'는 '간호원' 객체에게 이름과 시간 데이터(매개변수)와 함께 '예약생성( )' 메시지를 요청(호출)한다. 구체적인 '간호원' 객체 이름은 결정되지 않았다.
- '간호원' 객체는 '예약생성( )' 연산을 포함하고 '예약요청( )' 연산이 활동하는 기간은 활동막대 길이로 표시한다.
- '간호원' 객체가 '예약생성( )' 연산을 수행하기 위해 다른 4개의 객체들과 메시지를 주고 받으며 상호협력한다. 상호협력을 위한 메시지 호출 순서는 다음과 같다.
  ① 환자 정보 검색을 위해 '환자목록' 객체에게 '환자검색( )' 메시지를 보낸다.
  ② 예약 환자가 과거에 정상적으로 병원비를 지불했는지 확인하기 위해 기존 환자들의 지불 기록을 갖고 있는 '지불목록' 객체에게 '지불확인( )' 연산을 요청한다.
  ③ 병원의 전체적인 예약 일정을 확인하기 위해 '예약일정' 객체에게 '일정확인( )' 메시지를 요청하고, '예약일정' 객체는 예약 가능한 날짜와 시간을 반환한다.
  ④ 반환 정보에 기초하여 '간호원' 객체는 새로운 '예약' 객체를 생성한다.
  ⑤ '간호원'은 '환자'에게 '예약' 객체를 반환하고, '예약생성( )' 연산을 마감한다.
- '예약' 객체 생성은 생성되는 시점에 사각형으로 표시된 객체까지 객체생성 메시지 요청 화살표에 의해 표기된다.
- 더 이상 객체가 존재할 필요가 없을 때 해당 객체의 생명선 끝에 'X'를 표기한다. 자바에서 불필요한 표기이다.

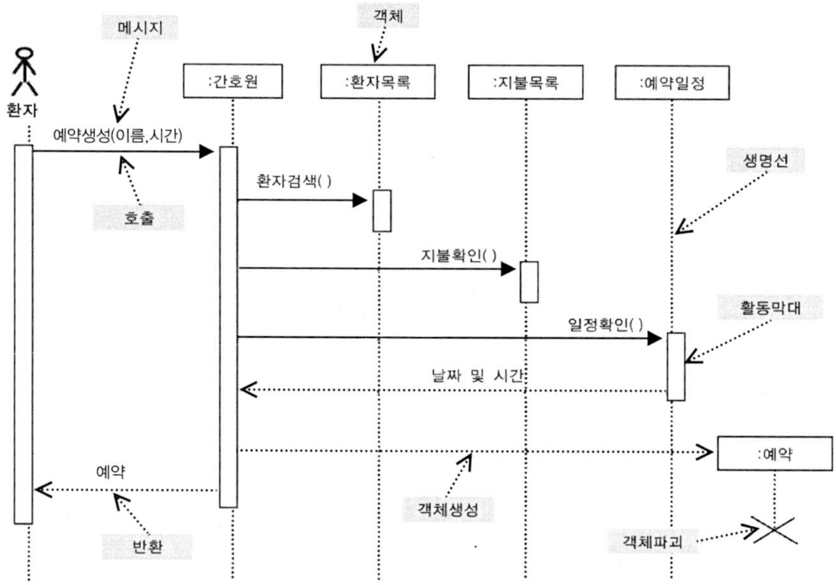

그림 A3.2 '예약하기' 순서 다이어그램

[그림 A3.3]은 '예약하기' 순서 다이어그램을 구현한 자바 코드를 보여준다. 이 코드에서는 순서 다이어그램에서 생략되었던 반환 값과 메시지에 전달되는 매개변수를 모두 포함하였다.

```
class 환자 {
    public static void main( ) {
        간호원 nurse = new 간호원( );
        nurse.예약요청("현우", 241019);
    }
}
```

```
class 간호원 {
    환자목록 pat = new 환자목록( );
    지불목록 pay = new 지불목록( );
    예약일정 sch = new 예약일정( );

    예약 예약요청(String 이름, int 시간) {
        String patInfo = pat.환자검색( );
        boolean payCheck = pay.지불확인( );
        Date schInfo = sch.일정확인( );
        예약 rsv = new Reservation( );
        ....................................
        return 예약;
    }
}
```

그림 A3.3 '예약하기' 순서 다이어그램에 대한 자바코드

[그림 A3.2]의 '예약하기' 순서 다이어그램은 완성된 다이어그램이 아니다. 예를 들어, '예약일정' 객체는 '일정확인( )' 메시지에 대해 '날짜와 시간'이라는 반환 값을 표기했지만, '환자검색( )' 및 '지불확인( )' 메시지에 대한 반환 값은 생략되었다. 순서 다이어그램에서 반환 값을 표기하는 것은 특별히 중요하거나 강조해야 할 필요가 있을 때만 표기하며, 상식적으로 이해할 수 있는 반환 값에 대해서는 생략하는 것이 일반적이다. 모든 반환 값을 다이어그램에 표기할 경우, 다이어그램이 지나치게 복잡해져서 이해하기 어려워질 수 있다.

A3.1.3 책임 분산

시나리오 실현을 위한 객체 사이의 협력 방식은 다양할 수 있으며, 시나리오 수행에 대한 책임이 소수의 객체에 집중될 수도, 여러 객체에 분산될 수도 있다. 이에 따라 순서 다이어그램은 그 형태가 달라질 수 있다. 예를 들어, 다음 '주문가격계산' 시나리오를 가정해 보자.

> 주문에 대한 총 가격을 계산하기 위해 판매원은 주문을 받는다. 주문에 포함된 각 주문 항목을 확인하고 각 항목에 대한 가격을 확인한다. 고객 등급 할인율에 따라 할인 가격을 결정한다. 모든 주문 항목의 총합계 가격을 계산한다.

[그림 A3.4]는 '주문가격계산' 시나리오 수행을 위해 특정 객체에 책임이 집중된 순서 다이어그램을 보인다. 이 다이어그램에서 '판매원' 액터가 '가격계산( )' 메시지를 요청하면, '주문' 객체는 해당 요청을 처리한다. '주문' 객체는 주문 항목에 대한 수량을 확인하기 위해 '주문항목' 객체에 '수량확인( )' 메시지를 보내고, 상품의 유무를 확인하기 위해 '상품확인( )' 메시지를 보낸다. 또한, '상품' 객체에 '가격확인( )' 메시지를 보내 주문 상품의 가격 정보를 얻은 후, 이를 바탕으로 자신의 '기본가격계산( )' 연산을 수행한다.

'주문' 객체는 고객의 등급에 따른 할인 정보를 확인하기 위해 '고객' 객체에 '할인정보확인( )' 메시지를 보내고, 반환된 결과를 바탕으로 '할인가격계산( )' 연산을 수행한다. 최종적으로 '주문' 객체는 모든 정보를 취합하여 '총합계가격'을 계산하고 이를 '판매원'에게 반환한다. 이러한 경우, '주문가격계산'에 대한 모든 책임은 '주문' 객체에 집중되어 있으며, 협력 객체들은 단지 정보 제공 역할을 한다.

이처럼 책임이 소수의 객체에 집중될 경우, 협력 객체는 정보를 제공하는 역할만 수행하고, 주문처리에 대한 대부분의 책임은 하나의 객체가 갖게 된다.

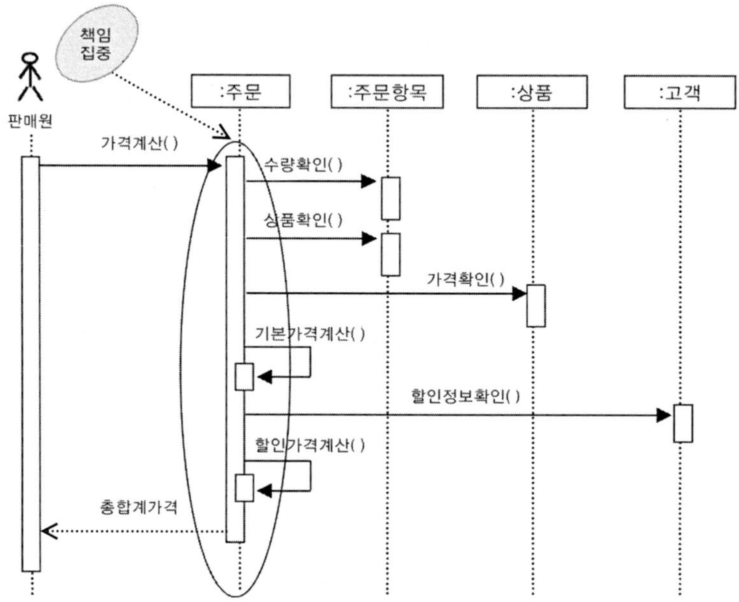

그림 A3.4 책임이 집중된 순서 다이어그램

[그림 A3.5]는 시나리오 수행을 위해 여러 객체에게 책임을 분산한 순서 다이어그램을 보인다. '주문' 객체에 모든 책임을 집중시켰던 [그림 A3.4]와 달리, 이번 다이어그램에서는 기본 가격 계산 책임을 '주문항목' 객체에게, 등급에 따른 할인 가격 계산 책임은 '고객' 객체에게 위임한다. 즉, '주문항목'과 '고객' 객체가 각각의 역할을 담당하게 되면서 책임이 분산된다.

이처럼 책임을 여러 객체에 분산하는 방식은 전형적인 객체지향 모델링 방법으로, 특정 객체에 책임이 집중된 모델링과는 차이를 보인다. 책임이 집중된 모델은 모든 제어가 한곳에 모여 있기 때문에 구조가 단순해 보일 수 있지만, 재사용성과 유지보수 측면에서는 불리하다. 반면, 책임을 분산하면 시스템을 수정할 때 그 변경의 범위가 특정 객체에 한정될 수 있어, 재사용과 유지보수가 훨씬 용이해진다.

따라서 객체지향 시스템에서 책임 분산은 코드의 유연성과 확장성을 높이는 중요한 설계 방법으로 활용된다.

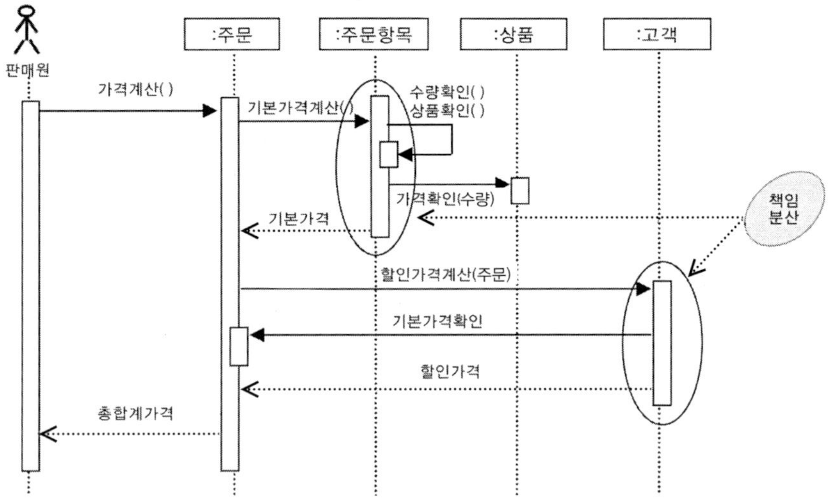

그림 A3.5 책임이 분산된 순서 다이어그램

A3.1.4 제어 구조

[그림 A3.4]의 '주문가격계산' 순서 다이어그램에서는 단일 주문 항목의 가격만 계산하는 시나리오를 보인다. 모든 주문 항목의 가격을 계산하려면 반복적인 메시지 호출이 필요하다. 또한, 일반 고객과 특별 고객에 따라 할인 적용이 달라지기 때문에 선택 구조도 필요하다. UML에서는 이러한 반복과 선택 구조를 지원하기 위해 프레임과 연산자 표기법을 제공한다. 다이어그램 영역에 경계를 표시하는 프레임은 사각형으로 표기하며, 그 안에 다이어그램 종류와 연산자 종류를 적어 제어 흐름을 명시한다.

[그림 A3.6]은 UML에서 정의된 주요 다이어그램 종류와 연산자에 대한 설명을 보인다.

다이어그램	설명	연산자	설명
SD	순서 다이어그램	alt	여러 조건 중 하나만 수행(alternative)
ACT	활동 다이어그램	opt	조건이 참이면 수행(optional)
CMP	컴포넌트 다이어그램	par	병행 수행(parallel)
PKG	패키지 다이어그램	loop	조건을 만족하면 반복 수행(loop)
STM	상태기계 다이어그램	ref	다른 상호작용 다이어그램 참조(reference)
UC	사용사례 다이어그램		

그림 A3.6 프레임에서 다이어그램 종류와 연산자 종류

[그림 A3.7]은 '주문가격계산'에 대한 반복과 선택 구조를 포함한 순서 다이어그램을 보여준다. 이 다이어그램의 전체를 감싸는 프레임의 왼쪽 상단에는 다이어그램 종류인 'SD'와 제목인 '주문가격계산'을 적는다. 선택 구조인 'alt' 연산자를 사용해 조건에 따라 일반 고객일 경우에는 가격 할인 없이 기본 가격을 계산하고, 그렇지 않은 경우 할인 가격을 계산하도록 한다. 반복 구조는 'loop' 연산자를 사용해 모든 주문 항목에 대해 '수량확인()'과 '상품확인()' 메시지를 요청한 후, '가격확인( )'이나 '할인정보확인( )' 메시지 중 하나를 요청한다.

이러한 방식으로 UML의 프레임과 연산자 표기법을 활용하면, 복잡한 제어 흐름을 명확하게 표현할 수 있다.

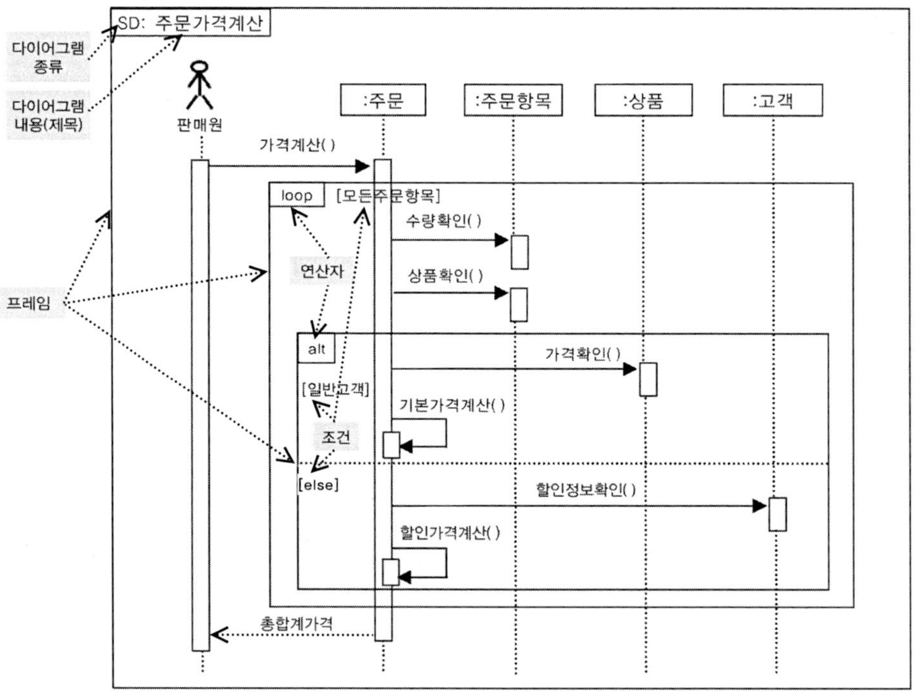

그림 A3.7 제어 구조를 포함한 순서 다이어그램

[그림 A3.8]은 'opt', 'par', 'ref' 연산자에 대한 보기를 보인다. 'opt' 연산자는 길이가 10일 때만 '계산하기( )' 메시지를 호출하는 조건적 수행을 표현한다. 'par' 연산자는 'A' 객체에서 'B'와 'C' 객체로 각각 '계산하기( )' 메시지를 병행하여 호출하는 병행

처리를 나타낸다. 마지막으로, 'ref' 연산자는 별도로 작성된 '목욕하기' 순서 다이어그램을 참조하도록 하여 다이어그램 사이의 참조를 가능하게 한다.

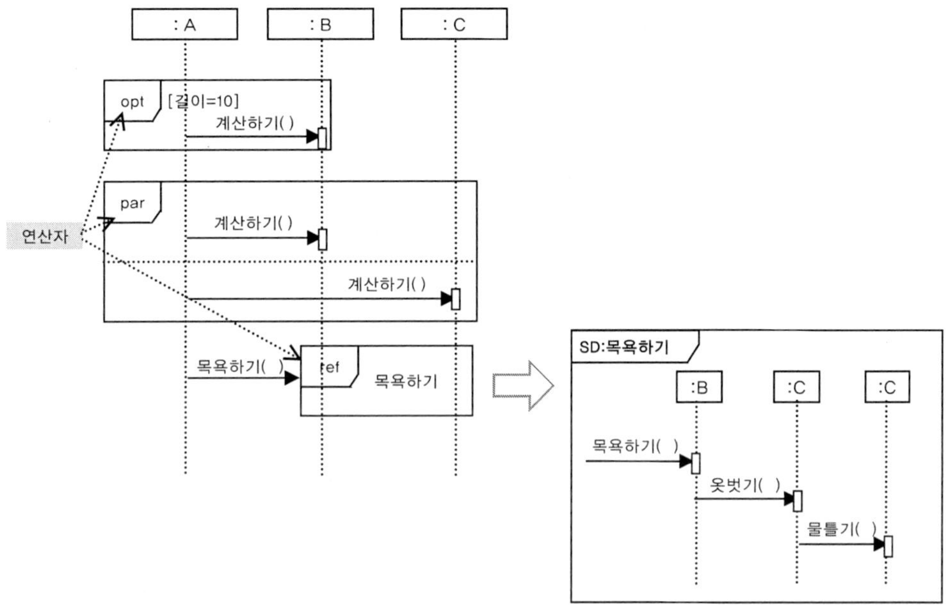

그림 A3.8 'opt', 'par', 'ref' 연산자 사용 보기

A3.1.5 동기와 비동기 메시지

동기 메시지는 호출 객체가 호출된 객체의 작업이 완료될 때까지 기다리는 메시지를 의미한다. 반면, 비동기 메시지는 호출 객체가 호출된 객체의 작업 완료를 기다리지 않고, 메시지를 보낸 후 곧바로 자신의 작업을 계속하는 메시지이다. 동기 메시지는 '직선 화살표'로, 비동기 메시지는 '단선 화살표'로 표시한다. 지금까지 설명했던 메시지들은 모두 동기 메시지에 해당한다. 비동기 메시지는 병렬 처리를 지원하는 다중 실행 쓰레드(thread) 환경에서 자주 사용된다. 비동기 메시지를 보내는 객체를 활동 객체(active object)라 하며, 이 객체는 독립적으로 실행할 수 있는 쓰레드를 소유한다. 활동 객체는 사각형 내부에 두 개의 직선을 추가하여 표시한다.

[그림 A3.9]에서 '시작하기( )' 동기 메시지를 받은 '시계' 객체는 활동 객체인 '타이머' 객체를 생성한 후, 타이머를 시작하기 위해 비동기 메시지 '실행( )'을 보낸다. '타이머' 객체인 '나의타이머'는 활동 객체이므로 비동기 메시지인 '실행( )' 메시지를

받을 수 있다. 이때 '시계' 객체는 '타이머' 객체의 '실행( )' 연산을 기다리지 않고 자신의 작업을 계속 진행한다. 한편, 활동 객체인 '나의타이머'는 자체 실행 쓰레드에 의해 독립적으로 '실행( )' 작업을 수행한다.

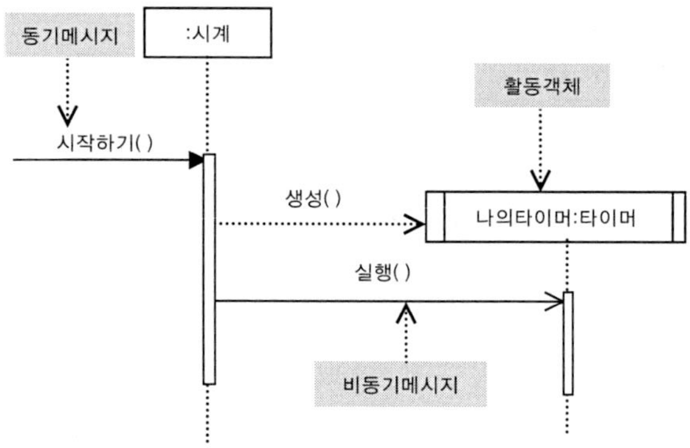

그림 A3.9 동기와 비동기 메시지

[그림 A3.10]은 [그림 A3.9]의 비동기 메시지를 구현한 자바 코드를 보인다. 자바에서 비동기 메시지를 지원하기 위해 'Runnable' 인터페이스와 'Thread' 클래스를 제공한다. 'Thread' 클래스는 'Runnable' 인터페이스를 구현하며, 활동 객체는 Thread 객체를 의미한다. 자바에서 Thread 객체를 생성하기 위해 Thread 클래스를 상속하거나 'Runnable' 인터페이스를 구현하는 것이 필요하다.

[그림 A3.10] (a)는 활동 객체인 '타이머'가 Thread 클래스를 상속한 보기이며, [그림 A3.10] (b)는 Runnable 인터페이스를 구현한 보기를 보인다. 외부에서 '시계' 객체의 '시작하기( )' 메시지를 호출하면, '시작하기( )' 메소드 내부에서 활동 객체인 '타이머'가 생성되고, '타이머'의 '실행( )=start()' 메시지가 호출된다. 이때 '실행( )' 메소드는 내부적으로 '타이머'의 'run( )' 메소드를 호출하며, 'run( )' 메소드 내에서 활동 객체가 실행될 때 수행할 작업이 정의된다. 이후 '시계' 객체는 '타이머' 객체의 run( ) 메소드가 완료되기를 기다리지 않고, 자신의 작업을 계속해서 수행한다. [그림 A3.10] (c)는 [그림 A3.9]의 비동기 메시지에 대응하는 클래스 다이어그램을 보인다.

```
public class 시계 {
   public void 시작하기( ) {
      타이머 나의타이머 = new 타이머( ); // 생성( )
      나의타이머.start( );  // 실행( )
      ......시계 작업........
   }
}
```

```
public class 타이머 extends Thread {
    public void run( ) {
        ......타이머 작업......
    }
}
```

(a) Thread 클래스 상속 방법

```
public class 시계 {
   public void 시작하기( ) {
      Thread 나의타이머 =
                new Thread(new 타이머( )); // 생성( )
      나의타이머.start( );  // 실행( )
      ......시계 작업........
   }
}
```

```
public class 타이머 implements Runnable {
   public void run( ) {
       ......타이머 작업......
   }
}
```

(b) Runnable 인터페이스 구현 방법

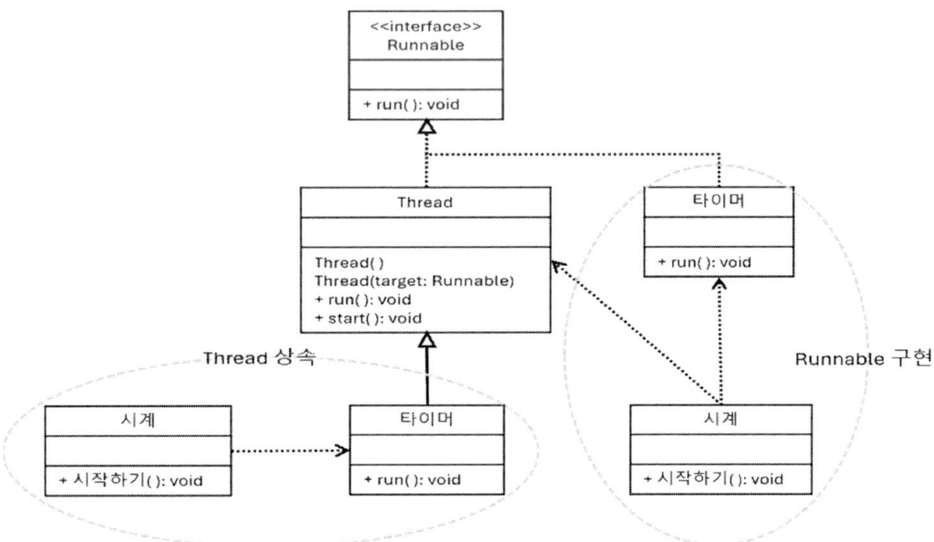

(c) 비동기 메시지에 대한 클래스 다이어그램

그림 A3.10 비동기 메시지에 대한 자바코드 및 클래스 다이어그램

A3.1.6 작성 가이드라인 및 특징

- 하나의 사용사례에 대하여 최소 하나의 주요 시나리오에 대한 순서 다이어그램을 작성한다.
- 순서 다이어그램은 각 협력 객체의 책임 집중 정도를 보이며 적절한 책임 분산을 위한 기초적인 정보를 제공한다.
- 순서 다이어그램에 UML 제어 구조를 포함하는 것은 다이어그램을 더욱 복잡하게 한다. 순서 다이어그램의 주된 목적은 시간 순서에 의한 객체 사이의 협력 관계를 보이는 것이므로 제어 구조가 복잡하다면 활동 다이어그램으로 표현하는 것이 더욱 효과적일 수 있다.

A3.2 통신 다이어그램

통신 다이어그램은 순서 다이어그램과 마찬가지로 객체 간의 상호작용을 표현하는 다이어그램이다. 두 다이어그램의 차이점은 순서 다이어그램이 시간에 따른 메시지 전달 순서를 강조하는 반면, 통신 다이어그램은 객체 간의 관계를 강조한다는 점이다. 통신 다이어그램은 UML 1.x 버전에서는 협력 다이어그램이라고 불렸다.

A3.2.1 다이어그램 전환

시간에 따른 메시지 순서를 중시하는 순서 다이어그램은 객체 간의 관계를 중시하는 통신 다이어그램으로 전환될 수 있다. 비록 순서 다이어그램과 통신 다이어그램이 동일한 의미를 가질 수 있지만, 두 다이어그램을 모두 작성함으로써 객체 사이의 협력관계를 더욱 잘 이해할 수 있다.

[그림 A3.11], [그림 A3.12], [그림 A3.13]은 각각 [그림 A3.2], [그림 A3.4], [그림 A3.5]에 해당하는 순서 다이어그램을 통신 다이어그램으로 전환한 보기를 보인다. 통신 다이어그램에서는 객체 간의 연결 관계를 직선으로 표시하고, 메시지는 직선 위에 표시되며, 메시지 순서는 번호로 나타낸다. 화살표는 메시지의 흐름을 보여준다.

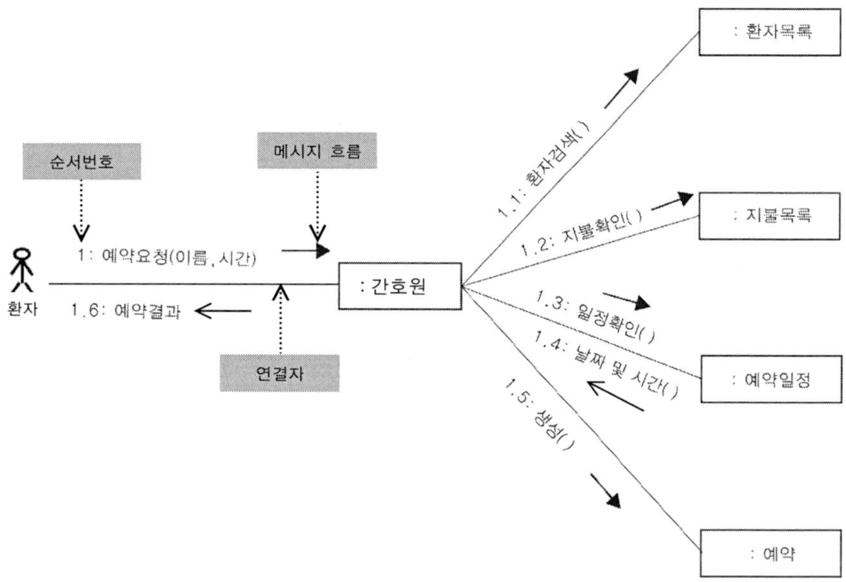

그림 A3.11 '병원예약' 통신 다이어그램

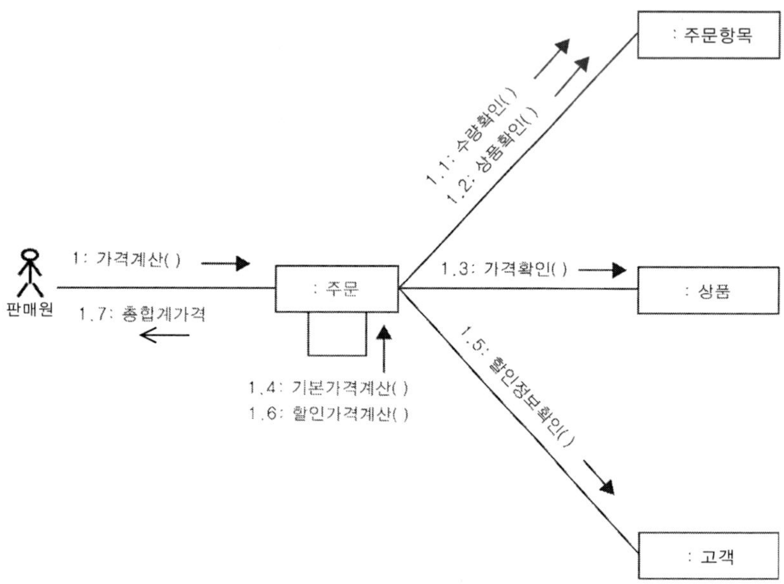

그림 A3.12 책임이 집중된 통신 다이어그램

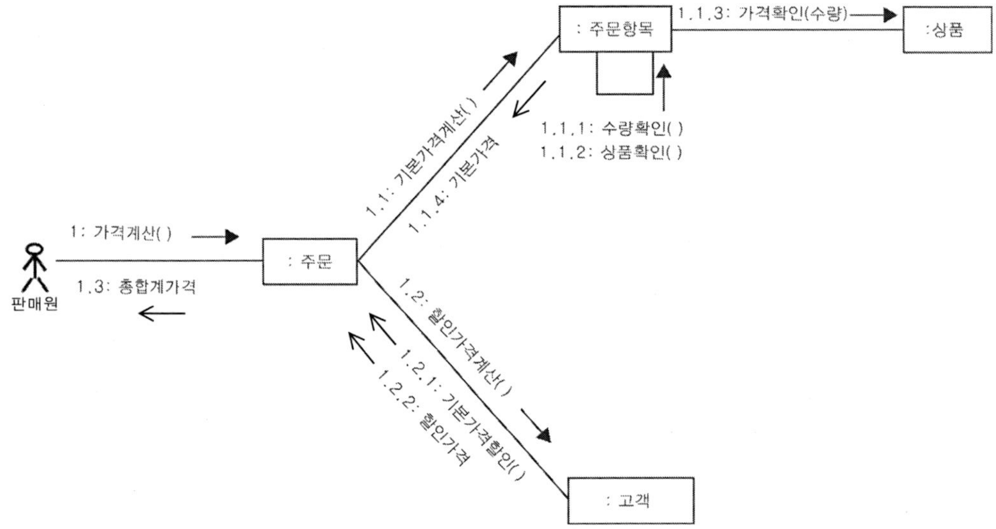

그림 A3.13 책임이 분산된 통신 다이어그램

A3.2.2 작성 가이드라인 및 특징

- 클래스 다이어그램은 클래스에 중점을 두지만 상호작용 다이어그램은 객체에 중점을 둔다.
- 순서 다이어그램은 시간에 의한 메시지 호출 순서를 이해하는데 도움을 주지만 통신 다이어그램은 객체 사이의 연결에 의한 협력 관계를 파악하는데 도움을 준다.
- 통신 다이어그램에서 특정 객체를 추가하는 것은 쉽지만 순서 다이어그램은 쉽지 않다.

연 습 문 제

A3.1. 다음 중 상호작용 다이어그램에 대한 설명으로 거리가 먼 것을 4개 선택하라.

① 시스템의 기능 표현 ② 시나리오 수행을 위한 객체 협력 표현
③ 액터 사이의 상호작용 표현 ④ 객체 사이의 메시지 통신 표현
⑤ 속성과 연산 사이의 관계 표현 ⑥ 상태기계 다이어그램 포함
⑦ 시스템의 동적 행위 표현 ⑧ 순서 다이어그램포함

A3.2. 다음 중 순서 다이어그램에 대한 설명으로 거리가 먼 것을 3개 선택하라.

① 객체 사이의 메시지 호출 순서 강조 ② 객체 사이의 공간적인 협력관계 파악 용이
③ 시스템의 동적 모델링 강조 ④ 시간에 따른 객체 사이 메시지 전달 강조
⑤ 특정 객체 추가 용이 ⑥ 특정 객체의 상태 변화 표현 용이

A3.3. 다음 순서 다이어그램에 상응하는 클래스 다이어그램을 그려라. 클래스 다이어그램에 클래스, 관계(방향), 연산을 포함하라.

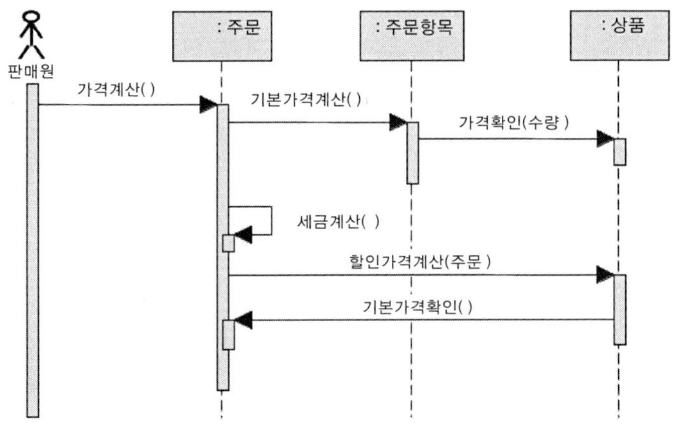

A3.4. 다음 순서 다이어그램을 상응하는 클래스 다이어그램과 통신 다이어그램을 작성하라.

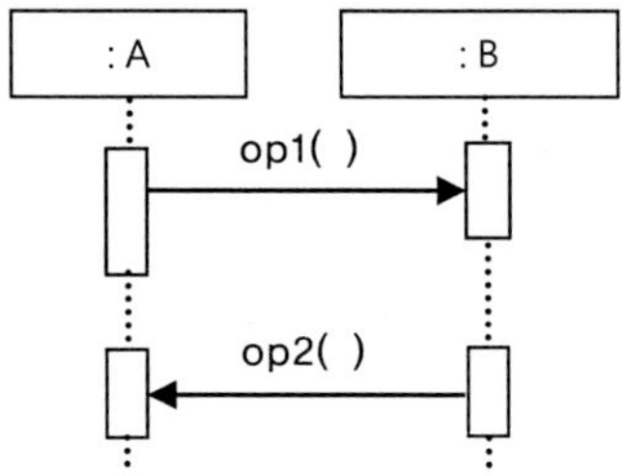

A3.5. 객체 사이의 상호작용을 보이는 순서 다이어그램과 통신 다이어그램의 차이를 설명하라.

A3.6. 자바에서 순서 다이어그램의 비동기 메시지를 지원하는 2가지 방법을 설명하라.

부록

A4 UML 확장

A4.1 소개

UML은 다양한 소프트웨어 시스템을 모델링하기 위해 많은 그래픽 모델링 요소들을 제공한다. 하지만 모든 유형의 시스템에 적합한 모든 모델링 요소를 제공하는 것은 불가능하다. 또한, 개발자가 이러한 다양한 모델링 요소들의 의미를 모두 기억하고 활용하는 것 역시 쉽지 않다. 이러한 이유로 UML은 기존 모델링 요소를 확장할 수 있는 방법을 지원한다. 이를 위해 스테레오 타입, 태그 정의, 제약 조건, 프로파일과 같은 확장 방법을 제공한다.

A4.2 스테레오 타입

스테레오 타입은 UML에서 제공하지 않는 새로운 모델링 요소가 필요할 때, 기존의 UML 모델링 요소를 확장하여 새로운 모델링 요소를 정의하는 방법이다. 개발자는 스테레오 타입을 통해 특정 개념에 대한 새로운 모델링 요소를 생성할 수 있으며, 이를 통해 UML의 어휘를 확장할 수 있다. 스테레오 타입은 UML 모델링 요소의 상단에 거듭 인용 기호(<< >>)로 표기하며, 그 안에 스테레오 타입 이름을 작성한다. 또한, 제약 조건을 표현하는 중괄호({})를 이용하여 스테레오 타입의 효과를 얻을 수 있다.

스테레오 타입을 사용하여 생성된 모델링 요소는 기존 요소에 추가적이거나 제한적인 의미를 부여한다. 예를 들어, [그림 A4.1]은 '리모콘' 인터페이스와 '비행기' 추상 클래스를 스테레오 타입으로 표현한다. 인터페이스와 추상 클래스는 UML에서 일반적인 클래스와 차별화된 개념이기 때문에, '<<interface>>'와 '{abstract}' 스테레오 타입을 클래스 사각형 안에 표기하여 구분한다.

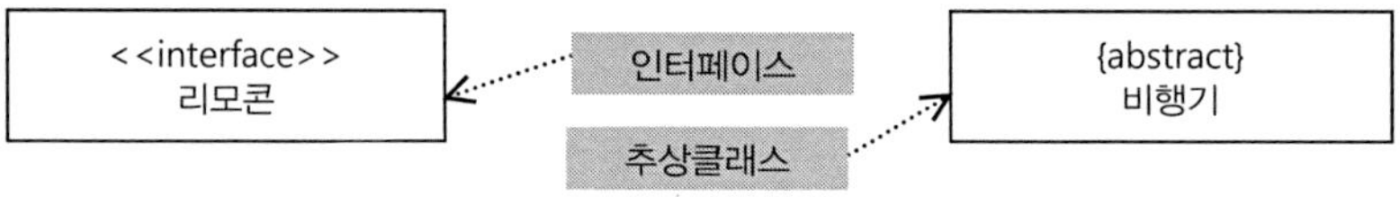

그림 A4.1 스테레오 타입 보기

스테레오 타입은 텍스트뿐만 아니라 아이콘을 사용하여 시각적으로도 표기할 수도 있다. 예를 들어, 설계 단계에서 시스템을 역할에 따라 엔터티(entity), 경계(boundary), 제어(control) 세 가지 유형의 객체로 나누어 모델링하는 것이 일반적이다. UML은 이러한 객체들을 모델링하기 위해 미리 정의된 스테레오 타입을 제공하며, 각 유형에 맞는 아이콘도 제공한다. 아이콘을 사용하여 모델링하면 더욱 직관적인 표현이 가능하다.

[그림 A4.2]는 이러한 세 가지 유형 객체에 대한 스테레오 타입과 각 스테레오 타입에 대한 아이콘 표현을 보인다. 엔터티 객체는 데이터와 관련된 역할, 경계 객체는 사용자와 시스템 사이의 인터페이스 역할, 제어 객체는 비즈니스 논리와 제어 흐름을 담당하는 역할을 수행한다.

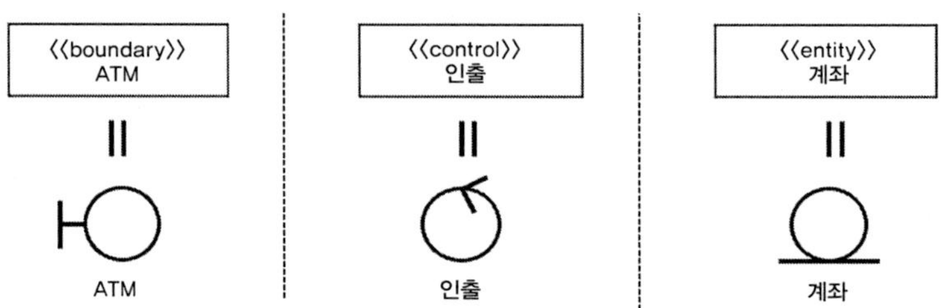

그림 A4.2 스테레오 타입에 대한 아이콘 표현

A4.3 태그 정의

태그 정의는 UML 모델링 요소에 부가적인 속성을 추가하여 모델링 요소의 의미를 확장하는 방법이다. 이를 통해 기존 모델링 요소에 대한 추가 정보를 정의할 수 있으며, 스테레오 타입의 속성을 더욱 상세하게 표현하는 데 유용하다. 태그 정의는 중괄호 { } 내에 '태그이름 = 태그값' 형식으로 기술된다. 이를 통해 모델링 요소에 부가 정보를 명시함으로써 그 의미를 확장하고, 더욱 명확한 모델링을 지원한다.

예를 들어, [그림 A4.3]에서는 UML 배치 다이어그램의 노드 모델링 요소에 스테레오 타입 <<컴퓨터>>를 적용하여 새로운 '컴퓨터' 노드를 생성하였다. 이 노드에는 세 가지 속성, 즉 제조사, CPU, 메모리에 대한 태그와 태그 값을 정의하여 해당 컴퓨터의 추가적인 정보를 제공하고 있다. 이를 통해 시스템 아키텍처 설계에서 노드에 대한 추가적인 상세 정보를 명확히 모델링할 수 있다.

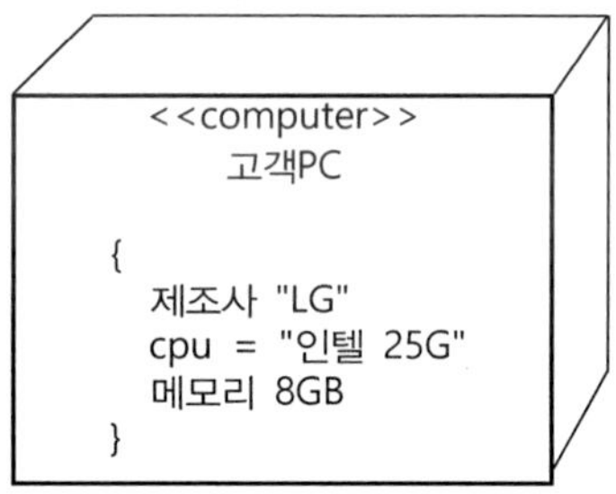

그림 A4.3 스테레오 타입과 태그 정의 보기

A4.4 제약 조건

제약 조건은 UML 모델링 요소에 특정 조건을 부여하여 해당 요소의 의미를 제한하거나 명확하게 하는데 사용된다. 개발자는 경우에 따라 모델링 요소의 의미를 보다 구체화하거나 제한할 필요가 있을 때 제약 조건을 적용한다. 제약 조건은 중괄호 { } 안에 조건 내용을 기술하여 표기하며, 제약의 내용은 자연어로 자유롭게 작성할 수 있거나 UML에서 제공하는 OCL(Object Constraint Language) 같은 언어를 사용할 수도 있다.

[그림 A4.4]는 제약 조건이 적용된 UML 요소들의 보기를 보인다. 이러한 제약 조건은 다양한 모델링 요소에 명확한 제한을 둠으로써, 모델이 정확한 의미를 전달할 수 있도록 돕는다.

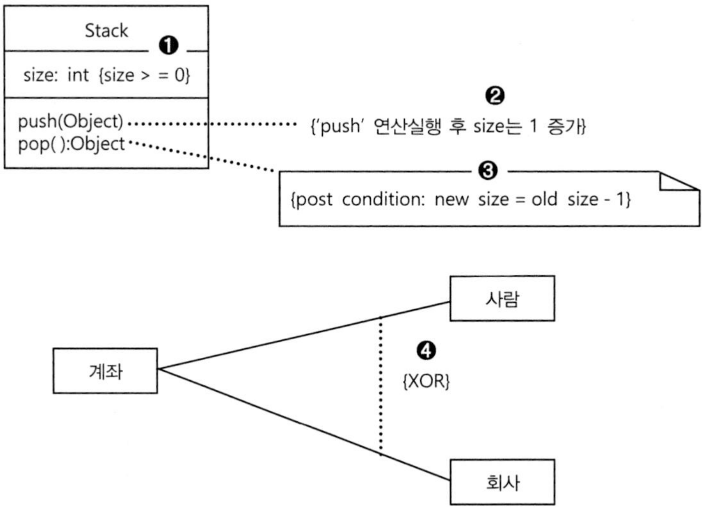

해석

① 클래스 속성에 대한 제약 조건이다. 'Stack' 클래스의 'size' 속성은 'int' 타입이지만 값은 0 이상의 양수를 갖도록 제한한다.
② 자연어를 이용하여 'push' 연산에 대한 제한 조건을 기술한다.
③ UML에서 제공하는 OCL 언어로 기술한 제약 조건이다. 'Stack'의 'size'는 'pop' 연산 후에 1 감소해야 한다는 것을 표현한다. UML의 노트 표기 내부에 제약 조건을 기술하였다.
④ 두 개의 연관 관계 사이의 제약 조건을 표현한 것으로 점선에 의해 두 개의 모델 요소를 연결하고 관련된 제약 조건을 기술한다. 두 개의 연관 관계는 배타적인 OR(XOR) 관계라는 것을 의미한다. 한 계좌는 개인 계좌나 법인 계좌일 수 있지만 동시에 개인 계좌와 법인 계좌일 수는 없다.

그림 A4.4 제약 조건 보기 및 해석

A4.5 프로파일

UML 프로파일은 스테레오 타입, 태그 정의, 제약 조건 등을 체계적으로 정의하여 하나의 패키지로 묶은 것이다. 범용 모델링 언어인 UML을 이용한다 해도 다양한 플랫폼(Java Platform, .NET Framework), 다양한 언어(Java, C++), 다양한 도메인(금융, 항공우주, 의학, 전자상거래)의 모든 개념을 표현하는 것은 어려울 수 있다. 이때 이미 정의된 적절한 프로파일을 사용하면 해당 개발 환경에 맞는 새로운 개념을 명확하게 표현할 수 있다.

개발자는 필요에 따라 자신의 문제 도메인에 맞는 새로운 프로파일을 정의해 사용할 수 있으며, 이미 정의된 프로파일을 선택해 적용할 수도 있다. 다음은 이미 정의된 UML 프로파일의 몇 가지 예시이다:

- UML Profile for System Modeling Language (SysML)
- UML Profile for Service Oriented Architecture Modeling Language (SoaML)
- UML Profile for Modeling and Analysis of Real Time and Embedded systems (MARTE)
- UML Profile for Enterprise JavaBeans (EJB)
- UML Profile for Enterprise Distributed Object Computing (EDOC)
- UML Profile for Enterprise Application Integration (EAI)
- UML Profile for Component Object Request Broker Architecture (CORBA)

연 습 문 제

A4.1. 다음 중 UML 스테레오타입에 관한 설명으로 가장 거리가 먼 것을 2개 선택하라.

① 스테레오타입은 UML 요소에 기존의 의미를 확장하는 데 사용한다.
② 스테레오타입은 기존 UML 요소를 제한하기 위해 이용된다.
③ 스테레오타입은 UML 다이어그램에서 << >> 기호로 표현한다.
④ 스테레오타입은 UML 프로파일에 정의할 수 있다.
⑤ 스테레오타입은 주로 동적 다이어그램에서 이용된다.

A4.2. 다음 중 스테레오타입을 사용할 때 올바르게 사용한 경우를 하나만 선택하라.

① 특정 프로그래밍 언어에 특화된 개념을 표현하기 위해 사용한다.
② 클래스 다이어그램에서 일반화 관계를 표현하기 위해 사용한다.
③ 다이어그램의 요소 사이의 위치를 조정하기 위해 사용한다.
④ UML 다이어그램에 주석을 추가하기 위해 사용한다.

A4.3. 다음 중 UML 프로파일에 대한 설명 중 가장 거리가 먼 것을 하나만 선택하라.

① 프로파일은 UML 요소에 추가적인 도메인 특화 속성을 추가할 수 있다.
② 프로파일은 표준 UML 다이어그램 외에 새로운 다이어그램을 정의할 수 있다.
③ 프로파일은 표준 UML 요소를 기반으로 스테레오타입을 정의할 수 있다.
④ 프로파일은 UML 모델을 특정 플랫폼에 맞게 조정하기 위해 사용한다.

A4.4. 다음 중 UML 확장에서 속성, 태그 정의, 태그 값에 대한 설명으로 가장 거리가 먼 것을 선택하라.

① 태그 정의는 스테레오타입에 의해 확장된 UML 요소에 추가적인 속성을 정의하기 위해 사용한다.

② 속성은 UML 모델링 요소의 특성을 나타내는 정보이다.

③ 태그 값은 스테레오타입의 태그 정의에 대하여 구체적인 값을 할당하는데 사용한다.

④ 속성은 UML 다이어그램에서 요소 사이의 관계를 나타내기 위해 사용한다.

참고 문헌

[고석하, 2008] "소프트웨어 프로젝트 관리", 생능 출판사.

[이민재 2006] "CMMI의 이해, Interpreting the CMMI 번역본", 피어슨 에듀케이션.

[이성구 2020] "소프트웨어 공학 기본 원리 : 구조적 방법론, 객체지향 방법론, UML 모델링 중심 도서출판 홍릉

[Bennett 2006] Simon Bennett, S. McRobb, and R. Famer, "Object-Oriented Systems Analysis and Design Using UML", 3rd Edition, McGraw-Hill Education.

[Blaha 2005] Michael Blaha and J. Rumbaugh, "Object-Oriented Modeling and Design with UML", 2nd Edition, Pearson Education.

[Black 2012] Foundations of Software Testing: ISTQB Certification, Cengage Learning.

[Boehm 1986] Barry Boehm, "A Spiral Model of Software Development and Enhancement", ACM SIGSOFT Software Engineering Notes, Volume 11 Issue 4, pp. 14~24.

[Browen 1995] Ten Commandments of Formal Method, Computer, Vol. 28, No. 4.

[Bruegge 2010] Bernd Bruegge and A. H. Dutoit, "Object-Oriented Software Engineering Using UML, Patterns, and Java", 3rd Edition, Prentice Hall.

[Cockburn 2001] Alistair Cockburn, "Writing Effective Use Cases", Addison-Wesley.

[Dennis 2012] A. Dennis, B. H. Wixom, and D. Tegarden, "System Analysis and Design with UML", 4th Edition.

[Dinari 2015] Halstead Complexity Metrics in Software Engineering, Journal of Renewable Natural Resources Bhutan, Vol. 3, Num. 7, p418-424.

[Elliot 1990] Reverse Engineering and Design Recovery: A Taxonomy, IEEE Software.

[Freeman 2004] Eric Freeman and E. Freeman, "Head First Design Pattern", O'Reilly.

[Fowler 2004] Martin Fowler, "UML Distilled: A Brief Guide To The Standard Object Modeling Language", 3rd Edition, Addison-Wesley.

[Gamma 1995] Erich Gamma, R. Helm, R. Johnson, and J. Vlissides, "Design Patterns: Elements of Reusable Object-Oriented Software", Addison-Wesley.

[IEEE Std 용어사전] IEEE Std 610.12-1990 IEEE Standard Glossary of Software Engineering Terminology.

[IEEE SWBOK] IEEE SWBOK(Guide to the Software Engineering Body of Knowledge)

[IEEE Std 830] IEEE Recommended Practice for Software Requirements Specifications

[IEEE Std. 1058] IEEE Standard for Software Project Management Plans.

[Kroll 2003] Per Kroll and P. Kruchten, "The Rational Unified Process Made Easy: A Practitioner's Guide to the RUP", Addison-Wesley.

[Kruchten 2004] Philippe Kruchten, "The Rational Unified Process An Introduction", 3th Edition, Addison-Wesley.

[Kulpa 2003] Interpreting the CMMI – A Process Improvement Approach, Auerbach Publication.

[Jacobson 1999] Ivar Jacobson, G. Booch, and J. Rumbaugh, "The Unified Software Development Process", Addison Wesley.

[Land 2006] Practical Support for CMMI – SW Software Project Documentation – Using IEEE Software Engineering Standards, Wiely-Interscience Publication.

[Larman 2005] Craig Larman, "Applying UML and Patterns: An Introduction to Object-Oriented Analysis and Design and Iterative Development", 3rd Edition, Pearson Education International.

[Liskov 1987] Barbara Liskov, "Data Abstraction and Hierarchy"

[Marcinak 1994] john J. Marciniak, "Engineering, of Software Engineering, Vol. 1,2", John Wiely & Sons.

[Martin 2002] Robert C. Martin, "Agile Software Development, Principles, Patterns, and Practices"

[McCall, 1977] Jim A McCall, "Factors in Software Quality"

[McClure 1989] CASE is Software Automation, Prentice Hall.

[Meyer 1988] Bertrand Meyer, "Object-Oriented Software Construction"

[NIPA 2012] 소프트웨어 테스트 실무가이드, NIPA.

[OMG 2005] OMG(Object Management Group, "Unified Modeling Language: Superstructure, version 2".

[Page-Jones 1988] Page-Jones, "The Practical Guide To Structured Systems Design", 2nd Edition, Yourdon Press.

[Pfleeger 1998] Software Engineering Theory and Practice, Prentice Hall.

[Pressman 2010] Roger S. Pressman, "Software Engineering: A Practitioner's Approach", 7th Edition, McGraw-Hill.

[Roques 2004] Pascal Roques, "UML in Practice", John Wiley & Sons.

[Rosenberg 2001] Doug Rosenberg and K. Scott, "Applying Use Case Driven Object Modeling with UML: An Annotated E-Commerce Example", Addison Wesley.

[Rosenberg 2007] Doug Rosenberg and M. Stephens, "Use Case Driven Object Modeling with UML: Theory and Practice", Apress.

[Rumbaugh 2005] James Rumbaugh, I. Jacobson, and G. Booch, "The Unified Modeling Language Reference Manual", 2th Edition, Addison-Wesley.

[Satzinger 2009] John Satzinger, R. Jackson, and S. Burd, "Systems Analysis & Design in A Changing World", 5th Edition, Course Technology.

[Schach 2007] Object-Oriented & Classical Software Engineering 7th Edition, McGraw Hill.

[Scott 2001] Kendall Scott, "UML Explained", Addison Wesley.

[Scott 2002] Kendall Scott, "The Unified Process Explained", Person Education.

[Shelly 2008] Gary B. Shelly, T. J. Cashman, and H. J. Rosenblatt, "Systems Analysis and Design", 7th Edition, Course Technology.

[Sommerville, 2007] Ian Sommerville, "Software Engineering", 8th Edition, Addison-Wesley.

[Sutherland, 1995] Jeff Sutherland, Jeffrey Victor, Ken Schwaber, "Business object design and implementation", OOPSLA '95 workshop proceedings.

[Schwaber 2017] Ken Schwaber, Jeff Sutherland, "The Scrum Guide", https://www.scrumguides.org/, 2017.

[Tegarden 2013] David Tegarden, A. Dennis, and B. H. Wixom, "Systems Analysis and Design with UML", 4th Edition, John Wiley & Sons, Inc..

[TTA 용어사전] Telecommunication Technology Association(한국정보통신기술협회 - 정보통신용어사전), http://word.tta.or.kr/index.jsp

[Wiegers 2003] Karl Wiegers, "Software Requirements", 2th edition, Microsoft Press.

[Yourdon 1989] Edward Yourdon, "Modern Structured Analysis", Prentice Hall.

찾아 보기

| ㅇ |

연습문제 해답

1장

1.1 ③

1.2 ④

1.3 ①

1.4 ④

1.5 ②

1.6 ④

1.7

① 소프트웨어 위기 ② 구조적 프로그래밍 ③ 구조적 설계 ④ 구조적 분석
⑤ 객체지향 ⑥ CBD ⑦애자일

1.8 ① 체계적 ② 통제적 ③ 정량적

1.9 프로세스, 방법, 도구

1.10

- 구조적 : 데이터 흐름에 기초하여 기능 중심으로 개발
- 객체지향 : 데이터와 기능을 묶은 객체 중심으로 개발
- 컴포넌트 : 재사용 가능한 컴포넌트 중심으로 조립하여 개발
- 애자일 : 고객 상호작용과 구현, 테스트 중심으로 개발

1.11 소프트웨어 구조 파악 어려움

1.12 비용 초과와 일정 지연 문제

2장

2.1 ④

2.2 ④

2.3 ④

2.4 ②

2.5

- 소프트웨어 개발에 일관된 구조 제공
- 관리를 위한 하부 구조 제공
- 프로세스 개선 및 자동화 가능
- 개발자 사이의 용어 표준화

2.6 진화 프로토타입 모델

2.7 요구사항이 잘 이해되고, 요구가 개발 동안 근본적으로 변하지 않는 문제 영역은 개발 중에 반복해서 분석, 설계할 필요 없기 때문

2.8

- 반복 : 현대 프로젝트는 오랜 기간이 필요하므로 사용자 요구 수정은 근본적으로 발생하므로 각 프로세스 활동 반복됨
- 점증 : 현대 프로젝트 복잡하므로 한 번에 해결 불가능하여 전체 기능을 나누어 중요 기능 우선으로 점차적으로 개발됨

2.9 초기 반복에는 문제 도메인에 대한 이해가 부족하므로 분석에 많은 비용이 소비되지만, 후반부 반복에는 도메인에 대한 이해가 깊어지는 대신 점증과 점증 사이의 통합 비용이 급격히 늘어난다.

2.10 ②④⑥

2.11 ③④⑤

2.12 ①③④

2.13 ①②④

2.14

- 진화 : 폭포수 모델은 최종 결과가 한 번에 나오는 반면 애자일 모델은 최종 결과가 조금씩 점증적으로 개발되어 진화한다.
- 가벼운 : 폭포수 모델은 엄격한 프로세스에 의해 무겁지만 애자일 프로세스는 변경에 유연하게 대처하여 언제든지 가볍게 변경 가능하다.
- 자주적 : 폭포수는 프로세스와 방법, 계획이 명확히 정의되어 있지만 애자일 프로세스는 팀 스스로 자주적으로 프로세스, 방법, 도구, 계획을 결정할 수 있다.

2.15

- 리팩토링 강조 이유 : 단순 설계에 의해 코드는 비효율적인 구조가 되므로 코드를 효율적인 코드로 재구조화 시키는 것이 필요하기 때문이다.
- 회귀 테스트 강조 이유 : 반복적인 통합이 필요하므로 기존 테스트 케이스를 실행하여 기존 기능이 정상적으로 작동되는 것을 보장하는 것이 필요하기 때문이다.

2.16 ① 재사용 ② CBSD ③ 도메인 분석

2.17

1) ⑭ 2) ② 3) ⑨ 4) ⑭ 5) ⑩ 6) ② 7) ④⑥ 8) ⑧⑬

9) ⑦ 10) ③⑫ 11) ⑤ 12) ① 13) ⑪

2.18 ②

2.19 ②④

2.20 XP와 Scrum은 모두 애자일 프로세스의 특징을 갖고 있기 때문에 애자일 모델에 포함된다. XP는 프로그래밍 기술(방법)에 중점을 둔 프로세스이며 Scrum은 프로젝트 관리에 중점을 둔 프로세스이다.

2.21 개발 비용의 대부분은 유지보수 비용이며 유지보수 비용을 줄이기 위해 개발 초기(분석/설계)에 오류를 최소화하는 것이 필요하다. 왜냐하면 분석과 설계에서 오류 수정은 단지 문서 수정에 의해 간단하므로 후반부 유지보수 비용을 줄 일 수 있다.

3장

3.1 ①

3.2 ①

3.3 ③

3.4 ②

3.5 ③

3.6

- 정확성 : 사용자 요구를 얼마나 올바르게 수행하는 정도 (오류수/KLOC)
- 신뢰성 : 주어진 기간 동안 얼마나 올바르게 운영되는가에 대한 정도(MTBF)

3.7

① 크기: LOC(FP) ② 유지보수: MTTC ③ 프로세스: COCOMO

④ 프로덕트: LOC(FP) ⑤ 품질: 오류수/KLOC ⑥ 생산성: LOC/PM

3.8

- 프로덕트 표준 보기 : 설계서 양식, 코딩 양식
- 프로세스 표준 보기 : 변경 제어 프로세스, 형상관리 프로세스

3.9

① 구성 ② SCM ③ 소프트웨어 형상 항목 ④ SCI ⑤ 베이스 라인

3.10 ②④

3.11 계획, 계획이 없다면 감시하고 통제하는 기준이 없기 때문이다.

3.12

- 요구 사항에 명확히 언급하지 않지만 전문적으로 개발된 소프트웨어에 내재하는 유지보수성이나 재사용성과 같은 비기능적 특징을 포함하는 소프트웨어
- 개발 표준 및 절차를 준수하여 개발된 소프트웨어

3.13

① LOC (FP) ② COCOMO ③ 소프트웨어 공학자 ④ 프로젝트 관리자

4장

4.1 ②

4.2 ①

4.3 비용(만원): 5천, 노력(PM): 10, 기간(개월): 5

4.4 ④

4.5

- EST, LST, 여유 시간

작업	기간	EST	LST	여유 시간
A	5	0	0	0
B	3	0	2	2
C	2	5	5	0
D	1	7	10	3
E	4	7	7	0
F	2	11	11	0

- 임계경로 : ACEF
- 완수기간 : 13

4.6 민주적, 책임 프로그래머, 혼합

4.7 ②

4.8

- 언어 독립적이다
- 개발 초기 LOC 추정 어렵다.

4.9 ④

4.10 ③

4.11 ①

4.12 ④

4.13 ②

4.14 ①

4.15 (2*3 + 1*4 + 1*3 + 1*7 + 2*5) * 0.9 = 27

4.16 ④

4.17 ① 객체점수 ② KLOC 혹은 FP

4.18

- 장점 : 오류 발견에 비이기적이며 긍정적, 문제 해결을 위한 다양한 의견 도출
- 단점 : 통신 경로 많아 의사 결정 어려움, 책임감 저하

5장

5.1 ①

5.2 ③

5.3 ④

5.4 ②

5.5 시스템은 0.5초만에 응답하고 100명의 거래를 처리할 수 있어야 한다.

5.6

- 가용성 : 특정 시간 시스템이 올바르게 작동하는 정도
- 신뢰성 : 주어진 시간에 시스템이 올바르게 작동하는 정도

5.7

- 기능 요구 : 사용자 정보 조회
- 비기능 요구 : 시스템은 1초 안에 응답해야 한다(성능)

5.8 ④ ➜ ③ ➜ ① ➜ ②

5.9 1) ① 2) ④ 3) ③ 4) ②

5.10 ① 기능 ② 비기능

5.11

① 사용사례 시나리오 작성 혹은 프로토타입 개발

② SRS

③ 사용자도 충분히 이해 할 수 있어야 하기 때문이다.

④ 완전성

⑤ 정확성

⑥ 확인성

6장

6.1 ②

6.2 ①⑤⑦⑧

6.3 ① ➜ ④ ➜ ② ➜ ③

6.4 ②

6.5

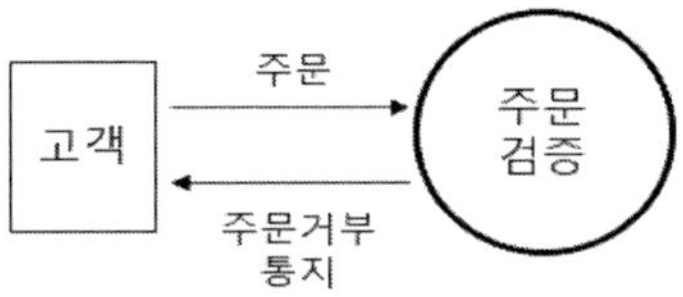

6.6

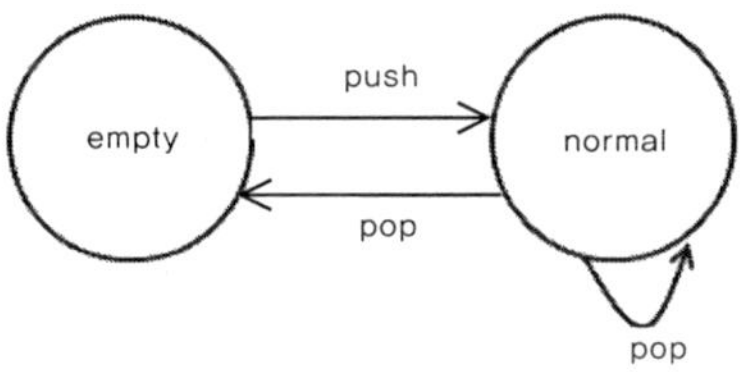

6.7 ④

6.8 ②

6.9 ④

6.10 ① ➜ ③ ➜ ②

6.11 ③

6.12 ④

6.13 ①-⑪, ③-⑦, ⑤-⑨

6.14 자료사전(DD)

7장

7.1 ①③⑤

7.2 ②

7.3

- 다양한 관점에서 표현 가능하여 시스템에 대한 깊은 이해가 용이하다.
- 다양한 시스템 유형에 적용 가능하여 방법론과 무관한 일반목적 모델링 언어로 이용할 수 있다.
- 표준화에 의한 다양한 CASE 도구 지원이 가능하다.

7.4 ③

7.5 ① 클래스 ② 순서 ③ 사용사례

7.6 ①③⑥

7.7

- 문제 도메인에 대한 정보구조 파악 용이
- 기존 클래스 재사용
- 일반화 프로그래밍 지원

7.8

① 상태	② 행위	③ 속성	④ 연산
⑤ 인스턴스	⑥ 서브클래스	⑦ 수퍼클래스	⑧ 메시지
⑨ 캡슐화	⑩ 정보은닉		

7.9 개발 방법(구조적, 객체지향)과 무관하게 사용될 수 있는 모델링 언어이기 때문이다

7.10 https://www.visual-paradigm.com/

8장

8.1 ① 클래스 관계 ② 클래스 ③ 속성

8.2

① 도메인 객체 ② 클래스 ③ 기능 ④ 사용사례 ⑤ 분석객체

⑥ 클래스 ⑦ 순서

8.3

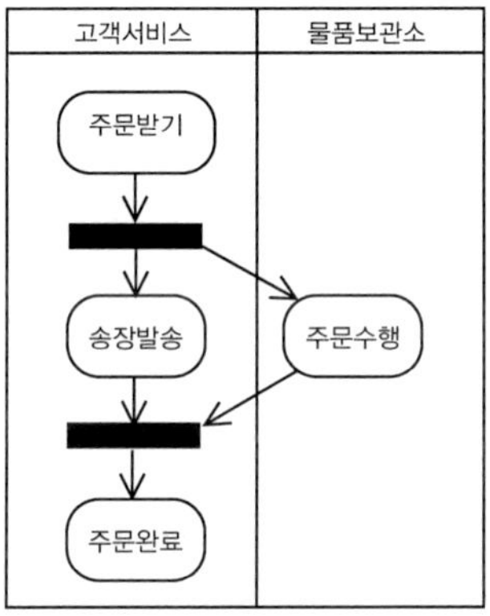

8.4

- 기능모델 : 사용사례 구조화(패키지 다이어그램)
- 정적구조모델 : 분석패턴 적용, 상속, 집합, 다중성 파악(클래스 다이어그램)
- 동적행위모델 : 시나리오의 입출력 메시지 파악(순서 다이어그램)

8.5 ②⑦⑨⑫⑬

9장

9.1 ③

9.2 ③

9.3 ②

9.4 ③

9.5 ③

9.6 ③

9.7 ②④⑤

9.8 논리적 모델은 플랫폼을 고려하지 않은 분석에서 생성되는 결과물을 말하며, 물리적 모델은 구현될 개발 플랫폼을 고려한 설계에서 생성된 결과물을 말한다.

9.9 ③⑤⑥

10장

10.1 ①③, ②, ①, ①, ①

10.2 ①③

10.3 ②

10.4

- 장점 : 서버 이름과 서비스 이름을 알 필요 없다, 상이한 언어로 개발로 작성된 객체 사이의 통신가능, 필요할 때 새로운 자원 추가 용이
- 모델 : CORBA, DCOM, EJB

10.5 ①⑤

10.6 ③

10.7 ①

10.8 ④

10.9 ③

10.10 ④

11장

11.1 ③

11.2 ④⑥⑨

11.3 ②

11.4

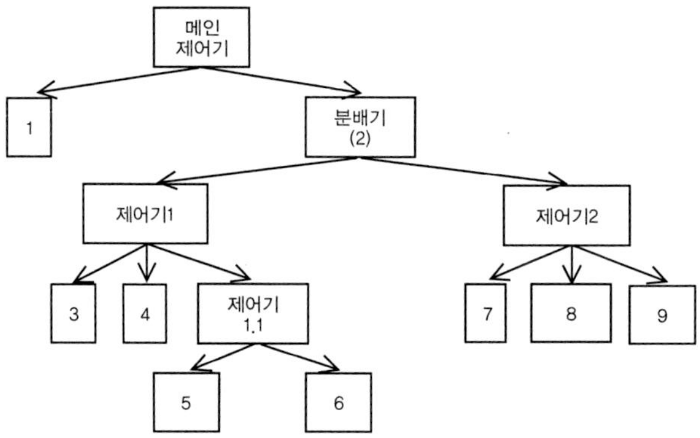

11.5 ① 변형중심 설계 ②거래중심 설계

11.6 ① 제어 ② 작업

11.7 ② ➜ ① ➜ ③

11.8

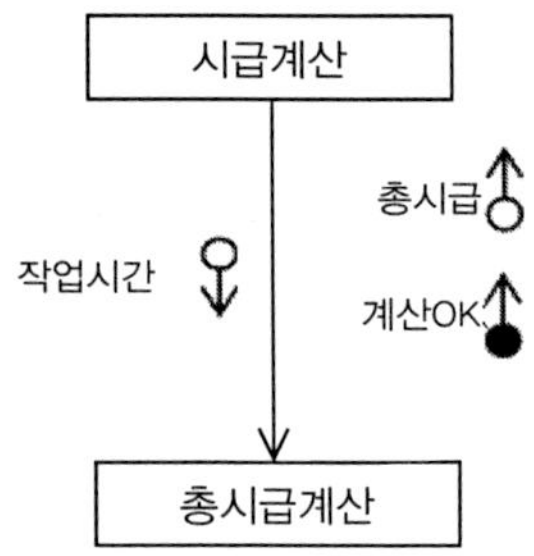

11.9 ②

11.10 ④

11.11 ④

11.12 fan-in: 3, fan-out: 2

11.13 공유도(fan-in)

11.14 기능적 응집도는 모듈의 모든 작업이 단지 하나의 기능과 관련되는 것을 의미하며, 순차적 응집도는 한 모듈에서 작업의 결과가 다음 작업의 입력으로 이용되는 것을 의미한다. 그러므로 가능하면 기능 응집도를 갖도록 모듈을 설계하는 것이 필요하다.

11.15 내용 결합도는 모듈 사이에 임의로 제어를 이동하거나 자료를 수정하는 결합도이며, 자료 결합도는 모듈 사이에 매개변수를 통해 필요한 자료만을 전달하는 결합도이다. 그러므로 모듈 사이의 최소 결합도를 보이는 자료 결합도가 되도록 설계하는 것이 필요하다.

12장

12.1 ①③⑤

12.2

① 속성 ② 연산(행위)

12.3

① 엔터티 ② 제어 ③ 어플리케이션(비즈니스로직)

12.4

① 최소화 ② 최대화 ③ 의존 ④ 연관 ⑤ 속성 ⑥ 연산

12.5 패키지, 사용사례

12.6

① 컴포넌트 ② 배치 ③ 클래스 ④ 순서

12.7

1)

설계 클래스	SD에서 1개 선택	스테레오타입 표현	아이콘 표현
데이터 접근	고객DA	⟨⟨dataAccess⟩⟩ 고객DA	 고객DA
UI	주문생성UI	⟨⟨boundary⟩⟩ 주문생성UI	 주문생성UI
엔터티	고객	⟨⟨entity⟩⟩ 고객	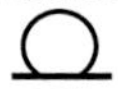 고객
제어	주문처리기	⟨⟨control⟩⟩ 주문처리기	 주문처리기

2) 도메인

3) 데이터 접근 책임이 도메인 계층에 포함됨. 경계계층과 도메인 계층으로만 구성된 2계층 구조, 데이터베이스 서버 있다면 배치의 어려움. 낮은 응집력.

13장

13.1 ②④⑤

13.2

1) ① 2) ① 3) ④ 4) ③ 5) ④ 6) ② 7) ② 8) ③ 9) ④
10) ④ 11) ② 12) ② 13) ③ 14) ④ 15) ② 16) ③

13.3

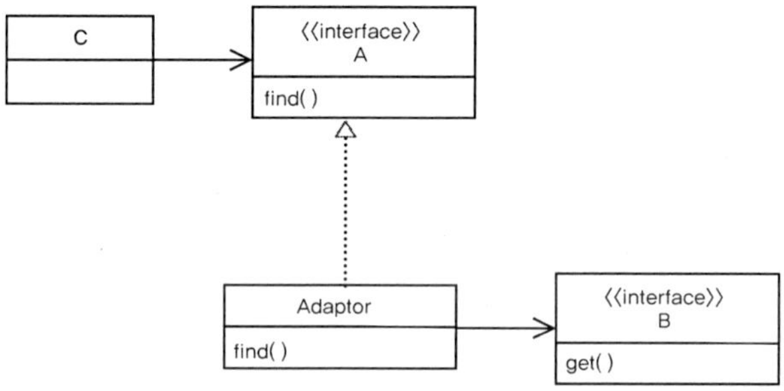

13.4 ① 분석패턴 ② 설계패턴

13.5

① private ② static ③ 구현(실현) ④ 참조(이용) ⑤ final
⑥ 추상 ⑦ subject ⑧ observer ⑨ observable ⑩ observer

14장

14.1 ②⑤

14.2 ②⑤

14.3 ④⑤

14.4 ③④

14.5 ③⑤

15장

15.1 ③

15.2 ②④

15.3 ②

15.4

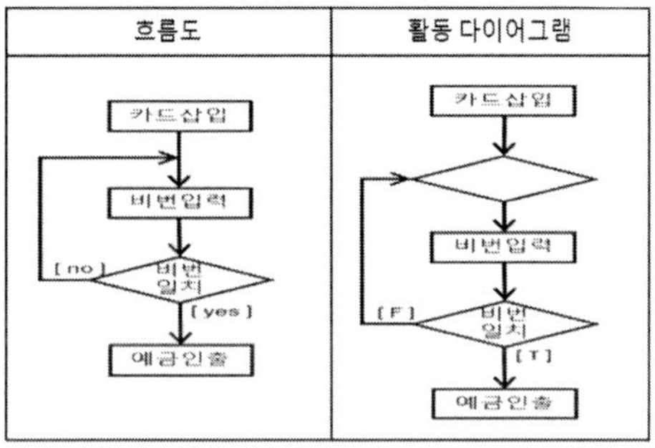

15.5 ③

15.6

① 구조적영어 ② 흐름도 ③ 선택 ④ 순차 ⑤ 반복

15.7 ②④⑥

15.8

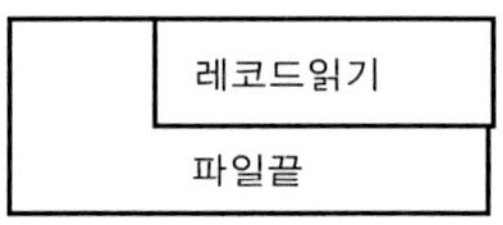

16장

16.1　④

16.2　③

16.3　②

16.4　③

16.5　④

16.6　③

16.7　②③⑤

16.8　①③

16.9　회귀

16.10

- 제어 흐름도

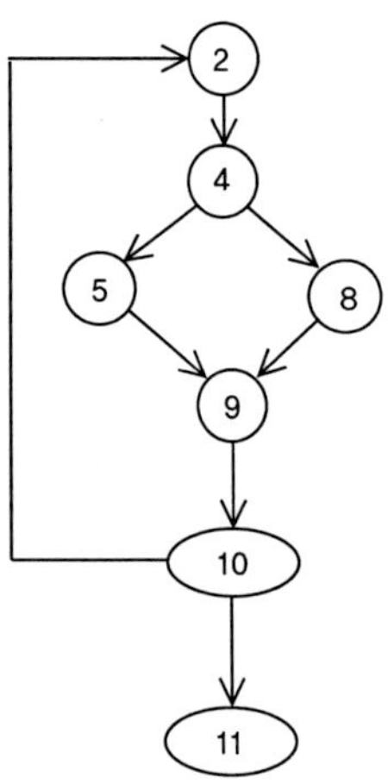

- 순환적 복잡성: 3

- 기초경로

· 2,4,5,9,10,11(경로1) · 2,4,8,9,10,11(경로2) · 2,4,5,9,10,2,4,5,9,10,11(경로3)

- 테스트 데이터

경로1: 레코드1개, 필드1=0 경로2: 레코드1개, 필드1=2 경로3: 레코드2개, 필드1=0

16.11 시스템 테스트, 단위 테스트

16.12

1) ① 스터브
2) ② 스터브 ③ 회귀
3) ④ M1M2M4 ⑤ 회귀
4) ⑥ M1M2M4M3 ⑦ 회귀

16.13

1) Pareto
2) SQA
3) 인스펙션, 워크스루
4) 순환적 복잡도, 기초경로 테스트 방법
5) 단위 테스트 혹은 통합 테스트
6) 베타

16.14

테스트 케이스	테스트 데이터	기대결과
1	100	10
2	200	20
3	99	0
4	201	0

16.15 ①②⑤⑧

16.16

- 문장 커버리지

테스트 케이스	테스트 데이터	기대결과
1	x=1,y=2	3,-1

- 다중조건 커버리지

테스트 케이스	테스트 데이터	기대결과
1	x=1,y=2	3,-1
2	x=1,y=3	-2
3	x=2,y=2	0
4	x=2,y=3	-1

17장

17.1 ④

17.2 ④

17.3 ②

17.4 ③

17.5 ① 시스템이해 ② 회귀테스트

17.6 ① 역공학 ② 회귀

17.7 1) 적응 2) 예방 3) 완전 4) 정정

17.8 1) ④ 2) ③ 3) ① 4) ② 5) ① 6) ③ 7) ④ 8) ②

17.9 적응

17.10 시스템 이해

17.11 소프트웨어 형상 관리(SCM)

18장

18.1 ②

18.2 Computer Aided Software Engineering

18.3 ②

18.4 ④

18.5 이클립스, 구현 활동

18.6 ②

18.7 ①③⑤

19장

19.1 ④

19.2 ⑤ ➜ ① ➜ ③ ➜ ② ➜ ④

19.3 Capability Maturity Model Integration

19.4

- 고객은 CMMI 인증 기업을 원하므로
- CMMI는 프로세스 개선에 구체적인 방법을 제시하므로

19.5 성숙단계 2는 프로젝트에 대한 기본적인 관리 프로세스를 갖고 있지만 성숙단계 3과 다르게 표준 프로세스가 존재하지 않아 각 프로젝트 별로 즉흥적으로 프로세스를 정의한다.

19.6 성숙단계를 달성하기 위해 수행해야 하는 활동을 의미한다.

20장

20.1 ②

20.2 ④

20.3 정형 명세 방법

20.4

- 장점 : 명세의 일관성
- 단점 : 배우기 어려움
- 정형명세 언어 : Z

A1장

A1.1

- 유사점 : 연관관계는 일종의 의존관계이다. 즉, 다른 클래스를 이용하는 관계이다.
- 차이점 : 연관관계는 지속적인 이용 관계로써 객체 속성에 의해 클래스 구조에 영향을 미치지만 의존관계는 일시적인 이용 관계이다.

A1.2

- 해석

Point 클래스는 x, y 속성과 isLarge 연산을 갖는다.
외부 클래스에서 접근 불가능한 x 속성 타입은 정수이며 초기 값은 3이다.
서브 클래스에서 접근 가능한 y 속성 타입은 정수이다.
외부 클래스에서 접근 가능한 isLarge 연산은 2개의 매개변수를 가지며 그들의 이름은 x, y이고 타입은 Point이고 반환 값은 Boolean이다.

- 자바코드

```
class Point {
    private int x = 3;
    protected int y;
    public Boolean isLarge(Point x, Point y);
}
```

A1.3

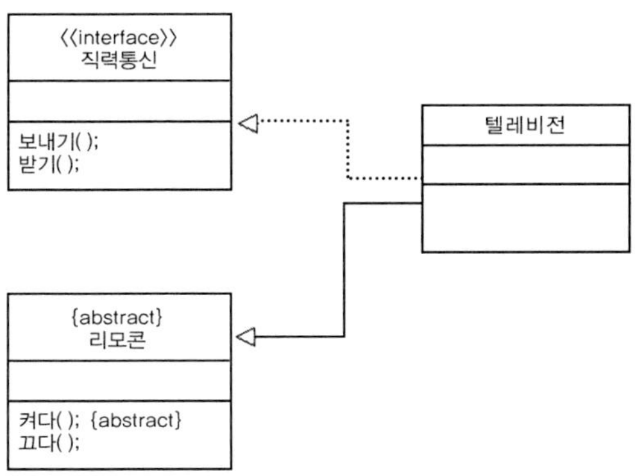

A1.4 '제어기' 클래스는 'TV' 컴포넌트가 제공하는 '리모콘' 인터페이스 서비스를 이용한다.

A1.5

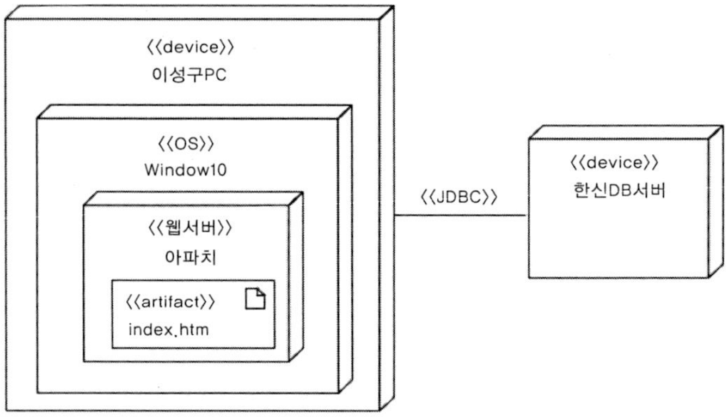

A1.6

- 클래스 다이어그램

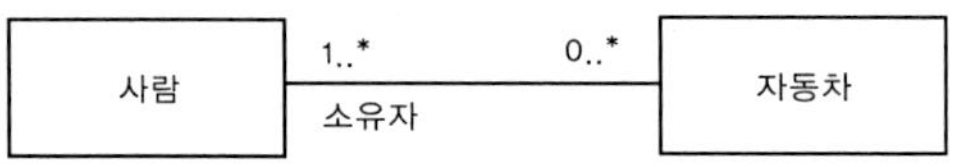

- 자바 코드

```
class 사람 {
    Collection<자동차> car;
}
class 자동차 {
    Collection<사람> 소유자;
}
```

A1.7 클래스 다이어그램, 배치 다이어그램

A1.8 이용하다

A1.9

- 모듈 : 소스코드 재사용
- 컴포넌트 : 실행코드 재사용

A1.10 static

A1.11 ① 구체 ② 추상 ③ 템플릿 ④ 연관

A1.12

- 해석

클래스 E는 추상 클래스 A의 일종이고 인터페이스 B, C를 실현한다.
클래스 E는 0개 이상의 F 클래스를 포함하고 F 클래스의 역할 이름은 ff이다.
클래스 E는 클래스 G와 관련된다.

- 자바 코드

```
class E extends A implements B, C {
            Collection<F> ff;
            G g;
}
```

A1.13

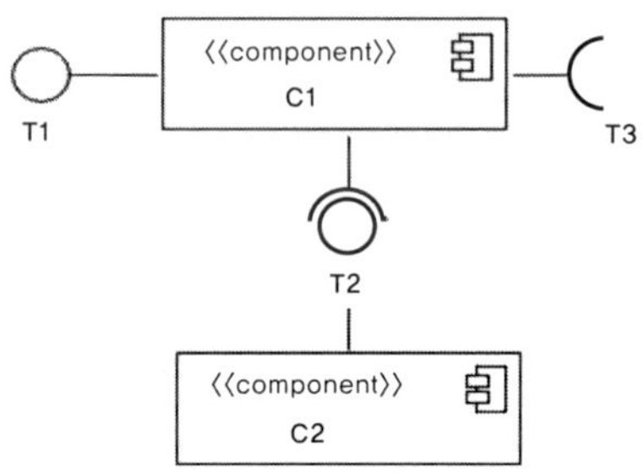

A1.14

- 해석

컴공 클래스는 학생 패키지에 포함되고 학생 패키는 대학 패키지에 포함된다.

- 자바 코드

```
package 대학.학생;
class 컴공 {
}
```

A1.15

- 해석

보안 클래스는 센서 인터페이스를 제공(실현)하고 접근 클래스는 센서 인터페이스를 필요로(이용)한다.

- 동일 다이어그램

A2장

A2.1 ①③⑥

A2.2

- 요구 추출 : 문제 도메인의 비즈니스나 기존 시스템의 비즈니스 프로세스를 표현하기 위해 이용
- 분석 : 사용사례 시나리오의 작업 흐름을 표현
- 설계 : 모듈 설계에서 복잡한 연산에 대한 알고리즘을 표현

A2.3 무수히 많은 사용사례 파악되며, 사용사례 기술은 한 단계에서 끝날 수 있음

A2.4

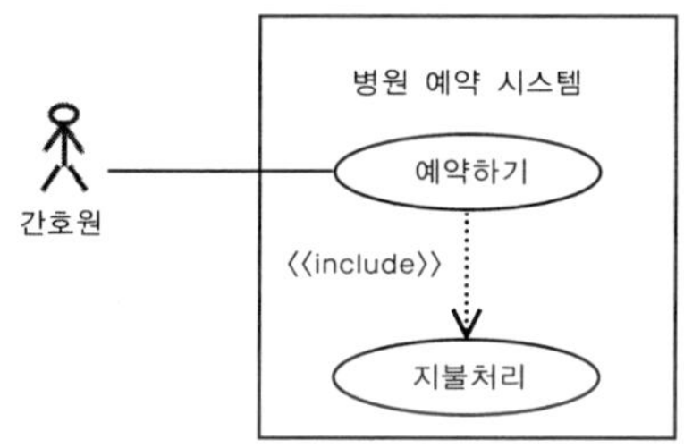

A2.5

1)

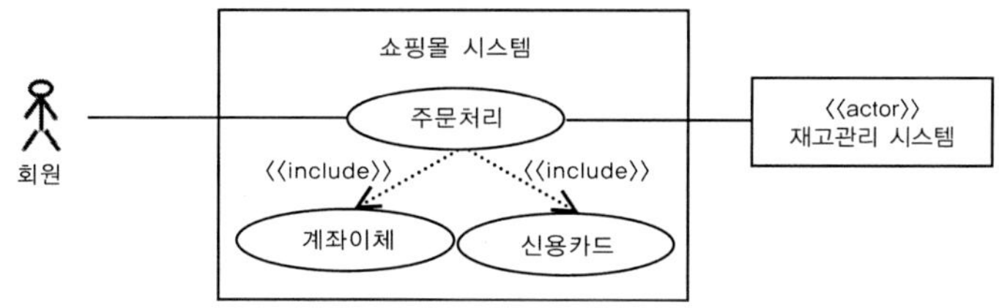

2)

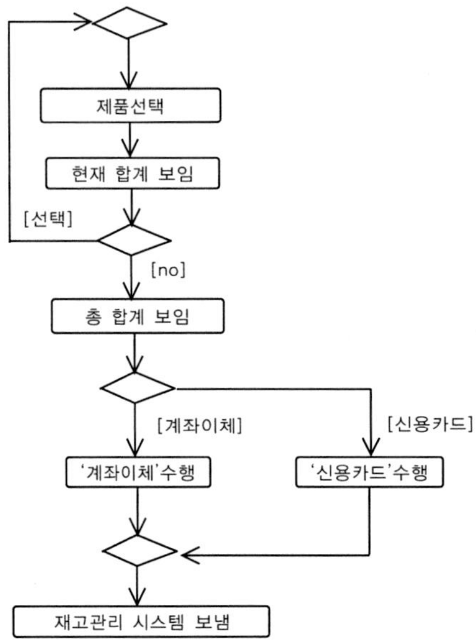
제품선택
현재 합계 보임
[선택]
[no]
총 합계 보임
[계좌이체]
[신용카드]
'계좌이체'수행
'신용카드'수행
재고관리 시스템 보냄

A2.6

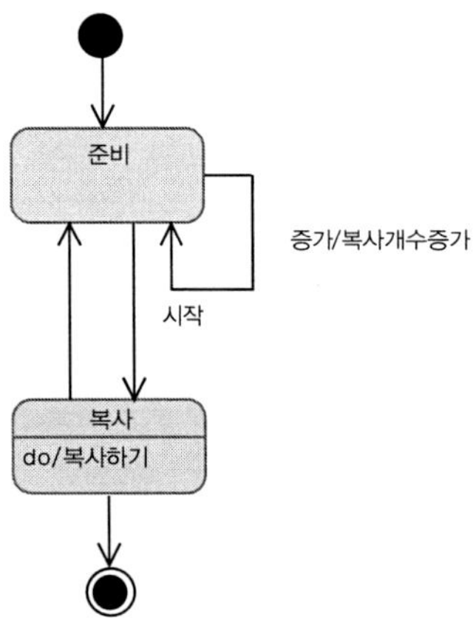
준비
증가/복사개수증가
시작
복사
do/복사하기

A2.7

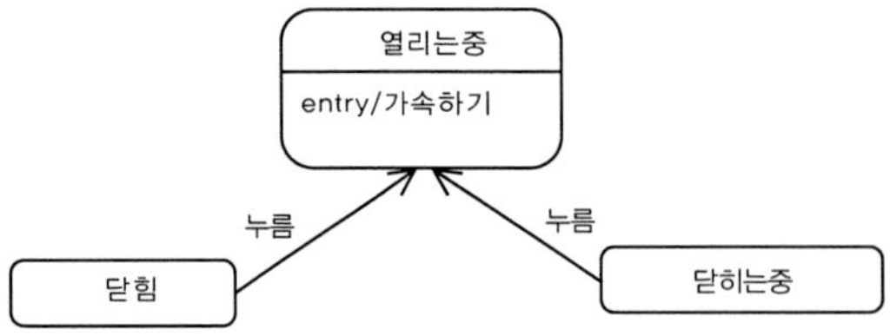
열리는중
entry/가속하기
누름
누름
닫힘
닫히는중

A3장

A3.1 ①③⑤⑥

A3.2 ②⑤⑥

A3.3

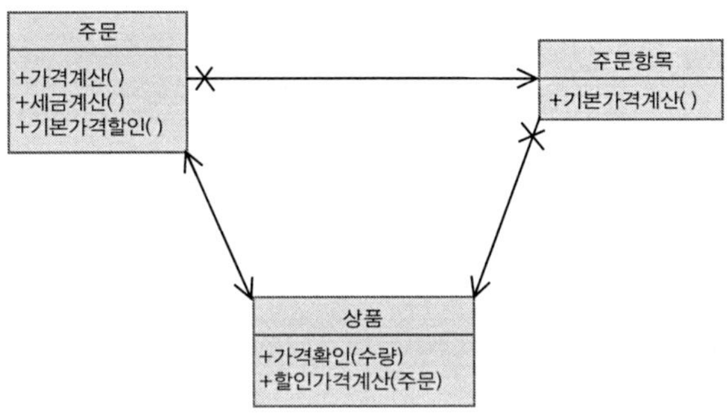

A3.4

- 클래스 다이어그램

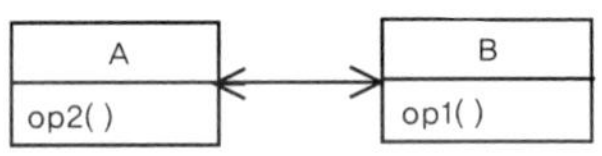

- 통신 다이어그램

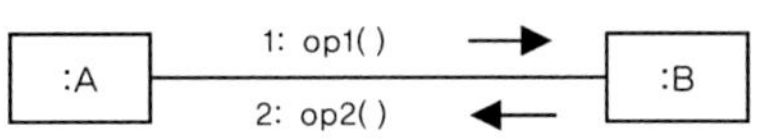

A3.5 순서 다이어그램은 시간에 따른 메시지호출 순서를 강조하지만 통신 다이어그램은 객체 사이의 관계에 중점을 둔다.

A3.6 Thread 클래스를 상속하거나 Runnable 인터페이스를 구현한다.

A4장

A4.1 ②⑤

A4.2 ①

A4.3 ②

A4.4 ④